Gesetzmäßigkeiten der intensiv erweiterten Reproduktion
bei der weiteren Gestaltung
der entwickelten sozialistischen Gesellschaft

Teil II

AKADEMIE DER WISSENSCHAFTEN DER DDR

Schriften des Zentralinstituts für Wirtschaftswissenschaften

Nr. 13 Teil II

Gesetzmäßigkeiten der intensiv erweiterten Reproduktion bei der weiteren Gestaltung der entwickelten sozialistischen Gesellschaft

Teil II

Herausgegeben von

Professor Dr. habil. Wolfgang Heinrichs
Professor Dr. sc. Harry Maier

AKADEMIE-VERLAG · BERLIN
1976

Wissenschaftliche Redaktion: Dr. E. Gans

Erschienen im Akademie-Verlag, 108 Berlin, Leipziger Str. 3—4

Lizenz-Nr. 202 · 100/59/76
Einband und Schutzumschlag: Nina Striewski
Gesamtherstellung: VEB Druckhaus „Maxim Gorki“, Altenburg
Bestell-Nr. 7528267 (2158/13/I-II) · LSV 0315
Printed in GDR
EVP 30,— für Band 1 und 2

Autoren:

Kapitel 1	*Verantwortlich:*	*Prof. Dr. sc. H. Maier*
	Abschnitt 1.1.:	Prof. Dr. sc. H. Maier
	Abschnitt 1.2.:	Dr. P. Sydow
	Abschnitt 1.3.:	Dr. habil. A. Tomm
	Abschnitt 1.4.:	Prof. Dr. sc. H. Maier
	Abschnitt 1.5.:	Dr. habil. A. Bönisch
Kapitel 2	*Verantwortlich:*	*Prof. Dr. habil. G. Richter*
	Abschnitt 2.1.:	Dr. E. Domin, Dr. S. Maier, Dr. M. Mehnert, Prof. Dr. habil. G. Richter, Dr. habil. A. Tomm
	Abschnitt 2.2.:	Dr. E. Domin, Dr. J. Keil, Dr. S. Maier, Dr. M. Mehnert
	Abschnitt 2.3.:	Dr. S. Maier, Dr. M. Mehnert
Kapitel 3	*Verantwortlich:*	*Dr. habil. W. Marschall*
	Abschnitt 3.1.:	Dr. M. Heydt, Dr. habil. W. Marschall
	Abschnitt 3.2.:	Dr. habil. W. Marschall
	Abschnitt 3.3.:	Dr. habil. W. Marschall
	Abschnitt 3.4.:	Dr. habil. W. Marschall, Dr. K. Rüdiger
Kapitel 4	*Verantwortlich:*	*Dr. sc. J. Wahse*
	Abschnitt 4.1.:	Prof. Dr. sc. H. Maier
	Abschnitt 4.2.:	Prof. Dr. sc. H. Maier, Dr. R. Schaefer, Dr. sc. J. Wahse
	Abschnitt 4.3.:	Dr. R. Schaefer, Dr. sc. J. Wahse
	Abschnitt 4.4.:	Dr. U. Ludwig

Kapitel 5	*Verantwortlich:*	*Dr. G. Knobloch*
	Abschnitt 5.1.:	Dr. E. Gans, Dr. G. Knobloch, Dipl.-Ök. W. Kühtz, Dr. S. Liebe
	Abschnitt 5.2.:	Dr. W. Kiskemper, Dr. G. Knobloch, Dr. R. Schöneck, Dr. J. Wartenberg
	Abschnitt 5.3.:	Dr. S. Liebe, Dr. H. Winkelmann
Kapitel 6	*Verantwortlich:*	*Prof. Dr. habil. W. Heinrichs*
	Abschnitt 6.1.:	Prof. Dr. habil. W. Heinrichs
	Abschnitt 6.2.:	Prof. Dr. habil. W. Heinrichs
	Abschnitt 6.3.:	Prof. Dr. habil. W. Heinrichs
	Abschnitt 6.4.:	Prof. Dr. habil. W. Heinrichs
	Abschnitt 6.5.:	Prof. Dr. habil. W. Heinrichs
Kapitel 7	*Verantwortlich:*	*Dr. P. Sydow*
	Abschnitt 7.1.:	Dr. W. Keller, Prof. Dr. G. Kohlmey, Dr. B. Stolzenburg, Dr. P. Sydow
	Abschnitt 7.2.:	Dr. J. Keil, Dr. G. Kraft, Dr. P. Sydow, Dr. H. Ufer
	Abschnitt 7.3.:	Dr. G. Huber, Dr. A. Krause, Dr. P. Sydow
	Abschnitt 7.4.:	Dr. G. Huber, Dr. P. Sydow
Kapitel 8	*Verantwortlich:*	*Dr. H. Roos*
	Abschnitt 8.1.:	Dr. H. Roos
	Abschnitt 8.2.:	Dr. H. Roos
	Abschnitt 8.3.:	Dr. habil. W. Gringmuth
	Abschnitt 8.4.:	Dr. habil. K. Kutzschbauch
	Abschnitt 8.5.:	Dr. D. Conrad, Dr. H. Roos
Kapitel 9	*Verantwortlich:*	*Dr. H. Schilar*
	Abschnitt 9.1.:	Dr. H.-D. Anders, Dr. H. Schilar
	Abschnitt 9.2.:	Dr. H.-D. Anders, Dr. H. Schilar
	Abschnitt 9.3.:	Dr. H.-D. Anders
	Abschnitt 9.4.:	Dr. H.-D. Anders, Dr. K. Schwarz
	Abschnitt 9.5.:	Dr. sc. M. Wölfling
	Abschnitt 9.6.:	Dipl.-Ing. Ök. H. Blümel, Dr. H. Schilar, Dr. E. Kigyóssy-Schmidt, Dr. K. Schwarz, Dr. D. Walter
	Abschnitt 9.7.:	Dr. H. Schilar

Kapitel 10	*Verantwortlich:*	*Prof. Dr. habil. O. Kratsch*
	Abschnitt 10.1.:	Prof. Dr. habil. O. Kratsch
	Abschnitt 10.2.:	Prof. Dr. habil. O. Kratsch
	Abschnitt 10.3.:	Prof. Dr. habil. O. Kratsch

Inhaltsverzeichnis

Teil I

Teil II

6. Die Rolle der Zirkulation bei der planmäßigen Verbindung der Produktion mit der Konsumtion in der intensiv erweiterten sozialistischen Reproduktion

6.1. Zu einigen methodologischen Grundfragen der Zirkulation in der entwickelten sozialistischen Gesellschaft

6.1.1. Ansätze für eine marxistisch-leninistische Theorie der Zirkulation und ihre Einordnung in die Reproduktionstheorie

Das tiefere Eindringen in den Mechanismus der Gesetzmäßigkeiten der erweiterten sozialistischen Reproduktion fordert, auch jene Prozesse, die in der Zirkulationssphäre vollzogen werden, in die Untersuchung einzubeziehen. Diese Forderung ergibt sich nicht nur allein aus der elementaren marxistisch-leninistischen Erkenntnis vom Reproduktionsprozeß als der Einheit von Produktion und Zirkulation, in die die Konsumtion eingeschlossen ist.[1]

Wachsende Reife der sozialistischen Produktionsverhältnisse sowie höherer Vergesellschaftungsgrad der Produktion und der Arbeit, die die Ökonomik der entwickelten sozialistischen Gesellschaft prägen, bestimmen auch die Entwicklungsrichtung, die qualitative und quantitative Proportionalität der in der Zirkulationssphäre sich vollziehenden Prozesse, einschließlich ihrer Effektivität. Diese Prozesse lösen wiederum rückkoppelnde Wirkungen auf andere Reproduktionsphasen sowie auf den gesamten Prozeß der erweiterten Reproduktion aus, die erforscht werden müssen, um sie mit wachsendem ökonomischem und gesellschaftlichem Effekt im System der Leitung, Planung und Stimulierung ausnutzen zu können.

Die intensiv erweiterte Reproduktion als bestimmender Reproduktionstyp der entwickelten sozialistischen Gesellschaft erfaßt in zunehmendem Maße alle Phasen und über sie alle Bereiche und Zweige der Volkswirtschaft. Für die Funktionstüchtigkeit der Reproduktionsphasen und ihrer wechselseitigen Beziehungen ist und bleibt die materielle Produktion die bestimmende Phase in dem Sinne, als sie die materiellen Güter und Leistungen für die wachsende Bedürfnisbefriedigung letztendlich schafft. Die von der stofflichen Produktion ausgehenden und die Zirkulationsbedingungen bestimmenden Momente sind unter den Bedingungen der Beschleunigung des wissenschaftlich-technischen Fortschritts nicht nur mannigfaltig. Sie sind zugleich auch fortwährenden Veränderungen unterworfen. Dazu zählt das an Umfang zu-

[1] Vgl. Karl Marx, Theorien über den Mehrwert, Dritter Teil, in: MEW, Bd. 26.3, Berlin 1968, S. 279.

nehmende und in seiner Struktur veränderliche Produktionsvolumen, das über die Zirkulationssphäre der Konsumtion zugeführt wird. Auch die Verkürzung der Produktionszeit hat auf die Zirkulationsbedingungen Einfluß. In kürzeren Zeitintervallen ist der Ersatz der der Konsumtion zugeführten Gebrauchswerte durch neue vermittels der Zirkulation möglich und notwendig.

Auf der Grundlage der Massenproduktion und in Verbindung mit der Einführung neuer technologischer Verfahren rückt qualitativ ein die Zirkulationsbedingungen bestimmender Faktor immer mehr in den Vordergrund. Es ist dies der aus der wachsenden Fondsausstattung der Arbeit resultierende Zwang zur fortwährenden Produktion. Die Ausbreitung der „fließenden" Fertigung, die Erhöhung des Mechanisierungs- und Automatisierungsgrades, wachsende Ansprüche an die Qualitätsparameter im Zusammenhang mit der Materialsubstitution bewirken nachhaltige Veränderungen in der Erzeugnisstruktur und vertiefen die gesellschaftliche Arbeitsteilung in der Produktionssphäre. Im Ergebnis des Wirkens dieser Faktoren des wissenschaftlich-technischen Fortschritts entstehen qualitativ neue Bedingungen hinsichtlich der Dynamik und Kontinuität der Produktion, die auch die Zirkulationsbedingungen beeinflussen. „Die Produktion ist also nicht nur rasch, so daß die Ware schnell die Gestalt erreicht, worin sie zirkulationsfähig, sondern sie ist beständig."[2]

Diese wie andere Faktoren, zum Beispiel die Veränderung der Standortverteilung der Produktivkräfte im Rahmen der sozialistischen internationalen Arbeitsteilung wirken bestimmend auf die Zirkulationsbedingungen ein.

Der von der materiellen Produktion ausgehende und bestimmende Zusammenhang mit der Zirkulationssphäre wird durch den Typ der intensiv erweiterten sozialistischen Reproduktion nicht nur nicht aufgehoben, sondern durch die sozialistische Gesellschaft immer bewußter genutzt. Es verhält sich nämlich so, daß mit dem Übergang zur vorwiegend intensiv erweiterten Reproduktion bereits vorhandene Faktoren wirksamer erschlossen werden, als es in den zurückliegenden Entwicklungsabschnitten des sozialistischen Aufbaus möglich war. In erster Linie zählen dazu die Bemühungen der sozialistischen Gesellschaft, die Produktion in Umfang und vor allem in der Struktur mit den gesellschaftlichen Bedürfnissen in Übereinstimmung zu bringen. In diese Bemühungen war und ist auch die Vervollkommnung der Arbeit des Zirkulationsapparates mit eingeschlossen. Denn die Erfahrungen aller Länder, die erfolgreich den Sozialismus aufbauen, lehren, daß von der Arbeit des Zirkulationsapparates, von seinem flexiblen

[2] Ebenda, S. 281.

Reagieren auf Bedarfsveränderungen die zeitliche, örtliche wie auch strukturelle Übereinstimmung der Produktion mit dem Bedarf maßgeblich abhängt.

Hierbei geht es vor allem um eine grundlegende Seite der volkswirtschaftlichen Effektivität, und zwar um die Herstellung des bedarfsgerecht strukturierten Nationaleinkommens und seine Verwendung. Somit erweist sich die bedarfsgerechte Strukturierung des physischen Volumens des Nationaleinkommens, in die die qualitätsgerechten Parameter eingeschlossen sind, in der Phase seiner Herstellung als ein grundlegender Effektivitätsfaktor. Aber zwischen Herstellung und Verwendung des Nationaleinkommens besteht keine Identität. Im Prozeß der Umwandlung des produzierten Nationaleinkommens in seine Verwendungsbestandteile schalten sich neben außenwirtschaftlichen Beziehungen auch Beziehungen im Inland ein, die in zeitlicher, räumlicher und in mengenmäßiger Hinsicht sowie ihrer konkreten gebrauchswertmäßigen Zusammensetzung nach den Ausgleich von Produktion und Konsumtion bewirken. Solange die Arbeitsprodukte nicht der produktiven und individuellen Konsumtion unmittelbar zur Verfügung stehen, bleibt die Effektivität der zu ihrer Herstellung erforderlichen Aufwendungen stets eine potentielle.

In der ersten Phase der kommunistischen Gesellschaftsformation sind diese Prozesse untrennbar mit den Ware-Geld-Beziehungen, mit allen Kategorien der Warenzirkulation verbunden. Um als Gebrauchswerte ihrer endgültigen Zweckbestimmung zugeführt werden zu können, müssen sie sich als Waren realisieren. Bis dahin ist die Effektivität der Aufwendungen eine potentielle Effektivität. Sie wird eine reale nur nach dem endgültigen Verkauf der Produkte an den unmittelbaren Konsumenten. Wenn die Produktion nicht zu den gegebenen Preisen oder nur teilweise realisiert wird, so erweist sich die Effektivität der Produktion niedriger als im Plan vorgesehen. Deshalb ist die Gewährleistung der Übereinstimmung des Angebotes und der Nachfrage in Umfang und Struktur eine wichtige Bedingung der Erhöhung der Effektivität der gesellschaftlichen Produktion im Sozialismus.

Mit dem Übergang zur intensiv erweiterten Reproduktion verbinden sich auf qualitativ neue Weise Wachstumsfaktoren der Reproduktion, die auch in ihrer gegenseitigen Verflechtung zur Zirkulationssphäre aufzudecken und auszunutzen sind. Sie spiegeln in ihrer Gesamtheit den Reifegrad der sozialistischen Produktionsverhältnisse und ihr Wechselverhältnis mit dem erreichten Entwicklungsstand der Produktivkräfte und schließlich auf ihrer Grundlage vor allem die konkreten Wirkungsbedingungen des ökonomischen Grundgesetzes des Sozialismus in der entwickelten sozialistischen Gesellschaft wider. Deshalb ist es bei der theoretischen und empirischen

Analyse der Zirkulationssphäre unerläßlich, nicht nur die Wechselbeziehungen zwischen Produktion und Zirkulation, sondern in verstärktem Maße die Wechselbeziehungen zwischen Konsumtion und Zirkulation in die Untersuchungen einzubeziehen. Nur auf diesem Wege ist der politökonomische Inhalt der Zirkulationssphäre hinreichend zu erfassen. Wir verfolgen damit auch die Absicht, die Dialektik deutlicher zu umreißen, die der Zirkulationssphäre in ihrer Einheit mit den anderen Sphären der erweiterten sozialistischen Reproduktion eigen ist. Einerseits besitzt die Zirkulationssphäre vermittelnden Charakter und ist eingebettet in den Ausgangs- und Endpunkt der erweiterten Reproduktion, ist sie von ihrem bestimmenden Moment, der Produktion, und von der Konsumtion abhängig. Was ihren vermittelnden Charakter angeht, kann die Zirkulationssphäre, wie Marx sagte, nicht in sich selbst das Prinzip der Gesellschaftserneuerung tragen.[3] Aber gleichzeitig sind der Zirkulationssphäre in ihren Operationen aktive Elemente der Einflußnahme auf Produktion und Konsumtion eigen.

Die rückkoppelnden Wirkungen auf die Produktion gehen von der Dynamik der Bedürfnisse und des Grades ihrer Befriedigung aus. Sie werden von der Zirkulationssphäre aufgenommen, „verarbeitet" und in den verschiedensten Formen ihrer aktiven Einflußnahme auf die Produktion übertragen. In diesem Bereich der Reproduktionsbeziehungen zwischen der Produktion und Konsumtion ist die Erhöhung des Lebensniveaus der Werktätigen nicht nur ein wichtiger Maßstab für die Zielrealisierung der sozialistischen Gesellschaft, sondern ist selbst ein Faktor, der in wachsendem Maße die Bedingungen für den Übergang zur intensiv erweiterten Reproduktion als die für die reife sozialistische Gesellschaft typische Reproduktionsform zum Ausdruck bringt. „Bei der Planung und Bilanzierung der Produktion und der Versorgung ist künftig verstärkt der Bedarf der Bevölkerung als eine der entscheidenden Ausgangsgrößen zum Maßstab für die gemeinsame Arbeit, für den Einsatz der Produktionskapazitäten, der Rohstoffe, Materialien und Rationalisierungsmittel zu nehmen. Die Waren des Grundbedarfs, wie Grundnahrungsmittel, Erzeugnisse des Kinderbedarfs, Ersatz- und Zubehörteile sowie die sogenannten tausend kleinen Dinge, müssen bedarfsgerecht produziert und angeboten werden."[4]

Auf dem XXIV. Parteitag der Kommunistischen Partei der Sowjetunion wurde hervorgehoben, daß die Erhöhung des Lebensniveaus der Werktätigen nicht nur das höchste Ziel der Wirtschaftspolitik ist, sondern „... zu

[3] Vgl. Karl Marx, Grundrisse der Kritik der politischen Ökonomie, Berlin 1953, S. 166.

[4] Erich Honecker, Bericht des Zentralkomitees an den VIII. Parteitag der Sozialistischen Einheitspartei Deutschlands, Berlin 1971, S. 41–42.

einem immer dringenderen Erfordernis der wirtschaftlichen Entwicklung selbst, zu einer wichtigen ökonomischen Voraussetzung für die rasche Steigerung der Produktion wird".[5] Die Verbesserung des Lebensniveaus der Werktätigen ist nicht nur als Faktor eines langfristig angelegten Wirtschaftswachstums anzusehen, weil sie mit dem aus der Konsumtion resultierenden vielfältigen materiellen und moralischen Anreiz zur Effektivitätssteigerung untrennbar verbunden ist. Dieser unmittelbarer werdende Zusammenhang ist viel inhaltsreicher und umfassender, da die organische Verbindung der wissenschaftlich-technischen Revolution mit den Vorzügen des Sozialismus Bedingungen in einer solchen Art und auf stets erhöhter Stufenleiter erfordert, die „... die allseitige Entwicklung der Fähigkeiten und der schöpferischen Aktivität der Sowjetmenschen, aller Werktätigen begünstigen, das heißt (es geht) um die Entwicklung der Hauptproduktivkraft der Gesellschaft".[6]

Die Beschleunigung des wissenschaftlich-technischen Fortschritts, die Ökonomie der Grundfonds und die Materialökonomie, die Vervollkommnung der Leitung und Planung und Stimulierung, die Vertiefung und Entwicklung der sozialistischen ökonomischen Integration, alle Intensivierungsfaktoren können deshalb nur wirksam und in einem immer höheren Grade erschlossen und genutzt werden, wenn sie mit der Erhöhung des politisch-ideologischen und geistig-kulturellen Niveaus der Werktätigen einhergehen. „All das hängt jedoch wesentlich vom Lebensniveau ab, davon, in welchem Umfang die materiellen und geistigen Bedürfnisse befriedigt werden können."[7]

Aus diesem Grunde wächst die Rolle der Zirkulationssphäre bei der organischen Verbindung des ökonomischen mit dem sozialen und technischen Fortschritt gesetzmäßig unter den Bedingungen der entwickelten sozialistischen Gesellschaft. Allein von diesem Aspekt her gesehen ist die Reduzierung der Zirkulationssphäre auf eine Phase der Warenrealisierung, das heißt der Veränderung der Form des Wertes aus der Waren- in die Geldform, ebenso ungenau wie beispielsweise die Interpretation der Konsumtionssphäre als eine Reproduktionsphase des bloßen Güterverzehrs, mit der der jeweilige Reproduktionsprozeß endgültig abgeschlossen wird. Solche und ähnliche Inhaltsbestimmungen sind nicht geeignet, die sozialistischen Wesenszüge der Zirkulationssphäre, wie sie sich in der entwickelten sozialistischen Gesellschaft immer stärker ausprägen, vollständig zu erfassen.

[5] L. I. Breshnew, Rechenschaftsbericht des Zentralkomitees der KPdSU an den XXIV. Parteitag der Kommunistischen Partei der Sowjetunion, Moskau–Berlin 1971, S. 57.

[6] Ebenda.

[7] Ebenda, S. 58.

In immer stärkerem Maße werden die Prozesse, die in der Zirkulationssphäre vollzogen werden und die einen wachsenden Einfluß auf die Intensivierung aller Phasen der Reproduktion ausüben, nicht nur während eines Reproduktionszyklus wirksam. Sie wirken über längere Zeiträume hinweg, das heißt umfassen viele Reproduktionszyklen. Besonders die Rückwirkungen der in der Konsumtionssphäre sich vollziehenden und durch die Zirkulationssphäre vermittelten Prozesse auf die unmittelbare Produktion und auf die in ihr einbegriffenen Bedingungen stellen den Zusammenhang zwischen den Anforderungen an künftige Produktionszyklen und denen des gegenwärtigen Reproduktionszyklus her. Hierin sind Kernfragen des planmäßigen ökonomischen Wachstums, der Stabilität und Kontinuität eingeschlossen, die die Klassiker des Marxismus-Leninismus stets aus der Einheit aller Phasen der Reproduktion, insbesondere aus dem reibungslosen Übergang der Bewegungsformen des gesellschaftlichen Gesamtprodukts aus der Phase der Produktion in die der Zirkulation und die der Konsumtion ableiteten. Die Klassiker sahen das reibungslose zeitliche Nacheinander in den Bewegungsformen des gesellschaftlichen Gesamtprodukts stets als Resultat und Voraussetzung zugleich für das zeitliche Nebeneinander der in der Produktions- und Zirkulationssphäre fungierenden Fonds einschließlich der qualitativen und quantitativen Struktur des Arbeitsvermögens an. Stabilität und Kontinuität des Wachstums sind folglich auf das engste mit dem Kreislauf des gesellschaftlichen Gesamtprodukts und dessen Umschlag sowie mit dessen Produktions- und Zirkulationszeit verbunden.

Bei unveränderter Produktionsstruktur und gleichbleibendem Ressourceneinsatz hängt die Höhe des produzierten Nationaleinkommens von der Ausdehnung beziehungsweise Reduzierung der Zirkulationszeit ab, verstanden als jene Zeit, die für den Formwandel des Wertes aus der Waren- in die Geldform aufgewandt wird. Die Beschleunigung des Umschlages des gesellschaftlichen Produkts durch die Ausnutzung der ihnen zugrunde liegenden Verflechtungen von Produktions- und Zirkulationszeit bis hin zur richtigen Strukturierung der Konsumtionszeit erschließt bedeutende Reserven der Intensivierung, die angesichts der Beschleunigung des wissenschaftlich-technischen Fortschritts, der wachsenden Dynamik der Bedürfnisentwicklung und anderer Faktoren der entwickelten sozialistischen Gesellschaft an Gewicht zunehmen.

Schließlich verwendet die sozialistische Gesellschaft einen bedeutenden Teil ihrer Ressourcen für die in der Zirkulationssphäre zu vollziehenden Prozesse selbst. Es sind dies neben Prozessen der Zirkulation im engeren Sinne Prozesse der Produktion, der Verteilung, wie auch solche, die als konsumtionsvorbereitende Prozesse zu bezeichnen sind. Diese Besonderheiten erklären sich aus den Gesetzmäßigkeiten der gesellschaftlichen Arbeitsteilung zwischen Produktions- und Zirkulationssphäre, die nicht zu einer scharfen Trennung der Produktionsprozesse von denen der Zirkulation im engeren Sinne führen. Dennoch wird im Ergebnis der Vertiefung der gesellschaftlichen Arbeitsteilung im Unterschied zu den Zweigen der Industrie, der Land- und Nahrungsgüterwirtschaft usw. bestimmten Zweigen im wachsenden Maße gesellschaftliche Zirkulationsfunktion als deren Hauptfunktion übertragen.

Karl Marx hat im dritten Band des „Kapital" nachgewiesen, daß die Arbeitsteilung zwischen Produktion und Handel ein Faktor für die Erhöhung des Mehrproduktes und für die Schaffung disponibler Zeit ist.

Wachsender Grad der Vergesellschaftung der Arbeit und der Produktion, wie sie für die entwickelte sozialistische Gesellschaft typisch ist, modifizieren die herkömmlichen Formen der gesellschaftlichen Arbeitsteilung zwischen Produktion und Handel und stellen höhere Anforderungen an die qualitativen und quantitativen Beziehungen zwischen stofflich herstellenden Zweigen und jenen, die in überwiegendem Maße Prozesse in der Zirkulationssphäre zu vollziehen haben.

In dem weiteren Bemühen um eine langfristig orientierte, auf kontinuierliches Wirtschaftswachstum angelegte volkswirtschaftliche Struktur müssen deshalb die Entwicklungserfordernisse der Bereiche, die arbeitsteilig mit dem Güterumlauf und der Warenzirkulation vor allem beschäftigt sind, in die Gesamtstruktur der Volkswirtschaft planmäßig eingeordnet werden. Ihre volkswirtschaftliche Einordnung schafft günstigere Voraussetzungen, Produktions- und Zirkulationsbedingungen des gesellschaftlichen Produkts entsprechend der dem Sozialismus eigenen Vorzüge und den aus der Vergesellschaftung der Produktion und der Arbeit erwachsenden Notwendigkeiten im Sinne ihrer Übereinstimmung planmäßig zu beherrschen. Planmäßige Beherrschung der Produktions- und Zirkulationsbedingungen im Sinne ihrer Übereinstimmung ist aber nur ein anderer Ausdruck für die bewußte Lösung des Widerspruchs, der zwischen der partiellen Effektivität der in der stofflichen Produktion aufgewandten Arbeit und der volkswirtschaftlichen Effektivität besteht, das heißt des Aufwandes, der zusätzlich zur stofflichen Herstellung aufgewandt werden muß, um das Arbeitsprodukt bis zu seiner endgültigen Verwendung in der Konsumtion vorzubereiten.

Schon allein diese genannten Zusammenhänge rechtfertigen die Forderung, im Rahmen der reproduktionstheoretischen Forschungen der Zirkulationssphäre mehr Aufmerksamkeit zuzuwenden. Ihre Ergebnisse sind nicht zuletzt für die weitere Vervollkommnung der Leitung, Planung und Stimulierung unerläßlich.

Spätestens an dieser Stelle wird deutlich, daß die aufgeworfenen Problemstellungen nicht nur mit wirtschaftspolitischen und theoretischen Fragestellungen verbunden sind, sondern auch im ideologischen Kampf einen bedeutsamen Stellenwert einnehmen. Zu keinem anderen politökonomischen Problem des Sozialismus als dem von Plan und Markt (das heißt doch im Grunde genommen zur Frage nach der Stellung und Funktion der Zirkulation im System der planmäßigen sozialistischen Wirtschaftsführung, zur Frage nach dem wechselseitigen Zusammenhang zwischen ökonomischem Grundgesetz des Sozialismus, dem Gesetz der planmäßigen, proportionalen Entwicklung der Volkswirtschaft und zum Wertgesetz und anderen in der Zirkulation wirkenden Gesetzen) ist bis in die Gegenwart der Kampf zwischen der marxistisch-leninistischen Ökonomie und bürgerlichen sowie revisionistischen Auffassungen stärker entbrannt.

Lenin gebührt das Verdienst, unmittelbar aus den praktischen Erfahrungen des sozialistischen Aufbaus schöpfend, die sozialökonomische Bedingtheit der Warenproduktion und -zirkulation bei Existenz sozialistischer Produktionsverhältnisse und der politischen Macht der Arbeiterklasse, ihre historischen Möglichkeiten, aber auch Grenzen in der Funktionsweise der sozialistischen Wirtschaft herausgearbeitet zu haben. Freilich ging mit dieser schöpferischen politökonomischen Leistung einher, daß die Angriffe der Gegner des sozialistischen Aufbaus von rechts in Gestalt der Vertreter des Marktsozialismus und von „links“ in Gestalt des Trotzkismus und Neotrotzkismus in dem Maße an Heftigkeit zunahmen, wie sich der Aufbau des Sozialismus zunächst in der UdSSR, später in den anderen sozialistischen Ländern erfolgreich entwickelte. Wie auch immer die Attacken der Gegner des sozialistischen Aufbaus gestaltet waren und heute noch sind – ob als Versuch der bewußten Untergrabung der politischen Macht der Arbeiterklasse durch mehr oder weniger Einräumen des spontanen Markmechanismus, was zwangsläufig den Abbau der zentralen staatlichen Leitung und Planung zur Folge hat, ob als plumpe Verunglimpfung der sozialistischen Errungenschaften durch Gleichsetzung der sozialistischen Ökonomik mit der imperialistischer Staaten, da, wie man sagt, Ware und Geld auch im Sozialismus zu gleichen oder ähnlichen Entartungen des Warenfetischismus und zur Entfremdung der Arbeit wie in imperialistischen Ländern führen müßten – wie also auch immer diese Angriffe vorgetragen wurden und noch werden, ihrem Wesen nach sind sie zutiefst unwissenschaftlich. Sie sind darauf gerichtet, dem wirtschaftlichen Erstarken der sozialistischen Staatengemeinschaft und ihrem wachsenden Einfluß auf die Veränderung des Kräfteverhältnisses in der Welt entgegenzuwirken.

Diese gemeinsame antikommunistische und antisowjetische Plattform der rechten und „linken“ Opportunisten wurde in der jüngsten Zeit insbesondere an Arbeiten zu Fragen der Warenproduktion und -zirkulation in der sozialistischen Ökonomik deutlich. Vertreter des Marktsozialismus, die maßgeblich an den konterrevolutionären Versuchen in der ČSSR im Jahre 1968 beteiligt waren, gehen heute immer mehr dazu über, sich auch neotrotzkistischer Thesen zu bedienen. Sie bemühen sich, den Zusammenhang von Warenproduktion und Warenzirkulation und der Entfremdung der Arbeit nachzuweisen, unabhängig von den jeweils herrschenden Produktionsverhältnissen und vom Charakter der politischen Macht. Als nichts anderes nämlich ist beispielsweise der Versuch zu werten, den Kosta zusammen mit anderen Autoren jüngst unternommen hat.[8]

Besonders die seit dem XXIV. Parteitag der KPdSU und dem VIII. Parteitag der SED erzielten sozialökonomischen Erfolge, die sich in einem höheren Grad der Befriedigung der materiellen und kulturellen Bedürfnisse bei wachsender Effektivität der gesellschaftlichen Produktion äußern, sind nicht zuletzt eine Bestätigung für die Richtigkeit unserer, gegen alle Versuche von rechts und „links" verteidigten ökonomischen Theorie. Diese Bestätigung der Richtigkeit unserer Theorie kann nicht Stillstand bedeuten. Im Gegenteil, sie stellt neue Anforderungen, auch die Zirkulationssphäre in ihrem wechselseitigen Zusammenhang mit den Reproduktionsphasen und unter dem Aspekt der von ihr ausgehenden Intensivierungsimpulse tiefer zu untersuchen.

6.1.2. Der Austausch als Reproduktionsphase und sein allgemeiner Bestimmungszweck

In den für die entwickelte sozialistische Gesellschaft charakteristischen Zusammenhang zwischen Produktion und Konsumtion ist der Austausch von Fähigkeiten, Kenntnissen und Produkten hineingestellt. Vom Aspekt der Mobilisierung aller qualitativen Faktoren der intensiv erweiterten Reproduktion ist es bedeutsam, aus der engen Betrachtungsweise der Zirkulationssphäre, die oft mit der Ware-Geld-Zirkulation identifiziert wird, herauszukommen. Um den ganzen politökonomischen Reichtum der Zirkulationssphäre zu erschließen, ist es notwendig, den Austausch historisch und logisch aus der Einheit der Reproduktion und der wechselseitigen Bedingtheit seiner Phasen abzuleiten. Methodologisch erscheint dies auch deshalb als notwendig, weil die allgemeinen, für alle Gesellschaftsformationen gültigen Zusammenhänge der Reproduktionsphasen und ihrer Funktionen von den ökonomischen Beziehungen, die von den jeweils herrschenden Produktionsverhältnissen bestimmt werden, nicht zu trennen sind.

[8] Vgl. Jiří Kosta, Jan Meyer, Sibylle Weber, Warenproduktion im Sozialismus. Überlegungen zur Theorie von Marx und zur Praxis in Osteuropa, Frankfurt am Main 1973.

In der marxistischen politökonomischen Literatur wird dieser historische Zusammenhang des öfteren nicht ausreichend beachtet, besonders dann, wenn es um die Untersuchung von Zirkulationsproblemen und ihrer historischen Entwicklungsperspektive beim Übergang aus der ersten Phase in die zweite Phase der kommunistischen Gesellschaftsformation geht. Bei der Behandlung dieser historischen Entwicklungsprobleme wird hin und wieder der Austausch als relativ selbständige Reproduktionsphase aus dem Gesamtzusammenhang der erweiterten sozialistischen Reproduktion eliminiert, der Austausch als Verteilungsprozeß charakterisiert. Mitunter findet man auch ungenügende Differenzierungen zwischen dem Austausch von Tätigkeiten und Arbeitsprodukten. Freilich reifen bereits im Schoße der entwickelten sozialistischen Gesellschaft Existenzbedingungen für das allmähliche Absterben der gesellschaftlichen Form der Produktion und des Austauschs als Warenproduktion und -zirkulation heran. Dieser sozialökonomische Prozeß, der vor allem ein ununterbrochenes Wachstum der Produktivkräfte, die Überwindung der sozialen Unterschiede im Charakter der Arbeit, die Entwicklung der Arbeit zum ersten Lebensbedürfnis zur Voraussetzung hat, findet bekanntlich in der zweiten Phase der kommunistischen Gesellschaftsformation seine Vollendung. Seine Dialektik besteht darin, daß die Warenproduktion erst absterben kann, wenn alle ihre Möglichkeiten voll ausgeschöpft sind. Wird aber damit der Austausch als notwendige Reproduktionsbedingung in dieser Entwicklungsetappe überhaupt aufgehoben?

Unbestritten ist, daß schon im Sozialismus, der ersten Phase der kommunistischen Gesellschaftsformation, die in der Zirkulationssphäre sich vollziehende Realisierung des gesellschaftlichen Gesamtprodukts einen grundsätzlich anderen sozialökonomischen Charakter als im Kapitalismus aufweist. So gesehen hat die Realisierung in dieser Phase bereits als Hauptproblem der Reproduktion des gesellschaftlichen Gesamtprodukts ihren antagonistischen Charakter verloren. Auf der Grundlage des gesellschaftlichen Eigentums wird die gesellschaftliche Arbeit in Übereinstimmung mit den ständig wachsenden Bedürfnissen und in Abhängigkeit von der für die Herstellung der Gebrauchswerte notwendigen Arbeit planmäßig verteilt. Aber kann man den politökonomischen Inhalt der Zirkulationssphäre nur auf die auch im sozialistischen Entwicklungsstadium existierende Warenform der Produktion und der Zirkulation und nur auf die dieser Form eigenen Widersprüchlichkeit von Gebrauchswert und Wert reduzieren? Sind es nur die zeitweiligen Absatzschwierigkeiten, Überplanbestände, Reibungen in der Realisierung der Wertform aus der Waren- in die Geldform, die allein uns marxistisch-leninistische Politökonomen veranlassen, uns mit der Zirkulationssphäre zu beschäftigen? Verhält es sich nicht in der Wirtschaftspraxis der sozialistischen Länder auch so, daß in wachsendem Maße die

Funktionsfähigkeit des Zirkulationsapparates angesichts der größer werdenden Dimensionen der Vergesellschaftung der Produktion, der Arbeit und der Konsumtionsprozesse zu einer wesentlichen Voraussetzung für die rationelle Ausnutzung der Produktionsfonds, für die Erhöhung der Effektivität des gesellschaftlichen Gesamtarbeiters selbst wird? Liegen im zeitweiligen Zurückbleiben des Zirkulationsapparates gegenüber dem der stofflichen Produktion nicht wesentliche Leistungsreserven begründet? Ist es deshalb angesichts der praktischen Erfordernisse nicht an der Zeit, theoretische Probleme der Zirkulationssphäre aus einer gewissen Enge der Betrachtung herauszuführen und sie stärker auch von dem Aspekt her zu betrachten, den Marx als den Stoffwechsel der menschlichen Arbeit umriß?[9]

Um diese Fragen hinreichend beantworten zu können, ist es notwendig, sich näher mit dem Austausch als Reproduktionsphase zu beschäftigen. Einerseits sind seine Gemeinsamkeiten mit den anderen Reproduktionsphasen aufzudecken, die ihn als Glied der Einheit der Reproduktion bestimmt; andererseits ist seine Spezifik deutlich zu machen, worin er sich von den anderen Reproduktionsphasen abhebt. Hierbei lassen wir uns von der von Marx begründeten Dialektik der Einheit und wechselseitigen Bedingtheit aller vier Phasen des materiell-stofflichen und gesellschaftlichen Reproduktionsprozesses sowie von der bestimmenden Rolle der Produktion leiten.

Wie Marx nachwies, liegt jeder Reproduktion die wechselseitige Bedingtheit der Produktion und Konsumtion zugrunde. Produktion und Konsumtion sind zwei Seiten ein und desselben wechselseitig verbundenen Prozesses. „Ohne Produktion keine Konsumtion; aber auch ohne Konsumtion keine Produktion, da die Produktion so zwecklos wäre.“[10] Diese von Marx mehrfach hervorgehobene dialektische Einheit von Produktion und Konsumtion wendet sich erstens gegen jene extremen Auffassungen, die zwischen Produktion und Konsumtion einen objektiven Gegensatz sehen, der Produktion in dieser wechselseitigen Bedingtheit das Primat absprechen.

Zweitens richtet sich dieser Hinweis gegen jedwede Art der Ignorierung der Spezifik, die Produktion und Konsumtion tatsächlich voneinander unterscheiden. Die bestimmende Rolle der Produktion gegenüber der Konsumtion besteht darin, daß sie der Konsumtion den Gegenstand schafft, die Weise der Konsumtion bestimmt, indem sie dem Arbeitsprodukt bestimmte Eigenschaften verleiht und die Form der Konsumtion schafft. In der Produktion und durch sie wird die Grundlage für die Befriedigung eines Systems der persönlichen und gesellschaftlichen Bedürfnisse gelegt, da nicht

[9] Vgl. Karl Marx, Das Kapital, Erster Band, in: MEW, Bd. 23, Berlin 1962, S. 126.

[10] Karl Marx, Einleitung zur Kritik der Politischen Ökonomie, in: MEW, Bd. 13, Berlin 1961, S. 623.

nur „... der Gegenstand der Konsumtion, sondern auch die Weise der Konsumtion durch die Produktion produziert (wird), nicht nur objektiv, sondern auch subjektiv. Die Produzenten schaffen also den Konsumenten".[11]

Für die Bestimmung der Funktion des Austauschs sind nicht nur die von der Produktion ausgehenden und bestimmenden Beziehungen zur Konsumtion bedeutsam, sondern auch jene, die umgekehrt von der Konsumtion auf die Produktion selbst zurückwirken. Sie sind in vielerlei Hinsicht entscheidend für das reibungslose Funktionieren der Produktion und Konsumtion und berühren alle Seiten des Austauschs.

In der Konsumtion und durch sie muß sich das Arbeitsprodukt bewähren. Die Bewährung steht so lange aus, solange die Arbeitsprodukte nicht ihrem endgültigen Zweck zur Verfügung stehen. Auf die Funktion der Konsumtion, die auch für die Funktion des Austauschs entscheidend ist, wies Marx hin: „Im Unterschied vom bloßen Naturgegenstand, bewährt sich, *wird* das Produkt erst in der Konsumtion."[12]

Konsumtion, als sich ständig wiederholender Prozeß des Verbrauchs von produzierten Arbeitsprodukten verstanden, ruft ständig das objektive Bedürfnis hervor, neue Produkte anstelle der verbrauchten zu erzeugen. Damit ruft die Konsumtion das ökonomische Interesse hervor, die Produktion nicht schlechthin fortzusetzen, sondern zu erweitern, wissenschaftlich-technisch zu vervollkommnen und immer neue Gebrauchswerte mit höheren Eigenschaften zu erzeugen. Für die Spezifik des Austauschs von Arbeitsprodukten ist dieser von der Konsumtion auf die Produktion rückwirkende Effekt ebenso bedeutsam wie jener Umstand, daß in der individuellen Konsumtion zugleich die Arbeitskraft reproduziert wird. Sie, die individuelle Konsumtion, ist daher in vielerlei Hinsicht mit der spezifischen Komponente der Gesellschaftsformation auf das engste verflochten. Denn wie die materiellen und kulturellen Bedürfnisse befriedigt werden können, davon wird zugleich der Stand der Arbeitsproduktivität in der Gesellschaft maßgeblich mitbestimmt.

Der Austausch von Tätigkeiten und Produkten ist selbst Moment dieser dialektischen Einheit von Produktion und Konsumtion. Um den politökonomischen Inhalt des Austauschs voll erfassen zu können, ist es wichtig, hervorzuheben, daß der Austausch selbst Moment der Produktion ist. Als der unmittelbaren Produktion zugehörig anzusehen sind der Austausch von Fähigkeiten und Fertigkeiten in der Produktion wie auch der Austausch von Produkten, soweit dieser die unmittelbare Nutzanwendung in der Konsumtion vorbereitet. Dieser Austausch ist wie jener, den Marx als Austausch zwischen „Dealers und Dealers" bezeichnete, selbst produzierende Tätigkeit.

[11] Ebenda, S. 624.
[12] Ebenda, S. 623.

Mit dem Austausch von Arbeitsprodukten in Form von Konsumtionsmitteln geht zugleich ihre Verteilung auf die einzelnen Mitglieder der Gesellschaft einher. Der Austausch von Produktionsmitteln bewirkt deren Verteilung auf die verschiedenen Zweige und Betriebe. Austausch und Distribution sind demnach ebenso als Momente der Produktion anzusehen, wie umgekehrt Produktion und Distribution Momente des Austauschs sind. Schließlich werden mit dem Austausch von Arbeitsprodukten auch Konsumtionsprozesse vorbereitet oder unmittelbar gestaltet. Das ist dann der Fall, wenn mit dem Austausch von Arbeitsprodukten zugleich Problemlösungen für den jeweiligen Anwender oder Verbraucher ausgetauscht werden beziehungsweise der Austausch von Arbeitsergebnissen mit konsumtionswirksamen Leistungen verbunden ist, die die Art und Weise der Konsumtion beeinflussen.

Folglich wird die dialektische Einheit der vier Phasen der Reproduktion dadurch gekennzeichnet, daß eine Phase jeweils Momente der anderen Phase in sich aufnimmt, wobei die unmittelbare Produktion jenes Moment ist, das auf alle anderen Momente übergreift.

So verhält es sich auch mit der Phase des Austauschs. Der Austausch ist selbst produzierende Tätigkeit, ist Distribution von Arbeitsergebnissen und bereitet Konsumtionsprozesse vor oder gestaltet sie. „Der Austausch erscheint so in allen seinen Momenten in der Produktion entweder direkt einbegriffen oder durch sie bestimmt."[13]

Wenn aber der Austausch jeweils Moment der anderen Reproduktionsphase, vornehmlich der Produktion ist, was berechtigt uns dann zu der Auffassung, daß der Austausch eine relativ selbständige, von den anderen Reproduktionsphasen verschiedene Reproduktionsphase sei? Welche selbständige Funktion ist dem Austausch in der Bewegung des gesellschaftlichen Produkts von seiner Herstellung bis zu seiner endgültigen Verwendung eigen?

Diese Frage ist auf das engste mit dem Grad der Vergesellschaftung der Produktion und der Arbeit, die unter anderem im Entwicklungsstand der gesellschaftlichen Arbeitsteilung zum Ausdruck kommt, verbunden. Jede Gesellschaftsformation, die auf gesellschaftlicher Arbeitsteilung beruht, setzt vielseitige Produktionstätigkeit der Gesellschaftsmitglieder voraus, worin die Notwendigkeit eingeschlossen ist, die Arbeitsergebnisse auszutauschen. Ohne den ständigen Austausch von Tätigkeiten und Arbeitsergebnissen, die noch nicht konsumtionsfähig sind, kann keine arbeitsteilig gegliederte Gesellschaft produzieren, weshalb dieser Austausch auch unmittelbar produzierende Tätigkeit ist.

[13] Ebenda, S. 630.

In ähnlicher Weise verhält es sich mit dem Austausch von Arbeitsprodukten, die Konsumreife angenommen haben und nunmehr auf ihren unmittelbaren Verbrauch warten. In dieser Hinsicht wirkt der Austausch relativ unabhängig von der Produktion und ist mit seinen Realisierungsbedingungen *als Gebrauchswert* untrennbar verbunden. Ebenso wie unter den Bedingungen der arbeitsteilig gegliederten Gesellschaft in hohem Maße der Produzent nicht auch Konsument seiner Erzeugnisse ist, so fallen auch nicht Produktions- und Konsumtionsbedingungen in zeitlicher und räumlicher Hinsicht zusammen. Der Austausch von Arbeitsergebnissen, die konsumreif gestaltet wurden, verläuft relativ selbständig von den übrigen Phasen der Produktion und ist dazu berufen, die wechselseitigen Zusammenhänge zwischen Produktion und Konsumtion zu vermitteln. Mit der Distribution hat dieser Austausch gemein, daß er stets zwischen Anfangs- und Endpunkt der Produktion fungiert. Marx spricht von der doppelten Mitte „... indem die Distribution als das von der Gesellschaft, der Austausch als das von den Individuen ausgehende Moment bestimmt ist ... Die Distribution bestimmt das Verhältnis (das Quantum), worin die Produkte an die Individuen fallen; der Austausch bestimmt die Produktion, worin das Individuum den ihm durch die Distribution zugewiesnen Anteil verlangt".[14]

Der Austausch von Arbeitsprodukten als von den übrigen Phasen der Reproduktion relativ selbständige Phase hat deshalb vor allem die Funktion, Produktion und Konsumtion miteinander in der Weise zu verbinden, daß der jeweilige, für die individuelle Konsumtion bestimmte Anteil des gesellschaftlichen Produkts den individuellen Bedürfnissen entsprechend produziert und der individuellen Konsumtion zugeführt wird. Dabei entspringen selbst Impulse auf die Entwicklung von Umfang und Struktur der Bedürfnisse, die ihrerseits über den Austausch auf die Produktion zurückwirken. Der Austausch überträgt schließlich die von der Produktion ausgehenden Impulse auf die weitere in der Konsumtionssphäre sich vollziehende Entwicklung der Bedürfnisse und nimmt so auf die Kontinuität der Gesamtheit der Reproduktionsbedingungen aktiven Einfluß.

Im Grunde genommen ist der Austausch von Arbeitsprodukten eine Phase, in der, bedingt durch die materiellen Existenzbedingungen, Beziehungen zwischen der Gesellschaft, den Gliedern der gesellschaftlichen Arbeitsteilung und den einzelnen Mitgliedern der Gesellschaft hergestellt werden. Der Austausch von Arbeitsprodukten ist für das Funktionieren des gesellschaftlichen Gesamtorganismus unerläßlich, das heißt, daß die Austauschbeziehungen auch untrennbar in ihrer Einheit mit den gesellschaftlichen Be-

[14] Karl Marx, Grundrisse der Kritik der Politischen Ökonomie, Berlin 1953, S. 10–11.

ziehungen, die in der Produktion, Distribution und Konsumtion eingegangen werden, verbunden sind. Sie gehören zu dem System der Produktionsverhältnisse, auf dem die jeweilige Gesellschaftsformation basiert.

6.1.3. Zur sozialökonomischen Charakteristik der Warenproduktion und -zirkulation in der sozialistischen Gesellschaft

Wie wird nun aber diese allgemeine, allen Gesellschaftsformationen angehörende Zweckbestimmung des Austauschs in der Reproduktion der materiellen Existenzbedingungen unter den konkreten historischen Bedingungen der jeweiligen Gesellschaftsformation wirksam?

Bei der Beantwortung dieser Frage sind die Wechselbeziehungen zwischen dem ökonomischen Grundgesetz der jeweiligen Gesellschaftsformation und dem Austausch, vor allem aber dessen Funktion bei der Realisierung des konkret-historischen Ziels der gesellschaftlichen Produktion zu untersuchen. Außerdem ist darin auch die Frage nach der jeweiligen *Bewegungsform* des Austausches selbst, die für die jeweilige Gesellschaftsordnung bestimmend ist, eingeschlossen.

Bei der sozialökonomischen Charakteristik der Zirkulation muß man, um theoretische und methodologische Fehler zu vermeiden, stets von dem grundlegenden Ziel der gesellschaftlichen Produktion ausgehen. Marx hob bei der Analyse der kapitalistischen Produktion ausdrücklich hervor: „Man darf diese nie darstellen als das, was sie nicht ist, nämlich als Produktion, die zu ihrem unmittelbaren Zweck den Genuß hat.“[15]

Das ökonomische Grundgesetz des Kapitalismus bringt die auf dem kapitalistischen Charakter des Eigentums beruhende Bewegungsform des in dieser Produktionsweise antagonistischen Widerspruchs zwischen Produktion und Konsumtion zum Ausdruck. Dieser antagonistische Widerspruch ist in der Ausbeutung der Arbeit durch das Kapital begründet, das wiederum seinerseits die umfassende Form der kapitalistischen Warenproduktion und -zirkulation bedingt, in die die Ware Arbeitskraft einbezogen ist.[16]

Der antagonistische Charakter in den Beziehungen zwischen Produktion und Konsumtion im Kapitalismus, der in der Produktion begründet ist,

[15] Karl Marx, Das Kapital, Dritter Band, in: MEW, Bd. 25, Berlin 1964, S. 254.

[16] „Dieselben Umstände, welche die Grundbedingung der kapitalistischen Produktion produzieren – das Dasein einer Lohnarbeiterklasse –, sollizitieren den Übergang aller Warenproduktion in kapitalistische Warenproduktion.“ – Karl Marx, Das Kapital, Zweiter Band, in: MEW, Bd. 24, Berlin 1963, S. 41.

wird in der Zirkulation zunächst dadurch offenbar, daß der einzelne Kapitalist „... weniger Wert in der Form von Geld in die Zirkulation hinein(wirft), als er aus ihr herauszieht, weil er mehr Wert in der Form von Ware hineinwirft, als er ihr in Form von Ware entzogen hat".[17]

In einer auf kapitalistischem Eigentum beruhenden Warenproduktion und -zirkulation, in der der Tauschwert, nicht der Gebrauchswert, den bestimmenden Selbstzweck der Zirkulation darstellt, ist „die Rate, worin der Kapitalist sein Kapital verwertet, ... um so größer, je größer die Differenz zwischen seiner Zufuhr und seiner Nachfrage, d. h. je größer der Überschuß des Warenwerts, den er zugeführt, über den Warenwert, den er nachfragt. Statt des Deckens beider ist das möglichste Nichtdecken, das Überdecken seiner Nachfrage durch seine Zufuhr, sein Ziel."[18]

Aus diesem Grunde muß stets die politökonomische Analyse des Zirkulationsprozesses im Kapitalismus eine Analyse der Zirkulation des Waren- und Geldkapitals sein, nicht der Ware und des Geldes schlechthin. Die Zweckbestimmung von Waren- und Geldkapital besteht darin, in ständiger Reproduktion das Ausbeutungsverhältnis durch Kauf von Produktionsmitteln und Arbeitskräften zu erhalten und den Verwertungsprozeß erneut und auf möglichst höherer Stufenleiter zu begründen, um damit den im neugeschaffenen Wert enthaltenen Mehrwert zu realisieren. Hier liegt das eigentliche kapitalistische Wesen des Zirkulationsprozesses. Der allgemeine Bestimmungszweck der Zirkulation wird auf diese historisch konkrete (kapitalistische) Weise wirksam.

Mit der einfachen, auf Privateigentum beruhenden Warenproduktion und Warenzirkulation hat die kapitalistische Warenproduktion und -zirkulation gemeinsam, daß der allgemeine gesellschaftliche Zusammenhang zwischen den arbeitsteilig und zugleich durch das Privateigentum verselbständigten Arbeiten *nur* über den Austausch, allein über den Austausch von Ware gegen Geld und umgekehrt von Geld gegen Ware vermittelt wird. Eine andere Form der Herstellung des gesellschaftlichen Zusammenhangs zwischen der arbeitsteilig hergestellten Produktenwelt und den Gebrauchswerten, die der einzelne zur Befriedigung seiner Bedürfnisse braucht, als der von Ware-Geld-Beziehungen ist unter den Bedingungen des Privateigentums nicht möglich. Was die Art und Weise der Vermittlung des Zusammenhangs zwischen der gesellschaftlichen Gesamtarbeit mit den privat verausgabten Arbeiten anbetrifft, sind einfache und kapitalistische Warenproduktion von gleichem historischen Typ. Auch hier kann die Zirkulation nur als das begriffen werden, was sie ihrem politökono-

[17] Ebenda, S. 120.
[18] Ebenda, S. 120–121.

mischen Wesen nach ist, nämlich als eine den *Tauschwert* realisierende Zirkulation, in der der einzelne Produzent nicht unmittelbar an der gesellschaftlichen Produktion zur Befriedigung gesellschaftlich anerkannter Bedürfnisse teilnimmt. Der gesellschaftliche Zusammenhang wird durch den Warenaustausch vermittelt, und über diese Form der Vermittlung werden die für die produktive und individuelle Konsumtion bestimmten Güter zur Verfügung gestellt. Die allgemeinen Beziehungen zwischen Individuum und Gesellschaft bei der Reproduktion der materiellen Lebensbedingungen, die, wie wir sahen, außer durch den Austausch von Fähigkeiten und Fertigkeiten auch durch den Austausch von Produkten hergestellt werden, können unter diesen gesellschaftlichen Bedingungen nur durch Ware-Geld-Beziehungen realisiert werden. In diesem Fall, „... der von der selbständigen Produktion der Einzelnen ausgeht – sosehr diese selbständigen Produktionen durch ihre Beziehungen zueinander sich post festum bestimmen, modifizieren –, findet die Vermittlung statt durch den Austausch der Waren, den Tauschwert, das Geld, die alle Ausdrücke eines und desselben Verhältnisses sind."[19]

Der Austausch von Arbeitsprodukten fällt bei Existenz privaten Eigentums mit der Ware-Geld-Zirkulation zusammen. Die Warenzirkulation ist unter diesen Bedingungen die einzige gesellschaftliche Sphäre, in der post festum der gesellschaftliche Zusammenhang hergestellt werden kann, was nichts anderes bedeutet, als daß ihre einzige Bewegungsform die der Anarchie und Konkurrenz im gesellschaftlichen Maßstab ist.

Es ist deshalb historisch wie logisch nur zu berechtigt, wenn Marx den Austausch in diesen gesellschaftlichen Formationen stets als Sphäre des Formwandels des Wertes betrachtete, um den Bewegungsmechanismus des Mehrwertgesetzes aufdecken zu können. Deshalb abstrahierte er bei der Analyse der Warenzirkulation, des Kreislaufs und Umschlags des Kapitals sowie der Verselbständigung des Warenkapitals als Warenhandlungskapital auch von den materiell-stofflichen Prozessen des Austauschs, vom stofflichen Hände- und Stellenwechsel. So bezeichnete Marx beispielsweise bei der Analyse der Zirkulationskosten jene Aufwendungen, die nicht an den Formwandel des Wertes, sondern an die Reproduktionsbedingungen überhaupt gebunden sind, als heterogene Zirkulationskosten. Hingegen nannte er die Aufwendungen, die an den Formwandel des Wertes gebunden sind, „*reine* Zirkulationskosten".

Wie aber verhält es sich nun mit der sozialökonomischen Charakteristik des Austauschs von Produkten unter den Bedingungen des sozialistischen Eigentums an den Produktionsmitteln und unter den ihm entspre-

[19] Karl Marx, Grundrisse der Kritik der politischen Ökonomie, Berlin 1953, S. 88.

chenden Produktionsverhältnissen in allen Reproduktionssphären sowie ihres wechselseitigen Zusammenhangs? Uns interessiert hierbei besonders, auf welche Art und Weise in der ersten Phase der kommunistischen Gesellschaftsformation der gesellschaftliche Zusammenhang zwischen dem Produkt der Gesellschaft und den Gebrauchswerten für die Befriedigung der Bedürfnisse durchgesetzt wird. Welchen Bestimmungszweck hat also die Zirkulation unter Bedingungen, die – wie wir bereits an anderer Stelle erwähnten – durch einen unmittelbaren Zusammenhang zwischen Produktion und Konsumtion gekennzeichnet sind? Als Bewegungsform der gesellschaftlichen Produktion besagt das ökonomische Grundgesetz des Sozialismus, daß die auf gesellschaftlichem Eigentum beruhende Produktion ihrem Wesen nach eine auf die immer bessere Befriedigung der Bedürfnisse gerichtete Produktion ist, die die Entfaltung aller Wesenskräfte der Menschen ermöglicht. Sie erhält dadurch nicht nur ihren Bestimmungszweck, sondern auch in ihrer weiteren Vervollkommnung und Ökonomisierung ihre Triebkraft und ihre Entwicklungsrichtung. Aber diese Wechselbeziehungen zwischen Produktion und Konsumtion werden in der kommunistischen Gesellschaftsformation unter den Bedingungen der gesellschaftlichen Arbeitsteilung realisiert. Die gesellschaftliche Arbeitsteilung vollzieht sich auf der sozialökonomischen Basis der kommunistischen Gesellschaftsformation, überwindet damit ihrerseits die aus den vorangegangenen Entwicklungsetappen übernommenen und mit der gesellschaftlichen Arbeitsteilung vollzogenen sozialökonomischen Unterschiede der Arbeit und setzt sie auf einer bedeutend höheren gesellschaftlichen Stufe fort. Ihr Ziel besteht darin, über die fortwährende Ökonomisierung mehr und reichhaltigere Bedingungen für die Entwicklung aller Wesenskräfte der Menschen zu schaffen, worin die Arbeit den Rang des ersten sozialen und persönlichen Lebensbedürfnisses einnimmt. Es ist offensichtlich, daß von der Seite der gesellschaftlichen Verhältnisse her keinerlei Schranken für die Vergesellschaftung der Produktion und der Arbeit auftreten. Solche gesellschaftlichen Bedingungen „... würde(n) von vornherein das Produkt zu einem gemeinschaftlichen, allgemeinen machen. Der ursprünglich in der Produktion stattfindende Austausch – der kein Austausch von Tauschwerten wäre, sondern von Tätigkeiten, die durch gemeinschaftliche Bedürfnisse bestimmt wären, durch gemeinschaftliche Zwecke – würde von vornherein die Teilnahme des Einzelnen an der gemeinschaftlichen Produktenwelt einschließen ... Auf dieser Grundlage wäre sie ... *gesetzt* vor dem Austausch; d. h. der Austausch ... wäre überhaupt nicht das *Medium*, wodurch die Teilnahme des Einzelnen an der allgemeinen Produktion vermittelt würde."[20]

[20] Ebenda.

Das also, was der Einzelne zur Befriedigung seiner Bedürfnisse erhält, wird nicht mehr über die Realisierung von Tauschwerten vermittelt, weil es Anteil des Produkts an der gemeinschaftlichen Produktion darstellt, an dessen Herstellung er unmittelbar beteiligt ist. Da aber Schaffung von Produkten des gemeinschaftlichen Produkts und dessen Konsumtion (Befriedigung der Bedürfnisse) sowohl zeitlich als auch räumlich auseinanderfallen, die Produktion nicht eine Produktion von Gebrauchswerten für den unmittelbaren Produzenten, das heißt eine Produktion individueller Gebrauchswerte, sondern eine Produktion gesellschaftlichen Gebrauchswertes darstellt, ist auch hier eine Vermittlung, ein Ausgleich der unterschiedlichen Produktions- und Konsumtionsbedingungen erforderlich. Allerdings vollzieht sich dieser Ausgleich nicht auf der Basis des Tauschwertes, sondern auf der Basis der gegenseitigen Abstimmung des gesellschaftlichen Nutzens (als Beziehung der gesellschaftlichen Bedürfnisse zu den spezifischen Eigenschaften der Gesamtheit der Gebrauchswerte) in Übereinstimmung mit der zur Herstellung der Gebrauchswerte erforderlichen Arbeitszeit. Als Ergebnisse gemeinschaftlicher Produktion unterliegen die Gebrauchswerte einem gesellschaftlichen Händewechsel, werden sie ausgetauscht. Der Austausch von Gebrauchswerten in diesem Sinne ist notwendig, um sie konsumieren zu können. Unter solchen gesellschaftlichen Bedingungen ist der Austausch frei von dem in der Ware enthaltenen Widerspruch, Gebrauchswert und Wert zu sein. Er ist ein die gesellschaftlichen Reproduktionsbedingungen vermittelndes Moment, das die Gebrauchswerte der unmittelbaren Konsumtion zuführt.

Bekanntlich sind die gesellschaftlichen Bedingungen und der Entwicklungsstand der Produktivkräfte in der ersten Phase der kommunistischen Gesellschaftsformation aber noch nicht so gestaltet, daß sie einen unmittelbaren gesellschaftlichen Zusammenhang der Produktion und der Konsumtion ermöglichen. Die zwischen Produktion und Konsumtion existierenden Beziehungen nehmen notwendigerweise Ware-Geld-Beziehungen an. Die Existenz dieser Ware-Geld-Beziehungen in der ersten Phase der kommunistischen Formation ist nur ein Ausdruck dafür, daß die Verbindung der einzelnen Produktionsglieder in Form der Bewegung der Arbeitsprodukte mittelbar hergestellt wird. Hierin äußern sich historisch Besonderheiten der ersten Phase der kommunistischen Gesellschaftsformation. Diesen Besonderheiten entspricht historisch die Eigenart der Dialektik, die dem gesellschaftlichen Zusammenhang der Produzenten zugrunde liegt. In dieser Phase hat der unmittelbare gesellschaftliche Zusammenhang der Produzenten noch nicht einen solchen Reifegrad angenommen, um in einer Form realisiert zu werden, die seiner inneren Natur entspricht. Jener Teil des gesellschaftlichen Produkts, der für die individuelle Konsumtion bestimmt ist und Eigentum der Gesellschaft darstellt, geht in das persönliche Eigentum eines jeden Mitglieds der Gesellschaft über. In der ersten Phase der kommunistischen Gesellschaftsformation erfolgt entsprechend Qualität und Quantität der geleisteten Arbeit die Verteilung zunächst in Form von Geld, das in den Händen des Konsumenten einen bestimmten Anteil am gesellschaftlichen Produkt verkörpert. Das in seinen Händen befindliche Geld versetzt ihn in die Lage, mit Hilfe des allgemeinen Äquivalents Konsumgüter und Dienste in Anspruch zu nehmen. Aus der Sicht des einzelnen Mitgliedes der Gesellschaft muß, um konsumieren zu können, in umgekehrter Richtung sich der Wandel des Wertes aus der Geldform in die Warenform vollziehen.

Was die Produktionsmittel angeht, so werden sie im ersten Stadium der kommunistischen Gesellschaftsformation ebenfalls als Ware produziert und müssen somit auch durch die Zirkulation realisiert werden, um produktiv konsumiert zu werden. Hierbei sollen allerdings nicht die Besonderheiten übersehen werden, die in der Zirkulation von Produktionsmitteln und Konsumgütern bestehen. Vielmehr soll hier das den Produktionsmitteln und den Konsumgütern Gemeinsame unterstrichen werden, nämlich, daß die Arbeitsprodukte mittels Austausches gegen Geld in die produktive oder individuelle Konsumtion gelangen.

Nach dem vollständigen Sieg der sozialistischen Produktionsverhältnisse handelt es sich hier um Warenbeziehungen, deren Wesen nicht aus den „Muttermalen" der alten Gesellschaft erklärt werden kann, sondern um Beziehungen, die auf der einheitlichen sozialökonomischen Grundlage sozialistischer Produktionsverhältnisse entstehen und sich entwickeln und folglich ihrem sozialökonomischen Inhalt nach nichts mit den auf kapitalistischem Eigentum beruhenden Ware-Geld-Beziehungen gemein haben.

Lenin schrieb: „... das Produkt der sozialistischen Fabrik, das gegen bäuerliche Lebensmittelprodukte ausgetauscht wird, ist keine Ware im Sinne der politischen Ökonomie, jedenfalls nicht nur Ware, nicht mehr Ware, hört auf, Ware zu sein."[21] Diesen Hinweis führen häufig Vertreter von Auffassungen an, die die Existenz der Warenproduktion und Warenzirkulation in der entwickelten sozialistischen Gesellschaft entweder leugnen oder deren Fortbestehen aus den aus der kapitalistischen Produktion übernommenen Bedingungen erklären, um die Richtigkeit ihrer Aussagen zu bekräftigen. Aber dieser Hinweis Lenins ist vielmehr darauf gerichtet, die im Sozialismus produzierte und zu realisierende Ware als eine Ware besonderer Art anzusehen. Für die Besonderheiten der sozialistischen

[21] W. I. Lenin, Direktive des Rats für Arbeit und Verteidigung an die örtlichen Sowjetinstitutionen, in: Werke, Bd. 32, Berlin 1961, S. 401.

Warenproduktion und Warenzirkulation sind im Grunde genommen folgende Merkmale bestimmend:

Erstens sind die sozialistischen Produzenten auf der Basis des gesellschaftlichen Eigentums im gesellschaftlichen Maßstab vereinigte Produzenten. Der Grad ihrer Vereinigung hat selbst historischen Charakter und nimmt an Intensität zu, wie die Vergesellschaftung der Produktion und der Arbeit sich vertieft. Dieser sozialökonomische Prozeß ist ein die gesamte Gesellschaft umfassender Prozeß. Als solcher verläuft er aber widersprüchlich. Mit wachsender Vergesellschaftung der Produktion und der Arbeit wird einerseits die relative Selbständigkeit der Produzenten eingeengt und in der Tendenz historisch völlig überwunden. Andererseits wird die relative Selbständigkeit der Produzenten, bedingt durch die Ware-Geld-Beziehungen, erneut ständig reproduziert. In diesem widerspruchsvollen Prozeß ist aber die Vergesellschaftung die bestimmende Seite, weil die dem Sozialismus eigenen Gesetze, die sozialistischen Produktionsverhältnisse von sich aus keinerlei Schranken für den ständig zunehmenden gesellschaftlichen Charakter der Produktivkräfte und deren gesellschaftliche Nutzung setzen. Nur der erreichte Entwicklungsstand der Produktivkräfte selbst ist es, der zu dem jeweils bestimmten Zeitpunkt diese Begrenzung für den Vergesellschaftungsprozeß setzt. Der Prozeß der Vergesellschaftung erfährt in der entwickelten sozialistischen Gesellschaft, mit der Beschleunigung des wissenschaftlich-technischen Fortschritts untrennbar verbunden, weitere Impulse.

Zweitens erfolgen Warenproduktion und -zirkulation planmäßig. Im gesellschaftlichen Maßstab wird die gesellschaftliche Arbeit auf die einzelnen Bereiche und Zweige dem Bedürfnisumfang und der Bedürfnisstruktur gemäß planmäßig verteilt. Selbst unter den Bedingungen einer relativ verselbständigten Produktion ist die Arbeit bereits vor ihrem Austausch unmittelbare gesellschaftliche Arbeit in einem historisch bestimmten Reifegrad. Der historische Reifegrad dieser als unmittelbar gesellschaftlich auftretenden Arbeit ist nur ein anderer Ausdruck für den erreichten Vergesellschaftungsprozeß der Produktion und der Arbeit. Er wird durch die ständige Vervollkommnung der Leitung, Planung und Stimulierung maßgeblich unterstützt.

Drittens ist die Warenproduktion im Sozialismus eine Produktion gesellschaftlicher Gebrauchswerte. Das ist aber nicht gleichbedeutend mit einer Produktion von Gebrauchswerten, die auf die Befriedigung von auf dem Boden des kapitalistischen Eigentums sich historisch entwickelnden und durch Eigennutz und Entfremdung geprägten Bedürfnissen gerichtet ist. Sie ist vielmehr eine Warenproduktion, die auf die planmäßige Befriedigung der ständig wachsenden Bedürfnisse der gesamten Gesellschaft abzielt. Die Art und Weise der Vergesellschaftung der Produktion und der Arbeit hat auf die Art und Weise der Vergesellschaftung der Konsumtion sowie auf die Formierung und Herausbildung der individuellen Bedürfnisse zum gesellschaftlich anerkannten Bedürfnis einen bestimmenden Einfluß. Die Produktion ist auf die Wohlfahrt aller Mitglieder der Gesellschaft gerichtet, und die Berücksichtigung der individuellen Vielfalt der Bedürfnisse ist deshalb objektiv nur über die planmäßige Befriedigung der ständig wachsenden Bedürfnisse der gesamten Gesellschaft möglich. In der entwickelten sozialistischen Gesellschaft geht es darum, immer besser die harmonische Entwicklung aller Seiten und Wesenskräfte der Menschen zu gewährleisten, die eine spezielle Verknüpfung der gesellschaftlichen mit den persönlichen Interessen, des gesellschaftlichen Nutzens mit dem individuellen Nutzen sowie der gesellschaftlichen Bedürfnisse mit den persönlichen Bedürfnissen zum Inhalt hat.

Viertens verändern sich mit wachsender Vergesellschaftung der Produktion und der Arbeit und mit höherem Reifegrad der sozialistischen Produktionsverhältnisse der sozialökonomische Inhalt und die Wirkungsbedingungen der Gesetze der sozialistischen Ökonomik, besonders des ökonomischen Grundgesetzes des Sozialismus und des Gesetzes der planmäßigen, proportionalen Entwicklung der Volkswirtschaft. Sozialökonomischer Inhalt und Wirkungsbedingungen dieser Gesetze wirken auf die jeder Warenform des Arbeitsprodukts immanente Dialektik von Gebrauchswert und Wert ein. Hierbei gewinnt der Gebrauchswert an Bedeutung, da er in Übereinstimmung mit dem Ziel der gesellschaftlichen Produktion den materiellen Gegenstand der Bedürfnisbefriedigung darstellt, wie umgekehrt das Bedürfnis im vorgestellten Gebrauchswert den subjektiven Gegenstand der Produktion reflektiert. Als Gebrauchswert mit gesellschaftlicher Potenz ist er mit der Formierung des gesellschaftlichen Bedürfnisses untrennbar verbunden. Er ist in der Dialektik von Gebrauchswert und Wert qualitativ anders zu werten, als nur stofflicher Träger des Wertes zu sein. Es hieße die dem Sozialismus eigentümliche Dialektik von Gebrauchswert und Wert der Ware mißachten, wollte man aus der wachsenden Bedeutung des Gebrauchswertes etwa den Schluß ziehen, daß der Wert an Bedeutung verlieren würde oder gar ignoriert werden könnte. Die sozialistische Gesellschaft stützt sich bei der Ausnutzung des ökonomischen Grundgesetzes des Sozialismus und des Gesetzes der planmäßigen, proportionalen Entwicklung der Volkswirtschaft auf den Wert in doppelter Hinsicht, nämlich einmal historisch notwendiger Ausdruck für den gesellschaftlich notwendigen Arbeitsaufwand pro Erzeugnis zu sein, zum anderen als historisch notwendiger Ausdruck für die aufgewandte Arbeit zu fungieren, die für die Befriedigung bestimmter Bedarfsmengen gesellschaftlich notwendig ist. Die sozialistische Gesellschaft ist am Sinken des Wertes pro Erzeugnis ebenso wie an seiner planmäßigen Realisierung aus seiner Waren- in die Geldform interessiert. Das Senken des Wertes und das reibungslose Realisieren seiner Form aus der Warenform in die Geldform stellen eine wichtige Quelle für die Erweiterung und Vervollkommnung der sozialistischen Produktions- und Konsumtionsbedingungen dar. Senkung des gesellschaftlich notwendigen Arbeitsaufwands pro Einheit des Produkts und reibungslose Realisierung des in Warenform hergestellten Gesamtprodukts sind demnach kein Selbstzweck. Sie sind den Erfordernissen des ökonomischen Grundgesetzes des Sozialismus und anderen Gesetzen der sozialistischen Ökonomik untergeordnet.

Hieraus resultieren auch die sozialökonomischen Merkmale für den Realisierungsprozeß der Waren. Zunächst zirkulieren die Waren als Produkte unmittelbarer gesellschaftlicher Arbeit, die für die planmäßige Befriedigung der ständig wachsenden Bedürfnisse der gesamten Gesellschaft bestimmt sind. Außerdem spiegelt der fortschreitende Realisierungsprozeß auf dem Wege von der Produktion zur Konsumtion den planmäßigen Ausgleich, die Vermittlung der unterschiedlichen Bedingungen von Produktion und Konsumtion wider, die, wie wir sahen, aus den Entwicklungstendenzen des wissenschaftlich-technischen Fortschritts in der Produktion und ihrer Einflußnahme auf die Bedürfnisentwicklung herrühren.

Über die planmäßige Realisierung der Waren wird die sozialistische Gesellschaft in die Lage versetzt, festzustellen, in welcher Weise sich die planmäßige Verteilung der gesellschaftlichen Gesamtarbeit auf die verschiedenen Bereiche und Zweige der Bedürfnisbefriedigung tatsächlich vollzogen hat und in welchem Ausmaß der tatsächliche Arbeitsaufwand als gesellschaftlich notwendig anerkannt wurde. Darin eingeschlossen ist auch die Kontrolle über den Arbeitsaufwand, der für die Heranführung der Gebrauchswerte an den endgültigen Konsumenten gesellschaftlich notwendig ist. Indes hat diese Kontrolle nicht nur rechnerische Bedeutung. Sie stellt auf der Grundlage der planmäßigen Verteilung der gesellschaftlichen Arbeit auf die verschiedenen Bereiche und Zweige vielmehr ein wesentliches Element jener Methoden der sozialistischen Wirtschaftsführung dar, die auf die Intensivierung des Reproduktionsprozesses gerichtet sind. Dabei wird ein gesellschaftlicher Mechanismus in Gestalt der Leitung, Planung und Stimulierung ausgenutzt, der mit der Heranführung der verschiedenen Arten der betrieblichen Arbeiten an die gesellschaftlich notwendige Arbeit verbunden ist. Dadurch wird es möglich, den Zusammenhang zwischen gesellschaftlichem Arbeitsaufwand und den gesellschaftlich anerkannten Bedürfnissen sowie die dazu notwendigen verschiedenen Tätigkeiten untereinander planmäßig und immer effektiver herzustellen.

Solange die sozialökonomisch bedingten Entwicklungswidersprüche vorhanden sind, solange also das gesellschaftliche Produkt in Warenform produziert und realisiert werden muß, so lange existieren auch diese Widersprüche zwischen Gebrauchswert und Wert, zwischen Ware und Geld sowie zwischen Käufer und Verkäufer. Schon aus diesem Grunde ist deshalb die Annahme völlig verfehlt, daß in der entwickelten sozialistischen Gesellschaft die in und durch die Zirkulation erwirkte Realisierung der Erzeugnisse zur Bedeutungslosigkeit degradiert würde. Diese falsche Auffassung zu Ende gedacht, würde darauf hinauslaufen, erstens auf den gesellschaftlichen Mechanismus zu verzichten, der der sozialistischen Gesellschaft auf der Grundlage der gesellschaftlichen Planung ermöglicht, den Zusammenhang zwischen dem Umfang des gesellschaftlichen Arbeitsaufwands und den zu befriedigenden Bedürfnissen bewußt und immer effektiver herzustellen. Zum anderen hieße es, auf die materielle Stimulierung bei der Ausgestaltung der sozialistischen Wirtschaftsführung zu verzichten beziehungsweise ihr eine geringe Bedeutung beizumessen. Alles das widerspricht aber den Erfahrungen, die die sozialistischen Länder bei der Leitung, Planung und Stimulierung gesammelt haben.

Schließlich sind der Warenform des Produkts im Sozialismus objektive Widersprüche eigen. Diese Widersprüche sind nicht antagonistischer Natur. Da sie nicht den Gegensatz zwischen privater und gesellschaftlicher Arbeit ausdrücken, können sie nicht durch antagonistische Interessen hervorgerufen worden sein. Diese in der Warenform enthaltenen Widersprüche, die sich bei der Zirkulation der Erzeugnisse in Widersprüchen zwischen Produktion und gesellschaftlich anerkannten Bedürfnissen äußern, sind Ausdruck des noch relativ (gemessen an der Entwicklungsdynamik der Bedürfnisse) unzureichenden Entwicklungsstandes der Produktivkräfte, den dadurch bedingten Reifegrad des gesellschaftlichen Eigentums und der sozialökonomischen Unterschiede im Charakter der sozialistischen Arbeit sowie des sich hieraus ergebenden Widerspruchs zwischen gesellschaftlich notwendigem und tatsächlichem Arbeitsaufwand.

Von diesen objektiven Widersprüchen sind subjektive Unzulänglichkeiten zu unterscheiden, die sich aus der fehlerhaften Beachtung der gesellschaftlichen Bedürfnisse wie überhaupt aus der unzureichenden Entwicklung und Vervollkommnung der Instrumentarien der Leitung, Planung und Stimulierung herleiten. Diese subjektiven Unzulänglichkeiten rufen eine Vertiefung der Widersprüche zwischen Gebrauchswert und Wert hervor und sind mit einer Verlängerung der Zirkulationszeit oder mit anderen daraus resultierenden negativen Folgen für die Kontinuität des Reproduktionsprozesses verbunden. An der Oberfläche sind diese beiden Verursachungskomplexe nicht immer klar und eindeutig zu unterscheiden, weshalb auch mitunter in der Wirtschaftspraxis jedwedes Auftreten von Widersprüchen zwischen Gebrauchswert und Wert, zwischen Ware und Geld, zwischen Käufer und Verkäufer, zwischen Angebot und Nachfrage usw. als subjektive Unzulänglichkeit angesehen wird. Aber auch in der ökonomischen Theorie werden diese verschiedenen Verursachungskomplexe des Entstehens von Widersprüchen nicht immer unterschieden. Sie sind in methodologischer Hinsicht der Nährboden dafür, Planung und Realisierung der Erzeugnisse als zwei Momente unterschiedlicher Qualität anzusehen, anstatt sie als zwei Momente ein und derselben historischen Qualität zu betrachten, wobei die Planmäßigkeit die bestimmende Seite ist.

In der entwickelten sozialistischen Gesellschaft bestehen immer günstigere Möglichkeiten, um die in der Warenform enthaltenen Widersprüche bewußt auszunutzen und sie im Interesse der immer besseren Befriedigung der materiellen und kulturellen Bedürfnisse sowie im Interesse der Erhöhung der Effektivität der gesellschaftlichen Produktion zu lösen. So wies Marx darauf hin: „*Nur wo die Produktion unter wirklicher vorherbestimmender Kontrolle der Gesellschaft steht,* schafft die Gesellschaft den Zusammenhang zwischen dem Umfang der gesellschaftlichen Arbeitszeit, verwandt auf die Produktion bestimmter Artikel, und dem Umfang des durch diese Artikel zu befriedigenden gesellschaftlichen Bedürfnisses (Hervorhebung d. Verf.).“[22] Mit dieser objektiv notwendigen Entwicklungstendenz übereinstimmend, werden unter Führung der Partei der Arbeiterklasse in allen sozialistischen Ländern große Anstrengungen unternommen, im Rahmen der Leitung, Planung und Stimulierung die gesellschaftlichen Bedürfnisse zum Ausgangspunkt der Planung zu machen, die Instrumentarien der Erfassung und Bewertung der individuellen und gesellschaftlichen Bedürfnisse zu vervollkommnen und den Mechanismus des Formwandels des Wertes aus der Warenform in die Geldform in der Zirkulation durch eine engere Verknüpfung der zentralen staatlichen Planung mit der wirtschaftlichen Rechnungsführung auf ein höheres Niveau zu heben.

[22] Karl Marx, Das Kapital, Dritter Band, in: MEW, Bd. 25, Berlin 1964, S. 197.

6.2. Der Binnenmarkt in der entwickelten sozialistischen Gesellschaft

6.2.1. *Sozialökonomische Merkmale des Binnenmarktes im Sozialismus*

Der sozialistische Binnenmarkt ist Bestandteil der Zirkulationssphäre, in der sich bekanntlich Prozesse der Fortsetzung von Produktionsprozessen bis zur Konsumreife, Prozesse der Distribution des gesellschaftlichen Gebrauchswertes unter die verschiedenen Anwender von Produktionsmitteln sowie von Konsumgütern unter die individuellen Konsumenten vollziehen und bestimmte Formen der Vorbereitung der Konsumtion stattfinden. Untrennbar damit verbunden ist der Vollzug der Zirkulations*phase*, die gegenüber den Phasen der Produktion, Distribution und Konsumtion eine relativ selbständige Rolle spielt. Zugleich ist sie die Phase der Realisierung, die den Formwandel des Geldes aus der Warenform in die Geldform zum Inhalt hat.

Die sozialökonomischen Besonderheiten der Warenproduktion im Sozialismus bestimmen auch die Merkmale des Binnenmarktes in dieser Etappe der kommunistischen Gesellschaftsformation. Der sozialistische Binnenmarkt stellt eine Reproduktionsphase dar, die mit dem Austausch von Waren verbunden ist und sich nach dem vollständigen Sieg der sozialistischen Produktionsverhältnisse auf den gleichen sozialen Grundlagen wie die gesamte sozialistische Ökonomik entwickelt. Er charakterisiert ein bestimmtes System ökonomischer Beziehungen zwischen Verkäufern und Käufern, in denen die sozialistischen Produktionsverhältnisse zum Ausdruck kommen.

Die Beziehungen der Käufer und Verkäufer sind Bestandteil der Ware-Geld-Beziehungen. Es sind Beziehungen, die ausschließlich in der Phase der Zirkulation angesiedelt sind und sich zwischen den Betrieben sowie zwischen den Betrieben und einzelnen Konsumenten entwickeln. Andererseits umfassen die Ware-Geld-Beziehungen auch Beziehungen zwischen Betrieben und Leitungsorganen der sozialistischen Gesellschaft, zwischen dem sozialistischen Staat und den einzelnen Bürgern usw., die ihrem Wesen nach nicht Austauschbeziehungen vermitteln, sondern im materiellen Bereich Verteilungs- und Umverteilungsprozesse zum Inhalt haben.

Bestandteil des sozialistischen Binnenmarktes sind das Warenangebot als „... das auf dem Markt befindliche Produkt, oder das für ihn geliefert werden kann".[23] Ihm steht die Nachfrage gegenüber, die, wie Marx betonte, nicht mit den absoluten Bedürfnissen verwechselt werden darf, sondern mit jenen, die durch eine bestimmte Geldsumme in den Händen der Konsumenten für den Erwerb von Gebrauchswerten repräsentiert werden. „Was die Nachfrage anbetrifft, so ist sie nur wirksam, soweit sie über Tauschmittel verfügt. Diese Mittel sind selbst wiederum Produkte, Tauschwerte."[24]

Als Bestandteil der erweiterten sozialistischen Reproduktion ist der sozialistische Binnenmarkt dem Wirken des ökonomischen Grundgesetzes des Sozialismus, des Gesetzes der planmäßigen Entwicklung der Volkswirtschaft, kurzum allen jenen Gesetzen unterworfen, die beiden Phasen der kommunistischen Gesellschaftsformation eigen sind. Vor allem diese in der Ökonomik beider Phasen der kommunistischen Gesellschaftsformation wirkenden Gesetze sind ihrem Wesen und ihrer Existenz nach nicht an die Bedingungen der Warenproduktion und -zirkulation und damit des Binnenmarktes gebunden.

Hieraus wird manchmal der Schluß gezogen, daß diese Gesetze nicht die für die Entwicklung des Binnenmarktes bestimmenden seien. Vielmehr sei nur das Wertgesetz und seine auf dem Binnenmarkt auftretende Erscheinungsform, wie das Gesetz von Angebot und Nachfrage, alleinig bestimmend für diese Reproduktionsphase. Damit wird nicht nur der Wirkungsbereich des ökonomischen Grundgesetzes des Sozialismus und des Gesetzes der planmäßigen Entwicklung der Volkswirtschaft auf einige Phasen der Reproduktion eingeengt. Im Grunde würde diese Auffassung auch darauf hinauslaufen, die sozialistischen Produktionsverhältnisse nicht als die Gesamtheit ökonomischer Beziehungen, beginnend bei der Produktion und endend bei der Konsumtion, anzuerkennen, die auf dem Typ des gesellschaftlichen Eigentums beruhen. Schließlich wäre sie gleichbedeutend damit, die Kategorien des Binnenmarktes als der ersten Etappe der kommunistischen Gesellschaftsformation wesensfremde Ausdrucksform ökonomischer Beziehungen zu klassifizieren, in deren Sphäre nur das Wertgesetz unabhängig vom Wirken des ökonomischen Grundgesetzes des Sozialismus, des Gesetzes der planmäßigen Entwicklung der Volkswirtschaft, existent sei.

Es gehört zu den sozialökonomischen Bedingungen der entwickelten sozialistischen Gesellschaft, daß sie in verschiedenen Richtungen die Waren-

[23] Ebenda, S. 195.
[24] Karl Marx, Das Elend der Philosophie, in: MEW, Bd. 4, Berlin 1959, S. 75.

produktion und den Markt begrenzt, um sie in anderer Richtung gleichzeitig weiterzuentwickeln. Diese dialektisch widersprüchliche Erscheinung widerspricht nicht, sondern entspricht dem Wesen des sozialistischen Eigentums und den Entwicklungsbedingungen der sozialistischen Produktionsverhältnisse, die sich vor allem im ökonomischen Grundgesetz des Sozialismus und im Gesetz der planmäßigen Entwicklung der Volkswirtschaft äußern. Diese widersprüchliche Entwicklung ist eine innere, wesentliche und notwendige Bedingung in der ersten Phase der kommunistischen Gesellschaftsformation und eine bestimmte Voraussetzung, um den Übergang zur nächsthöheren Phase der kommunistischen Gesellschaftsformation vollziehen zu können. Davon werden auch die Erfordernisse des Wertgesetzes und seine auf dem Binnenmarkt sich äußernden Erscheinungsformen im Gesetz von Angebot und Nachfrage entscheidend beeinflußt.

Aber nicht nur in methodologischer Hinsicht ist die These, wonach Warenproduktion und Binnenmarkt den Produktionsverhältnissen in der ersten Phase der kommunistischen Gesellschaftsformation widersprechen würde, nicht ausreichend begründet. Sie hält auch dem Ergebnis einer empirischen Analyse nicht stand.

Bei der empirischen Analyse des Wirkungsbereichs des Binnenmarktes ist zwischen Faktoren zu unterscheiden, die einmal das quantitative Wachstum des Binnenmarktes in Abhängigkeit vom Wachstum der Produktion bestimmen. Zum anderen wirken Faktoren, die relativ unabhängig vom quantitativen Wachstum der Produktion den Binnenmarkt erweiternd oder einschränkend beeinflussen.

Zur ersten Faktorengruppe gehört die quantitative Entwicklung der Produktion, die auch ein quantitatives Anwachsen des Zirkulationsvolumens bedingt. Sie drückt den wechselseitigen Zusammenhang zwischen Produktion und Zirkulation und ihre Einheit in der Reproduktion aus. Dem Sozialismus überhaupt, wie der entwickelten sozialistischen Gesellschaft ist die Gesetzmäßigkeit der erweiterten Reproduktion immanent. Daraus ergibt sich zwangsläufig, daß sich das Zirkulationsvolumen und damit der Binnenmarkt quantitativ ausdehnen und auf höherer Stufenleiter reproduzieren. Dies betrifft in gleicher Weise die Produktionsmittel- und die Konsumgüterzirkulation und dementsprechend auch den Produktionsmittel- und den Konsumgüter-Binnenmarkt. Hierbei sind die Entwicklung des Materialverbrauchs und die Entwicklung des Einzelhandelsumsatzes wichtige Indikatoren.

Allerdings hat diese erste Faktorengruppe nur eine relative Selbständigkeit, da sie mit der zweiten Faktorengruppe auf das engste verflochten ist. Das relativ selbständige Wirken der ersten Faktorengruppe ist eine Abstraktion, da zunächst von der Entwicklung der gesellschaftlichen Arbeitsteilung, von dem zunehmenden Vergesellschaftungsprozeß der Produktion und der Arbeit abgesehen wird. Aber diese Abstraktion ist zulässig, da sie tiefere Einsichten erschließt, in welchen Dimensionen sich bei gegebenem Stand der gesellschaftlichen Arbeitsteilung unter den Bedingungen der erweiterten Reproduktion die mit der Produktion und Zirkulation des gesellschaftlichen Gesamtprodukts verbundenen gesellschaftlichen Beziehungen, wie sie sich auf dem Binnenmarkt äußern, entwickeln. Dieser gesetzmäßige Zusammenhang wirkt in der erweiterten Reproduktion, gleichgültig ob es sich um vorwiegend intensiv oder extensiv erweiterte Reproduktion handelt.

Es erhebt sich nun aber die Frage nach den Äußerungsformen des gesetzmäßigen Zusammenhanges von erweiterter Reproduktion und Wirkungsbereich des Binnenmarktes, die sich besonders auf jene qualitativen Faktoren stützen, die für den Typ der vorwiegend intensiv erweiterten Reproduktion zutreffen.

Diese Prozesse bewirken einmal, daß die Zirkulationsbeziehungen schneller wachsen als die Produktion, da die Entwicklung der Effektivität der Produktion die weitere Vertiefung des Vergesellschaftungsprozesses der Produktion und der Arbeit zur Voraussetzung hat. Andererseits ist der Vergesellschaftungsprozeß der Produktion und der Arbeit mit Konzentration, Zentralisation und Kombination der Produktion verbunden, der zur Bildung von Wirtschaftsorganisationen in Gestalt von Kombinaten und größeren Wirtschaftseinheiten führt, in denen in vertikaler und horizontaler Hinsicht arbeitsteilig gesellschaftliche Produktionsstufen von der Forschung und Entwicklung bis zum Absatz der Erzeugnisse zusammengefaßt werden. Beziehungen des Verkaufs und Kaufs zur Herstellung der Finalerzeugnisse, die zwischen den verschiedenen Betrieben ursprünglich eingegangen werden mußten, stellen sich in unmittelbaren Produktionsbeziehungen als Formen des Austauschs von Tätigkeiten und Fertigkeiten im Bereich des Kombinates oder größerer Wirtschaftseinheiten dar. Damit ist eine Verringerung der Zirkulationsbeziehungen und damit auch des Binnenmarktes verbunden. Der Konzentrationsprozeß, der zur Formierung immer größerer Wirtschaftseinheiten führte, vollzog sich in der Deutschen Demokratischen Republik in den letzten Jahren wie folgt (vgl. Tabelle 1).

Stellt man diese gegenläufig wirkenden Prozesse der gesellschaftlichen Arbeitsteilung der Entwicklung des Produktionsmittelmarktes gegenüber, so kann festgestellt werden, daß sich die Produktionsmittelzirkulation auch in den letzten Jahren dem Volumen nach ausgeweitet hat. Sie entwickelte sich trotz Verringerung des spezifischen Materialverbrauchs in der DDR wie folgt (vgl. Tabelle 2).

Bei der Analyse des Wirkungsbereichs der Produktionsmittelzirkulation müssen außerdem die Faktoren einbezogen werden, die aus der produkti-

Tabelle 1

Entwicklung der Betriebsgröße

	Betriebe über 1000 Arbeiter/ Angestellte		Betriebe über 5000 Arbeiter/ Angestellte	
Jahre	Anzahl der Betriebe	Anteil an der Produktion insgesamt (in Prozent)	Anzahl der Betriebe	Anteil an der Produktion insgesamt (in Prozent)
1960	561	52,7	49	18,6
1965	570	54,6	48	18,2
1968	584	56,9	62	21,7
1970	617	63,6	67	27,5
1972	650	67,6	86	28,8

Quellen: Berechnet nach: Statistisches Jahrbuch der DDR 1962, Berlin 1962, S. 266; Statistisches Jahrbuch der DDR 1967, Berlin 1967, S. 136; Statistisches Jahrbuch der DDR 1970, Berlin 1970, S. 110; Statistisches Jahrbuch der DDR 1972, Berlin 1972, S. 124; Statistisches Jahrbuch der DDR 1974, Berlin 1974, S. 122.

Tabelle 2

Entwicklung der Produktionsmittelzirkulation

	Veränderung 1972 zu 1965 (in Prozent)	Durchschnittliches jährliches Wachstum (in Prozent)
gesellschaftliches Gesamtprodukt	150,6	6,1
produziertes Nationaleinkommen	142,7	5,3
Produktionsverbrauch	156,0	6,6

Quelle: Berechnet nach: Statistisches Jahrbuch der DDR 1974, Berlin 1974, S. 40–42.

ven und zum Teil aus der unproduktiven Akkumulation sowie aus der Außenwirtschaftstätigkeit resultieren. Sie haben im zurückliegenden Zeitraum über die Entwicklung des Produktionsverbrauchs hinaus das Volumen der Produktionsmittelzirkulation erhöht.

Die Entwicklung des Konsumgütermarktes wird von der Steigerung des Einzelhandelsumsatzes gekennzeichnet. Die Entwicklung des Einzelhandelsumsatzes in der DDR vollzog sich in den letzten Jahren wie folgt (vgl. Tabelle 3):

Tabelle 3
Entwicklung des Einzelhandelsumsatzes

Jahr	Entwicklung des Einzelhandelsumsatzes (1960 = 100)
1965	113,6
1970	142,5
1971	148,0
1972	156,9

Quelle: Statistisches Jahrbuch der DDR 1974, Berlin 1974, S. 267.

In diesem Zusammenhang wirkt der wissenschaftlich-technische Fortschritt, der sich in der Anwendung neuer und der Substitution bekannter Werk- und Rohstoffe und neuer beziehungsweise weiterentwickelter Erzeugnisse äußert, auf die Entwicklung des Binnenmarktes durch die weitere Vertiefung der gesellschaftlichen Arbeitsteilung ein. Dadurch vollziehen sich Veränderungen in der Struktur der gesellschaftlichen Produktion, ihrer materiellen und nichtmateriellen Bereiche. Hierbei muß als ein wesentlicher Faktor die Dynamik der Bedürfnisse und ihrer Struktur angesehen werden, die sich auf die weitere Vertiefung der gesellschaftlichen Arbeitsteilung auswirkt und die Effektivität der gesellschaftlichen Produktion erhöht. Alles dies hat Einfluß auf die Entwicklung und strukturelle Veränderung des Produktionsmittelmarktes. Der Umlauf der Produktionsmittel von ihrer ersten Produktionsstufe bis zu ihrer endgültigen Verwendung wird in vertikaler und horizontaler Verflechtung durch vielfältige Zirkulationsprozesse vollzogen, unabhängig davon, ob sie vom Produktionsmittelhandel selbst oder direkt zwischen Lieferer und Abnehmer vermittelt werden.

Der Konsumgütermarkt, der mit dem Produktionsmittelmarkt untrennbar in der Reproduktion des gesellschaftlichen Produkts verbunden ist, erhält zusätzliche Impulse dadurch, daß neue Konsumgüter auf den Markt gelangen, die Geldeinnahmen der Bevölkerung, die für den Wareneinkauf verwendet werden, ununterbrochen wachsen und schließlich der Naturalverbrauch, vor allem bei den in der Landwirtschaft Tätigen, in den letzten Jahren zurückgegangen ist. Auch ist nicht zu übersehen, daß der wachsende Anteil der Berufstätigen an der Gesamtbevölkerung ein Faktor ist, der sich nicht nur über das Familiennettoeinkommen fördernd auf die Entwicklung des Konsumgütermarktes auswirkt, sondern auch dazu führt, daß zugleich ursprünglich in der individuellen Hauswirtschaft verrichtete Funktionen vergesellschaftet werden und zusätzliche Beziehungen von Kauf und Verkauf auslösen. Auch dieser Vorgang ist mit einem Rückgang des Naturalverbrauchs verbunden.

Als ihrer inhaltlichen Aussage nach gleichartig, wenn auch in modifizierter Form, muß jene Auffassung gewertet werden, die dem ökonomischen Grundgesetz des Sozialismus und dem Gesetz der planmäßigen Entwicklung der Volkswirtschaft zwar auf dem Binnenmarkt eine bestimmte Wirkung einräumt, aber etwa in gleicher Weise und Intensität wie dem Wertgesetz. Auch dieser Auffassung muß widersprochen werden, da sie dem ökonomischen Grundgesetz des Sozialismus und dem Gesetz der planmäßigen, proportionalen Entwicklung der Volkswirtschaft im Wirkungszusammenhang der ökonomischen Gesetze der sozialistischen Ökonomik nicht den bestimmenden Platz einräumt. Solche Aufassungen nehmen nicht zur Kenntnis, daß die grundlegenden Erfordernisse des ökonomischen Grundgesetzes des Sozialismus auch die Erfordernisse des Wertgesetzes auf dem Binnenmarkt bestimmen.

Wie wir sahen, ist die in der Zirkulationsphase auftretende wechselseitige Abhängigkeit von Angebot und Nachfrage die Bewegungsform, in der die Beziehungen von Käufer und Verkäufer, von Ware und Geld, von Gebrauchswert und Wert und schließlich von Produktion und Konsumtion vermittelt werden. Wenn sie auch in der Etappe der entwickelten sozialistischen Gesellschaft nicht die Gesamtheit der Beziehungen zwischen Produktion und Konsumtion vermittelt, so werden dennoch im überwiegenden Maße die Beziehungen zwischen Produktion und Konsumtion endgültig durch die Beziehungen des Angebots zur Nachfrage und der Nachfrage zum Angebot hergestellt. Mit anderen Worten, Veränderungen der gesellschaftlichen Produktion spiegeln sich in Veränderungen des Warenangebots, Veränderungen des Umfangs und der Struktur der Bedürfnisse hingegen in Nachfrageveränderungen wider.

Aber diese in den Wechselbeziehungen zwischen Produktion und Konsumtion sich vollziehenden Veränderungen, die in den Veränderungen von Angebot und Nachfrage in der Zirkulationsphase ihre Ausdrucksform finden, werden bei Existenz des sozialistischen Eigentums von dem grundlegenden sozialistischen Produktionsverhältnis und seiner Bewegungsform, dem ökonomischen Grundgesetz des Sozialismus, bestimmt. Solange historisch notwendig der Hauptteil der gesellschaftlichen Produktion und der gesellschaftlichen Bedürfnisse die Form des Warenangebots und der Nachfrage annehmen, so lange ist das Verhältnis von Angebot und Nachfrage eine[25] in der Zirkulationsphase auftretende Erscheinungsform des ökonomi-

[25] Natürlich beschränken sich die Erscheinungsformen des ökonomischen Grundgesetzes des Sozialismus nicht nur auf die Bewegung des Verhältnisses von

schen Grundgesetzes des Sozialismus. Mit wachsendem Reifegrad der sozialistischen Produktionsverhältnisse und der Weiterentwicklung der Produktivkräfte nimmt der bestimmende Einfluß des ökonomischen Grundgesetzes des Sozialismus auf das wechselseitige Verhältnis von Angebot und Nachfrage zu, was aus den unmittelbarer werdenden Beziehungen zwischen Produktion, Konsumtion und gesellschaftlichen Bedürfnissen resultiert.

Die Herstellung der Übereinstimmung von Angebot und Nachfrage ist deshalb nicht nur mit der Schaffung von Voraussetzungen für die reibungslose Realisierung des gesellschaftlichen Produkts aus der Warenform in die Geldform verbunden. Sie ist vielmehr in zunehmendem Maße darauf gerichtet, die gesellschaftliche Produktion den wachsenden Bedürfnissen und ihrer Befriedigung unterzuordnen, was dem höchsten Ziel der Produktion in der entwickelten sozialistischen Gesellschaft entspricht.

Die Übereinstimmung von Angebot und Nachfrage ist im Sozialismus unmittelbar mit der Bestimmung des gesellschaftlichen Gebrauchswertes verbunden. In methodologischer Hinsicht trifft auch für die Bedingungen der entwickelten sozialistischen Gesellschaft voll die Leninsche Definition der Realisierung des gesellschaftlichen Gesamtprodukts zu: „Die Frage der Realisation besteht darin, auf welche Weise für jeden einzelnen Teil des kapitalistischen Produkts sowohl dem Werte nach (konstantes Kapital, variables Kapital und Mehrwert) als auch der stofflichen Form nach (Produktionsmittel und Konsumtionsmittel, im einzelnen: notwendige Lebensmittel und Luxusmittel) der ihn ersetzende andere Teil des Produkts auf dem Markt zu finden ist."[26]

Über die Herstellung und ständige Aufrechterhaltung der volkswirtschaftlichen Proportionen gewährleistet die sozialistische Gesellschaft die planmäßige Übereinstimmung von Angebot und Nachfrage, der die Proportionen zwischen Akkumulation und Konsumtion, die Proportionen zwischen der Abteilung I und der Abteilung II, der Arbeitsproduktivität und dem Arbeitseinkommen, die Proportion von Warenfonds und Kauffonds zugrunde liegen. Die Übereinstimmung von Angebot und Nachfrage als Voraussetzung und Folge der bewußten Herstellung und ständigen Aufrechterhaltung der volkswirtschaftlichen Proportionalität ist eine objektive Notwendigkeit, weshalb zum Wirkungsbereich des Gesetzes der planmäßigen, proportionalen Entwicklung der Volkswirtschaft auch die Zirkulations-

Angebot und Nachfrage. Sie finden ihren Ausdruck auch in der Verbesserung der Arbeitsbedingungen, in der Veränderung der Relation von Arbeitszeit und Freizeit, in der gesellschaftlich wachsenden Nutzung der Freizeit und in anderen Formen.

[26] W. I. Lenin, Die Entwicklung des Kapitalismus in Rußland, in: Werke, Bd. 3, Berlin 1956, S. 34.

phase und damit der Binnenmarkt gehört. Das Wirken dieses Gesetzes ist bestimmend für die sich auf dem Markt vollziehende Realisierung der einzelnen Bestandteile des gesellschaftlichen Gesamtprodukts.

Die Hervorhebung des bestimmenden Einflusses des ökonomischen Grundgesetzes des Sozialismus auf das Verhältnis von Angebot und Nachfrage, der planmäßigen Bewegung dieses wechselseitigen Abhängigkeitsverhältnisses ist nicht gleichbedeutend mit einer Geringschätzung oder gar Ablehnung des Wirkens des Wertgesetzes in der Zirkulationsphase. Das Wirken des Wertgesetzes in der Zirkulationsphase, das sich im Gesetz von Angebot und Nachfrage äußert, besitzt eine relative Selbständigkeit, aus der auch rückkoppelnde Wirkungen auf den Wirkungszusammenhang aller ökonomischen Gesetze der sozialistischen Ökonomik herrühren. Die Wirkungsbedingungen des ökonomischen Grundgesetzes des Sozialismus und des Gesetzes der planmäßigen, proportionalen Entwicklung der Volkswirtschaft heben nicht die jeglicher Warenform immanenten Widersprüche zwischen Gebrauchswert und Wert, zwischen Ware und Geld, zwischen Verkäufer und Käufer und schließlich zwischen Angebot und Nachfrage auf.

In der marxistischen ökonomischen Literatur[27] wurde längere Zeit dem Gesetz von Angebot und Nachfrage wenig Aufmerksamkeit geschenkt, seine Existenz sowohl im Kapitalismus als auch im Sozialismus geleugnet. Ohne im einzelnen auf die Gründe einzugehen, sei festgestellt, daß Marx bei der Analyse der kapitalistischen Produktionsverhältnisse das Wirken dieses Gesetzes nicht negiert hat und vor allem in der Auseinandersetzung mit der bürgerlichen Ökonomie erstmals die sich an der Marktoberfläche vollziehenden Prozesse analysierte, die die quantitativen Beziehungen von Angebot, Nachfrage und Preis bedingen.[28]

Bei dieser Analyse deckte Marx zwei mögliche Typen der Beziehung von Angebot und Nachfrage auf. „Bestimmt Nachfrage und Zufuhr den Marktpreis, so andrerseits der Marktpreis und in weitrer Analyse der Marktwert die Nachfrage und die Zufuhr. Bei der Nachfrage ist dies augenscheinlich, da diese sich in umgekehrter Richtung zum Preise bewegt, zunimmt, wenn dieser fällt, und umgekehrt. Aber auch bei der Zufuhr.“[29] Demnach gehören zum ersten Typ die Beziehungen von Angebot und Nachfrage, die Veränderungen der Preise in Abhängigkeit von den Ver-

[27] Vgl. Geschichte der politischen Ökonomie des Sozialismus, Grundrisse, Berlin 1973, S. 248–263; V. Manevič, Die Behandlung der Theorie der Warenproduktion im Sozialismus in der ökonomischen Literatur der vierziger und fünfziger Jahre, in: Ėkonomičeskie nauki (Moskva), 9/1972, S. 66–73.

[28] Vgl. Karl Marx, Das Kapital, Dritter Band, in: MEW, Bd. 25, Berlin 1964, S. 115–207.

[29] Ebenda, S. 200.

änderungen des Verhältnisses von Angebot und Nachfrage. Verändert sich in diesem Verhältnis die Nachfrage, so verändert sich entsprechend der Preis in gleicher Richtung. Ändert sich hingegen das Angebot, so ändert sich entsprechend der Preis in entgegengesetzter Richtung. Ändern sich Angebot und Nachfrage gleichzeitig, so ändert sich der Preis in Abhängigkeit vom Grad der Veränderungen des Angebots beziehungsweise der Nachfrage.

Der zweite Typ betrifft die Veränderung von Angebot und Nachfrage in Abhängigkeit von der Preishöhe. Im Unterschied zum ersten Typ der quantitativen Beziehungen ändert sich hier die Nachfrage in entgegengesetzter Richtung, während sich das Angebot in gleicher Richtung verändert.

Beide Typen der quantitativen Beziehungen von Angebot, Nachfrage und Preis liegen dem Wirken des Wertgesetzes zugrunde. Bei Existenz kapitalistischen Eigentums wirkt das Wertgesetz in der Konkurrenz und Anarchie und durch sie und bestimmt den Bewegungsmechanismus für die Realisierung des Mehrwertes. Bei Existenz dieser gesellschaftlichen Bedingungen ist die Nichtdeckung von Angebot und Nachfrage das Typische, während ihre Übereinstimmung Zufall ist.

Bisweilen wird aus diesem für die kapitalistischen Bewegungen typischen Vorgang der fehlerhafte Schluß gezogen, daß im Sozialismus die gesetzmäßigen Beziehungen von Angebot und Nachfrage und Preis nicht existent wären. Dabei wird von der Annahme ausgegangen, daß Angebot und Nachfrage stets und überhaupt zu einer Phase der Reproduktion gehören, in der ausschließlich spontane Faktoren wirken würden. Als in sich logisch widerspruchsvoll müssen auch jene Thesen angesehen werden, die die Wirkung des Wertgesetzes in der sozialistischen Wirtschaft zwar anerkennen, aber dem Gesetz von Angebot und Nachfrage jegliche Existenzberechtigung absprechen. Solche Auffassungen geraten mit der Planungspraxis in den sozialistischen Ländern in Widerspruch, die sich bekanntlich um die ständige Vervollkommnung der Instrumentarien der Berechnung der Marktaufnahmefähigkeit von Konsumgütern als eine der Grundlagen für die planmäßige Bestimmung des Einzelhandelsumsatzes bemüht. Auch die Berechnung von Elastizitätskoeffizienten der Nachfrage hat sich als unerläßliche Methode der Markt- und Bedarfsforschung in der Planungspraxis erwiesen. Beiden Methoden liegt in methodologischer Hinsicht die Anerkennung des Wirkens des Gesetzes von Angebot und Nachfrage zugrunde. Aber auch in theoretischer Hinsicht halten solche Auffassungen keiner ernsthaften Analyse stand. Sie sind letztlich auf fehlerhafte Ansichten über die Warenzirkulation im Sozialismus, auf die angeblich im System der sozialistischen Produktionsverhältnisse wesensfremde Stellung der Warenzirkulation und des Binnenmarktes sowie auf eine unhistorische Betrachtung der Kategorie der unmittelbar gesellschaftlichen Arbeit in der ersten Phase der kommunistischen Gesellschaftsformation zurückzuführen, auf die wir bereits an anderer Stelle eingegangen sind.

Wie bereits nachgewiesen, spiegeln sich im Verhältnis von Angebot und Nachfrage in der Zirkulationsphase die wechselseitigen Beziehungen zwischen Produktion und Bedürfnissen wider. Folglich verlangen die Erfordernisse des ökonomischen Grundgesetzes des Sozialismus, das Angebot in Umfang und Struktur so zu gestalten, daß ein höchstmöglicher gesellschaftlicher Effekt in der Befriedigung der wachsenden Bedürfnisse, die zum größten Teil als Nachfrage geäußert werden, eintritt. Die ununterbrochene Vervollkommnung der sozialistischen Produktion mittels Beschleunigung des wissenschaftlich-technischen Fortschritts, die Erhöhung der gesellschaftlichen Arbeitsproduktivität und Effektivität sind wesentliche ökonomische Voraussetzungen dafür, daß der Widerspruch zwischen der durch die zahlungsfähige Nachfrage begrenzten gesellschaftlichen Anerkennung der Bedürfnisse und den absoluten Bedürfnissen auf stets höherer Stufenleiter gelöst wird. Diese Erfordernisse des ökonomischen Grundgesetzes des Sozialismus sind ebenso wie die des Gesetzes der planmäßigen Entwicklung der Volkswirtschaft bestimmend für die Herausbildung quantitativer Beziehungen von Angebot und Nachfrage sowie für ihre Ausnutzung.

Gestützt auf die Erfordernisse des ökonomischen Grundgesetzes des Sozialismus schließt das Gesetz der planmäßigen, proportionalen Entwicklung der Volkswirtschaft die Möglichkeit und Notwendigkeit ein, die Hauptparameter des Binnenmarktes einschließlich ihres wechselseitigen Zusammenhanges im gesellschaftlichen Maßstab zu planen. Das betrifft das Warenangebot (die Planung der Warenproduktion in Natural- und Wertumfang, nach Warengruppen und Warenarten) ebenso wie die Planung der zahlungsfähigen Nachfrage, der die Planung der Geldeinkünfte der Bevölkerung (Lohn, Prämien, sonstige Geldeinkünfte wie Stipendien, Renten usw.) zugrunde liegt. Sowohl die Preise für Produktionsmittel als auch die für Konsumgüter werden einheitlich für alle Warengruppen und -arten staatlich festgelegt. Das volkswirtschaftlich organisierte System der Bedarfs- und Marktforschung, an dem alle an der Herstellung und Formierung des Warenangebots beteiligten Glieder (Betriebe, Vereinigungen, staatliche Leitungsorgane sowie wissenschaftliche Institute) teilnehmen, schafft im volkswirtschaftlichen Maßstab die erforderlichen Informationen über die Entwicklung des Umfangs und der Struktur der Nachfrage, um in Abhängigkeit von den volkswirtschaftlichen Grundproportionen über die Ausrüstungs-, Material- und Konsumgüterbilanzen die erforderlichen quantitativen Beziehungen zwischen dem notwendigen Warenangebot und der Nachfrage bei einem bestimmten Preisniveau planmäßig zu bestimmen.

Indirekt sind alle volkswirtschaftlichen Proportionen letztlich mit den Beziehungen zwischen der Produktion (Aufkommen) und Bedürfnissen (Bedarf) verbunden, und zwar nicht nur in ihrem gegenständlichen, sondern auch in ihrem zeitlichen Zusammenhang. Hauptsächliche Grundlage für die planmäßige Bestimmung dieser Proportionen sind demnach die Wirkungsbedingungen des ökonomischen Grundgesetzes des Sozialismus, des Gesetzes der planmäßigen Entwicklung der Volkswirtschaft sowie des Wertgesetzes einschließlich des Gesetzes von Angebot und Nachfrage. Der sozialistische Binnenmarkt ist deshalb ein planmäßig organisierter Markt. Er besitzt gegenüber dem Markt des Kapitalismus eine historisch andere Qualität, entwickelt sich in Übereinstimmung und in Abhängigkeit von der Gesamtheit der Reproduktionsbedingungen auf der ihm eigenen sozialökonomischen Grundlage. Die Bedingungen und auch die Grundrichtung in der Ausnutzung der oben erwähnten zwei Typen der quantitativen Beziehungen zwischen Angebot, Nachfrage und Preis werden unter diesen Bedingungen modifiziert. Dabei rückt der Typ, der bei gegebener, das heißt staatlich festgesetzter, stabiler Preishöhe die wechselseitigen Beziehungen zwischen Angebot und Nachfrage und ihre Übereinstimmung bedingt, bei der Gestaltung der entwickelten sozialistischen Gesellschaft immer mehr in den Vordergrund.

Dieser Typ der quantitativen Beziehungen von Angebot und Nachfrage ist auf das engste mit der flexiblen Reaktion auf kurzfristig sich verändernde Nachfrageveränderungen verbunden. Gerade diese Seite der quantitativen Beziehungen zwischen Angebot und Nachfrage gewinnt angesichts der anhaltenden Beschleunigung des wissenschaftlich-technischen Fortschritts und infolge der wachsenden Dynamik der Bedürfnisentwicklung und nicht zuletzt dank wachsender Möglichkeiten zur immer besseren Befriedigung der gesellschaftlich anerkannten Bedürfnisse immer mehr an Bedeutung. Es erscheint daher geboten, diese sich vollziehenden Veränderungen auf dem Binnenmarkt, vor allem auf dem Konsumgütermarkt, näher zu analysieren.

6.2.2. Zu einigen veränderten Wirkungsbedingungen der ökonomischen Gesetze auf dem Konsumgüterbinnenmarkt in der DDR

Wie bereits an anderer Stelle nachgewiesen, hat sich in Übereinstimmung mit den Gesetzmäßigkeiten der erweiterten sozialistischen Reproduktion der Konsumgüterbinnenmarkt quantitativ ausgedehnt, was sich am Wachstum des Einzelhandelsumsatzes insgesamt sowie am Wachstum des Einzelhandelsumsatzes pro Kopf der Bevölkerung äußert. Mit dem mengenmäßigen

Tabelle 4
Einzelhandelsumsatz nach der Warenstruktur in den Jahren 1960 bis 1972 (1960 = 100)

Jahr	Einzelhandelsumsatz insgesamt	Nahrungs- und Genußmittel	Industriewaren	Nahrungsmittel	Genußmittel	Schuhe	Textilien und Bekleidung	Sonstige Industriewaren
1960	100	100	100	100	100	100	100	100
1965	113,6	115,9	110,8	115,1	117,7	141,9	99,8	114,9
1970	142,5	143,6	141,2	139,6	152,4	172,3	121,8	150,3
1971	148,0	147,7	148,4	143,8	158,7	181,2	127,1	158,7
1972	156,9	153,7	168,8	147,8	166,9	204,0	137,4	171,7

Quelle: Statistisches Jahrbuch der DDR 1974, Berlin 1974, S. 267.

Wachstum ging auch eine beachtliche Veränderung der Struktur des Einzelhandelsumsatzes einher. Dabei entwickelte sich der Einzelhandelsumsatz in den verschiedenen Warengruppen unterschiedlich, worin eine differenzierte Bindung der wachsenden Geldeinkommen der Bevölkerung, die für den Kauf von Waren verwandt werden (Kauffonds der Bevölkerung), zum Ausdruck kommt (vgl. Tabelle 4).

Lagen im Zeitraum 1961 bis 1965 die Umsatzsteigerungen bei Nahrungsmitteln, Genußmitteln und Schuhen über dem durchschnittlichen Einzelhandelsumsatzzuwachs, so änderte sich dies im darauffolgenden Zeitraum. Im Zeitraum 1966 bis 1970 lagen die Umsätze bei Genußmitteln, bei Schuhen und besonders bei sonstigen Industriewaren über dem Wachstum des Einzelhandelsumsatzes insgesamt. Der Trend dieser Entwicklung hat sich in den Jahren 1971 und 1972 verstärkt fortgesetzt.

Im Ergebnis dieser Entwicklung veränderte sich die Struktur des Einzelhandelsumsatzes im gleichen Zeitraum, wie aus Tabelle 5 hervorgeht.

Tabelle 5

Struktur des Einzelhandelsumsatzes nach Warengruppen in den Jahren 1960 bis 1972 (in Prozent)

	1960	∅ 1961/ 1965	∅ 1966/ 1970	1971	1972
Einzelhandelsumsatz insgesamt	100	100	100	100	100
Nahrungsmittel und Genußmittel	55,4	56,3	56,4	55,3	54,3
Nahrungsmittel	38,3	38,5	38,2	37,0	36,1
Genußmittel	17,1	17,8	18,2	18,3	18,2
davon Gaststättenumsatz	9,8	9,5	9,9	9,8	9,7
Industriewaren	44,6	43,7	43,6	44,7	45,7
Schuhe	2,3	2,6	2,8	2,8	2,9
Textilien und Bekleidung	16,1	14,7	13,8	13,9	14,1
sonstige Industriewaren	26,2	26,4	27,0	28,0	28,7

Quelle: Berechnet nach: Statistisches Jahrbuch der DDR 1974, Berlin 1974, S. 267, 280.

Mit dieser Entwicklung hat sich gleichzeitig eine Reihe von Veränderungen in den gesetzmäßigen Beziehungen zwischen Angebot und Nachfrage vollzogen, die unter anderem vor allem in den letzten Jahren durch eine schnellere Entwicklung des Warenangebots gegenüber den Geldeinnahmen der Bevölkerung zu einem höheren Grad der mengenmäßigen Dekkung der Nachfrage durch das Warenangebot führte.[30] Abhängig davon traten gegenüber den zurückliegenden Zeiträumen Veränderungen in den Beziehungen von Angebot und Nachfrage ein.

Mit wachsender mengenmäßiger Deckung der Nachfrage durch das Angebot treten Gebrauchswertparameter an das Warenangebot, wie Sortiment, zeitgerechtes Angebot, Qualität, Differenzierung des Angebots nach Altersgruppen, modische Aktualität, Preisgruppenstruktur usw., in den Vordergrund. Diese aus der Bedürfnisentwicklung selbst herrührenden Prozesse haben zur Folge, daß von der Nachfrage her stärkere Impulse auf die Gestaltung eines Angebots ausgehen, die den Übergang der Konsumgüterindustrie und der ihr vorgelagerten Produktionsstufen der Produktionsmittelindustrie zugunsten intensiver Reproduktionsfaktoren beeinflussen. Dieser Impuls wirkt vor allem auf die Beschleunigung des wissenschaftlich-technischen Fortschritts insgesamt, besonders auf die Erhöhung des Anteils weiterentwickelter und neuer Erzeugnisse mit höheren Gebrauchswerteigenschaften, auf eine rationelle Verwendung des Materialfonds, auf den Einsatz effektiverer Technologien, auf den Übergang von mittleren Serien zur Großserie bis hin zur Massenproduktion, die zugleich eine Verkürzung der Produktionszeiten ermöglichen. Dadurch ergeben sich zugleich mehr Möglichkeiten, den Produktionszeitraum an den Bedarfszeitraum näher heranzuführen und die Reaktionsmöglichkeiten der Produktion auf kurzfristige Nachfrageveränderungen weiter auszubauen.

Dieser objektiv sich vollziehende Vorgang stellt zunächst neue Anforderungen an die Markt- und Bedarfsforschung. Gegenüber den zurückliegenden Jahren, in denen die Marktforschung vor allem darauf ausgerichtet war, die mengenmäßige Nachfrage und den Bedarf mehr oder weniger genau zu erfassen, um in mengenmäßiger Hinsicht den Grad der Bedarfsdeckung von Jahr zu Jahr zu erhöhen, gewinnt gegenwärtig und in Zukunft die Erforschung der qualitativen Komponenten der Nachfrage an Gewicht. Diese qualitativen Komponenten der Nachfrage werden für die mengenmäßige und wertmäßige Nachfragegröße immer bestimmender. Dies erklärt sich aus der dem Gesetz der Bedürfnisentwicklung immanenten Erscheinung, wonach durch den wachsenden Ausstattungsgrad mit Konsumgütern der Konsument in die Lage versetzt wird, einem bestimmten Warenangebot auszuweichen, wenn es seinen qualitativen Ansprüchen nicht entspricht. Gerade dieser Prozeß, der sich gegenwärtig auf dem Konsumgüterbinnenmarkt im Massenumfang vollzieht, wird bei einer überwiegend quantitativ

[30] Vgl. Hermann Axen, Aus dem Bericht des Politbüros an die 12. Tagung des ZK der SED; Erich Honecker, Mit neuen Erfolgen zum 25. Jahrestag der DDR, Berlin 1974, S. 16, 95–96.

orientierten Markt- und Bedarfsforschung als befriedigte Nachfrage ausgewiesen, obwohl sie, unter qualitativen Aspekten bewertet, das heißt im Hinblick auf das gesetzmäßige Anwachsen qualitativer Bedürfnisse, als potentiell unbefriedigte Nachfrage zu werten wäre. Neben der weiteren Vervollkommnung der quantitativen Methoden der Markt- und Bedarfsforschung ist es deshalb notwendig, besonders dieser qualitativen Seite der Markt- und Bedarfsforschung, die möglicherweise am besten im Begriff der Produktforschung zusammengefaßt werden könnte, größere Aufmerksamkeit zu schenken.

Bei den qualitativ neuen Komponenten rückt der Zeitfaktor besonders bei den Erzeugnissen immer stärker in den Vordergrund, bei denen in kürzeren Zeiträumen Nachfrageveränderungen auftreten und die sich beispielsweise wegen ihrer modischen Aktualität von Bedarfszeitraum zu Bedarfszeitraum erneuern. Im Interesse einer hohen Versorgungswirksamkeit der produzierten Fonds und ihrer ökonomischen Effektivität muß das Produktionsaufkommen bereits zu Beginn des Angebotszeitraumes in vollem Maße angebotswirksam sein. Jede Verzögerung des Termins in der angebotswirksamen Gestaltung des Produktionsaufkommens erhöht das Realisierungsrisiko, womit Effektivitätseinbußen zwangsläufig verbunden sind. Die modische Aktualität, differenziert nach Altersgruppen der Bedarfsträger, wird selbst immer mehr zu einem die Nachfrage beeinflussenden Faktor, und zwar in dem Maße, wie sich die mengenmäßigen Unterschiede zwischen Angebot und Nachfrage ausgleichen. Besonders in der Ausnutzung dieses Zeitfaktors liegen bedeutende Effektivitätsreserven, die vor allem durch eine hohe Umschlagsgeschwindigkeit der Erzeugnisse erschlossen werden. Umgekehrt bedeutet eine Senkung der Umschlagsgeschwindigkeit dieser Erzeugnisse nicht nur eine Erhöhung der Bestandsintensität und eine Verschlechterung der Fondsquote, sondern sie ist auch mit wachsenden Transport- und Lagerkosten verbunden. Wachsende Bestandsintensität löst aber auch bestimmte Rückwirkungen auf die Neuzugänge von Waren in den Lägern aus, die bereits in Vorbereitung auf den nächsten Bedarfszeitraum angesammelt werden müssen. Folglich bestehen enge Wechselbeziehungen zwischen dem reibungslosen Umschlag der Bestände und dem volkswirtschaftlichen Bedarf an Lagerraumkapazität.

Im Interesse der zeitgerechten Befriedigung der Nachfrage und der damit verbundenen volkswirtschaftlichen Effektivität ist es notwendig, den Produktionszeitraum noch stärker an den Bedarfszeitraum heranzuführen. Dies wird erreicht durch

– die Verkürzung der Produktionszeiten für die Herstellung des Fertigerzeugnisses selbst;

– die mehrschichtige Auslastung der Grundfonds;

– die bewegliche Bestimmung des Zeitpunktes für den Beginn des handelsseitigen Saisonzeitraumes in Abhängigkeit von verschiedenen Bedingungen und ihrer daraus resultierenden effektivitätsbeeinflussenden Wirkungen;

– die Verkürzung der Zeit, die der Binnenhandel braucht, um die Produktionssortimente zu angebotswirksamen Sortimenten zusammenzustellen;

– den Ausbau der Möglichkeiten für die Produktionsbetriebe, kurzfristig Umstellungen in den Produktionssortimenten im Hinblick auf Größe, modische Dessinierung usw. auf der Grundlage ausgearbeiteter Standards mit dem Ziel vornehmen zu können, diese veränderten Produktionssortimente noch für den laufenden Bedarfszeitraum wirksam werden zu lassen.

Der wachsende Grad der Übereinstimmung von Angebot und Nachfrage als Ausdruck der sich ändernden Wirkungsbedingungen des ökonomischen Grundgesetzes des Sozialismus und des Gesetzes der planmäßigen, proportionalen Entwicklung der Volkswirtschaft führt zu gewissen Veränderungen in den Beziehungen zwischen Verkäufern und Käufern. Vor allem wachsen in diesem Zusammenhang die Anforderungen an die Käufer in Richtung auf eine aktive Einflußnahme auf den Verkäufer bei der Gestaltung eines der Nachfragestruktur entsprechenden Warenangebots. Hier handelt es sich um einen objektiven Vorgang, der die an Intensität zunehmende rückkoppelnde Wirkung der als Nachfrage auftretenden Bedürfnisse auf die Produktion reflektiert. Dieser Vorgang ruft das Erfordernis hervor, die Zirkulationsbeziehung zwischen Lieferer und Abnehmer, zwischen Käufer und Verkäufer in stärkerem Maße dazu auszunutzen, die im System der zentralen staatlichen Planung festgelegten Proportionen im volkswirtschaftlichen Maßstab, die auf die Deckung des Bedarfs der Bevölkerung gerichtet sind, in der Phase ihrer Realisierung durch die Gestaltung eines bedarfsgerechten Warenangebots in den Beziehungen zwischen Produktions- und Handelsbetrieben sinnvoll zu ergänzen. Die Kennziffern der abgesetzten Warenproduktion bei der Bewertung der Leistungen des Lieferbetriebes gewinnen ebenso wie die Bestellungen des Abnehmers als ein wesentlicher Ausgangspunkt für die Gestaltung betrieblicher Produktionsprogramme des Lieferers an Bedeutung. Im Zusammenhang mit der konsequenten Ausnutzung des Vertragssystems sind diese Faktoren stärker bei der weiteren Vervollkommnung der wirtschaftlichen Rechnungsführung zu berücksichtigen.

Bei der Charakteristik der sich auf dem sozialistischen Konsumgütermarkt vollziehenden Veränderungen kann nicht an der Art und Weise der Formierung des Warenangebots vorbeigegangen werden. Wachsende Vergesellschaftung der Produktion und der Arbeit, die sich in der Spezialisierung, Konzentration und Kombination der Konsumgüterindustrie äußert, hat Einfluß auf die zeitlichen Zirkulationsbedingungen. Bereits zum Zeitpunkt der Forschung und Entwicklung wird das künftige Angebot für spätere Bedarfszeiträume vor allem in seiner qualitativen Beschaffenheit formiert. Die Zeitdauer der Überführung von Forschungs- und Entwicklungsergebnissen in die Produktion, besonders ihrer technologischen Umsetzung, von der die Ausbreitungsgeschwindigkeit der Forschungs- und Entwicklungsergebnisse, die Seriengröße sowie der Zeitpunkt der Einführung neuer Erzeugnisse des gleichen Produktionssortiments abhängen, alles das hat nicht nur auf die Produktionsbedingungen der Erzeugnisse, sondern auch auf ihre künftigen Zirkulationsbedingungen Einfluß. Über die volkswirtschaftliche Effektivität wird bereits in der produktionsvorbereitenden Phase in erheblichem Maße entschieden, also zu einem Zeitpunkt, der dem Bedarfszeitraum zeitlich vorausgeht. In viel höherem Grad wird deshalb unter den Bedingungen der wachsenden Beschleunigung des wissenschaftlich-technischen Fortschritts jener Prozeß wirksam, den Marx für die Großindustrie im Gegensatz zu der einfachen Warenproduktion charakterisierte: „Schon durch die Instrumente, über welche sie verfügt, gezwungen, in beständig größerem Maße zu produzieren, kann die Großindustrie nicht die Nachfrage abwarten. Die Produktion geht der Konsumtion voraus, das Angebot erzwingt die Nachfrage.“[31]

Für die planmäßige Beherrschung des Konsumgütermarktes hat diese Seite des Vergesellschaftungsprozesses wesentliche Bedeutung. Mit ihr vollzieht sich eine Vergesellschaftung der Marktprozesse, die auf die Herausbildung des konkreten Nachfrageumfanges und der Struktur aktiven Einfluß nimmt. Über diesen Prozeß wirkt die sozialistische Gesellschaft auf die Herausbildung verschiedener Seiten der sozialistischen Lebensweise ein und überwindet in einem historisch längeren Prozeß Verbrauchsgewohnheiten und Bedürfnisse, die der allseitigen Entwicklung sozialistischer Persönlichkeiten im Wege stehen. Auf diese Weise gehen auch aus den produktionsvorbereitenden Prozessen in immer stärkerem Maße Nachfrage gestaltende Impulse aus, die einen höheren Reifegrad in den sozialistischen Kooperationsbeziehungen zwischen Produktions- und Handelsbetrieben erfordern. Sie schließen nicht nur die unmittelbaren Kauf- und Verkaufsbeziehungen, gerichtet auf die Deckung der aktuellen Nachfrage, ein, sondern haben in immer stärkerem Maße einen Austausch von Tätigkeiten und Fertigkeiten bei der langfristigen Entwicklung von Forschung, Produktion, Absatz und aktiver Gestaltung der Bedürfnisse zum Inhalt. Der höhere Reifegrad dieser sozialistischen Kooperation zwischen allen an der Produktion und Zirkulation beteiligten Kollektiven zeigt sich auch darin,

[31] Karl Marx, Das Elend der Philosophie, in: MEW, Bd. 4, Berlin 1959, S. 97.

daß in wachsendem Maße über die relative Selbständigkeit der Betriebe und Zweige hinaus die Initiative der Werktätigen auf die Entwicklung und Formierung eines solchen Warenangebots gerichtet wird, das der gegenwärtigen und künftigen Nachfrage in ihren quantitativen und qualitativen Komponenten und ihrer wachsenden Komplexität voll entspricht, und das geeignet ist, auf die der entwickelten sozialistischen Gesellschaft adäquate Bedürfnisstruktur Einfluß zu nehmen.

Die Interessen der betrieblichen Kollektive, die in der Produktions- und Zirkulationssphäre wirken, fließen durch den wachsenden Reifegrad des sozialistischen Eigentums und der weiteren Vergesellschaftung der Arbeit immer mehr zum gesamtgesellschaftlichen Interesse zusammen, das in vielfältigen Aktivitäten zum Ausdruck kommt, nur das zu produzieren, einzukaufen und zu verkaufen, was dem Bedarf der Bevölkerung entspricht. Hier reifen, in die sozialistischen Produktionsverhältnisse eingebettet, gesellschaftliche Beziehungen heran, die als Triebkraft bedeutend inhaltsreicher sind, als sie durch bloße Kauf- und Verkaufsbeziehungen erfaßt werden können. Hier handelt es sich um die bewußte Nutzung von Vergesellschaftungsprozessen in der Produktion und Zirkulation, womit die relative Isoliertheit der Betriebe schrittweise aufgehoben und der unmittelbare gesellschaftliche Zusammenhang zwischen der verausgabten Arbeit und der Befriedigung der wachsenden Bedürfnisse vertieft wird. Mit diesem Prozeß geht in einem historisch längeren Zeitraum die Aufhebung des der Warenform eigenen Widerspruchs zwischen Gebrauchswert und Wert, zwischen Ware und Geld, zwischen Lieferer und Abnehmer, zwischen Angebot und Nachfrage einher. Diese Seite weist auf den historischen Charakter der Warenform der Produktion und Zirkulation des gesellschaftlichen Produkts hin, der bei der Hinwendung zu einer immer bewußteren Ausnutzung der Ware-Geld-Beziehungen, der Ausnutzung des Gesetzes von Angebot und Nachfrage, nicht übersehen werden darf. Diese Seite wird um so mehr an Gewicht zunehmen, wie die entwickelte sozialistische Gesellschaft erfolgreich gestaltet und die Errungenschaften der wissenschaftlich-technischen Revolution mit ihren Vorzügen vereinigt werden.

6.3. Umlauf- beziehungsweise Zirkulationszeit als effektivitätsbestimmender Faktor in der intensiv erweiterten sozialistischen Reproduktion

Die planmäßige Verbindung der Produktion mit der Konsumtion, die durch vielfältige Beziehungen des Umlaufs und der Ware-Geld-Zirkulation vermittelt wird, vollzieht sich als ein fortwährender Umschlag verschiedener Fonds des gesellschaftlichen Gesamtprodukts. Die Analyse der erweiterten sozialistischen Reproduktion aus der Sicht des fortwährenden und sich ständig wiederholenden Umschlags verschiedener Fonds des gesellschaftlichen Produkts heißt nichts anderes, als den Reproduktionsprozeß zu betrachten, wie er sich eigentlich darstellt. In unaufhörlicher Bewegung gehen die Fonds des gesellschaftlichen Produkts aus einer Reproduktionsphase in die andere über, werden produziert, zirkulieren und werden der endgültigen Zweckbestimmung in der produktiven beziehungsweise individuellen Konsumtion zugeführt.

Der Umschlag der Bewegungsformen des gesellschaftlichen Produkts ist eine Kategorie der Zeit und bringt eine spezifische Seite der Wirkungsbedingungen des Gesetzes der Ökonomie der Zeit zum Ausdruck. Die Umschlagszeit, die Marx als Einheit von Produktions- und Umlaufszeit auffaßte[32], ist mit beiden Wirkungssphären – der Produktions- und der Zirkulationssphäre – eng verflochten. Das Umschlagsverhalten der als Materialvorräte, unvollendete Produktion und Fertigerzeugnisse auftretenden Umlauffonds, verglichen zu den Grundfonds, stellt eine Seite der Wirkungsbedingungen des Gesetzes der Zeitökonomie dar und ist ein wichtiger Faktor der Intensivierung der gesellschaftlichen Reproduktion.

Die Umschlagszeit der Umlauffonds in der Produktions- und Zirkulationssphäre ist mit der Effektivität des gesellschaftlichen Reproduktionsprozesses sowohl über die Bildung des Nationaleinkommens als auch über seine Verwendungsproportionen unmittelbar verbunden. Mit der Bildung des Nationaleinkommens insofern, als die Ergiebigkeit des Reproduktionsprozesses Fonds an Arbeitsgegenständen, Hilfsmaterialien und Fertig-

[32] Vgl. Karl Marx, Das Kapital, Zweiter Band, in: MEW, Bd. 24, Berlin 1963, S. 124.

erzeugnissen voraussetzt, die ihrem Umfang und ihrer gebrauchswertmäßigen Struktur nach stets verfügbar sein müssen. Nur so kann auf rationelle Art und Weise das Arbeitsvermögen mit den Grundfonds kombiniert auf den Arbeitsgegenstand einwirken. Bei wachsender Grundfondsausstattung ist der Nutzeffekt der lebendigen Arbeit nur bei bedarfsgerechter Bereitstellung der für die Herstellung der Erzeugnisse erforderlichen Materialien steigerungsfähig. Angesichts der wachsenden quantitativen Dimensionen des Produktionsfeldes und des zunehmenden Spezialisierungsgrades der gesellschaftlichen Produktion gewinnt die bedarfsgerechte Vorrats- und Bestandsbildung immer mehr an Bedeutung. Dieser Aspekt äußert sich in der Wirtschaftspraxis vor allem in der Gestaltung stabiler, die Kontinuität der Reproduktion sichernder Kooperationsbeziehungen.

Wird einerseits dieser Zusammenhang von Umschlagszeit der Umlauffonds von Produktionsmitteln und Bildung des Nationaleinkommens über die Sicherung stabiler Kooperationsbeziehungen überwiegend auf direkte Art und Weise vermittelt, so wird er anderseits insbesondere bei Konsumgütern über bestimmte Zwischenglieder hergestellt. Eine kontinuierliche, bedarfsgerechte Bereitstellung von Konsumgütern ist eine wichtige Bedingung für die kontinuierliche Reproduktion des Arbeitsvermögens, für die stimulierende Wirkung des Leistungsprinzips, für die weitere Entfaltung der Masseninitiative der Werktätigen im Kampf um die Erhöhung der Effektivität ihrer Arbeit. Mit den Verwendungsproportionen des Nationaleinkommens ist die Umschlagszeit der Umlauffonds in der Produktions- und Zirkulationssphäre vor allem über die Quote der Umlauffonds verbunden. Sinkende Umschlagszeit als Ausdruck verminderter Effektivität der Umlauffonds in der Produktion und Zirkulation wirkt im Hinblick auf die Zielrealisierung der sozialistischen Produktion reduzierend auf die Ergiebigkeit des laufenden Reproduktionsprozesses. Für das gleiche Wachstum an Nationaleinkommen wird bei sinkender Quote der Umlauffonds eine höhere Akkumulationsrate erforderlich oder bei gleicher Akkumulationsrate wäre eine Verringerung des Zuwachses an Nationaleinkommen die Folge, wenn man unterstellt, daß alle anderen Faktoren, die auf die Akkumulationsrate einwirken, unveränderlich bleiben. Eine sinkende Quote der Umlauffonds (durch Verringerung der Umschlagszeit) schmälert deshalb das Wachstum der Konsumtionsfonds. Die Beschleunigung des Umschlags der Umlauffonds in der Produktions- und Zirkulationssphäre, die in der Verbesserung der Umlaufquote ihren Ausdruck findet, führt hingegen zu besseren Bedingungen für die Bedürfnisbefriedigung im betreffenden Zeitabschnitt bei gleichzeitiger Erhöhung des Tempos der Produktionsentwicklung. Der Einfluß der Umlaufzeit auf die Verwendungsproportionen des Nationaleinkommens wird aus Tabelle 6 deutlich.

Tabelle 6
Prozentualer Anteil der Verwendung des Nationaleinkommens für Bestandserhöhungen in der DDR in den Jahren 1960 bis 1972

Jahr	National-einkommen = 100	davon Akkumulation in Prozent	Konsumtion in Prozent	Anteil der Bestandserhöhungen an der Verwendung des NE in Prozent
1960	100	18,1	81,9	3,2
1965	100	19,9	80,1	4,5
1970	100	24,0	76,0	3,7
1972	100	22,1	77,9	3,5

Quelle: Statistisches Jahrbuch der DDR 1974, Berlin 1974, S. 42.

Der reibungslose Übergang der materiellen und finanziellen Fonds aus ihrem produktiven Stadium in das nächstfolgende bis hin zum Stadium der Konsumtion setzt ihr zeitliches Nebeneinanderbestehen in bestimmten Proportionen voraus. Das zeitliche Nebeneinanderbestehen der Fonds in den verschiedenen Bewegungsformen ist Bedingung und Resultat zugleich für den reibungslosen, nacheinander erfolgenden Übergang ihrer Bewegungsformen. Marx gebührt das Verdienst, mit der Analyse des Kreislaufs und Umschlags des Kapitals auch gleichzeitig den dialektischen Zusammenhang aufgedeckt zu haben, der zwischen dem reibungslosen Nacheinander und Nebeneinander der Fonds während ihrer Reproduktion besteht. „Das Nebeneinander, wodurch die Kontinuität der Produktion bedingt ist, existiert aber nur durch die Bewegung der Teile des Kapitals, worin sie nacheinander die verschiednen Stadien beschreiben. Das Nebeneinander ist selbst Resultat des Nacheinander.“[33]

Dieser dialektische Zusammenhang, der sich auch als Einheit von fließendem Prozeß und seiner zeitweiligen Unterbrechung äußert, ist für die Sicherung der Kontinuität des Reproduktionsprozesses von ausschlaggebender Bedeutung. Mit wachsenden gesellschaftlichen Dimensionen, der weiteren Vertiefung der gesellschaftlichen Arbeitsteilung im nationalen und internationalen Maßstab, mit der Beschleunigung des wissenschaftlich-technischen Fortschritts und mit der wachsenden Dynamik der Bedürfnisentwicklung selbst verändern sich die qualitativen und quantitativen Bedingungen für den reibungslosen Übergang der Fonds aus einem Stadium in

[33] Ebenda, S. 107.

das andere. Sie führen auch zu quantitativen und qualitativen Veränderungen in der Proportionierung der zeitlich nebeneinander fungierenden Fonds.

Hierbei handelt es sich um Vorgänge, die die Kontinuitätserfordernisse der weiteren Intensivierung der erweiterten sozialistischen Reproduktion in den Vordergrund rücken und sie als einen relativ selbständigen Effektivitätsfaktor im System der herkömmlichen Aufwands- und Leistungsrelationen bei der Herstellung und Realisierung von Erzeugnissen erscheinen lassen. Im Unterschied zu letzteren ist der Zusammenhang zwischen den unmittelbaren Effektivitätsquellen und ihren Wirkungen und Erscheinungsformen oft schwerer erkennbar, da sie angesichts der bestehenden gesellschaftlichen Arbeitsteilung örtlich und zeitlich auseinanderfallen. In jedem Falle wirken sie mehr oder weniger intensiv auf die nächstfolgenden Reproduktionszyklen ein, weshalb die Kontinuitätserfordernisse angesichts der verschiedenen gesellschaftlichen, ökonomischen und technologischen Abhängigkeiten sich immer stärker mit den Faktoren des langfristigen Wirtschaftswachstums verflechten.

Aus der Dialektik, die zwischen dem reibungslosen, nacheinander erfolgenden Übergang der Fonds und ihrem zeitlichen Nebeneinander besteht, ergibt sich, daß die Aufrechterhaltung der Kontinuität einen bestimmten Aufwand an Fonds erfordert, der entweder auf die volkswirtschaftliche Gesamtleistung oder auf die jeweilige Leistung, die die Produktions- und die Zirkulationssphäre spezifisch zu erbringen haben, bezogen wird. Diese Art von Aufwand in Gestalt von Vorräten und Beständen folgt zwar der Tendenz zur Reduktion auf ein Minimum. Ihrer Funktion gemäß können Vorräte und Bestände aber dieser Tendenz stets nur im Rahmen der Sicherung der Kontinuitätserfordernisse für die Gesamtheit der Reproduktionsbedingungen folgen. Jenseits dieser Begrenzung bedeutet eine weitere Reduzierung der Fonds eine Gefährdung der Kontinuität des Reproduktionsprozesses, womit erhebliche Effektivitätseinbußen verbunden sind.

Eine die Kontinuitätserfordernisse übersteigende Bevorratung und Bestandsbildung zieht ebenfalls Effektivitätseinbußen nach sich, die sich aber von denen, die durch zu geringe Bevorratung und Bestandsbildung hervorgerufen werden, unterscheiden. Zu geringe Bevorratung und Bestandsbildung in der Produktions- und Zirkulationssphäre wirken sich über Stillstandszeiten in der Produktion, über ungenügende Ausnutzung der Grundfonds und der technologischen Ausrüstungen auf die vertragswidrige Belieferung der Abnehmer aus. Davon wird nicht nur der gesellschaftlich notwendige laufende Aufwand für die unmittelbar stoffliche Herstellung der Erzeugnisse beeinflußt. Auch bestimmte, aus Störungen der materiell-technischen Versorgung der Betriebe sowie der Versorgung der Bevölkerung entstehende Nachteile treten ein, die Kettenreaktionen in der horizontalen und vertikalen Verflechtung der Produktions- und Zirkulationsstufen auslösen können. Mit einer die Kontinuitätserfordernisse übersteigenden Bestands- und Vorratsbildung dagegen werden Kontinuitätserfordernisse mit einem zu hohen Aufwand „erkauft", in der Weise nämlich, daß sie dem unmittelbaren Produktionsprozeß entzogen sind (Produktionsvorräte) beziehungsweise nicht der laufenden Bedürfnisbefriedigung zur Verfügung stehen (Fertigerzeugnisse).

Bei bestimmten Fertigerzeugnissen, deren Gebrauchswert ohnehin nur eine begrenzte Zirkulationszeit erlaubt, kann direkter oder teilweiser Verlust entstehen, wenn die Zirkulationszeit länger als die durch ihre Gebrauchswerteigenschaften gesetzten Zeitschranken andauert. Überhaupt wird damit ein Phänomen berührt, das der Vorratsbildung allgemein und noch mehr der Bestandsbildung an Fertigerzeugnissen eigen ist und das mit der weiteren Intensivierung der sozialistischen Reproduktion immer mehr an Gewicht zunimmt. Vorräte in der Produktion und Warenbestände in der Zirkulation üben nur dann ihre Funktion, die Kontinuität der Reproduktion zu gewährleisten, aus, wenn sie in der Produktion und Zirkulation sich ununterbrochen gebrauchswertmäßig erneuern. Ihre Funktion in der Produktion und Zirkulation wird mit einem um so höheren gesellschaftlichen Effekt wahrgenommen, je mehr die Vorräte und Bestände aus dem laufenden Reproduktionszyklus gebildet werden und für den laufenden Reproduktionszyklus Verwendung finden. Ein gleich hoher wertmäßiger Warenbestand an Fertigerzeugnissen zum Beispiel, der für einen höheren Umsatz verwendet wird, bringt zunächst eine Senkung der Bestandsintensität und eine Beschleunigung ihres Umschlages mit sich. Diese Beschleunigung des Umschlages kann aber durch eine überdurchschnittliche Beschleunigung der Warenbestände aus dem laufenden Reproduktionszyklus erreicht worden sein und eine tatsächlich eingetretene Verlangsamung besonders jener Bestandteile, die aus früheren Reproduktionszyklen stammen, kompensieren oder überkompensieren. Angesichts der Dynamik der Bedürfnisentwicklung und des wachsenden Anteils neuer und weiterentwickelter Verfahren und Erzeugnisse gewinnt daher die Bestimmung der Altersstruktur der Warenvorräte und -bestände, das heißt ihre Verweildauer in der Produktionssphäre und in der Zirkulationssphäre immer mehr an Bedeutung. Sie ist mit der wertmäßig ausgewiesenen Zirkulationszeit für aggregierte Vorrats- oder Bestandsgruppen nicht identisch.

Gewöhnlich tritt die die Kontinuitätserfordernisse gewährleistende zusätzliche Vorrats- und Bestandsbildung nicht zur gleichen Zeit und am gleichen Abschnitt der Reproduktion auf. Daraus resultiert, daß zeitweilig übermäßig angesammelte Vorräte und Bestände an einem Abschnitt der

Reproduktion an einem anderen Abschnitt fehlen und dort zu den Auswirkungen führen, die mit einer zu niedrigen Vorrats- und Bestandsbildung verbunden sind.

Von allen Auswirkungen, die aus einer die Kontinuitätserfordernisse verletzenden Vorrats- und Bestandsbildung resultieren, heben sich allerdings jene Erscheinungen ab, bei denen die Bestandsbildung bei Fertigerzeugnissen nicht Bedingung und Voraussetzung für die Kontinuität der Reproduktion, sondern die Folge ihrer Nichtrealisierung als Waren sind. Hier tritt entweder teilweiser oder sogar gänzlicher Verlust ein, der sich in gleichem Ausmaß auf das Verhältnis von aufgewandter gesellschaftlicher Arbeit pro Einheit produzierten und realisierten Nationaleinkommens auswirkt. Vor allem im gesellschaftlichen Maßstab bedürfen die Prozesse der Vorrats- und Bestandsbildung und die Entwicklungsbedingungen ihres Umschlages differenzierter Betrachtungen, die vom dialektischen Zusammenhang zwischen reibungslosem Nacheinander und qualitativem und quantitativem Proportionsgefüge im Nebeneinander des Bestehens der Fonds ausgehen.

Von Bedeutung für die Bewertung des Intensivierungsgrades der erweiterten sozialistischen Reproduktion ist die Analyse des Verhältnisses der in der Produktions- und Zirkulationssphäre fungierenden Umlauffonds zum Produktions- beziehungsweise Umsatzvolumen. Das Umschlagsverhalten der Umlauffonds ist von einer Reihe von Faktoren beeinflußt, die zum Teil gegenläufig wirken. Tiefere Einsichten in die Wirkungsweise dieser die Umlaufszeit bestimmenden Faktoren können weitere Reserven in der Effektivität der gesellschaftlichen Reproduktion erschließen. Sie sind zugleich geeignet, unser Wissen von den Wirkungsbedingungen der ökonomischen Gesetze des Sozialismus zu vervollkommnen.

Aus der Funktion der Produktionsvorräte und der Warenbestände, die Kontinuität der Reproduktionsprozesse zu sichern, folgt, daß diese in der Produktions- und Zirkulationssphäre als Umlauffonds fungierenden Fonds sich mit wachsenden Dimensionen von Produktion und Konsumtion vergrößern.

„Ist die Produktion mannigfaltig und massenhaft, also auch die Konsumtion, so wird sich eine größre Masse der verschiedensten Waren fortwährend auf diesem *Haltpunkt*, in dieser *Zwischenstation*, mit einem Wort, in Zirkulation oder auf dem Markt befinden. Der *Quantität* nach betrachtet, heißt hier also große Anhäufung nichts als große Produktion und Konsumtion."[34]

[34] Karl Marx, Theorien über den Mehrwert, Dritter Teil, in: MEW, Bd. 26.3, Berlin 1968, S. 277.

Karl Marx hat außerdem darauf hingewiesen, daß die Verkürzung der Zirkulationszeit vor allem in dreierlei Richtung durch die Verkürzung der Produktionszeit hervorgerufen wird.

Erstens ruft die Steigerung der Arbeitsproduktivität eine Verkürzung der Produktionszeit hervor. Das ist gleichbedeutend mit einer Verkürzung der Zeit, innerhalb derer die Arbeitsgegenstände erneuert werden müssen.[35] Eine Verkürzung der Produktionszeit wird an Tendenzveränderungen der verschiedenen Anteile der Elemente der materiellen Umlaufmittel sichtbar. Diese Tendenzveränderungen weisen einen wachsenden relativen Anteil der Materialvorräte und der Fertigerzeugnisse und einen sinkenden Anteil der in der Produktion unvollendeten Erzeugnisse aus.

Zweitens wird die Umlaufzeit der Fonds durch die kombinatsmäßige Zusammenführung verschiedener Produktionsprogramme bei gleichzeitiger Konzentration und Zentralisierung der Produktion in Verbindung mit der Entwicklung der Wirtschaftsorganisation stark beeinflußt. Damit geht, wie Marx nachwies, „... die Ware rasch aus einer Phase in die andre über, oder wird die Zwischenzeit abgekürzt, die das Intervall des Aufenthalts der Ware in der Zwischenstation zwischen einer Produktionsphase und der andren einnimmt, oder wird der *Übergang* aus einer Phase der Produktion in die andre abgekürzt".[36]

Hieraus folgt, daß die Vervollkommnung der Organisation der gesellschaftlichen Produktion, die leitungsmäßige Beherrschung der weiteren Vergesellschaftung der Produktion und Arbeit, die Organisation der materiell-technischen Versorgung und die Gestaltung der Kooperationsbeziehungen zwischen und innerhalb der Zweige auch für die Ökonomisierung der Umlaufmittelsphäre von ausschlaggebender Bedeutung sind. Gewiß können sich die Zeiten des Übergangs von einer Produktionsphase in die nächstfolgende durch die zunehmende Entfernung zwischen dem Ort der Produktion und dem der Konsumtion ausdehnen. Das wird in dem Maße um so mehr eintreten, wie sich die sozialistische Arbeitsteilung auch im internationalen Maßstab entfaltet. Da sich in der DDR aber nach Berechnungen des Zentralinstituts für Wirtschaftswissenschaften von 1960 bis 1972 die durchschnittlichen Transportwege bei etwa 77 Kilometer konstant hielten (wenn man die Seeschiffahrt eliminiert), so wirkten in diesem Zeitraum nicht die zunehmende oder abnehmende Entfernung der Produktions- von den Konsumtionsstandorten, sondern in erster Linie die Transportgeschwindigkeit und die Transportzyklen auf die Umlaufzeit der Fonds in der Produktions- und Zirkulationssphäre ein.

[35] Vgl. ebenda, S. 280.
[36] Ebenda, S. 281.

Drittens: Ein mit der Beschleunigung des wissenschaftlich-technischen Fortschritts an Gewicht zunehmender Faktor, der das Verhalten der Umlauffonds in der Produktions- und Zirkulationssphäre beeinflußt, ist der wachsende Grad der Ausstattung mit Grundfonds (Ausrüstungsanteil). Die wachsende Ausstattung mit Grundfonds ist Bedingung für die Verkürzung der Produktionszeit und damit auch, wie wir sahen, für die Verkürzung der Umlaufzeit. Insofern wirkt dieser Faktor zunächst über den ersten und zweiten Faktor auf die Zeit ein, im Laufe derer sich die Umlauffonds in den Produktions- und Zirkulationsfonds umschlagen müssen. Darüber hinaus hat der wachsende Ausstattungsgrad mit Grundfonds relativ selbständige Wirkung, die mit den technologischen Besonderheiten des Arbeitsprozesses zusammenhängt. Veränderungen in der organischen und technischen Zusammensetzung der Fonds bewirken nicht nur eine Verkürzung der Produktionszeit innerhalb einer Produktionsphase, beschleunigen nicht nur den Übergang von einer Produktionsphase in die nächstfolgende, sondern erzwingen zugleich eine beständige Produktion.[37]

Beständige Produktion bei wachsendem Ausstattungsgrad mit Grundfonds ruft eine Funktionsveränderung des innerbetrieblichen und überbetrieblichen Transports, der Lagerhaltungs- und Umschlagsprozesse hervor, die eng mit neuen Anforderungen an die Verpackungswirtschaft verflochten sind. Immer mehr nehmen diese angesichts ihrer Bedeutung für die Gesamteffektivität zu unrecht bezeichneten „Hilfs- und Nebenprozesse" eine Schlüsselstellung bei der Auslastung moderner Anlagen und Ausrüstungen, bei der Reduktion der Stillstands- und Ausfallzeiten und bei der zeitgerechten Belieferung der Kooperationspartner ein. Sie erfordern einen beständigen und zugleich veränderten Fluß der im Umlauf befindlichen Materialien und Halbfabrikate und beeinflussen in erhöhtem Maße das Tempo, mit dem die Fertigerzeugnisse zirkulieren.

Aber dieses durch die wachsende Grundfondsausstattung hervorgerufene wechselseitige Verhältnis zum Umlauf der Arbeitsprodukte in ihrem unfertigen und fertigen Zustand, das vor allem in der wachsenden Arbeitsgeschwindigkeit der Ausrüstungen begründet liegt, ist je nach dem Verwendungszweck des Arbeitsproduktes an unterschiedliche Voraussetzungen gebunden. Handelt es sich um Arbeitsprodukte, die als Produktionsmittel im künftigen Reproduktionszyklus fungieren, sind der Umlauf und die Zeit, in der sie umschlagen, durch den Produktionsprozeß, vor allem durch die Arbeitsgeschwindigkeit der Ausrüstungen, selbst bestimmt. Anders verhält es sich bei Konsumgütern. Die zunehmende Geschwindigkeit, worin sich der Produktions- und Reproduktionsprozeß von Konsumgütern erneuert,

[37] Vgl. ebenda, S. 281.

hängt unter anderem davon ab, in welcher Zeit sich die individuelle Konsumtion (verstanden als wiederholte Befriedigung des gleichen Bedürfnisses) erneuert. Insofern hat die Geschwindigkeit der individuellen Konsumtion Einfluß auf die Zirkulationszeit der Konsumgüter.

Auf diesen Zusammenhang zwischen der Erhöhung der organischen und technischen Zusammensetzung der Fonds und der Geschwindigkeit, in der sich die individuelle Konsumtion erneuern muß, hat Marx hingewiesen. „Die Konsumtion, auch in den Artikeln, wo dies nicht durch die Natur des Gebrauchswerts bedingt, wird immer mehr contemporaneous (gleichzeitig) mit der Produktion, also immer mehr von der present, coexisting labour (gegenwärtigen, koexistierenden Arbeit) abhängig."[38] Eine Seite, die keinesfalls die damit zusammenhängende vielschichtige Problematik erschöpft, die uns aber für die Analyse der Zirkulationszeit von Konsumgütern als Fertigerzeugnisse wichtig erscheint, ist der jahreszeitliche Rhythmus der individuellen Konsumtion, dargestellt am jahreszeitlichen Rhythmus des Einzelhandelsumsatzes (vgl. Tabelle 7).

Wenngleich eine Vielzahl von ökonomischen und auch außerökonomischen Faktoren auf den jeweiligen jahreszeitlichen Rhythmus des Einzelhandelsumsatzes einwirkt, so lassen sich doch eine Reihe von Tendenzen aus dieser Zeitreihe erkennen, die mit der Zunahme der Reproduktionsgeschwindigkeit der Produktions- und Zirkulationsprozesse zusammenhängen.

Erstens: Wird der jahreszeitliche Rhythmus der Produktion als gegeben vorausgesetzt und wird ferner von der Annahme ausgegangen, daß die jahreszeitliche Streuung der Produktion sich gleichmäßiger auf die einzelnen Monate verteilt als der Einzelhandelsumsatz, so folgt daraus, daß sich die Zirkulationszeit bei Konsumgütern dann verkürzt, wenn die jahreszeitliche Verteilung des Einzelhandelsumsatzes eine Tendenz der Nivellierung aufweist. Insgesamt hat sich die jahreszeitliche Streuung des Einzelhandelsumsatzes auf Monate und Quartale ausgeglichener gestaltet. Diese Tendenz ist um so bemerkenswerter, als im Untersuchungszeitraum der Einzelhandelsumsatz insgesamt beträchtlich gesteigert wurde und mit dieser Steigerung zugleich beträchtliche Veränderungen in seiner Struktur einhergingen (vgl. Abschnitt 2 dieses Kapitels).

Zweitens: An der Tendenz zur jahreszeitlichen Nivellierung des Einzelhandelsumsatzes waren nicht alle Quartale beziehungsweise Monate im gleichen Ausmaß beteiligt. Traten beispielsweise im II. und III. Quartal keine oder keine nennenswerten Veränderungen von lang anhaltender Dauer ein, so ist für das I. und IV. Quartal das Gegenteil feststellbar. War das

[38] Ebenda, S. 283.

Tabelle 7
Anteil des monatlichen Einzelhandelsumsatzes am Jahresumsatz (in Prozent) in den Jahren 1960 bis 1972

Monat	1960	1965	∅ 1961/65	1970	∅ 1966/70	1972
Januar	6,7	6,8	6,8	6,7	6,7	6,5
Februar	7,0	7,0	7,1	7,2	7,2	7,5
März	8,0	8,0	8,2	8,4	8,3	8,9
I. Quartal	21,7	21,8	22,1	22,3	22,2	22,9
April	8,2	8,3	8,0	8,2	8,1	7,7
Mai	8,1	7,8	8,0	8,2	8,2	8,2
Juni	8,1	7,9	8,0	8,1	7,9	8,2
II. Quartal	24,4	24,0	24,0	24,5	24,2	24,1
Juli	8,5	8,6	8,5	8,6	8,4	8,1
August	8,3	8,3	8,6	8,3	8,4	8,4
September	8,3	8,3	8,3	8,3	8,3	8,3
III. Quartal	25,1	25,2	25,4	25,2	25,1	24,8
Oktober	8,6	8,9	8,8	8,6	8,6	8,5
November	8,9	9,0	8,9	8,6	8,9	9,0
Dezember	11,3	11,1	10,8	10,8	11,0	10,7
IV. Quartal	28,8	29,0	28,5	28,0	28,5	28,2

Quellen: Berechnet nach: Statistisches Jahrbuch der DDR 1962, Berlin 1962, S. 520; Statistisches Jahrbuch der DDR 1963, Berlin 1963, S. 336; Statistisches Jahrbuch der DDR 1964, Berlin 1964, S. 356; Statistisches Jahrbuch der DDR 1965, Berlin 1965, S. 364; Statistisches Jahrbuch der DDR 1966, Berlin 1966, S. 365; Statistisches Jahrbuch der DDR 1967, Berlin 1967, S. 363; Statistisches Jahrbuch der DDR 1968, Berlin 1968, S. 353; Statistisches Jahrbuch der DDR 1969, Berlin 1969, S. 270; Statistisches Jahrbuch der DDR 1970, Berlin 1970, S. 273; Statistisches Jahrbuch der DDR 1971, Berlin 1971, S. 273; Statistisches Jahrbuch der DDR 1974, Berlin 1974, S. 270.

I. Quartal noch im Jahre 1960 mit nur 21,7 Prozent am Jahresumsatz beteiligt, so lag sein Anteil im Jahr 1972 bereits bei 22,9 Prozent. In diesem Jahr wurde übrigens seit 1960 der bisher höchste Anteil des I. Quartals am Jahreseinzelhandelsumsatz erreicht. Hingegen veränderten sich die Anteile des IV. Quartals im Untersuchungszeitraum in umgekehrter Richtung. Lag der Anteil des IV. Quartals im Jahre 1960 noch bei 28,8 Prozent, so sank er in der Tendenz auf 28,2 Prozent im Jahre 1972 ab. Sein bisher höchster Anteil im Untersuchungszeitraum lag bei 29,0 Prozent, und im

Jahre 1972 wurde der bisher niedrigste Anteil des IV. Quartals am Einzelhandelsumsatz des jeweiligen Jahres realisiert. Somit wurde die Tendenz der Nivellierung der Quartalsanteile am Jahresumsatz vor allem durch Veränderungen des I. und IV. Quartals, und zwar durch ihre entgegengesetzte Entwicklungstendenz erreicht. Einerseits sind diese Tendenzen als Resultat des erreichten Kontinuitätsgrades des gesamten Reproduktionsprozesses zu werten, andererseits aber bergen sie gemäß unserer Annahme günstige Bedingungen für die Verkürzung der Zirkulationszeit bei Konsumgütern in sich.

Drittens: In die Tendenz zur Nivellierung der Quartalsanteile am Einzelhandelsumsatz des jeweiligen Jahres ist die Tendenz der Nivellierung des Monatsanteils am jährlichen Einzelhandelsumsatz eingeschlossen. Gewiß ist die Streuung der Monatsanteile des Einzelhandelsumsatzes während eines Jahres noch beträchtlich und wird es wegen unterschiedlicher Konsumtionsbedingungen in einem bestimmten Ausmaß auch bleiben. Sie schwankt zwischen 6,5 bis 6,7 Prozent im Januar und zwischen 10,7 und 11,3 Prozent im Dezember. Ungeachtet dessen ist auch hier eine Nivellierungstendenz zwischen den Monaten im jeweiligen I. und IV. Quartal unverkennbar, besonders dann, wenn man nicht die Anteile des jeweiligen Jahres, sondern die der Durchschnittswerte eines Fünfjahreszeitraumes miteinander vergleicht. Dieser von Monat zu Monat immer gleichmäßiger werdende Rhythmus des Einzelhandelsumsatzes folgt somit in gewisser Weise dem Rhythmus der Produktion und wirkt auf diese spezifische Weise auf die Zirkulationszeit von Konsumgütern ein.

Diese aus der wachsenden Kontinuität der Reproduktion selbst entspringende Komponente wirkt als Gegengewicht gegen Tendenzen in Richtung auf eine Verlängerung der Zirkulationszeit von Konsumgütern ein, die der zunehmenden Spezialisierung in der Konsumgüterindustrie, ihrer wachsenden internationalen Verflechtung geschuldet sind. Diese Faktoren erfordern im Umlauf der Konsumgüter einen wachsenden Aufwand für den Ausgleich der mengenmäßigen, sortimentsmäßigen, zeitlichen und räumlichen Unterschiede, die zwischen Produktion und Konsumtion auftreten.

Den Kontinuitätserfordernissen des Reproduktionsprozesses entsprechend, müssen in jeder Stufe der arbeitsteiligen Produktion und Zirkulation Vorräte vorhanden sein, die je nach ihren Umschlagsbedingungen ständig erneuert werden. Ausreichende Produktionsvorräte sind eine entscheidende Bedingung für eine kontinuierliche Produktion, die ihrerseits sich wiederum als ausschlaggebend für eine rationelle Bestandsbildung in der Zirkulation erweist. Für die Erhöhung der Effektivität des Umlaufmitteleinsatzes, verbunden mit der Gewährleistung der Kontinuität der Reproduktion, ist es deshalb nicht gleichgültig, in welchen Proportionen sich Produktionsumlauffonds und Zirkulationsfonds im Rahmen des Gesamtaufwands an Umlaufmitteln bewegen.

Nach Berechnungen im Zentralinstitut für Wirtschaftswissenschaften entwickelten sich in der Deutschen Demokratischen Republik die Anteile der Produktionsumlauffonds und der Zirkulationsfonds in den produzierenden Bereichen von 55,3 beziehungsweise 44,7 Prozent im Jahre 1960 auf 62,8 beziehungsweise 37,2 Prozent im Jahre 1970. Im Jahre 1972 lag der Anteil der Produktionsumlauffonds bereits bei 64,0 Prozent, während die Zirkulationsfonds einen Anteil von rund 36,0 Prozent aufwiesen. Bei einer – wie wir sahen – insgesamt verringerten Umlaufmittelintensität, die mit einer Beschleunigung des Umschlags der Umlauffonds einherging und damit auch zu einer Reduzierung der Produktions- und Umlaufzeit führte, hat sich die Umlaufzeit insgesamt schneller verringert als jener Teil der Produktionszeit „... während deren sie (die Produktionsvorräte, d. V.) zwar als Bedingungen des Prozesses bereitliegen, also schon produktives Kapital darstellen, aber noch nicht in den Produktionsprozeß eingegangen sind".[39] Dies ist um so bemerkenswerter, als bekanntlich Ende der sechziger Jahre und verstärkt in den folgenden Jahren der spezifische Materialaufwand bei volkswirtschaftlich wichtigen Erzeugnissen verringert werden konnte und somit sich auch der Bedarf an Material relativ reduzierte.

Die relative Verringerung der Zirkulationsfonds, verglichen zu den gesamten Umlauffonds, vollzog sich bei Strukturveränderungen in den Zweigen der produzierenden Bereiche, die kurz- oder längerfristig anhaltende und auch gegenläufige Wirkungen auf den Umlauffonds und auf seine Verteilung nach Produktionsumlauffonds und Zirkulationsfonds auslösten. Der sinkende Anteil des Zirkulationsfonds an dem gesamten Umlauffonds bringt auch in bestimmtem Ausmaß die in den sechziger Jahren aufgetretenen Disproportionen zwischen zuliefernden und verarbeitenden Industriezweigen zum Ausdruck.

Ungeachtet aller dieser den reinen Entwicklungstrend verzerrenden Erscheinungen wirken zunehmend Faktoren in Richtung auf einen sinkenden Anteil der Zirkulationsfonds an den gesamten Umlauffonds in der Volkswirtschaft. Das liegt in den veränderten Produktions- und Konsumtionsbedingungen vor allem bei Produktionsmitteln begründet. Bei wachsendem Ausstattungsgrad der produzierenden Bereiche mit Grundfonds und Verbesserung ihrer ökonomisch-technischen Parameter beeinflussen sie Richtung und Tempo des Umschlags der Zirkulationsfonds maßgeblich. Die vorwiegend als Fertigerzeugnisse in der arbeitsteiligen Stufenfolge der ge-

[39] Karl Marx, Das Kapital, Zweiter Band, in: MEW, Bd. 24, Berlin 1963, S. 125.

sellschaftlichen Produktion fungierenden Zirkulationsfonds werden durch die zunehmende Geschwindigkeit, in der sich die Produktion erneuert, zwangsläufig schneller umgeschlagen. Da der überwiegende Teil der als Umlauffonds fungierenden Fertigerzeugnisse, wie wir sahen, sich aus Produktionsmitteln zusammensetzt und auch weiterhin zusammensetzen wird, liegt in der Beschleunigung des wissenschaftlich-technischen Fortschritts und der mit ihm zusammenhängenden Entwicklungsproportion der Abteilung I und II der gesellschaftlichen Produktion ein wesentlicher Faktor für die Strukturveränderungen der Umlauffonds in der Produktions- und Zirkulationssphäre zugunsten der Produktionsumlauffonds begründet. Dieser Effekt tritt durch den schnelleren Umschlag der Zirkulationsfonds, gemessen am Gesamtumschlag der Umlauffonds, in den produzierenden Bereichen ein. Er verletzt nicht die Kontinuitätserfordernisse der Produktion. Im Gegenteil, es werden bei wachsender Grundfondsausstattung eine ihrer wesentlichen Bedingungen geschaffen. Wir können diese Effekte auch als Gratiseffekte bezeichnen, die aus der Verkürzung der Produktionszeiten entstehen.

Aber es werden auch entgegenwirkende Tendenzen sichtbar, wenn man etwas näher die Bestandsbildung an Fertigerzeugnissen betrachtet. Zirkulationsfonds als Fertigerzeugnisse treten gleichzeitig in der Produktions- und Zirkulationssphäre auf. Von ihrem Proportionsgefüge hängt nicht nur der Grad der Kontinuität, sondern auch ihre Einsatzeffektivität ab. Nach Berechnungen unseres Instituts entwickelte sich der Anteil der Zirkulationsfonds, die einerseits im Binnenhandel und andererseits in den übrigen produzierenden Bereichen der Volkswirtschaft vorhanden sind, von 81,6 Prozent bzw. 18,4 Prozent im Jahre 1960 auf 75,9 bzw. 24,1 Prozent im Jahre 1970. Im Jahre 1972 waren im Binnenhandel 71,4 Prozent und in den anderen produzierenden Bereichen 28,6 Prozent der Fertigerzeugnisse vorhanden.

Eine wichtige Ursache dafür, weshalb sich im zurückliegenden Zeitraum der Zirkulationsfonds anhaltend vom Binnenhandel auf die anderen produzierenden Bereiche der Volkswirtschaft verlagerte, besteht darin, daß vor allem die Produktionsmittelzirkulation schneller wuchs als der Umsatz des Produktionsmittelhandels. Das bedeutet, daß ein wachsender Anteil der Produktionsmittel direkt zwischen dem Hersteller und Verbraucher zirkulierte. Hinter diesen Erscheinungen verbirgt sich eine zunehmende Bestandshaltung bei den Hersteller- und Verbraucherbetrieben. Geht man davon aus, daß die Fertigerzeugnisse an Produktionsmitteln bei den Herstellern als künftige Arbeitsgegenstände und als Material in den verbrauchenden Betrieben fungieren, das heißt bedarfsgerecht sind, so ist diese Entwicklung volkswirtschaftlich gesehen positiv zu bewerten. Denn mit der Konzentration der Bestände beim Herstellerbetrieb wird ihre Disponibilität erhöht und können die Produktionsvorräte bei den Verbraucherbetrieben gesenkt werden. Aber die verbraucherseitigen Bestände, deren Disponibilität eingeschränkt ist, sind in den letzten Jahren schneller als die Bestände in den Lieferbetrieben gestiegen. Hier liegen eindeutig Reserven in der Einsatzeffektivität von Fertigerzeugnissen als Warenbestand. Denn es „... hängt dies von verschiednen Bedingungen ab, die alle im wesentlichen hinauskommen auf die größre Geschwindigkeit, Regelmäßigkeit und Sicherheit, womit die weitere Masse von Rohstoff stets so zugeführt werden kann, daß nie Unterbrechung entsteht. Je weniger diese Bedingungen erfüllt sind, je geringer also Sicherheit, Regelmäßigkeit und Geschwindigkeit der Zufuhr, desto größer muß der latente Teil des produktiven Kapitals, d. h. der noch seine Verarbeitung erwartende Vorrat an Rohstoffen usw. in der Hand des Produzenten sein“.[40]

Im Hinblick auf die Erhöhung der Geschwindigkeit, Regelmäßigkeit und Sicherheit in der Versorgung der verbrauchenden Produktionsbetriebe üben diese Bestände an Fertigerzeugnissen in den Herstellungsbetrieben die gleiche Funktion aus wie die als Produktionsmittel lagernden Bestände im Produktionsmittelhandel. Mit wachsenden Produktionsdimensionen, mit der weiteren Spezialisierung der Produktionssortimente und auch in Abhängigkeit davon, wie sich die Produktions- und Konsumtionsbedingungen bei einzelnen Erzeugnisarten verändern, rückt der für die Bestandsbildung und -haltung erforderliche Aufwand in den Vordergrund. Er muß bei der Auswahl der optimalen Zirkulationsart berücksichtigt werden. Aus verschiedenen Veröffentlichungen geht allerdings hervor, daß noch Reserven bei der Verkürzung der Zirkulationszeit bestehen, die durch die Auswahl der optimalen Variante der Zirkulationsart bei Produktionsmitteln erschlossen werden könnten. Hierbei sind der in den Produktionsbetrieben erforderliche Aufwand für Lagerhaltung und Umschlagprozesse (der bekanntlich zur Zeit einen hohen Anteil manueller und körperlich schwerer Arbeit bindet) ebenso in die volkswirtschaftlichen Berechnungen einzubeziehen wie die Vorteile, die durch den Bau großflächiger Lager entstehen. Letztere erlauben die Mechanisierung und sogar Teilautomatisierung der Prozesse, die bei kleinen Lagerflächen auf Schranken stoßen. Schließlich sind auch die Effektivitätsvorteile in die volkswirtschaftlichen Berechnungen einzubeziehen, die durch die weitere Vertiefung der Arbeitsteilung zwischen Produktion und Produktionsmittelhandel bei der Sicherung ausreichender Vorräte entstehen.

Im Ergebnis dieser Entwicklung erhöht sich der Anteil der Zirkulationsfonds an den gesamten Umlauffonds, weil der Anteil der Produktionsvorräte bei den Verbraucherbetrieben abnimmt. Somit erweist sich die bisher vertretene These, wonach der Vorzug des Sozialismus gegenüber dem Kapi-

[40] Ebenda, S. 136.

talismus sich unter anderem darin äußert, daß er einen gesetzmäßig sinkenden Anteil an Aufwendungen in der Zirkulation gegenüber denen in der Produktion aufweist, für überprüfungswürdig. Soweit der sinkende Anteil durch die Beseitigung antagonistischer Widersprüche zwischen Produktion und Konsumtion und durch die planmäßige Realisierung hervorgetreten ist, stimmt diese These. Aber wird diese These als Gesetzmäßigkeit der sozialistischen Ökonomik in der Weise interpretiert, daß von Jahr zu Jahr der Anteil der Zirkulationsfonds an den gesamten Umlauffonds sinken müßte, dann werden faktisch grundlegende Kontinuitätserfordernisse übersehen und vor allem ein Vorzug des Sozialismus mißachtet, der eben darin besteht, die Bestände in der Sphäre zu bilden, in der sie die höchste Einsatzeffektivität aufweisen. Wenngleich ein eindeutiger Trend der Verlagerung der Zirkulationsfonds vom Binnenhandel in die anderen produzierenden Bereiche der Volkswirtschaft feststellbar ist, bleibt der Hauptteil der Zirkulationsfonds im Binnenhandel konzentriert. Schon daraus ergibt sich die *volkswirtschaftliche Bedeutung des Binnenhandels* als aktiver Vermittler der Beziehungen zwischen Produktion und Konsumtion, in die sowohl die immer bessere Versorgung des produktiven und individuellen Konsumenten als auch die weitere Ökonomisierung der Zirkulationsfonds eingeschlossen ist. Beide Seiten bedingen sich, da die Ökonomisierung der Zirkulationsfonds in erster Linie von der bedarfsgerechten Strukturierung der Bestände abhängig ist.

Die Parameter „Bedarfsgerechter Bestand“ beziehen sich nicht nur auf die Menge und auf die dem Produkt eigenen qualitativen Eigenschaften, sondern in wachsendem Maß auf das Sortiment, die Bedarfszeit und den Bedarfsort. Auf der Grundlage immer enger werdender Kooperationsbeziehungen zwischen Produktions- und Handelsbetrieben, die das Ziel verfolgen, bedarfsgerechte Erzeugnisse herzustellen, liegt die besondere Aufgabe des Binnenhandels darin, die Produktionssortimente in Konsumtionssortimente so umzuwandeln, daß sie zur richtigen Zeit und am richtigen Ort bedarfsgerecht zur Verfügung stehen. Der Kontinuitätsgrad dieser im Binnenhandel fungierenden Fertigerzeugnisse ist um so höher, je schneller sie umschlagen und ständig erneuert werden, und dies um so mehr, je mehr sie sich vor allem gebrauchswertmäßig erneuern. „Ihr Verkauf in ihrer fertigen Warenform, also ihr durch denselben vermitteltes Eingehn in die produktive oder individuelle Konsumtion, ist aber die stets sich erneuernde Bedingung ihrer Reproduktion.“[41] Folglich ist die Zirkulationszeit der Fertigerzeugnisse – oder anders ausgedrückt – die Altersstruktur der im Binnenhandel vorhandenen Bestände ein wichtiger Gradmesser dafür, in welcher Weise sie ihrer grundlegenden Funktion *gebrauchswertmäßig* entsprechen.

[41] Ebenda, S. 130.

Die Zirkulationszeit von Fertigerzeugnissen in Gestalt von Konsumgütern wird maßgeblich von der Art und Weise der Arbeitsteilung zwischen Konsumgütergroßhandel und Einzelhandel bestimmt (vgl. Tabelle 8).

Tabelle 8

Zirkulationszeit der Konsumgüterbestände im sozialistischen Konsumgütergroßhandel und -einzelhandel in der DDR im Zeitraum 1961 bis 1972

Jahr	Zirkulationszeit der Bestände[1]			Anteil am Gesamtbestand in Prozent	
	Einzelhandel	Großhandel	Konsumgüterhandel insgesamt	Einzelhandel	Großhandel
1961	41,3	21,0	62,3	62	38
1965	44,2	22,8	67,0	62	38
1970	44,8	21,0	65,8	65	35
1971	45,7	21,0	66,7	66	34
1972	41,3	20,8	62,1	64	36

[1] Die Zirkulationszeit der Bestände wurde nach der Reichdauer der Bestände in Tagen des Einzelhandelsumsatzes berechnet.

Quelle: Cramer, Kamp und Schenk, Sozialistische Intensivierung der Konsumgüterzirkulation, Berlin 1975, S. 63.

Die Beschleunigung des Umschlags der Bestände im Konsumgüterhandel vollzog sich in der Deutschen Demokratischen Republik in den letzten Jahren nicht geradlinig. Es waren vor allem zwei Faktoren, die die Tendenz bestimmten. Einmal veränderte sich die Struktur des Einzelhandelsumsatzes zugunsten eines erhöhten Anteiles von Industriewaren. Diese Strukturveränderung bewirkte eine Verlängerung der Zirkulationszeit, da Industriewaren infolge ihrer im Vergleich zu Nahrungs- und Genußmitteln unterschiedlichen Produktions- und Konsumtionsbedingungen eine längere Zirkulationszeit erfordern. Zum anderen kann von der Annahme ausgegangen werden, daß in diesem Zeitraum die Sortimentsbreite des Warenangebots zugenommen hat beziehungsweise bei vorhandenen Sortimenten eine weitere Stabilisierung im Angebot eingetreten ist. Beides verlängert die Zirkulationszeit. Bei der Betrachtung dieses Sachverhalts werden wir mit einer Problematik konfrontiert, die für die Funktion der Warenbestände von Konsumgütern spezifisch ist. Während sich nämlich nicht ausreichende Vorräte an Produktionsmitteln – gleich ob als Fertigbestand oder als Materialvorrat – unmittelbar in Störungen des Produktionsprozesses, in wachsenden Stillstandszeiten, Lieferausfällen usw. äußern, wirken sich nicht ausreichende

Bestände an Konsumgütern im Groß- und Einzelhandel auf andere Art und Weise aus. Sie stören die kontinuierliche Versorgung der Bevölkerung, verlängern die durchschnittlichen Einkaufszeiten, die für den Erwerb der gewünschten Erzeugnisse[42] aufgewandt werden müssen, bringen zusätzlich Unsicherheiten mit sich und beeinträchtigen die stimulierende Wirkung des Leistungsprinzips. Es sind dies der Zielrealisierung der sozialistischen Gesellschaft entgegenwirkende Erscheinungen, die aber nicht direkt und sofort auf den nächstfolgenden Reproduktionszyklus wirken. Sie lösen vielmehr indirekte und über verschiedene soziale und ökonomische Zwischenglieder rückkoppelnde Wirkungen auf die Geschwindigkeit der nachfolgenden Reproduktionszyklen aus.

Untersucht man unter diesem Aspekt die Entwicklung der Bestände an Konsumgütern im Groß- und Einzelhandel, so ist davon auszugehen, daß im Einzelhandel die Angebotswirksamkeit der Bestände vollends erreicht wird. Eine wichtige Aufgabe des Konsumgüterhandels besteht deshalb darin, durch die ständige gebrauchswertmäßige Erneuerung der Bestände im Einzelhandel, also an der Nahtstelle, an der die Waren in die individuelle Konsumtion übergehen, deren Angebotswirksamkeit zu erhöhen. Dies muß nicht unbedingt mit einer Senkung ihrer Zirkulationszeit einhergehen.

Da die Bestände in der Einzelhandelsstufe am ehesten angebotswirksam gestaltet werden, gehen auch von dieser Stufe die wichtigsten Impulse auf den Umschlag der Bestände im Konsumgüterhandel insgesamt aus. Hingegen ist der Bestand in der Großhandelsstufe, verglichen mit dem in der Einzelhandelsstufe, disponibler einsatzfähig. Das erklärt sich nicht nur daraus, daß der Großhandel gegenüber dem Einzelhandel einen weitaus höheren Versorgungsradius aufweist und Möglichkeiten für eine konzentriertere Bestandshaltung eröffnet. Der höhere Grad in der Disponibilität der Bestände ergibt sich auch aus der unmittelbaren Beziehung des Großhandels zur Absatzsphäre der Produktionsbetriebe. Beim disponiblen Einsatz der Bestände im Großhandel kann beziehungsweise können stärker, als das im Einzelhandel der Fall ist, auf die in den Produktionsbetrieben lagernden Fertigerzeugnisse zurückgegriffen und zeitweilig auftretende Bestandsdefizite ausgeglichen werden. In der Erhöhung der Angebotswirksamkeit der Bestände im Einzelhandel bei gleichzeitiger wachsender Konzentration der Warenbestände im Großhandel, die mit einer besseren Organisation der Bestell-, Liefer- und Transportorganisation zwischen Groß- und Einzelhandel gekoppelt wird, liegen wichtige Reserven, um die Versorgungsstabilität der Bestände an Konsumgütern zu erhöhen und gleichzeitig ihren Umschlag zu beschleunigen.

[42] Vgl. Abschnitt 4 des gleichen Kapitels.

6.4. Zum Einfluß der Zirkulationssphäre auf Umfang und Verwendungsproportionen der Konsumtionszeit

In den Wechselbeziehungen zwischen Produktion und Konsumtion sind bekanntlich nicht nur quantitative und qualitative Momente der Gestaltung *des materiellen Gegenstandes* der Bedürfnisbefriedigung wie Produktionsumfang, Pro-Kopf-Verbrauch, Gebrauchswertparameter der Erzeugnisse, Grad der Bedürfnisbefriedigung usw., sondern auch Momente eingeschlossen, die die Art und Weise der Konsumtion betreffen. Das ökonomische Grundgesetz des Sozialismus stellt Forderungen an die quantitative und qualitative Seite der Bedarfsgegenstände *und* an die Art und Weise der Bedürfnisbefriedigung. Dabei ist hervorzuheben, daß sich beide Komponenten im Verlauf der Entwicklung der Produktivkräfte und mit wachsendem Reifegrad sozialistischer Produktionsverhältnisse immer intensiver wechselseitig durchdringen. Ist der wachsende (quantitative) Grad der Bedürfnisbefriedigung eine wesentliche Voraussetzung dafür, daß sich die Art und Weise der Bedürfnisbefriedigung vervollkommnet und reichhaltiger im Sinne der *harmonischen Entwicklung* aller persönlichkeitsformenden Elemente der Bedürfnisbefriedigung werden kann, so ist umgekehrt die Art und Weise der Bedürfnisbefriedigung ein wichtiger Einflußfaktor darauf, wie bereits vorhandene Bedürfnisse auf einem qualitativ höheren Niveau befriedigt werden können und neue Bedürfnisse, die der sozialistischen Lebensweise entsprechen, entstehen und sich entwickeln.

Aus der Gesamtheit dieser einander wechselseitig durchdringenden Prozesse rücken zwei Fragenkomplexe gesetzmäßig immer stärker in den Vordergrund. Erstens geht es um die ausgewogene quantitative und qualitative Strukturierung der materiellen Bereiche und Bedingungen für die harmonische Bedürfnisbefriedigung nach Bedürfniskomplexen. Dieser Aspekt betrifft vor allen Dingen den materiellen Gegenstand der Bedürfnisbefriedigung. Zweitens geht es um die Strukturierung der Konsumtionszeit, in der sich die Befriedigung konsumtiver Bedürfnisse vollzieht. Dieser Aspekt betrifft mehr die Art und Weise der Konsumtion.

Zwischen beiden Komponenten besteht kein automatischer Zusammenhang. Das findet zunächst einmal seine Erklärung darin, daß die Befriedigung verschiedener Bedürfnisse ihrer Natur nach unterschiedliche Zeit erfordert. Zum anderen wirkt auf die Konsumtionszeit wesentlich ein, in welchen Relationen Prozesse in der individuellen Hauswirtschaft selbst durch gesellschaftliche Institutionen vollzogen werden. Zum Beispiel können bei gleichem Pro-Kopf-Verbrauchsniveau unterschiedliche Proportionen der Verwendung der Konsumtionszeit erforderlich werden, je nachdem, wie fortgeschritten der Vergesellschaftungsgrad von Prozessen ist, die bisher und traditionsgemäß in den Familien von deren Angehörigen selbst verrichtet wurden.

Deshalb sind es nicht nur Umfang und Struktur der bereitgestellten materiellen Güter und Leistungen pro Kopf, die den Grad der Befriedigung materieller und kultureller Bedürfnisse determinieren, sondern sind es auch und im besonderen die Zeitproportionen, innerhalb derer die Bedürfnisse befriedigt werden. Da die Freizeit und damit auch die Konsumtionszeit bei gegebener Arbeitszeit nicht beliebig erweiterungsfähig sind, muß die sozialistische Gesellschaft immer wieder erneut und mit wachsender ökonomischer Stärke um so mehr auf die Vervollkommnung der Struktur der Konsumtionszeit mit dem Ziel der harmonischen Entwicklung aller persönlichkeitsformenden und -bildenden Elemente der Bedürfnisbefriedigung Einfluß nehmen. Damit werden Schritt für Schritt gewisse Einseitigkeiten in der Verwendung der Freizeit und der Konsumtionszeit eingeschränkt und schließlich gänzlich überwunden, die gegenwärtig noch in gewisser Weise die Bedürfnisbefriedigung, die für die Entfaltung aller persönlichkeitsformenden Elemente notwendig ist, begrenzen.

Besonders dieses Element der Zielrealisierung verbindet sich in der entwickelten sozialistischen Gesellschaft in spezifischer Weise mit Mitteln zur Erreichung dieses Ziels. In der Freizeit und damit auch in der Konsumtionszeit vollzieht sich mit dem Prozeß der Persönlichkeitsentwicklung zugleich auch die Reproduktion des quantitativen und qualitativen Arbeitsvermögens. Die Bedingungen für die Gestaltung der Freizeit und der Konsumtionszeit sind auch Bedingungen für die mehr oder weniger effektiv wirksam werdende erweiterte Reproduktion des qualitativen und quantitativen Arbeitsvermögens. Beide Seiten stehen in wechselseitiger Abhängigkeit zueinander. Deshalb rückt der Zeitaspekt, das heißt die Konsumtionszeit insgesamt und ihre Struktur, die im gesellschaftlichen Durchschnitt oder gegliedert nach Klassen und Schichten beziehungsweise nach der Größe der Familien und der Einkommenshöhe für die Befriedigung der Bedürfnisse aufgewendet wird, in Verbindung mit der Produktions- und Zirkulationszeit immer mehr in den Vordergrund. Dieser objektive Vorgang ist nur ein anderer Ausdruck dafür, daß mit wachsender Reife der sozialistischen Produktionsverhältnisse und der weiteren Entwicklung der Produktivkräfte in krassem Gegensatz zu den Erscheinungsformen in der kapitalistischen Gesellschaft[43] das Gesetz der Ökonomie der Zeit im Sozialismus in viel höherem Grade Gültigkeit hat. Die für den Kapitalismus typischen Schranken, wonach nur die bezahlte Arbeit Kost ist, werden immer wirksamer überwunden.

Die wachsenden gesellschaftlichen Bedürfnisse wie das Bedürfnis nach Bildung und Qualifizierung, das Bedürfnis nach aktiver Teilnahme am gesellschaftlichen Leben, das Bedürfnis nach Erziehung der Kinder durch das Elternhaus usw. stellen hohe Ansprüche an den Zeitfonds, der für die Befriedigung der konsumtiven Bedürfnisse, die sich in der individuellen Haus-

[43] Im imperialistischen Stadium des Kapitalismus äußert sich der Antagonismus zwischen Produktion und individueller Konsumtion unter anderem auch darin, daß die Art und Weise der individuellen Konsumtion, die die Konsumtionszeit einschließt, in zunehmendem Maße von den Verwertungsbedingungen des Kapitals bestimmt wird. Auf die Verwendung des Freizeitfonds und der Konsumtionszeit, gekoppelt mit ausgeklügelten Methoden der Manipulierung der Bedürfnisse der Werktätigen, wachsen die sogenannten „Freizeitindustrien" stürmisch an. Die Verwendung der Freizeit und damit Konsumtionszeit wird Gegenstand der Verwertung des Kapitals selbst. Darin äußert sich die für kapitalistische Produktionsverhältnisse typische Vergesellschaftung individueller Bedürfnisse und Formen ihrer Befriedigung augenfällig. Die wachsende Ausdehnung der Freizeitindustrien, ihre Konzentration und Monopolisierung ist das Ergebnis einer hohen Akkumulationsrate in diesen Bereichen, die ihrerseits wiederum nur Ausdruck des Grades der Ausbeutung der Werktätigen in ihrer Eigenschaft als individuelle Konsumenten ist. Mit einem hohen Stand der Technik ausgerüstet, befinden sie sich stets auf der Suche nach neuen sogenannten Marktlücken, in die langfristig Kapital investiert wird mit dem Ziel, einen größeren Konsumentenkreis zu erreichen, dessen Bedürfnisse in eine bestimmte Richtung zu lenken, wovon auch die Konsumtionszeit insgesamt und ihre Verwendungsproportionen beeinflußt und den Verwertungserfordernissen des Kapitals untergeordnet werden. Politökonomisch gesehen handelt es sich hier im Grunde genommen darum, daß die durch verschiedene Formen des Klassenkampfes erwirkte Verkürzung der Arbeitszeit dazu führt, daß die Konsumtionssphäre in verstärktem Maße zur Kapitalanlage wird und den Verwertungsbedingungen des Kapitals nicht mehr nur die Reproduktionsbedingungen der Ware Arbeitskraft (als Produzent) unterworfen sind, sondern in wachsendem Maße auch die Reproduktionsbedingungen eines immer größeren Kreises von Bedürfnissen (als Konsument), in die Umfang und Struktur der Konsumtionszeit eingeschlossen sind. Diese Verwertungsbedingungen des Kapitals rufen, verschärft durch den Konkurrenzkampf um die günstigsten Kapitalanlagebedingungen, objektiv notwendig die Befriedigung bestimmter Bedürfnisse hervor, was mit der Verarmung und Vernachlässigung anderer wesentlicher Anlagen, Fähigkeiten und Eigenschaften der Menschen verbunden ist.

wirtschaft vollziehen, aufgewendet werden muß. Die Verringerung dieses Zeitfonds zugunsten jener Zeit, die für die Befriedigung der genannten gesellschaftlichen Bedürfnisse aufgewendet werden kann, ist *nicht nur* durch die vollständige beziehungsweise teilweise Verlagerung derartiger Prozesse aus der individuellen Hauswirtschaft in die gesellschaftliche Sphäre möglich und notwendig. Es muß beachtet werden, daß einerseits der Vergesellschaftungsprozeß im jeweiligen Zeitpunkt seine Begrenzung in dem materiell erreichten Entwicklungsniveau selbst findet. Zum anderen wird er auch durch die Eigenart der Dialektik begrenzt, die dem Vergesellschaftungsprozeß der Bedürfnisentstehung und -befriedigung selbst zugrunde liegt. In diesem Vergesellschaftungsprozeß bilden sich gesellschaftliche Bedürfnisse heraus, die von der Gesamtheit der gesellschaftlichen Bedingungen determiniert sind. Auf dieser qualitativ neuen gesellschaftlichen Grundlage vollzieht sich ein Prozeß der weiteren Ausprägung der Individualität sozialistischer Persönlichkeiten, die die Herausbildung bestimmter Bedürfnisse und Formen ihrer Befriedigung prägen. Diese Seite der Bedürfnisentwicklung kann weder neben den Vergesellschaftungsprozeß gestellt noch gar ihm gegenübergestellt werden. Eine bestimmte Individualisierung von Bedürfnissen und Formen ihrer Befriedigung ist eine notwendige und der entwickelten sozialistischen Gesellschaft immanente Entwicklungstendenz des Vergesellschaftungsprozesses selbst.

Aus beiden Gründen müssen deshalb die Anstrengungen der sozialistischen Gesellschaft sowohl auf die Verlagerung von traditionellen Prozessen der individuellen Hauswirtschaft in die gesellschaftliche Sphäre als auch darauf gerichtet sein, die Bedingungen für gegenwärtig und künftig in der Familie zu befriedigende Bedürfnisse so zu beeinflussen, daß der dafür erforderliche Zeitaufwand im Verhältnis zum Zeitaufwand für die Befriedigung gesamtgesellschaftlicher Bedürfnisse immer ausgewogener gestaltet wird. Diese auf die Verwendung der Konsumtionszeit einwirkenden Bedingungen gehören neben der bedarfsgerechten Strukturierung materieller Güter und Leistungen zu den entscheidenden Voraussetzungen einer harmonischen Entwicklung und Befriedigung materieller und kultureller Bedürfnisse sozialistischer Persönlichkeiten.

Auf Ausmaß und Struktur der Konsumtionszeit wirkt die Zirkulationssphäre, wirken vor allem die Zweige ein, die der individuellen Konsumtion direkt vorgelagert sind. Dazu zählen der Einzelhandel und sein Umsatz. Der Bestimmungszweck des Einzelhandelsumsatzes als Endstadium des Austauschs von Konsumgütern ist der Austausch von Konsumgütern gegen Geld zum Zwecke der individuellen Konsumtion. Hierin grenzt er sich vom Großhandelsumsatz ab, der ein Umsatz zum Zwecke des Wiederverkaufs ist.

Mitunter wird die Höhe des Anteils, womit der Einzelhandelsumsatz die Befriedigung verschiedener Bedürfniskomplexe direkt vermittelt, nicht richtig gewertet. Nach Berechnungen des Zentralinstituts für Wirtschaftswissenschaften vermittelte der Einzelhandelsumsatz die Befriedigung konsumtiver Bedürfnisse in den Jahren 1970 bis 1972 mit Anteilen von etwa 70 bis 71 Prozent.[44] Mit rund 10 Prozent waren die bezahlten Dienstleistungen sowie mit 19 bis 20 Prozent der unentgeltliche beziehungsweise zum Teil entgeltliche Verbrauch an der Befriedigung konsumtiver Bedürfnisse beteiligt.

Besonders aufschlußreich sind die von diesem gesellschaftlichen Durchschnitt abweichenden Anteile bei den einzelnen Bedürfniskomplexen.

An der Befriedigung des Bedürfniskomplexes Ernährung beteiligte sich im gleichen Zeitraum der Einzelhandelsumsatz an Nahrungs- und Genußmitteln mit 97 Prozent. Den restlichen Anteil von 3 Prozent bildete der unbezahlte beziehungsweise teilweise unbezahlte Verbrauch im Rahmen der Schul- und Kinderspeisung sowie bei der Versorgung der Werktätigen in den Betrieben.

Am Bedürfniskomplex Bekleidung war der Einzelhandelsumsatz von Schuhen und Bekleidung mit rund 92 bis 93 Prozent beteiligt. Den restlichen Anteil von 7 bis 8 Prozent bildeten bezahlte Dienstleistungen wie besonders Anfertigung aus Kundenmaterial sowie bestimmte Reparaturleistungen.

Am Bedürfniskomplex Wohnen war der Einzelhandelsumsatz mit 58 bis 69 Prozent beteiligt.[45] Mit 25 bis 26 Prozent waren bezahlte Dienstleistungen beteiligt, während mit 16 bis 17 Prozent gesellschaftliche Fonds, entweder aus dem Staatshaushalt oder aus den Betrieben, die Bedürfnisbefriedigung vermittelten.

Mit 44 bis 46 Prozent war der Einzelhandelsumsatz an dem Bedürfniskomplex Körper- und Gesundheitspflege beteiligt, während der Anteil der bezahlten Dienstleistungen an diesem Bedürfniskomplex 5 Prozent betrug. Den überwiegenden Anteil an diesem Bedürfniskomplex, und zwar mit 49 bis 51 Prozent, nahm der unbezahlte Verbrauch ein. Er setzte sich aus

[44] In die Berechnung wurden der Einzelhandelsumsatz und die Dienstleistungen sowie der unentgeltliche beziehungsweise zum Teil entgeltliche Verbrauch einbezogen, zum Beispiel Zuschüsse für Wohnungswirtschaft, Mietzuschüsse aus dem Staatshaushalt sowie aus betrieblichen Fonds usw.

[45] In diesen Bedürfniskomplex wurden die Einzelhandelsumsätze von Wohnraumtextilien, Haushalts- und Wirtschaftswaren, Elektromaterial, Beleuchtungskörpern, Lacken und Farben, Erzeugnissen der Kunststoffindustrie, Erzeugnissen der Säge- und Hobelwerke sowie feste Brennstoffe für Haushaltszwecke und die Umsätze von Möbeln und konfektionierter Bettwäsche einbezogen, um die Korrespondenz zu diesem Bedürfniskomplex herzustellen.

Aufwendungen des Staatshaushaltes für die stationäre und ambulante medizinische Versorgung und aus Aufwendungen betrieblicher Fonds zusammen.

Am Bedürfniskomplex Bildung und Erziehung war der Einzelhandelsumsatz mit 14 bis 16 Prozent vor allem durch den Verkauf von Zeitungen, Zeitschriften und Büchern beteiligt. Auch der Anteil bezahlter Dienstleistungen von 4 Prozent an diesem Bedürfniskomplex ist gering. Der überwiegende Anteil mit rund 82 Prozent wurde durch gesellschaftliche Fonds des Staates und der Betriebe vermittelt.

Am Bedürfniskomplex Kultur und Erholung beteiligte sich der Einzelhandelsumsatz hingegen mit 50 bis 52 Prozent.[46] Mit 23 bis 26 Prozent wurde die Befriedigung der zu diesem Komplex gehörenden Bedürfnisse durch bezahlte Dienstleistungen vermittelt. Mit einem etwa gleich hohen Anteil beteiligten sich die gesellschaftlichen Fonds des Staates und der Betriebe.

War der Einzelhandelsumsatz mit 43 bis 46 Prozent am Bedürfniskomplex Verkehr und Kommunikation beteiligt, so lagen der Anteil bezahlter Dienstleistungen bei 32 bis 34 Prozent und die Inanspruchnahme gesellschaftlicher Fonds bei 22 bis 23 Prozent.

Insgesamt ergibt sich, daß der Einzelhandelsumsatz mit einem hohen Anteil die Befriedigung konsumtiver Bedürfnisse vermittelt. Über dem gesellschaftlichen Durchschnitt von 70 bis 71 Prozent liegen die Einzelhandelsumsätze für die Bedürfniskomplexe Ernährung und Bekleidung. Ihnen folgen die Bedürfniskomplexe Wohnen, Kultur und Erholung, Körper- und Gesundheitspflege, Verkehr und Kommunikation und schließlich Bildung und Erziehung. Diese Anteile, womit sich der Einzelhandelsumsatz vermittelnd an der Befriedigung der zu dem jeweiligen Komplex gehörenden Bedürfnisse beteiligt, unterstreichen die Notwendigkeit, neben der weiteren Verlagerung von Prozessen der Hauswirtschaft in die gesellschaftliche Sphäre und deren weiteren Stabilisierung die Einzelhandelstätigkeit mit dem Ziel der Schaffung von weiteren Einkaufserleichterungen zu vervollkommnen. Darauf wurde mit Nachdruck auf dem VIII. Parteitag der SED hingewiesen. „Von nicht geringer Bedeutung ist, daß der Handel der Bevölkerung durch Einkaufserleichterungen, Kundendienste und Dienstleistungen hilft, Zeit zu sparen, daß die Bürger gut bedient und sachkundig beraten werden.“[47]

46 Hier wurden die Einzelhandelsumsätze unter anderem an Musikinstrumenten, Zubehör und Ersatzteilen, Spielwaren, Turn- und Sportgeräten, Artikeln für Wassersport und Camping, sonstigem Kulturbedarf, Elektroakustik, Foto-Kino-Optik, Schmuck, Antiquitäten und Kunstgegenständen mit einbezogen.

47 Erich Honecker, Bericht des Zentralkomitees an den VIII. Parteitag der Sozialistischen Einheitspartei Deutschlands, Berlin 1971, S. 42.

Berechnungen des Instituts für Marktforschung haben ergeben, daß im Zeitraum 1965 bis 1970 bei allgemeiner Verringerung der Arbeitszeit und zunehmender Freizeit der Anteil des Zeitaufwandes für hauswirtschaftliche Tätigkeit, die der Vorbereitung der individuellen Konsumtion dient, angewachsen ist.

Betrachtet man die Zeitaufwandsarten, die insbesondere durch den Einzelhandel beeinflußt werden oder werden können, so wird dieser Entwicklungstrend noch deutlicher. In der DDR wuchs innerhalb von 5 Jahren der wöchentliche Zeitaufwand für die Speisenzubereitung von 14 auf 14,5 Stunden in den berufstätigen Haushaltungen an, während er in den nichtberufstätigen Haushaltungen von 19,5 auf 19,6 Stunden pro Woche anstieg. Im gleichen Zeitraum ist der durchschnittliche Aufwand beim Einkauf der Waren in berufstätigen Haushaltungen von 5,4 auf 6,3 Stunden pro Woche und bei nichtberufstätigen Haushaltungen von 7,5 auf 8,5 Stunden pro Woche gestiegen. Dieser Entwicklungstrend ist allerdings das Ergebnis gegenläufig wirkender Faktoren. Neuere Untersuchungen des Instituts für Marktforschung[48] haben ergeben, daß bei insgesamt festzustellendem Anstieg der Einkaufszeiten in Haushaltungen die Einkaufszeiten für Lebensmittel gesunken sind. Zwangsläufig sind die Einkaufszeiten für Industriewaren damit schneller gestiegen als die Zeit für den Wareneinkauf überhaupt. Geht man den Ursachen nach, so ergeben sich folgende Tatbestände, die zugleich verallgemeinernd die Haupteinflußfaktoren der Zirkulationssphäre auf die Reduzierung der Konsumtionszeit verdeutlichen.

Erstens: Die Stabilität und Kontinuität des Warenangebots, die sich nicht nur über längere Zeiträume, sondern auch korrespondierend mit der Kundenfrequenz und dem Einkaufsverhalten der Konsumenten während der verschiedenen Wochentage und der verschiedenen Zeiten eines Tages erhöht hat. Dieser die Einkaufszeiten positiv beeinflussende Faktor äußert sich vor allem in der Verringerung der Zahl wöchentlicher Einkäufe. Hingegen wird dieser positive Entwicklungstrend bei verschiedenen Waren des Lebensmittelsortimentes unterbrochen, bei denen noch nicht der durchschnittliche Stabilitätsgrad in der Verfügbarkeit erreicht wurde. Die Stabilität und Kontinuität des Warenangebots, die ihrerseits auf die Verringerung der Zahl der wöchentlichen Lebensmitteleinkäufe einwirkt, und die ständig durch den wachsenden Ausstattungsgrad der Haushaltungen mit Kühlschränken begünstigt wird, ist der wichtigste Faktor für die Verringerung der Einkaufszeiten.

Zweitens: Die Dichte und Struktur des Einzelhandelsnetzes, die vor allem

[48] Vgl. Harald Zappe, Veränderungen im Einkaufsverhalten bei Lebensmitteln, in: Der Handel, 11/1973, S. 475–478.

über die Wegezeiten auf die Einkaufszeit einwirkt. Im Durchschnitt wurde insbesondere durch die zielstrebige Entwicklung großflächiger Einkaufsmöglichkeiten (Kaufhallen), wie durch eine zielstrebige territoriale Rationalisierung des Handelsnetzes auch in Gebieten mit Altbausubstanz erreicht, daß die Wegezeiten für den Lebensmitteleinkauf im Republikdurchschnitt weiter reduziert wurden. Dies ist um so bemerkenswerter, als diese Wegezeit sich nicht nur als die Wegezeit vom Wohnort zur nächstgelegenen Verkaufsstelle, sondern zu jener Verkaufsstelle versteht, in der vorwiegend eingekauft wird. Deshalb verbirgt sich hinter dem Entwicklungstrend der Wegezeiten zugleich auch eine positive Tendenz der schrittweisen Angleichung der Einkaufsbedingungen für Werktätige in der Stadt und auf dem Lande.

Drittens: Materiell-technische Ausstattung und wissenschaftliche Arbeitsorganisation im Einzelhandel sind weitere wichtige Faktoren, mit denen die Zirkulationssphäre reduzierend auf die Konsumtionszeit einzuwirken vermag. So konnte beispielsweise bei Reduzierung der Zahl der wöchentlichen Einkäufe von Lebensmitteln von 5,1 im Juli 1967 auf 4,2 im Januar 1972 der durchschnittliche Zeitaufwand je Einkauf gesenkt werden. Er lag im Januar 1972 bei etwa 0,9 Stunden. Hierauf haben solche Momente einen bestimmenden Einfluß wie der Anteil abgepackter Waren, der Stand der Kundendienste, die Wartezeiten an den Kassen sowie ein flexibler Einsatz der Arbeitskräfte entsprechend den unterschiedlichen Kundenfrequenzen, auf die in der Zukunft um so größerer Wert gelegt werden muß, da die Ausweitungsmöglichkeiten für die Selbstbedienung im Lebensmitteleinkauf in der DDR angesichts des bereits erreichten hohen Entwicklungsstandes begrenzt sind.

6.5. Die gesellschaftliche Arbeitsteilung zwischen der Produktions- und Zirkulationssphäre als Effektivitätsfaktor

Die Reproduktionsbedingungen des gesellschaftlichen Gesamtprodukts erfordern bekanntlich nicht nur Arbeitsaufwand für seine stoffliche Herstellung, der, technologisch und organisatorisch bedingt durch den erreichten Stand der Arbeitsteilung, auf einer mehr oder weniger tief gegliederten vertikalen und horizontalen Stufenleiter auftritt. Sie verlangen auch Arbeitsaufwand, um das gesellschaftliche Gesamtprodukt endgültig konsumreif zu gestalten und es als Ware endgültig zu realisieren. Dieser Arbeitsaufwand resultiert aus Operationen, die ihrer technologischen Beschaffenheit nach anders geartet sind. Im Unterschied zu den technologischen Prozessen, die für die stoffliche Herstellung eines Erzeugnisses maßgebend sind, sind diese Operationen darauf gerichtet, stoffliche Prozesse zwischen Produktion und Verbraucher zu vermitteln (Lagerung, Transport, Verpackung usw.) und ihre Realisierung als Waren (als Produktionsmittel oder als Konsumtionsmittel) zu vollziehen. Das ist der Grund dafür, weshalb diese Prozesse in der Produktionssphäre als Neben- oder Hilfsprozesse gegenüber dem Hauptprozeß, der Produktion, auftreten.

Hingegen werden sie bei ihrer Herauslösung aus der Sphäre der stofflichen Produktion zu Hauptprozessen, bestimmen sie den materiellen Inhalt jener Prozesse, die mit der konsumreifen Gestaltung der Erzeugnisse einschließlich ihrer Realisierung als Waren beim Verbraucher verbunden sind. Aus der Spezifik dieser Prozesse, die maßgebend technologisch und organisatorisch determiniert sind, entspringt die *Möglichkeit,* diese Prozesse arbeitsteilig aus dem Prozeß der unmittelbaren Erzeugung von Gebrauchswerten herauszulösen.

Mit wachsenden Produktions- und Bedürfnisdimensionen nehmen auch diese Vermittlungsprozesse, die ein wachsendes Volumen gesellschaftlicher Arbeit binden, an Umfang zu. Als allgemeines Gesetz erfordert das Gesetz der Ökonomie der Zeit nicht nur die Minimierung des Arbeitsaufwandes für die stoffliche Herstellung der Erzeugnisse, sondern es erstreckt sich auch auf die gesamte Anwendungssphäre gesellschaftlicher Arbeit, in die – wie wir sahen – auch die Zeit eingeschlossen ist, die für die vermittelnden Prozesse zwischen Produktion und Konsumtion einschließlich der Realisierung der Erzeugnisse als Waren aufgewandt werden muß. Folglich werden die in der Technologie und Arbeitsorganisation begründeten Spezifika von Produktions- und Zirkulationsprozessen, die die Möglichkeit der arbeitsteiligen Verrichtung dieser Prozesse hervorrufen, zur gesellschaftlichen Notwendigkeit.

Die arbeitsteilige Verrichtung von Produktions- und Zirkulationsprozessen ist Ergebnis und Bedingung für die uneingeschränkte Entwicklung der Produktivkräfte. Sie äußert sich darin, daß die in der produzierenden Sphäre als Hilfs- und Nebenprozesse verrichteten Operationen aus dieser Sphäre herausgelöst und nunmehr als Hauptprozesse von relativ selbständigen Wirtschaftsbereichen und Zweigen vollzogen werden. Das bewirkt eine Veränderung in der qualitativen Gliederung und der quantitativen Proportionalität der in der Produktions- und Zirkulationssphäre fungierenden Teilarbeiten. In dieser qualitativen Gliederung und quantitativen Proportionalität der in der Produktions- und Zirkulationssphäre fungierenden Teilarbeiten liegt ein wichtiger Faktor der Effektivität der gesellschaftlichen Gesamtarbeit.

Zu den wichtigsten Faktoren, die die Entwicklung der gesellschaftlichen Arbeitsteilung zwischen der Produktion und der Zirkulation beeinflussen, gehört die Beschleunigung des wissenschaftlich-technischen Fortschritts. Die Entwicklungstendenz des wissenschaftlich-technischen Fortschritts, die sich in der Spezialisierung, Kombination und Konzentration der stofflichen Herstellung von Gebrauchswerten äußert, führt zu veränderten Reproduktionsbedingungen der Erzeugnisse. Sie ruft zunächst unterschiedliche Bedingungen in Produktion und Konsumtion in räumlicher und zeitlicher Hinsicht hervor. Im gesellschaftlichen Maßstab äußert sich dies in zunehmendem Transportaufwand, Bestandsaufwand bei wachsendem Volumen des gesellschaftlichen Gesamtprodukts.

Spezialisierung, Konzentration und Kombination in den Bedingungen für die stoffliche Produktion sind Ausdrucksform für den wachsenden Vergesellschaftungsgrad der Produktion. Sie stellen neue Anforderungen an den Ausgleich von Unterschieden zwischen den Bedingungen der Produktion und denen der Konsumtion. Den Erfordernissen des Gesetzes der Zeitökonomie entsprechend, ist die Spezialisierung, Konzentration und Kombination der Produktion mit der Tendenz zur Massenproduktion, zu immer größeren Serien, gemessen in einer Zeiteinheit, verbunden. In der Regel zeichnen sich diese an Umfang zunehmenden Serien durch ein engeres Produktionssortiment aus.

Ein wichtiges, aktuelles Anliegen, die ökonomische Effektivität des wissenschaftlich-technischen Fortschritts zu erhöhen, besteht darin, durch konsequente Spezialisierung und Konzentration die Seriengröße zu erhöhen. In zunehmendem Maße werden dabei die Vorteile der sozialistischen internationalen Arbeitsteilung planmäßig genutzt. Darin liegt eine wichtige Effektivitätsquelle, um die wachsende Fondsausstattung der Werktätigen mit einer rationellen Nutzung der Produktionsgrundfonds zu verbinden.

Größeren Produktionsserien und spezialisierten Produktionssortimenten stehen hingegen Tendenzen in der Bedürfnisentwicklung und Bedingungen ihrer Befriedigung gegenüber, die den Entwicklungstendenzen des wissenschaftlichen Fortschritts bei der unmittelbaren Produktherstellung nicht unmittelbar und automatisch folgen. Vielmehr laufen die Entwicklungstendenzen der Bedürfnisse in Richtung auf eine wachsende Komplexität hin. Die einzelnen Bedürfnisse verbinden sich untereinander durch ihre Gleichartigkeit (gleichartig im Hinblick auf den zu realisierenden gesellschaftlichen Nutzen) und durch ihre Austauschbarkeit immer stärker zu Komplexen (Bedürfniskomplexen). Um die Versorgungsbereitschaft als eine Bedingung der Kontinuität der Reproduktion zu gewährleisten, ist es deshalb erforderlich, die verschiedenen Gebrauchswerte, die stets zu einem Bedürfniskomplex gehören, zu jedem Zeitpunkt in der gesamten Artenpalette für die Konsumtion bereitzustellen, obwohl sie nicht gleichzeitig und von jedem Mitglied der Gesellschaft in Anspruch genommen beziehungsweise konsumiert werden. Aus diesem Grunde verändern sich unter dem Einfluß des wissenschaftlich-technischen Fortschritts nicht nur die zeitlichen und räumlichen Bedingungen von Produktion und Konsumtion. Sie verändern sich auch in mengenmäßiger und sortimentsmäßiger Hinsicht. Letztere sind nur Erscheinungsformen der räumlich und zeitlich unterschiedlichen Bedingungen von Produktion und Konsumtion und können deshalb auch auf sie stets zurückgeführt werden.

Dennoch besitzen sie in der Weise eine relative Selbständigkeit, als die Breite des Sortiments und damit auch indirekt die Menge pro Sortiment den Aufwand an gesellschaftlicher Arbeit maßgeblich beeinflussen. Angesichts der zunehmenden Produktionsspezialisierung und der wachsenden Vielfalt der Erzeugnisse nehmen die vermittelnden Bedingungen zu, die auf rationelle Weise die Übereinstimmung von Produktionssortiment und dessen Umwandlung in ein Konsumtionssortiment herbeiführen. Hierbei hat die Zirkulationssphäre einen wachsenden aktiven Anteil zu leisten. Dies erklärt sich nicht nur aus dem Umstand, daß sie diese Vermittlung selbst zu vollziehen hat, sondern auch aus ihrer Stellung im Reproduktionsprozeß. Sie ist der Konsumtionssphäre direkt vorgelagert. Der Zirkulationssphäre erwächst demnach die Aufgabe, die Interessen der Konsumenten gegenüber der Produktion aktiv zu vertreten, was in der arbeitsteilig gegliederten gesellschaftlichen Produktion nichts anderes bedeutet, als die Interessen der Verbraucher gegenüber dem Lieferer wahrzunehmen.

Sortimentsbreite und -tiefe des erforderlichen Konsumtionssortiments sind auf das engste mit der Produktion neuer Erzeugnisse und dem Auslauf alter Erzeugnisse verbunden. Zunächst ist das Verweilen veralteter Erzeugnisse im Produktions- und Konsumtionssortiment stets mit dem Risiko ihrer erschwerten Realisierung verbunden. Dies um so mehr, je älter die Erzeugnisse, gemessen an dem erreichten wissenschaftlich-technischen Entwicklungsstand, sind. Im Grunde genommen ist dies auf das Gesetz vom Wachstum der Bedürfnisse zurückzuführen, das bekanntlich nicht nur eine quantitative, sondern auch eine qualitative Komponente in sich einschließt. Gleichzeitig bewirkt dieses Risiko, daß der Druck auf die Produktion neuer beziehungsweise weiterentwickelter Erzeugnisse in bedürfnisgerechtem Umfang in dem Maße abnimmt, wie in der Zirkulationssphäre sich der Anteil an veralteten Erzeugnissen vergrößert und sich in wachsenden Beständen mit nachlassender Umschlagsgeschwindigkeit äußert. Da die Aufnahmefähigkeit der Zirkulationssphäre ökonomisch wie auch materiell-technisch begrenzt ist, ist das Einfließen neuer Erzeugnisse in die Zirkulationssphäre nur in dem Maße möglich, wie die Bestände in der Zirkulationssphäre abgebaut und schließlich gänzlich aufgelöst werden. Mit wachsender Beschleunigung des wissenschaftlich-technischen Fortschritts liegt in der Abkürzung der Einlauf- und Auslaufkurve der Erzeugnisse, die im Produktions- und Konsumtionssortiment aufgenommen werden, ein wichtiger Effektivitätsfaktor, der von der Zirkulationssphäre beeinflußt wird. Er äußert sich nicht nur in der Verkürzung der Zirkulationszeit und – bei gegebener Sortimentsbreite – in der Bestandsintensität. Von ebenso großem, wenn nicht noch größerem Einfluß ist seine rückkoppelnde Wirkung auf die Ausbreitungsgeschwindigkeit neuer progressiver wissenschaftlich-technischer Erkenntnisse auf die Erzeugnismenge und Erzeugnisstruktur, auf die rationelle Auslastung der Produktionsgrundfonds und auf die Erhöhung der gesellschaftlichen Arbeitsproduktivität in der Sphäre der materiellen Produktion.

Folglich stellen die Erfordernisse des wissenschaftlich-technischen Fortschritts neue Anforderungen an die Ausnutzung des Gesetzes der Ökonomie der Zeit. Eine zentrale Rolle spielt dabei das Verhältnis der Arbeit, die für die stoffliche Herstellung der Erzeugnisse einschließlich ihrer Entwicklung notwendig ist, zu der Arbeit, die für die konsumreife Herstellung des Erzeugnisses bis zu ihrer endgültigen Realisierung erforderlich ist. Dieses Verhältnis ist nicht statisch, sondern der Dynamik des wissenschaftlich-technischen Fortschritts und der Bedürfnisentwicklung unterworfen.

In dieses wechselseitige Verhältnis, in dem sich Aufwand- und Zeitproportionen ausdrücken, sind eine Reihe gegenläufig wirkender Faktoren eingeschlossen. Bedingt durch die Spezialisierung, Konzentration und Kombination der Produktionsbedingungen zur stofflichen Herstellung eines Erzeugnisses oder einer Erzeugnisgruppe wird die Effektivität der gesellschaftlichen Arbeit bedeutend erhöht. Aber diese Effektivität ist zunächst dadurch „erkauft“ worden, daß sich die Konsumtionsbedingungen dieser Erzeugnisse und Erzeugnisgruppen teilweise von den Produktionsbedingungen „entfernen“. Das bedeutet einmal, daß entweder Arbeitszeit für den Ausgleich, für die Überwindung der räumlichen und zeitlichen und damit auch mengenmäßigen und sortimentsmäßigen Unterschiede zwischen Produktion und Konsumtion erforderlich werden. Daran ändert sich nichts, selbst wenn auch der spezifische Aufwand dieser Ausgleichsprozesse gleichzeitig verringert wird. In jedem Fall wächst der absolute Zeitaufwand bei einer Vergrößerung der Unterschiede zwischen Produktions- und Konsumtionsbedingungen.

Zum anderen ist die bei der stofflichen Herstellung des Erzeugnisses oder der Erzeugnisgruppe erreichte höhere Effektivität zunächst eine vorläufige, da die endgültige Gestaltung des Gebrauchswertes den räumlichen und zeitlichen Bedingungen der Konsumtion gemäß noch aussteht oder noch abgeschlossen werden muß. Folglich kann die bei der stofflichen Herstellung, aber noch nicht konsumreifen Gestaltung des Erzeugnisses oder der Erzeugnisgruppe erzielte Einsparung an Zeit durch die nachfolgenden Prozesse, durch erhöhten Zeitaufwand kompensiert und in einigen Fällen sogar überkompensiert werden. Das tritt dann ein, wenn die Bedingungen für die Heranführung der Gebrauchswerte, gemessen am Volumen und der Struktur der stofflich hergestellten Gebrauchswerte, nicht angemessen entwickelt sind, die Durchlaßfähigkeit der Güterbewegung bei der Lagerung, beim Transport, der Sortimentierung usw. nicht reibungslos funktionieren und der Produktionsfluß von der Produktion zur Konsumtion zu stocken beginnt. Mit solchen Erscheinungen haben wir es zu tun, wenn der Mechanisierungs- und Automatisierungsgrad der Hilfs- und Nebenprozesse (Lagerung, innerbetrieblicher Transport, Verpackung usw.) in den stofflich produzierenden Bereichen gegenüber dem der Hauptprozesse zurückbleibt, der überbetriebliche Transport nicht mehr rechtzeitig das zu bewegende Gütervolumen entsprechend den kontinuierlichen Reproduktionsbedingungen bewältigt, der Anteil der Transportzeit an der Bestandsbildung (unterwegs befindlicher Ware) durch die Verringerung der Transportgeschwindigkeit zunimmt, die Lagerkapazität nicht mehr ausreicht, eine zügige Vereinnahmung, Lagerung und Auslieferung zu gewährleisten, der Informationsfluß über die stoffliche und wertmäßige Güterbewegung zwischen den Wirtschaftspartnern an Aktualitäts- und Detailliertheitsgrad eingeschränkt wird. Die Folgen davon sind, daß die mögliche Bedürfnisbefriedigung ins Stocken gerät, die Produktion der Erzeugnisse nicht reibungslos vollzogen werden kann.

Auch kann direkter Verlust dadurch eintreten, daß die Gebrauchswerte von ihrer unmittelbaren Herstellung an nur eine begrenzte Zeit auf dem Wege von der Produktion zur Konsumtion verweilen können, jenseits derer sie ihre Eigenschaft als Gebrauchswerte teilweise oder gänzlich verlieren.[49]

Deshalb müssen sich in Abhängigkeit vom erreichten Stand der Produktivkraftentwicklung die jeweiligen gesellschaftlichen Ressourcen auf rationelle Art und Weise auf die stoffliche Herstellung der Produkte sowie auf die Bereiche und Zweige verteilen, die sich in der arbeitsteiligen Wirtschaft vorwiegend mit der Heranführung der Gebrauchswerte von der Produktion zur Konsumtion, das heißt mit der Vermittlung der räumlich und zeitlich unterschiedlichen Bedingungen der Produktion und Konsumtion beschäftigen.

Es leuchtet ein, daß die Gesellschaft anteilmäßig um so mehr Fonds und Arbeit für die konsumreife Herstellung der Gebrauchswerte zur Verfügung stellen kann, wie sie Zeit für die stoffliche Herstellung der Erzeugnisse durch die Erhöhung der gesellschaftlichen Arbeitsproduktivität in diesen Bereichen einspart. Die stofflich materielle Herstellung der Erzeugnisse ist die Grundbedingung für die Bedürfnisbefriedigung. Hierauf muß sich in erster Linie die Gesellschaft konzentrieren, denn in diesem Bereich wird das stoffliche Volumen des Nationaleinkommens geschaffen. Aber in welcher Weise, auf welchem Niveau, nicht zuletzt mit welcher Effektivität die Bedingungen für eine kontinuierliche Bedürfnisbefriedigung entwickelt werden, hängt nicht nur allein von der stofflichen Herstellung der Erzeugnisse, sondern in wachsendem Maße auch davon ab, wie es gelingt, die räumlichen und zeitlichen Bedingungen von Produktion und Konsumtion im Interesse eines höheren Konsumeffektes der hergestellten Erzeugnisse zu vermitteln. Infolgedessen ist der Anteil, worin die Gesellschaft Ressourcen auf die Bereiche verteilt, die das physische Volumen der Gebrauchswerte herstellen, und jene, die sich vorwiegend mit dem Ausgleich der Unterschiede zwischen Produktion und Konsumtion beschäftigen, ein Gradmesser für den erreichten Entwicklungsstand der Produktivkräfte, bezogen auf eine gegebene Bedürfnisstruktur.

[49] Wir lassen hier die Nutzensverringerung bestimmter Gebrauchswerte außer Betracht, die eintritt, wenn die Gebrauchswerte längere Zeit auf dem Wege von der Produktion zur Konsumtion verweilen. Diese Nutzenseinbuße entsteht vor allem durch die wachsende Dynamik der Bedürfnisentwicklung, die ihrerseits eine Verringerung der Zeiten von der Forschung, Entwicklung bis zur Überführung in die Produktion bedingt. In diesem Falle kreuzen sich Erzeugnisse mit höherem gesellschaftlichen und individuellen Nutzen mit solchen Erzeugnissen geringerer Effektivität auf dem Wege von der Produktion zur Konsumtion, und sie werden deshalb auch von den Konsumenten nicht oder nur zögernd weiterhin in Anspruch genommen.

Dieser Anteil spiegelt den Zustand und das Proportionsgefüge der materiell-technischen Basis der jeweiligen Gesellschaftsordnung wider. Ebenso aber ist der in diesen Bereichen erfolgte Ressourceneinsatz eine direkte Effektivitätsquelle für jene Bereiche, die sich vorwiegend mit der Herstellung des physischen Volumens der Erzeugnisse beschäftigen. Denn ausreichend vorhandene materiell-technische Mittel für den schnellen Ausgleich der zeitlichen und räumlichen Bedingungen von Produktion und Konsumtion schaffen günstigere Bedingungen, um den wissenschaftlich-technischen Fortschritt beschleunigt bei der Herstellung der Erzeugnisse durchzusetzen, mit der eine weitere Spezialisierung, Konzentration und Kombination einhergeht.

Notwendigkeit, Ausmaß und Entwicklungsformen dieser Art der gesellschaftlichen Arbeitsteilung werden in Abhängigkeit vom Entwicklungsstand der Produktivkräfte und von den jeweils herrschenden Produktionsverhältnissen bestimmt. Im Kapitalismus wird die Effektivität dieser Art der gesellschaftlichen Arbeitsteilung an den Verwertungsbedingungen des Kapitals gemessen. Marx hat im dritten Band des „Kapital“[50] die spezifischen Seiten der Bewegungsformen des Mehrwertes, wie sie sich in der Arbeitsteilung zwischen industriellem und Warenhandlungskapital äußern, aufgedeckt. Dabei baute er folgerichtig auf den Erkenntnissen auf, die er im Zusammenhang mit der Analyse des Kreislaufs und Umschlags des Kapitals im zweiten Band gewonnen hatte. Wie bei der Analyse des Umschlags und Kreislaufs des Kapitals, abstrahierte er bei der Analyse der Bewegungsform des Warenkapitals unter Bedingungen einer Arbeitsteilung zwischen Produktion und Zirkulation von allen Momenten, die mit der Fortsetzung und Beendigung von Produktions-, Distributions- und Konsumtionsprozessen verbunden sind. Bei dieser Analyse war die Realisierung des Warenkapitals als Reproduktionsbedingung des gesamten Kapitals der ausschließliche Gegenstand, was dem kapitalistischen Verwertungsprozeß seinem Wesen nach auch voll entspricht.

Bei der Analyse des Zusammenhangs von gesellschaftlicher Arbeitsteilung zwischen Produktion und Zirkulation einerseits und Verwertungsbedingungen des gesellschaftlichen Gesamtkapitals anderseits nahm er eine weitere Abstraktion vor. Bei seinem Nachweis, daß mit der Arbeitsteilung von Produktion und Zirkulation weniger Kapitalaufwand für den Umschlag notwendig sei als ohne diese Arbeitsteilung, daß dadurch auch bei gegebener Mehrwertmasse ein höherer Profit auf die Einzelkapitale in Produktion und

[50] Vgl. Karl Marx, Das Kapital, Dritter Band, in: MEW, Bd. 25, Berlin 1964, S. 286–291.

Zirkulation entfallen würde, ging er stets von der Wahrung einer bestimmten Proportionalität des in Produktion und Zirkulation fungierenden Kapitals aus. Er wies nach, daß bei Wahrung dieser Proportionalität für den kapitalistischen Verwertungsprozeß gilt,

– daß im gesellschaftlichen Maßstab das als Warenhandlungskapital fungierende Kapital geringer ist, als wenn das industrielle Kapital die Zirkulation (im oben genannten Sinne) in vollem Umfang selbst betreiben müßte;

– daß das industrielle Kapital im gesellschaftlichen Maßstab einer schnelleren Realisierung unterworfen ist und damit das in Ware gebundene Kapital rascher umschlägt, als es durch das industrielle Kapital bewirkt werden könnte;

– daß das Warenhandlungskapital mit seinem einmaligen Umschlag sowohl den Umschlag vieler Kapitale eines Industriezweiges als auch den Umschlag einer Anzahl von Kapitalen verschiedener Industriezweige vermittelt.

Im Sozialismus existiert die Arbeitsteilung zwischen Produktion und Zirkulation. Wenn auch analoge Formen der Arbeitsteilung zum Kapitalismus, zum Beispiel Konsumgüter- und Produktionsmittelhandel, Groß- und Einzelhandel, festzustellen sind, so ändert sich nichts daran, daß in Abhängigkeit vom Entwicklungsstand der Produktivkräfte Umfang, Entwicklungsrichtung und Niveau der Arbeitsteilung zwischen Produktion und Zirkulation vom grundlegenden Ziel der gesellschaftlichen Produktion bestimmt werden. Nicht der Grad der Kapitalverwertung, sondern „... die Arbeitszeit für die ganze Gesellschaft auf ein fallendes Minimum zu reduzieren, und so die Zeit aller frei für ihre eigne Entwicklung zu machen ...“[51] bestimmt die grundlegende Bewegung der gesellschaftlichen Arbeitsteilung zwischen Produktion und Zirkulation im Sozialismus. Folglich ist die gesellschaftliche Arbeitsteilung zwischen Produktion und Zirkulation darauf gerichtet, mit den gegebenen Produktions- und Zirkulationsfonds einen hohen Grad der Deckung des Bedarfs zu erreichen. Diese Arbeitsteilung schafft günstige Bedingungen, Nachfrage und Bedarf in ihren komplexen Zusammenhängen zu erforschen, sie gesellschaftlich zu verallgemeinern und in Form von Bestellungen des Handels gegenüber den Produktionsbetrieben, die jeweils nur mit einem geringfügigen Anteil an dem erforderlichen Konsumtionssortiment beteiligt sind, in gesellschaftliche Maßstäbe der Produktion umzusetzen. Bestellungen des Handels gegenüber der Produktion besitzen einen weitaus höheren Vergesellschaftungsgrad als Bestellungen des

[51] Karl Marx, Grundrisse der Kritik der politischen Ökonomie, Berlin 1953, S. 596.

individuellen Konsumenten oder des einzelnen produktiven Konsumenten. Diese Bestellungen stellen nicht eine additative Summe verschiedener einzelner Bedarfsgrößen dar, sondern sind das Ergebnis einer auf das optimale Erzeugnis und Verbrauchssortiment ausgerichteten Kooperation, das dem Vergesellschaftungsgrad der Produktions-, Zirkulations- und Konsumtionsprozesse Rechnung trägt. Damit verbunden sind wachsende Möglichkeiten, die Bestandsbildung auf den jeweiligen Stufen der Produktion und Zirkulation zu konzentrieren, die sich in einer niedrigeren Bestandsintensität der zirkulierenden Waren äußert. Schließlich darf nicht übersehen werden, daß diese Arbeitsteilung auch eine vollkommenere berufliche Qualifikation ermöglicht, die die Produktivität der lebendigen Arbeit erhöht.

Ein grundlegender Vorzug der gesellschaftlichen Arbeitsteilung zwischen Produktion und Zirkulation im Sozialismus besteht darin, daß sie planmäßig organisiert ist. Die qualitative Gliederung und quantitative Proportionalität der in Produktion und Zirkulation fungierenden Teilarbeiten wird im gesellschaftlichen Maßstab bewußt hergestellt. Sie ist nicht das Ergebnis einer an den Kapitalverwertungsbedingungen orientierten, in gesellschaftlicher Anarchie und Konkurrenz sich vollziehenden Kapitalbewegung zwischen den verschiedenen Zweigen und Bereichen der Produktion und der Zirkulation. Sie ist vielmehr das Ergebnis einer planmäßigen, im gesellschaftlichen Maßstab organisierten Verteilung der gesellschaftlichen Gesamtarbeit auf die verschiedenen Zweige und Bereiche der Volkswirtschaft, die an der Produktion und Zirkulation des gesellschaftlichen Gesamtprodukts beteiligt sind. Deshalb ist die Wahrung der Proportionalität der in Produktion und Zirkulation fungierenden Fonds, ihre unter dem Einfluß des wissenschaftlich-technischen Fortschritts immer wieder erneut herzustellende Proportionalität keine Abstraktion, sondern eine wesentliche Voraussetzung, ein konstituierendes Moment für die Erhöhung der Effektivität der gesellschaftlichen Arbeit, die durch diese Art der Arbeitsteilung, der Arbeitsteilung zwischen Produktion und Zirkulation, erreicht werden kann.

Das Proportionsgefüge, welches durch die gesellschaftliche Arbeitsteilung zwischen Produktion und Zirkulation ausgelöst und durch den beschleunigten wissenschaftlich-technischen Fortschritt einer ständigen Dynamik unterworfen ist, wird zunächst durch die grundlegenden volkswirtschaftlichen Proportionen der Bildung und Verwendung des gesellschaftlichen Gesamtprodukts wie auch durch die materielle Struktur nach Produktionsmitteln und Konsumgütern bestimmt. Die Durchsetzung dieser volkswirtschaftlichen Proportionen unter den Bedingungen der Arbeitsteilung zwischen Produktion und Zirkulation löst ökonomische Beziehungen aus, die Bestandteil des Systems der ökonomischen Beziehungen überhaupt sind.

An der Bildung des gesellschaftlichen Gesamtprodukts und des Nationaleinkommens war der Binnenhandel im Zeitraum 1960 bis 1972 wie folgt beteiligt[52] (vgl. Tabelle 9):

Tabelle 9
Entwicklung des Anteils des Binnenhandels am Nationaleinkommen[1]

	1960	1965	1970	1972
Entwicklung des gesellschaftlichen Gesamtprodukts (1960 = 100)	100	128	173	192
Entwicklung des Bruttoprodukts des Binnenhandels (1960 = 100)	100	121	145	162
Anteil des Binnenhandels am gesellschaftlichen Gesamtprodukt (in Prozent)	10,3	9,2	7,8	7,8
Entwicklung des Nationaleinkommens (1960 = 100)	100	116	153	169
Nettoprodukt des Binnenhandels (1960 = 100)	100	115	150	168
Anteil des Binnenhandels am Nationaleinkommen (in Prozent)	13,0	12,5	12,6	12,8

[1] Bis 1965 effektive Preise, ab 1970 vergleichbare Preise.

Quelle: Berechnet nach: Statistisches Jahrbuch der DDR 1972, Berlin 1972, S. 17, 40.

[52] Eine Vorstellung über den erreichten Stand der Arbeitsteilung zwischen Produktion und Zirkulation in der Union der Sozialistischen Sowjetrepubliken in den Jahren 1960 bis 1971 vermittelt der folgende Vergleich der Wachstumsraten des Produktionsvolumens der Industrie, des Warenumsatzes der materiell-technischen Versorgung und des Einzelhandels (1960 = 100):

	1960	1971
Gesamte Industrie	100	245
Produktion von Produktionsmitteln (Gruppe A)	100	257
Großhandelsumsatz der materiell-technischen Versorgung	100	257,7
Produktion von Konsumtionsmitteln (Gruppe B)	100	219
Einzelhandelsumsatz (ohne gesellschaftliche Ernährung)	100	209,4

Vgl. A. Syromjatnikova, Probleme der Erhöhung der Effektivität in der Zirkulationssphäre der Produktionsmittel, in: Ėkonomičeskie nauki (Moskva) 6/1974, S. 44–52.

Der statistisch ausgewiesene Beitrag des Binnenhandels am produzierten Nationaleinkommen[53] darf nicht überbewertet werden. Sieht man zunächst von den diesem Wirtschaftsbereich angeschlossenen Produktionsbetrieben und von dem produzierenden Teil des Gaststättenumsatzes ab, so handelt es sich nur um eine wertmäßige Erhöhung des Nettoprodukts. Das physische Volumen des Nettoprodukts insgesamt erhöht sich durch die Tätigkeit des Binnenhandels nicht. Es unterliegt vielmehr einer Umstrukturierung im Rahmen des geschaffenen physischen Volumens aus dem Produktions- in das Konsumtionssortiment und einer Veränderung seiner örtlichen Daseinsweise. Da sich Produktionsstruktur und Umsatzstruktur im Untersuchungszeitraum verändert haben, ist anzunehmen, daß sie auf die Veränderungen im Anteil des Nettoprodukts des Binnenhandels am produzierten Nationaleinkommen den hauptsächlichen Einfluß ausübten.

Dabei sehen wir außerdem von den konkreten Handelsspannenregelungen (Preisaufschlag oder Rabatt) ab, die außerdem den statistisch ausgewiesenen Beitrag des Binnenhandels am Nettoprodukt beeinflussen.

Geht man von der Annahme aus, daß im Nettoprodukt des Binnenhandels sich die Effektivitätsvorteile widerspiegeln, die durch die gesellschaftliche Arbeitsteilung zwischen Produktions- und Zirkulationssphäre entstehen, oder, anders ausgedrückt, erweist sich die Hypothese als richtig, daß unter bestimmten Bedingungen die Übernahme aller Zirkulationsoperationen durch die Produktionsbetriebe einen höheren Aufwand erfordern würde als mit der vorhandenen Arbeitsteilung, so hat diese Kennziffer bei der Bewertung der Effektivität der gesellschaftlichen Produktion insgesamt einen bestimmten Aussagewert. Sie bringt in gewisser Weise den Grad der Zeitökonomie zum Ausdruck, der bei einem gegebenen Stand der Arbeits-

[53] Es ist hier nicht der Ort, auf die mit der Beteiligung des Handels an der Nettoproduktbildung verbundenen theoretischen Probleme des produktiven und unproduktiven Arbeitsaufwandes und seiner sozialökonomischen Determiniertheit in der sozialistischen Zirkulationssphäre einzugehen. Die Diskussion darüber wird in den letzten Jahren in der Union der Sozialistischen Sowjetrepubliken erneut verstärkt im Zusammenhang mit der Ausgliederung verschiedener produktiver Prozesse, wie Transport, Verpackung usw., aus verschiedenen Handelszweigen und ihrer Überführung in die Zweige der Produktion geführt. (Vgl. beispielsweise: G. Grigorjan, Die ökonomische Effektivität des Handels, in: Sovetskaja torgovlja (Moskva), 3/1968, S. 6–10; F. Gajčevskaja, Die Dienstleistungen des Handels im Sozialismus, in: Ėkonomičeskie nauki (Moskva), 11/1973, S. 46–55; M. Juliš, Zur Frage der Dienstleistungen des Handels, in: Planovoe chozjajstvo (Moskva), 6/1972, S. 140–143; S. Partigul, Zur Frage der Untersuchung der Effektivität des sowjetischen Handels, in: Vestnik statistiki (Moskva), 1970, S. 3–12.)

teilung erreicht wurde beziehungsweise erreicht werden kann. In allen diesen Fällen wird das Nettoprodukt des Binnenhandels weniger als Effektivität eines Wirtschaftsbereiches (institutioneller Aspekt) als vielmehr als Effekt einer Reproduktionsphase (funktionaler Aspekt) in seinen Wechselbeziehungen zur Produktions- und Konsumtionsphase betrachtet.

Schließlich spiegelt das Nettoprodukt des Binnenhandels den Nutzeffekt wider, der in der Warenzirkulation (Produktionsmittelhandel und Konsumgüterhandel) erzielt wurde. Unter diesem (institutionellen) Aspekt betrachtet, ist die Veränderung des Nettoprodukts mit der Veränderung des Aufwandes an vergegenständlichter und lebendiger Arbeit pro Einheit des produzierten und zirkulierten Nationaleinkommens unmittelbar verbunden. Das bestätigen folgende Angaben (vgl. Tabelle 10).

Tabelle 10
Ausgewählte Effektivitätskennziffern der Entwicklung des Binnenhandels im Vergleich zum produzierenden Bereich in den Jahren 1960 bis 1971 (1960 = 100)

	1961	1965	1970	1971
Fondsquote	100	90	93	92
		(89)	(91)	(90)
Arbeitsproduktivität	100	118	157	171
		(124)	(159)	(166)
Arbeitsproduktivität zur Fondsausstattung	1,9	0,98	1,01	1,01
(Koeffizient)	(0,54)	(0,40)	(0,41)	(0,40)

Quellen der Ausgangsdaten: Statistisches Jahrbuch der DDR 1973, Berlin 1973, S. 40, 48. Die in Klammern eingesetzten Zahlen beziehen sich auf die Effektivitätskennziffern des produzierenden Bereiches insgesamt.

Nicht alle Zirkulationsprozesse, die vollzogen werden müssen, unterliegen der Arbeitsteilung zwischen Produktion und Zirkulation. Das bedeutet, daß objektiv notwendig Bereiche und Zweige, die in stofflicher Hinsicht das Produkt erzeugen, als Hilfs- und Nebenprozesse Zirkulationsoperationen durchführen, die sowohl zur materiell-technischen Versorgung als auch zum Absatz der Erzeugnisse gehören. Umgekehrt werden in den Wirtschaftsbereichen und Zweigen, die im Rahmen der gesellschaftlichen Arbeitsteilung vorwiegend Zirkulationsprozesse ausführen, auch Operationen durchgeführt, die der stofflichen Herstellung des Produktes dienen (zum Beispiel von Produktionsbetrieben, die den Bereichen des Binnenhandels angeschlossen sind).

Unter bestimmten Bedingungen erweist sich der direkte Verkehr zwischen Produktion und Verbraucher (in der Produktionsmittelzirkulation) sowie zwischen Produzenten und Einzelhandel unter Ausschaltung des Großhandels (in der Konsumgüterzirkulation) für die Qualität der Versorgungsleistung und für die Aufwandsminimierung als vorteilhaft. Diese Vorteile treten dann vor allem ein, wenn der Sortimentierungsaufwand gering ist und sich Lieferer und Abnehmer auf wenige Betriebe beschränken, das heißt, wenn

- in mengenmäßiger Hinsicht zwischen Produktionsausstoß und Bedarfsgröße keine nennenswerten Unterschiede auftreten, die die Erfassung und Zentralisierung des Produktionsaufkommens beziehungsweise die mengenmäßige Aufteilung erforderlich machen, wobei diese mengenmäßigen Operationen gewöhnlich auch mit Sortimentierungsaufgaben eng verflochten sind;
- Produktions- und Verbraucherort nicht weit auseinanderliegen;
- der Gebrauchswert der zirkulierenden Ware selbst weder einen mehrmaligen Umschlag noch eine lange Zirkulationszeit in Form von Beständen erlaubt.

Diese Faktoren, die durch spezifische Transport- und Verpackungsbedingungen noch modifiziert werden, treten für die jeweiligen Erzeugnisgruppen und Bedarfskomplexe unterschiedlich auf und sind auch ständigen Veränderungen unterworfen.

Der Anteil des Einzelhandelsumsatzes am gesellschaftlichen Gesamtprodukt hat sich von 28,1 Prozent im Jahre 1960 auf 23,1 Prozent im Jahre 1970 und auf 22,1 Prozent im Jahre 1972 verringert.[54] Auf diese Relation hatten die Proportionen von Akkumulation und Konsumtion Einfluß. Lag der Anteil der Akkumulation im Jahre 1960 bei 18,1 Prozent, so betrug er im Jahre 1972 22,1 Prozent.[55] Der Anteil des Einzelhandelsumsatzes am gesellschaftlichen Gesamtprodukt reflektiert auch die Wachstumstempi der Abteilung I und Abteilung II beziehungsweise der Gruppe A und B der industriellen Produktion. Schließlich spiegelt sich im Anteil des Einzelhandelsumsatzes am gesellschaftlichen Gesamtprodukt die Entwicklung der Arbeitsteilung zwischen Produktion und Handel selbst wider. Diese Faktoren und vor allem das notwendige schnelle Anwachsen der Dienstleistungen und der gesellschaftlichen Konsumtionsfonds werden auch künftig auf die Entwicklungstendenzen des Einzelhandelsumsatzes und seines Anteils am gesellschaftlichen Gesamtprodukt Einfluß nehmen.

Auf die Entwicklungsproportionen zwischen Produktion und Binnenhandel wirkt der Stand der Arbeitsteilung innerhalb des Binnenhandels selbst ein. Ein besonderes Gewicht dabei hat die Arbeitsteilung zwischen

[54] Statistisches Jahrbuch der DDR 1974, Berlin 1974, S. 17, 32.
[55] Ebenda, S. 42.

Groß- und Einzelhandel in der Konsumgüterzirkulation. Im Jahre 1973 wurden etwa 45 Prozent des Einzelhandelsumsatzes durch den Umsatz des Konsumgütergroßhandels vermittelt.[56] Gegenüber den zurückliegenden Jahren ist eine leicht fallende Tendenz jener Variante der Konsumgüterzirkulation festzustellen, die ohne Tätigkeit des selbständigen Großhandels auskommt. Aber selbst auch bei der Variante der Konsumgüterzirkulation, die im Prinzip vom Absatz der Industrie über den selbständigen Konsumgütergroßhandel bis hin zur Einzelhandelsstufe verläuft, treten Effektivitätsvorteile auf, wenn der Vergesellschaftungsprozeß im Komplex beider Handelsstufen planmäßig weiter entwickelt wird. Das hängt mit dem bereits von Marx formulierten Konzentrationseffekt zusammen, der dem Großhandel gegenüber dem Einzelhandel innewohnt. „Die beschränkte Teilung der Arbeit in der kommerziellen Werkstatt, wo der eine Bücher führt, der andre die Kasse, ein dritter korrespondiert, dieser einkauft, jener verkauft, dieser reist etc., erspart Arbeitszeit in ungeheuren Massen, *so daß die im Großhandel verwandte Zahl von kaufmännischen Arbeitern in gar keinem Verhältnis steht zu der vergleichsmäßigen Größe das Geschäfts.*"[57]

Dieser dem Großhandel gegenüber dem Einzelhandel eigentümliche Konzentrationseffekt wird ersichtlich, wenn das Niveau der Arbeitsproduktivität und das Kostenniveau in der Groß- und Einzelhandelsstufe miteinander verglichen wird (siehe Tabelle 11):

Tabelle 11
Vergleich des Niveaus der Arbeitsproduktivität und der Handelskosten im sozialistischen Groß- und Einzelhandel

Jahr	Verhältnis des Umsatzes je VbE sozialistischer Großhandel		Verhältnis des Umsatzes je VbE sozialistischer Einzelhandel	Verhältnis des Kostenniveaus sozialistischer Großhandel		Verhältnis des Kostenniveaus sozialistischer Einzelhandel
1968	3,3	:	1	1	:	2,4
1972	2,9	:	1	1	:	1,8

Quelle: Cramer, Kamp und Schenk, Sozialistische Intensivierung der Konsumgüterzirkulation, Berlin 1975, S. 99.

56 Ein statistischer Ausweis des Direktverkehrs (Industrieabsatz – Einzelhandelsstufe) ist zur Zeit nicht möglich. Der relativ geringe Anteil des Konsumgütergroßhandels an der Vermittlung des Einzelhandelsumsatzes erklärt sich daraus, daß im Produktionsmittelhandel auch Konsumgüter umgeschlagen werden, die sowohl in das Einzelhandelsnetz einfließen als auch gesellschaftlichen Bedarfsträgern direkt zugeführt werden.

57 Karl Marx, Das Kapital, Dritter Band, in: MEW, Bd. 25, Berlin 1964, S. 306 (Hervorhebungen d. V.)

Mit zunehmender Vergesellschaftung der Produktion und der Arbeit wird nicht nur eine Verlagerung von ursprünglich im Handel verrichteten Operationen in die Produktion vor sich gehen. Es werden auch Veränderungen in der bisherigen Arbeitsteilung zwischen Groß- und Einzelhandel eintreten. Die Ausgliederung bestimmter verkaufsvorbereitender Operationen des Einzelhandels und ihre Übernahme durch den Großhandel stellt angesichts des Konzentrationseffektes des Großhandels eine wichtige Effektivitätsquelle dar. Sie wird vor allem durch die Zentralisierung der Bestandshaltung, die Einführung einer rationellen Bestell-, Liefer- und Transportorganisation und vor allem durch die Verbesserung der Arbeitsbedingungen der Werktätigen realisiert. Gleichzeitig werden damit günstige Bedingungen geschaffen, die Kooperation der Arbeit zwischen Groß- und Einzelhandel über den materiellen Bereich hinaus auf Planungsprozesse, insbesondere aber auf die Markt- und Bedarfsforschung auszudehnen. Hierbei übernimmt der Großhandel in immer stärkerem Maße bestimmte Dienste für den Einzelhandel.

7. Ökonomische Integration der Mitgliedsländer des RWG und Intensivierung der gesellschaftlichen Reproduktion

7.1. Die Erhöhung der Effektivität der volkswirtschaftlichen Reproduktion durch die sozialistische Wirtschaftsintegration

Als ein neuer Entwicklungsprozeß der Produktivkräfte und sozialistischen Produktionsverhältnisse, der weiteren Annäherung und engeren Verflechtung sozialistischer Volkswirtschaften führt die sozialistische Wirtschaftsintegration zu einem stärkeren Zusammenschluß, zu einem stabileren Wachstum und zu einer höheren wirtschaftlichen Effektivität in der RGW-Gemeinschaft und den beteiligten Partnerländern.

Das Ziel der sozialistischen ökonomischen Integration ist kein anderes als das des sozialistischen Wirtschaftens überhaupt: die bessere Befriedigung der Bedürfnisse der Werktätigen, die Verbesserung ihrer Arbeits- und Lebensbedingungen und die Entwicklung sozialistischer Persönlichkeiten.

In den einzelnen Volkswirtschaften ist die weitere Intensivierung der gesellschaftlichen Reproduktion der wirtschaftliche Hauptweg, um dieses Ziel zu erreichen. In der RGW-Gemeinschaft verbindet er sich zugleich mit der Entfaltung der Wirtschaftsintegration. Dabei sind sozialistische Intensivierung und Wirtschaftsintegration wesentliche Prozesse auf dem Wege zur Wirtschaft der entwickelten sozialistischen Gesellschaft, die die Lösung der Hauptaufgabe fördern. Unter den Bedingungen der wissenschaftlich-technischen Revolution führen sie in ihrer wechselseitigen Bedingtheit zu einer höheren Stufe der volkswirtschaftlichen und sozialen Effektivität des gesellschaftlichen Reproduktionsprozesses.

Um diese komplexen Prozesse zu meistern, ist es erforderlich, die ökonomischen Gesetze des Sozialismus in der Gemeinschaft der RGW-Länder aufzudecken und die sozialistische *Planwirtschaft in einen neuen Entwicklungsabschnitt* überzuleiten. Die Vertiefung der sozialistischen ökonomischen Integration verlangt, daß die Leitung und Planung sowohl der einzelnen Volkswirtschaften als auch ihrer gegenseitigen Beziehungen vervollkommnet wird. Neue Formen auf dem Gebiet der Plankoordinierung und gemeinsamen Planungstätigkeit sind notwendig. Ebenso sind die volkswirtschaftlichen Planungssysteme integrationsgemäß zu gestalten. Die kommunistischen und Arbeiterparteien haben in ihren Ländern wie auch in ihrer zwei- und mehrseitigen Zusammenarbeit umfangreiche Aktivitäten entwikkelt, um dem Neuen der sozialistischen ökonomischen Integration zum Durchbruch zu verhelfen und damit den internationalen Einfluß der sozialistischen Staatengemeinschaft zu verstärken.

In der wirtschaftlichen Integration lösen die sozialistischen Staaten wissenschaftlich-technische und wirtschaftliche Entwicklungsprobleme, deren Heranreifen von der *Dialektik des Wirkens bestimmter Widersprüche* geprägt wird. Das sind vor allem Widersprüche

– zwischen den wachsenden Dimensionen der Reproduktionsprozesse und dem begrenzten Rahmen einer einzelnen Volkswirtschaft;

– zwischen der Zunahme der gesellschaftlichen Bedürfnisse, der Zahl der Erkenntnisse, Technologien, Erzeugnisse und Dienstleistungen einerseits und der Notwendigkeit zur rationellen Konzentration durch volkswirtschaftliche und internationale Teilung (Kooperation und Spezialisierung) sowie Kombination der gesellschaftlichen Arbeit in Produktion, Wissenschaft und Technik anderseits;

– zwischen dem wachsenden Tempo und Aufwand des wissenschaftlich-technischen Fortschritts, dem steigenden Bedarf an Investitionen und Arbeitskräften und den volkswirtschaftlich und zeitlich begrenzten materiellen, finanziellen und Arbeitskräftefonds;

– zwischen den unterschiedlichen natürlichen Ressourcen und volkswirtschaftlichen Voraussetzungen für die Versorgung der RGW-Länder mit Rohstoffen, Materialien und Energieträgern einerseits und ihrem Bedarf bei der Entwicklung optimaler Volkswirtschaftskomplexe anderseits.

In enger Gemeinschaft mit der Sowjetunion lösen die RGW-Länder diese Entwicklungsprobleme schrittweise, indem sie *ihre Volkswirtschaften immer enger verflechten,* und damit die *volkswirtschaftlichen und die internationalen Reproduktionsbedingungen* effektiver verbinden. Die daraus erwachsende größere „Fruchtbarkeit der Bedingungen“[1] schafft neue Möglichkeiten für die Steigerung der Produktivität der gesellschaftlichen Arbeit in allen RGW-Ländern.

In der internationalen marxistisch-leninistischen Diskussion gibt es sowohl zu Grundfragen der Integration als auch zu Einzelfragen nicht nur übereinstimmende, sondern auch unterschiedliche Auffassungen, sowohl zum Gewicht der sozialistischen ökonomischen Integration beim Aufbau der entwickelten sozialistischen Gesellschaft als auch zum Zusammenhang von intensiver Reproduktion und ökonomischer Integration.

Unserer Meinung nach ist die *Hauptrichtung* des Aufbaus der Wirtschaft der entwickelten sozialistischen Gesellschaft die Vervollkommnung des Re-

[1] Karl Marx, Theorien über den Mehrwert, Zweiter Teil, in: MEW, Bd. 26.2, Berlin 1967, S. 522.

produktionsprozesses jedes Bruderlandes entsprechend den gemeinsamen Interessen und Bedürfnissen der sozialistischen Staatengemeinschaft zur Stärkung des Sozialismus. Wie im Beschluß der XXVIII. RGW-Tagung festgestellt wird, stellt die Realisierung des Komplexprogramms den Hauptweg zur Vervollkommnung der internationalen sozialistischen Arbeitsteilung dar und ist zugleich „ein wichtiges Mittel für die Intensivierung der gesellschaftlichen Produktion jedes Teilnehmerlandes des RGW".[2]

Das macht es erforderlich, durch die Weiterentwicklung der gemeinsamen Planungstätigkeit die intensiv erweiterte Reproduktion immer enger mit der wirtschaftlichen Verflechtung der RGW-Länder zu verbinden. Dabei steht der Ausbau der brüderlichen Beziehungen zur KPdSU und zur Sowjetunion im Mittelpunkt. „Die weitere Annäherung zwischen unseren Ländern auf allen Gebieten der Tätigkeit beider Parteien, des staatlichen, wirtschaftlichen und kulturellen Lebens ist die Hauptrichtung der Entwicklung unserer Beziehungen."[3]

Da wir uns gegenwärtig in einer ersten Entwicklungsetappe der sozialistischen ökonomischen Integration befinden, bilden die *volkswirtschaftlichen* Bedingungen (vor allem Produktivität, Wachstum, Proportionen und Planung) eine *wesentliche* Grundlage für die Entwicklung in den einzelnen RGW-Ländern und in der Staatengemeinschaft insgesamt. Zugleich ist die Lösung der Hauptaufgabe der Bruderparteien durch die vorrangig intensive Reproduktion gegenwärtig und noch stärker künftig nur unter Berücksichtigung der Bedingungen und der Bedürfnisse der Integrationspartner möglich. Der Übergang zur ökonomischen Integration *verstärkt* die intensiv erweiterte Reproduktion in jedem Land und ist damit eine *notwendige* Bedingung für die Lösung der Hauptaufgabe der Parteitage. Ihr Einfluß darauf wird um so stärker, je weiter die internationale wirtschaftliche Verflechtung fortschreitet. So ist die ökonomische Integration im Begriff, auf immer mehr Gebieten der volkswirtschaftlichen Entwicklung die intensiv erweiterte Reproduktion zu vertiefen. Sie ist damit nicht ein zusätzlicher, sondern ein *wesentlicher* Intensivierungsfaktor, der auch die anderen Faktoren der Intensivierung (vor allem die höhere Effektivität der Leitung und Planung, die Beschleunigung des wissenschaftlich-technischen Fortschritts, die intensive Reproduktion der Produktionsfonds, die effektive Energie- und Materialökonomie, die Intensivierung der Außenwirtschaft und die Vervoll-

[2] Beschluß der XXVIII. RGW-Tagung zum 25jährigen Bestehen des Rates für Gegenseitige Wirtschaftshilfe, in: Neues Deutschland vom 19. Juni 1974, S. 3.

[3] Erich Honecker, Mit neuen Erfolgen zum 25. Jahrestag der Deutschen Demokratischen Republik. Materialien der 12. Tagung des ZK der SED, Berlin 1974, S. 84/85.

kommnung der volkswirtschaftlichen Proportionen und Strukturen) in ihrer Wirksamkeit beeinflußt und zugleich *extensive* Wachstumsprozesse immer mehr „zurückdrängt".

Daß diese wechselseitig verbundenen Aufgaben der RGW-Länder unter einem Teil der Politökonomen unterschiedliche Auffassungen hervorrufen, ist vor allem auf folgendes zurückzuführen:

1. Die RGW-Länder vollziehen den Übergang zur ökonomischen Integration mit einer dem Wesen nach einheitlichen Orientierung ihrer Wirtschaftspolitik, aber mit Unterschieden in ihrem ökonomischen Entwicklungsniveau und unter *differenzierten* Bedingungen in einzelnen Zweigen und Bereichen ihrer Volkswirtschaften.

2. Der Einfluß der ökonomischen Integration auf die *intensive* Reproduktion zeigt sich an vielen *einzelnen* Prozessen, wird von zahlreichen extensiven Wachstumsprozessen begleitet und ist – objektiv bedingt – *volkswirtschaftlich* noch nicht durchgehend wirksam.

Um so wichtiger ist es, die Zusammenhänge zwischen intensiver Reproduktion und ökonomischer Integration gründlicher zu analysieren und neue theoretische, wirtschaftspolitische und praktische Fragen ihrer engeren Verknüpfung zu lösen.

Die Integrationsmaßnahmen erfolgen in *kontinuierlicher Fortsetzung der bisherigen wirtschaftlichen Zusammenarbeit* der sozialistischen Länder seit der Gründung des Rates für Gegenseitige Wirtschaftshilfe im Jahre 1949. In den fünfziger und sechziger Jahren wurde durch die Vertiefung der wirtschaftlichen Zusammenarbeit die ökonomische Integration vorbereitet. Verwiesen sei unter anderem auf verschiedene Maßnahmen zur Spezialisierung und Kooperation in Wissenschaft, Technik und Produktion (unter anderem bei Schiffen, Fahrzeugen, verschiedenen Anlagen), die bereits seit Jahren zu langfristig stabilen Export- und Importlinien zwischen den Partnern geführt haben. Dazu zählt auch die Bildung gemeinsamer Einrichtungen der RGW-Länder zur Koordinierung der Produktion einzelner Zweige, zur Rationalisierung des Transports und zur Abwicklung der Verrechnungsbeziehungen. Sich allmählich entwickelnd, war bereits bei der früheren wirtschaftlichen Zusammenarbeit sozialistischer Länder die Koordinierung der Fünfjahrpläne die Hauptform. Mit ihr wurde für den Zeitraum 1956/60 begonnen. Große Bedeutung hatte auch die wissenschaftlich-technische Zusammenarbeit als ein wichtiger Faktor der wirtschaftlichen Entwicklung und der sozialistischen Industrialisierung vor allem der früher weniger entwickelten RGW-Länder.

Das Charakteristische an dieser Zusammenarbeit war, daß es sich primär um Außenhandelsbeziehungen, also Maßnahmen in der Zirkulation, handelte. Sie wurden seit 1951 im Rahmen von Fünfjahresabkommen abgewickelt und von der Zusammenarbeit in Wissenschaft und Produktion gefördert.

Die enge wissenschaftlich-technische Zusammenarbeit der RGW-Länder, insbesondere der überwiegend kostenlose gegenseitige Austausch von wissenschaftlich-technischen Dokumentationen (vgl. Tabelle 1) wie auch der

Tabelle 1

Kostenlos zwischen der UdSSR und den RGW-Ländern übergebene wissenschaftlich-technische Dokumentationen von 1947 bis 1963 (Anzahl der Themen)

Land	von der UdSSR erhalten	der UdSSR übergeben	Verhältnis von übergebenen und erhaltenen Dokumentationen
VRB	3 642	241	15 : 1
ČSSR	3 680	3 687	1 : 1
DDR	2 070	2 003	1 : 1
VRP	5 138	2 343	2,2 : 1
SRR	2 384	954	2,5 : 1
UVR	2 803	2 106	1,3 : 1
Insgesamt	19 717	11 334	1,7 : 1

Quelle: P. M. Alampiev, N. A. Čerkasov (Redaktion), Problemy meždunarodnogo socialističeskogo razdelenija truda, Leningrad 1967, S. 112.

Austausch von Spezialisten (vgl. Tabelle 2), die Fortschritte in der Produktionsspezialisierung und -kooperation sowie die bedeutende Unterstützung der Sowjetunion beim Bau von Betrieben in den anderen RGW-Ländern haben deren industrielles Potential schnell erweitert, die Vervollkommnung und Anpassung der Volkswirtschaftsstrukturen gefördert und die vom Kapitalismus übernommenen Unterschiede im ökonomischen Entwicklungsniveau beachtlich verringert (vgl. Tabelle 3).

Die wirtschaftliche Zusammenarbeit der RGW-Länder war in den fünfziger und sechziger Jahren vor allem dadurch gekennzeichnet, daß sie überwiegend über die Zirkulation erfolgte. Die Entwicklung der Produktion als dominierende Phase des Reproduktionsprozesses wurde volkswirtschaftlich geplant und in den Grundzügen international koordiniert. Der Außenhandel bildete vor allem einen Faktor zur Ergänzung der Reproduktion, die in dieser Entwicklungsetappe, historisch und ökonomisch bedingt, überwiegend aus volkswirtschaftlicher Sicht, aber auch unter Beachtung des Außenhandelsbedarfs der RGW-Partner gestaltet wurde.

Tabelle 2

Spezialistenaustausch zwischen der UdSSR und den anderen RGW-Partnerländern von 1947 bis 1963 (Anzahl der Spezialisten)

Land	Delegierung von Spezialisten aus anderen RGW-Ländern in die UdSSR	Delegierung sowjetischer Spezialisten in andere RGW-Länder	Verhältnis der in die UdSSR delegierten Spezialisten aus anderen RGW-Ländern und der in diese delegierten sowjetischen Spezialisten
VRB	1 856	159	12 : 1
ČSSR	7 660	5 491	1,4 : 1
DDR	500[1]	3 500	1 : 7
VRP	5 964	1 911	3,1 : 1
SRR	2 043	881	2,3 : 1
UVR	3 075	1 497	2,1 : 1
Insgesamt	21 098	13 439	1,6 : 1

[1] Anzahl gerundet

Quelle: P. M. Alampiev, N. A. Čerkasov (Redaktion), Problemy meždunarodnogo socialističeskogo razdelenija truda, Leningrad 1967, S. 112.

Tabelle 3

Nationaleinkommen, industrielle und landwirtschaftliche Bruttoproduktion pro Kopf der Bevölkerung in den RGW-Ländern (UdSSR = 1,0)

	Jahr	VRB	ČSSR	DDR	VRP	SRR	UVR
Nationaleinkommen	1950	0,6	1,6	1,3	1,1	0,5	1,2
	1970	0,8	1,2	1,3	0,8	0,8	0,9
Industrieproduktion	1950	0,4	1,5	1,5	0,7	0,3	0,8
	1970	0,8	1,3	1,5	0,8	0,6	0,8
landwirtschaftliche	1950	0,8	1,2	0,8	1,7	0,8	1,6
Produktion	1970	1,1	1,0	1,1	1,2	0,8	1,3

Quelle: A. Alexejev, Die sozialistische Wirtschaftsintegration in Aktion, Moskau 1973, S. 49.

Im Unterschied dazu besteht die neue Qualität der Integrationsprozesse darin, daß, ausgehend von den ökonomischen Interessen der Gemeinschaft und jedes einzelnen Landes, schrittweise eine internationale Verflechtung aller Phasen der Reproduktionsprozesse erfolgt. Dabei erlangt die direkte Verflechtung der Forschungs- und Produktionskapazitäten zwischen den

RGW-Ländern das Primat. Die koordinierte und zum Teil bereits gemeinsame Investitionspolitik der RGW-Länder wird zu einer Schlüsselfrage ihrer engen wirtschaftlichen Verflechtung.

Die Stellung der Zirkulationsbeziehungen verändert sich damit. Zu ihrer wesentlichen Funktion wird immer mehr die Realisierung der in Wissenschaft und Produktion vollzogenen Verflechtung.

Die internationale Verflechtung der Produktion stellt neue Anforderungen an die Leitung und Planung der ökonomischen Integration. Um die ökonomischen Gesetze in der RGW-Gemeinschaft besser zu nutzen, wird die gemeinsame Planungstätigkeit der RGW-Länder vertieft und erweitert. Auf der Grundlage von Prognosen werden langfristige Entwicklungskonzeptionen gemeinsam ausgearbeitet oder international koordiniert. Die Integrationspartner führen zu Grundfragen ihrer Wirtschaftspolitik Konsultationen durch und wenden Formen der gemeinsamen Planung an. Zur Vervollkommnung der Leitung und Planung tauschen sie ihre Erfahrungen aus und nähern die volkswirtschaftlichen Systeme der Leitung und Planung schrittweise an.

Die sozialistische Integration führt zu quantitativ und qualitativ neuen Beziehungen zwischen der Arbeiterklasse der RGW-Länder, die der soziale Träger und die führende Kraft der gesellschaftlichen und ökonomischen Verflechtung ist. Der Charakter der gesellschaftlichen Arbeit wird dadurch weiter ausgeprägt und das internationalistische Bewußtsein der Werktätigen vertieft.

Dieses qualitativ Neue der sozialistischen Wirtschaftsintegration fördert im Rahmen der RGW-Gemeinschaft die Bedingungen für die intensiv erweiterte Reproduktion in den einzelnen Ländern.

Aus dem *Komplex der Wechselbeziehungen von ökonomischer Integration und gesellschaftlicher Intensivierung* sind vor allem die folgenden wesentlichen Einflüsse auf den volkswirtschaftlichen Reproduktionsprozeß hervorzuheben:

1. Beschleunigung des *wissenschaftlich-technischen Fortschritts* durch intensivere Einbeziehung von Forschung und Entwicklung in den gesellschaftlichen Produktionsprozeß der RGW-Länder,

2. Ausbau der internationalen (in enger Verbindung mit der volkswirtschaftlichen) *Arbeitsteilung*, vor allem durch Spezialisierung und Kooperation in Wissenschaft und Produktion,

3. höhere *Konzentration und Kombination* in Forschung und Produktion im Interesse möglichst effektiver Losgrößen,

4. Sicherung der *Stabilität* und Erhöhung der *Effektivität* von volkswirtschaftlichen Grundproportionen und Strukturen durch die ökonomische Integration,

5. Förderung der verschiedenen volkswirtschaftlichen *Substitutionsprozesse* – vor allem Ersetzung lebendiger durch vergegenständlichte Arbeit, wenig effektiver eigener Produktionen durch Importe aus Partnerländern, in denen die Bedingungen günstiger sind, und Substitutionen im Bereich der Energie- und Materialwirtschaft,

6. Intensivierung der Außenhandelsbeziehungen bei gleichzeitiger Erhöhung ihrer Effektivität,

7. *verbesserte Beherrschung des Zeitfaktors:* Verkürzung von Entwicklungs- und Überführungszeiten, des Baus und der Produktionsreife von Investitionsobjekten, der verschiedenen Umschlagzeiten; Synchronisierung der Investitionen mit der Überführung von Forschungsergebnissen in die Produktion und den damit verbundenen Außenhandelsbeziehungen, wie insgesamt der im Reproduktionsprozeß voneinander abhängigen Zeitpunkte und Zeiträume der einzelnen Maßnahmen.

Auf diesem Wege wird die Wirksamkeit der Akkumulation, der Investitionen und der Ausnutzung der Grundfonds erhöht, werden die Umlaufmittel besser ausgenutzt (Verbesserung der Einsatzkoeffizienten von Material und Energie und volkswirtschaftliche Einsparung durch entsprechende Gestaltung der volkswirtschaftlichen Strukturen), steigt die Produktivität der lebendigen Arbeit. Durch alle diese Maßnahmen wird die gesamtgesellschaftliche Arbeitsproduktivität erhöht, werden die Arbeits- und Lebensbedingungen der Werktätigen verbessert, gelangen wir also zu einer höheren wirtschaftlichen und sozialen Effektivität der sozialistischen Arbeit.

7.1.1. Außenhandelsintensität der gesellschaftlichen Reproduktion und Nutzeffekte der ökonomischen Integration

Natürlich hängt das Ausmaß der Wirkungen von Integrationsmaßnahmen auf die Intensivierung der Reproduktion (auf gesellschaftliches Gesamtprodukt, Nationaleinkommen, Produktion, Akkumulation und Konsumtion) *auch* vom *Grad der internationalen wirtschaftlichen Verflechtung* eines Landes ab. Große, komplex entwickelte Volkswirtschaften sind weniger vom Außenhandel abhängig, sind weniger außenhandelsintensiv als kleinere. Das gilt um so mehr, wenn diese Länder, wie die UdSSR, zugleich große Rohstoffproduzenten sind.

Tabelle 4 zeigt, daß sich die Außenhandelsintensität des Nationaleinkommens europäischer RGW-Länder im Verlauf der sechziger Jahre zum Teil beträchtlich erhöht hat. Durch die Größe des ökonomischen Potentials und der natürlichen Ressourcen bedingte objektive Unterschiede bestehen jetzt

Tabelle 4
Entwicklung des Anteils des Exports und Imports am Nationaleinkommen ausgewählter RGW-Länder (in Prozent)

	1955	1960	1965	1968	1970	1974[6]
Exportanteil						
VRB[2]	9,79	14,90	20,72	22,08	22,26	28,49
ČSSR[3]	6,32	8,52	11,23	8,42	8,78	11,38
DDR[1/3/5]	10,80	13,05	15,32	16,28	17,70	22,57
UdSSR[2]	3,13	3,45	3,80	3,92	3,98	5,93
UVR[1/2/4]	7,51	7,23	10,39	9,35	9,98	12,66
Importanteil						
VRB[2]	10,35	16,48	20,75	24,36	20,34	32,12
ČSSR[3]	5,66	8,02	11,17	8,62	8,55	11,65
DDR[1/3/5]	9,84	12,97	14,02	14,57	18,72	24,89
UdSSR[2]	2,80	3,49	3,75	3,47	3,65	5,38
UVR[2/4]	6,92	8,07	10,47	9,42	10,80	13,76

[1] Ausgangsdaten für das Nationaleinkommen zu vergleichbaren Preisen, Basis 1967
[2] Ausgangsdaten für Export und Import zu laufenden Preisen
[3] Ausgangsdaten für Export und Import: fob-Preise
[4] Ausgangsdaten für Export und Import: Devisenforint
[5] Ausgangsdaten für Export und Import: Valutamark
[6] vorläufige Angaben

Quelle: Berechnet nach den Statistischen Jahrbüchern der RGW-Länder 1962–1975.

auf einem höheren ökonomischen Entwicklungsniveau. Sie weisen darauf hin, daß in den einzelnen Ländern der Grad der Einbeziehung in die ökonomische Integration auch in Zukunft nicht in allen Wirtschaftsbereichen einheitlich sein wird. Dennoch besteht in allen europäischen RGW-Ländern ein enger Zusammenhang zwischen der volkswirtschaftlichen Intensivierung und der ökonomischen Integration. Rückschlüsse darauf sind anhand des Grades der internationalen Verflechtung möglich.

Messen kann man die Außenhandelsverflechtung eines Landes vor allem mit den Kennziffern:

– Außenhandel (Export und Import) pro Kopf der Bevölkerung (Beschäftigten),

– Exportquoten der Produktion/Importquoten des Verbrauchs,

– Anteil des Außenhandels am produzierten beziehungsweise verwendeten Nationaleinkommen.

Diese Kennziffern allein genügen für die sozialistische ökonomische Integration nicht mehr, wenn deren Ergebnisse sich auch weitgehend im Außenhandel niederschlagen. Deshalb sind weitere Kennziffern notwendig wie:

- Zahl der spezialisierten Forschungsthemen, der Abkommen über Produktionsspezialisierung, der gemeinsamen Einrichtungen und ihr Anteil am volkswirtschaftlichen Forschungsaufwand, an der jeweiligen Produktion usw.;
- Summe und Anteile der Investitionsbeteiligungen, der Einlagen in gemeinsame Einrichtungen und der Kredite.

Besonderes Gewicht kommt der Analyse und Messung der Nutzeffekte der ökonomischen Integration und des Außenhandels zu. Ein *direkter ökonomischer Nutzeffekt* wird erzielt, wenn mit hoher Arbeitsproduktivität hergestellte Waren exportiert, dagegen aber solche Waren importiert werden, die im nationalen Rahmen nur mit einem relativ hohen Aufwand an gesellschaftlicher Arbeit produziert werden könnten. Durch Importe kann die Produktion unrentabler Erzeugnisse eingestellt und können die dadurch freigesetzten Produktionsfonds auf Zweige konzentriert werden, bei denen günstige volkswirtschaftliche Produktionsbedingungen vorliegen. Der auf diese Weise realisierte Struktureffekt der internationalen Arbeitsteilung entsteht durch die Ausnutzung von *komparativen* Vorteilen im Außenhandel.

Ein direkter ökonomischer Nutzeffekt kann auch durch Ausnutzung *absoluter Vorteile* im Außenhandel erzielt werden. Das ist dann möglich, wenn ein Land Waren ausführt, deren nationaler Arbeitsaufwand niedriger ist als im Weltdurchschnitt.

Der *indirekte ökonomische Nutzeffekt* „beinhaltet Nutzeffekte der internationalen Arbeitsteilung, die über den Außenhandel realisiert werden und die Bedingungen des volkswirtschaftlichen Reproduktionsprozesses positiv beeinflussen".[4]

Diese Gliederung in direkte und indirekte Einflüsse des Außenhandels und der sozialistischen internationalen Arbeitsteilung dürfte wohl veraltet sein. Sie ging zu einseitig vom Außenhandel aus. Wenn wir im Integrationsprozeß umfangreiche Wissenschafts- und Produktionskooperationen durchführen, gemeinsame Einrichtungen schaffen, international abgestimmte Maschinensysteme aufbauen, Investitionsbeteiligungen bei der Rohstoffgewinnung und auf anderen Gebieten vornehmen, so gehen von diesen Maßnahmen der sozialistischen internationalen Arbeitsteilung auch *direkte* Wirkungen auf unseren Reproduktionsprozeß aus, ganz unabhängig von den Zahlungsbilanzergebnissen; so zum Beispiel auf die Struktur unserer Akku-

[4] Ökonomisches Lexikon, 2. Aufl., Berlin 1971, S. 282.

mulationsfonds, auf Forschung und Entwicklung, auf die Kosten der international spezialisierten und national konzentrierten Forschung und Produktion, auf die Wissenschaftsorganisation usw. Diese direkten Effekte der sozialistischen internationalen Wirtschaftsintegration und des Außenhandels auf den Reproduktionsprozeß werden an Gewicht zunehmen, und sie sind deshalb umfassender durch die Leitung und Planung zu stimulieren.

Je stärker sich einzelne Bereiche der volkswirtschaftlichen Reproduktion miteinander verflechten, um so mehr interessieren nicht nur die durch Außenhandelssaldo und -rentabilität bewirkten kurz- und mittelfristigen Zahlungsbilanzeffekte, sondern gerade die direkten Einflüsse auf die Effektivität des Reproduktionsprozesses, die *aggregierten Struktur-, Konzentrations-, Substitutions-, Proportionalitäts- und Zeiteffekte.*

Ihre umfassende Nutzung ist eine wesentliche Grundlage für die weitere Intensivierung der gesellschaftlichen Reproduktion. Diese Einflüsse wirken – im einzelnen unterschiedlich – über die gesamte Breite der produktiven und nichtproduktiven Bereiche, beginnend bei Bildung und Wissenschaft, Forschung und Entwicklung (entsprechend der zunehmenden Integration dieser Bereiche der gesellschaftlichen Gesamtarbeit in den unmittelbaren Produktionsprozeß bis hin zur Territorialstruktur – vgl. Abbildung 7).

Die befriedigende *Messung der Effektivität von Integrationsprozessen* ist nicht einfach. Das gilt für die volkswirtschaftliche Effektivität des Außenhandels ebenso wie für die Effektivität von Investitionsbeteiligungen oder internationalen Spezialisierungs- und Kooperationsvorhaben.

Wir haben nicht nur zwischen den betrieblichen und volkswirtschaftlichen Effekten zu unterscheiden, sondern benötigen mit der Zunahme der Integrationsmaßnahmen auch Ermittlungen der *internationalen* Effektivitätsentwicklung, wie der Gesamteffektivität von gemeinsamen Einrichtungen für die beteiligten Partner oder eines Kooperationsprozesses innerhalb eines vereinbarten Maschinensystems.

Unter den volkswirtschaftlichen Integrationseffekten wären besonders hervorzuheben:

– die Effektivität von sozialistischen internationalen Spezialisierungs- und Kooperationsmaßnahmen,

– die Effektivität des Außenhandels (das volkswirtschaftliche Außenhandelsergebnis),

– die Effektivität gemeinsamer Einrichtungen wie internationale Wirtschaftsvereinigungen und gemeinsame Produktionsbetriebe,

– die Effektivität von Investitionsbeteiligungen und anderen Krediten.

Wir wollen nur kurz die volkswirtschaftliche Effektivität des Außenhandels und der internationalen Spezialisierung und Kooperation behandeln.

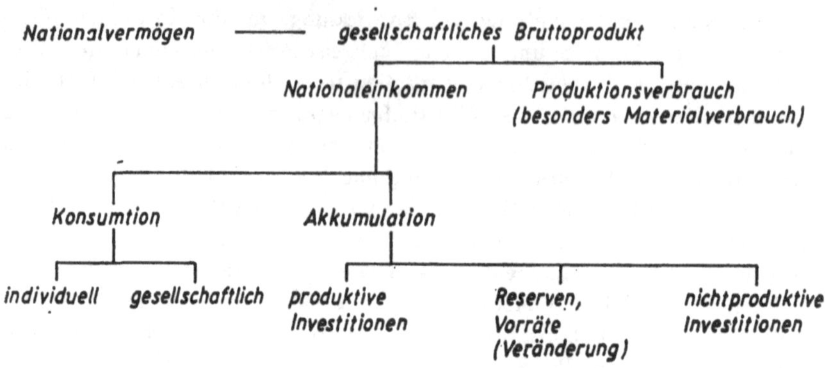

Abb. 7. Darstellung einiger volkswirtschaftlicher Zusammenhänge, die von der Wirtschaftsintegration beeinflußt werden

Das volkswirtschaftliche Außenhandelsergebnis kann wie folgt dargestellt werden:

$$\frac{\textit{Nettovalutaerlös Export}}{\text{Bruttoinlandsaufwand Export}} : \frac{\textit{Bruttoinlandsaufwand Import}}{\text{Inlandserlös Import}}$$

Um den Nettovalutaerlös aus dem Export zu ermitteln, sind vom Bruttovalutaerlös alle Valutaaufwendungen für Zirkulationskosten im Ausland abzuziehen, ebenso alle erlösmindernden Faktoren (Rabatte, Schadenersatz usw.). Dieses Valutaergebnis wird mittels Kurs und gegebenenfalls Valutakoeffizienten in den Inlandspreis (Industrieabgabepreis, Betriebspreis oder konstanter Planpreis) umgerechnet. Zweckmäßig sind getrennte Berechnungen nach Währungsgebieten, besonders wegen der kapitalistischen Inflation und Währungskrise.

Zum Bruttoinlandsaufwand des Exports (den Exportkosten) gehören auch die im Inland anfallenden Zirkulationskosten.

Der Inlandserlös des Imports wird ebenfalls durch Umrechnung mittels Kurs und Koeffizient[5] ermittelt. Es werden entweder Relations- oder Aufwandspreise gebildet.

In der Regel wird es zweckmäßig sein, die allgemeine Kennziffer für

[5] Die Aussagekraft dieser Rechnung ist unter anderem deshalb eingeschränkt, weil Industrieabgabepreis, Betriebspreis und konstanter Planpreis im allgemeinen für eine längere Zeit fixiert werden und in ihren Strukturen nicht dem heutigen Aufwand zu entsprechen brauchen. Außerdem soll bei einer internationalen Spezialisierung und Kooperation durch Übergang zu höheren Losgrößen möglichst eine Selbstkostensenkung eintreten. Die Preise sind aber in der Regel über einen längeren Zeitraum konstant, weisen also den erzielten

das volkswirtschaftliche Außenhandelsergebnis durch *weitere Kriterien zu ergänzen.* Zu solchen Kriterien können die sogenannten Grenzaufwendungen und -erträge gehören. Sie sind nützlich, wenn die Aufwendungen innerhalb einer Erzeugnisgruppe in den einzelnen Produktionsbetrieben sehr unterschiedlich sind, also stark streuen. Ebenso sind Grenzwerte anzuwenden, wenn geprüft werden soll, wieviel Aufwand für die „letzte" Einheit der gesamten Exportproduktion notwendig ist, um die „letzte" notwendige Importeinheit zu bezahlen.

Es ist weiter wichtig, die *Fondsintensität* von Exporten und substituierenden Importen zu ermitteln und zu berücksichtigen. Welche Bedeutung Strukturveränderungen im Rahmen der sozialistischen ökonomischen Integration für die Effektivität unserer Volkswirtschaft haben, wird deutlich, wenn wir die Unterschiede im Grundmittelbestand je Berufstätigen in einzelnen Zweigen der DDR-Wirtschaft beachten.

Ebenso sind die Einflüsse des Außenhandels sowie der Spezialisierung und Kooperation auf Veränderungen der Materialintensität der Industrieproduktion in die Effektivitätsberechnungen einzubeziehen. Das gilt zum Beispiel für *Energieeinsparungen,* wenn in Partnerländern für energieintensive Produktionen günstigere Bedingungen bestehen und sich die DDR gegebenenfalls an dieser Produktion mit Investitionen beteiligt oder mit dem Partner (den Partnern) gemeinsam produziert.

Der spezifische Energieverbrauch betrug 1973 in der DDR im Durchschnitt der Industrie 1,03 Tcal (1Tcal = 10^{12} Kalorien) je 1 Million M Warenproduktion, im Bereich Erzbergbau, Metallurgie und Kali aber 3,24 Tcal, in der chemischen Industrie 2,30, in der Leichtindustrie 0,72 und in der Elektrotechnik/Elektronik nur 0,36 Tcal.[6]

Ähnliche Berechnungen werden für die *Forschungsintensität* der Exporte und Importe notwendig.

Die aggregierten volkswirtschaftlichen Kennziffern können durch *desaggregierte* ergänzt werden, so durch Außenhandelsergebnisrechnungen für hochmoderne Erzeugnisse und für solche, deren Anteil an der Gesamtausfuhr relativ hoch sind. Auch Analysen der Entwicklung der Marktanteile und der Kontinuität von Exporten/Importen sind für die Effektivität des Außenhandels im gesamten volkswirtschaftlichen Reproduktionsprozeß aussagekräftig.

Spezialisierungseffekt nicht aus, und Selbstkostenermittlungen für die Exportproduktion, gesondert von der übrigen Produktion, sind oft nicht möglich.

In beiden erwähnten Fällen kann man sich gegebenenfalls mit Preisersatzkennziffern behelfen, also mit einem den Preis korrigierenden Multiplikator.

6 Vgl. Horst Wambutt, Planmäßige Entwicklung der Energiewirtschaft der DDR, in: Einheit 6/1974, S. 705.

7.1.2. Struktur- und Konzentrationseffekte der ökonomischen Integration

Eine wesentliche Funktion der ökonomischen Integration besteht in der *Umwandlung der Produktionsstruktur des gesellschaftlichen Gesamtprodukts und des Nationaleinkommens in die effektive Verwendungsstruktur.* Je größer (anteilmäßig) dieser Umwandlungsprozeß über den Außenhandel und je rationeller er ist, desto größer ist der Einfluß auf die Intensivierung des Reproduktionsprozesses.

Wenn wir das Produktionsvolumen des gesellschaftlichen Gesamtprodukts und des Nationaleinkommens der DDR (zu Industrieabgabepreisen) mit dem Volumen der Einfuhren und Ausfuhren (in Valutamark) an Hand des Statistischen Jahrbuchs der DDR vergleichen, dann erhalten wir folgende Angaben (vgl. Tabelle 5):

Tabelle 5
Entwicklung des Anteils des Exports und Imports am Nationaleinkommen und gesellschaftlichen Gesamtprodukt der DDR (in Prozent)

Jahr	Nationaleinkommen		gesellschaftliches Gesamtprodukt	
	Exportanteil	Importanteil	Exportanteil	Importanteil
1950	6,27	7,26	2,71	3,14
1955	10,80	9,84	5,00	4,56
1960	13,05	12,97	5,80	5,77
1965	15,32	14,02	6,31	5,78
1966	15,25	15,29	6,22	6,24
1967	15,60	14,80	6,32	6,00
1968	16,28	14,57	6,51	5,82
1969	16,94	16,82	6,69	6,65
1970	17,70	18,72	6,96	7,36
1971	18,77	18,42	7,34	7,20
1972	19,93	19,03	7,78	7,43
1973	20,63	21,55	8,00	8,36
1974[1]	22,58	24,89	8,71	9,61

[1] vorläufige Angaben

Quelle: Statistisches Jahrbuch der DDR 1975, Berlin 1975, S. 13 und 262.

Etwa 14 bis 15 Prozent des gesellschaftlichen Gesamtprodukts und knapp 40 Prozent des Nationaleinkommens werden gegenwärtig über den Außenhandel realisiert und wert- wie gebrauchsmäßig verändert. Da knapp

70 Prozent des Außenhandels mit sozialistischen Ländern erfolgen, der Hauptteil auf die Sowjetunion entfällt und überwiegend langfristige, planmäßige Beziehungen bestehen, wird ein großer Teil des Umwandlungsprozesses auch langfristig geplant. Damit besteht eine stabile Grundlage für die Intensivierung.

Aufgabe der Integrationsmaßnahmen ist es, durch den Ausbau der direkten internationalen Produktionsverflechtungen, vor allem mittels Spezialisierung und Kooperation, auch im Rahmen von internationalen Wirtschaftsvereinigungen, diesen Umwandlungsprozeß weiter zu intensivieren und langfristig zu stabilisieren. Investitionsbeteiligungen und andere Integrationsmaßnahmen, ferner die Steigerung, Qualitätsverbesserung und Kostensenkung bei Exportproduktionen müssen sichern, daß die relativ rohstoffarme DDR-Volkswirtschaft von ihren Integrationspartnern, besonders der UdSSR, zunehmend auch aus dem nichtsozialistischen Wirtschaftsgebiet, darunter besonders aus Entwicklungsländern, die erforderlichen Rohstoffe, Nahrungsmittel, Materialien und Brennstoffe erhält. Dabei zeichnet sich der Übergang zu verstärkten Importen von *Verarbeitungsstufen* und *Industriewaren* ab.

Die Hauptlinien der strukturellen Umwandlung des produzierten in das verwendete gesellschaftliche Gesamtprodukt oder Nationaleinkommen sind in der DDR auf der *Exportseite*: die metallverarbeitende Industrie, die Leichtindustrie und die chemische Industrie. Auf der *Importseite* erfolgt die strukturelle Umwandlung maßgeblich durch den Bezug von Roh- und Brennstoffen und Erzeugnissen der Landwirtschaft und Nahrungsgüterwirtschaft sowie von Maschinen und Ausrüstungen.

Entscheidende Umwandlungsprozesse gehen *innerhalb* dieser volkswirtschaftlichen Bereiche und dabei auch der Industriezweige (Erzeugnishauptgruppen und Erzeugnisgruppen) vor sich.

Hohe Exportquoten weisen u. a. Schiffe, schienengebundene Fahrzeuge, Werkzeugmaschinen, landwirtschaftliche Maschinen und Ausrüstungen für Zweige der Leichtindustrie auf.

Hohe Anteile am Inlandsverbrauch erreicht z. B. der Import von Straßenfahrzeugen und bestimmten Anlagen, besonders für die Energiewirtschaft und die Textilindustrie.

Im Zuge der ökonomischen Integration nehmen diese *innerzweiglichen* Prozesse zu, gehen von ihr die hauptsächlichen Impulse für die Vervollkommnung der Produktions- und Verbrauchsstruktur aus.

Diese innerzweiglichen Verflechtungen sind sehr eng mit der weiteren *Konzentration* in Wissenschaft, Produktion und Außenhandel verbunden. Im Interesse der weiteren Vervollkommnung unserer Produktions- und Außenhandelsstrukturen ist es notwendig, die Produktionssortimente weiter zu profilieren und in vielen Zweigen auch einzuschränken. Diese Veränderungen haben von den Bedürfnissen der Integrationspartner auszugehen und zum Ziel, das Volumen hocheffektiver, exportfähiger Erzeugnisse zu erhöhen, deren Produktionsserien zu vergrößern und vor allem den wissenschaftlich-technischen wie auch technologischen Fortschritt für die Kostensenkung auszunutzen.

Derartige Konzentrationsprozesse sind mit vielfältigen Integrationsmaßnahmen verbunden. Beispiele der Neuentwicklung von Erzeugnissen und Verfahren weisen darauf hin, daß ihre Grundlagen häufig in der wissenschaftlich-technischen Zusammenarbeit entstehen, so z. B. beim Waschvollautomaten aus Schwarzenberg. Auch das Beispiel der Asynchronelektromotoren aus Wernigerode zeigt, daß Maßnahmen zur Bereinigung von Produktionssortimenten zunehmend mit Spezialisierungs- und Kooperationsvorhaben verbunden sind. Das beweisen die langjährigen Traditionen unserer Produktion von Schiffen und Reisezugwagen ebenso wie neuere Vereinbarungen über die internationale Zusammenarbeit auf Gebieten des Werkzeugmaschinen- und Textilmaschinenbaus. In dem Maße, wie derartige Vorhaben ganze Erzeugnisgruppen erfassen, nimmt ihr Einfluß auf die Konzentration in Wissenschaft, Produktion und Außenhandel der beteiligten Partner zu, erhöhen sich die Konzentrationseffekte und gegenseitigen Vorteile. Schließlich gehen Konzentrationsprozesse auch von der gemeinsamen Rekonstruktion ausgewählter Betriebe und Produktionsabschnitte aus, wie sie von der UdSSR und der DDR in der Möbelindustrie und im Ernst-Thälmann-Werk Magdeburg bei der Produktion ausgewählter Armaturen realisiert werden.

Welche Vorteile solche Maßnahmen bringen können, deutet folgendes Beispiel aus unserem Maschinenbau an.

Ein Kombinat konzentriert die Finalproduktion auf drei seiner 11 Betriebe. Die anderen werden Zulieferer. Das ist mit vielen Problemen verbunden. Einige dieser acht Betriebe haben bisher bestimmte Erzeugnisse, deren Produktion sie jetzt einstellen oder als Zulieferung verwenden, exportiert. Ein Betrieb stellt sich auf Spezialmaschinen, vor allem für die Sowjetunion, um. Er reduziert innerhalb von drei Jahren die Zahl der Typen von 12 auf zwei. Seine Warenproduktion steigt in diesen drei Jahren um 71 Prozent, die Exportquote von 20 auf 70 Prozent. Der Gesamtaufwand wird auf 61 Prozent reduziert, die Arbeitsproduktivität erhöht sich um 74 Prozent. Die Anzahl des Forschungspersonals wird gering vermindert, sein Hauptkontingent konzentriert sich auf die Weiterentwicklung dieser beiden Typen und auf Neuentwicklungen. Bei solchen Konzentrationsprozessen ist es möglich, daß die volkswirtschaftlich notwendige und effektive internationale Arbeitsteilung für den Betrieb (Kombinat) zunächst nicht vorteilhaft ist. Dann wird es notwendig, die relevanten volkswirtschaftlichen Normative für diese Betriebe kurz- und längerfristig entsprechend zu verändern.

Im Zuge der Intensivierung des Reproduktionsprozesses in der DDR und der Erhöhung ihrer Außenhandelsintensität haben sich durch Strukturveränderungen und Konzentrationsprozesse *stabile Export- und Importlinien* herausgebildet. Das sind im *Export* gegenwärtig Schiffe, Werkzeugmaschinen, Reisezugwagen, Textilmaschinen, metallurgische Ausrüstungen, spezielle Kräne usw. sowie im *Import* u. a. Erdöl, Erdgas, Zellulose, Walzstahl, Straßenfahrzeuge, ausgewählte Werkzeug- und Textilmaschinen.

Diese Linien sind im Zuge der internationalen Verflechtung weiter auszubauen, zu stabilisieren und effektiver zu gestalten. Besonderes Gewicht kommt dabei dem Maschinenbau zu, denn auf ihn entfällt ein wesentlicher Teil des künftigen Exportwachstums.

Ein Ausdruck dieses Einflusses der Außenwirtschaft auf die Intensivierung und langfristige Stabilisierung des Reproduktionsprozesses sind auch die *Marktanteile* (Größe, Kontinuität), die die DDR mit ihren Erzeugnissen im Ausland (bei Aus- und Einfuhr), besonders bei den sozialistischen Partnerländern hat.

Der weitere planmäßige Ausbau dieser innerzweiglichen Verflechtung unserer Produktions- und Verbrauchsstruktur, vor allem mit der Sowjetunion und den anderen Integrationspartnern, ist ein Hauptweg zur weiteren Intensivierung der gesellschaftlichen Reproduktion. Dabei ist durch internationale Verflechtung und Konzentration die Struktur der Exporte so zu verbessern, daß mit hocheffektiven Erzeugnissen steigende Aufwendungen für Rohstoffe und Materialien beglichen werden können. Veränderungen der Importwarenstruktur sollten die Effektivität der Produktion fördern und so direkt und indirekt die Lösung der Hauptaufgabe unterstützen.

7.1.3. Einflüsse der Integration auf die volkswirtschaftliche Akkumulation

Die Integration wirkt über die Veränderung der wert- und gebrauchswertmäßigen Zusammensetzung des gesellschaftlichen Gesamtprodukts auf die Entwicklung der Grundfondsökonomie, Materialökonomie und Arbeitsproduktivität. Die Reproduktionseffekte (Produktionsvorteile) der Integration beeinflussen über die Steigerung der Grundfondsquote, Materialausnutzung und Arbeitsproduktivität das Verhältnis Ersatzfonds : Nationaleinkommen zugunsten der Erhöhung des Nationaleinkommens und schaffen damit die potentielle Möglichkeit, das Akkumulationsvolumen zu erhöhen. Da die

Akkumulation einen Teil des verfügbaren Nationaleinkommens/Nettoprodukts darstellt, ist die Wirkung der Integration auf das produzierte und verwendete Nationaleinkommen Ausgangspunkt der Untersuchung. In diesem Sinne ist die Analyse der in der sozialistischen internationalen Arbeitsteilung liegenden Quellen der volkswirtschaftlichen Effektivität identisch mit der Untersuchung der Wirkungen der sozialistischen internationalen Arbeitsteilung auf die Erhöhung der volkswirtschaftlichen Akkumulationskraft.

Die Integration beeinflußt die Akkumulation und die Akkumulationskraft der sozialistischen Volkswirtschaften im System der Effekte auf Reproduktion und Nationaleinkommen zweifach, einmal auf dem Wege über die *Bildung* des Nationaleinkommens, zweitens auf dem Wege über dessen *Verwendung.*

In dem Maße, in dem Integrationsvorgänge die verschiedenen Prozesse der Produktion des Nationaleinkommens effektiver gestalten, entstehen zusätzliche Akkumulations- und/oder Konsumtionsmöglichkeiten. Es versteht sich, daß diese Einwirkungen des Integrationsprozesses auf die Bildung des Nationaleinkommens in dem Maße an Bedeutung gewinnen, in dem nationale Konzentrationen, Substitutionsprozesse und Kostensenkungen durch internationale Spezialisierungen, gemeinsame Forschungen, Investitionen und Produktionen erreicht werden. Sowohl insgesamt als auch im einzelnen sind die Effekte der Integration auf die Bildung des Nationaleinkommens eng mit denen der inneren Volkswirtschaft verflochten; eine gesonderte Erfassung und Bewertung ist oft nicht möglich.

Die Integrationseffekte erstrecken sich (zunehmend) auf die Verwendung des Nationaleinkommens. Bei planmäßiger Wirtschaftsintegration wird sowohl die Konsumtions- als auch die Akkumulationskraft der beteiligten Volkswirtschaften gestärkt. Hier zeichnen sich einige neue Prozesse ab, deren planmäßige Beherrschung, theoretische Durchdringung und Effektivitätsberechnung auf die Tagesordnung gesetzt sind.

Die verschiedenen einzelnen Einflüsse der sozialistischen Integrationsmaßnahmen direkt auf die Verwendung der Akkumulationsmittel, besonders auf die Investitionen der beteiligten Volkswirtschaften, bewirken, daß die Effektivität des Einsatzes der Akkumulationsmittel erhöht wird.

So werden bei gemeinsamen und international abgestimmten spezialisierten Forschungen, Produktionen und anderen Prozessen und Einrichtungen (auch Absatzorganisationen) Investitionskonzentrationen erreicht (und umgekehrt Zersplitterungen vermieden), wodurch Kostensenkungen und Zeitverkürzungen eintreten. Dasselbe kann bewirkt werden, wenn moderne und gemeinsam entwickelte Verfahren, Technologien, Werkstoffe, Maschinen- und Gerätesysteme bei der Errichtung von Investitionsobjekten zum

Einsatz gelangen. Die Exporteffektivität der neuen Produktionen kann schneller erreicht und erhöht werden. Bei richtiger Kooperation können Forschungsvorlauf, Investitionen und die hierfür notwendigen Importe besser aufeinander abgestimmt werden (Netzwerkplanung). Internationale Spezialisierungen und Investitionsbeteiligungen in Partnerländern führen durch Abbau von Antiimportproduktionen zu Strukturbereinigungen und Effektivitätssteigerungen; ebenso die Beteiligung von Partnern an eigenen Investitionsvorhaben oder gemeinsamen Investitionen im eigenen Land. Durch internationale Arbeitsteilung und den Einsatz von Investitionsmitteln in Partnerländern und, umgekehrt, von Mitteln der Partner in unserer Wirtschaft verändert sich allmählich die gebrauchswertmäßige Struktur der Akkumulationsfonds. Sie kann den gegebenen natürlichen und historischen Bedingungen besser angepaßt werden.

Bei diesen volkswirtschaftlichen Verflechtungen wird die Export- und Import*intensität* der Akkumulation zunehmen. Das wird auch zu einer Verbesserung der Export- und Importeffektivität führen.

Die neuen Wechselbeziehungen, die sich zwischen Akkumulation und Integration herausbilden, werden auch dazu führen, den Zeitfaktor besser zu beherrschen und auszunutzen; dies in allen Phasen des volkswirtschaftlichen Reproduktionsprozesses und auch in den einzelnen Integrationsbereichen. Die bessere Beherrschung des Zeitfaktors ist ein Element der Verstärkung von Planmäßigkeit und Proportionalität der Volkswirtschaft.

Entscheidungen über Akkumulation und Integration haben etwas gemeinsam. Dieses Gemeinsame besteht darin, daß sie Entscheidungen über die Zukunft sind, dabei auch Entscheidungen darüber, wie viele und welche Mittel der Gegenwart auf welche Art im Interesse der Zukunft einzusetzen sind.

Die etwa gleichen Zeithorizonte von Integration und Akkumulation machen es notwendig, bei beiden Prozessen kurzfristige und langfristige Bedingungen und Aufgaben miteinander zu verbinden. Gegenwärtige Zahlungsbilanzprobleme dürfen langfristig rationelle Investitions- und ebenso auch Integrationsentscheidungen nicht verhindern.

Was die zeitlichen Strukturen anbelangt, ist zwischen einmaligen und laufenden, kurz- und längerfristigen, stetigen und unstetigen Wechselwirkungen zwischen Akkumulation und Integration zu unterscheiden. Dabei dürfte eines der Kennzeichen der sich entwickelnden sozialistischen Wirtschaftsintegration darin zu sehen sein, daß die langfristigen Entscheidungen an Bedeutung und Umfang gewinnen. Die stärkere Einbeziehung von Bildung und Wissenschaft in Reproduktions- und Integrationsprozesse macht das ebenso notwendig wie die Errichtung gemeinsamer Objekte.

Schließlich gewinnen langfristige Stabilität und Kontinuität (Stetigkeit) der gegenseitigen Bezüge und Lieferungen im Integrationsprozeß an Bedeutung, hängt doch zum Beispiel die Herstellung eines Finalerzeugnisses von der einwandfreien Lieferung der Bauelemente, Baugruppen und Teile durch das Partnerland ab. Dasselbe gilt auch für Rohstoffe und industrielle Konsumgüter. Wenn Nachteile der zweiseitigen Bilanzierung zwischen den RGW-Partnerländern und andere Hemmnisse beseitigt werden, können uneffektive Außenhandelsschwankungen von Jahr zu Jahr und auch zu Beginn und am Ende von Fünfjahrplan- und Handelsabkommenszeiträumen verringert werden.

Eine sehr wesentliche Aufgabe der Integration besteht also darin, die zeitlichen Parameter der volkswirtschaftlichen Akkumulationsentscheidungen und -prozesse zu verbessern. Hier liegen zweifellos beträchtliche Reserven der planmäßigen, proportionalen Entwicklung. Wenn wir sie ausschöpfen, wird es möglich sein, Intensität und Effektivität des volkswirtschaftlichen Reproduktionsprozesses ohne Veränderung der Akkumulationsrate, ohne zusätzliche Investitionen zu verbessern.

Ein weiterer Akkumulationsvorgang, der direkt und wesentlich von der Integration beeinflußt wird, ist die Verwendung von Akkumulationsmitteln in Partnerländern der sozialistischen Integration.

Die bisherige wirtschaftliche Zusammenarbeit der RGW-Länder entsprach in vielem dem Prinzip der Erzielung komparativer Vorteile durch internationale Arbeitsteilung und Außenhandel.

Beim Übergang zur sozialistischen internationalen Wirtschaftsintegration wird, bei Wahrung und Beibehaltung dieses Prinzips der komparativen Vorteile, eine höhere Stufe der sozialistischen internationalen Arbeitsteilung und Zusammenarbeit erreicht. Zunehmend erfolgt die effektive Gestaltung der volkswirtschaftlichen Strukturen, die Wahl des günstigsten Produktionsstandortes und die Annäherung an das Optimum des Gesamtsystems in bestimmtem Umfang durch den planmäßigen internationalen Einsatz der Produktionsfaktoren. Gerade dadurch können Produktionskonzentration und Senkung der Stückkosten erreicht werden. Für die DDR ergibt sich die Möglichkeit, über langfristige Spezialisierungsvereinbarungen und wechselseitige Investitionsbeteiligungen eine nennenswerte Konzentration des volkswirtschaftlichen Forschungs-, Investitions- und Produktionsprogramms zu erreichen.

Der Einsatz von Investitionen, und insgesamt von Grundfonds, Umlaufmitteln und Arbeitskräften in Volkswirtschaften von Partnerländern erfolgt selektiv, auf ausgewählten Gebieten von besonderer Bedeutung; vor allem im Rahmen zwei- und mehrseitiger Vereinbarungen über den Ausbau der Wissenschafts- und Produktionskooperation wie auch über andere Integrationsmaßnahmen. Als Beispiele seien erwähnt: internationale Bildungs-,

Wissenschafts-, Forschungs- und Informationszentren, gemeinsame Erschließung von Roh- und Brennstoffquellen, gemeinsame Vorhaben in der Chemie- und Leichtindustrie und im Maschinenbau, gemeinsame Absatzorganisationen, Banken und Transporteinrichtungen. Formen der Fondsverwendung in Partnerländern der sozialistischen Integration sind:

1. mittel- und langfristige Kredite an einzelne oder mehrere Partner (Staaten, Organisationen);

2. Investitionsbeteiligungen, überwiegend als objektgebundene Kredite mit objektgebundenen Lieferungen und Bezügen, mit festen Laufzeiten für Gewährung und Rückzahlung;

3. Beiträge für zwischenstaatliche Organisationen, die im wesentlichen der Koordinierung bestimmter Arbeiten dienen (wie zum Beispiel Wälzlagerkomitee, Intermetall, Interchim);

4. Einlagen in das Grundkapital und sonstige finanzielle Beiträge für internationale Organisationen, zum Beispiel Banken, Forschungsinstitute, Produktionsbetriebe, Dienstleistungseinrichtungen.

Im Komplexprogramm für die sozialistische ökonomische Integration werden zahlreiche Möglichkeiten für derartige gemeinsame Operationen und Institutionen der Partnerländer angeführt.

Auf dem Gebiet der Rohstoff- und Brennstoffversorgung haben die ČSSR, die VR Bulgarien, die DDR und andere Mitgliedsländer des RGW mit der UdSSR, aber auch untereinander, zweiseitige Vereinbarungen über Investitionsbeteiligungen für zusätzliche Rohstoff- und Brennstofflieferungen abgeschlossen (zum Beispiel für Erdöl, Erdgas, Kupfer, Phosphor, Zellulose).

Neu sind multilaterale Vereinbarungen über die Beteiligung am Bau gemeinsamer Objekte, die nationales Eigentum sind, zum Beispiel eines Zellstoffkombinats in Ust-Ilim (UdSSR) und eines Betriebes für die Asbestgewinnung in Kijembajev (UdSSR). Weitere gemeinsame Vorhaben bieten sich in der chemischen und Leichtindustrie, beim Aufbau international abgestimmter Geräte- und Maschinensysteme und in anderen Bereichen der verarbeitenden Industrie an.

Vom Standpunkt des volkswirtschaftlichen Wachstums und der Effektivität des Reproduktionsprozesses hat diese internationale Verwendung von Akkumulationsmitteln zwei verschiedene Seiten. Einmal geht es darum, zusätzlich Roh- und Brennstoffe zu beziehen, um den Reproduktionsprozeß stofflich und gebrauchswertmäßig zu sichern. Eine andere Seite, die mit dem Fortschreiten der Integration in den Vordergrund rücken dürfte, besteht darin, daß die Effektivität der eingesetzten Akkumulationsmittel und der mit ihnen in Gang gebrachten Operationen (Forschungen, Produktionen, Transporte, Dienstleistungen usw.) erhöht werden kann. Zum Beispiel werden bei der Be- und Verarbeitung von Rohstoffen am Gewinnungsort

Transportkosten gespart; Konzentration der Produktion mittels großer Anlagen und an günstigen Standorten führt zu Kostensenkungen, ebenso gemeinsame Forschungen und Entwicklungen; durch sie wird auch die Qualität von Verfahren, Technologien und Erzeugnissen verbessert; Arbeitskräfte können rationeller eingesetzt und territoriale Strukturen besser genutzt und damit selbst verbessert werden; die Partnerländer können ungünstige eigene Produktionen einstellen, oder sie vermeiden deren Aufnahme.

Dieser beginnende internationale Einsatz von Akkumulationsmitteln, die Akkumulation im sozialistischen Ausland, kann also ein spezifischer Wachstumsfaktor sein, der – richtige Standortwahl und effektiven Einsatz vorausgesetzt – die Akkumulationskraft der beteiligten Volkswirtschaften vermehrt.

Diese Prozesse beeinflussen die Relationen und Strukturen von produziertem und im Inland verwendetem Nationaleinkommen.

Die Umwandlung des produzierten in das im Inland zu verwendende Nationaleinkommen erfolgt hauptsächlich durch den Außenhandel als Realisator der ökonomischen Integration. Dieser Umwandlungsvorgang ist Einheit von Gebrauchswert- und Wertprozessen. Durch den Außenhandel wird die Gebrauchswertstruktur des produzierten Nationaleinkommens (der verschiedenen produktiven Leistungen ebenso wie der Güter) so umgewandelt, daß sie den Konsumtions- und Akkumulationsbedürfnissen der Volkswirtschaft besser entspricht. Durch eben diese Umwandlung der Gebrauchswerte ist der Außenhandel, wie Marx in den „Theorien über den Mehrwert“ vermerkte, ein bedeutender Faktor im Prozeß der Akkumulation.[7]

Im Abschnitt 7.1.1. wurde bereits auf diese Zusammenhänge eingegangen.

Die Differenz zwischen produziertem und im Inland verwendetem Nationaleinkommen wird durch den Außenhandel auf doppelte Weise hervorgerufen: *erstens* durch die Effektivität und Rentabilität der Aus- und Einfuhren und *zweitens* durch den Außenhandelssaldo. In dem Maße, in dem die sozialistische Akkumulation in Partnerländern zunächst in erster Linie dazu dient, die zusätzliche Versorgung mit Materialien und Energie, Rohstoffen und Brennstoffen zu sichern, wird der internationale Einsatz von Akkumulationsmitteln mehrere Jahre einseitig sein. Das wird in der DDR einen Exportüberschuß notwendig machen, der über die Summe hinausgeht, die aufgebracht werden muß, um die passive Dienstleistungsbilanz auszugleichen. Kommen dann die Rückzahlungen und werden die wechselseitigen Beteiligungen in der verarbeitenden Industrie mehr in den Vorder-

[7] Vgl. Karl Marx, Theorien über den Mehrwert, Dritter Teil, in: MEW, Bd. 26.3, Berlin 1968, S. 439.

grund treten, würde, sonstige Einflüsse ausgeklammert, der aktive Außenhandelssaldo der DDR entsprechend reduziert werden können.

Um einige dieser Beziehungen zu analysieren und in langfristige Zusammenhänge einzuordnen, haben wir in Tabelle 6 die Wachstumsraten des Nationaleinkommens, der Investitionen und des Außenhandels der DDR

Tabelle 6

Jahreswachstumsraten[1] des produzierten Nationaleinkommens, der Investitionen[2] und des Außenhandels[3] der DDR von 1956 bis 1974

Jahr	Produziertes National-einkommen	Investi-tionen gesamt	Investitionen in den pro-duzierenden Bereichen	Ausfuhr gesamt	Einfuhr gesamt	Außen-handels-umsatz
1956	5,4	26	24,8	9,3	13,5	11,3
1957	6,6	4	./.1,1	29,6	22,1	26,0
1958	9,6	14	12,1	4,4	4,2	4,3
1959	10,0	21	28,4	11,8	18,4	14,9
1960	5,6	10	12,3	3,1	8,8	5,8
1961	1,6	1	3,2	3,4	2,6	3,0
1962	2,7	2	2,9	4,2	7,0	5,6
1963	3,5	2	3,0	14,1	./.3,2	5,4
1964	4,9	10	11,0	8,1	13,0	10,3
1965	4,6	9	13,5	4,7	6,7	5,6
1966	4,9	7	7,0	4,4	14,4	9,2
1967	5,4	9	8,3	7,8	2,0	4,9
1968	5,1	10	8,2	9,7	3,5	6,7
1969	5,2	15	15,2	9,5	21,5	15,2
1970	5,6	7	9,1	10,3	17,6	13,9
1971	4,5	1	0,1	10,8	2,8	6,7
1972	5,7	4	3,7	12,2	9,2	10,8
1973	5,6	8	8,3	9,4	19,6	14,4
1974[4]	6,3	4	2,7	16,3	22,8	19,6

[1] In Prozent des Vorjahres.
[2] Nationaleinkommen und Investitionen zu vergleichbaren Preisen.
[3] In Valutamark.
[4] Vorläufige Angaben.

Quellen: Nationaleinkommen 1956–1960: Statistisches Jahrbuch der DDR 1968, Berlin 1968, S. 17.
Nationaleinkommen 1961–1974: ebenda 1975, S. 13 und S. 36.
Investitionen: ebenda 1975, S. 39–41.
Außenhandel: ebenda 1975, S. 262.

von 1956 bis 1974 zusammengestellt. Bei gewissem Vorbehalt gegenüber Aussagekraft und Vergleichbarkeit der Zahlen[8] lassen diese (unter Beachtung des Zeitverzugs) deutlich werden, daß zwischen den Wachstumsraten von Ein- und Ausfuhr und der Entwicklung der Investitionen enge Zusammenhänge bestehen. Ihr Einfluß auf die Entwicklung des Nationaleinkommens[9] hat beachtlich zugenommen.

Die weitere Untersuchung dieser Fragen ist von großem praktischem und theoretischem Interesse. Die Vertiefung der ökonomischen Integration wird die Zusammenhänge zwischen produziertem und verfügbarem Nationaleinkommen zunehmend stärker beeinflussen. Zu den langfristig wirkenden Faktoren gehören vor allem wachsende Investitionsbeteiligungen in sozialistischen Partnerländern, aber auch die Inanspruchnahme von Krediten der Internationalen Investitionsbank durch die DDR. In der langfristigen materiellen und finanziellen Planung dieser Vorhaben liegen viele Reserven, um die Investitionseffektivität, dieses Schlüsselproblem des sozialistischen Wirtschaftens, mit Hilfe der verschiedenen Integrationsmaßnahmen weiter zu verbessern und die Akkumulationskraft zu stärken.

Der gemeinsame Bau der Erdgasleitung von Orenburg bis zur Westgrenze der Sowjetunion – wie auch weitere Vorhaben der Roh- und Brennstoffgewinnung und der verarbeitenden Industrie – sind wichtige Schritte zur Realisierung einer international abgestimmten und auch gemeinsamen (bi- und multilateralen) Investitionspolitik der Integrationspartner.

[8] Außenhandels- und Inlandspreise unterscheiden sich darin, daß die ersteren effektive und die letzteren vergleichbare (1967er) Preise sind. Die Investitionen werden vergleichbar zu Preisen des Jahres 1967 bewertet.

[9] Es spielen allerdings auch andere Faktoren, wie zum Beispiel die Bestandsveränderungen, eine Rolle.

7.2. Internationale sozialistische Verflechtung und Vervollkommnung der Volkswirtschaftsstrukturen

7.2.1. Internationale Verflechtung sozialistischer Volkswirtschaften

Die internationale Verflechtung volkswirtschaftlicher Reproduktionsprozesse ist ein Hauptmerkmal der sozialistischen internationalen Vergesellschaftung von Produktion und Arbeit. Sie resultiert aus der Internationalisierung von Produktivkräften und Produktionsverhältnissen im RGW-Bereich und ist somit keine völlig neue, vielmehr bereits eine langjährige Erscheinung in den Wirtschaftsbeziehungen zwischen diesen sozialistischen Ländern.

Es ist eine objektive Gesetzmäßigkeit, daß die erweiterte Reproduktion in jedem Land auf dem Wege zum reifen Sozialismus unausweichlich mit der Vervielfachung, Erweiterung und Intensivierung der außenwirtschaftlichen Beziehungen verbunden ist. Das schlägt sich in einer zunehmenden internationalen Verflechtung, der engeren Wechselwirkung und neuartigen Einheit von inneren und äußeren Faktoren der volkswirtschaftlichen Reproduktion nieder.

Diesen objektiven Prozeß der internationalen Verflechtung gestalten die RGW-Länder planmäßig und nutzen so vielfältige Wachstumseffekte der ökonomischen Integration, die im vorhergehenden Abschnitt behandelt wurden.

Dabei zeigen sich neue Momente im Ausgangspunkt und in den Erscheinungsformen der Verflechtung, der Stabilität und Intensität ihres Einflusses auf die erweiterte Reproduktion der RGW-Länder.

Lenin bezeichnet die Verflechtung als den „auffallendsten Zug" der Vergesellschaftung, deren Charakter jeweils von den zugrunde liegenden gesellschaftlichen Produktionsverhältnissen bestimmt wird.[10] Für die internationale sozialistische Verflechtung ist charakteristisch: Sie ist ein objektiver, einheitlicher Prozeß der weiteren ökonomischen und gesellschaftlichen Annäherung sozialistischer Staaten und Nationen. Zugleich ist sie ein politisch

[10] Vgl. W. I. Lenin, Der Imperialismus als höchstes Stadium des Kapitalismus, in: Werke, Bd. 22, Berlin 1960, S. 307/308.

geführter Entwicklungsprozeß, dessen sozialer Träger die Arbeiterklasse ist. Die allseitige Zusammenarbeit mit der Sowjetunion als dem Kern und der Hauptkraft des Integrationsprozesses bildet einen wichtigen Wesenszug seiner weiteren Entfaltung. Dabei ist die *wirtschaftliche* Verflechtung die objektive Grundlage der weiteren Annäherung auf allen anderen Gebieten des gesellschaftlichen Lebens. Diese wird durch die bewußte Ausnutzung der ökonomischen Gesetze des Sozialismus in den Grenzen der Gemeinschaft der RGW-Länder von gleichgesinnten Partnern zum gegenseitigen Nutzen planmäßig vollzogen.

Ihrem ökonomischen Inhalt nach ist die volkswirtschaftliche Verflechtung der RGW-Länder ein vielfältiger, langfristiger Entwicklungsprozeß stabiler, überwiegend intensiver internationaler Reproduktionsbeziehungen in und zwischen den verschiedensten Zweigen von Wissenschaft, Technik und Produktion. Mit der weiteren Verflechtung ihrer Volkswirtschaften vervollkommnen die RGW-Länder koordiniert die materiell-technische Basis des Sozialismus und bereiten den allmählichen Übergang zum Kommunismus vor. Sie ist die „auffallendste" Erscheinung der Zusammenarbeit in der materiellen Produktion und in der Wissenschaft, die langfristig die Elemente einer einheitlichen Wirtschaftsstruktur und perspektivisch einen einheitlichen Wirtschaftsorganismus der RGW-Länder herausbildet. Dieser Prozeß hat gegenwärtig eine Entwicklungsstufe erreicht, „... in der eine neue, gemeinsame materielle Basis der sozialistischen Staatengemeinschaft im Entstehen ist".[11]

Welches sind die qualitativ neuen Momente der internationalen wirtschaftlichen Verflechtung der RGW-Länder?

Vollzog sich diese Verflechtung, wie im Abschnitt 7.1. dargelegt wurde, etwa ab Ende der 50er Jahre und vor allem in den 60er Jahren hauptsächlich über den Außenhandel, so ist ihr herausragender Zug in den 70er Jahren die direkte Verknüpfung der materiellen Produktion durch die Spezialisierung und Kooperation zwischen den RGW-Ländern. Doch das ist nur *ein* neuer Wesenszug.

Insbesondere in der zweiten Hälfte der 60er Jahre hat es bereits zahlreiche Beispiele der direkten Zusammenarbeit der RGW-Länder in der materiellen Produktion gegeben. Ihre Weiterentwicklung ist durch den stärkeren Übergang von der zwischenzweiglichen zur innerzweiglichen Arbeitsteilung gekennzeichnet. Wissenschaft, Produktion und Austausch werden also in Industriezweigen wie Erzeugnisgruppen zwischen den RGW-Ländern komplex verflochten.

[11] Werner Krolikowski, Der Kampf um die Verwirklichung der vom VIII. Parteitag beschlossenen Hauptaufgabe und die Bedeutung des wissenschaftlich-technischen Fortschritts, Berlin 1974, S. 44.

Ausgangspunkt internationaler Verflechtungen war in den 50er Jahren, aber auch im vergangenen Jahrzehnt, überwiegend der Export- oder Importbedarf einzelner Länder. Wenngleich auch in diesem Zeitraum in einzelnen Zweigen bereits direkte Verbindungen zwischen den Hauptrichtungen der Entwicklung der Produktionsstruktur und den Formen der sozialistischen internationalen Arbeitsteilung entstanden, so treten sie in großem Ausmaß erst mit der sozialistischen ökonomischen Integration in Erscheinung. Dabei werden nicht nur die produktiven und konsumtiven Bedürfnisse eines anderen Integrationspartners, sondern gesellschaftliche Bedürfnisse und Effektivitätskriterien der Staatengemeinschaft auf immer mehr Gebieten der volkswirtschaftlichen Entwicklung zum Ausgangspunkt der zunehmenden internationalen Verflechtung von Wissenschaft, Technik und Produktion.

Das Ziel dieser Entwicklung besteht darin, die maximale Erhöhung des materiellen und kulturellen Lebensniveaus in allen RGW-Mitgliedsländern zu erreichen. Dabei kommen der Vervollkommnung der Volkswirtschaftsstrukturen und der weiteren Annäherung und Angleichung des ökonomischen Entwicklungsniveaus der RGW-Länder durch die planmäßige Gestaltung aller internationalen Verflechtungsprozesse besondere Bedeutung zu.

Der Angleichungsprozeß ist eine der wesentlichen Bedingungen, damit sich vor allem jene Formen der internationalen Zusammenarbeit entfalten können, die die effektive Strukturgestaltung, die volkswirtschaftliche und internationale Konzentration und damit die Intensivierung fördern. Deshalb muß im Prozeß der internationalen Verflechtung stets die Einheit von volkswirtschaftlicher Strukturentwicklung und Angleichung des ökonomischen Entwicklungsniveaus gewährleistet werden.

Wie die volkswirtschaftliche Entwicklung, so ist auch der Integrationsprozeß durch die *Einheit von intensiver und extensiver Reproduktion* gekennzeichnet. Während praktische Maßnahmen der RGW-Länder von der effektiven Kombination beider Reproduktionsformen *aus der Sicht des Integrationsprozesses* der RGW-Gemeinschaft zeugen, tritt in der theoretischen Diskussion noch häufig ein Nebeneinander beider Formen aus „nationaler Sicht" auf.

Die internationale wirtschaftliche Verflechtung schließt intensive und extensive Wachstumsprozesse ein. Ihr Verhältnis zueinander verändert sich mit steigendem ökonomischem und wissenschaftlich-technischem Entwicklungsniveau der RGW-Länder und in Abhängigkeit vom Grad sowie der Intensität ihrer internationalen Verflechtung.

Bei dem erreichten Stand der volkswirtschaftlichen Verflechtung erfordern die Erhöhung der Produktion und die Erweiterung der Zusammenarbeit zwischen den RGW-Ländern sowohl die Nutzung extensiver Formen

– vor allem aber intensiver Formen[12] der Reproduktion. „Für die vorwiegend intensiv erweiterte Reproduktion ist charakteristisch, daß Tempo und Grundrichtung der ökonomischen Entwicklung durch die Intensivierungsfaktoren vorangetrieben werden.“[13] Die extensive Erweiterung der Produktionsfonds und die Erschließung der natürlichen Ressourcen entsprechend dem Gesetz der planmäßigen, proportionalen Entwicklung der Volkswirtschaft schaffen dafür wichtige Voraussetzungen.

Diese Zusammenhänge gelten zumindest für die gegenwärtige, erste Entwicklungsetappe der sozialistischen ökonomischen Integration. Sie führen allerdings in der extraktiven und in der verarbeitenden Industrie zu differenzierten Erscheinungsformen und Zusammenhängen.

Durch die Ausdehnung des Feldes der sozialistischen internationalen Arbeitsteilung im Integrationsprozeß ergeben sich bei der *Rohstoff-, Brennstoff- und Energieproduktion* sowohl Möglichkeiten für eine effektivere Lösung extensiver volkswirtschaftlicher Vorhaben (so den Ausbau unserer Elektroenergiebasis) als auch Bedingungen für die verstärkte gemeinsame Intensivierung. Hierbei entstehen, auch für unsere Volkswirtschaft, Belastungen, die materiell und zeitlich so zu koordinieren sind, daß die Proportionen zwischen Energieproduktion, Energieübertragung und Energieumwandlung langfristig rationeller werden. *Auf diesem Gebiet wird es durch eine extensive Reproduktion im Rahmen der sozialistischen Staatengemeinschaft überhaupt möglich, die vorwiegend intensive Entwicklung in den einzelnen RGW-Ländern langfristig durchzusetzen.*

Auf Grund des höheren Grades der internationalen Verflechtung ist in der verarbeitenden Industrie der Zusammenhang zwischen intensiven und extensiven Reproduktionsformen weitaus enger. Ausgewählte Vorhaben der internationalen Spezialisierung und Kooperation in der metallverarbeitenden und auch in der Leichtindustrie (Landmaschinenbau, Baumaschinenproduktion, Schuhindustrie) zeigen, daß geringe Produktionserweiterungen *aus der Sicht der beteiligten Partner* die intensive Reproduktion nicht nur ermöglichen oder verstärken, sondern dauerhaft zum vorherrschenden Reproduktionstyp machen.

Es wäre vereinfacht, *die Formen der ökonomischen Integration generell*

[12] Zur Unterscheidung der extensiven und der intensiven erweiterten Reproduktion vgl. Karl Marx, Das Kapital. Zweiter Band, in: MEW, Bd. 24, Berlin 1971, S. 172.

[13] Probleme der Intensivierung des volkswirtschaftlichen Reproduktionsprozesses zur Erhöhung der Effektivität der gesellschaftlichen Produktion – unter besonderer Beachtung der entscheidenden Rolle der Arbeitsproduktivität (Thesen), in: Wirtschaftswissenschaft, 1/1974, S. 2.

in extensive und intensive einzuteilen. So werden mitunter die Produktionsspezialisierung, der internationale Warenaustausch, die Ausbildung von Kadern und der internationale Austausch von Dienstleistungen als intensive und demgegenüber internationale Kredite, internationale Arbeitskräftebewegungen und die unentgeltliche Hilfe der RGW-Länder als extensive Wachstumsfaktoren bezeichnet.

Eine solche generelle Einteilung von Formen der sozialistischen internationalen Arbeitsteilung in extensive und intensive Faktoren wird dann einseitig, wenn sie von den konkreten Prozessen der Verflechtung getrennt vorgenommen wird. Ausschlaggebend für ihre Beurteilung ist stets der tatsächliche Grad der internationalen Verflechtung in den einzelnen volkswirtschaftlichen Bereichen und Zweigen. So kann der Warenaustausch ohne eine internationale Spezialisierung in Wissenschaft und Produktion durchaus die extensive Reproduktion voraussetzen und fördern, wogegen der koordinierte oder gemeinsame Einsatz von Investitionen zur Rohstoff- und Brennstoffsicherung und beim Ausbau von Produktionskapazitäten kurz- oder zumindest langfristig die vorwiegend intensive Reproduktion ermöglicht.

In der wissenschaftlichen Diskussion wird die internationale ökonomische Verflechtung überwiegend als die vorherrschende Form der Reproduktionsbeziehungen zwischen den RGW-Ländern behandelt. Allerdings werden ihr Inhalt und ihre Unterschiede gegenüber den Hauptformen der sozialistischen ökonomischen Integration nicht immer übereinstimmend und widerspruchsfrei dargestellt.

Wir unterscheiden zwischen der internationalen Entfaltung der Reproduktionsbeziehungen unter den RGW-Ländern, also den Grundrichtungen der internationalen Verflechtung ihrer Volkswirtschaften einerseits und den Formen der sozialistischen ökonomischen Integration (Spezialisierung und Kooperation in Wissenschaft und Produktion, gemeinsame Vorhaben usw. bis zur Rekonstruktion wichtiger Produktionsbetriebe) anderseits, mit denen diese objektiven Verflechtungsprozesse verwirklicht werden. Zwischen dem Charakter der internationalen Reproduktionsbeziehungen und den Entwicklungsformen der sozialistischen internationalen Arbeitsteilung bestehen enge Beziehungen. Letztere vermitteln und realisieren erstere und vertiefen damit den Grad der internationalen Verflechtung der Volkswirtschaften.

Zugleich bestehen aber zwischen beiden auch wesentliche Unterschiede. Die internationale wirtschaftliche Verflechtung ist die objektive Grundlage für die Entfaltung der verschiedenen *Formen* der sozialistischen ökonomischen Integration. Als Ausdruck der internationalen Vergesellschaftung der volkswirtschaftlichen Reproduktion bestimmt sie Umfang und Intensität dieser Formen. Letztere sind also von der objektiven internationalen Verflechtung „abhängig", und trotz der Rückwirkungen der Formen der internationalen Arbeitsteilung ist das Verhältnis keineswegs „gleichberechtigt".

Im Zusammenhang mit der Ausarbeitung und internationalen Koordinierung langfristiger volkswirtschaftlicher Entwicklungskonzeptionen bis zum Jahr 1990 gewinnt die tiefere Analyse und theoretische Verallgemeinerung der Entwicklungstendenzen der internationalen ökonomischen Verflechtung eine zunehmende Bedeutung. Eine der zentralen Fragen wird dabei immer mehr die theoretische Begründung langfristiger Grundrichtungen der internationalen ökonomischen Verflechtung für den weiteren Verlauf des Integrationsprozesses.

Nach den bisherigen Erfahrungen könnten sich vor allem folgende Grundrichtungen weiter verstärken:

1. Die Vertiefung der internationalen Arbeitsteilung und Konzentration in Wissenschaft, Technik und Produktion führt zur weiteren Annäherung und direkten *internationalen Verflechtung der Wissenschafts-, Produktions- und Außenhandelsstrukturen* auf der Grundlage koordinierter oder gemeinsamer komplexer Entwicklungskonzeptionen. Die ökonomischen Bedürfnisse der sozialistischen Staatengemeinschaft in Übereinstimmung mit internationalen Kriterien der Standortverteilung der Produktivkräfte und des ökonomischen Nutzeffekts von Produktion und Außenhandel bilden dafür den objektiven Maßstab.

2. Im Interesse der Lösung dringender Aufgaben der Gemeinschaft auf den Gebieten Wissenschaft, Technik und Produktion wird der koordinierte und auch gemeinsame Einsatz volkswirtschaftlicher Fonds der RGW-Länder verstärkt. Das führt schrittweise zum Entstehen gemeinsamer internationaler Vorhaben, Einrichtungen und Wirtschaftsvereinigungen in einer größeren Zahl volkswirtschaftlicher Bereiche und langfristig auch zur Herausbildung internationaler Reproduktionskomplexe zwischen den RGW-Ländern.

3. Die bedeutende Ausweitung und Vertiefung der *Austauschbeziehungen zwischen den RGW-Ländern* auf der Grundlage der komplexen internationalen Verflechtung von Wissenschaft und Produktion zur Realisierung neuer Formen der wirtschaftlichen Zusammenarbeit.

4. Die weitere Entfaltung eines objektiven internationalen Wirkungsmechanismus der ökonomischen Gesetze, dessen bewußte Ausnutzung zum Ausbau der gemeinsamen Planungstätigkeit und zur schrittweisen Annäherung der volkswirtschaftlichen Systeme der Leitung und Planung führen wird.

7.2.2. Vervollkommnung volkswirtschaftlicher Strukturen der RGW-Länder

Die weitere Vervollkommnung der Volkswirtschaftsstrukturen ist ein wesentliches Anliegen des Integrationsprozesses der RGW-Länder. Von progressiven Veränderungen der qualitativen Gliederung und quantitativen Proportionalität gesellschaftlicher Reproduktionsprozesse[14], die gegenwärtig mit der direkten internationalen Verflechtung von Wissenschaft und Produktion sehr eng verbunden sind, gehen wesentliche Impulse für die Steigerung der gesellschaftlichen Arbeitsproduktivität aus. „Von der richtigen Lösung der Strukturprobleme hängen weitgehend das Tempo des wirtschaftlichen Wachstums, die Möglichkeiten der für die Entscheidung der Wirtschaft und die Hebung des Lebensniveaus des Volkes notwendigen Akkumulationen ab."[15] Nach Untersuchungen sowjetischer Ökonomen ist ein beträchtlicher Teil des Wachstums der Arbeitsproduktivität auf Strukturveränderungen zurückzuführen.[16] Folglich ist die Vervollkommnung der Volkswirtschaftsstrukturen durch die ökonomische Integration ein Kernproblem der Intensivierung.

Der Übergang zur sozialistischen ökonomischen Integration vollzieht sich auf der Basis einer entwickelten Industrie, deren Grundstruktur sich in den 60er Jahren beträchtlich vervollkommnet und zwischen den RGW-Ländern angenähert hat (vgl. Tabelle 7).

Diese sich in enger Verbindung mit der sozialistischen internationalen Arbeitsteilung weiter vollziehende Annäherung und Anpassung vor allem der Strukturen der Industrieproduktion erstreckt sich auch auf das Gebiet der Investitionen (vgl. Tabelle 8) und die Verteilung der Arbeitskräfte.

Nicht zuletzt vollzieht sich eine Annäherung der Strukturen auch im Außenhandel, so beim Austausch von Maschinen und Ausrüstungen, der dynamischen Warengruppe des RGW-Außenhandels (vgl. Tabelle 9).

In allen europäischen RGW-Ländern wurden Fortschritte bei der Herausbildung der *industriellen* Grundstruktur erreicht. Das zeigt sich vor allem an folgenden *Tendenzen und Merkmalen:*

[14] Vgl. Karl Marx, Das Kapital, Erster Band, in: MEW, Bd. 23, Berlin 1962, S. 386.

[15] L. I. Breshnew, Rechenschaftsbericht des Zentralkomitees der KPdSU an den XXIV. Parteitag der Kommunistischen Partei der Sowjetunion, Moskau–Berlin 1972, S. 79/80.

[16] Vgl. G. Gercovič / B. Michajlov, Über die Effektivität der gesellschaftlichen Produktion in den europäischen Mitgliedsländern des RGW, in: Voprosy ėkonomiki, 11/1973, S. 108.

Tabelle 7

Zur Charakteristik der industriellen Grundstruktur europäischer RGW-Länder

Land	Anteil der Industrie an der Produktion des Nationaleinkommens		Anteile an der Industrieproduktion						Anteil der Maschinen und Ausrüstungen am			
			Maschinenbau und metallverarbeitende Industrie		Chemische Industrie		Produktion von Elektro- und Wärmeenergie		Export		Import	
	1960	1973	1960	1973	1960	1973	1960	1973	1960	1973	1960	1973
VRB	45,6	51,2	12,4	24,0	3,8	7,8	2,0	2,2	12,9	38,9	43,9	44,0
ČSSR	63,4	62,4	24,5	29,7	4,2	7,9	2,8	2,8	.	48,7	.	36,3
DDR	56,4	61,6	32,7	35,4	13,0	14,7	1,6	5,1	49,0	51,4	12,7	33,0
VRP	47,0	50,4	19,7	28,4	7,4	9,3	2,1	2,5	28,3	38,9	27,1	41,2
SRR	42,1	58,8	24,3	27,8[1]	6,6	10,4[1]	2,5	3,1[1]	.	24,4	.	42,2
UdSSR	52,3	51,6	.	24,9[1]	.	6,3[1]	.	2,9[1]	20,7	21,8	31,0	34,2
UVR	60,1	43,7	25,1	27,1[1]	4,4	11,5[1]	4,2	3,5[1]	38,6	33,4	28,5	31,7

[1] 1972

Quellen: Statističeskij eżegodnik stran-členov SEV, Moskva 1974, S. 48 und S. 335 ff.; Statistische Jahrbücher der einzelnen RGW-Länder für 1971 und 1974.

Tabelle 8
Anteile ausgewählter Bereiche an den Industrieinvestitionen europäischer RGW-Länder 1955 und 1970[1]
(in Prozent der gesamten Industrieinvestitionen)

Land	Jahr	A	B	C	D
VRB	1955	10,6	28,1	20,2	17,1
	1970	19,8	12,8	8,5	10,9
ČSSR	1955	12,7	19,1	15,8	18,1
	1970	18,0	9,9	8,1	9,3
VRP	1955	15,1	12,6	18,9	16,3
	1970	21,0	10,6	15,5	13,0
SRR	1955	6,3	11,5	35,5	16,0
	1970	20,0	15,3	13,1	12,0
UdSSR[2]	1955	15,0	14,8	24,7	6,9
	1970	20,7	10,5	18,3	7,0
UVR	1955	11,7	17,3	22,8	16,2
	1970	19,0	11,8	16,5	11,7

[1] In der Quelle ohne DDR. Vgl. die etwas anders gegliederte Investitionsstruktur der DDR im Statistischen Jahrbuch der DDR.
[2] ohne Buntmetallurgie.

A: Maschinenbau und Metallverarbeitung
B: Energieproduktion
C: Brennstoffindustrie
D: Eisen- und Buntmetallurgie

Quelle: Statističeskij ežegodnik stran-členov SEV, Moskva 1971, S. 146 und 155 bis 159.

1. In der Industrie werden 50 bis 60 Prozent des Nationaleinkommens produziert;

2. entscheidenden Anteil daran haben Maschinenbau, Elektrotechnik/Elektronik, chemische Industrie, Metallurgie und Energieproduktion;

3. innerhalb der Industrieproduktion weisen Leicht-, Textil- und Lebensmittelindustrie ein Volumen, ein Produktionsprofil und eine Leistungskraft auf, die der bedarfs- und qualitätsgerechten Versorgung der Bevölkerung entsprechen und zugleich den Bedarf der Integrationspartner berücksichtigen;

4. in dem Maße, wie die Anteile der Bereiche an der Industrieproduktion eine relativ beständige Höhe erreichen, verringern sich tendenziell die Unterschiede zwischen den RGW-Ländern hinsichtlich der Zweigstruktur der Industrieproduktion;

Tabelle 9
Verhältnis der Maschinenausfuhren zu den Maschineneinfuhren in den europäischen RGW-Ländern 1955 bis 1973[1]
(Maschineneinfuhr = 1,0)

Land	1955	1960	1965	1970	1973
VRB	0,05	0,28	0,57	0,78	0,89
ČSSR	3,65	2,21	1,63	1,54	1,32
DDR		3,85	2,98	1,40	1,49
VRP	0,42	0,92	1,00	1,04	0,77
SRR	0,15	0,57	0,49	0,54	0,62
UdSSR	0,65	0,68	0,61	0,67	0,65
UVR	2,76	1,23	1,16	0,98	1,21

[1] Die Quotienten der einzelnen Jahre können wegen starker Einfuhr- oder Ausfuhrüberschüsse etwas verzerrt sein.

Quelle: Berechnet nach: Statističeskij ežegodnik stran-členov SEV, Moskva 1974, S. 331 und 335 ff.

5. innerhalb der Hauptbereiche der Industrie vollzieht sich zwischen den RGW-Ländern eine tiefgehende Spezialisierung und Konzentration der Industriezweige entsprechend den spezifischen volkswirtschaftlichen Bedingungen und den Anforderungen des Integrationsprozesses;

6. der Grad der internationalen Verflechtung aller wichtigen Industriezweige, der sich in steigenden Export- und Importquoten der Produktion und des Verbrauchs niederschlägt, wächst;

7. im wesentlichen bestimmen moderne Produktionsinstrumente, insbesondere Maschinen, Ausrüstungen und Geräte, wie auch chemische Erzeugnisse und Konsumgüter die Entwicklung der Warenstruktur des Außenhandels der RGW-Länder; die Anteile dieser Warengruppen am Warenaustausch steigen und nähern sich tendenziell an.

Die industrielle Grundstruktur wird in allen europäischen RGW-Ländern zunehmend durch eine bestimmte Zahl von „führenden" oder „Basiszweigen"[17] in Wissenschaft, Produktion und Außenhandel geprägt, die ein hohes Entwicklungsniveau aufweisen, den spezifischen volkswirtschaftlichen Bedingungen weitgehend entsprechen oder deren Vorzüge nutzen (zum

[17] Vgl. Internationales Symposium „Theoretische Probleme der Schaffung hocheffektiver Volkswirtschaftsstrukturen und der Angleichung des ökonomischen Entwicklungsniveaus der Mitgliedsländer des RGW unter den Bedingungen der sozialistischen ökonomischen Integration", in: Wirtschaftswissenschaft, 4/1974, S. 579.

Beispiel spezifische Rohstoffvorkommen, traditionelle Produktionsstandorte, -erfahrungen und qualifizierte Arbeitskräfte) und international eng verflochten sind. Obgleich der wissenschaftlich-technische Fortschritt diese Basiszweige in einem längeren Zeitraum verändern wird, weisen sie eine bestimmte Stabilität auf, die für die kontinuierliche planmäßige, proportionale Entwicklung der Volkswirtschaft sehr wichtig ist und deshalb nicht untergraben werden darf.

Die Fortschritte der europäischen RGW-Länder bei der Entwicklung ihrer volkswirtschaftlichen und industriellen Grundstrukturen (einschließlich der Basiszweige in Wissenschaft, Produktion und Außenhandel) haben dazu geführt, daß grundlegende materiell-technische Bedingungen für die Volkswirtschaftsstruktur der entwickelten sozialistischen Gesellschaft vorhanden sind. Zugleich entsprechen die Volkswirtschaftsstrukturen in einer Reihe von RGW-Ländern noch nicht voll und ganz den Anforderungen des entwickelten Sozialismus. Das zeigt sich gegenwärtig an folgenden wesentlichen Merkmalen der volkswirtschaftlichen Strukturen:

1. Das Gewicht der Industrieproduktion (und auch anderer Volkswirtschaftsbereiche) hinsichtlich ihres Anteils an der Produktion des Nationaleinkommens weist zwischen den RGW-Ländern zum Teil noch beachtliche Unterschiede auf;

2. trotz der Annäherung der Zweigstrukturen bestehen noch Unterschiede im technischen und ökonomischen Reifegrad, in der volkswirtschaftlichen Effektivität wichtiger Produktionszweige;

3. ungeachtet der Fortschritte in der internationalen Verflechtung ergänzen sich die volkswirtschaftlichen Strukturen der RGW-Länder nicht in vollem Umfang.[18] Die Erzeugnis- und Zweigstrukturen sind zwischen den RGW-Ländern noch ungenügend differenziert. Produktion und Außenhandel weisen eine niedrige Konzentration auf. Es gibt in zahlreichen Zweigen und Erzeugnisgruppen ökonomisch unbegründete Parallelproduktionen.

Die weitere Vertiefung der ökonomischen Integration muß deshalb darauf ausgerichtet werden, die volkswirtschaftlichen Produktionsstrukturen der RGW-Länder weiter planmäßig zu verflechten und so allmählich, langfristig eine *internationale Produktionsstruktur der RGW-Gemeinschaft* zu entwickeln, deren Merkmal auch die Entfaltung internationaler Reproduktionskomplexe sein wird.[19]

[18] Vgl. K. Mikul'skij, Intensivierung der Produktion und ökonomische Integration der RGW-Länder, in: Sowjetwissenschaft, Gesellschaftswissenschaftliche Beiträge, 7/1971, S. 698.

[19] Vgl. J. Sirjaev, Die sozialistische Integration als Prozeß der planmäßigen Kooperation der Volkswirtschaftskomplexe der RGW-Länder, in: Sowjetwissenschaft, Gesellschaftswissenschaftliche Beiträge, 9/1974, S. 930.

Das erfordert die planmäßige Überwindung der Unterschiede im Reifegrad der Strukturen, was mit vielfältigen quantitativen, vor allem aber qualitativen Veränderungen in den Grund-, Zweig- und Erzeugnisstrukturen der RGW-Länder verbunden sein wird. Dieser langfristige Prozeß führt keineswegs zu einer vollen Identität der Produktions-, Investitions- und Außenhandelsstrukturen zwischen den RGW-Ländern. Er wird diese aber weiter quantitativ annähern, ihre gegenseitige Ergänzung maßgeblich fördern und so vor allem qualitative Unterschiede in diesen Strukturen hinsichtlich ihres Einflusses auf das ökonomische Entwicklungsniveau der RGW-Länder wesentlich verringern.

Dabei ist die integrationsgemäße Strukturpolitik der RGW-Länder keineswegs Selbstzweck, sondern auf Grundlage der bewußten Ausnutzung des Gesetzes der planmäßigen, proportionalen Entwicklung auf die koordinierte oder gemeinsame Lösung vor allem folgender Aufgaben ausgerichtet:

– die Sicherung ihrer stabilen, langfristigen und effektiven Versorgung mit Rohstoffen, Brennstoffen, Materialien, Energie und modernen Werkstoffen sowie deren effektive Verarbeitung und Nutzung;

– die gemeinsame Ausarbeitung und koordinierte Anwendung wissenschaftlich-technischer und technologischer Lösungen für die international kooperierte Produktion moderner Maschinen, Ausrüstungen, Geräte und Maschinensysteme, die die Fertigungsprozesse wie den Transport in allen Produktionszweigen (der Industrie, des Bauwesens wie der Landwirtschaft) rationalisieren;

– die Schaffung von effektiven Bedingungen für die bessere Befriedigung der wichtigsten Lebensbedürfnisse der Menschen in der sozialistischen Staatengemeinschaft (Ernährung, Wohnung, Kleidung, gesundheitliche Betreuung und Bildung).

Trotz zahlreicher, unterschiedlicher Strukturprobleme in den RGW-Ländern handelt es sich hier um gleichartige, gemeinsam zu verfolgende Grundrichtungen der Vervollkommnung ihrer Volkswirtschaftsstrukturen unter den Bedingungen der sozialistischen ökonomischen Integration.

In diesem Entwicklungsprozeß entstehen neue Bedingungen für die planmäßige Gestaltung volkswirtschaftlicher Proportionen. Die langfristige Verflechtung in Wissenschaft und Produktion ermöglicht es, diese Proportionen zu stabilisieren und ihre Effektivität zu erhöhen. Maßgeblichen Anteil daran hat die gebrauchswertmäßige Veränderung der Proportionen durch eine Vielzahl von Integrationsvorhaben.

Das modifiziert aber die volkswirtschaftlichen Grundproportionen in ihrem Wertausdruck auf absehbare Zeit nur in geringem Maße.

So wird zum Beispiel die Notwendigkeit der vorrangigen Entwicklung der Schwerindustrie und der Abteilung I gegenüber der Abteilung II durch die ökonomische Integration nicht aufgehoben. Es ergeben sich jedoch für die effektive Gestaltung dieser Proportionen in den einzelnen Ländern der sozialistischen Staatengemeinschaft neue, günstigere Bedingungen. Analysen über die Modifizierung dieser wesentlichen Proportion durch die internationale Arbeitsteilung und den Außenhandel in der DDR für den Zeitraum der letzten zehn Jahre weisen darauf hin, daß bei der Verwendung der Erzeugnisse beider Abteilungen Anteil und Entwicklungstempo der Abteilung I gegenüber der Abteilung II geringfügig steigen.

Untersuchungen über Veränderungen der Verwendungsstruktur des gesellschaftlichen Gesamtprodukts der DDR durch den Außenhandel zeigen folgendes Bild: Zu Beginn der 70er Jahre gehen nur geringe wertmäßige, wohl aber umfangreiche gebrauchswertmäßige Modifizierungen vor sich.

Es ist deshalb weiter zu erforschen, welche Entwicklungstendenzen der internationalen Verflechtungen volkswirtschaftlicher Strukturen im Interesse einer erhöhten volkswirtschaftlichen Effektivität und der umfassenden Intensivierung objektiv bedingt und planmäßig zu realisieren sind.

Im RGW besteht eine wesentliche Besonderheit der weiteren strukturellen Verflechtung darin, daß es sich hier – mit Ausnahme der UdSSR – im wesentlichen um Länder mit überwiegend kleinen oder mittelgroßen Volkswirtschaften handelt. Ihre Bedarfsstrukturen und Grundproportionen können zu einem sehr großen Teil nur international, unter direkter Einbeziehung der äußeren Reproduktionsbedingungen, effektiv gesichert werden. Deshalb bildet sich zwischen den RGW-Ländern ein *breites, vielgestaltiges System* arbeitsteiliger Beziehungen heraus. Sein Kern ist die Sowjetunion, die ihre Wirtschaft komplex entwickelt, dabei aber zugleich in einer wachsenden Zahl von Produktionszweigen die Vorzüge der direkten Verflechtung in Wissenschaft, Produktion und Außenhandel ausnutzt. Daraus folgt, daß die RGW-Länder bei der Mehrzahl der Zweige und Erzeugnisgruppen nur dann effektive Strukturen und Produktionsmaßstäbe erreichen können, wenn multilateral und/oder bilateral mit der UdSSR spezialisiert und ausgetauscht wird. Viele Entwicklungsrichtungen in Wissenschaft und Produktion sind deshalb unmittelbar mit der Teilnahme der UdSSR verknüpft. Diese Zusammenhänge, das große Wissenschaftspotential und das Gewicht der Sowjetunion bei der stabilen Versorgung der RGW-Länder mit Rohstoffen, Materialien, Brennstoffen und Energie bilden objektive ökonomische Grundlagen für ihre zentrale Stellung im Integrationsprozeß.

7.2.3. Aufgaben bei der Vervollkommnung der Volkswirtschaftsstruktur der DDR

Die weitere Verflechtung unserer Wirtschaft mit der der anderen RGW-Länder ist eine entscheidende Grundlage für die effektivere Gestaltung unserer Produktions-, Wissenschafts- und Außenhandelsstrukturen. Zugleich eröffnet die Vervollkommnung unserer Volkswirtschaftsstrukturen größere Möglichkeiten für die aktivere Mitwirkung an der ökonomischen Integration. Für die planmäßige, effektive Nutzung dieser Wechselbeziehungen ist es notwendig, genau zu wissen, welche Anforderungen wir bei der Verwirklichung der Hauptaufgabe über den gegenwärtigen Fünfjahrplan hinaus „... an die weitere Ausgestaltung der Struktur unserer Ökonomie in Produktion und Außenwirtschaft stellen".[20] „Bei jeder Maßnahme zur Gestaltung der volkswirtschaftlichen Struktur ist also von den gegenwärtigen und den zukünftigen gesellschaftlich anerkannten Bedürfnissen unserer Republik und der sozialistischen Bruderländer auszugehen, und es sind die harten Maßstäbe der volkswirtschaftlichen Effektivität anzulegen."[21]

Strukturpolitik zugunsten der intensiven Reproduktion erfordert in der Integration vor allem die verstärkte innerzweigliche Verflechtung, Modernisierung und Konzentration der Produktions- und Außenhandelsstrukturen, die international langfristig koordiniert und auf die immer bessere Befriedigung der Bedürfnisse der sozialistischen Staatengemeinschaft ausgerichtet werden müssen. Nur durch eine qualifizierte gemeinsame Planung und Prognose der von der Sowjetunion geführten sozialistischen Staatengemeinschaft wird die Lösung dieser Probleme überhaupt möglich und auch effektiv sein.

Wichtige Fragen der integrationsgemäßen volkswirtschaftlichen Strukturentwicklung der DDR zur weiteren Lösung der Hauptaufgabe betreffen vor allem:

– die Sicherung einer stabilen, langfristigen Versorgung mit Rohstoffen, Brennstoffen, Materialien und Energie und deren effektive Verarbeitung und Nutzung;

– die Nutzung von Wissenschaft und Technik für die kontinuierliche, proportionale Entwicklung effektiver Produktions- und Außenhandelsstrukturen;

[20] Erich Honecker, Das Volk der DDR kann mit Zuversicht die Schwelle zum Jahre 1973 überschreiten, Berlin 1972, S. 27.

[21] Georg Ebert / Harry Milke, Strukturpolitik im Zeichen der Hauptaufgabe und der sozialistischen ökonomischen Integration, in: Einheit, 11/1973, S. 1326.

– die Konzentration und Modernisierung der Struktur der verarbeitenden Industrie durch eine komplexe, mehrseitige volkswirtschaftliche und internationale Spezialisierung und Kooperation der verarbeitenden Industrie (vgl. Tabelle 10).

Für die Gestaltung der Struktur der *verarbeitenden Industrie* der DDR ergeben sich aus der Einheit von Intensivierung und ökonomischer Integration unter anderem folgende Probleme.

Die Entwicklung der Struktur der verarbeitenden Industrie hängt wesentlich von den möglichen Lösungswegen zur langfristigen Versorgung mit Rohstoffen und Materialien ab. Das sind vor allem die folgenden:

– weitere langfristige Sicherung des überwiegenden Teils des Bedarfszuwachses an Energieträgern, Rohstoffen und Materialien durch wachsende Investitionsbeteiligungen, steigende Lieferungen entsprechend hochwertiger Erzeugnisse aus der verarbeitenden Industrie und die Ausarbeitung neuer Varianten langfristiger Lösungen der Rohstoffversorgung;

– Deckung eines Teils des Rohstoffbedarfs der DDR durch Bezüge aus Nicht-RGW-Ländern;

– Weiterentwicklung der Struktur der verarbeitenden Industrie der DDR zugleich mit dem Ziel, die relative Materialintensität zu senken;

– Entwicklung und Produktion moderner Werkstoffe, für die in der DDR die entsprechenden wissenschaftlichen und natürlichen Voraussetzungen bestehen und die produktionsmäßigen Bedingungen durch neue Investitionen geschaffen werden können.

Diese Aufgaben können nur langfristig und gemeinsam mit den anderen RGW-Ländern gelöst werden. Dabei gibt es viele Probleme. So ist zum Beispiel die Entwicklung verschiedener Zweige des Maschinenbaus und der chemischen Industrie direkt vom Umfang der Rohstoff- und Materialbezüge abhängig. Andererseits begrenzen Struktur wie auch Leistungsfähigkeit dieser Zweige den Umfang der Warenfonds, mit denen die DDR Rohstoffimporte und Investitionsbeteiligungen realisieren kann. An der Produktion verschiedener Erzeugnisgruppen des Schwermaschinenbaus besteht bei unseren Integrationspartnern ein großes Interesse. Zugleich engt die Weiterentwicklung dieser Produktionen in bestimmtem Maße den Spielraum für die Senkung der Materialintensität ein und begrenzt die Investitionsfonds, die wir auch für den Ausbau anderer Industriezweige effektiv verwenden können.

Die Struktur der verarbeitenden Industrie hängt auch in hohem Maße ab von der Erweiterung der eigenen Energiebasis, besonders von der Erzeugung von Elektroenergie, die gegenüber der gesamten Industrieproduktion vorrangig zu entwickeln ist.

Hier bestehen enge Wechselwirkungen zwischen den Anforderungen und

Tabelle 10

Entwicklung des Anteils ausgewählter Erzeugnisgruppen an industrieller Bruttoproduktion, Export und Import der DDR (in Prozent)[1]

	Produktion			Export			Import		
	1960	1970	1973	1960	1970	1973	1960	1970	1973
Erzeugnisse der Grundstoffindustrie	28,6	28,8	28,9	30,5	20,8	22,4	41,8	31,3	31,7
darunter:									
Chemische Erzeugnisse	10,7	13,4	13,9						
Metallurgische Erzeugnisse	8,4	7,3	7,3						
Baumaterialien	2,2	2,4	2,4						
Erzeugnisse der metallverarbeitenden Industrie	28,8	34,5	35,8	51,8	56,3	56,6	14,4	36,2	35,8
darunter:									
Erzeugnisse des Maschinen- und Fahrzeugbaus	22,0	25,1	25,3						
elektrotechnische, elektronische und Gerätebauerzeugnisse	6,8	9,4	10,5						
Erzeugnisse der Leicht-, Nahrungs- und Genußmittelindustrie	42,6	36,7	35,3	15,8	20,6	17,9	27,7	20,9	21,0
darunter:									
Erzeugnisse der Leichtindustrie (ohne Textilien)	12,0	11,2	11,0						
Textilien	8,2	6,6	6,3						
Lebensmittel	22,4	18,9	18,0						

[1] Da nur ausgewählte Erzeugnisgruppen einbezogen wurden, ergibt die Aufrechnung nicht 100 Prozent. Der Außenhandel wurde zu Valutamark bewertet. Aus diesen und anderen Gründen können die Angaben nur die *Entwicklungstendenz* widerspiegeln.

Quelle: Berechnet nach dem Statistischen Jahrbuch der DDR 1960/61, Berlin 1961, S. 262 ff.; ebenda 1972, S. 120/121 und 286; ebenda 1975, S. 116/117.

der künftigen Struktur der Energiegewinnung in der DDR und den Proportionen zwischen dem wachsenden Verbrauch der Bevölkerung und der verarbeitenden Industrie. Möglichkeiten für die Senkung der relativen Energieintensität liegen auch in einer entsprechenden Veränderung der industriellen Struktur.

Zugleich sind die Strukturen der verarbeitenden Industrie entsprechend den möglichen Lieferungen an Energieträgern aus den RGW-Ländern weiterzuentwickeln. Hierbei bestehen enge Wechselbeziehungen zwischen der Mitwirkung am Ausbau der Energiebasis in anderen RGW-Ländern und der Steigerung der Energieproduktion in der DDR. Die Erhöhung der Braunkohlenproduktion stellt andere Anforderungen an Werkstoffe und Ausrüstungen als der steigende Import und die wachsende Verarbeitung von Erdgas aus der Sowjetunion. Beide Wege wiederum stellen andere Anforderungen als die zunehmende Produktion von Energie durch Kernkraftwerke. Der Ausbau der Energiebasis der DDR in enger Zusammenarbeit mit den RGW-Ländern erfordert also die wachsende Bereitstellung von Fonds und ist nur durch die effektive Kombination dieser drei Entwicklungsrichtungen zu verwirklichen.

Die Struktur unserer verarbeitenden Industrie ist entsprechend den Entwicklungslinien des wissenschaftlich-technischen Fortschritts, dem Bedarf im eigenen Land, bei den Integrationspartnern und auf dem Weltmarkt ebenfalls schrittweise zu vervollkommnen.

Dafür sind alle Möglichkeiten der internationalen Spezialisierung und Kooperation wie auch der Schaffung gemeinsamer Einrichtungen und Betriebe in den Partnerländern und in der DDR unter Berücksichtigung der Wechselbeziehungen zur Rohstoff- und Energiebasis auszunutzen.

Für die nächsten Jahre zeichnet sich dabei im wesentlichen die *qualitative* Weiterentwicklung der heutigen Grundstruktur der Volkswirtschaft als vordringliche Aufgabe ab. Im Interesse der kontinuierlichen, effektiven Strukturentwicklung sind dabei nur begrenzte quantitative Veränderungen dieser Grundstruktur möglich. Innerhalb der Industriezweige und Erzeugnisgruppen sowie zwischen ihnen werden durch Konzentration, Bereinigung und Modernisierung mittels sozialistischer ökonomischer Integration größere Strukturveränderungen notwendig. Ihre Hauptrichtung zur Erhöhung der volkswirtschaftlichen Effektivität wird der Ausbau langfristig stabiler Linien in Produktion und Außenhandel durch die komplexe internationale Spezialisierung und Kooperation sein.

So ergeben sich Möglichkeiten für eine effektivere Gestaltung der Struktur im Schwermaschinenbau. Eine größere Forschungsintensität seiner Erzeugnisse, die vertraglich gesicherte langfristige Ausrichtung auf den Bedarf der Integrationspartner, die Vertiefung der internationalen Kooperation und die Senkung des Materialeinsatzes je Leistungseinheit sind dabei wesentliche Quellen der Effektivitätssteigerung. Mögliche Verlagerungen besonders materialintensiver Produktionen an Orte der Rohstoffgewinnung und -verarbeitung sind langfristig vorzubereiten.

Große Bedeutung kommt auch dem Ausbau der sozialistischen internationalen Arbeitsteilung bei der Herstellung von Werkstoffen und Ausrüstungen für die Konsumgüterindustrie, der Ausarbeitung gemeinsamer langfristiger Lösungen und auf dieser Grundlage der Erweiterung des Warenaustauschs zu. Es erhöht sich die Rolle, die die langfristig stabilen Produktions-, Export- und Importlinien der verarbeitenden Industrie auf der Basis sozialistischer internationaler Spezialisierung und Kooperation für die Bezahlung von Rohstoffen spielen.

Unter den vielen *innerzweiglichen* Strukturproblemen hat die effektive Lösung der folgenden besonderes Gewicht:

– Mit welchen Erzeugnissen oder Erzeugnisgruppen, vor allem des Maschinenbaus, der Leichtindustrie und der chemischen Industrie, werden langfristige, stabile Bezüge von Rohstoffen, Materialien und Energieträgern aus der UdSSR und anderen RGW-Ländern bezahlt?

– Welche langfristigen Importe von Erzeugnissen der metallverarbeitenden Industrie und anderer Industriebereiche aus den RGW-Ländern sind für die DDR gesichert oder zu sichern, und welche Konsequenzen ergeben sich daraus für die mögliche Konzentration des Produktionssortiments?

– Wie werden sich die Anteile der DDR an den Exporten und Importen der RGW-Länder in den nächsten Jahren bei einzelnen Bereichen, Zweigen, Erzeugnisgruppen und Erzeugnissen entwickeln, welche Schlußfolgerungen resultieren daraus für die künftige Veränderung des Produktionsprofils, und wie sind sie durch die wissenschaftlich-technische Entwicklung und den Ausbau effektiver Produktionskapazitäten vorzubereiten?

Die Grundlage für die Lösung dieser volkswirtschaftlichen Strukturprobleme in Wissenschaft und Produktion der DDR ist die Vertiefung der sozialistischen ökonomischen Integration.

Zugleich entstehen zunehmend engere Wechselbeziehungen zur Vertiefung der ökonomischen Zusammenarbeit mit Entwicklungsländern und kapitalistischen Industrieländern. Die Grundrichtungen der volkswirtschaftlichen Verflechtung mit den RGW-Ländern sind auch als wesentliche Voraussetzungen für die Entfaltung der Wirtschaftsbeziehungen mit diesen Ländern zu betrachten. Eine koordinierte Vertiefung dieser Wirtschaftsbeziehungen durch die RGW-Länder wird künftig auch Möglichkeiten für die Lösung struktureller Entwicklungsprobleme der sozialistischen ökonomischen Integration bieten.

7.3. Entwicklungsprobleme der internationalen Verflechtung in Wissenschaft und Produktion

Die umfassende komplexe Verflechtung der Volkswirtschaften im Integrationsprozeß ist ein langfristiger Prozeß, der bewußt geplant und geleitet wird. Sie führt, wie die bisherigen Erfahrungen zeigen, in verschiedenen volkswirtschaftlichen Bereichen zu vielfältigen Formen und Methoden. Dabei handelt es sich ebenso um weiterentwickelte, traditionelle wie neue Formen. Sie sind gründlich zu analysieren, um die für jeden Entwicklungsabschnitt der ökonomischen Integration effektivsten, typischen Grundrichtungen der internationalen Verflechtung herauszufinden und planmäßig anzuwenden.

Zu den Formen der volkswirtschaftlichen Verflechtung gehören gegenwärtig vor allem:

- internationale Spezialisierung und Kooperation der Produktion;
- Verflechtung der Potentiale Wissenschaft und Technik;
- Koordinierung von Investitionen und planmäßiger internationaler Einsatz von Fonds.

7.3.1. Internationale Spezialisierung und Kooperation der Produktion

Die internationale Spezialisierung und Kooperation der RGW-Länder in Forschung, Entwicklung und Produktion ist der Hauptweg, um den Widerspruch zwischen dem wachsenden Erzeugnissortiment und der Notwendigkeit zur Konzentration der Produktion, zwischen dem wachsenden Aufwand für den wissenschaftlich-technischen Fortschritt, dem dadurch steigenden Bedarf an Investitionen und Arbeitskräften und den gegebenen materiellen und finanziellen Fonds der RGW-Länder ständig neu zu lösen.

Die internationale Spezialisierung und Kooperation erhöht die Effektivität der volkswirtschaftlichen Reproduktionsprozesse einmal dadurch, daß die RGW-Länder auf ihrer Grundlage die Neu- und Weiterentwicklung moderner Produktionsinstrumente und deren Produktion arbeitsteilig realisieren. Durch die abgestimmte oder gemeinsame Produktion von Maschinen und Ausrüstungen zur Erschließung der Rohstoffquellen, die Anwendung energie- und rohstoffsparender Maschinen und Geräte sowie durch die allmähliche Schaffung von Strukturen, die die unterschiedlichen natürlichen Ressourcen und volkswirtschaftlichen Voraussetzungen der RGW-Länder für die Versorgung mit Rohstoffen, Brennstoffen und Energieträgern noch besser berücksichtigen, werden auch die außerordentlich investitionsaufwendigen Vorhaben zur Roh- und Brennstofferschließung mit höherer Effektivität verwirklicht.

Die Anforderungen an die Spezialisierung und Kooperation sind objektiver Natur, und sie bestehen bereits seit Beginn der Zusammenarbeit im Rahmen des RGW. Umfang und Intensität, mit denen diese Aufgaben im Rahmen der Spezialisierung und Kooperation bisher gelöst wurden, hingen vor allem davon ab, wie dafür in den Ländern die materiell-technischen Bedingungen (sozialistische Industrialisierung, Entwicklung des Maschinenbaus, der chemischen Industrie und anderer Zweige) sowie die Planungsgrundlagen (langfristige volkswirtschaftliche Entwicklungskonzeptionen) geschaffen wurden.

Seit 1968 setzt sich die internationale Spezialisierung und Kooperation zwischen unseren Ländern immer mehr in Form von Verträgen und Abkommen durch und bestimmt in zunehmendem Maße Effektivität und Produktivität unserer Volkswirtschaften. Gegenwärtig gibt es rund 400 Spezialisierungs- und Kooperationsvereinbarungen der DDR mit den RGW-Ländern, die ein jährliches Warenvolumen von fast vier Milliarden Mark umfassen.

Mit ihrer Realisierung erhöhten sich die gegenseitigen Lieferungen aus Abkommen und Verträgen zur Spezialisierung und Kooperation der DDR mit den anderen Mitgliedsländern des RGW und der SFRJ im Zeitraum 1968–1973 im Export von etwa 80 Millionen auf 3,1 Milliarden Valutamark und im Import von 120 Millionen auf 1,3 Milliarden Valutamark. Das sind beim Export etwa 15,3 Prozent und beim Import etwa 6,5 Prozent der Gesamtsumme. Einen besonderen Platz nimmt dabei die UdSSR ein. Im Jahre 1973 beruhten etwa 23,6 Prozent aller Warenlieferungen an unseren Hauptwirtschaftspartner auf vertraglichen Abkommen über Spezialisierung und Kooperation. Der Anteil der Spezialisierung und Kooperation am Warenaustausch einiger wichtiger Bereiche, wie zum Beispiel des Schiffbaus und des Schienenfahrzeugbaus, liegt bedeutend über diesen Größenordnungen.

Zugleich wird sichtbar, daß in dieser Richtung noch bedeutende Effektivitätsreserven zu benutzen sind. Die komplexe industrielle Entwicklung in den einzelnen Mitgliedsländern des RGW hat für eine umfassende Spezialisierung und Kooperation der Produktion neue Bedingungen geschaffen. Heute sind auf diesem Gebiet vor allem komplexe, zwei- und mehrseitige Lösungen möglich und notwendig.

Ein Merkmal der sozialistischen ökonomischen Integration besteht darin, ökonomische Lösungen nicht nur als bloße Addition des kurzfristigen nationalen Bedarfs anzustreben, sondern wirtschaftliche Vorhaben vom Standpunkt des Optimums der Gemeinschaft zu verwirklichen. Das ist keineswegs eine „naturbedingte" Forderung, die nur für die Rohstoff- und Energiewirtschaft gilt, weil hier die Standortverteilung der Bodenschätze und die spezifischen Probleme ihrer Erschließung diesen Zwang noch vergrößern. Optimale Lösungen vom Standpunkt der Gemeinschaft sind eine Kardinalfrage der Erhöhung der Effektivität in vielen Zweigen der Volkswirtschaft, und sie gilt deshalb auch für die Vertiefung der internationalen Spezialisierung und Kooperation.

Die Plankoordinierung in ihrer neuen Qualität, vor allem als permanenter Prozeß, kann die Spezialisierung und Kooperation besonders dann wirksam fördern, wenn komplexe Programme zur Entwicklung ganzer Zweige oder Erzeugnisgruppen zwei- und mehrseitig koordiniert werden, deren Ausgangspunkt gemeinsame Prognosen und Bedarfsermittlungen der Anwenderzweige sind. Die Ausarbeitung solcher Programme ist sehr eng mit der Entwicklung aufeinander abgestimmter Strukturkonzeptionen für einzelne Industriebereiche verbunden. Die Erfahrungen zeigen – und mit zunehmender Verflechtung gilt diese These um so mehr –, daß Qualität und Effektivität der mit der internationalen Spezialisierung und Kooperation verbundenen volkswirtschaftlichen Strukturentwicklung heute entscheidend davon abhängen, wie sie entsprechend dem Komplexprogramm in die Gesamtentwicklung der Gemeinschaft eingeordnet und vor allem mit der Struktur der UdSSR abgestimmt wird.

Um das gegenseitige Interesse an solchen Programmen zu erhöhen, ist es erforderlich, bei der Spezialisierung und Kooperation die Aufgaben zur Angleichung des ökonomischen Entwicklungsniveaus der RGW-Länder zu berücksichtigen. Dabei geht es nicht nur um die forcierte Entwicklung des Maschinenbaus in den industriell ehemals weniger entwickelten Ländern, sondern um deren stärkere Einbeziehung in die Entwicklung der kompliziertesten und modernsten Zweige des Maschinenbaus und der Elektrotechnik/Elektronik, einschließlich der Gewährleistung von wissenschaftlich-technischer Hilfe, um auf wichtigen Gebieten gemeinsam hohe Qualität und modernstes technisches Niveau zu sichern. So wird die Angleichung des ökonomischen und wissenschaftlich-technischen Niveaus immer mehr zu einem Prozeß, der die sozialistische ökonomische Integration als Faktor der Intensivierung begünstigt.

Die komplexe Spezialisierung und Kooperation führt in allen Ländern zur Herausbildung langfristiger und stabiler Export- und Importlinien, die das Rückgrat des Außenhandels darstellen. Die auf Grund von RGW-Empfehlungen entstandenen bedeutenden Exportproduktionen der Länder (Balcancar in der VR Bulgarien, Ikarus-Busse in der Ungarischen VR, Schiffbau in der DDR und der VR Polen, Traktoren- und Erdölbohrausrüstungen in der SR Rumänien) wurden ausgebaut und zugleich neue geschaffen. Vor allem ihre Losgrößen und damit ihre Effektivität wurden auch durch internationale Kooperation erhöht.

Internationale Programme für die Spezialisierung und Kooperation ganzer Zweige, Bereiche oder Erzeugnisgruppen wären eine geeignete Grundlage, um durch stärkeren Übergang von der Spezialisierung von Einzelmaschinen und Geräten zur Schaffung, Anwendung und arbeitsteiligen Produktion ganzer Maschinensysteme überzugehen.

Die Erfahrungen der DDR bei Produktion und Anwendung eines neuen Mähdreschers haben gezeigt, daß der zu erreichende volkswirtschaftliche Nutzeffekt bei Bereitstellung der erforderlichen Folgetechnik, insbesondere von Hochdruckpressen, Spezialanhängern und Traktoren, wesentlich erhöht werden kann. Das Kernproblem besteht darin, von der Entwicklung und Produktion von Maschinen und Ausrüstungen für einzelne Arbeitsprozesse zur komplexen Bereitstellung ganzer technologischer Ketten überzugehen. Prognostische Einschätzungen haben ergeben, daß sich die Arbeitsproduktivität in der Landwirtschaft durch die Bereitstellung von komplexen Maschinensystemen für den Getreideanbau im Zeitraum bis 1980 um das Sechsfache erhöhen und der Aufwand an Arbeitsstunden bei gleichzeitiger Ertragserhöhung pro Hektar um das Dreifache sinken wird.

Die Bereitstellung von komplexen Maschinensystemen stellt höhere Aufgaben an den gesamten Leitungs- und Planungsprozeß einschließlich der Markt- und Bedarfsforschung, der Entwicklung und Konstruktion, der Technologie und der Produktion bis zum Absatz-, Ersatzteil- und Kundendienst. Der Verkauf von solchen Lösungen bedingt eine Umstellung der Verkaufs- und Servicegepflogenheiten.

Die Abstimmungen über Maschinen- und Gerätesysteme sind auch eine wichtige Voraussetzung zur Gewährleistung einer einheitlichen technischen Politik auf dem jeweiligen Gebiet, einschließlich der dazu erforderlichen Durchsetzung verbindlicher und einheitlicher Standards und Typen. Einheitliche Kennwerte für Qualität und Leistung, internationale Abstimmungen wissenschaftlich-technischer Parameter für Produktionsmittel und Konsumgüter sowie von Sicherheits- und Arbeitsschutzvorschriften bilden Voraussetzungen dafür, die Erzeugnisse verschiedener Länder miteinander zu koppeln und gemeinsam einzusetzen.

Nach wie vor ist die richtige Verbindung von komplexer volkswirtschaftlicher Entwicklung und internationaler Spezialisierung und Kooperation eine wichtige Aufgabe der Zusammenarbeit. Zu ihrer Lösung rückt die internationale Kooperation immer mehr in den Vordergrund.

Eng verbunden mit der Intensivierung des Reproduktionsprozesses ist der verstärkte Übergang zur Spezialisierung nach Bauelementen, Gruppen, Teilen und Teilmaschinen. Hier liegt eine Möglichkeit, den unter den Bedingungen des wissenschaftlich-technischen Fortschritts wachsenden Widerspruch zwischen der Tendenz zur Diversifikation und der Notwendigkeit zur Konzentration schrittweise zu lösen. Zugleich wird es möglich, die Tendenzen zur Unifizierung der Technologien, der Bauelemente und Baugruppen zur Realisierung zusätzlicher Konzentrationseffekte auszunutzen. Diese Möglichkeiten sind bei überwiegender Spezialisierung nach Finalerzeugnissen, wie sie in der Vergangenheit vorherrschte, deshalb geringer, weil dabei in der Regel jeder Produzent über das gesamte Spektrum an Forschungs-, Entwicklungs- und technologischen Kapazitäten sowie Produktionsfonds verfügen muß. Die internationale Kooperation bei der Produktion von Einzelteilen, Bauteilen, genormten Elementen, Aggregaten und kompletten Ausrüstungen hat den Vorteil, daß sie jedem Teilnehmer den Nutzen der Konzentration garantiert und keinem die Möglichkeit nimmt, den betreffenden Industriezweig selbst zu entwickeln. Außerdem werden auf der Grundlage einer solchen Kooperation die fortschrittlichsten, technisch komplizierten Produktionsarten wie die Herstellung kompletter Ausrüstungen und ganzer Fertigungsstraßen entwickelt.

Für die Intensivierung der Produktionsprozesse ist dabei die Vereinheitlichung nationaler und internationaler Standards anzustreben, um bessere Voraussetzungen für die Anpassungsfähigkeit der kooperierenden Einheiten zu schaffen. Aus diesem Grunde wurde im Komplexprogramm die Aufgabe gestellt, bis 1980 für alle wichtigen, durch internationale Kooperation und Spezialisierung produzierten oder zur Produktion vorgesehenen Erzeugnisse eine komplexe Standardisierung vom Rohstoff bis zum Fertigerzeugnis durchzuführen sowie die Typisierung und Vereinheitlichung der wichtigsten Arten von Maschinen, Baugruppen und Bauteilen, die im Maschinenbau Anwendung finden, zu erreichen. Abkommen über den RGW-Standard und die Zusammenarbeit bei der Vereinheitlichung von staatlichen Standards, technischen Bedingungen und anderen technischen Regelungen, wie das beispielsweise zwischen der UdSSR und DDR begonnen wurde, sind Schritte in dieser Richtung.

Gemeinsame Entwicklungsprogramme sollen sich nicht nur auf die Gewinnung neuer wissenschaftlich-technischer Erkenntnisse, die gemeinsame Errichtung neuer Produktionskapazitäten sowie die verstärkte Kooperation zwischen bereits bestehenden Betrieben im Interesse der Erhöhung ihrer Effektivität erstrecken. Das nur der sozialistischen ökonomischen Integration wesenseigene Prinzip der gegenseitigen Hilfe ermöglicht und erfordert auch die Internationalisierung der Erfahrungen bei der Organisation der Produktion und der Gestaltung der betriebswirtschaftlichen Prozesse. Die Verallgemeinerung fortschrittlicher Produktionserfahrungen, die Anwendung neuester Technologien, ihre Verbindung mit anderen Formen internationaler Zusammenarbeit ist ein Hauptanliegen der gemeinsamen Rationalisierung und Rekonstruktion von Betrieben und Produktionsabschnitten. Das ist eine intensive Form der internationalen Zusammenarbeit, die sich in letzter Zeit zwischen den RGW-Ländern entwickelt hat. Hier werden mit relativ geringen Mitteln durch die Internationalisierung der Produktionserfahrungen beträchtliche Effekte erzielt.

Die gegenwärtige Struktur der Grundfonds in einigen Maschinenbaubetrieben und die hohe Dynamik des wissenschaftlich-technischen Fortschritts machen es notwendig, in die Entwicklungsprogramme einzelner Zweige auch gemeinsame Rekonstruktions- und Rationalisierungsvorhaben einzubeziehen und sie eng mit der Vertiefung der internationalen Spezialisierung und Kooperation sowie der Standardisierung zu verbinden.

Diese Form der internationalen Zusammenarbeit entwickelt sich vor allem in jenen Industriezweigen, die auf Grund ihres spezifischen Produktionsprofils, ihrer Stellung im volkswirtschaftlichen Reproduktionsprozeß dafür geeignet sind. Das sind bisher vor allem Betriebe der Leichtindustrie, der Zulieferindustrie sowie der Nahrungs- und Genußmittelindustrie.

Auf bilateraler Ebene hat die DDR mit der UdSSR Verträge über die gemeinsame Rationalisierung und Rekonstruktion von Betrieben in der Möbelindustrie sowie zur Produktion von Armaturen abgeschlossen. Ähnliche Vorhaben wurden auch mit der VR Polen und der ČSSR begonnen.

Für die internationale Spezialisierung und Kooperation, besonders aber bei der gemeinsamen Rationalisierung und Rekonstruktion von Betrieben und Produktionsabschnitten gewinnt die Herstellung von Direktbeziehungen zwischen den Ministerien, Industrievereinigungen, Kombinaten und Betrieben zunehmend an Bedeutung.

Dabei zeigt sich, daß diese Beziehungen nicht nur von technisch-ökonomischem Nutzen sind, sondern auch einen gesellschaftlichen Aspekt besitzen, so wie die Intensivierung der Produktion in den Ländern nicht als ausschließlich technisch-ökonomische Aufgabe bewältigt werden kann.

Bei der Entwicklung von Direktbeziehungen wird den Werktätigen der Mitgliedsländer des RGW die internationale Tragweite des Charakters ihrer Arbeit deutlich sichtbar. Hierbei entwickelt sich ohne Zweifel das internationalistische Bewußtsein, das unter den Bedingungen der sozialistischen ökonomischen Integration als unbedingter Bestandteil des Vergesellschaftungs- und Internationalisierungsprozesses und damit auch als Intensivierungsfaktor zu nutzen ist.

Ein Schlüsselproblem der Leitung und Planung der internationalen Spezialisierung und Kooperation besteht darin, eine verbindliche Abstimmung auch der Forschungs- und Entwicklungskonzeptionen mit dem Produktionsplan auf diesem Gebiet durchzusetzen und Maßnahmen festzulegen, um die Forschungsergebnisse reibungslos und schnell in die Produktion zu überführen. Der Nutzen gemeinsamer Forschung und Entwicklung hängt in hohem Maße davon ab, wie alle an der Forschungskooperation beteiligten Partner in ihren Volkswirtschaftsplänen zielgerichtet und planmäßig die materiellen und finanziellen Voraussetzungen schaffen, um neue wissenschaftliche Erkenntnisse in möglichst breitem Umfang *in allen Ländern* in die Produktion zu überführen. Wichtiger Bestandteil von Spezialisierungsprogrammen sollten auch Abstimmungen über die Lizenznahme bei kapitalistischen Partnern sein, um die dafür aufgewandten Mittel mit hohem Nutzen für die Gemeinschaft einsetzen zu können und Versuche kapitalistischer Konzerne, sozialistische Länder gegeneinander auszuspielen, von vornherein zu entkräften. Bestandteil dieser Programme sollte auch ein gemeinsames Testen und Erproben von Maschinen und Ausrüstungen sein, in deren Ergebnis durch ein enges Zusammenwirken von Produzenten und Anwendern die ständige technische Weiterentwicklung der Erzeugnisse gewährleistet wird.

Die Ausarbeitung gemeinsamer Programme ist kompliziert, weil sie die Entwicklung langfristiger volkswirtschaftlicher Strukturkonzeptionen voraussetzt. Neben der Verbesserung des Leitungs- und Planungsinstrumentariums ist eine ganze Reihe inhaltlicher Fragen der Strukturpolitik in den Ländern auf lange Sicht zu klären. Abgesehen davon, daß größere kurzfristige Strukturveränderungen die planmäßige Proportionalität verletzen können, auch weil jeder Struktur ein bestimmtes Beharrungsmoment eigen ist, lösen die spezifischen Strukturen der RGW-Länder viele zusätzliche Fragen aus, die in den volkswirtschaftlichen Spezialisierungskonzeptionen und gemeinsamen Entwicklungsprogrammen zu beachten sind.

Für die DDR mit ihrem entwickelten Maschinenbau ergeben sich große Möglichkeiten, deren Nutzung jedoch hohe Anforderungen an die Leitung und Planung der Volkswirtschaft stellt. Die Faktoren, die bei der weiteren Eingliederung der DDR in die sozialistische internationale Spezialisierung und Kooperation berücksichtigt werden müssen, sind außerordentlich vielfältig und wirken teilweise entgegengesetzt. Diese Faktoren sind u. a.:

– die materielle Sicherung der Investitionsbeteiligungen, was vor allem die Weiterentwicklung des Maschinenbaus erfordert,

– die Gewährleistung einer steigenden Produktion von modernen Konsumgütern, die Forcierung des Wohnungsbaus,

– der allmähliche Übergang zu Strukturen, die den spezifischen Rohstoff- und Energieaufwand senken helfen,

– das gemeinsame Vorgehen der RGW-Länder in der Zusammenarbeit mit Entwicklungsländern,

– die Vertiefung der Kooperation und Zusammenarbeit mit kapitalistischen Industrieländern.

Die weitere Eingliederung der DDR in das „Spezialisierungs- und Kooperationsgebäude" der RGW-Länder, vor allem die enge Zusammenarbeit mit der UdSSR, ist also eine komplizierte und langfristige Aufgabe. Die Kunst der Wirtschaftspolitik wird darin bestehen, aufbauend auf dem bisher erreichten hohen Verflechtungsgrad und unter Berücksichtigung aller Faktoren diesen Prozeß schrittweise in neuer Qualität weiterzuführen. Dabei wird nicht allein der Umfang unserer Wirtschaftsbeziehungen, sondern vor allem ihre Intensität und neue Qualität bedeutende volkswirtschaftliche Effekte auslösen.

Seit Annahme des Komplexprogramms wurde bereits eine ganze Reihe von Aufgaben in Angriff genommen, die ein solches umfassendes Herangehen an die Spezialisierung und Kooperation erkennen lassen.

Als Beispiele seien hier nur genannt: die Abkommen über die mehrseitige Spezialisierung der Produktion von See- und Binnenschiffen, über die Produktion spanabhebender Werkzeugmaschinen sowie Schmiede- und Preßausrüstungen, über die mehrseitige Spezialisierung der Produktion verschiedener Arten synthetischen Kautschuks, die Spezialisierung der Produktion von schweren LKW sowie das Abkommen über die gemeinsame Planung und die Zusammenarbeit bei der Schaffung der materiell-technischen Basis des Container-Transportsystems.

Auch in der bilateralen Zusammenarbeit, zum Beispiel zwischen der DDR und der UdSSR, konnte bei der Entwicklung von neuen technologischen Verfahren und ihrer Anwendung in der chemischen Industrie, bei der Entwicklung und Produktion einer Rüben-Vollernte-Kombine eine komplexe Zusammenarbeit durchgesetzt werden, die von der Forschung und Entwicklung über die arbeitsteilige Produktion bis hin zum Absatz reicht.

Beispielgebend für das prinzipiell neue Herangehen ist das einheitliche System der elektronischen Rechentechnik (ESER). Bis 1969 wurden in den RGW-Ländern 27 Typen verschiedener elektronischer Datenverarbeitungsanlagen hergestellt, die in bezug auf Anwenderprogramme und technologische und konstruktive Kennwerte nicht paßfähig waren. Die Kompliziertheit ihres Einsatzes erhöhte sich noch durch die Verschiedenartigkeit der peripheren Geräte (etwa 600), die für jeden Rechner gesondert entwickelt wurden.

Im Dezember 1969 schlossen die VR Bulgarien, die Ungarische VR, die DDR, die VR Polen, die UdSSR und die ČSSR ein mehrseitiges Abkommen über die arbeitsteilige Entwicklung, Produktion und Anwendung der elektronischen Rechentechnik ab, dem sich später die Republik Kuba anschloß. Die Abkommenspartner stellten sich die Aufgabe, ein einheitliches System der elektronischen Rechentechnik zu schaffen, das in allen technischen Kennwerten aufeinander abgestimmt ist und eine einheitliche Sprache für die Erfassung, Bearbeitung und Anwendung der Informationen benutzt.

Drei Aufgaben waren zu lösen: *erstens* Konzentration der Kräfte in Forschung und Entwicklung sowie Aufbau der Produktion von elektronischer Rechentechnik und Schaffung eines komplexen technischen Services; *zweitens* bereits internationale sozialistische Arbeitsteilung, Spezialisierung und Kooperation sowie Konzentration der Produktion dieser Technik und ihrer einzelnen Elemente mit dem Ziel, deren Kosten zu senken und die Entwicklungszeiten sowie die Überleitung in die Produktion zu verkürzen; *drittens* Durchsetzung einer einheitlichen technischen Politik.

Durch schöpferische Gemeinschaftsarbeit eines vieltausendköpfigen Kollektivs von Wissenschaftlern, Konstrukteuren, Ingenieuren, Arbeitern und Technikern wurden in nur dreieinhalb Jahren sechs Zentraleinheiten elektronischer Datenverarbeitungsanlagen der dritten Generation entwickelt und industriell gefertigt. An die Stelle einiger hundert peripherer Anlagen traten rund 80 Typen. Alle ESER-Modelle wurden auf der Grundlage abgestimmter Standards ausgearbeitet und bilden ein einheitliches programmkompatibles Maschinensystem.

Die Zusammenarbeit bei der Entwicklung der elektronischen Rechentechnik trug dazu bei, daß die Forschungs-, Entwicklungs- und Produktionskapazitäten arbeitsteilig ausgebaut wurden. Heute arbeiten in den genannten Ländern mehr als 20 000 Wissenschaftler, Ingenieure und Techniker sowie rund 300 000 Arbeiter auf dem Gebiet der Rechentechnik nach gemeinsamen Plänen.

Wie dieses Beispiel zeigt, ist die Vertiefung der Spezialisierung und Kooperation auf der Grundlage von Entwicklungsprogrammen ein Weg, um auch in der verarbeitenden Industrie zunehmend zu Lösungen vom Standpunkt der Gemeinschaft überzugehen, Forschung und Entwicklung eng mit der Produktionsspezialisierung und Kooperation zu verbinden, die wissenschaftlich-technische Zusammenarbeit und Standardisierung wie Typisierung komplex zu bewältigen. Solche Entwicklungsprogramme sind eine entscheidende Voraussetzung für die gemeinsame Planung von Zweigen und Erzeugnisgruppen. Die Leitung und Planung der Spezialisierung und Kooperation auf der Grundlage von Entwicklungsprogrammen läßt sich natürlich in der Praxis nur schrittweise durchsetzen.

Gemeinsame Entwicklungsprogramme der Spezialisierung und Kooperation können nur allmählich ausgearbeitet werden und nicht jedes Detail regeln. Einzelspezialisierungen (Verträge auf Regierungs- und Ministerienebene) werden auch in Zukunft eine große Rolle spielen, tausendfach mögliche, bisher zu wenig genutzte „Kleinspezialisierungen" (Kooperations- und Spezialisierungsmöglichkeiten, die sich auf Grund von Direktbeziehungen, beim Erfahrungsaustausch, im Hinblick auf gemeinsame Rationalisierung und Rekonstruktion als zweckmäßig erweisen und mit relativ wenig Aufwand verbunden sind) werden auf der Ebene von Betrieben und Kombinaten an Bedeutung gewinnen.

Die praktischen Erfahrungen der Zusammenarbeit zeigen, daß gerade für eine komplexe Lösung der Fragen der Spezialisierung und Kooperation im Rahmen des RGW Instrumente erforderlich sind, die es ermöglichen, die Maßnahmen mit hoher Effektivität, unbürokratisch und entsprechend den Plänen durchzuführen. Zu solchen Instrumenten und Bedingungen gehören die Preisbildung für spezialisierte und kooperierte Erzeugnisse, die Bewertung von Leistungen in Forschung und Entwicklung und ihre internationale Verrechnung, die Rechte der Betriebe und Kombinate im Rahmen von Direktbeziehungen zur Vertiefung der internationalen Spezialisierung und Kooperation. (Vgl. dazu Abschnitt 7.4.)

7.3.2. Verflechtung der Potentiale Wissenschaft und Technik

Ebenso wie in der Volkswirtschaft die Verbindung von Wissenschaft und Produktion, so gilt auch international eine enge Verbindung von Wissenschafts- und Forschungspotential mit der Produktionskooperation als ein wichtiger Faktor der Intensivierung.

Im Interesse der organischen Verbindung der Vorzüge des sozialistischen Gesellschaftssystems mit den Errungenschaften der wissenschaftlich-technischen Revolution wird die Integration der RGW-Länder in Wissenschaft und Technik, beginnend bei der Koordinierung und Kooperation in der Grundlagenforschung über die gemeinsame Erarbeitung neuer wissenschaftlich-technischer Lösungen und technologischer Verfahren, die tiefgehende Spezialisierung und Kooperation in der angewandten Forschung bis zur gemeinsamen oder koordinierten Überführung der Ergebnisse zu einer Schlüsselfrage der weiteren Produktionsverflechtung.

Zur Realisierung dieses Zieles entwickeln die RGW-Länder vielfältige Integrationsbeziehungen in Wissenschaft und Technik: gegenseitige Konsultationen zu Grundfragen der wissenschaftlich-technischen Politik, Ausarbeitung wissenschaftlich-technischer Prognosen für zehn bis fünfzehn Jahre, gemeinsame Planung wichtiger wissenschaftlicher und technischer Probleme, der Austausch wissenschaftlich-technischer Ergebnisse und fortgeschrittener Erfahrungen, der Ausbau des wissenschaftlich-technischen Informationssystems der Mitgliedsländer des RGW sowie die verstärkte Kooperation bei der Ausbildung wissenschaftlicher Kader. Auch auf diesem Gebiet sind also ein langfristiges und planmäßiges Herangehen sowie komplexe Lösungen neue Wesenszüge der Zusammenarbeit.

Während in der angewandten Forschung die Konzentration des Forschungs- und Entwicklungspotentials in enger Verbindung mit der Spezialisierung und Kooperation der Produktion erfolgt (bis hin zur Schaffung von Forschungskapazitäten bei internationalen Vereinigungen), werden für die Konzentration der Grundlagenforschung andere Organisationsformen angewendet.

Im Komplexprogramm wurde festgestellt, daß die Zusammenarbeit auf der Grundlage komplexer Forschungsprogramme erfolgt und durch Abkommen, Verträge oder andere Dokumente geregelt wird. In diesen Dokumenten werden die Ziele der Forschungsarbeiten, ihre Termine und die Formen der Zusammenarbeit festgelegt. Ausgehend von Ziel und Inhalt der einzelnen Aufgaben können die Organisationsformen sehr unterschiedlich sein. Das Spektrum reicht von der internationalen Forschungskooperation auf vertraglicher Grundlage (in enger Verbindung mit der Spezialisierung und Kooperation in der Produktion) über Koordinierungszentren, gemeinsame Forschungs- und Ausbildungszentren bis zu internationalen Wissenschafts- und Produktionsvereinigungen mit wirtschaftlicher Rechnungsführung.

Die mit der Intensivierung direkt verbundenen Verflechtungen aller Phasen des Reproduktionsprozesses finden vor allem darin ihren Ausdruck, daß heute allein der Austausch der Forschungsergebnisse und die Koordinierung der vorhandenen Forschungskapazitäten den Erfordernissen nicht mehr genügen. Der ökonomischen Integration entsprechen

– die Abstimmung der Hauptrichtungen der Entwicklung von Wissenschaft und Technik und der Lösungsetappen,

– die Koordinierung der Grundlagenforschung,

– der verbindliche, durch Verträge geregelte Einsatz des Forschungspotentials im Interesse der Lösung der aus der Sicht der Gemeinschaft wichtigsten Aufgaben, die gemeinsame Erarbeitung grundlegend *neuer* wissenschaftlicher Ergebnisse und ihre Anwendung in allen RGW-Ländern. Das stimmt auch in hohem Maße mit den gegenwärtigen Aufgaben der RGW-Länder im Angleichungsprozeß überein,

– die Entfaltung der Direktbeziehungen zwischen den Forschungseinrichtungen auf vertraglicher Grundlage sowie die zeitweilige oder generelle Verschmelzung der Forschungskapazitäten auf der Grundlage der von den Ländern festgelegten Hauptgebiete der Grundlagenforschung.

In den letzten Jahren wurden im Ergebnis der Realisierung des Komplexprogramms zahlreiche Abkommen auf wissenschaftlich-technischem Gebiet getroffen oder vorbereitet, die Schlüsselprobleme der wissenschaftlich-technischen Entwicklung lösen helfen. Dazu gehören Forschungen auf dem Gebiet des Umweltschutzes, der Biophysik, zur Entwicklung neuer, hochwertiger Nahrungsmittel, zur Züchtung ertragreicher Sorten und Hybriden landwirtschaftlicher Kulturen, Vorhaben auf dem Gebiet des Korrosionsschutzes, der Halbleiterwerkstoffe und der hochreinen Metalle.

Unter Leitung des Rates für Fragen zum Schutz und zur Verbesserung der Umwelt entwickeln die RGW-Länder zum Beispiel gemeinsam Verfahren gegen die Luftverschmutzung durch Schadstoffe sowie Schädlingsbekämpfungs- und biologische Pflanzenschutzmittel. Gegenwärtig arbeiten die RGW-Länder und die SFRJ an insgesamt 112 Themen dieses Komplexes. 360 Forschungsinstitute und Entwicklungsorganisationen sind dabei einbezogen. Die XXVII. Tagung des RGW hat Maßnahmen zur Erweiterung der Zusammenarbeit auf dem Gebiet des Schutzes und der Verbesserung der Umwelt und der damit verbundenen rationellen Nutzung natürlicher Ressourcen empfohlen. So soll beim Schutz und zur Reinigung der Binnengewässer und Ozeane auch zu einer breiten Zusammenarbeit auf gesamteuropäischer Grundlage übergegangen werden. Heute gibt es kaum noch eine Industriezweigkommission des RGW, die sich entsprechend ihrer Problematik nicht mit Fragen des Umweltschutzes beschäftigt.

Die Zusammenarbeit der wissenschaftlichen Forschungsinstitutionen und -organisationen der RGW-Länder ist in Effektivität und Umfang beträchtlich erweitert worden. Gegenwärtig arbeiten in Übereinstimmung mit 72 mehrseitigen Abkommen und Verträgen 41 Koordinierungszentren, ein internationales Laboratorium, zwei internationale Institute, zwei internationale Wissenschaftskollektive und andere Organisationen der mehrseitigen Zusammenarbeit der RGW-Länder auf wissenschaftlich-technischem Gebiet. Von den 41 Koordinierungszentren bestehen 16 in der UdSSR, sechs in der ČSSR, jeweils vier in der VR Polen und in der DDR sowie je zwei in der VR Bulgarien und in der Ungarischen VR.

Im Zeitraum von 1971 bis 1973 haben die wissenschaftlichen Einrichtungen der Mitgliedsländer des RGW mehr als 1 400 Forschungsarbeiten abgeschlossen. Dazu gehören vor allem die Entwicklung von mehr als 70 technologischen Prozessen, 30 neue Typen von Maschinen und Ausrüstungen sowie von 60 Geräten und Apparaturen.

Innerhalb der großen Vielfalt wissenschaftlich-technischer Beziehungen zwischen den RGW-Ländern sind bei der Vertiefung der ökonomischen Integration vor allem zwei Formen der Wissenschaftsverflechtung hervorzuheben:

- die Schaffung von internationalen Koordinierungszentren und
- die Bildung gemeinsamer Forschungseinrichtungen der RGW-Länder.

Ein internationales Koordinierungszentrum ist in der Regel eine nationale Forschungs-, Entwicklungs- oder andere Einrichtung, die auf dem betreffenden Gebiet über die größte wissenschaftlich-technische Basis verfügt und demzufolge als Koordinator der Forschungen aller RGW-Länder auf diesem Gebiet arbeitet. Die Koordinierung ist hier die Form der einheitlichen Leitung und Planung aller Forschungskapazitäten, ohne daß diese aus dem Forschungsverband der einzelnen Länder herausgelöst werden. Gemeinsame Forschungsprogramme, vertragliche Regelungen, Entwicklung von Direktbeziehungen und uneingeschränkte Vermittlung aller bisherigen Erkenntnisse als Ausgangspunkt für die Erreichung neuer gemeinsamer Lösungen bestimmen in hohem Maße die Effektivität dieser Form der internationalen Konzentration.

Die Schaffung gemeinsamer Forschungseinrichtungen ist ohne Zweifel eine höhere Form der Vergesellschaftung des Wissenschaftspotentials. Die objektive Notwendigkeit der Anwendung dieser Form steigt in dem Maße, wie die RGW-Länder zur Verwirklichung gemeinsamer Programme übergehen. So entstand mit der Annahme des Komplexprogramms auch die Notwendigkeit zur Schaffung eines Internationalen Instituts für ökonomische Probleme des sozialistischen Weltsystems beim RGW.

Mit der Entfaltung dieser Formen fördert die vertraglich geregelte internationale Wissenschaftskooperation die intensive Reproduktion nachhaltig. Sie beruht immer stärker auf gemeinsam erarbeiteten oder international koordinierten Prognosen für die Lösung wissenschaftlich-technischer Probleme, die Hauptrichtungen und Etappen ihrer Bewältigung, vollzieht sich in der gemeinsamen Entwicklung neuer wissenschaftlich-technischer Lösungen, Verfahren und Technologien und zielt ab auf deren gemeinsame Nutzung durch Überführung in die Produktion.

Die im RGW gemeinsam realisierten Vorhaben der internationalen sozialistischen Spezialisierung und Kooperation in Wissenschaft und Technik zeigen, daß die Mitarbeit für alle beteiligten Länder zum Vorteil ist. Das gilt zum Beispiel für die gemeinsam mit der UdSSR entwickelte und projektierte Hochdruck-Polyäthylenanlage (Polymir 50). Die bei der Anwendung des Verfahrens in Nowopolozk gesammelten Erfahrungen werden auch in der DDR genutzt.

Die erfolgreiche Forschungskooperation im Werkzeugmaschinenbau zwischen der UdSSR und der DDR führte zu einer weitgehenden Spezialisierung und Kooperation auch in der Produktion, besonders bei programmgesteuerten Werkzeugmaschinen. Auf dem Gebiet des Landmaschinenbaus arbeitet die DDR eng mit der Ungarischen VR zusammen. Von 1967 bis

1971 wurden gemeinsam Prototypen eines kompletten Maschinensystems entwickelt.

Die bessere Befriedigung der ständig wachsenden Nachfrage nach Konsumgütern in höherer Qualität und einem bedarfsgerechten Sortiment wird – wie der mit der Sowjetunion gemeinsam entwickelte Waschvollautomat zeigt – durch gemeinsame Entwicklungsarbeiten und die arbeitsteilige Produktion unterstützt.

Um die bisher erreichten positiven Ergebnisse der internationalen Zusammenarbeit auf dem Gebiet von Wissenschaft und Technik auszubauen und stärker für die Intensivierung des gesellschaftlichen Reproduktionsprozesses zu nutzen, sind Leitung und Planung der Verflechtung der Wissenschaft, im RGW weiterzuentwickeln.[22] Dabei sind vor allem zwei Probleme zu bewältigen:

Besonders die Langfristigkeit und Komplexität bei der Lösung wissenschaftlicher Aufgaben erfordert die Ausarbeitung von Entwicklungskonzeptionen der internationalen Wissenschaftskooperation für längere Zeiträume, die gleichzeitig die vorhandenen Forschungskapazitäten der interessierten Mitgliedsländer des RGW berücksichtigen und deren Weiterentwicklung koordinieren. Auf diese Weise wird durch eine gegenseitige Ergänzung und Abstimmung der Forschungsschwerpunkte ein effektiveres Profil des RGW-Forschungspotentials angestrebt.

Künftig stärkere Beachtung bei der Leitung und Planung der internationalen Wissenschaftskoorperation muß auch die Einschätzung ihrer möglichen Auswirkungen auf andere Gebiete der Wissenschaft und Produktion finden, die Sicherung der materiellen, finanziellen und Arbeitskräfteressourcen sowohl für die Forschung und die Forschungskooperation als auch für die Überleitung der wissenschaftlichen Ergebnisse und ihre produktive Nutzung.

Da die Pläne der wissenschaftlich-technischen Zusammenarbeit der RGW-Länder vor allem Schwerpunktprobleme enthalten, die auch Querschnittscharakter tragen und eng mit der internationalen Spezialisierung und Kooperation der Produktion zusammenhängen, wird hierdurch ebenfalls die Vervollkommnung der Volkswirtschaftsstrukturen gefördert. Deshalb ist die Planung der internationalen Wissenschafts- und Produktionskooperation als ein Komplex zu behandeln.

Ein zweites zu lösendes Problem stellt die Ermittlung und die Teilung des entstehenden Nutzens aus der internationalen Wissenschaftskooperation

[22] Vgl. Anordnung über organisatorisch-methodische, ökonomische und rechtliche Grundlagen der wissenschaftlich-technischen Zusammenarbeit mit den Mitgliedsländern des RGW vom 2. Januar 1973, in: Gesetzblatt der DDR, Sonderdruck Nr. 750, vom 9. Februar 1970.

dar. Um die Kooperationspartner stärker an der Mitarbeit zu interessieren, ist davon auszugehen, daß sowohl die Interessen jedes beteiligten Landes als auch die Gesamtinteressen der Staatengemeinschaft berücksichtigt werden. Der zu erwartende Nutzen ist deshalb so frühzeitig wie möglich zu konkretisieren. Dazu gehören neben dem Nutzeffekt, der durch die Anwendung gemeinsam erarbeiteter wissenschaftlicher Ergebnisse in der eigenen Produktion entsteht, auch der Nutzen zur Einsparung von Forschungsaufwand, die verkürzte Überleitung, das verbesserte wissenschaftlich-technische und technologische Niveau und auch die Vorteile aus der Anwendung von Ergebnissen der internationalen Wissenschaftskooperation durch Dritte.

Die Schwierigkeit besteht hauptsächlich in der quantitativen, aber auch qualitativen Ermittlung aller Nutzenskomponenten. Durch eine komplexe Erfassung und Planung des gesamten Nutzeffekts ist eine reale Bewertung der aufgewandten Forschungsarbeit und ihrer Effektivität möglich, wird das Interesse an der Vertiefung der internationalen Wissenschaftskooperation gefördert.

7.3.3. Koordinierung von Investitionen und planmäßiger internationaler Einsatz von Fonds

Eine wesentliche perspektivische Form der unmittelbaren Verflechtung von Wissenschaft und Produktion im Interesse effektiver Lösungen für die Gemeinschaft der RGW-Länder ist die Koordinierung der Investitionspolitik. In der gegenwärtigen Etappe der ökonomischen Integration erfolgt sie über die internationale Koordinierung volkswirtschaftlicher Investitionen und den planmäßigen internationalen Einsatz von Fonds. Das sind integrationsgemäße, vertragliche Formen der Zusammenarbeit, die zum Ziel haben, die Elemente des Reproduktionsprozesses unter den im Rahmen der Gemeinschaft günstigsten Bedingungen zu kombinieren, das heißt, dringende Aufgaben in Wissenschaft, Technik und Produktion mit höchster Effektivität zu lösen. Ihr Gewicht wird in den nächsten Jahren weiter zunehmen, denn es handelt sich hierbei um Erscheinungsformen einer Grundrichtung der internationalen Verflechtung, die vor allem auf das Erzielen maximaler Konzentrationseffekte gerichtet ist. Das ist nicht nur ein technisch-ökonomischer, sondern auch ein gesellschaftlicher Entwicklungsprozeß, entstehen doch mit der Vervollkommnung der sozialistischen Produktionsverhältnisse in der ökonomischen Integration neue effektivere Bedingungen für die internationale Investitionspolitik der RGW-Länder.

Die internationale Koordinierung volkswirtschaftlicher Investitionen wird in wichtigen Zweigen der verarbeitenden Industrie zu einer Hauptform der

Verflechtung.[23] Sie ist besonders in den Bereichen der Industrie von Bedeutung, zum Beispiel in der chemischen Industrie, in denen mit der Errichtung der Kapazitäten das Profil der betreffenden Betriebe, bedingt durch die Spezifik der technologischen Prozesse, ein für allemal bestimmt wird.

Nach Inbetriebnahme der Kapazitäten wird durch den gegenseitigen Austausch von Zwischenprodukten und Fertigerzeugnissen der Bedarf der beteiligten Länder befriedigt.

Die Investitionskoordinierung erfolgt in verschiedenen Formen, was technisch und technologisch bedingt ist. Zwei Wege stehen dabei im Vordergrund:

1. die direkte Spezialisierung von Produktionskapazitäten in mehreren Ländern;
2. der zeitlich gestaffelte Aufbau gleichartiger Produktionskapazitäten.

In der Praxis wird bereits eine ganze Reihe abgestimmter Vorhaben verwirklicht. Die VR Polen erzeugt Polyesterfaserstoffe und beliefert damit auch die Ungarische VR, während letztere ihre Polyamid- und Polyakrylnitril-Faserstoffherstellung so ausbaut, daß sie auch den Bedarf der VR Polen zu decken vermag.

Die DDR und ČSSR werden bei der Produktion hochwertiger Plastwerkstoffe und Chemiefasern zusammenarbeiten. Die DDR baut in Böhlen eine Äthylenanlage mit einer großen Kapazität (der Probebetrieb hat begonnen), die beträchtliche Nachfolgeinvestitionen für die Weiterverarbeitung erforderlich macht. Diese Verarbeitungskapazitäten errichtet die ČSSR in Záluží. Über eine im Bau befindliche 135 Kilometer lange Verbundleitung wird ein Teil des Äthylens aus Böhlen in das nordböhmische Záluží zur Weiterverarbeitung transportiert. Ein Teil der Verarbeitungsprodukte wird dann in die DDR zurückgeliefert. In der zweiten Etappe des gemeinsamen Vorhabens wird in der ČSSR eine gleichartige Großanlage zur Äthylenerzeugung errichtet, während in der DDR die Verarbeitungskapazitäten weiter ausgebaut werden.

Eine ähnliche Zusammenarbeit sieht ein zwischen der Ungarischen VR und der UdSSR abgeschlossenes Abkommen vor. Erstere wird nach Inbetriebnahme des neuen Chemiekombinates Tisza in Leninváros an die UdSSR über eine Rohrleitung Äthylen und in Tankwagen Propylen liefern. Die Sowjetunion liefert zum gleichen Wert an die Ungarische VR wichtige Grundstoffe für eine moderne Plast- und Chemiefaserindustrie, wie Polyäthylen, stoßfestes Polystyrol, Akrylnitril, Äthylenglykole und Styrol. So-

[23] Vgl. Komplexprogramm für die weitere Vertiefung und Vervollkommnung der Zusammenarbeit und Entwicklung der sozialistischen ökonomischen Integration der Mitgliedsländer des RGW, in: Dokumente RGW, Berlin 1971, S. 28/29.

mit erhält die Ungarische VR die Möglichkeit, einen modernen Olefinbetrieb zu errichten. Gleichzeitig stehen ihr wichtige chemische Erzeugnisse zur Verfügung, deren Produktion zunächst nicht auf- bzw. ausgebaut werden muß.

Neben diesen beiden Grundrichtungen der Investitionskoordinierung bestehen in der chemischen Industrie natürlich auch Möglichkeiten, durch den Bau gemeinsamer Betriebe die Effektivität der eingesetzten Investitionen zu erhöhen. So ist im Komplexprogramm vorgesehen, gemeinsam Großkapazitäten für die Produktion von Isoprenkautschuk zu errichten.

Berücksichtigt man den relativ geringen gegenseitigen Austausch von Chemieerzeugnissen, dann wird deutlich, daß in diesen Formen der Zusammenarbeit große Effektivitätsreserven liegen. Die Investitionskoordinierungen zeichnen sich nicht nur durch einen hohen Grad der ökonomischen, sondern auch der technisch-technologischen Verflechtungen aus. Besonders die Schaffung von Ringsystemen in der Olefinproduktion ist ein Schritt zu einem einheitlichen Reproduktionsprozeß auf diesem Gebiet, der zur Schaffung von Grundlagen für die Entwicklung internationaler Industriekomplexe beiträgt.

Ein wesentliches Element der koordinierten Investitionspolitik der RGW-Länder, vor allem ihrer gemeinsamen Verwirklichung, ist der planmäßige internationale Einsatz der Fonds. Dabei handelt es sich um einen vertraglich vereinbarten, zeitweiligen Einsatz von Fonds in einem Partnerland der ökonomischen Integration mit dem Ziel, dringende Aufgaben in Wissenschaft und Produktion gemeinsam mit höchster Effektivität zu lösen. Vom Standpunkt der jeweiligen Volkswirtschaft bedeutet das eine bessere Ausnutzung der Fonds und ist somit Bestandteil des Intensivierungsprozesses.

Investitionen sowie Boden- und Naturschätze als wesentliche Elemente des Produktionsprozesses können international wie folgt kombiniert werden:

– internationaler Einsatz von Fonds an den Energie- und Rohstoffquellen, um eine hohe Effektivität der Erschließung, Be- und Verarbeitung an Ort und Stelle zu erreichen sowie Transportaufwendungen zu sparen,

– internationaler Einsatz von Fonds in Gebieten, in denen auf Grund besonderer, historisch-ökonomisch entstandener Bedingungen Reserven an Arbeitskräften bestehen,

– der gemeinsame Einsatz von Fonds, um durch Konzentration von Investitionen optimale Kapazitäten zu errichten,

– internationaler Einsatz von Fonds und auch bestimmter Arbeitskräfte (Facharbeiter, Spezialisten) in Produktionsstätten der verarbeitenden Industrie, die durch die Zusammenarbeit mit modernen Verfahren und Technologien ausgestattet werden.

Die ökonomische Integration ist mit der wachsenden internationalen Mobilität der Arbeitskräfte und materiellen Fonds verbunden. Besonders deutlich offenbart sich der tiefe sozialökonomische Gegensatz von sozialistischer und kapitalistischer ökonomischer Integration in Ziel, Umfang und Ergebnis der Migration und Immigration von Arbeitskräften. Die kapitalistische Internationalisierung des Wirtschaftslebens auf dem Wege der ökonomischen Integration erfolgt nach den Gesetzen der Akkumulation des Kapitals. Hierbei ist die maximale Verwertung des Kapitals das entscheidende Kriterium für die Verteilung der gesellschaftlichen Arbeit und damit auch der Arbeitskräfte auf die einzelnen Länder und Gebiete.

Die zwischenstaatliche Mobilität der Arbeitskräfte im Rahmen der sozialistischen ökonomischen Integration hat einen der Arbeiterimmigration im Kapitalismus entgegengesetzten sozialökonomischen Inhalt und verfolgt ein völlig anderes Ziel. Eine *„Integration der Arbeitsmärkte“* kann hier nicht erfolgen, da die Arbeitskraft im Sozialismus aufgehört hat, Ware zu sein. Ihr Träger, die Arbeiterklasse, ist hier zur machtausübenden Klasse geworden, die Eigentümer der vorhandenen Produktionsmittel ist und sie entsprechend ihren Bedürfnissen entwickelt.

Der für die sozialistische ökonomische Integration typische Prozeß der sozialen und ökonomischen Annäherung der sozialistischen Länder ist verbunden mit der qualitativen Höherentwicklung der Arbeiterklasse in den verschiedenen sozialistischen Ländern, der Annäherung ihres Bildungs- und Qualifikationsniveaus. Ein hohes Niveau der Allgemeinbildung und eine obligatorische Berufsbildung bestimmen immer mehr das Gesicht der Arbeiterklasse in den sozialistischen Ländern.

Die sozialistische ökonomische Integration bietet für die Nutzung und Erweiterung dieses *qualitativen Potentials im Interesse der sozialistischen Gemeinschaft neue Möglichkeiten. Die zwischenstaatliche Mobilität der Arbeitskräfte spielt hierbei eine wichtige Rolle.* Bei der Analyse der diese Mobilität bestimmenden Faktoren müssen wir *zeitweilig und langfristig wirkende* Komponenten unterscheiden.

Zeitweilige, wenn auch noch in einem relativ langen Zeitraum wirksame, Komponenten sind ohne Zweifel jene, die mit Entwicklungsunterschieden zwischen den sozialistischen Ländern verbunden sind. So existieren in der DDR und ČSSR für die Einbeziehung von neuen Arbeitskräften in den Reproduktionsprozeß kaum noch Möglichkeiten. In einigen sozialistischen Ländern wie der VR Polen gibt es dagegen noch Arbeitskräftereserven für die Ausdehnung des Produktionsfeldes. Hier liegen große Möglichkeiten, um durch eine abgestimmte planmäßige Investitions- und Strukturpolitik ein hohes Wachstum der Effektivität im Rahmen der gesamten Gemeinschaft zu gewinnen. Dabei gehen im Rahmen der sozialistischen Staatengemeinschaft die materiellen Fonds normalerweise in jene Gebiete, wo die Arbeitskräfte beheimatet sind, und nicht umgekehrt. Gleichzeitig existieren in der DDR und der ČSSR Produktionskapazitäten, die durch den Einsatz von Arbeitskräften aus anderen sozialistischen Ländern, vor allem aus der VR Polen, besser als bisher im Interesse der Gemeinschaft genutzt werden können. Diese sich aus Unterschieden in den ökonomischen Ausgangsbedingungen und einer unterschiedlichen demographischen Entwicklung in den einzelnen sozialistischen Ländern ergebenden Möglichkeiten für den effektiven Einsatz des Arbeitskräftepotentials spielen gegenwärtig und ohne Zweifel auch in der nächsten Zukunft eine wichtige Rolle; ihr Gewicht wird sich jedoch mit der Annäherung des ökonomischen Entwicklungsniveaus und der demographischen Entwicklung verringern. In immer stärkerem Maße gewinnt kurz- und auch *langfristig* die zwischenstaatliche Migration von Arbeitskräften große Bedeutung für die Nutzung der spezifischen Erfahrungsträgerschaft der Arbeiter, Techniker und Wissenschaftler verschiedener Länder. Dies vor allem bei

- der gemeinsamen Erarbeitung und Realisierung von Ergebnissen des wissenschaftlich-technischen Fortschritts (Bildung von gemeinsamen Forschungsinstituten, Entwicklungseinrichtungen und Produktionsvereinigungen zur Realisierung von Forschungsergebnissen),
- der Realisierung von gemeinsamen Vorhaben, wie sie im Komplexprogramm der sozialistischen ökonomischen Integration vorgesehen sind (Entwicklung der Brennstoff- und Rohstoffbasis, Bau gemeinsamer Betriebe und anderes mehr),
- der Schaffung von Industriekomplexen in grenznahen Gebieten mit dem Ziel, die natürlichen Ressourcen und die Arbeitskräfte besser einzusetzen,
- der Qualifizierung und Weiterbildung von Werktätigen.

Die Migration der Arbeitskräfte zum Zwecke der Qualifikation, des Austauschs von Spezialisten sowie der Bildung gemeinsamer Forschungs- und Produktionskollektive wird mit der Vertiefung der sozialistischen ökonomischen Integration an Bedeutung gewinnen.[24]

Bisher am weitesten fortgeschritten ist der internationale Einsatz von Fonds zur Erschließung von Roh- und Brennstoffquellen. Sie ermöglichen es, zusätzliche Rohstoffvorkommen zu erschließen, aufzubereiten und so den Bedarf der interessierten Länder kostengünstig zu decken. Der hohe Fondsvorschuß für die Entwicklung der Rohstofförderung führt in der Regel zu sehr starken Belastungen der Akkumulationskraft in den Ländern, die Rohstoffe liefern. Deshalb bedarf es verstärkter gemeinsamer Anstrengungen

[24] Vgl. Harry Maier, Ökonomische Integration und Migration der Arbeitskräfte, in: Ökonomische Integration. Beiträge der DDR-Teilnehmer zum IV. Weltkongreß der Ökonomen, hg. von Prof. Dr. h. c. Fred Oelßner, Berlin 1975, S. 59 ff.

interessierter Partnerländer, wie das im Komplexprogramm vorgesehen ist. Genannt werden dort die Schaffung zusätzlicher Produktionskapazitäten der Energiekohlengruben durch gemeinsame Anstrengungen auf dem Boden der VR Polen; die Zusammenarbeit der interessierten Länder bei der Schaffung zusätzlicher Kapazitäten für Gewinnung und Transport von Erdöl und Erdgas auf dem Territorium der UdSSR; Abkommen zur Gewinnung und Aufbereitung von Eisenerz und über die Produktion bestimmter Ferrolegierungen in der UdSSR, gemeinsame Aktivitäten zur Produktion von Mangan-Ferro-Legierungen in der VR Bulgarien; Investitionsbeteiligungen interessierter Länder für die Produktion von Kupfer und Zink in der VR Bulgarien sowie von Kupfer und Nickel in der UdSSR.

Einige gemeinsame Objekte wie der zweite Strang der Erdölleitung „Freundschaft" und die Erdgasleitung „Nordlicht" wurden fertiggestellt. Das Zellulose-Kombinat in Ust-Ilim und das Asbestwerk in Kijembajev (UdSSR) befinden sich im Bau. Dadurch wird ein Teil des Bedarfs der europäischen RGW-Länder gedeckt werden. Die Rückzahlung der Kredite erfolgt bei dieser Form der Zusammenarbeit vorwiegend durch langjährige Roh- und Brennstofflieferungen.

Ohne Zweifel wird diese Form der Integration auf dem Energie- und Rohstoffsektor schon in nächster Zeit eine weitere bedeutende Entwicklung erfahren. Das resultiert nicht nur aus dem hohen Aufwand für die Erweiterung dieser Produktionen, sondern ist auch in gewissem Sinne naturbedingt, weil die spezifische Investitionsintensität mit einer sehr einseitigen Standortverteilung der Bodenschätze im RGW-Bereich verbunden ist.

Eine langfristige stabile Roh- und Brennstoffversorgung der RGW-Länder – darunter auch der DDR – erfordert auf Grund der Standortverteilung der Bodenschätze und der zum Teil sehr aufwendigen Erschließungsarbeiten neben der Weiterentwicklung der traditionellen Rohstofflieferungen, dem Austausch von Maschinen, Chemieerzeugnissen, Konsumgütern gegen Rohstoffe, die internationale Konzentration der für die Energie- und Rohstoffwirtschaft vorgesehenen Investitionen. Es bedarf hier längerfristiger Koordinierungen und Strategien, um zur Vereinigung der Anstrengungen interessierter Länder auch bei der Suche nach neuen oder zusätzlichen Hilfsquellen überzugehen. So wie das zur Erhöhung des Aufkommens an Zellstoff, Asbest, Erdöl und Erdgas begonnen wurde, besteht auch künftig eine wichtige Aufgabe darin, Varianten und Entscheidungen vorzubereiten, wo und in welchem Umfange sich die DDR an gemeinsamen Vorhaben der RGW-Länder zur Erschließung neuer Rohstoffquellen beteiligt. Hier geht es um die Schaffung neuer Kapazitäten als entscheidender Voraussetzung für die Intensivierung des Reproduktionsprozesses. Man darf also den Begriff der Intensivierung keineswegs zu eng, nur als rationellere Nutzung der vorhandenen Kapazitäten auffassen. Gerade auf dem Rohstoffsektor ermöglicht die Verlagerung von Investitionen an geologisch und geographisch günstigere Standorte nicht nur die Erhöhung des Roh- und Brennstoffaufkommens, sondern auch die Verbesserung der Fördereffektivität und der Energie- und Materialbilanzen.

Diese Grundrichtung der Integration im Energie- und Rohstoffsektor ist eine wichtige politische und ökonomische Aufgabe, die in engem Zusammenhang mit der Erfüllung der Hauptaufgabe steht. Berechnungen sowjetischer Ökonomen haben ergeben, daß die Investitionsintensität (der Aufwand an Investitionen zur Erreichung eines bestimmten Zuwachses des Nationaleinkommens) in den Zweigen der Produktion von Brennstoffen, Schwarz- und Buntmetallen, chemischen Rohstoffen, Zellulose und vielen anderen Primärrohstoffen um das Zweifache die Investitionsintensität in den Zweigen des Maschinenbaus und der chemischen Industrie und um das Drei- bis Fünffache die der Produktion von industriellen Konsumgütern übertrifft. Unter diesen Bedingungen bedeutet jede zusätzliche Investition für die Rohstoffförderung im Interesse der sozialistischen Bruderländer objektiv eine Beschränkung der Möglichkeiten für die Entwicklung anderer Zweige in der UdSSR, so auch der Leicht- und Konsumgüterindustrie. Aus dieser Tatsache ergibt sich für jene Länder, die Rohstoffe aus der UdSSR importieren, darunter auch die DDR, neben der Verstärkung der eigenen Anstrengungen zum Ausbau der Energieproduktion und der Rohstofförderung auch die große internationalistische Verpflichtung zur Investitionsbeteiligung an solchen Vorhaben.

Gerade an diesem Beispiel wird der tiefere Sinn der sozialistischen ökonomischen Integration erkennbar. Es geht nicht nur um den formalen Austausch von Waren, sondern hier vollzieht sich eine tiefgehende Verzahnung unserer Volkswirtschaften. Diese Verflechtungen reichen tief hinein in die unmittelbaren materiellen und kulturellen Lebensbedingungen der Werktätigen unserer Länder. Die Gewährleistung der Stabilität und Effektivität dieser Beziehungen ist deshalb von zunehmender Bedeutung für den gesamten sozialistischen und kommunistischen Aufbau.

Der Einfluß auf die Intensivierung erfolgt hier in zwei Richtungen: mehr Rohstoffe als generelle Voraussetzung der intensiv erweiterten Reproduktion und gleichmäßigere Verteilung der notwendigen Aufwendungen auf alle beteiligten Volkswirtschaften, um einen vom Standpunkt der Gemeinschaft effektiveren Einsatz der Investitionen zu sichern. Darüber hinaus erwächst aus solchen Investitionsbeteiligungen nicht nur ein finanzieller Nutzen. Eine entscheidende, nicht meßbare Nutzensfrage ist die garantierte Stabilität dieser Rohstoff- und Materiallieferungen, vor allem aus der Sowjetunion.

Die bedeutenden Aufgaben in der Rohstoff- und Energieversorgung machen zugleich deutlich, daß die Beschlüsse des VIII. Parteitages der SED zur verstärkten Nutzung einheimischer Rohstoffe, zur umfassenderen Verarbeitung von Sekundärrohstoffen sowie über den sparsamen und rationellen Einsatz von Rohstoffen und Energie eine wesentliche Richtung der volkswirtschaftlichen Intensivierung begründen.

Diese Orientierung ist ein prinzipielles Anliegen unserer Wirtschaftspolitik und keineswegs einer zeitweiligen Mangelsituation geschuldet. Die geologische und ökonomische Begrenztheit auch der internationalen Ressourcen verlangt, die gemeinsamen Anstrengungen in Forschung und Entwicklung zu verstärken, um neue energie- und rohstoffsparende Verfahren zu entwickeln, neue konstruktive Lösungen im Maschinenbau, Bauwesen und in anderen Zweigen durchzusetzen und die Werktätigen auf den sparsamen Umgang mit Energie und Material zu orientieren. Diese Politik erweist sich besonders aus der Sicht der Integration als wesentlicher Intensivierungsfaktor, weil Einsparungen auf diesem Gebiet vielfältige direkte und indirekte Wirkungen auch auf Umfang und Effektivität der unseren Ländern zur Verfügung stehenden Investitionsmittel auslösen.

In den nächsten Jahren wird der internationale Einsatz von Investitionen der DDR, vor allem in der UdSSR, erheblich zunehmen, und damit wird diese Form der Integration auf Proportionen und Struktur unserer Volkswirtschaft einen großen Einfluß ausüben. Zwei eng miteinander verbundene Aufgaben gewinnen dabei zunehmende Bedeutung: die Ausarbeitung effektiver Varianten für eine Aufteilung der Investitionen zur Rohstofferschließung in den Bruderländern, zur Entwicklung der eigenen Rohstoff- und Energiebasis sowie zur Rationalisierung und Rekonstruktion unserer verarbeitenden Industrie, und die materielle, gebrauchswertmäßige Absicherung der in der DDR und in anderen RGW-Ländern eingesetzten Investitionen.

Der größte Teil der Investitionsmittel ist für den Ausbau und die Modernisierung vorhandener volkswirtschaftlicher Kapazitäten in den Ländern notwendig. Den Möglichkeiten für internationale Investitionsbeteiligungen sind deshalb objektive Grenzen gesetzt. Mit zunehmendem ökonomischem Entwicklungsniveau und wachsender internationaler Verflechtung werden sich jedoch Volumen und Anteil der in anderen RGW-Ländern eingesetzten Investitionen weiter erhöhen. Das hängt auch von größeren Investitionsbeteiligungen in der verarbeitenden Industrie – vor allem über die Internationale Investitionsbank (IIB) – ab, für die es zur Zeit erst wenige Beispiele gibt.

Diese Investitionsbeteiligung erfolgt überwiegend als langfristige Kreditierung, wobei unterschiedliche Formen angewendet werden:

1. zweckgebundene Regierungskredite: ihre materielle Realisierung er-

folgt sowohl in Form von Maschinen und Ausrüstungen für die betreffenden Objekte als auch in Form von Lieferungen anderer Waren;

2. langfristige Kredite der Internationalen Investitionsbank: Sie finanziert nur einen Teil der betreffenden Vorhaben.

Gegenwärtig spielen zweckgebundene Regierungskredite die dominierende Rolle. In der weiteren Perspektive wird jedoch die Rolle der Investitionsbank zunehmen, wird sie immer mehr zum Hauptinstrument des konzentrierten Einsatzes eines Teils der Investitionen der RGW-Länder, und das auch in der verarbeitenden Industrie. Auf diesem Gebiet spielen Kredite dieser Bank auch heute schon eine Rolle, so bei der Rekonstruktion und Erweiterung der LKW-Produktion in den tschechoslowakischen Tatra-Werken, der Erhöhung der Autobusproduktion in den ungarischen Ikarus-Werken und beim Bau eines Werkes für Elektromotoren mit kleiner Leistung in der Volksrepublik Polen. Die Mitgliedsländer der Bank werden dafür von der Volksrepublik Polen etwa 70 Prozent der produzierten Motoren erhalten.

Um die Rolle der IIB zu erhöhen, bedarf es nicht nur noch größerer praktischer Erfahrungen für diese völlig neue Aufgabenstellung im sozialistischen Bank- und Kreditwesen. Sowohl auf dem Energie- und Rohstoffsektor als auch in der verarbeitenden Industrie wird eine langfristige und stabile Kreditpolitik immer mehr von gemeinsamen beziehungsweise international abgestimmten Entwicklungskonzeptionen für diese Gebiete abhängig. Solche Konzeptionen sind erforderlich, damit die Bank auf der Grundlage eines langfristigen Kreditplans arbeiten kann und die einzelnen Länder sich rechtzeitig auf die materielle Realisierung der Bankkredite für gemeinsame Vorhaben einstellen können. Dabei wird die Durchsetzung von Kriterien der ökonomischen Effektivität zu einem Hauptanliegen der Tätigkeit der Internationalen Investitionsbank. Dazu gehören vor allem: Sicherung des technischen Höchststandes der Bauvorhaben, Erreichung eines optimalen Produktionsvolumens, Sicherung optimaler Rückflußzeiten, Herstellung von Erzeugnissen, die in Qualität und Preisen den Interessen der Partner entsprechen, Einhaltung der Bauzeiten.

Auf diese Weise wird die IIB ein wichtiges Instrument der RGW-Länder zur Durchsetzung internationaler Standort- und Effektivitätskriterien. Diese können im Prozeß der ökonomischen Integration nicht nur über die Koordinierung der Investitionspolitik durchgesetzt werden. Im Interesse einer Verbindung des koordinierten Fondseinsatzes mit der internationalen Konzentration ausgewählter Zweige und Produktionen der verarbeitenden Industrie haben die RGW-Länder begonnen, erste Erfahrungen mit der Organisation gemeinsamer Betriebe zu sammeln und zugleich für eine größere Zahl von Industriezweigen internationale Wirtschaftsvereinigungen zu bilden. Bei diesen Vorhaben gehen die Integrationspartner zur gemeinsamen beziehungsweise koordinierten Leitung der ausgewählten Reproduktionsprozesse über.

Eines der ersten Beispiele eines gemeinsamen Betriebes ist die Baumwollspinnerei der VR Polen und der DDR in Zawiercie. Hier erfolgt ein koordinierter Einsatz von Fonds beider Länder zur Verarbeitung sowjetischer Baumwolle unter Nutzung von Arbeitskräftereserven der VR Polen. Durch diese entwickelte Form der internationalen Verflechtung entsteht gemeinsames Eigentum beider Partner.

Um den ökonomischen Integrationsprozeß zu beschleunigen, genügt es nicht mehr, den Bau einzelner Objekte und den Einsatz der Investitionen abzustimmen. Vielmehr ist zur komplexen internationalen Verflechtung wichtiger Zweige überzugehen. Die RGW-Länder haben begonnen, dafür Organisationsformen anzuwenden, die eine unmittelbare Vereinigung der Forschungs- und Produktionspotentiale der RGW-Länder ermöglichen.

Dabei gewinnt die Bildung gemeinsamer Wirtschaftsvereinigungen zunehmende Bedeutung. Im Mittelpunkt der Tätigkeit dieser Wirtschaftsorganisationen, deren Mitglieder unmittelbar die Betriebe, Kombinate oder VVB in dem entsprechenden Wirtschaftszweig sind, wird die gemeinsame Planung der Produktion stehen. Zu ihren Funktionen gehören vor allem der rationelle Einsatz von Investitionen, die Ausarbeitung von Vorschlägen zur Spezialisierung und Kooperation der Produktion wie auch die effektive Organisation gemeinsamer Forschungs- und Konstruktionsarbeiten. Künftig können in ihrem Rahmen auch gemeinsame Betriebe gebildet werden.

Auf der Grundlage der Beschlüsse der XXVII. und XXVIII. RGW-Tagung haben solche mehrseitigen Wirtschaftsvereinigungen wie „Interatomenergo", „Intertextilmasch" und „Interchemiefaser" die Arbeit begonnen. Die RGW-Länder gründeten auch bilaterale Organisationen dieser Art, so die Sowjetunion und die DDR „Assofoto" und die VR Polen und die DDR „Interport".

Diese internationalen Wirtschaftsvereinigungen verkörpern eine entwickelte Form der koordinierten Investitionspolitik und des gemeinsamen Fondseinsatzes der RGW-Länder, deren weiterer Ausbau ein wichtiger Schritt zur Herausbildung internationaler Reproduktionskomplexe sein wird.

7.4. Zur Leitung, Planung und Stimulierung der sozialistischen ökonomischen Integration

7.4.1. Wachsende Planmäßigkeit als Grundbedingung der sozialistischen ökonomischen Integration

Als höhere Stufe der sozialistischen Vergesellschaftung ist die Intensivierung des Reproduktionsprozesses zugleich eine höhere Stufe seiner Internationalisierung und damit auch eine höhere Stufe seiner Planmäßigkeit. Hier handelt es sich um einen objektiven Prozeß, der aus der wechselseitigen Entfaltung der internationalen Vergesellschaftung der materiellen Produktion und der Produktionsverhältnisse sowie der darauf basierenden Wirkungsweise der ökonomischen Gesetze des Sozialismus im Rahmen der sozialistischen Staatengemeinschaft resultiert. Mit der sozialistischen ökonomischen Integration wachsen die gesellschaftlichen, die materiell-technischen wie auch die planungsmäßigen Voraussetzungen, um die ökonomischen Gesetze des Sozialismus international immer besser zu nutzen.

Ohne planmäßige sozialistische internationale Arbeitsteilung wird eine rationelle Nutzung der ökonomischen Gesetze in den Volkswirtschaften der RGW-Länder immer weniger möglich.

Aus diesen Zusammenhängen resultiert, daß Leitung, Planung und Stimulierung der ökonomischen Integrationsprozesse in zwei wechselseitig auf das engste miteinander verbundenen, zugleich aber auch relativ selbständigen Hauptrichtungen vervollkommnet werden müssen:

- in der integrationsgemäßen Gestaltung der Leitung, Planung und Stimulierung in den einzelnen Volkswirtschaften. Durch die Weiterentwicklung der zentralen staatlichen Planung unter Nutzung des sozialistischen Außenhandels- und Valutamonopols ist eine sachkundige Mitwirkung der Betriebe, Kombinate und Zweigleitungen an der Ausarbeitung von Varianten für die ökonomische Integration ebenso zu gewährleisten wie das materielle Interesse dieser Organe an ihrer Verwirklichung;
- in der Vervollkommnung der gemeinsamen Planungstätigkeit der RGW-Länder, die zugleich auch die Entwicklung der Ware-Geld-Kategorien, die aktive Nutzung der daraus erwachsenden Instrumente (Preise, Kredite, Valutakurse) einschließt.

Die Vervollkommnung der Leitung, Planung und Stimulierung wird in diesen zwei Hauptrichtungen deshalb erforderlich, weil die RGW-Länder in

hohem Maße wechselseitig miteinander verflochten sind und die ökonomischen Gesetze des Sozialismus international unter den Bedingungen der Existenz des einzelstaatlichen sozialistischen Eigentums wirken. Zugleich bestehen noch Unterschiede in ihrem ökonomischen Entwicklungsniveau wie auch Besonderheiten in den Systemen der Leitung und Planung ihrer Volkswirtschaften. Es gibt in bestimmtem Maße auch subjektiv unterschiedliche Auffassungen über die weiteren Entwicklungswege der sozialistischen ökonomischen Integration. Folglich verfolgen sie nationale und internationale Interessen, die ständig in Übereinstimmung zu bringen sind, und unter diesen Bedingungen kann die Vervollkommnung der Leitung und Planung der ökonomischen Integration nicht von einem einheitlichen Zentrum ausgehen. Um diesem langfristig erreichbaren Ziel schrittweise näherzukommen, steht gegenwärtig und in nächster Zukunft vor allem das Wechselspiel von gemeinsamer Planungstätigkeit und integrationsgemäßer volkswirtschaftlicher Leitung und Planung im Mittelpunkt.
Dabei ist zweierlei zu beachten:

1. So wie innerhalb der Länder der Übergang zum intensiven Wirtschaften eine neue Qualität der Planung und die konsequente Durchsetzung der wirtschaftlichen Rechnungsführung erforderlich macht, sind international die neuen Formen der gemeinsamen Planungstätigkeit mit der stärkeren Nutzung der Ware-Geld-Beziehungen zu verbinden.

2. Die Verflechtung in Forschung, Entwicklung und Produktion und die Entwicklung entsprechender Formen der Zusammenarbeit ist vom Standpunkt der volkswirtschaftlichen Intensivierung notwendig, aber noch nicht ausreichend. Die Intensivierung erfordert, zunehmend von den Bedürfnissen der RGW-Gemeinschaft auszugehen, um auf dieser Basis die Stabilität und Langfristigkeit der Verflechtung zu erhöhen und komplexe Lösungen zu ermöglichen. Langfristigkeit, Stabilität und Komplexität der Wirtschaftsbeziehungen im RGW sind die entscheidenden Bedingungen für die Nutzung der ökonomischen Integration zur Förderung der intensiven Produktion in den Mitgliedsländern.

Intensivierung erfordert Plankoordinierung als permanenten Prozeß, Zusammenarbeit in Prognose, Forschung und Entwicklung, Produktion und Absatz und – entsprechend den konkreten, inhaltlich unterschiedlichen Aufgaben in einzelnen Zweigen – vielfältige, differenzierte Formen der Leitung, Planung und Stimulierung. Das geschieht nach folgenden Grundsätzen:

– Verknüpfung von Stabilität und Flexibilität, um der hohen Dynamik des wissenschaftlich-technischen Fortschritts Rechnung zu tragen, die ständige technische Vervollkommnung der Erzeugnisse zu sichern und auf veränderte Bedarfslagen schnell reagieren zu können;

– Verbindung von zentralen Entscheidungen mit eigenverantwortlichen

Tätigkeiten der Betriebe im Integrationsprozeß, vor allem Einbeziehung der Betriebe und Kombinate (einschließlich ihrer wichtigsten Kooperationspartner) in die Vorbereitung internationaler Vereinbarungen und Herstellung von Direktbeziehungen mit dem Kooperationspartner oder Anwenderbetrieb im sozialistischen Ausland zur unbürokratischen Realisierung zentral festgelegter Aufgaben;

– gegenseitige Durchdringung der Planung in den RGW-Ländern mit der internationalen Plankoordinierung zur materiellen und finanziellen Absicherung der beschlossenen internationalen Verpflichtungen, besonders im Interesse einer reibungslosen Überführung wissenschaftlicher Ergebnisse in die Produktion.

Wachsende Planmäßigkeit als Grundbedingung für die Nutzung der Integration zur Intensivierung der Volkswirtschaften heißt insbesondere:

– Konzentration der gemeinsamen und volkswirtschaftlichen Planungstätigkeit auf die Verflechtung in Wissenschaft, Technik und Produktion;

– internationale Koordinierung der dem Produktionsprozeß vorgelagerten Stufen des Reproduktionsprozesses, so durch gemeinsame, arbeitsteilige Prognosen sowie Konsultationen zu Grundfragen der Wirtschaftspolitik;

– ständiger Erfahrungsaustausch über die Vervollkommnung der Systeme der Leitung und Planung in den Ländern mit dem Ziel der allmählichen Annäherung der Leitungs- und Planungssysteme in den Grundfragen im Interesse der Vertiefung der sozialistischen ökonomischen Integration.

Bei der praktischen Verwirklichung dieser Grundsätze gelangen die RGW-Länder zielstrebig und schrittweise zu gleichen Zeithorizonten. Das zeigt sich vor allem im relativ zeitgleichen Herangehen an die Hauptaufgabe, im gleichzeitigen Übergang zur vorwiegend intensiven Wirtschaftsentwicklung und der Ausarbeitung langfristiger Pläne (für 15 Jahre) und deren internationaler Koordinierung.[25]

Im Rahmen gleicher Zeithorizonte vollzieht sich eine stärkere Differenzierung einzelner Formen der Koordinierung sowohl hinsichtlich ihres zeitlichen Ablaufs (5 und 10–15 Jahre) als auch in bezug auf die Komplexität der einzelnen Maßnahmen.

Dabei sind alle Koordinierungsformen Bestandteile eines einheitlichen Prozesses der allmählichen Internationalisierung der Planung. Sie sind aufeinander abgestimmt und bewirken vor allem, daß die internationale Plankoordinierung als kontinuierlicher Prozeß erfolgt, der nicht nur jeweils zu Beginn der Fünfjahrpläne intensiv betrieben wird, sondern ständig Gegenstand der Tätigkeit von Staats- und Wirtschaftsorganen ist.

[25] Vgl. Willi Kunz / Karl-Heinz Stiemerling, Sozialistische ökonomische Integration und Leitung, in: Einheit, 3/1974, S. 292.

7.4.2. Entwicklungsrichtungen und Formen der Leitung und Planung von Integrationsprozessen

Eine solche umfassende, von schnell zunehmender wirtschaftlicher Verflechtung begleitete Koordinierung stellt vor allem auch neue Anforderungen an die Leitung und Planung der Volkswirtschaften. Anspruchsvolle reale Pläne der einzelnen Länder, ständige Wechselwirkungen zwischen der Volkswirtschaftsplanung und der internationalen Koordinierung sowie materielle und finanzielle Sicherung der internationalen Aufgaben in den Plänen durch eine wirksame Leitung und Stimulierung sind allererste Voraussetzungen für die Effektivität der sozialistischen ökonomischen Integration. Die Bedeutung dieser Faktoren wächst gesetzmäßig mit der zunehmenden Verflechtung der Volkswirtschaften.

Den neuen Erfordernissen Rechnung tragend, hat die XXVII. Tagung des RGW vorgesehen, unmittelbare Planungsgrundlagen für die Integration zu schaffen. Ein erster Schritt besteht darin, daß *in die Volkswirtschaftspläne der Länder besondere Abschnitte über die sozialistische ökonomische Integration aufgenommen werden.* Dabei geht es nicht um eine formale Hervorhebung einzelner Integrationsmaßnahmen, sondern um die kurz- und langfristige Planung der für die Erfüllung der internationalen Aufgaben erforderlichen materiellen und finanziellen Mittel, einschließlich der Schaffung bestimmter finanzieller und materieller Reserven. Letztere sind für die Vertiefung der Integration (so für ein schnelles Reagieren auf neue Anwendungsmöglichkeiten des technischen Fortschritts, zur Lösung kurzfristig auftretender Probleme, zur besseren Nutzung multilateraler Verrechnungsbeziehungen, für ein Eingehen auf kurzfristige Bedarfsänderungen) zumindest ebenso notwendig wie zur Sicherung eines kontinuierlichen Reproduktionsprozesses in den Ländern.

Mehr noch: Der Planteil ökonomische Integration sollte nicht nur die Vorhaben materiell und finanziell absichern. Er ist allmählich zu einem Instrument der weiteren Intensivierung der volkswirtschaftlichen Reproduktion auszubauen. Dabei ergeben sich Konsequenzen für die Weiterentwicklung der gesamten Leitung und Planung der Volkswirtschaft.

Auf der Ebene der Zweige, der Kombinate und Betriebe ist die ökonomische Integration zum Bestandteil der Leitung und Planung zu machen. Das betrifft nicht nur Export- und Importverpflichtungen, sondern auch die Planung, Vorbereitung und Durchführung von Integrationsvorhaben in Wissenschaft, Technik und Produktion. Der Planteil ökonomische Integration des Volkswirtschaftsplanes muß zunehmend auch aus diesen Aktivitäten auf allen Ebenen der Volkswirtschaft erwachsen.

Um die gesamtvolkswirtschaftlichen Interessen dabei zu bewahren (und diese beeinflussen maßgeblich die Effektivität der Integrationsvorhaben), ist eine ganze Reihe von Rahmenbedingungen für die Tätigkeit der Zweigleitungen, Kombinate und Betriebe zu schaffen:

Erstens wird es notwendig sein, „gemeinsame Entwicklungskonzeptionen für ganze Zweige auszuarbeiten, die auf eine wirksame Verflechtung dieser Zweige zwischen den RGW-Ländern gerichtet sind".[26] Das betrifft zum Beispiel Konzeptionen für solche wichtigen Zweige wie die Energiewirtschaft, die Metallurgie, den Werkzeugmaschinenbau, den Landmaschinenbau und andere. Im Rahmen dieser Konzeptionen sind die Verantwortungsbereiche der einzelnen Wirtschaftseinheiten klar abzugrenzen.

Zweitens ist das Instrumentarium für die Berechnung des Nutzeffekts der Wirtschaftstätigkeit einschließlich der Wirkungen der internationalen Spezialisierung und Kooperation zu vervollkommnen. Dazu gehören vielfältige Probleme der Preisbildung, der Anwendung von Valutakoeffizienten, aber auch längerfristige stabile Planvorhaben für die materiellen und finanziellen Prozesse.

Drittens sind unter diesen Prämissen die ökonomischen und rechtlichen Regelungen für die Direktbeziehungen weiterzuentwickeln. Dabei wird auch in der internationalen Zusammenarbeit in modifizierter Form das Prinzip des demokratischen Zentralismus in der Leitung und Planung schrittweise ausgebaut.

Die Verbindung von Volkswirtschaftsplanung und internationaler Plankoordinierung gelingt in der Regel um so besser, je langfristiger bestimmte Strategien ausgearbeitet und international abgestimmt sind. Deshalb wurde die Aufgabe gestellt, volkswirtschaftliche Entwicklungskonzeptionen für eine längere Perspektive (bis 1990) auszuarbeiten und international zu koordinieren. Solche langfristigen Konzeptionen bildeten einen stabilisierenden Faktor auch schon für die Ausarbeitung und internationale Koordinierung der Fünfjahrpläne für den Zeitraum 1976–1980.

Die Verbindung von mittel- und langfristiger Planung spielt in den einzelnen Bereichen der Volkswirtschaft eine unterschiedliche Rolle. Besonders notwendig ist sie auf Gebieten, die angesichts ihrer Komplexität, der volkswirtschaftlichen Bedeutung, dem erforderlichen Investitionsaufwand und den hohen Anforderungen an die Berücksichtigung internationaler Standortbedingungen ihrem Wesen nach nur langfristig zu lösen sind. Das gilt vor allem für die Entwicklung der Brennstoff- und Energiebasis einschließlich der Kernenergiewirtschaft, die Rohstoffbasis für die Schwarz-

[26] Werner Krolikowski, Der Kampf um die Verwirklichung der vom VIII. Parteitag beschlossenen Hauptaufgabe und die Bedeutung des wissenschaftlich-technischen Fortschritts, Berlin 1974, S. 43.

und Buntmetallurgie, die chemische, die Zellstoff-, Papier- und Leichtindustrie, für wichtige Produktionsarten der Schwarz- und Buntmetallurgie, für die Entwicklung der Petrolchemie sowie für die Entwicklung wichtiger komplexer Maschinen- und Gerätesysteme.

Um mit der Planung eine gemeinsame Linie in der Strukturentwicklung durchzusetzen und die Verflechtung aller Phasen der volkswirtschaftlichen Reproduktion zu erreichen, werden die Koordinierung der Investitionspolitik und die wirksame Abstimmung wichtiger Investitionsvorhaben zum Hauptkettenglied für eine auf Intensivierung abzielende neue Qualität der Plankoordinierung. Neben der internationalen Abstimmung volkswirtschaftlicher Investitionen gewinnt der internationale Einsatz von Investitionen (langfristige Kredite, Investitionsbeteiligungen, gemeinsame Betriebe und internationale Organisationen) immer größere Bedeutung. Ihre Leitung und Planung wirft solche neuen Fragen auf wie die Gewährleistung rationeller Proportionen zwischen Inlands- und Auslandsinvestitionen und die Sicherung der Einheit von materiellen und finanziellen Prozessen bei diesem internationalen Einsatz volkswirtschaftlicher Fonds. Es wird sich als notwendig erweisen, die Internationale Investitionsbank noch stärker in den Leitungs- und Planungsprozeß dieser Vorhaben einzubeziehen. Ihre Hauptaufgabe könnte darin bestehen, durch die Kredit- und Zinspolitik sowie die Mobilisierung neuer Ressourcen, zum Teil auch in konvertierbaren Währungen, besonders auf die Effektivität dieser Vorhaben Einfluß zu nehmen.

Langfristige Strategien und internationale Koordinierungen begünstigen langfristige Kreditplanungen der Investitionsbank. Diese wiederum sind wichtige Voraussetzungen für die Realisierung finanzieller und materieller Prozesse in der für die sozialistische Planwirtschaft erforderlichen Einheit.

Aus diesem Anliegen erwächst die Aufgabe, den langfristigen Bedarf im eigenen Land und in den Ländern der Integrationspartner sowie die Herausbildung typisch sozialistischer Bedürfnisstrukturen noch genauer als bisher zu analysieren. Dabei sind die Ressourcen und die Volkswirtschaftsstrukturen der Integrationspartner im Prozeß der Ausarbeitung der Volkswirtschaftspläne zu berücksichtigen. Die sozialistische Forschungs- und Produktionskooperation und eine wirksame Koordinierung der Investitionen sind mit der Planausarbeitung zu verbinden und immer mehr Kapazitäten nach internationalen Standort- und Effektivitätskriterien zu errichten.

Die Ausarbeitung eines Systems von internationalen Standort- und Effektivitätskriterien steht erst in den Anfängen. Hier sind vor allem solche Faktoren zu berücksichtigen wie Umfang und Struktur der verfügbaren Arbeitskräfte, Umfang und Qualität der Bodenschätze, Transportfragen, Verbraucherstandorte aus der Sicht der Gemeinschaft, optimale Größe sowie Möglichkeiten der Schaffung von internationalen Wirtschaftskomplexen.

Damit diese Faktoren näherungsweise zuverlässig quantifiziert werden können, bedarf es auch zuverlässiger Instrumente der Preis- sowie der Valuta- und Finanzbeziehungen. Auch hier sind Einzellösungen nicht ausreichend.

Die Vervollkommnung der Preisbildung wird sich nicht nur auf die Preisbildungsprinzipien im Handel zwischen den RGW-Ländern erstrecken. Sie schließt auch die Vervollkommnung der Preisbildung in den einzelnen Ländern im Interesse der Vertiefung der Integration sowie die Gestaltung der Beziehungen zwischen Inlands- und Außenhandelspreisen ein. Die internationale Abstimmung der Preispolitik, die allmähliche Annäherung der Kalkulations- und Preisbildungsprinzipien, in Zukunft auch der inneren Preisrelationen (Preisstrukturen), sind eine sehr langwierige und komplizierte, aber auch sehr wichtige Aufgabe.

Zu diesen Bedingungen zählen weiter: die Einführung international abgestimmter Valutakoeffizienten, spezifische Methoden internationaler Kostenvergleiche, und auch die Bewertung des planmäßigen internationalen Einsatzes von Arbeitskräften.

Langfristigkeit und Stabilität der Wirtschaftsbeziehungen, vor allem die Realität der langfristigen Planung und der Koordinierung längerfristiger Aufgaben hängen in hohem Maße von der *Zusammenarbeit auf dem Gebiet der Prognosetätigkeit* ab.

Diese Phase des Planungsprozesses gewinnt aus *internationaler* Sicht qualitativ neue Aspekte, weil gerade wirtschaftliche Lösungen aus der Sicht der Gemeinschaft einer wissenschaftlichen und realen Vorausschau und der Umsetzung der dabei gewonnenen Erkenntnisse in der Planung bedürfen. Die Zusammenfassung der wissenschaftlichen Potenzen der RGW-Länder auf diesem komplizierten Gebiet trägt dazu bei, die Umsetzung prognostischer Erkenntnisse in die Wirtschaftspraxis zu beschleunigen und sich bei der Konzipierung langfristiger Wirtschaftsaufgaben mehr auf die realen Möglichkeiten der Gemeinschaft zu stützen. Gemeinsame Prognosen und ihre koordinierte Nutzung in der Planung sind ein „objektivierender Faktor“, der dem Wunschdenken hinsichtlich der volkswirtschaftlichen Entwicklung einzelner Länder entgegenwirkt.

Auf der Grundlage abgestimmter organisatorischer und methodologischer Prinzipien für die Zusammenarbeit auf dem Gebiet der Prognosetätigkeit wird gegenwärtig in den Organen des RGW eine umfangreiche Arbeit zur Aufstellung von Prognosen für die perspektivische Entwicklung einzelner Zweige, Produktionen und Bereiche geleistet. Von den ständigen Kommissionen des RGW wurden bis Anfang 1973 zu etwa 60 Themen entsprechende Prognosen ausgearbeitet. Die Ergebnisse derartiger Prognosen sind wichtige wissenschaftliche Ausgangsdaten für die langfristige Planung in den

Ländern und für die internationale längerfristige Koordinierung wichtiger Vorhaben. Über die langfristige Effektivität und Stabilität von Integrationsprozessen wird im Grunde genommen bereits im Stadium der Prognose und der Anwendung ihrer Ergebnisse in der langfristigen Planung entschieden.

Optimale Lösungen vom Standpunkt der Gemeinschaft sind nicht durch bloße Addition des kurzfristigen Bedarfs der einzelnen Länder zu ermitteln. Sie erfordern, daß von der Vielfalt der gegenwärtig und künftig wirkenden Faktoren ausgegangen wird. Günstige Voraussetzungen dafür bieten gemeinsame Programme für ganze Bereiche der Volkswirtschaft, für einzelne Volkswirtschaftszweige, Erzeugnisgruppen und Erzeugnisse, die die Komplexität der Integrationsprozesse als maßgeblichen Faktor für die Erhöhung der Effektivität ausschöpfen können. Solche Programme ermöglichen ein komplexes, alle Phasen des Reproduktionsprozesses erfassendes Herangehen, vor allem eine enge Verzahnung (im Sinne einer schnellen Umsetzung) von Forschung und Produktion. Nicht Abkommen für Einzelmaßnahmen, sondern die von gemeinsamen Programmen abgeleitete Spezialisierung und Kooperation in Forschung, Entwicklung und Produktion, verbunden mit Vereinbarungen über die Standardisierung und die technische Politik werden der sozialistischen internationalen Arbeitsteilung in der Perspektive Inhalt und Richtung geben. Mit diesem Ziel hat die XXVII. Tagung des RGW der *gemeinsamen Planung für ganze Zweige und Erzeugnisgruppen* große Aufmerksamkeit gewidmet.

Die gemeinsame Planung ist als eine Form der Zusammenarbeit konzipiert, die besonders der zunehmenden Komplexität vieler Wirtschaftsprozesse im internationalen Maßstab Rechnung tragen soll. Ohne internationales Eigentum, ohne verbindliche Direktiven internationaler Organe soll auf der Basis eines ganzen Systems von Verträgen eine gemeinsame Planung erreicht werden, die alle Phasen des Reproduktionsprozesses erfaßt und von der Analyse der Bedarfsentwicklung, der gemeinsamen wissenschaftlich-technischen Konzeption, über Technologie und Produktion bis zum gemeinsamen Absatz reicht. Erste Erfahrungen werden hier bei der gemeinsamen Planung neuer Arten von spanabhebenden Werkzeugmaschinen mit digitaler Programmsteuerung sowie bei der Sicherung des Bedarfs der interessierten RGW-Länder an materiell-technischen Mitteln für das einheitliche Container-Transportsystem gesammelt.

Die Komplexität der auf diesen ausgewählten Gebieten getroffenen Vereinbarungen und der konzentrierte Einsatz der Ressourcen führen langfristig zu einer hohen volkswirtschaftlichen Effektivität. So konnten beispielsweise durch die gemeinsame Planung bei spanabhebenden Werkzeugmaschinen die Forschungs-, Projektierungs- und Entwicklungsarbeiten um mehrere Jahre verkürzt werden. Etwa sieben Millionen Arbeitsstunden wurden eingespart und darüber hinaus durch die um Jahre frühere produktive Nutzung der Maschinen zusätzliche Produktionsgewinne erzielt.

Vom Standpunkt der Intensivierung des Reproduktionsprozesses ist es dabei nicht nur wichtig, eine komplexe Verflechtung auf Teilgebieten zu erreichen, sondern auf diesen ausgewählten Gebieten bei einzelstaatlich organisiertem Eigentum immer mehr zu einem *einheitlichen* Reproduktionsprozeß auf dem betreffenden Teilgebiet zu gelangen, der durch große Kapazitäten und weitgehende Kooperation in Forschung, Produktion und Absatz den Bedarf aller Mitgliedsländer des RGW sowie gegebenenfalls den Export in Drittländer absichert.

Für eine gemeinsame Planung nach diesen Maßstäben – davon zeugen erste Erfahrungen – sind im Rahmen internationaler Wirtschaftsorganisationen günstige Voraussetzungen gegeben. Für die Beschleunigung der Integrationsprozesse messen wir der Schaffung solcher Organisationsformen außerordentliche Bedeutung bei, „... *die eine unmittelbare Vereinigung des Forschungs- und Produktionspotentials der RGW-Länder gewährleisten.* ... In diesem Rahmen ist in letzter Zeit besonders die Bildung *gemeinsamer Wirtschaftsvereinigungen, deren Mitglieder unmittelbar die Betriebe, Kombinate beziehungsweise VVB in dem entsprechenden Wirtschaftszweig sind, in den Vordergrund gerückt.*“[27]

Internationale Wirtschaftsorganisationen (Produktionsvereinigungen) sind eine der Möglichkeiten, wie unter den Bedingungen der sozialistischen Planwirtschaft ein hoher Grad der internationalen Konzentration durchgesetzt werden kann. In der Leitungspyramide sind sie ein wichtiges Bindeglied zwischen der zentralen Planungstätigkeit der Staats- und Wirtschaftsorgane und der operativen Tätigkeit der Betriebe und Kombinate zur Realisierung der zentral getroffenen Entscheidungen geworden.

Für die Intensivierung des Reproduktionsprozesses ist es von erstrangiger Bedeutung, daß diese Vereinigungen über die bislang überwiegenden Koordinierungsfunktionen hinaus zu einer in die Produktionsprozesse der entsprechenden Kombinate eingreifenden Wirtschaftstätigkeit übergehen. Dazu gehört der konzentrierte Einsatz des Forschungspotentials (bis hin zur Schaffung von gemeinsamen Forschungs- und Konstruktionsbüros), eine gemeinsame Produktionsplanung, vor allem die rationelle Aufteilung der Investitionen zur Durchsetzung der internationalen Spezialisierung und Kooperation der Produktion. Krolikowski bezeichnet auch die gemeinsame Errichtung neuer Betriebe als eine Aufgabe gemeinsamer Wirtschaftsvereinigungen und weist darauf hin, daß letztere in der Perspektive nach der wirtschaft-

[27] Ebenda, S. 44.

lichen Rechnungsführung arbeiten sollen.[28] In Statuten internationaler Produktionsvereinigungen, wie der „Interatomenergo“, der „Intertextilmasch“, der „Interchemiefaser“ sowie der bilateralen Wirtschaftsorganisation „Assofoto“, wird auf diese neuen Aufgaben hingewiesen.

Die gemeinsame Planung einzelner Produktionszweige und ausgewählter Erzeugnisgruppen wird nur dann die möglichen ökonomischen Vorteile bringen, wenn in den Partnerländern und zwischen ihnen die dafür erforderlichen ökonomischen, finanziellen und rechtlichen Regelungen und Instrumente geschaffen werden. Für die Vertiefung der internationalen Spezialisierung und Kooperation, besonders im Maschinenbau, ist die Einführung ökonomisch begründeter und international abgestimmter Kurse (Koeffizienten) der nationalen Währungen zum transferablen Rubel und der nationalen Währungen untereinander eine aktuelle Aufgabe.

Diese Kurse ermöglichen ein abgestimmtes Vorgehen bei der Stimulierung der internationalen Kooperation, schaffen Entscheidungsgrundlagen für Variantenrechnungen bei arbeitsteiligen beziehungsweise gemeinsamen Vorhaben und dienen der internationalen Verrechnung von Gütern und Leistungen, für die es keine Weltmarktpreise gibt (Leistungen bei Forschungskooperation sowie Preisberechnungen für Teile und Baugruppen). Der Kurs wird somit zu einem Instrument planmäßiger Produktionsintegration.

Darüber hinaus sind vielfältige Probleme zu lösen, die mit der wirtschaftlichen Rechnungsführung internationaler Wirtschaftsvereinigungen zusammenhängen. Dazu zählen die Verbindung der Planung dieser Vereinigungen mit der Planung und Bilanzierung in den Partnerländern, die Bewertung der Produktionsergebnisse, die Aufteilung der erzielten Gewinne und ihre weitere Verwendung, Fragen der Entlohnung sowie der Anwendung von Gesetzen des Standortlandes auf die Tätigkeit der Vereinigungen.

Zu den perspektivischen Aufgaben gehört auch die stärkere Einbeziehung des transferablen Rubels in die operative Wirtschaftstätigkeit. Es wäre zu prüfen, ob die vom Komplexprogramm vorgesehene Konvertierbarkeit der sozialistischen Währungen untereinander – ein für die sozialistische Planwirtschaft außerordentlich kompliziertes Problem – nicht am ehesten im Rahmen solcher Vereinigungen erprobt werden könnte.

Die langfristig geplante komplexe Verflechtung der Volkswirtschaften mit dem Ziel der allmählichen Herausbildung eines einheitlichen Wirtschaftsorganismus als der optimalen Bedingung für die intensive Reproduktion der RGW-Gemeinschaft erfordert eine wirksame Abstimmung in Grundfragen der Wirtschaftspolitik und die allmähliche Annäherung der Leitungs- und Planungssysteme in den Mitgliedsländern des RGW.

[28] Vgl. ebenda.

Die Intensivierung der Reproduktion als ein einheitliches Anliegen der Wirtschaftspolitik in allen Ländern schafft objektiv neue und günstige Bedingungen für die weitere Annäherung der Planungs- und Leitungssysteme. Die Praxis der Zusammenarbeit hat gezeigt, daß die *Koordinierung der Wirtschafts- und wissenschaftlich-technischen Politik* zwischen den RGW-Ländern zu einer Kardinalfrage für die weitere Gestaltung der sozialistischen ökonomischen Integration geworden ist. Durch zunehmende Verflechtung in Wissenschaft und Produktion, internationalen Einsatz von Investitionen, Schaffung gemeinsamer Einrichtungen und Betriebe, den planmäßigen internationalen Einsatz von Arbeitskräften, bedeutende Erleichterungen im grenzüberschreitenden Verkehr sowie den sprunghaft ansteigenden Tourismus gibt es heute in den RGW-Ländern kaum noch wirtschaftspolitische Entscheidungen, die nicht in irgendeiner Form (direkt oder indirekt) die Zusammenarbeit mit den Bruderländern berühren.

Konsultationen zur Abstimmung von Grundfragen der Wirtschaftspolitik betreffen alle Bereiche des Wirtschaftslebens und begünstigen die komplexe Behandlung ökonomischer Probleme. Solche Konsultationen sind vorgesehen zur ökonomischen Entwicklung einzelner Länder, zum Entwicklungstempo und den Proportionen wichtiger Zweige der Volkswirtschaften, zu Grundfragen der wissenschaftlich-technischen Politik, zur Vervollkommnung der Leitungs- und Planungssysteme, zu Hauptrichtungen der sozialökonomischen Politik sowie zur Wirtschaftspolitik gegenüber Drittländern.

Die dabei zu untersuchenden Probleme sind sehr vielschichtig und betreffen solche Fragen wie Wachstum und Verwendung des Nationaleinkommens, die Waren- und Territorialstruktur des Außenhandels, die individuelle und gesellschaftliche Konsumtion und die Wohnungsbauprogramme. Dazu gehören weiter die Entwicklung der Hauptproportionen der Energie- und Brennstoffbasis, der Ausbau der metallurgischen Basis, die Entwicklungsrichtungen der landwirtschaftlichen Produktion und des Verkehrswesens. Von immer größerer Bedeutung für den Integrationsprozeß werden Konsultationen zur Preis- und Währungspolitik, zur Sozialpolitik und zur Lohn- und Tarifpolitik in den RGW-Ländern.

Für die Beschleunigung des Integrationsprozesses wird es immer dringlicher, bei der weiteren Vervollkommnung der Leitung und Planung in den Ländern die sozialistische ökonomische Integration voll zu berücksichtigen, sie in die Volkswirtschaftsplanung einzubeziehen und dabei zu einer allmählichen Annäherung der Leitungs- und Planungssysteme zu gelangen. Diesem Ziel dient auch der internationale Erfahrungsaustausch über die Gestaltung der Leitungs- und Planungssysteme. Dabei sind vor allem solche Probleme von Bedeutung wie die Durchsetzung der zentralen Planung, das Verhältnis von zentraler Planung und Selbständigkeit der Wirtschaftseinheiten, die Gestaltung des Außenhandels- und Valutamonopols sowie die Annäherung der statistischen Erfassung und Abrechnung.

Die Umsetzung des Komplexprogramms als langfristige strategische Linie in konkrete Direktiven für die Wirtschaftsorgane im Rahmen der Koordinierung der Pläne für 1976–1980, die gleichzeitig die erste Etappe der langfristigen Planung bis 1990 ist, erschließt neue Potenzen für die Intensivierung des Reproduktionsprozesses in allen RGW-Ländern. Im Zeitraum bis 1990 werden sich auf dieser Grundlage die nach unserer Meinung in ihrem Ausmaß größten sozialökonomischen Wandlungen sowohl in den Ländern als auch in der Gemeinschaft als Ganzes vollziehen. Es wird erwartet, daß bis Ende dieser Periode ein Produktionsapparat geschaffen wird, der den gegenwärtigen um das Zwei- bis Dreifache übertrifft und den RGW-Ländern eine noch gewichtigere Stellung in den internationalen Wirtschaftsbeziehungen ermöglichen wird.

An dieser stabilen wirtschaftlichen Entwicklung der RGW-Länder hat im Zeitraum von 1976–1980 die weitere Entfaltung der ökonomischen Integration wiederum maßgeblichen Anteil. Zur Vorbereitung auf diesen Entwicklungsabschnitt haben die sozialistischen Bruderländer in den vergangenen zwei Jahren ihre Volkswirtschaftspläne in enger Verbindung mit den weiteren Integrationsvorhaben ausgearbeitet und international koordiniert. Dadurch bilden die nächsten Schritte zur internationalen sozialistischen Verflechtung von Wissenschaft, Technik und Produktion wichtige Grundlagen für die effektivere volkswirtschaftliche Intensivierung in den einzelnen Ländern. So konnte die XXIX. RGW-Tagung erstmals einen abgestimmten Plan der mehrseitigen Integrationsvorhaben bestätigen.

Nach diesem Plan werden die RGW-Länder ihre Fonds zur gemeinsamen Lösung wichtiger Probleme u. a. bei der Deckung ihres Bedarfs an Roh- und Brennstoffen, der Forschung und Entwicklung sowie der internationalen Spezialisierung und Kooperation der Produktion koordiniert einsetzen. Die Bedeutung dieses ersten gemeinsamen Plandokuments der RGW-Länder besteht darin, daß es alle Partner verpflichtet, die Durchführung der Integrationsaufgaben materiell und finanziell vorrangig abzusichern, und daß dadurch eine größere Stabilität der Verflechtungsbeziehungen erreicht wird. Deshalb sind diese Vorhaben zugleich auch Bestandteile der Fünfjahres- und der Jahrespläne im Zeitraum bis 1980. Die DDR hat sich danach zu Lieferungen und Leistungen in Höhe von 3,4 Mrd. Mark verpflichtet. Ohne Zweifel erreicht mit diesem gemeinsamen Plandokument die Planmäßigkeit in den Beziehungen zwischen den RGW-Ländern eine qualitativ höhere Stufe.

Schritt für Schritt werden allmählich die Pläne der sozialistischen ökonomischen Integration in den einzelnen Ländern in ihrer Gesamtheit zu einem einheitlichen Plan für die Entwicklung der Volkswirtschaften unserer Gemeinschaft zusammenwachsen, der zunehmend Orientierung und Direktive unseres gemeinsamen Handelns wird. Dieser Prozeß vollzieht sich nach den bewährten Prinzipien der Gleichberechtigung und der freiwilligen Teilnahme an der Integration zum gegenseitigen Vorteil, die in der sozialistischen Planwirtschaft mit dem Grundsatz der unbedingten Einhaltung freiwillig übernommener Verpflichtungen verbunden werden.

8. Die Reproduktion der natürlichen Umweltbedingungen und die territoriale Wirtschaftsorganisation

8.1. Die Intensivierung der Umweltnutzung

Eines der schwierigsten Probleme, das bei der Intensivierung des volkswirtschaftlichen Reproduktionsprozesses gelöst werden muß, ist die Sicherung der natürlichen Voraussetzungen für das wirtschaftliche Wachstum und die Hebung des Volkswohlstandes.

Hierbei muß man davon ausgehen, daß die Arbeitsproduktivitätsentwicklung auf der Basis der wissenschaftlich-technischen Revolution Ausgangspunkt für eine grundsätzliche Umgestaltung der Mensch-Umwelt-Beziehungen in der sozialistischen Gesellschaft bildet. Das Wachstum der Arbeitsproduktivität beansprucht die natürlichen Existenzbedingungen der Gesellschaft in einem Umfang, wie er in der Geschichte noch nie beobachtet wurde. Zugleich ermöglicht es die wachsende Arbeitsproduktivität aber, daß sich die Gesellschaft gewaltige Naturquellen dienstbar macht, um ihre ständig größer werdenden Ansprüche an das Naturpotential zu befriedigen. Da in der Regel mit steigender Arbeitsproduktivität der Zeitaufwand je Produkt wesentlich schneller abnimmt als der Stoffaufwand, die je Zeiteinheit von der Arbeit umgesetzte Stoffmenge also größer wird[1], bedeutet Wachstum der Produktion auch unter den Bedingungen der intensiven Entwicklung, daß der Stoffentzug aus der natürlichen Umwelt weiter beträchtlich zunehmen wird.

Nach A. V. Siderenko wird die Industrie bis zum Jahre 2000 nicht allein erhebliche Mengen herkömmlicher mineralischer Rohstoffe, sondern auch neue Arten von Bodenschätzen benötigen. Besonders wird der Bedarf an

[1] „Die Masse der Produktionsmittel, womit er (der Mensch – d. Verf.) funktioniert, wächst mit der Produktivität seiner Arbeit ... Mit der manufakturmäßigen Teilung der Arbeit und der Anwendung von Maschinerie wird in derselben Zeit mehr Rohmaterial verarbeitet ... Die *Zunahme* der letzteren (der Arbeitsproduktivität – die Verf.) erscheint also in der *Abnahme der Arbeitsmasse verhältnismäßig* zu der ihr bewegten Masse von Produktionsmittel". Karl Marx, Das Kapital, Erster Band, in: MEW, Bd. 23, Berlin 1962, S. 650, 651 (Hervorhebungen im Original).

Aluminium, Molybdän, Vanadium, Tantal, Niob, Zäsium, Lithium, Rubidium, Beryllium, Zirkon und Uran ansteigen.[2]

Die Gewinnung und Verarbeitung großer und weiter wachsender Stoffmengen ist jedoch mit Eingriffen in den Naturhaushalt und mit Auswirkungen auf das ökologische Gleichgewicht verbunden, die in einzelnen Fällen bereits beginnen, das Ausmaß globaler Naturprozesse anzunehmen. Sie belasten die Gesellschaft mit hohen Aufwendungen, um Schäden oder Katastrophen für Mensch und Natur vorzubeugen.

Mit der wissenschaftlich-technischen Revolution und der Hebung des Wohlstandes verändert sich auch die Lebensweise der Menschen. Teilweise stellt das ebenfalls größere Anforderungen an die natürliche Umwelt. Die größte Bedeutung hat hierbei der Flächenbedarf des Siedlungswesens, insbesondere des Städtebaus und der Infrastruktur. Unter den Bedingungen der DDR kann er nur auf intensivem Wege gedeckt werden; die Landwirtschaft muß durch zusätzliche Ertragssteigerungen die benötigten Flächen freisetzen. Erhebliche Kosten entstehen ferner, wenn bei steigender Produktion und Konsumtion eine ausreichende Qualität von Luft und Wasser gewährleistet und die Umweltverschmutzung mit ihren Gefahren für die Gesundheit der Menschen nicht zunehmen soll. Angesichts der wachsenden Maßstäbe zukünftiger Umweltnutzung kann eine allgemeine Tendenz *progressiv* steigender Aufwendungen für die Umweltproduktion nur vermieden werden, wenn die Naturressourcen intensiver genutzt werden. Vor allem die der Natur entzogenen Stoffe müssen besser ausgenutzt werden, länger im Wirtschaftskreislauf verbleiben und dürfen nicht in schädlicher Form in den Naturkreislauf zurückkehren. Dazu sind neue Stoffumwandlungsverfahren notwendig. Ihre Entwicklung und technische Realisierung erfordert einen hohen Aufwand, weil sie mit einer technologischen Substitution großen Stils verbunden ist.

Die intensive Entwicklung der Volkswirtschaft auf der Basis der wissenschaftlich-technischen Revolution zieht daher nicht nur eine ständig steigende Inanspruchnahme natürlicher Ressourcen nach sich und läßt den gesellschaftlichen Aufwand für die Reproduktion der Umweltbedingungen hochschnellen, sie wirft auch die prinzipielle Frage auf, wieweit die von der Menschheit nutzbaren Potentiale der natürlichen Umwelt überhaupt ausgedehnt werden können. Anders ausgedrückt heißt das: Sind die Naturbedingungen absolut erschöpfbar beziehungsweise steigen die Aufwendungen für ihre Nutzung so stark an, daß damit das Wachstum der Produktion und die Entwicklung der sozialistischen Gesellschaft in Frage gestellt wird?

[2] A. V. Siderenko, Geologie im Jahre 2000, in: Blickpunkt 2000, Leipzig–Jena–Berlin 1972, S. 137.

Die marxistisch-leninistische Position geht in dieser Beziehung davon aus, daß der Stoffwechselprozeß und die Auseinandersetzung des Menschen mit der Natur immer in einer bestimmten sozialökonomischen Form vor sich gehen. Der Charakter des Eigentums an den Produktionsmitteln und damit das objektive Ziel für das ökonomische Handeln bestimmen, wie sich der Mensch gegenüber der Natur verhält. Aussagen über das Verhältnis des Menschen zur Natur sind daher immer Aussagen über die historische Art und Weise ihrer gesellschaftlichen Aneignung, über den historischen Prozeß der Reproduktion der materiellen Existenzgrundlagen der Gesellschaft, die auch die Reproduktion der natürlichen Umwelt des Menschen umfaßt. Daraus erklärt sich, warum Sozialismus und Kapitalismus sich zu ihrer natürlichen Umwelt grundverschieden verhalten.

Die Profitmaximierung als Ziel der kapitalistischen Produktionsweise ruft mit Notwendigkeit ein antagonistisches Verhältnis zwischen Gesellschaft und natürlicher Umwelt hervor. Der Kapitalismus konnte die Entwicklung der Produktivkräfte nur durch einen ungeheuren Raubbau an der natürlichen Umwelt sowie an den physischen und geistigen Kräften der Werktätigen vorantreiben. Marx wies nach, daß die kapitalistische Produktion „... nicht nur ein Fortschritt in der Kunst, den Arbeiter, sondern zugleich in der Kunst, den Boden zu berauben..." darstellt. „Die kapitalistische Produktion entwickelt daher nur die Technik und Kombination des gesellschaftlichen Produktionsprozesses, indem sie zugleich die Springquellen allen Reichtums untergräbt: die Erde und den Arbeiter."[3] Ökonomisch beruht der Raubbau an der Natur darauf, daß im Vergleich zu den in Anspruch genommenen Naturpotentialen zu wenig Mittel für ihre Reproduktion aufgewandt werden, also erweiterte Reproduktion der Wirtschaft bei eingeschränkter Reproduktion der natürlichen Existenzbedingungen betrieben wird. Das ist im Kapitalismus möglich, weil solche Ressourcen wie Luft und Wasser sogenannte „freie Güter" sind, die man sich kostenlos aneignen kann, weil Bodenschätze und Agrarerzeugnisse zum großen Teil mit Hilfe kolonialer und neokolonialer Ausbeutung den Naturressourcen fremder Länder entzogen werden können, ohne daß man sich um deren Erschöpfung kümmern müßte.

Oft unter Mißachtung der elementaren ökologischen Erfordernisse, konnten sich die kapitalistischen Monopole jahrzehntelang riesige Naturschätze aneignen, die Erneuerung und Erweiterung ihrer Quellen aber vernachlässigen beziehungsweise auf die Werktätigen des eigenen Landes oder anderer Länder abwälzen. Infolgedessen verschärfte sich mit zunehmender Stufen-

[3] Karl Marx, Das Kapital, Erster Band, in: MEW, Bd. 23, Berlin 1962, S. 529, 530.

leiter der Produktion der Antagonismus zwischen Mensch und Natur so sehr, daß er im Stadium der allgemeinen Krise des Kapitalismus alle wesentlichen Seiten der Mensch-Umwelt-Beziehung erfaßte und in den entwickelten kapitalistischen Ländern zu einer allgemeinen ökologischen Krise einschließlich einer Energie- und Rohstoffkrise führte.

Die ideologische Reflexion der ökologischen Krise in der bürgerlichen Ökonomie ist die Theorie vom sogenannten „Nullwachstum". Von bürgerlichen Ökonomen und Ökologen wurde bestritten, daß es überhaupt möglich ist, die natürlichen Umweltbedingungen in einem Maße erweitert zu reproduzieren, wie das für die Entwicklung der Weltbevölkerung und die Befriedigung ihrer materiellen Bedürfnisse erforderlich wäre. Daraus leiteten sie die These ab, die natürliche Umwelt mit ihrem nutzbaren Potential stelle eine *absolute* Grenze des Wirtschafts- und Bevölkerungswachstums dar[4] und sagten voraus, daß die ökologische Krise in den nächsten hundert Jahren die ganze Welt erfassen und die menschliche Zivilisation vernichten würde, falls die gegenwärtigen Wachstumsraten von Weltbevölkerung und -produktion beibehalten werden sollten. Der Ausweg besteht nach Meinung der Theoretiker des Nullwachstums allein in einer Wirtschaft, die anstelle von Wachstum auf einem „ökologischen Gleichgewicht" beruht.[5] Der Widerspruch zwischen Ökologie und Ökonomie wäre demnach prinzipiell unlösbar. Es gibt natürlich keinerlei Grund, die Probleme der Rohstoff- und Energieversorgung sowie der Umweltverschmutzung leicht zu nehmen und mit dem allgemeinen Hinweis auf den technischen Fortschritt abzutun. Trotz allem kann man einen wesentlichen Rückgang oder Stillstand des Wirtschaftswachstums wegen Ressourcenerschöpfung nicht als real annehmen, sieht man von wenigen hauptsächlich metallischen Rohstoffen ab. Obwohl die wissenschaftlich-technische Revolution auf der einen Seite Eingriffe in den Naturhaushalt, insbesondere den Stoffentzug in bisher unbekannten Dimensionen möglich gemacht hat, ermöglicht sie auf der anderen Seite den Zugang zu Naturressourcen, die der Menschheit bisher verschlossen waren.

[4] Eine extreme und typisch malthusianistisch begründete Auffassung dieser Art wird von der Gruppe um Prof. Dennis Meadows am Massachusetts Institute of Technology vertreten, die im Auftrag des Club of Rome die Studie The Limits of Growth, A Report for the Club of Rome's Projekt on the Predicament of Mankind, New York 1972, anfertigte. Deutsche Ausgabe: Die Grenzen des Wachstums, Bericht des Club of Rome zur Lage der Menschheit, Stuttgart 1972.

[5] Die heftige Kritik an der Studie, nicht zuletzt durch die Entwicklungsländer, hat den Club of Rome inzwischen veranlaßt, die These des Nullwachstums zu revidieren.

In der wechselseitigen Bedingtheit dieser beiden Momente des wissenschaftlich-technischen Fortschritts besteht offensichtlich eines der grundlegenden Erfordernisse der Entwicklung der gesellschaftlichen Produktivkräfte. Diesem Erfordernis kann aber nur entsprochen werden, wenn die Produktionsverhältnisse eine ungehemmte Entfaltung der Produktivkräfte zulassen. Hemmen sie diese jedoch und wird die Beherrschung der Naturgesetze nicht so vorangetrieben, daß damit die nutzbaren Naturpotenzen erweitert werden, muß jede Entwicklung der Produktion auf natürliche Grenzen stoßen. Am Beispiel des von der bürgerlichen Theorie aufgestellten Gesetzes vom abnehmenden Bodenertrag wies Lenin bereits Anfang unseres Jahrhunderts darauf hin, daß Naturschranken des Produktionswachstums nur auftreten, wenn vom Stillstand der Technik und der Unveränderlichkeit der Produktionsmethoden ausgegangen wird.[6]

Trotz aller Erfolge bei der Entwicklung der Produktivkräfte steht die Menschheit im ganzen gesehen noch auf einem relativ niedrigen Niveau bei der wirtschaftlichen Nutzung der Naturbedingungen. Siderenko erwähnt in dem eingangs zitierten Beitrag, daß bei dem gegenwärtigen Stand von Wissenschaft, Technik und Ökonomie von vielen Bodenschätzen höchstens fünf Prozent der möglichen Vorräte erkundet sind. „Weder in den nächsten Jahrzehnten noch in überschaubarer Zukunft wird ein Mangel an bestimmten mineralischen Ressourcen auftreten.“[7] Nach E. K. Fjodorov[8] haben sich alle Schätzungen über die Erschöpfung der nichtreproduzierbaren natürlichen Ressourcen als falsch erwiesen. Die erkundeten Vorräte aller hauptsächlichen Bodenschätze in der Welt nehmen insgesamt und pro Kopf der Bevölkerung zu. Ferner wachsen die Möglichkeiten, beliebige Gegenstände aus beliebigen Rohstoffen herzustellen, schneller als die Erschöpfung einzelner Naturressourcen. „In der Perspektive wird die Gesamtmenge des Stoffs, den wir auf unserem Planeten nutzen können, zum einzigen und allgemeinen Maß der natürlichen Ressourcen.“[9] Um diese Möglichkeit zu verwirklichen, ist jedoch die volle Entfaltung der wissenschaftlich-technischen Revolution und damit eine enorme Steigerung der gesellschaftlichen Arbeitsproduktivität unerläßlich.

Ein spezielles stoffwirtschaftliches Problem von großer Tragweite ist die Wasserversorgung, besonders für die entwickelten Industrieländer. Wenn

6 Vgl. W. I. Lenin, Die Agrarfrage und die „Marx-Kritiker“, in: Werke, Bd. 5, Berlin 1955, S. 14.

7 A. V. Siderenko, Geologie im Jahr 2000, in: Blickpunkt 2000, Leipzig–Jena–Berlin 1972, S. 138.

8 Vgl. Der Mensch und seine Umwelt, 1. Teil, in: Sowjetwissenschaft, Gesellschaftswissenschaftliche Beiträge, 11/1973, S. 1210.

9 Ebenda.

keine einschneidenden Veränderungen in der Zunahme des Wasserbedarfs und der Mehrfachnutzung von Wasser eintreten, kann im Jahr 2000 bei einer Weltbevölkerung von 6 Milliarden Menschen mit einem Wasserverbrauch von 15 000 km^3 pro Jahr gerechnet werden. Das ist die Hälfte aller der Menschheit zur Verfügung stehenden Wasservorräte.[10] Hierbei sind allerdings die Vorräte der Meere und Ozeane sowie der polaren Gletscher nicht berücksichtigt. Da die Aufbereitungskosten für Abwasser von Stufe zu Stufe der Mehrfachnutzung rapide ansteigen (die Grenzen liegen bei einer 6- bis 8fachen Nutzung)[11] und die technische Entwicklung zweifellos zu billigeren Entsalzungsverfahren als den heute bekannten führen wird (z. B. umgekehrte Osmose), kann zumindest für die Trinkwasserversorgung mit diesem gewaltigen, aus heutiger Sicht unerschöpflichen Reservoir gerechnet werden.

Entscheidend für die Ausnutzung der überaus großen Möglichkeiten zur Stoffgewinnung, -umwandlung und -wiederverwendung ist aber, ob die Menschheit über große Mengen billiger Energie verfügen kann. Obwohl die fossilen Energieträger nach dem heutigen Stand der geologischen Erkundung den steigenden Energiebedarf der Welt noch etwa einhundert Jahre decken könnten, wird es wegen der für die Umwelt entstehenden Gefahren der Kohlenstoffverbrennung wahrscheinlich bereits früher notwendig, sie durch umweltfreundlichere Energieträger abzulösen. Hier ist besonders die Einführung der schnellen Brüter zu nennen, weil mit ihnen der erschließbare Energieinhalt aller Kernbrennstoffe sprungartig erhöht werden kann und die Nutzung der riesigen Uranvorkommen mit niedriger Konzentration rentabel wird.[12] Die technische und wirtschaftliche Lösung der Kernfusion, die mit Sicherheit – aber voraussichtlich nicht mehr in diesem Jahrhundert – zu erwarten ist, wird der Menschheit praktisch unbegrenzte Energiequellen erschließen. Die Lithiumlagerstätten dürften ausreichen, die gleiche Energiemenge freizusetzen, die in den fossilen Brennstofflagern gebunden ist, während mit dem schweren Wasser der Ozeane die millionenfache Energiemenge erzeugt werden kann.[13]

Ferner kann damit gerechnet werden, daß in ferner Zukunft auch der gigantische, die Erdoberfläche treffende Lichtstrom der Sonne direkt zur Energiegewinnung ausgenutzt werden kann. Von der eingestrahlten Sonnenenergie werden gegenwärtig 77 Prozent wieder in den Weltraum abgestrahlt

[10] R. Colas, Problem Wasser, in: Blickpunkt 2000, Leipzig–Jena–Berlin 1972, S. 163.

[11] Ernst Wilinski, Wasser und Umwelt, in: Wissenschaft und Fortschritt, 2/1972, S. 82.

[12] Vgl. Horst Grümm, Umwelt und Energieerzeugung, in: Umwelt, 5/1971, S. 15.

[13] Ebenda, S. 15, 16.

und knapp 23 Prozent für die Verdunstung von Wasser verbraucht, wovon nur ein geringer Teil als Wasserkraft zurückgewonnen werden kann. Der Anteil der Photosynthese und damit der Energiespeicherung fällt rechnerisch überhaupt nicht ins Gewicht.[14]

Ebenso sind solche großen Energiequellen wie die Gezeitenkräfte der Meere praktisch noch völlig ungenutzt. Sie betragen das Siebenfache aller kontinentalen Wasserkräfte.[15] Gleiches trifft auf die Nutzung der Energie der Meeresströme und des Temperaturgefälles zwischen den Wasserschichten der Ozeane zu. Weitgehend ungenutzt ist auch die geothermische Energie.

Mit der schrittweisen Ablösung der fossilen Energieträger werden gleichzeitig zwei der wichtigsten gegenwärtig vorhandenen Naturschranken für die Erweiterung der Produktion überwunden, die Begrenztheit der fossilen Energievorräte und die ökologische Schranke, die in der begrenzten Aufnahmefähigkeit der Biosphäre besonders für die gasförmigen Abfallstoffe der Energieerzeugung besteht. Nicht überwunden wird allerdings eine dritte Schranke, die begrenzte Aufnahmefähigkeit der Umwelt für Abwärme. Da als biologisch zulässiger Aufheizungsgrad der Gewässer 2,5 bis 3 Grad Celsius angenommen werden, müssen mit steigender Energieerzeugung die Möglichkeiten zur Abwärmeverwertung, etwa durch Raumheizung, Aquakultur, Beheizung von Gewächshäusern usw. rasch vergrößert werden.

Auf der Basis neuer Energiequellen können die großen stofflichen Naturreichtümer rationell genutzt werden, die sich die Menschheit durch die wissenschaftlich-technische Revolution zugänglich macht. Das sind vor allem die Rohstoffe in den tieferen Schichten der Erdrinde, im Festlandsockel, auf dem Meeresgrund und im Meer selbst. Die wissenschaftlich-technische Revolution wird auch die Nutzung massenhaft vorkommender, bisher aber aus wirtschaftlichen Gründen nicht zugänglicher Naturstoffe ermöglichen, so des Aluminiums der Tone, des Magnesiums der Kalisalze usw.

Heute noch gar nicht abzuschätzende Aussichten bietet auch die gezielte großräumige Umgestaltung der Umwelt zur Erhöhung ihrer biologischen Ergiebigkeit. Die zunehmend tiefere Kenntnis der Photosynthese sowie der Bedingungen zur Erhaltung des ökologischen Gleichgewichts bei Eingriffen in die natürliche Umwelt eröffnet große Perspektiven, die ursprüngliche Verteilung und Kombination der einzelnen Elemente der natürlichen Um-

[14] Vgl. M. Calvin, Die Zukunft der Menschheit im Sonnenlicht? in: Nachrichten aus Chemie und Technik (Beilage zu Angewandte Chemie), (Weinheim/Bergstr.) 19/1972, S. 391.

[15] Vgl. Ernst Justi, Die Energie- und Rohstoffquellen der Zukunft, in: Wie leben wir morgen? Stuttgart 1957, S. 94.

welt zu korrigieren, das natürliche Milieu ganzer Zonen zu verbessern und die biologische Stoffproduktion wesentlich zu erhöhen.

Wenn man zu all dem die Substitution von Mangelrohstoffen, die Verlagerung von Stoffumwandlungsprozessen aus der Umwelt in die voll gesteuerte Produktion (z. B. mikrobielle Eiweißerzeugung) sowie die Verwertung der überaus großen Quellen an Abprodukten und Sekundärrohstoffen hinzunimmt, wird deutlich, daß die wissenschaftlich-technische Revolution ausreichende stofflich-energetische Grundlagen für die Weiterentwicklung der Menschheit erschließen kann.

Hier muß jedoch darauf hingewiesen werden, daß es sich um die wissenschaftlichen und technischen Voraussetzungen für die zukünftigen Mensch-Umwelt-Beziehungen handelt – nicht aber um die sozialökonomischen Voraussetzungen. Solange der Kapitalismus durch Rüstungsproduktion und Konsumtionsexzesse die natürlichen Reichtümer der Erde verschwendet und die Umweltpotentiale durch gigantische Emissionen von Schadstoffen zerstört, wird die Gefahr einer Ausbreitung der ökologischen Krise mit ihren Folgen für die Rohstoff-, Nahrungsmittel- und Energieversorgung andauern. In diesem Zusammenhang sei erwähnt, daß allein die USA, die 1971 einen Anteil von 5,6 Prozent an der Weltbevölkerung hatten, fast die Hälfte der Rohstoffressourcen der Welt verbrauchten und daß auf ihr Konto 30 bis 40 Prozent der globalen Umweltverschmutzung entfielen.[16]

Zur Gefahr einer weiteren Ausbreitung der Krise in den Beziehungen zwischen Mensch und Natur vertritt Fjodorov den Standpunkt, daß sie nicht eintreten wird, wenn auf der ganzen Erde die sozialistische Gesellschaft errichtet wird. Eine Krise ist jedoch unvermeidlich, falls die kapitalistische Gesellschaft mit ihren gegenwärtigen Entwicklungstendenzen auf einem beträchtlichen Teil der Erde erhalten bleibt. Man kann die Krise bedeutend abschwächen und vielleicht auch verhüten, wenn die friedliche Koexistenz von Staaten mit unterschiedlicher Gesellschaftsordnung gesichert, das Wettrüsten eingestellt und ein fester und dauerhafter Frieden erreicht wird.[17]

Die wissenschaftlich-technische Revolution hat also nicht nur die Voraussetzungen geschaffen, der Natur zur Befriedigung der rasch wachsenden Bedürfnisse der sozialistischen Gesellschaft immer größere Mengen von Stoff und Energie zu entziehen; sie erschließt auch die Möglichkeit, das

[16] Vgl. W. I. Sokolov, Hebel zur Regulierung des Niveaus der Umweltverschmutzung in den USA, in: Izvestija Akademii Nauk SSSR, Ser. Ekon., Moskva 6/1973, S. 17.

[17] Vgl. Der Mensch und seine Umwelt, 1. Teil, in: Sowjetwissenschaft, Gesellschaftswissenschaftliche Beiträge, 11/1973, S. 120–126.

dafür erforderliche Naturpotential ständig zu erweitern, bei Eingriffen in die natürliche Umwelt das ökologische Gleichgewicht zu bewahren und schädigenden Einflüssen auf die Natur vorzubeugen.

Die Beziehungen zwischen Mensch und Natur in der entwickelten sozialistischen Gesellschaft sind demnach von einer zunehmenden Intensivierung der Umweltnutzung gekennzeichnet. Hierbei muß jedoch beachtet werden, daß die Intensität der Umweltnutzung unterschiedlich definiert werden kann, je nachdem, von welchem Teil der Umwelt ausgegangen wird, von ihren gegenwärtig nutzbaren Potentialen oder von der Gesamtheit der natürlichen Ausstattung der Umwelt, unabhängig davon, ob sie dem Menschen zugänglich ist oder nicht. Im ersten Falle handelt es sich um die Intensivierung der Umweltnutzung im engeren, im zweiten Fall um eine solche im weiteren Sinne. Im engeren Sinne bedeutet Intensivierung der Umweltnutzung, mit den der Gesellschaft wissenschaftlich und technisch *zugänglichen* und wirtschaftlich *erschließbaren* Naturpotentialen die Produktion, Akkumulation und Konsumtion zu erhöhen, um die wachsenden Bedürfnisse der Gesellschaft zu befriedigen. Je mehr mit den verfügbaren natürlichen Ressourcen erzeugt werden kann, desto größer ist die Intensität der Umweltnutzung im engeren Sinne. Sie umfaßt zwei Prozesse:

– Einmal die Erhöhung des Nutzungsgrades der *erschlossenen* natürlichen Reichtümer eines Landes oder Gebietes, der sich als Verhältnis der verfügbaren Ressourcen zu den daraus gewonnenen Rohstoffen und Energien darstellt. In gleicher Weise ist die Steigerung der agraren Primärproduktion je Einheit kultivierten Bodens sowie die Erhöhung der Bevölkerungsdichte auf der besiedelten Fläche zu bewerten.

– Zum anderen umfaßt die Intensivierung der Umweltnutzung im engeren Sinne die Erhöhung des Ausnutzungsgrades der *entzogenen* Naturstoffe, das heißt das Verhältnis ihres Volumens zum Stoffvolumen aller daraus erzeugten Gebrauchswerte.

Die Intensivierung der Umweltnutzung ist also darauf gerichtet, durch stärkere Inanspruchnahme der zugänglichen Naturressourcen gesellschaftliche Arbeit für die Erschließung und Extraktion von Naturstoffen beziehungsweise die Flächennutzung einzusparen. Ob und wieweit das möglich ist, hängt neben dem technischen Fortschritt von der Gunst oder Ungunst der Naturbedingungen selbst ab. Schließlich heißt Intensivierung der Umweltnutzung im engeren Sinne, das Brachliegen nutzbarer und erschlossener Naturressourcen sowie die Stoffverluste bei der Gewinnung und Verarbeitung von Bodenschätzen und Agrarerzeugnissen zu verringern.

Zur Intensivierung der Umweltnutzung im weiteren Sinne gehört die Erschließung bisher nicht zugänglicher Naturpotentiale und ihre Einbeziehung in den Wirtschaftskreislauf. Gleichgültig ob es sich hierbei um Substitution erschöpfter Ressourcen oder um Ausdehnung des Produktionsfeldes, um intensiv oder um extensiv erweiterte Reproduktion handelt, unter dem Blickwinkel der praktisch kaum veränderbaren Gesamtheit der Naturbedingungen eines Landes oder Gebietes muß die wirtschaftliche Aktivierung jedes ihrer Elemente als Intensivierung aufgefaßt werden.

Somit bedeutet Intensivierung der Umweltnutzung im weiteren Sinne, mit den auf der Fläche eines Landes vorhandenen Naturbedingungen die Produktion, die Akkumulation und den Wohlstand der Gesellschaft ständig zu erhöhen. Dazu werden gewöhnlich gleichzeitig zwei unterschiedliche Wege beschritten:

- Der erste Weg ist die Entwicklung der Naturpotentiale, indem entweder neue, bisher nicht bekannte oder nicht nutzbare Potentiale wissenschaftlich und technisch zugänglich gemacht und wirtschaftlich erschlossen werden oder indem die Ergiebigkeit bereits genutzter Naturbedingungen erhöht wird;
- der andere Weg besteht in der besseren, das heißt komplexen und verlustarmen Ausnutzung der natürlichen Ressourcen.

Beide Wege haben zur Voraussetzung, daß die Umwelt vor schädigenden und zerstörenden Einflüssen geschützt wird. Bessere Nutzbarmachung, höhere Ergiebigkeit, rationellere Inanspruchnahme und Schutz der Naturbedingungen sind deshalb die Merkmale für eine Intensivierung der Umweltnutzung.

Als Bezugsgrundlage für die Messung der Umweltnutzungsintensität eines Landes oder Gebietes in ihrer Gesamtheit eignet sich am besten die Fläche. Bis auf die Nutzung der Atmosphäre und der Meere sind alle materiellen Beziehungen der Gesellschaft zur natürlichen Umwelt an Grund und Boden gebunden. Die Flächendichtewerte der Produktion, der Bevölkerung und der Investitionstätigkeit sagen deshalb aus, wie intensiv ein Land oder ein Gebiet genutzt wird. Aus einem internationalen Vergleich der Pro-Kopf-Werte und der Flächendichtewerte können Schlußfolgerungen auf die Anspannung des Naturhaushalts sowie die Belastung der Akkumulationskraft durch Investitionen für die Reproduktion der Naturbedingungen gezogen werden. Es kann also erwartet werden, daß mit weiter zunehmender Intensivierung der Umweltnutzung auch Flächendichtewerte angewandt werden müssen, um die volkswirtschaftlichen Effektivitäts- und Proportionalitätsbedingungen vollständig widerspiegeln zu können. Das gilt besonders für kleine Länder mit intensiver Nutzung der Naturbedingungen.

Die Aussagen über die Intensität der Umweltnutzung werden in gewisser Weise durch die Möglichkeit geschmälert, daß Länder und in noch weit stärkerem Maße einzelne Gebiete für die Befriedigung ihrer gesellschaftlichen Bedürfnisse Naturpotentiale anderer Länder und Gebiete in Anspruch nehmen. Das trifft besonders für Länder mit starker Abhängigkeit von Rohstoff- und Nahrungsmittelimporten zu. Trotz der zunehmenden internationalen und territorialen Vergesellschaftung der Umweltnutzung zieht wachsende Produktion zumindest für die wenig oder nicht mobilen Naturressourcen eine intensivere Inanspruchnahme nach sich. Insbesondere gilt das für die Umweltbelastung durch Abprodukte und Konsumtionsexkremente.

Eine weitere Intensivierung der Umweltnutzung ist nur denkbar, wenn der wissenschaftlich-technische Fortschritt vorangetrieben und die Herrschaft der Gesellschaft über die Natur ausgedehnt wird. Marx hat bereits hervorgehoben, daß die Ergiebigkeit der menschlichen Arbeit zwar von Naturbedingungen abhängt, eine zu große Naturgunst aber keineswegs Anreiz für die Entwicklung einer Produktionsweise ist. Erst durch den Wechsel der Naturumstände, innerhalb derer der Mensch lebt, wird er zur Vermannigfachung seiner eigenen Bedürfnisse, Fähigkeiten, Arbeitsmittel und Arbeitsweisen angespornt. Was Marx als Bedingung der kapitalistischen Produktionsweise festgestellt hat, gilt für die sozialistische in noch viel höherem Grade: „Sie unterstellt Herrschaft des Menschen über die Natur."[18] Herrschaft über die Natur ist von den Klassikern des Marxismus-Leninismus immer in dem Sinne verstanden worden, daß die Menschen die Naturgesetze ausnutzen, um ihre Fähigkeit zum Stoffwechsel mit der Natur zu vermehren. Sie haben sich dagegen gewandt, Herrschaft über die Natur mit einem Gegensatz zwischen Mensch und Natur gleichzusetzen. Engels bemerkte hierzu, „... daß wir keineswegs die Natur beherrschen, wie ein Eroberer ein fremdes Volk beherrscht, wie jemand, der außer der Natur steht – sondern daß wir mit Fleisch und Blut und Hirn ihr angehören und mitten in ihr stehen."[19]

Diese dialektische Einheit Mensch – Natur verliert erst in der sozialistischen Gesellschaft den ihr in der Klassengesellschaft innewohnenden Antagonismus. Indem der Mensch in der kommunistischen Gesellschaftsformation seine natürlichen Anlagen voll entfalten kann, humanisiert sich auch sein Verhältnis zur Natur. Marx hat dieses neue Verhältnis zur Natur so charakterisiert, „daß der vergesellschaftete Mensch, die assoziierten Produzenten, diesen ihren Stoffwechsel mit der Natur rationell regeln, unter ihre gemeinschaftliche Kontrolle bringen, statt von ihm als von einer blinden Macht beherrscht zu werden." Die Freiheit auf diesem Gebiet kann nur darin bestehen, daß „... die assoziierten Produzenten, diesen ihren Stoffwechsel mit der Natur ... mit dem geringsten Kraftaufwand und unter den, ihrer menschlichen Natur würdigsten und adäquatesten Bedingungen voll-

18 Karl Marx, Das Kapital, Erster Band, in: MEW, Bd. 23, Berlin 1962, S. 536.
19 Friedrich Engels, Dialektik der Natur, in: MEW, Bd. 20, Berlin 1962, S. 453.

ziehn".[20] Die Menschen werden hier „zum ersten Male bewußte, wirkliche Herren der Natur, weil und indem sie Herren ihrer eigenen Vergesellschaftung werden".[21]

Indem der Mensch seine Herrschaft über die Natur ausdehnt, verändert er auch sein Verhältnis zur Natur. In erster Linie ist er bei der Entwicklung der Produktion immer weniger an die Leistungsgrenzen des natürlichen Stoffwechsels seiner konkreten Umwelt gebunden. Er kann die Natur umgestalten und ihre Ergiebigkeit erhöhen, um seinen Stoffwechsel mit der Natur auf immer höherer Stufenleiter fortzuführen. Zwischen der Entwicklung der gesellschaftlichen Produktivkräfte und dem Leistungsvermögen der Natur, dem Naturpotential, besteht daher eine untrennbare Wechselwirkung. In welchem Grade die Menschen die Bedingungen der natürlichen Umwelt zur Befriedigung ihrer Bedürfnisse nutzen und dazu die Ergiebigkeit der Natur selbst vermehren können, hängt in erster Linie von ihrer eigenen Fähigkeit zur Naturbeherrschung ab.

In diesem Sinne besitzt der von der Gesellschaft beherrschbare Teil der natürlichen Umwelt, der als Naturressource für menschliche Zwecke ausgenutzt werden kann, ein gesellschaftlich-historisches Moment, das ihn gegenüber dem nicht beherrschbaren und nicht zugänglichen Teil der Natur abgrenzt und auch ökonomisch unterscheidet.[22]

Marx betrachtete die Natur immer in diesem unlösbaren Zusammenhang mit dem Menschen und seinen Fähigkeiten. Für ihn war die äußere Natur oder – wie wir heute sagen – die natürliche Umwelt nichts anderes als der „unorganische Leib" oder der nur „verlängerte Leib" des Menschen.[23] Im Sinne dieser Einheit faßte er den Menschen mit seinen produktiven Fähig-

[20] Karl Marx, Das Kapital, Dritter Band, in: MEW, Bd. 25, Berlin 1964, S. 828.

[21] Friedrich Engels, Herrn Eugen Dührings Umwälzung der Wissenschaft (Anti-Dühring) in: MEW, Bd. 20, Berlin 1962, S. 264.

[22] „Der Begriff ‚Bodenschatz' hat historischen Charakter, der vor allem vom gesellschaftlichen und ökonomischen Entwicklungsstand abhängig ist... Was heute noch nicht als Bodenschatz zählt, weil seine Gewinnung und Verwendung unwirtschaftlich wäre, kann schon morgen auf Grund neuer Verarbeitungstechniken und -technologien zum gesuchten Bodenschatz werden." (A. V. Siderenko, Geologie im Jahr 2000, in: Blickpunkt 2000, Leipzig–Jena–Berlin 1972, S. 138.)

[23] „... wie das arbeitende Subjekt natürliches Individuum, natürliches Dasein – erscheint die erste objektive Bedingung seiner Arbeit als Natur, Erde, als sein unorganischer Leib; er selbst ist nicht nur der organische Leib, sondern diese unorganische Natur als Subjekt." (Karl Marx, Grundrisse der Kritik der politischen Ökonomie, Berlin 1953, S. 388. Vgl. auch: ebenda, S. 391 und Karl Marx, Ökonomisch-philosophische Manuskripte aus dem Jahre 1844, in: MEW, Ergänzungsband, Schriften bis 1844, 1. Teil, Berlin 1968, S. 516.)

keiten ebenfalls als Teil der Natur, als seinen „organischen Leib" auf. Hieran zeigt sich, wie konsequent Marx die erkenntnistheoretische Grundposition der materialistischen Philosophie auf die Beziehungen der Gesellschaft zur Umwelt anwendet: „... die Natur, abstrakt genommen, für sich, in der Trennung vom Menschen fixiert, ist für den Menschen *nichts*."[24] Die historisch-materialistische Humanisierung der natürlichen Umwelt qualifiziert somit die Naturschranken der menschlichen Entwicklung in Wirklichkeit als Grenzen der Menschheit, nämlich ihrer Fähigkeit, die Natur besser zu beherrschen und dadurch deren nutzbares Potential zu erweitern.

Die Fähigkeit zur Naturbeherrschung kann der Mensch aber andererseits nur in der Auseinandersetzung mit der Natur entwickeln. Indem der Mensch „... auf die Natur außer ihm wirkt und sie verändert, verändert er zugleich seine eigene Natur. Er entwickelt die in ihr schlummernden Potenzen und unterwirft das Spiel ihrer Kräfte seiner eignen Botmäßigkeit".[25]

Da mit steigender Produktivkraft der menschlichen Arbeit das Vermögen der Gesellschaft zunimmt, die Ergiebigkeit der Naturbedingungen zu erhöhen, bewirkt sie ferner, daß die produktive Potenz des Menschen mit dem Naturpotential in Übereinstimmung gebracht werden kann, sofern die gesellschaftlichen Verhältnisse das zulassen. Beide Potentiale müssen strukturell und mengenmäßig übereinstimmen. Was die Gesellschaft auf Grund ihrer Produktivkraft an Stoffen, Energie und anderen Naturbedingungen für die Befriedigung ihrer Bedürfnisse benötigt, muß sie in ihrer Umwelt vorfinden, oder sie muß die Natur dazu befähigen, diese Bedingungen durch ihren eigenen Stoffwechsel zu erzeugen.

Der Stoffwechsel zwischen Mensch und Natur setzt deshalb voraus, daß sowohl die Fähigkeit des Menschen als auch der Natur zum Stoffwechsel ununterbrochen und stabil regeneriert wird[26], und das auf einer den wachsenden Produktionsmaßstäben entsprechend erweiterten Stufenleiter. Wenn hierzu die Fähigkeit der Natur nicht mehr ausreicht, muß sie der Mensch ebenso erweitern, wie er das bei allen anderen Produktionspotentialen bisher getan hat.

Die Naturbeherrschung ständig auszudehnen, um damit die Umwelt intensiver zu nutzen, wird unter den Bedingungen der wissenschaftlich-technischen Revolution zu einem Hauptmoment im Entwicklungsprozeß der ge-

[24] Karl Marx, Kritik der Hegelschen Dialektik und Philosophie überhaupt, in: MEW, Ergänzungsband, Schriften bis 1844, 1. Teil, Berlin 1968, S. 587 (Hervorhebung im Original).

[25] Karl Marx, Das Kapital, Erster Band, in: MEW, Bd. 23, Berlin 1962, S. 192.

[26] Vgl. G. S. Gudožnik, Wissenschaftlich-technischer Fortschritt. Wesen – grundlegende Tendenzen, Berlin 1974, S. 158.

sellschaftlichen Produktivkräfte. I. P. Trusov hat darauf hingewiesen, daß die bewußte Umgestaltung der Umwelt, die einmal die gesamte geographische Hülle erfassen wird, „... nicht als zufälliger Faktor und nicht als vergleichsweise wenig bedeutende Ergänzung zur traditionellen industriellen und landwirtschaftlichen Produktion auftritt, sondern als eine der Hauptrichtungen der Wechselwirkung der Gesellschaft mit der Natur".[27]

Die enger werdenden Beziehungen zwischen Produktion und Umweltreproduktion erfordern eine gegeneinander abgewogene Entwicklung der wissenschaftlichen und technischen Grundlagen dieser beiden Gebiete der menschlichen Tätigkeit. So sind Technologien, die eine Schädigung der Umwelt nicht von vornherein ausschließen, in Zukunft gesellschaftlich wertlos, auch wenn sie in jeder anderen Beziehung den höchsten Stand verkörpern. Wissenschaftlich-technischer Fortschritt, um die Produktion leistungsfähiger zu machen, wird zukünftig nur in dem Maße verwirklicht werden können, wie dieser Fortschritt gleichzeitig dazu führt, die Natur leistungsfähiger zu machen und vor schädigenden Einflüssen zu schützen. Umgekehrt setzt die Beherrschung der Umweltprozesse den wissenschaftlich-technischen Fortschritt in der Produktion voraus, weil die Produktion die materiellen Mittel zur Umgestaltung der Natur liefert.

Wenn die wissenschaftlichen und technischen Grundlagen der Produktion ohne Beachtung der Auswirkungen auf die natürliche Umwelt entwickelt werden, gerät die Produktion in einen Gegensatz zur Umwelt und untergräbt damit ihre eigenen Grundlagen.

Nur in dem Maße, wie die Naturprozesse in der Umwelt des Menschen wissenschaftlich und technisch beherrscht werden, können die produktivitätssteigernden Wirkungen des wissenschaftlich-technischen Fortschritts in der Produktion voll ausgenutzt werden. Die wissenschaftliche Durchdringung und technische Beherrschung einer immer intensiveren Umweltnutzung wird somit zu einem wichtigen Moment des wissenschaftlich-technischen Fortschritts.

[27] Vgl. I. P. Trusov, Auffassung über die Noosphäre, in: Berichte der deutschen Gesellschaft für geologische Wissenschaften, Reihe A, Geologische Paläontologie, Berlin 2/1970, S. 191.

8.2. Intensivierung der Umweltnutzung und ihr Einfluß auf die Produktivität der gesellschaftlichen Arbeit

Unter den vielfältigen Beziehungen des Menschen zu seiner natürlichen Umwelt besitzt die Arbeit für die menschliche Existenz die größte Bedeutung.

Nach Marx vermittelt die Arbeit den Stoffwechsel zwischen Mensch und Natur sowie das menschliche Leben überhaupt. Selbst Äußerung einer Naturkraft, ist es ihre Funktion, die „Naturstoffe den menschlichen Bedürfnissen gemäß umzuwandeln". Damit ist sie ewige Naturbedingung der menschlichen Existenz und zusammen mit der Natur Quelle des stofflichen Reichtums der Gesellschaft.

In einer arbeitsteilig organisierten Gesellschaft verbindet die Arbeit, indem sie zwischen Mensch und Natur einen Stoffwechsel herstellt, den „natürlichen Stoffwechsel"[28], der die vom Menschen nutzbaren Stoffe und Energien liefert, mit dem „gesellschaftlichen Stoffwechsel"[29], der die angeeigneten und den menschlichen Bedürfnissen angepaßten Naturstoffe aus der Hand des Produzenten in die des Konsumenten überführt.

Diese besondere Funktion der Arbeit macht sie auch zum Gradmesser für die Effektivität, mit der das menschliche Potential und das natürliche Potential im Stoffwechsel miteinander verbunden werden.

Der Wirkungsgrad dieser Verbindung kann hauptsächlich durch zwei ökonomische Kategorien erfaßt werden:

– *Erstens* durch die gesellschaftliche Arbeitsproduktivität, die den stofflichen Wirkungsgrad der Verbindung zwischen Mensch und Natur, also der Elemente des potentiellen Reichtums der Gesellschaft, ausdrückt;

– *zweitens* durch den realen sachlichen Reichtum der Gesellschaft, der als Bestandsgröße ausweist, wie der stoffliche Wirkungsgrad der Mensch-Natur-Verbindung akkumuliert wurde, und der damit die Stabilität einer effektiven Verbindung beider Potentiale zum Ausdruck bringt.

Der Arbeitsproduktivität kommt hier die bestimmende Rolle zu, denn

[28] Vgl. Karl Marx, Das Kapital, Erster Band, in: MEW, Bd. 23, Berlin 1962, S. 198.

[29] Vgl. ebenda, S. 119.

der reale sachliche Reichtum ergibt sich aus ihr, wenn die Akkumulationsrate sowie der physische und moralische Verschleiß berücksichtigt werden.

Zwischen der Arbeitsproduktivität und den natürlichen Umweltbedingungen bestehen vielfältige und komplizierte Wechselbeziehungen. Einerseits hängt die Produktivkraft der Arbeit neben anderen Faktoren von Naturbedingungen ab, und zwar in zweierlei Hinsicht. Einmal, weil günstige Umweltbedingungen die Arbeit ergiebiger machen, und zweitens, weil der Mensch in der Auseinandersetzung mit der Natur die Fähigkeit zur Naturbeherrschung erwirbt und vervollkommnet.

Das gibt ihm anderseits die Möglichkeit, die Bedingungen seiner natürlichen Umwelt zu verändern, den Kreis nutzbarer Ressourcen zu erweitern, die Wirkung ungünstiger Umweltfaktoren einzudämmen oder auszuschließen sowie den Nutzungsgrad der Natur zu erhöhen. Die Produktivkraft der Arbeit, die als Naturbeherrschung aus der Auseinandersetzung der menschlichen Gesellschaft mit ihrer natürlichen Umwelt resultiert, bildet so zugleich die Möglichkeit, die naturbedingten Grundlagen ihrer eigenen Entwicklung auf einem immer höheren Niveau zu reproduzieren.

Diese Möglichkeit wird zur gesellschaftlichen Notwendigkeit, sobald die Gunst der jeweils genutzten Naturbedingungen, die „naturbedingte Produktivkraft der Arbeit“ (Marx) durch die Produktion ausgeschöpft ist und deren Ausdehnung an Naturschranken stößt.

Wie für die Mensch-Umwelt-Beziehungen überhaupt, so besteht auch für die Art des Wechselverhältnisses zwischen Arbeitsproduktivität und natürlichen Umweltbedingungen das prinzipielle ökonomische Unterscheidungsmerkmal darin, ob die Gesellschaft für die Entwicklung ihrer stofflichen Basis naturgegebene Potentiale ausnutzen kann oder ob sie die Naturpotentiale selbst erzeugen oder erweitern muß. Im ersten Fall werden die Potentiale ohne Zutun der Menschen von der Natur selbst reproduziert, im zweiten Fall dagegen muß die Gesellschaft in die Reproduktion dieser Potentiale eingreifen und dafür Arbeit aufwenden. Solange die Natur die Reproduktion der für die menschliche Existenz erforderlichen Naturbedingungen selbst vollzieht, sind diese auch nicht Bestandteil des gesellschaftlichen Reproduktionsprozesses.[30] Erst wenn die Gesellschaft dafür Arbeit aufwen-

30 „Die Produkte der rein extraktiven Industrie wie z. B. Kohlen, Metalle, sind selbst Resultate der Arbeit... Aber sie werden nicht reproduziert, da wir es bisher noch nicht verstehn Metalle zu machen...“ (Karl Marx, Grundrisse der Kritik der politischen Ökonomie, Berlin 1953, S. 604). Die Agrikultur „... bildet eine Produktionsweise sui generis, weil... der natürliche Reproduktionsprozeß bloß kontrolliert und dirigiert wird; ebenso die extraktive Industrie...., weil in ihr gar kein Reproduktionsprozeß, wenigstens kein unter unsrer Kontrolle befindlicher ... stattfindet.“ (Ebenda, S. 614.)

den muß – und nur in diesem Maße – gehört die Reproduktion der natürlichen Umweltbedingungen zum gesellschaftlichen Reproduktionsprozeß und beeinflußt über diesen Aufwand dessen Effektivität und Proportionalität. Daran ändert auch die Tatsache nichts, daß die Menschheit bis jetzt nur zu einem kleinen Teil ihre natürlichen Existenzgrundlagen selbst reproduziert, während dies in überwiegendem Maße durch die Natur vollzogen wird.

Im ersten Falle hängt die Arbeitsproduktivität allein davon ab, wie ergiebig die *naturgegebenen* Umweltbedingungen sind und wie effektiv sie genutzt werden. Im zweiten Falle muß dagegen berücksichtigt werden, wie groß der Teil der gesellschaftlichen Gesamtarbeit ist, der für die Reproduktion der Naturpotentiale aufgewandt werden muß.

Mit zunehmender Intensivierung der Umweltnutzung verringert sich der naturgegebene Spielraum für die Erweiterung der Produktion und Konsumtion und erhöht sich der Arbeitsaufwand für die Reproduktion der Naturpotentiale. Es ist deshalb ein ökonomisches Grundproblem der intensiven Entwicklung der Volkswirtschaft, die Auswirkungen dieses Tatbestandes auf die Entwicklung der gesellschaftlichen Arbeitsproduktivität zu untersuchen. Um das tun zu können, ist es notwendig, die gesellschaftliche Arbeit in die „potentialbildende" und die „potentialnutzende" zu untergliedern.

Unter potentialbildender Arbeit wird hier die Arbeit verstanden, welche die Gesellschaft für die Erhaltung (beziehungsweise den Schutz) und die Erweiterung der Naturpotentiale aufwenden muß. Quantitativ gesehen, handelt es sich also um den zur Reproduktion der Naturbedingungen notwendigen Anteil an der gesellschaftlichen Gesamtarbeit. Vom Standpunkt der Endverwendung der materiellen Ergebnisse der gesellschaftlichen Gesamtarbeit gehört der Aufwand an potentialbildender Arbeit als Bildungselement des natürlichen Reichtums der Gesellschaft entweder zur Akkumulation, wenn es sich um die Erweiterung der Naturpotentiale handelt, oder zum notwendigen Aufwand, wenn es um die einfache Reproduktion der natürlichen Umwelt geht.

Zur potentialbildenden Arbeit gehören direkt die geologische Erkundung und der Aufschluß von Bodenschätzen, die Melioration zur Verbesserung der Ertragsfähigkeit land- und forstwirtschaftlicher Nutzflächen, die Landgewinnung und die landwirtschaftliche Erschließung jungfräulichen Bodens, die Bereiche der Wasserwirtschaft, deren Aufgabe die Erhöhung des nutzbaren Wasserdargebots ist, die Landeskultur, die Erschließung der Ressourcen der Meere, die Erforschung von Verfahren zur Nutzbarmachung bisher unzugänglicher Naturbedingungen usw., aber indirekt auch alle Tätigkeiten zur Erhaltung und zum Schutz von Naturpotentialen sowie zur Einsparung von Ressourcen, weil sie den natürlichen Spielraum für die erweiterte Reproduktion mittelbar ausdehnen.

Der für die Erweiterung der Naturpotentiale aufgewandte Teil der gesellschaftlichen Arbeit unterscheidet sich in seiner Zweckbestimmung von der übrigen Arbeit. Die potentialbildende Arbeit schafft nämlich keinen Gegenstand der produktiven oder der individuellen und gesellschaftlichen Konsumtion. Ihre Zweckbestimmung besteht vielmehr darin, die Fähigkeit der natürlichen Umwelt zu erhöhen, stoffliche und energetische Ressourcen hervorzubringen beziehungsweise Abprodukte schadlos zu beseitigen oder bisher ungenutzte Naturpotentiale zu erschließen, damit die Gesellschaft in ausreichendem Maße Arbeitsgegenstände und Arbeitsmittel in der Natur vorfindet.

Die potentialnutzende Arbeit dagegen umfaßt den eigentlichen Stoffwechsel zwischen Mensch und Natur; das sind alle Bereiche der gesellschaftlichen Arbeit, deren Zweckbestimmung die Herauslösung der Stoffe aus ihrem natürlichen Zusammenhang, ihre über eine ganze Kette von Stoffänderungsphasen reichende Anpassung an menschliche Bedürfnisse und schließlich ihre Überführung in die Sphäre der Konsumtion ist.

Was nun die eingangs gestellte Frage nach dem Einfluß der potentialbildenden Arbeit auf die gesellschaftliche Arbeitsproduktivität betrifft, so muß davon ausgegangen werden, daß ihr Anteil an der Gesamtarbeit durch zwei Momente bestimmt wird: einmal ist es die Ergiebigkeit der potentialbildenden Arbeit selbst, zum anderen sind es die Anforderungen, welche die Gesellschaft an die natürliche Umwelt stellt. Sofern man von einem bestimmten Bedürfnisniveau ausgeht und den nichtproduktiven Verbrauch natürlicher Ressourcen außer acht läßt, ist der stoffliche Wirkungsgrad der potentialnutzenden Arbeit dafür maßgebend, wie groß diese Ansprüche sind.

Eine weitere sprunghafte Intensivierung der Umweltnutzung vorausgesetzt, spielt demnach die Entwicklungsproportion zwischen der stofflichen (beziehungsweise auf Naturressourcen bezogenen) Ergiebigkeit der potentialbildenden und der potentialnutzenden Arbeit eine zunehmende Rolle für die gesellschaftliche Arbeitsproduktivität. Steigt nämlich die Ergiebigkeit der potentialbildenden Arbeit schneller als die der potentialnutzenden Arbeit, werden also mehr Ressourcen bereitgestellt als genutzt werden können, sinkt der auf ein vergleichbares Produktionsvolumen bezogene Anteil, den die Gesellschaft von ihrem Arbeitsvermögen für die Reproduktion der Naturgrundlagen aufwenden muß, und sie gewinnt disponible Zeit für die Produktion oder für andere Zwecke. Steigt sie dagegen langsamer, bleibt für die eigentliche Produktion (oder für andere Zwecke) entsprechend weniger Zeit übrig, und die *erreichbare* Produktivität der gesellschaftlichen Gesamtarbeit verringert sich in dem Maße, wie zusätzliche Arbeit zur Erweiterung der Naturgrundlagen verausgabt werden muß. Für die Gesellschaft besteht deshalb ein primäres Interesse daran, daß die Ergiebigkeit der potentialbildenden Arbeit stets in einer ausgewogenen Relation zu der der potentialnutzenden Arbeit wächst, um zu verhindern, daß der Anteil des Arbeitsaufwandes für die Reproduktion der Naturbedingungen größer wird.

Der entscheidende Umstand, von dem der Wirkungsgrad und damit die Ergiebigkeit der potentialbildenden Arbeit abhängt, ist in jedem Falle die spezifische Art und Weise, in der die Gunst oder Ungunst der Naturbedingungen mit dem jeweiligen Stand von Wissenschaft und Technik – also der Naturbeherrschung – zusammenwirken. Besteht beispielsweise die Möglichkeit, große und ergiebige Ressourcen zu erschließen, so kann der absolute Aufwand dafür infolge niedrigen technischen Niveaus zwar hoch, der relative aber niedrig sein, weil er sich auf eine große Ressourcenmenge verteilt. Günstige Naturbedingungen rufen – wie auch bei der Potentialnutzung – eine relativ hohe Ergiebigkeit der potentialbildenden Arbeit hervor. Bei gegebener Naturgunst entscheidet andererseits der Fortschritt in der Technik der geologischen Erkundung und Erschließung, der Wasser-, Irrigations- und Meliorationstechnik, der Bodenbearbeitungs- und Düngetechnik usw. darüber, wieviel Arbeit zur Hervorbringung einer Ressourceneinheit aufgewandt werden muß. Die Arbeitsmenge, die zur Reproduktion der Naturbedingungen benötigt wird, ergibt sich also aus der – wie Marx es ausdrückt – „Macht der Agentien“, in diesem Falle der natürlichen Agentien, welche die Arbeit in Bewegung zu setzen vermag.

„In dem Maße aber, wie die große Industrie sich entwickelt, wird die Schöpfung des wirklichen Reichtums abhängig weniger von der Arbeitszeit und dem Quantum angewandter Arbeit, als von der Macht der Agentien, die während der Arbeitszeit in Bewegung gesetzt werden und die selbst wieder – deren powerfull effectiveness – ... in keinem Verhältnis steht zur unmittelbaren Arbeitszeit, die ihre Reproduktion kostet, sondern vielmehr abhängt vom allgemeinen Stand der Wissenschaft und dem Fortschritt der Technologie ... In dieser Umwandlung ist es weder die unmittelbare Arbeit, die der Mensch selbst verrichtet, noch die Zeit, die er arbeitet, sondern die Aneignung seiner eignen allgemeinen Produktivkraft, sein Verständnis der Natur und die Beherrschung derselben durch sein Dasein als Gesellschaftskörper – in einem Wort die Entwicklung des gesellschaftlichen Individuums, die als der große Grundpfeiler der Produktion und des Reichtums erscheint.“[31]

Eines der wichtigsten Ziele der wissenschaftlich-technischen Revolution besteht eben darin, mit einem vergleichbaren Arbeitsaufwand ein progressiv wachsendes Volumen von Naturressourcen für die wirtschaftliche Ver-

[31] Karl Marx, Grundrisse der Kritik der politischen Ökonomie, Berlin 1953, S. 592, 593.

wertung bereitzustellen. Ihre besondere Rolle in der Auseinandersetzung der Gesellschaft mit ihrer natürlichen Umwelt ergibt sich ferner daraus, daß die Anwendung neuer wissenschaftlicher Erkenntnisse bei der Erschließung und Erweiterung von Naturpotentialen das wichtigste Mittel ist, um einem etwaigen degressiven Einfluß ungünstiger Umweltbedingungen auf die Ergiebigkeit der potentialbildenden Arbeit entgegenzuwirken und – soweit wie möglich – zu kompensieren. Das bezieht sich besonders auf die Überwindung der elementaren Naturgewalten bei der geologischen Erschließung tiefer Schichten, des Festlandsockels und des Meeresbodens, bei der Bändigung großer Ströme, der Urbarmachung von Steppen und Wüsten usw., aber auch auf die Abwendung von Umweltschäden, die aus der Einwirkung des Menschen oder der Natur selbst entstehen.

Die andere prinzipielle Möglichkeit, ein die Arbeitsproduktivität hemmendes unverhältnismäßiges Anwachsen des Anteils der potentialbildenden Arbeit zu verhindern, ist die effektivere Ausnutzung der Naturressourcen. Effektiver bedeutet hier, mit einem vergleichbaren Ressourcenvolumen mehr Gebrauchswerte zu erzeugen beziehungsweise mehr Bedürfnisse zu befriedigen, das heißt je Einheit Gebrauchswert oder Bedürfnis weniger natürliche Ressourcen und damit weniger vergegenständlichte potentialbildende Arbeit einzusetzen. Hier taucht aber folgender Widerspruch auf: Steigerung der Arbeitsproduktivität bedeutet einerseits – darauf wurde bereits am Anfang hingewiesen –, daß sich bei gleichbleibender Stoffausnutzung der Zeitaufwand je Produkt im umgekehrten Verhältnis entwickelt wie der Stoffaufwand je Zeiteinheit. Ist es möglich, in einer Stunde doppelt soviel Produkte herzustellen, so wird auch doppelt soviel Material verarbeitet, pro Produkt aber nur die Hälfte der Zeit benötigt.

Erweiterte Reproduktion der Volkswirtschaft vorausgesetzt, erhöht steigende Arbeitsproduktivität wegen des zunehmenden Stoffumsatzes je Zeiteinheit die Anforderungen an die natürlichen Ressourcen und die Selbstreinigungspotentiale und läßt damit die Aufwendungen für die Reproduktion der Naturbedingungen anwachsen. Wenn dabei die Ergiebigkeit der potentialbildenden Arbeit infolge erschwerter Naturbedingungen noch nachläßt, muß mit steigender Arbeitsproduktivität der Anteil der potentialbildenden Arbeit an der gesellschaftlichen Arbeit sogar größer werden. Ergiebigkeitsgewinn in der potentialnutzenden Arbeit steht einem Ergiebigkeitsverlust in der potentialbildenden Arbeit gegenüber. Die Entwicklung der gesellschaftlichen Arbeitsproduktivität kann besonders dann solche selbsthemmenden Faktoren auslösen, wenn die erkundeten und erschlossenen Lagerstätten und Wasservorräte stark erschöpft sind, zur Ertragssteigerung in der Land- und Forstwirtschaft die Bodenfruchtbarkeit bedeutend erhöht oder geringwertiger Boden in Nutzung genommen werden muß und wenn schließlich die Immissionsgrenzwerte für Schadstoffe erreicht worden sind.

Steigerung der Arbeitsproduktivität bedeutet aber ebenso, daß je Zeiteinheit weniger Stoff umgesetzt wird, weil der Stoffaufwand je Produkt sinkt, daß also Verminderung des produktbezogenen Zeitaufwandes mit einer Verminderung des produktbezogenen Stoffaufwandes einhergeht. Letzterer repräsentiert aber selbst nur eine größere oder geringere Einsparung von Arbeit, die in Ressourcen, Rohstoffen oder Material vergegenständlicht ist. Steigender Arbeitsproduktivität ist daher in Gestalt verbesserter Stoffausnutzung ein Moment eigen, das den Stoffentzug aus der natürlichen Umwelt und damit den Aufwand zur Reproduktion der Naturbedingungen verringert.

In bezug auf die Anforderungen an die natürliche Umwelt birgt steigende Arbeitsproduktivität also zwei entgegengesetzt wirkende Momente in sich: zum einen erhöht und zum anderen vermindert sie diese Anforderungen.

Für den Aufwand an potentialbildender Arbeit und seinen Anteil an der gesellschaftlichen Gesamtarbeit ist es daher von großer Bedeutung, wie sich je Einheit Produktion der Zeitaufwand zum Naturstoffaufwand entwickelt.

Die Entwicklung des produktbezogenen Zeitaufwandes zeigt, in welchem Maße steigende Arbeitsproduktivität den Stoffentzug und den Reproduktionsaufwand der Naturbedingungen erhöht; die Entwicklung des produktbezogenen Stoffaufwandes dagegen zeigt, in welchem Maße die Arbeitsproduktivität Stoffentzug und Reproduktionsaufwand der Naturbedingungen vermindert.

Die Entwicklungs*proportion* zwischen dem produktbezogenen Zeit- und Stoffaufwand bringt darüber hinaus zum Ausdruck, inwieweit intensivere Stoffausnutzung einer Erhöhung der potentialbildenden Arbeit infolge wachsenden Stoffentzuges entgegenwirkt.

Wäre es möglich, je Produkt den Naturstoffaufwand im gleichen Verhältnis zu vermindern wie den Arbeitsaufwand, würde steigende Arbeitsproduktivität auch bei erweiterter Reproduktion keinen vermehrten Stoffentzug aus der Natur und damit auch keine zunehmende Umweltbelastung hervorrufen.

Um das an einem Beispiel zu verdeutlichen, sei ein Kraftwerk mit einer verfügbaren Leistung von 1 000 Megawatt, einem Bedienungsfaktor von 1,5 Ak/MW und damit einer Belegschaft von 1 500 Arbeitskräften angenommen. Die Elektroenergieerzeugung soll 6 500 Gigawattstunden betragen, wozu bei einem Heizwert der Kohle von 2 000 kcal/kg und einem Wärmeverbrauch von 4 000 kcal/kWh eine Kohlenmenge von 13 Millionen Tonnen erforderlich wäre. Durch Rekonstruktion soll die Arbeitsproduktivität um ein Drittel steigen, der Bedienungsfaktor also auf 1,0 Ak/MW sinken und die Kapazität auf 1 500 MW erhöht werden. Bei gleicher Belegschaft könnte das Werk nunmehr 9 750 GWh Strom erzeugen. Dazu wären bei unverändertem spezifischen Kohleverbrauch 19,5 Millionen Tonnen Kohle nötig. Der Stoffentzug aus der Natur würde sich proportional der Arbeitsproduktivität vergrößern.

Würde der spezifische Wärmeverbrauch jedoch ebenso wie der Bedienungsfaktor um ein Drittel gesenkt werden, wären je kWh nur noch 2 667 kcal bzw. 1,333 kg Kohle nötig. Die gestiegene Gesamterzeugung von 9 750 GWh erforderte dann nur noch 13 Millionen Tonnen Kohle. Der Stoffentzug aus der Natur bliebe auch bei gestiegener Arbeitsproduktivität gleich, weil das Wachstum des Stoffentzuges durch Senkung des spezifischen, das heißt produktbezogenen Arbeitsaufwandes (von 230 Ak/GWh auf 154 Ak/GWh) in der Größenordnung identisch wäre mit der Senkung des Stoffentzuges durch Verringerung des spezifischen Stoffaufwandes (von 2 Mio t/GWh auf 1,333 Mio t/GWh). In diesem Beispiel wird von irgendwelchen Veränderungen der Abbauverhältnisse abgesehen.

Stellt man einen solchen Vergleich des produktbezogenen Arbeits- und Stoffaufwands für die DDR an, um Rückschlüsse auf die Veränderung des potentialbildenden Arbeitsaufwands bzw. auf die Belastung der Volkswirtschaft durch die Reproduktion der natürlichen Umweltbedingungen zu ziehen, so zeigt sich folgendes: Mit steigender Arbeitsproduktivität ist der Arbeitsaufwand je 1 000 Mark industrielle Bruttoproduktion im Zeitraum von 1958 bis 1967 (für den vergleichbare statistische Angaben vorliegen) von 61 auf 27 Stunden, also um 56 Prozent zurückgegangen, während der Rohstoffverbrauch für die ausgewiesenen Industrieerzeugnisse in einzelnen Fällen zwar spürbar, insgesamt aber wesentlich langsamer vermindert wurde (vgl. die Tabellen 1 und 2). Auch wenn man berücksichtigt, daß die Rohstoffversorgung in steigendem Maße durch Importe gesichert wird, kommt man zu dem Schluß, daß der Stoffentzug die Stoffausnutzung tendenziell bei weitem überwog, sofern die hier angeführte Auswahl von Rohstoffen die Tendenz des Rohstoffverbrauchs in der Industrie richtig widerspiegelt.

Sollte dies der Fall sein, deutet das auf große Reserven für die intensive Entwicklung der Volkswirtschaft hin; wenn nämlich die Arbeitsproduktivität im Vergleich zur Stoffausnutzung wesentlich schneller steigt, erfordert das zusätzliche Arbeitskräfte und Akkumulationsmittel, um die Naturbedingungen erweitert zu reproduzieren. Aus diesem Grunde kommt der komplexen und vollständigen Ausnutzung der Naturstoffe – der Steigerung des Stoffausnutzungsgrades der Produktion – eine wachsende Rolle im volkswirtschaftlichen Reproduktionsprozeß zu. Dadurch wird es möglich, die Größen der produktbezogenen Einsparung von Arbeit und Stoff einander anzunähern und – im Idealfalle geschlossener Stoffkreisläufe – identisch werden zu lassen.

Als Stoffausnutzungsgrad wird hier das Verhältnis zwischen der Menge der erkundeten, wirtschaftlich erschlossenen und in der Produktion eingesetzten Naturstoffe sowie der Menge der in den Gebrauchswerten enthaltenen Naturstoffe aufgefaßt. Da Hilfs- und Betriebsstoffe nicht in das Produkt eingehen, muß die Größe des Stoffausnutzungsgrades auch bei vollständiger Stoffausnutzung kleiner als 1 sein. Auf die Stoffausnutzung wirken ein:

– Die Ausbeute nutzbarer Bodenschätze einschließlich Wasser und die Ausnutzung der Bodenfruchtbarkeit. Sie zeigen an, in welchem Maße der Wirkungsgrad der konkreten potentialbildenden Arbeit zur Erschließung von Lagerstätten und zur Erhöhung der Bodenfruchtbarkeit mengenmäßig genutzt und ihr Aufwand tatsächlich auf die Rohstoffe übertragen wird;

– die Ausbringung nutzbarer Komponenten aus dem Naturstoff;

– die Materialausnutzung, das heißt das Verhältnis zwischen Masse, Fläche oder Rauminhalt eines fertigen Produkts und dem entsprechenden Materialeinsatz[32]; von der Ausbringung und der Materialausnutzung hängt es ab, wie der Wirkungsgrad der extraktiven Arbeit mengenmäßig genutzt und ihr Aufwand auf die Produkte übertragen wird;

– die Anforderungen an Gestalt, Festigkeit und Sicherheit usw., welche bei Formgebung und Konstruktion zu berücksichtigen sind.

Soweit die Stoffausnutzung als Stufenfolge bzw. im technologischen Stofffluß betrachtet wird, entscheidet der Stofferhaltungseffekt, in welchem Maße der stoffliche Wirkungsgrad der Arbeit in der vorausgegangenen Stufe durch die Gebrauchswerte der folgenden Stufe realisiert wird. Der negative Ausdruck für die Stoffausnutzung sind die bei Extraktion und Weiterverarbeitung auftretenden Stoffverluste.

Der Stoffausnutzungsgrad wird hier also als Kennziffer dargestellt, welche die Einsparung von Stoff beziehungsweise Material ausdrückt. Das ist aber einseitig, weil er so aufgefaßt nur den stofflich-quantitativen Wirkungsgrad der Arbeit widerspiegelt.

Eine Annäherung des produktbezogenen Arbeits- und Stoffaufwandes kann aber auch erreicht und ein Anwachsen des Anteils der potentialbildenden Arbeit verhindert werden, wenn der Veredelungsgrad der Erzeugnisse erhöht wird.

Diese Möglichkeit besteht darin, mit der gleichen Menge der in den gebrauchsfertigen Erzeugnissen enthaltenen Stoffe einen höheren Gebrauchs-

32 Vgl. Stichwort „Materialausnutzung“ in: Ökonomisches Lexikon L–Z, Berlin 1970, S. 150.

Tabelle 1

Entwicklung des Arbeitsaufwands je 1000 M industrielle Bruttoproduktion nach Industriebereichen in Arbeitsstunden (einschl. Überstunden)

	1955	1958[1]	1960	1961	1962	1963	1964	1965	1966	1967	1967 : 1955 (in %)	1967 : 1958 (in %)
Industrie insgesamt	68	61	44	41	38	36	34	31	29	27	40	44
Energie-Brennstoffe	60	.	50	48	45	44	41	41	38	34	57	.
Chemische Industrie	61	.	39	36	33	32	29	27	24	23	38	.
Metallurgie	33	.	23	22	21	21	20	19	18	17	51,5	.
Baumaterialienindustrie	140		86	80	73	69	63	57	54	50	36	.
Maschinen- und Fahrzeugbau	84		50	46	43	39	37	36	34	31	37	.
E/E-Gerätebau	119		63	58	51	48	44	41	37	34	29	.
Leichtindustrie (ohne Textilind.)	98		63	57	53	53	51	48	45	41	42	.
Textilindustrie	93		59	55	51	49	47	42	38	34	37	
Lebensmittelindustrie	21		16	15	14	14	13	12	11	11	52	

[1] Statistisches Jahrbuch der DDR 1967, Berlin 1967, S. 179

Quelle: Statistisches Jahrbuch der DDR 1972, Berlin 1972, S. 139

Tabelle 2

Entwicklung des Rohstoffverbrauchs für ausgewählte Industrieerzeugnisse

Verbrauch von ... für ...		1958	1961	1962	1963	1964	1965	1966	1967	1967:1958 %
Wärme f. kalz. Soda	1000 kcal/t	3870	3485	3184	3191	2821	2882	2979	2936	76
Gebr. Ind. Kalk f. Kalziumkarbid	t Ca O/t	1,005	0,984	0,964	0,974	0,956[1]	0,954[1]	0,929[1]		92[2]
Ätznatron f. kalz. Tonerde	t Na OH/t Al_2O_2	0,331	0,278	0,279	0,268	0,285[1]	0,292[1]	.		88[2]
Kalziumkarbid f. Kalkstickstoff	t/t N	3,391	3,404	3,378	3,381	3,421[1]	3,434[1]	3,430[1]		101[2]
Schwefelsäure f. Superphosphat	t SO_2/t P_2O_2	1,584	1,560	1,515	1,505	1,604[1]	1,392[1]	1,491[1]		94[2]
Reinphenol für Kaprolaktam	t/t	1,413	1,108	1,081	1,068	1,069[1]	1,070[1]	1,053[1]	.	75[2]
Wärme f. Energie	kcal/kWh	3895	3799	3755	3668	3506	3366	3228	3097	80
Gasausbeute aus Steinkohle	m^3/t	489	500	516	509	510	502	505	489	100
Koksausbeute aus Steinkohle	kg/t	810	782	772	767	774	761	764	752	93
Teerausbeute aus Steinkohle	kg/t	37,8	39,7	40,2	38,0	39,0	38,9	39,4	39,8	105
Trockenkoks f. Roheisen	t/t	1,40	1,34	1,32	1,26	1,10	1,03	1,02	0,97	69
Ausbeute je fm Nadelschnittholz	%	74,6	72,3	72,4	72,1	72,2	71,9	71,9		96[2]
Weißzuckerausbeute aus Zuckerrüben	%	12,51	12,67	13,21	12,33	12,66	11,30	9,80	9,65	77

[1] Zeitraum 1. Januar bis 30. September

[2] 1966:1958

Quellen: Statistisches Jahrbuch der DDR 1967, Berlin 1967, S. 204/205; Statistisches Jahrbuch der DDR 1964, Berlin 1964, S. 192/193

wert als bei nicht oder wenig veredelten Erzeugnissen zu schaffen. Dabei ist es gleichgültig, ob die Veredelung die Qualität und Lebensdauer der Erzeugnisse erhöht, mehr und bessere Gebrauchseigenschaften hervorbringt oder höheren Ansprüchen an die Formgestaltung genügt.

Da die Veredelung in der Regel durch eine größere Anzahl von Produktionsstufen erreicht wird, die der Naturstoff bis zur Konsumreife durchlaufen muß, können mit wachsendem Veredelungsgrad die Stoffverluste zunehmen, was bei einer Reihe massenhaft auftretender Veredelungsprozesse auch tatsächlich noch der Fall ist (Energieumwandlung, Nahrungsmittelerzeugung). Ein höherer Stoffentzug aus der Umwelt kann bei der Veredelung deshalb nur vermieden werden, wenn sich die Stoffausnutzung nicht verschlechtert. Ferner ist es möglich, daß bei der Veredelung trotz steigender Anzahl von Produktionsstufen der Gesamtarbeitsaufwand für ein Erzeugnis sinkt. Auch dann kann der Stoffentzug größer werden, weil in der gleichen Zeit mehr Naturstoff umgesetzt wird.

Sofern die Veredelungswirtschaft aber in einer Weise betrieben wird, welche die Reproduktionsbedingungen der Naturstoffe beachtet, kann sie, ebenso wie bessere Stoffausnutzung, stoffwirtschaftlich denselben Effekt haben: Sie erhöht den relativen Anteil der lebendigen Arbeit, der den Naturstoffen beziehungsweise der in ihnen vergegenständlichten potentialbildenden und extraktiven Arbeit zugesetzt wird. Der produktbezogene Aufwand an lebendiger Arbeit steigt *im Verhältnis* zum produktbezogenen Aufwand an der im Stoff vergegenständlichten Arbeit.

Der Unterschied zwischen Stoffeinsparung und Stoffveredelung liegt vor allem in zwei Umständen begründet:

Erstens resultiert das *Verhältnis* zwischen produktbezogenem Arbeits- und Stoffaufwand bei der Stoffeinsparung aus der Verringerung des spezifischen Stoffeinsatzes, bei der Veredelung dagegen aus der Erhöhung des spezifischen Arbeitsaufwandes.

Mit zunehmender Einsparung von Stoff wird je Einheit Arbeitsaufwand eine geringere Menge Stoff eingesetzt, mit zunehmender Veredelung je Einheit Stoff aber eine größere Menge Arbeit aufgewandt. Daraus könnte geschlossen werden, daß Veredelung sinkende Arbeitsproduktivität zur Folge hat. Das muß aber nicht eintreten, wenn nämlich der Stoffumsatz je Zeiteinheit auf *jeder Bearbeitungsstufe* des Naturstoffes erhöht wird, die relative Erhöhung des Arbeitsaufwandes also durch Zunahme der Arbeitsgänge beziehungsweise Produktionsstufen erreicht wird, die ein Produkt durchlaufen muß, wie das für die Veredelung von Erzeugnissen gerade kennzeichnend ist.

Zweitens ist die Stoffeinsparung – als ein Merkmal des stofflich-quantitativen Wirkungsgrades der Arbeit – allen Stufen bzw. Phasen des Stoffwechsels zwischen Mensch und Natur, also auch der Stoffgewinnung, eigen. Die Stoffveredelung dagegen ist ausschließlich eine Funktion der Stoffänderung, das heißt der qualitativen Stoffumwandlung, der Stoffgestaltung und der Stoffsynthese oder -trennung bis hin zur Montage. Sie beschränkt sich auf den Formwandel des Naturstoffs und ist Ergebnis des formwandelnden Wirkungsgrades der Arbeit. Für die Effektivität der Mensch-Umwelt-Beziehungen, besonders bei hochgradig intensiver Umweltnutzung, spielt die Relation zwischen Stoffgewinnung und Stoffänderung, soweit sie den Veredelungsgrad der Erzeugnisse zum Ausdruck bringt, eine wachsende Rolle.

Je größer der Veredelungsgrad ist, desto weniger extraktive Arbeit braucht unter den genannten Bedingungen aufgewandt zu werden, um eine bestimmte Produktionssteigerung zu erzielen, desto geringer sind auch die Anforderungen an die potentialbildende Arbeit. Das gilt in erster Linie für die Erschließung der Materialressourcen. Ob es auch für die Ressourcen an Energie-, Hilfs- und Betriebsstoffen sowie für den Umweltschutz gilt, hängt einerseits vom Mechanisierungs- und Automatisierungsgrad der Arbeit und anderseits vom Anteil der Stoffumwandlungsprozesse an der Veredelung ab, da Energieerzeugung und Stoffumwandlung zu den Hauptemittenten von Abprodukten gehören.

Ein hoher Grad der Veredelung von Naturstoffen ist deshalb eine wichtige Methode, um bei Knappheit an natürlichen Ressourcen, aber auch bei steigenden Reproduktionskosten für natürliche Umweltbedingungen, einer Erhöhung des Anteils der potentialbildenden Arbeit vorzubeugen und das Wachstum der Arbeitsproduktivität zu sichern.

Die hier skizzierten einzelnen Zusammenhänge zwischen Arbeitsproduktivität und Umweltreproduktion zeigen bereits, daß es nur unter bestimmten Bedingungen möglich ist, die mit zunehmender Intensität der Umweltnutzung unvermeidlich auftretenden höheren Aufwendungen für die Reproduktion der Naturbedingungen durch den wissenschaftlich-technischen Fortschritt und durch rationellere Umweltnutzung auszugleichen, die Produktivität der gesellschaftlichen Arbeit kontinuierlich zu erhöhen und so die Mittel für eine vollkommenere Naturbeherrschung zu erwirtschaften. Hierbei handelt es sich vor allem um die Einhaltung bestimmter Proportionen in der Entwicklung beziehungsweise im Einsatz des gesellschaftlichen Arbeitsvermögens, die ein ausgewogenes Verhältnis zwischen der schadensfreien Nutzung sowie der Reproduktion der natürlichen Umweltbedingungen garantieren.

Um Vorstellungen über die Inanspruchnahme von gesellschaftlichem Arbeitsvermögen für die Nutzung der Naturbedingungen in der DDR zu gewinnen, wurden anhand veröffentlichter statistischer Angaben erste Berechnungen durchgeführt. Dabei zeigte sich, daß die dafür erforderliche

Datengliederung nur für die Jahre 1956 bis 1967 vorlag. Aus diesem Grunde konnte die Entwicklung nicht bis in die Gegenwart verfolgt werden.

Angaben über den gesellschaftlichen Gesamtaufwand an potentialbildender Arbeit konnten überhaupt nicht ermittelt werden, da diese Fragestellung früher naturgemäß nicht im Blickwinkel der Statistik stehen konnte.

Entsprechend ihrer Funktion im Stoffwechselprozeß wurden die einzelnen Zweige der Industrie (ohne Bauwirtschaft) wie folgt geordnet:

1. *Stoffgewinnende Industrie*

Bergbau (z. B. Kohlebergbau, Kali- und NE-Erzbergbau)
Baustoffgewinnung (Baumaterialienindustrie ohne Betonherstellung)
Fischfang einschließlich -verarbeitung

2. *Stoffumwandelnde Industrie*

Energie
Metallurgie
Chemische Industrie
Zellstoff- und Papierindustrie
Glas- und keramische Industrie
Nahrungs- und Genußmittelindustrie (ohne Fischfang und -verarbeitung)
Betonherstellung

3. *Stoffgestaltung und Montageindustrie*

Metallindustrie
Leichtindustrie (ohne Zellstoff- und Papierindustrie und ohne Glas- und keramische Industrie).

Nach dieser Gliederung wurden für die Jahre 1956 und 1967 die Anzahl der Arbeiter und Angestellten und die industrielle Bruttoproduktion analysiert sowie die Arbeitsproduktivität, ausgedrückt in der Pro-Kopf-Leistung, berechnet. Die Ergebnisse der Untersuchungen, die in Tabelle 3 zahlenmäßig zusammengefaßt sind, zeigen im Hinblick auf die hier zu behandelnde Frage, wie die Umweltnutzung die Arbeitsproduktivität beeinflußte, folgende Entwicklung: Während die Produktivität sich in der gesamten Industrie mehr als verdoppelt hat, nahm sie in der stoffgewinnenden Industrie nur um knapp die Hälfte zu. Die Ursachen für das relativ geringere Wachstum der Arbeitsproduktivität in der stoffgewinnenden Industrie liegen offensichtlich in den Naturbedingungen. Insbesondere die erschwerten Abbaubedingungen des Kohlebergbaus dürften in hohem Maße die Produktivität der Arbeit hemmend beeinflußt haben. Bemerkenswert ist nun aber, daß die ungünstiger gewordenen Naturbedingungen in der industriellen Stoffgewinnung zu einem erheblichen Teil durch den wissenschaftlich-technischen Fortschritt

Tabelle 3
Entwicklung der Zahl der Arbeiter und Angestellten sowie der Pro-Kopf-Leistung in der Industrie der DDR nach Stoffänderungsphasen

Kennzahlen		Industrie insgesamt		Stoffgewinnende Industrie		Stoffumwandelnde Industrie		Stoffgestaltung und Montage-Industrie	
		1956	1967	1956	1967	1956	1967	1956	1967
1.	*Arbeiter und Angestellte*								
1.1.	Personen (in 1000)	2681,2	2746,5	283,6	265,3	715,9	798,3	1681,8	1682,8
1.2.	Entwicklung (1956 = 100)	100,0	102,4	100,0	93,5	100,0	111,5	100,0	100,1
1.3.	Anteil in Prozent (Industrie insgesamt = 100)	100,0	100,0	10,6	9,7	26,7	29,1	62,7	61,3
2.	*Pro-Kopf-Leistung*								
2.1.	in TM/Arbeiter und Angestellte	17,8	36,7	11,5	16,8	28,2	50,4	14,4	33,3
2.2.	Entwicklung (1956 = 100)	100,0	206,2	100,0	146,1	100,0	178,7	100,0	231,3
2.3.	Abweichung (+ oder –) von der Industrie insgesamt								
2.3.1.	in TM/Arbeiter und Angestellte	0	0	– 6,3	–19,9	+10,4	+13,7	– 3,4	–3,4
2.3.2.	in Prozent	100,0	100,0	–35,4	–54,2	+58,4	+37,3	–19,1	– 9,3

Quellen: Berechnet nach: Statistisches Jahrbuch der DDR 1956, Berlin 1957, S. 114 ff. und Statistisches Jahrbuch der DDR 1968, Berlin 1968, S. 116 ff.

aufgefangen wurden, so daß keine zusätzlichen Arbeitskräfte benötigt wurden, um die Stoffproduktion, wenn auch bescheiden, zu erhöhen. Im Gegenteil, weil die Stoffproduktion nur um reichlich ein Drittel, die Arbeitsproduktivität jedoch um knapp die Hälfte gestiegen ist, konnten aus diesem Bereich ca. 18 300 Arbeitskräfte freigesetzt werden.

In der gleichen Richtung, obgleich wesentlich stärker, wirkte die Arbeitsproduktivitätssteigerung in dem anderen Hauptzweig der Stoffgewinnung – der Land- und Forstwirtschaft.

Obwohl die land- und forstwirtschaftliche Produktion stark von Naturbedingungen abhängt, ihr von 1955 bis 1967 ca. 136 000 ha Anbaufläche für andere Zwecke entzogen wurden, stieg ihre Produktion auf ca. 228 Prozent.[33] Durch bessere Beherrschung der natürlichen Prozesse, durch Rationalisierung, Konzentration und Spezialisierung usw. ist es der Land- und Forstwirtschaft gelungen, die Arbeitsproduktivität um ca. 350 Prozent[34] zu steigern. Das war die Voraussetzung für die Freisetzung von rd. 600 000 Berufstätigen im untersuchten Zeitraum bis 1967 und weiteren rd. 200 000 Personen bis 1972.

Hieran zeigt sich mit aller Deutlichkeit, daß es nicht die Naturbedingungen an sich sind, welche den dominierenden Einfluß auf die Entwicklung der Arbeitsproduktivität ausüben, selbst wenn diese sich verschlechtern – wie beim Bergbau – oder gleichbleiben – wie bei der Landwirtschaft. Entscheidend ist vielmehr, wie es die Gesellschaft versteht, die Naturbedingungen günstiger zu gestalten und, wo das nicht möglich ist, die Effektivität der Umweltnutzung zu erhöhen. Dadurch erklärt sich auch, warum in der DDR gerade die Zweige, deren Produktivitätsentwicklung am stärksten von Umweltbedingungen beeinflußt werden, mit zu den wichtigsten Quellen für die Arbeitskräfteversorgung der Volkswirtschaft geworden sind.

Das wird besonders deutlich, wenn man die Entwicklung der an der Stoffgewinnung beteiligten Industriezweige im einzelnen betrachtet. Sie ist in Tabelle 4 dargestellt.

Hier tritt die produktivitätshemmende Wirkung sich verschlechternder Naturbedingungen noch klarer hervor als bei einer summarischen Betrachtung der stoffgewinnenden Industrie. Während in der Industrie die Bruttoproduktion bei relativ gering zunehmenden Arbeitskräften reichlich verdoppelt werden konnte, so daß die Pro-Kopf-Leistung auf 206 Prozent anstieg, erhöhte sie sich im Bergbau nur auf 125 Prozent. Offensichtlich haben im Bergbau die Naturbedingungen die Produktivitätssteigerung stark erschwert, weshalb sie weit hinter dem Durchschnitt der Industrie zurückblieb.

33 Berechnet nach: Statistisches Jahrbuch der DDR 1968, Berlin 1968, S. 17.
34 Ebenda.

Tabelle 4
Entwicklung der Pro-Kopf-Leistung an industrieller Bruttoproduktion in der Industrie insgesamt sowie in den stoffgewinnenden Zweigen

	1956	1967
1. *Industrie insgesamt*		
in TM/Arbeiter und Angestellte	17,8	36,7
in Prozent (1956 = 100)	100	206,2
2. *Stoffgewinnende Zweige*		
2.1. Bergbau		
in TM/Arbeiter und Angestellte	11,8	14,7
in Prozent (1956 = 100)	100	125
2.2. Baustoffgewinnung		
in TM/Arbeiter und Angestellte	8,9[1]	19,4
in Prozent (1956 = 100)	100	218
2.3. Fischfang einschl. -verarbeitung		
in TM/Arbeiter und Angestellte	18,9	30,8
in Prozent (1956 = 100)	100	163,0

[1] Da im Statistischen Jahrbuch 1956 lediglich die Werte für die gesamte Baumaterialienindustrie ausgewiesen wurden, erfolgte eine anteilmäßige Reduzierung entsprechend den Größenverhältnissen von 1966 und 1967.

Quelle: Berechnet nach: Statistisches Jahrbuch der DDR 1956, Berlin 1957, S. 211, und Statistisches Jahrbuch der DDR 1968, Berlin 1968, S. 117.

Trotzdem ermöglichte es der Fortschritt in der Aufschluß- und Fördertechnik, daß ein absoluter Rückgang der Arbeitsproduktivität verhindert wurde. Weil die Produktivitätsentwicklung des Bergbaus im Verhältnis zur gesamten Industrie zurückblieb, wurden aber in diesem Zweig relativ viele Arbeitskräfte gebunden, obwohl er im untersuchten Zeitraum rd. 23 600 Arbeiter und Angestellte freigesetzt hat.

Bei der 1967 erreichten Bergbauproduktion von rd. 2,7 Md. Mark repräsentiert der Unterschied zwischen Gesamtindustrie und Bergbau in der Pro-Kopf-Leistung eine zusätzliche Bindung von Arbeitskräften in der Größenordnung von etwa 73 000 Arbeitskräften. Da es sich zumindest beim Braunkohlebergbau um einen Zweig mit einer hohen Konzentration und Kontinuität der Produktion sowie einer weit überdurchschnittlichen Grundfondsausstattung handelt – das technisch-organisatorische Produktionsniveau ist sehr fortgeschritten –, kann gefolgert werden, daß die unterschiedliche Entwicklung in der Pro-Kopf-Leistung vornehmlich auf die erschwerten Naturbedingungen zurückzuführen ist.

Die Dynamik der Arbeitsproduktivität in der Baustoffgewinnung zeigt dagegen eine normale Tendenz, weil hier keine hemmenden Naturbedingungen vorlagen. Anders war es dagegen beim Fischfang. Die erschwerten Fangbedingungen und die Überfischung traditioneller Fanggründe verhinderten trotz enormer Entwicklung der Fang- und Verarbeitungstechnik eine durchschnittliche Steigerung der Arbeitsproduktivität.

Die infolge von Naturbedingungen unterschiedliche Produktivitätsentwicklung in der stoffgewinnenden Industrie hat einige langfristig wirkende Strukturverschiebungen in der Industrieproduktion eingeleitet. Am bemerkenswertesten ist hier, daß der Anteil der extraktiven Industrie an der industriellen Bruttoproduktion in nur 12 Jahren von der an sich schon geringen Größenordnung von 6,9 auf 4,4 Prozent zurückgegangen ist. Ihr Anteil an den Arbeitskräften lag dagegen weit höher und ist aus den genannten Gründen wesentlich langsamer gesunken, so daß er 1967 doppelt so hoch war wie ihr Bruttoproduktionsanteil. Der abnehmende Produktionsanteil deutet auf eine durch den relativen Rückgang der Verarbeitung eigener Rohstoffe bedingte weitere Erhöhung des Veredelungsgrades der Industrieerzeugnisse hin, noch stärker aber auf eine Forcierung des Austauschs von Fertigwaren gegen Rohstoffe im Rahmen der sozialistischen internationalen ökonomischen Integration.

Die sozialistische Umgestaltung der Mensch-Umwelt-Beziehungen, die ein notwendiges Element der intensiv erweiterten Reproduktion im Sozialismus bildet, kann nur in dem Maße vollzogen werden, wie die planmäßige Gestaltung und Stimulierung der gesellschaftlichen Beziehungen weiterentwickelt wird. Es wurde bereits auf die Feststellung von Engels verwiesen, daß die Menschen im Sozialismus nur Herr der Natur werden können, weil sie Herr ihrer eigenen Vergesellschaftung werden.

Da mit wachsender Nutzung und Belastung der Naturbedingungen die gesellschaftlichen Beziehungen zwischen den Umweltnutzern an Breite und Tiefe zunehmen und die Gefahr gegenseitiger Beeinträchtigung der natürlichen Produktions- und Lebensbedingungen größer wird, muß von der Gesellschaft einheitlich geregelt werden, unter welchen Bedingungen vom Einzelnen natürliche Ressourcen in Anspruch genommen werden können, ohne das Gesamtwohl zu beeinträchtigen.

Hierbei handelt es sich um die naturalen Aspekte des Einsatzes von Naturressourcen und des Umweltschutzes. Mit gleicher Dringlichkeit erfordern aber auch ökonomische Aspekte die planmäßige gesellschaftliche Regelung der Umweltnutzung. Die wachsenden Aufwendungen für die Reproduktion der Naturbedingungen machen es notwendig, daß an ihre Nutzung steigende ökonomische Anforderungen gestellt werden, damit die natürlichen Ressourcen erhalten und sparsam verwendet werden. Deshalb muß die Umweltnutzung zunehmend an die Einhaltung ökonomischer Kriterien gebunden werden.

Mit ihrer Hilfe muß durch den Plan dafür gesorgt werden, daß das Verhalten der Betriebe und Einrichtungen bei der Nutzung von Naturbedingungen mit den Interessen der Gesellschaft an der Erhaltung und Mehrung dieser Bedingungen übereinstimmt. Das setzt aber voraus, daß die Betriebe zur umweltgerechten Orientierung ihrer Produktionstätigkeit stimuliert werden. Die letzten Endes ausschlaggebende Frage besteht in dieser Hinsicht darin, wie die Gesellschaft die Ergebnisse der umweltreproduktiven Tätigkeit im Vergleich zu denen der produktiven Tätigkeit bewertet.

In dem Maße, wie zur Erhaltung und Erweiterung der Naturbasis immer mehr gesellschaftliche Arbeit aufgewandt werden muß und die Anforderungen an eine gesellschaftlich sinnvolle Umweltnutzung steigen, wird die potentialbildende und -erhaltende Funktion der Betriebe die gleiche Bedeutung erlangen wie die eigentliche gebrauchswertschaffende Funktion. Beide müssen von der Gesellschaft gleichrangig behandelt werden. N. P. Fedorenko und K. G. Gofman vertreten in dieser Frage die Meinung, „... daß die Tätigkeit eines Betriebes gegen die Umweltverschmutzung mit dessen Hauptproduktionstätigkeit – mit der Erzeugung von Gütern und Dienstleistungen für die Volkswirtschaft – rechtlich gleichgestellt werden muß“.[35]

Die Aufgaben zur Befriedigung aller wichtigen materiellen, kulturellen und anderen Bedürfnisse werden von der Gesellschaft im Plan festgelegt und damit zur Grundlage materieller und moralischer Anerkennung sowie zum rechtlich bindenden Verhaltensnormativ für alle ihre Mitglieder. Das trifft auch auf den Schutz und die Erhaltung der natürlichen Grundlagen unserer gesellschaftlichen Entwicklung zu. Die Reproduktion der natürlichen Umweltbedingungen wurde in der DDR daher als eine eigenständige Planaufgabe in das System der Volkswirtschaftspläne aufgenommen, wie das bei der Reproduktion anderer Potentiale (z. B. Bevölkerung und Arbeitskräfte, Wissenschaft und Technik, Bildung) seit langem praktiziert wird.

Die Bewirtschaftung, Erhaltung, Erweiterung und sinnvolle Nutzung der Naturpotentiale ist eine Angelegenheit der gesamten Gesellschaft, sie muß wegen der engen Verflechtung der einzelnen Naturbedingungen im Naturhaushalt und wegen der diffizilen ökologischen Gleichgewichtsbedingungen komplex erfolgen und darf nicht einzelnen, für bestimmte Ressourcen verantwortlichen Fachorganen allein überlassen werden. Aus diesem Grunde ist in den Volkswirtschaftsplänen eine einheitliche Orientierung der Umwelt-

[35] N. P. Federenko, K. G. Gofman, Rationelle Gestaltung der Umwelt als Problem der optimalen Planung und Leitung, in: Sowjetwissenschaft, Gesellschaftswissenschaftliche Beiträge, 3/1973, S. 235.

nutzung enthalten, die mit den Entscheidungen über die Bedürfnis-, Wissenschafts- und Strukturpolitik abgestimmt ist, wobei die erforderlichen Mittel in den entsprechenden volkswirtschaftlichen Bilanzen enthalten sind. Neben der zentralen Planung der Volkswirtschaft hat hier die territoriale Planung die größten Aufgaben. Besonders für die Ballungsgebiete mit ihrer starken Beanspruchung natürlicher Ressourcen müssen langfristige Konzeptionen für die Erweiterung und rationelle Bewirtschaftung des Naturhaushalts ausgearbeitet werden. Sie sind mit den Flächennutzungs-, Generalbebauungs- und Generalverkehrsplänen abzustimmen und bei der territorialen Koordinierung und Bilanzierung der Zweig- und Betriebspläne durchzusetzen.

Die ökonomische Stimulierung umweltgerechter Verhaltensweisen der Betriebe verlangt neben den Voraussetzungen in der Volkswirtschaftsplanung eine bewußte Ausnutzung der ökonomischen Kategorien. Die zentrale Frage ist hierbei, ökonomische Kriterien für die Bewertung der Naturpotentiale zu entwickeln, weil das die Bedingung ist, den vollen Nutzen beziehungsweise Schaden von Eingriffen in die natürliche Umwelt und den umweltreproduktiven Effekt der Tätigkeit der Betriebe zu messen. Erst die ökonomische Bewertung der Naturpotentiale wird es ferner möglich machen, komplizierte Probleme der Kostenrechnung im Sinne einer intensiven Umweltnutzung zu lösen, wie sie bei der Verwertung von Ab- und Kuppelprodukten, bei der Mehrfachnutzung von Naturstoffen, bei der Nutzensteilung zwischen Freisetzern und Anwendern natürlicher Ressourcen usw. entstehen. Schließlich ist die Potentialbewertung die Voraussetzung, damit die Inanspruchnahme von Elementen der natürlichen Umwelt über Preise, Abgaben, Bußen usw. ökonomisch begründet gesteuert und sowohl die Mittel für die erweiterte Reproduktion der Naturfonds erwirtschaftet werden können als auch ein sparsamer Umgang mit ihnen gewährleistet ist.

8.3. Möglichkeiten und Probleme der intensiveren Nutzung natürlicher Ressourcen in der DDR

Die Naturbedingungen haben eine wesentliche Bedeutung für den Reproduktionsprozeß. „Der Arbeiter kann nichts schaffen ohne die Natur, ohne die sinnliche Außenwelt. Sie ist der Stoff, an welchem sich seine Arbeit verwirklicht, in welchem sie tätig ist, aus welchem und mittels welchem sie produziert.“[36] Der Reichtum an Naturbedingungen und der Grad ihrer Nutzung bestimmen weitgehend, welche natürlichen Voraussetzungen ein Land für seine wirtschaftliche Entwicklung besitzt beziehungsweise wie hoch der Aufwand zur Erweiterung dieser Voraussetzungen ist. Wenn die Möglichkeiten und Bedingungen für eine intensive Entwicklung der Volkswirtschaft eingeschätzt werden sollen, muß der Nutzungsgrad der Naturbedingungen mit in Betracht gezogen werden. Das gilt vor allem für kleine, aber bereits hochgradig genutzte Gebiete, wie es bei der DDR der Fall ist.

Unter den Naturbedingungen steht der Grund und Boden an erster Stelle. Infolge seiner Eigenschaften und Nutzungsmöglichkeiten besitzt er für den volkswirtschaftlichen Reproduktionsprozeß gegenüber den anderen natürlichen Ressourcen Besonderheiten. Diese ergeben sich vor allem aus seiner Begrenztheit und Nichtvermehrbarkeit[37], seiner Standortgebundenheit (Immobilität) und Nichtersetzbarkeit durch andere Ressourcen. Der Grund und Boden ist „natürlicher Behälter“ der Mehrzahl der Potentiale und Ressourcen sowie „Standort und Wirkungsraum“ fast aller wirtschaftlichen und gesellschaftlichen Funktionen. Ferner hat er bestimmte Lageeigenschaften, die zum Teil überhaupt nicht (geographische Lage) oder nur mit hohen Investitionskosten (Verkehrslage) zu ändern sind. Für die Land- und Forstwirtschaft ist der Boden das wichtigste Produktionsmittel. Hier ist er zugleich Arbeitsmittel und Arbeitsgegenstand. Der Boden hat die regenerierbare Eigenschaft der Bodenfruchtbarkeit, die man auch als Ertragspotential bezeichnen kann. Für die extraktive Industrie ist Grund und Boden als

[36] Karl Marx, Ökonomisch-philosophische Manuskripte, in: MEW, Ergänzungsband, Schriften bis 1844, 1. Teil, Berlin 1968, S. 512.

[37] Wenn man von der Landgewinnung aus dem Meere absieht.

Lagerstätte Arbeitsgegenstand. Die Vielfalt dieser Eigenschaften und Nutzungsmöglichkeiten macht den Grund und Boden zu einem der „kostbarsten Naturreichtümer“ (Verfassung der DDR).

Diese Eigenschaften bringen bei der Nutzung des Bodens die volkswirtschaftliche Flächenproblematik hervor, die in dichtbesiedelten Ländern zu einem Kernproblem der wirtschaftlichen Entwicklung überhaupt werden kann. Sie äußert sich in erster Linie darin, daß die erweiterte Reproduktion höhere Anforderungen an die Fläche und an die Intensivierung der Flächennutzung stellt. In der Flächennutzung kommen die unterschiedlichen Tendenzen der Intensivierung und der Extensivierung des Reproduktionsprozesses zum Ausdruck. So stellt jede Steigerung der Arbeitsproduktivität bei gleichbleibender Produktionsfläche zugleich auch eine Intensivierung der Flächennutzung dar, weil dadurch die Produktion je Flächeneinheit ansteigt.

Je nach dem Grad der gleichzeitigen Nutzung der verschiedenen Eigenschaften und Potentiale der Fläche ist zu unterscheiden zwischen:
Erstens der Einfachnutzung der Fläche. Hier wird nur eine Eigenschaft der Fläche genutzt; die Nutzung der anderen Eigenschaften und Naturpotentiale wird ausgeschlossen. Kennzeichnend hierfür ist die städtische und industrielle Bebauung, wo nur die Standfestigkeit der Böden genutzt wird; andere Eigenschaften, wie etwa ökologische, werden dagegen nicht aktiviert. Da die Einfachnutzung in vielen Fällen die Aktivierung der übrigen Eigenschaften der Fläche ausschließt, birgt sie eine Tendenz der extensiven Entwicklung in sich;

zweitens der Mehrfachnutzung der Fläche. Die Mehrfachnutzung ist die Nutzung verschiedener Eigenschaften der gleichen Fläche. Sie ist eine der grundlegenden Voraussetzungen für die räumliche Kombination und damit der heterogenen Formen der räumlichen Konzentration der Produktion und der übrigen Funktionen des gesellschaftlichen Reproduktionsprozesses. Die Nutzung der Konzentrations- und Kombinationsvorteile ist aber daran gebunden, daß die verschiedenen Funktionen auf der Fläche miteinander verträglich gemacht werden, weil nur unter dieser Bedingung die verschiedenen Eigenschaften des Bodens ohne gegenseitige Beeinträchtigung gleichzeitig genutzt werden können. Die Verträglichkeit der verschiedenen Nutzungsarten muß also erhöht bzw. die „Sperrigkeit“ (die Belästigung, Gefährdung der Umwelt) der einzelnen Funktionen verringert werden. Eine intensive Flächennutzung muß nach dem Grundsatz erfolgen, einen möglichst großen Teil der Eigenschaften des Grundes und Bodens zu nutzen.

Von allen Möglichkeiten der Mehrfachnutzung der Fläche ist die günstigste dann gegeben, wenn die Funktionen von vornherein in einem gegenseitig fördernden Verhältnis zueinander stehen. Da sich hierbei die einzelnen Nutzungen positiv beeinflussen, werden räumliche Vergesellschaftungseffekte, wie Konzentrations- und Kombinationseffekte, genutzt, so zum Beispiel bei der Konzentration und Kombination von Arbeiten, Wohnen, Versorgen, Bilden und Erholen.

Die Flächennutzung ruft jedoch auch vielfältige negative Beeinflussungen und Überschneidungen hervor, die Fläche wird dabei trotz gegenseitiger Behinderung mehrfach genutzt. Es sind dies vorübergehende Erscheinungen, die mit wachsender Akkumulationskraft der Volkswirtschaft weitgehend beseitigt werden. Soweit aber diese gegenseitigen Behinderungen beziehungsweise Belästigungen, etwa die Luftverschmutzung, noch bestehen, sind sie immer ein die gesellschaftliche Reproduktion hemmender Faktor und Quell volkswirtschaftlicher Verluste.

Handelt es sich hierbei um volkswirtschaftlich wichtige Funktionen, so müssen sie geschützt und andere Nutzungen von der Fläche ausgeschlossen oder zumindest eingeschränkt werden. Es ergeben sich dann Präferenzen und Einschränkungen in der Flächennutzung mit einer Tendenz zur Einfachnutzung der Fläche. Am deutlichsten tritt dies in den sogenannten Vorbehaltsgebieten auf, in denen die wirtschaftliche Tätigkeit bestimmten Nutzungen vorbehalten ist beziehungsweise in denen andere eingeschränkt sind.[38] Im einzelnen handelt es sich dabei um Wasserschutz-, Bergbauschutz-, Naturschutz-, Landschaftsschutz- und andere Gebiete.

Ein Extremfall liegt vor, wenn eine prinzipielle Unverträglichkeit einzelner Nutzungsarten gegeben ist, besonders dann, wenn die entsprechenden Naturpotentiale beziehungsweise Träger von Eigenschaften der Fläche zerstört werden. So schließt die Nutzung einer Fläche zur Grundwassergewinnung die gleichzeitige Nutzung des Grundwasserträgers als Baustoff (Schotter) aus. Oder: eine großstädtische Bebauung schließt den (Tagebau-) Abbau von Bodenschätzen aus.

Dieser Weg der Mehrfachnutzung mit sich negativ beeinflussenden Funktionen bietet keine prinzipielle Lösungsmöglichkeit der volkswirtschaftlichen Flächenproblematik. Er behindert die Konzentration von Produktion und Bevölkerung. Die Intensivierung der Flächennutzung muß unter den Bedingungen der DDR auf dem Wege der Mehrfachnutzung erfolgen, wobei die angeführten positiven Effekte der Mehrfach- beziehungsweise Mehrzwecknutzung zu fördern und die negativen Effekte einzuschränken sind.

Die gegenseitige Beeinflussung der Formen der Flächennutzung nimmt mit intensiverer Entwicklung der Naturpotentiale und -ressourcen gesetzmäßig zu. Dieser Vorgang entwickelt sich sowohl in die Tiefe – was die

[38] Den Umfang dieser Schutzgebiete zeigt die Tatsache, daß allein die Landschaftsschutzgebiete 17,9 Prozent der DDR-Fläche einnehmen. (Nach Ludwig Bauer und Horst Weinitschke, Landschaftspflege und Naturschutz. Eine Einführung in ihre Grundlagen und Aufgaben, Jena 1973, S. 292.)

Anzahl der durch die Flächennutzung ausgelösten gesellschaftlichen Beziehungen anbelangt – als auch in die Breite. Dies führt zu umfangreichen gesetzlich fixierten Nutzungsbeschränkungen in den verschiedenen Vorbehaltsgebieten, in denen besonders störanfällige Funktionen geschützt werden müssen. Aufgabe von Wissenschaft und Technik ist es, diese räumliche „Sperrigkeit", die gegenseitige Behinderung der verschiedenen Formen der Flächennutzung einzuschränken und die gegenseitige Verträglichkeit der Funktionen auf der Fläche als Voraussetzung für die Mehrfach- beziehungsweise Mehrzwecknutzung zu erhöhen. Dem Umweltschutz als Schutz vor Störungen, Belästigungen, Devastierungen kommt also die spezifische Aufgabe zu, die Verträglichkeit der verschiedenen Funktionen zu erhöhen. Dadurch wird es möglich, zur Intensivierung der Flächennutzung die Mehrfach-, Mehrzweck- und Mehrebenennutzung der Fläche durchzusetzen.

Ein weiteres volkswirtschaftliches Problem besteht darin, daß die zusätzlichen Flächenansprüche von Bevölkerung und Volkswirtschaft bisher vor allem auf Kosten der Flächen für die Pflanzenproduktion befriedigt wurden. Das wirft aber das Problem des Ausgleichs für die ausgefallenen Erträge auf. Wenn landwirtschaftliche Nutzfläche zum Beispiel der Industrie zur Verfügung gestellt wird, muß im allgemeinen von dem neuen Nutzer gefordert werden, daß er die Mittel erwirtschaftet, die der Flächenfreisetzer benötigt, um seine Ertragsausfälle zu kompensieren. Das zwingt zum sparsamen Umgang mit Fläche. Wie außerordentlich wichtig das ist, geht schon daraus hervor, daß die DDR ein Land mit einer hohen Intensität der Flächennutzung und einer schon relativ ausgeprägten Mehrfachnutzung des Grundes und Bodens ist. Die DDR hat die intensivste Flächennutzung aller sozialistischen Länder. Das ist mit darin begründet, daß die DDR ein hochentwickelter Industriestaat mit intensiver Landwirtschaft und dichter Besiedelung ist. Mit 156 Einw./km^2 gehört sie zu den am dichtesten besiedelten europäischen Ländern.

Ein wichtiger Gradmesser für die Intensität der Flächennutzung ist die Größe der landwirtschaftlichen Nutzfläche je Einwohner. Diese hat in der DDR den geringen Wert von 0,37 ha/Einw.[39] Als Flächenreserve stehen nur 2 Prozent der Gesamtfläche (1973; Ödland und Unland; siehe Tabelle 5) zur Verfügung.

[39] Zum Vergleich:

VR Bulgarien	1,29 ha
ČSSR	0,88 ha
VR Polen	0,94 ha
SR Rumänien	1,15 ha
Ungarische VR	0,86 ha

Tabelle 5
Entwicklung des Anteils der Flächen nach Nutzungsarten (in Prozent) an der Gesamtfläche der DDR (bzw. Gebiet der DDR)

Jahr	LN	Wald	Ödland	Abbauland	Unland	sonstige Flächen
1938	61,7	27,4	2,3			6,3
1950	60,7	27,0	1,0	1,9		7,3
1960	59,5	17,3	0,6	0,4	1,3	8,8
1970	58,0	27,2	0,8	0,7	1,4	11,9
1973	58,0	27,2	0,7	0,7	1,3	11,8
Differenz 1973 zu 1950	-2,7	+0,2	-0,3	+0,1		+4,5

Quelle: Statistisches Jahrbuch der DDR 1974, Berlin 1974, S. 187.

Auffällig ist der starke Rückgang der landwirtschaftlichen Nutzfläche bis 1970. Von 1970 bis 1973 ist sie allerdings etwa gleichgeblieben. Hier haben sich die Maßnahmen zum Schutze des Bodens und die damit verbundene Wiederurbarmachung von landwirtschaftlicher Nutzfläche[40] positiv ausgewirkt, obwohl selbstverständlich auch in den Jahren ab 1970 landwirtschaftliche Nutzfläche besonders für die Zwecke der Industrie, des Verkehrs und des Wohnungsbaus entzogen worden ist. Dies trifft besonders für die Ballungsgebiete zu. In absoluten Zahlen ergibt sich ein Rückgang von 239 000 ha landwirtschaftliche Nutzfläche in den Jahren 1950 bis 1973. Aus dieser Tabelle ist jedoch nicht zu erkennen, daß die Ackerfläche als ein Teil der landwirtschaftlichen Nutzfläche bis 1970 noch stärker, nämlich um etwa 400 000 ha zurückgegangen ist.

Der Rückgang der landwirtschaftlichen Nutzfläche muß immer im Zusammenhang mit der Notwendigkeit der Steigerung des Ertragspotentials,

[40] Vgl. Verordnung zum Schutz des land- und forstwirtschaftlichen Grund und Bodens und zur Sicherung der sozialistischen Bodennutzung – Bodennutzungsverordnung – vom 17. 12. 1964, Gesetzblatt der DDR, Teil II, Nr. 32/1965; und Durchführungsbestimmungen.
Verordnung über die Einführung einer Bodennutzungsgebühr zum Schutz des land- und forstwirtschaftlichen Bodenfonds – Verordnung über Bodennutzungsgebühr – vom 15. 6. 1967, Gesetzblatt der DDR, Teil II, Nr. 71/1967; und Durchführungsbestimmungen.

der Erträge und damit der Intensivierung der landwirtschaftlichen Nutzung gesehen werden. Die sozialistische Landwirtschaft der DDR konnte in den vergangenen Jahren die Erträge auf den landwirtschaftlich genutzten Flächen so stark erhöhen, daß die Eigenversorgung der Volkswirtschaft mit Agrarerzeugnissen zunahm und der Ertragsausfall infolge Flächenentzugs mehr als kompensiert wurde, wie Tabelle 6 zeigt.[41]

Tabelle 6

Flächennutzung und Flächenleistung in der DDR
1955 bis 1970

	Einheit	1955	1960	1965	1970
landwirtschaftliche Nutzfläche	Mill. Hektar	6,48	6,42	6,36	6,28
Eigenprodukt	Getreideeinheit/ha LN	23,4	26,9	30,4	33,9
Eigenprodukt	Getreideeinheit/Einw.	8,9	10,2	11,3	12,9

Dabei muß aber beachtet werden, daß infolge der immer stärkeren Verwendung veredelter tierischer Nahrungsmittel der Jahresbedarf an Getreideeinheiten (so z. B. 12 Dezitonnen je Person im Jahre 1950) stark angestiegen ist und für die Jahre nach 1980 den Betrag von 16 bis 17 Dezitonnen Getreideeinheit erreichen wird.

Was die Zweiggliederung des Flächenentzugs anbetrifft, so stellte vor allem die Industrie bisher hohe Flächenanforderungen (etwa 25 Prozent vom Flächenentzug in den letzten 20 Jahren); der Bergbau entzog etwa 20 Prozent der Fläche, das Siedlungswesen zusammen mit dem Verkehr gleichfalls 20 Prozent. Auch die Landwirtschaft benötigte im Maße des Fortschritts ihrer Industrialisierung aus ihrem eigenen Bodenfonds viel Fläche (18 Prozent).

Es gibt regionale Unterschiede im Rückgang der landwirtschaftlichen Nutzfläche. Dieser Rückgang ist in den industriell einschließlich bergbaulich stark entwickelten Gebieten hoch. Besonders deutlich ist dies in den Verdichtungs- und Ballungsräumen.

Hinsichtlich der Perspektive der Flächennutzung kann damit gerechnet

41 Nach Hans-Günter Ewert, Entwicklungsprobleme der landwirtschaftlichen Flächennutzung, in: Probleme der Flächennutzung bei der Entwicklung der Territorialstruktur, Vorträge der 33. Arbeitstagung des Fachverbandes der Berufsgeographen in der Geographischen Gesellschaft der DDR, Leipzig 1971.

werden, daß in dem Maße, wie die intensive Linie der wirtschaftlichen Entwicklung voranschreitet, sich die Zweigstruktur der Flächeninanspruchnahme verschieben wird. Ein zeitweiliger Hauptentzieher von land- und forstwirtschaftlicher Nutzfläche wird indes nach wie vor der Bergbau (Tagebau) bleiben. In den Jahren 1968 bis 1973 war die jährliche Rückgabe von Bergbauflächen an die Land- und Forstwirtschaft[42] nach Rekultivierung größer als die jährliche Inanspruchnahme von Flächen. Für den Fünfjahrplanzeitraum 1971 bis 1975 ist in der Direktive des VIII. Parteitags der SED eine Wiederurbarmachung von 9 700 ha ausgekohlter Fläche vorgesehen, wobei in den ersten drei Jahren mehr als der entsprechende Anteil wieder urbar gemacht worden ist.

Intensiv erweiterte Reproduktion bedeutet maximale Auslastung der Grundfonds und damit einen relativen Rückgang der flächenbeanspruchenden Erweiterungsinvestitionen. Während für die verarbeitende Industrie ein Rückgang des zusätzlichen Flächenbedarfs angenommen werden kann, ist beim fließenden und ruhenden Verkehr (bisher etwa 5 Prozent des Flächenentzugs), innerhalb und außerhalb der Siedlungen mit einer Zunahme zu rechnen. Auch der Dienstleistungsbereich stellt höhere Anforderungen, wie überhaupt in den Bereichen der technischen und sozialen Infrastruktur die stärksten Veränderungen zu erwarten sind.

Die Flächennutzung und ihre Intensivierung machen es erforderlich, ihre Beziehungen zur Arbeitsproduktivität stärker zu beachten. Ein sparsamer Umgang mit der Fläche kann nur erreicht werden, wenn steigende Pro-Kopf-Leistung mit steigender Leistung je Flächeneinheit verbunden wird. Steigt die Pro-Kopf-Leistung schneller als die Leistung je Flächeneinheit, wird zusätzliche Fläche beansprucht.

Deswegen muß bei der Intensivierung der Produktion die Forderung gestellt werden, daß steigende Pro-Kopf-Leistung mit steigender Leistung je Flächeneinheit verbunden wird. Wird eine zusätzliche Inanspruchnahme von Fläche notwendig, muß die Leistung je Flächeneinheit mindestens so hoch sein, daß der Erschließungsaufwand und der Ersatz für den Ertragsausfall der früheren Nutzung gedeckt werden kann.

Da die Mehrzahl der Produktionen auf Bodenflächen stattfindet, berühren fast alle Maßnahmen zur Vervollkommnung der inner- und zwischenbetrieblichen Organisation der Produktion in der einen oder anderen Weise auch die Flächennutzung und können zur Einsparung an Fläche und damit zur Intensivierung der Flächennutzung ausgenutzt werden. Dies gilt besonders für solche Prozesse, bei denen eine Steigerung der Arbeitsproduktivität an eine Flächenerweiterung gebunden ist. Das sind insbesondere jene

42 Einschließlich Erholungszwecke.

Arbeitsprozesse, die aus technologischen oder wirtschaftlichen Gründen nur in einer Ebene organisiert werden können.

Mit der Entwicklung der industriellen Produktion und ihres Vergesellschaftungsgrades gewinnt die Intensivierung der Flächennutzung nicht nur in der industriellen Produktion im engeren Sinne, sondern auch in der Produktionsvorbereitung sowie in der Lagerwirtschaft an Bedeutung. Ebenso wie in der Industrie ist es in der Landwirtschaft ganz offensichtlich, daß die Steigerung der Arbeitsproduktivität nur auf dem Wege einer intensiveren Flächenbewirtschaftung möglich ist.

Die Steigerung der Arbeitsproduktivität ist andererseits die Quelle, aus der die Gesellschaft die außerordentlich hohen Aufwendungen für eine intensivere Flächennutzung schöpft. Deshalb bildet diese Steigerung die Voraussetzung dafür, daß die Gesellschaft die Produktion auf den vorhandenen, nichtvermehrbaren Flächen erweitern kann. Dabei müssen noch die Flächenanforderungen berücksichtigt werden, die sich aus einer neuen Lebensweise ergeben, die wiederum im Zusammenhang mit Problemen der Produktivität und Intensität der Arbeit stehen.

Zur Deckung der Flächenansprüche der zukünftigen gesellschaftlichen Entwicklung müssen alle Möglichkeiten, vor allem die Produktionssteigerung je Flächeneinheit, die kompaktere Bebauung, die weitere Zunahme der Einwohnerdichte sowie anderer Dichtewerte in der Versorgung und Betreuung usw. ausgenutzt werden.

Das setzt eine wesentliche Weiterentwicklung der Flächennutzung in Richtung auf eine planmäßige Mehrfach- beziehungsweise Vielfachnutzung an Stelle noch bestehender extensiver Einfachnutzung der Fläche voraus. Neben der Nutzung verschiedener Naturpotentiale und -ressourcen auf der gleichen Ebene wird in extrem intensiv genutzten Gebieten (Großstädten, Ballungsgebieten) zunehmend auch eine Mehrebenennutzung erforderlich.

Nicht nur aus stoffwirtschaftlichen, sondern auch aus ökologischen Gründen sind einem weiteren Entzug land- und forstwirtschaftlicher Nutzfläche Grenzen gesetzt. Dann stellt die Mehrfachnutzung des Bodens die entscheidende Reserve zur Deckung der künftigen Flächenanforderungen dar. Aber auch die Nutzung der verbleibenden land- und forstwirtschaftlichen Nutzfläche muß künftig immer mehr in ihrer ökologischen und wasserwirtschaftlichen Funktion, in ihrer Erholungsfunktion sowie in weiteren Funktionen gesehen werden. Daraus folgt die Notwendigkeit, bei den heutigen Entscheidungen zur Flächeninanspruchnahme die in der Zukunft zunehmenden Mehrfachnutzungen zu beachten.

Bei der Nutzung der verschiedenen Eigenschaften des Grundes und Bodens von verschiedenen Betrieben und Zweigen kommt es darauf an, den aus der (künftigen) Mehrfachnutzung hervorgehenden Gesamtnutzen, und nicht den Nutzen nur einzelner Eigenschaften des Grundes und Bodens zu bewerten und zu optimieren. Dabei muß die Palette der gleichzeitigen Nutzungsmöglichkeiten erweitert werden.

Die Intensivierung der Flächennutzung in dichtbesiedelten Ländern setzt eine höchstmögliche Verbesserung der Nutzungseigenschaften und den Schutz des Grundes und Bodens vor Schädigung oder Zerstörung voraus.

Aus diesem Grunde werden auch in der DDR umfangreiche und kontinuierlich steigende Anstrengungen auf dem Gebiet der Melioration unternommen (siehe Tabelle 7). Der Wertumfang der in der DDR vorhandenen

Tabelle 7
Entwicklung der Ent- und Bewässerung in der DDR

	1970	1971–75	(Plan) 1975
Bewässerungsfläche (1000 ha)	442	310–320	752–762
In Prozent der bewässerungsbedürftigen Fläche (3,7 Mill. ha)	12	·	20
Entwässerungsfläche (1000 ha)	1320	500–550	1820–1870
In Prozent der entwässerungsbedürftigen Fläche (2,3 Mill. ha)	57		79–81
Be- und Entwässerungsfläche insgesamt (1000 ha)	1762	810–870	2572–2632
In Prozent der LN insgesamt (6,3 Mill. ha)	28	·	41–42

Quelle: Nach Unterlagen des Instituts für Meliorationen, Martin-Luther-Universität Halle

Meliorationsanlagen (für Ent- und Bewässerung einschließlich wasserwirtschaftlicher Anlagen sowie Wirtschaftswege) für die landwirtschaftliche Produktion betrug 1970 rd. 10 Md. M und steigt schnell an. Das entspricht einem Wert von 1 560 M/ha LN.

Der Schutz der Böden vor Erosionen ist ein charakteristischer Bestandteil sozialistischer Landbewirtschaftung. Er muß zu den potentialbildenden beziehungsweise potentialerhaltenden Arbeiten gerechnet werden. Er soll verhindern, daß die Mineral- und Humusstoffe fortgeführt und die Erträge vermindert werden. An erodierten Hängen treten durchschnittlich Ertragsminderungen von 37 Prozent auf, wobei die Ertragsausfälle zwischen 15 bis 68 Prozent schwanken. In der DDR sind 1,8 Millionen ha, das entspricht 29 Prozent der landwirtschaftlichen Nutzfläche der DDR, schutzbedürftig gegen Wassererosionen, darunter etwa 350 000 ha LN stark schutzbedürftig (besonders in den Bezirken Thüringens und im Bezirk Karl-Marx-Stadt).

Wie die Darstellung der Flächennutzung in der DDR zeigt, gehören die mit der Fläche verbundenen Probleme der Ressourcennutzung für die erweiterte Reproduktion zu den ernstesten in der DDR. Die Intensivierung der Flächennutzung ist im besonderen Maße erforderlich, da die Flächenreserven außerordentlich begrenzt sind und größere Umverteilungen in der Flächennutzung stoffwirtschaftliche, ökologische und andere Probleme mit sich bringen. Die Lösungswege liegen in der Erhöhung der Vergesellschaftung von Produktion und Bedürfnisbefriedigung und der daraus folgenden Rationalisierung der Flächenanforderungen, denn zersplitterte Funktionen ergeben eine zersplitterte Flächennutzung, einen geringen Nutzungsgrad und einen hohen Flächenbedarf.

Ähnliche Probleme ergeben sich bei der intensiveren Nutzung der Ressource Wasser. Die volkswirtschaftliche Bedeutung dieser Ressource ist offensichtlich. Das Aufkommen von Grund- und Oberflächenwasser ist über die Jahreszeiten und über mehrere Jahre hinweg nicht gleichmäßig. Die Regeneration erfolgt im natürlichen Kreislauf auf gleicher Stufenleiter (einfache Reproduktion). Wasser gehört also zu den regenerierbaren Naturressourcen.[43] Eine erweiterte Reproduktion ist nur in geringem Umfange möglich, insbesondere über einen gleichmäßigeren Abfluß.

Die gesellschaftliche Reproduktion ist aber in der Regel erweiterte Reproduktion und zugleich mit ständig steigendem Wasserbedarf verbunden. Dieser Widerspruch muß durch gesellschaftliche Maßnahmen zur Regelung des Wasserhaushalts gelöst werden. Dabei müssen Wassermengen- und Wassergüteprobleme unterschieden werden, die sich natürlich in vielen Seiten gegenseitig bedingen.

Was das Wassermengenproblem der Volkswirtschaft der DDR betrifft, so ist bei einem durchschnittlichen Jahresniederschlag von 628 mm in der DDR und einem Zufluß von Elbe und Oder, der einem Jahresniederschlag von 88 mm entspricht, der nutzbare Wasserabfluß je Jahr und Einwohner der geringste aller europäischen Industriestaaten, wie Tabelle 8 zeigt (Tabellen 8 und 9 sowie auf Seite 732 nach Institut für Wasserwirtschaft, Berlin).

In einem Trockenmonat steht heute in der DDR einem Abfluß von 0,49 Md. m^3 ein Wasserbedarf von 0,57 Md. m^3 gegenüber, das heißt, in der Wassermengenbilanz eines Trockenmonats verschärft sich die Situation erheblich. In einem Trockenmonat fließen demnach je Einwohner nur 29 m^3 ab.

Außerdem ist ein landschaftsnotwendiger Kleinstabfluß (in der DDR etwa

[43] Es gibt jedoch bereits Stimmen, die von einer Störung der Funktion der Regenerierbarkeit infolge von Umwelteinflüssen und damit von einer verengten Reproduktion, zumindest beim Grundwasser hochindustrialisierter Gebiete, sprechen.

Tabelle 8
Abfluß und Nutzungsgrad von Oberflächenwasser ausgewählter Staaten

Staat	Abfluß (in m^3) je Einwohner und Jahr	Nutzungsgrad (in Prozent)
ČSSR	2230	15,5
VRP	1900	10,5
BRD	1750	15,0
DDR	980	36,0

0,5 Milliarden m^3/Jahr) erforderlich, bei dem die nötigsten wirtschaftlichen, biologischen (Selbstreinigungskraft), landschaftsökologischen, ästhetischen Funktionen der Gewässer eben noch erfüllt werden können.

Da eine Veränderung beziehungsweise Erhöhung des natürlichen Niederschlags gegenwärtig nicht im Bereich des Möglichen liegt, können die rasch wachsenden Anforderungen nur durch Intensivierung des Wasserhaushaltes gedeckt werden. Der VIII. Parteitag der SED forderte deshalb: „Die Wassernutzer müssen die wirtschaftliche Verwendung des Wassers gewährleisten, den Wasserbedarf durch Anwendung wassersparender Technologien senken und eine den Erfordernissen der wiederholten Wassernutzung entsprechende Abwasserreinigung betreiben. Dabei ist, insbesondere in den Schwerpunkten, die Verschmutzung der Gewässer zu reduzieren."[44]

Die erforderliche Mehrfachnutzung des Wassers, die in Trockenzeiten im DDR-Durchschnitt bereits auf den Faktor 1,5 ansteigen kann und in den Ballungsgebieten den Wert 4 erreicht[45], setzt die Reinigung des Abwassers voraus. Damit wird deutlich, daß die Wassermengenproblematik in eine Wassergüteproblematik umschlägt und daß der begrenzende Faktor für die Wassernutzung nicht allein und nicht zuerst in der Wassermenge, sondern vor allem in der Wassergüte liegt.

Durch Verdoppelung des Speicherraumes (Talsperren und Rückhaltebecken) in den letzten 20 Jahren wurden bereits wichtige Voraussetzungen zur Deckung des ständig gewachsenen Wasserbedarfs geschaffen. Der Stauraum betrug

1945 495 Millionen m^3
1973 1 000 Millionen m^3.

44 Direktive des VIII. Parteitages der SED zum Fünfjahrplan für die Entwicklung der Volkswirtschaft der DDR 1971–1975, in: Dokumente des VIII. Parteitages der SED, Berlin 1971, S. 100.

45 Bei einer möglichen Mehrfachnutzung des Wassers von maximal 7- bis 9mal (bei jeweils steigenden Kosten).

Das Tempo dieses Wasserbereitstellungsprozesses läßt sich daran erkennen, daß in den letzten 20 Jahren in der DDR ebensoviel Speicherraum geschaffen wurde wie in 60 Jahren kapitalistischer Entwicklung zuvor. Eine weitere Erhöhung des Stauraumes ist jedoch in unserem dichtbesiedelten Land mit hohen Kosten verbunden.

Dabei handelt es sich hier um die Funktion einer Rückhaltung (Speicherung von Hochwasserspitzen einschließlich Hochwasserschutz) und um einen zeitlichen Ausgleich des Abflusses, der sich auf Menge und Güte des Wassers in einem Flußgebiet günstig auswirkt. Dies fördert die Nutzung räumlicher Konzentrationseffekte von Produktion und Konsumtion sowie von Kontinuitätseffekten. Die Rückhaltung erfordert jedoch bedeutende Investitionen in der Wasserwirtschaft sowie einen beträchtlichen Flächenentzug.

Das Wassergüteproblem besteht bei Intensivierung der Wassernutzung vor allem in einer Verringerung der Wasserverschmutzung. Das ist eine entscheidende Voraussetzung zur Mehrfachnutzung des Wassers für Produktion und Konsumtion sowie für Zwecke der Erholung und des Sports. Der Gewässerschutz dient dazu, die Belastung mit Schadstoffen (organische, anorganische, toxische Inhaltsstoffe) zu senken, vor allem bei den am stärksten verschmutzten Gewässern. Die Beschaffenheit der Gewässer muß so verbessert werden, daß sich der Aufwand für die Mehrfachnutzung des Wassers (Wasserbereitstellung) wesentlich verringert. Wie auch bei der Fläche kann die Erschöpfung der Ressource Wasser in quantitativer Hinsicht nur durch Mehrfachnutzung aufgefangen werden. Soweit es sich um Wasser*flächen* handelt, bedeutet Mehrfachnutzung hier die Möglichkeit einer gleichzeitigen Nutzung zu verschiedenen Zwecken (Mehrzwecknutzung). Soweit aber eine stoffliche Nutzung oder eine Verwendung als Prozeßwasser vorliegt, bedeutet Mehrfachnutzung die Möglichkeit, die Anzahl der aufeinanderfolgenden Nutzungsstufen beziehungsweise des Umschlags zu erhöhen.

Schwerpunkte einer Abwasserlastsenkung sind die Flußgebiete der Elbe, der Saale, der Pleiße, der Mulde, der Weißen und Schwarzen Elster. Die Hauptquellen der Abwasserbelastung bzw. der Überdüngung (Eutrophierung) der Gewässer sind aus Tabelle 9 ersichtlich.

Der Anteil der Landwirtschaft an der Gewässerbelastung wird dabei weiter zunehmen. Während der Abwasseranfall bei der Bevölkerung etwa gleich bleiben wird (da nur geringe Veränderungen der Bevölkerung zu erwarten sind), steigt der Abwasseranfall in der Industrie und besonders in der Landwirtschaft stark an. Das hängt mit der künftigen Produktionssteigerung sowie mit der Konzentration in der Landwirtschaft zusammen.

Die Anforderungen an die Ressource Wasser resultieren aus

– der Produktionssteigerung in der Industrie und dem damit verbunde-

Tabelle 9
Anteilige Abwasserbelastung der Gewässer in der DDR 1972 (in Prozent)

Verursacher	Stickstoff	Phosphor
Häusliche Abwässer	22	46
Industrielle Abwässer	24	46
Land- und Forstwirtschaft	54	8
	100	100

nen Ansteigen des Brauchwasserbedarfs (bisher 80 Prozent des Wasserbedarfs der DDR), im besonderen dem überproportionalen Ansteigen der Energieerzeugung und dem damit verbundenen erhöhten Kühlwasserbedarf;

– der Steigerung der landwirtschaftlichen Produktion und dem erforderlichen Ansteigen des Bedarfs an Klar- und Abwasser (bisher 10 Prozent des Wasserbedarfs der DDR);

– dem Ansteigen des Lebens- und Wohnstandards im Zusammenhang mit der gesellschaftlichen Entwicklung, speziell dem Wohnungsbau, dem Bau von Schwimm- und Sportanlagen; sie resultieren ferner aus der Erhöhung des Versorgungsgrades mit öffentlicher Wasserversorgung und aus der Steigerung des Wasserbedarfs für die gesellschaftliche Konsumtion (der Trinkwasserbedarf der Bevölkerung beträgt 10 Prozent des Wasserbedarfs der DDR).

Um diese Anforderungen erfüllen zu können, sind zwei Hauptwege möglich:

Erstens eine Vergrößerung des Naturpotentials (Gewässerbildungspotential) beziehungsweise Erweiterung der Naturressource Wasser. Eine solche verstärkte und gleichmäßigere Bereitstellung von Wasser ist durch den Bau von Talsperren und Rückhaltebecken möglich; das ist im größeren Umfange im wesentlichen in den Mittelgebirgslagen und ihrem Vorland möglich. Im Tiefland bietet sich ein stärkerer Ausbau von Untergrundspeichern (Versickerung und Grundwasseranreicherung) an. Die Grundwasseranreicherung ermöglicht die Aufbereitung stark verunreinigten Wassers. Sie ist zugleich eine Form der Kreislauf- und Mehrfachnutzung. Sie erweitert kurzfristig das gebietliche Wasserdargebot. Dabei liegen die Investitionen je Einheit (m^3) Kapazitätszuwachs der Wasserversorgungsanlagen niedrig.

Talsperren und Rückhaltebecken können dazu beitragen, den landschaftsnotwendigen Kleinstabfluß zu gewährleisten (zugleich auch Sicherung des Erholungspotentials). Sie können einen jahreszeitlich bedingten übermäßigen, das heißt nicht voll genutzten Abfluß verhindern und bringen damit für Wassermangelzeiten eine extensive Erweiterung des Wasserdargebotes.

Hierher gehört auch ein weiterer Ausbau des Fernwasserversorgungsnetzes zur räumlichen Umverteilung (Abdeckung von regionalen Bedarfsspitzen) von Wasser. Dabei ist Grundwasseranreicherung als eine potentielle Alternative zur Fernwasserversorgung zu betrachten. Es werden Investitionskosten von nur 40 bis 70 Prozent im Vergleich zu den Kosten für die Fernwasserversorgung angegeben.

Zweitens ist eine intensivere Nutzung der Ressource Wasser möglich, auf die infolge der begrenzten und zunehmend teurer werdenden Möglichkeiten des ersten Hauptweges die größten Anstrengungen konzentriert werden müssen.

Im einzelnen kann hier die Intensivierung der Wassernutzung auf drei Wegen erfolgen:

1. Entwicklung neuer Produktionstechnologien mit niedrigen Anforderungen an die Menge von Produktions- (Prozeß-) und Kühlwasser (geringe Wasserintensität) oder mit einer geringen Abwasserintensität bzw. mit beiden, bis hin zu wasser- und abwasserlosen Technologien oder geschlossenen betrieblichen bzw. kommunalen Wasserkreisläufen.

Welchen Einfluß eine Veränderung der Abwasserbelastung auf die Kosten hat, soll am Beispiel eines der größten Chemiebetriebe der DDR dargelegt werden.

Aufwendungen zur Wasseraufbereitung bei unterschiedlichen Härtegraden (°dH) des Brauchwassers (Chloridkonzentration)

°dH	36	37	38	39	40
Aufwendungen (Mill. M/Jahr)	14	20	27	35	44

In der Landwirtschaft äußert sich dieser Weg in der intensiveren Nutzung des Bewässerungs- und Beregnungswassers durch

– Verstärkung des Anbaus der für die Beregnung geeignetsten Fruchtarten. Bisher wurden auf diesen der Beregnung erschlossenen Flächen zu wenig dafür geeignete Feldfrüchte (nur 11 Prozent Zuckerrüben und 12 Prozent Kartoffeln) angebaut.

– Erhöhung des Anteils der Beregnung gegenüber den Stau- und Rieselverfahren, wodurch der spezifische Wasserverbrauch gesenkt werden kann.

2. Stärkere Abwasserreinigung beziehungsweise bessere Nutzung des Abbaupotentials (Selbstreinigungskraft des Wassers), um eine Mehrfach- beziehungsweise Kreislaufnutzung des Wassers zu ermöglichen, was aber nur beim Wassergebrauch, nicht beim Wasserverbrauch wirksam werden kann.

Mit zunehmendem Anteil der Mehrfach- und Kreislaufnutzung wird die Beherrschung der Wasserqualität zur entscheidenden Frage in der Wasserwirtschaft und im Wasserhaushalt. Je höher der Anteil des Kreislaufwassers ist, desto niedriger ist die spezifische Wasserentnahme, weil nur der Wasserverlust im technologischen Prozeß ersetzt werden muß. Gleichzeitig steigen aber der wasserwirtschaftliche Grundfondseinsatz und die spezifischen betrieblichen Wasserkosten. So ist beim Kraftwerk Thierbach als einem der modernsten Kraftwerke der DDR die spezifische Wasserentnahme am geringsten, der Anteil des wasserwirtschaftlichen Fonds an den Produktionsgrundfonds gleichzeitig aber am höchsten von allen Kraftwerken (14,8 Prozent – einschließlich Rohrnetze – gegenüber 8,5 Prozent bei den Kraftwerken Lübbenau und Vetschau).

Eine weitere Lösung könnte sein, daß in Ballungsgebieten eine konzentrierte Abwasserreinigung geschaffen wird und sich dadurch letztlich geschlossene Wasserkreisläufe nicht nur im betrieblichen Rahmen, sondern auch im Rahmen von (begrenzten) Gebieten ergeben. Es läuft dies auf eine höhere Stufe der Vergesellschaftung und auf eine qualitative Erweiterung der technischen Infrastruktur hinaus.

Ein ökonomischer Aspekt besteht darin, daß die spezifischen Kosten der Abwasserreinigungsanlagen mit zunehmender Anlagengröße abnehmen und daß zum Teil die Abwässer sich im gemischten Zustand (industrielle und häusliche Abwässer z. B.) besser behandeln lassen.

Infolge der zunehmenden Chemisierung wird die Landwirtschaft immer mehr Haupteinträger von Nährstoffen in die Gewässer, was besondere Maßnahmen erforderlich macht.

Mit der Abwasserreinigung ist eine Verringerung der Eutrophierung der Gewässer mit der daraus resultierenden Algenmassenentwicklung (mit toxischen Inhaltstoffen sowie Erschwernissen für die Trink- und Brauchwasseraufbereitung) als Aufgabe des Umweltschutzes verbunden.

3. Differenzierte Deckung des Wasserbedarfs, das heißt stärkerer Ausbau eines gesonderten Brauchwassernetzes für die Industrie neben dem Trinkwassernetz, um hochwertiges Trinkwasser nur diesen Zwecken vorzubehalten.

Diese Maßnahmen zur Intensivierung des Wasserhaushaltes erfordern steigende, zum Teil progressiv steigende Aufwendungen. Die erhöhten Reproduktionskosten des Wassers zwingen dazu, wassersparende Technologien anzuwenden, die zu einer spezifischen Reduzierung des Wasserverbrauchs führen.

Das bedeutet, daß die industrielle und landwirtschaftliche Produktion sowie die Dienstleistungen sich schneller vergrößern können und müssen als der dazu erforderliche Wasserverbrauch und auch der Abwasseranfall. Dies ist ein Erfordernis des intensiven Weges der volkswirtschaftlichen Entwicklung, denn die Wasserwirtschaft kann das Wasserdargebot in keiner Weise proportional mit der Produktionsentwicklung steigern.

8.4. Die rationelle Nutzung der natürlichen Stoffreichtümer als Faktor der Intensivierung des Reproduktionsprozesses und des Schutzes der natürlichen Umwelt

8.4.1. Die stoffwirtschaftlichen Bedingungen für die Intensivierung

Die steigenden Anforderungen der sozialistischen Gesellschaft an die natürliche Umwelt können bei dem erreichten Entwicklungsstand der Bedürfnisse und der Produktion auf die Dauer nur befriedigt werden, wenn der gesamte Stoffwechselprozeß zwischen Mensch und Natur rationalisiert wird. Hierin ist einer der Hauptwege der intensiven Entwicklung der Volkswirtschaft zu sehen. Marx und Engels haben bereits nachgewiesen, daß ein wichtiger Vorzug des Sozialismus darin besteht, den Stoffwechsel zwischen Mensch und Natur rationell zu regeln[46], die Ausnutzung der Naturstoffressourcen gesellschaftlich zu kontrollieren und mit den natürlichen Reichtümern hauszuhalten.[47]

In der historischen Entwicklung hat sich der Kreis der von den Menschen genutzten Naturstoffe und -kräfte ständig erweitert und an Umfang zugenommen. Mit der Erschließung neuer Stoff- und Energiearten wird dieser Prozeß weitergehen und sich die natürliche Basis der Stoffwirtschaft ausdehnen.

Wenn man die Ergebnisse der Grundlagenforschung berücksichtigt, kann man heute zu den natürlichen Reichtümern der Gesellschaft zählen

– die mineralischen Ressourcen des Bodens und der Meere, die land- und forstwirtschaftlichen Ressourcen, die Wasservorräte, den Fisch- und Wildreichtum, die Stoffvorräte der Atmosphäre sowie

– die Energie, die Brennstoffe, die Wind- und Wasserkräfte und die in überschaubarer Zukunft nutzbaren Energiepotentiale wie die Sonnenenergie, die Gezeitenenergie und die geothermische Energie.

Der Reichtum an Stoffen und Energien, der ein bedeutendes Element der materiell-technischen Basis darstellt, beeinflußt in erheblichem Maße die wirtschaftliche Entwicklung, insbesondere das Wachstumstempo der Pro-

[46] Vgl. Karl Marx, Das Kapital, Dritter Band, in: MEW, Bd. 25, Berlin 1964, S. 828.

[47] Vgl. Karl Marx, Das Kapital, Erster Band, in: MEW, Bd. 23, Berlin 1962, S. 537.

duktion und Konsumtion, die Arbeitsproduktivität und die Effektivität bei der Anwendung der gesellschaftlichen Fonds. *Schutz der Natur und Bewahrung der natürlichen Lebens- und Produktionsgrundlagen sind daher identisch.*

Nach O. R. Kolbasov[48] betrachtete Lenin die rationelle Nutzbarmachung der Naturreichtümer, deren vollständige, effektive, wirtschaftlich zweckmäßige und wissenschaftlich begründete Nutzung als Hauptweg, den Schutz der Natur zu sichern. Lenin hob die Bedeutung der Einhaltung wissenschaftlich-technischer Erkenntnisse für eine rationelle Ausbeutung der natürlichen Reichtümer hervor. „Um unsere Rohstoffquellen zu erhalten, müssen wir erreichen, daß die wissenschaftlich-technischen Regeln eingehalten und beachtet werden.“[49]

Es ist aber nicht nur der Reichtum an stofflichen und energetischen Ressourcen, der die wirtschaftliche Entwicklung eines Landes beeinflußt, sondern letztere hängt immer mehr von der Effektivität und Intensität ab, mit der die Gesellschaft ihre natürlichen Stoffressourcen nutzt. Mit der Intensivierung der Umweltnutzung wandelt sich demnach der Charakter der Stoffwirtschaft.

Die Stoffwirtschaft umfaßt einerseits alle Prozesse, welche die Regeneration der natürlichen Stoffressourcen sowie die Erschließung, Gewinnung und produktive Nutzung von Primär- und Sekundärrohstoffen einschließlich Energiequellen bezwecken. Anderseits umfaßt sie alle Prozesse, welche auf die Erhaltung der in die gesellschaftliche und individuelle Konsumtion eingehenden Stoffe gerichtet sind.[50] Die Stoffwirtschaft, die weit über die Materialökonomie hinausreicht, wird durch Umfang, Art und Ausnutzungsgrad der in den Stoffwechsel zwischen Mensch und Natur eingehenden natürlichen Ressourcen, das heißt durch den stofflichen Wirkungsgrad der gesell-

48 Vgl. O. R. Kolbasov, Der Schutz der Natur lag ihm am Herzen, in: Presse der Sowjetunion (Ausgabe A), Nr. 24 vom 27. 2. 1970, S. 17.

49 W. I. Lenin, Referat über die Konzessionen in der Sitzung der kommunistischen Fraktion des gesamtrussischen Zentralrats der Gewerkschaften 11. April 1921, in: Werke, Bd. 32, Berlin 1961, S. 318.

50 Unter dem Gesichtspunkt der komplexen Ausnutzung der Energieträger wird in der Literatur häufig zwischen Stoff- und Energiewirtschaft unterschieden und ein wesentliches Merkmal des wissenschaftlich-technischen Fortschritts in der Kopplung beider gesehen. Vgl. zum Beispiel Wolfgang Schirmer, Verflechtungen zwischen Stoff- und Energiewirtschaft, Berlin 1973 (Sitzungsberichte des Plenums und der Klassen der Akademie der Wissenschaften der DDR, Nr. 8/1972). Für die volkswirtschaftliche Gesamtproblematik können die stofflichen und energetischen Ressourcen und ihre Nutzung als Einheit behandelt werden.

schaftlichen Arbeit, gekennzeichnet. Der stoffliche Wirkungsgrad der Arbeit ist ein wichtiges Merkmal der Produktivkräfte.

Jede Entwicklungsstufe der Produktivkräfte wird daher von einer Umwälzung der Stoffwirtschaft begleitet, in deren Verlauf Art und Menge der verwendeten Stoffe sowie ihr Nutzungsgrad grundsätzlich verändert werden. Die Umwälzung ist vor allem Resultat der Veränderungen in der Technologie. Nach Marx enthüllt die Technologie das aktive Verhalten des Menschen zur Natur.[51] Die Stoffwirtschaft ist ein wesentliches Moment dieses Verhaltens.

Jede Technologie hängt einerseits mit davon ab, welche stofflichen Potentiale der natürlichen Umwelt dem Menschen zugänglich sind und wie groß der Stoffreichtum der Gesellschaft ist. Als weitere Umweltbedingung der Technologie kommt neuerdings deren Abhängigkeit von der Aufnahmefähigkeit der Umwelt für Abprodukte hinzu. Andererseits bestimmt die Technologie, welche Naturressourcen mit welcher Intensität und welcher Umweltbelastung genutzt werden. Diese stoffwirtschaftlichen Wechselbeziehungen zwischen Technologie und Natur kommen in der *stoffwirtschaftlichen Zielsetzung* der Produktion zum Ausdruck.

Eine der volkswirtschaftlichen Intensivierung adäquate stoffwirtschaftliche Zielsetzung besteht in rein quantitativer Hinsicht darin, die großen *Gewinnungsverluste* bei Naturstoffen zu senken, die überaus hohen Verluste bei der Stoff- und Energieumwandlung abzubauen und damit Voraussetzungen für eine ökonomisch sinnvolle Beseitigung der Umweltverschmutzung zu schaffen. Diese Zielsetzung gipfelt darin, den gesamten Reproduktionsprozeß stoffwirtschaftlich nach dem Prinzip des geschlossenen Kreislaufs und der komplexen Nutzung zu organisieren. Die in den Endprodukten enthaltene Naturstoffmasse muß sich immer mehr der Masse der eingesetzten Naturstoffe annähern, so daß die Umweltbelastung durch Abprodukte ständig verringert wird. Dieses Ziel ist aber erst im Verlauf einer längeren Entwicklung zu erreichen. In diesen Prozeß müssen die einseitig *monomineralisch* orientierten Stofferkundungs-, -gewinnungs- und -verarbeitungstechnologien, die noch unter kapitalistischen Bedingungen entwickelt wurden, schrittweise abgelöst und durch Verfahren ersetzt werden, die eine intensivere Ausnutzung der natürlichen Stoffreichtümer auf dem Wege ihrer komplexen und vollständigen Verwertung sowie eines verstärkten Einsatzes von Abprodukten als Sekundärrohstoffe gewährleisten. Zugleich ist dieser Prozeß mit der Entwicklung der Sekundärrohstoffwirtschaft zu einem selbständigen Zweig der gesellschaftlichen Produktion verbunden.

[51] Vgl. Karl Marx, Das Kapital, Erster Band, in: MEW, Bd. 23, Berlin 1962, S. 393 (Fußnote).

Komplexe Nutzung bedeutet, daß sowohl alle wertvollen Bestandteile einer Naturstoffressource als auch die verschiedenen Gebrauchseigenschaften der einzelnen Naturstoffe ausgenutzt werden. Voraussetzung für eine komplexe Nutzung mineralischer Ressourcen ist ihre komplexe Erkundung. Eine komplexe Braunkohlenerkundung wird in der DDR zum Beispiel seit 1962 betrieben.[52]

Prinzipiell neue Verfahren und Technologien werden entwickelt, die eine Mehrfachnutzung der natürlichen Reichtümer im Rahmen von Stoffkreisläufen gewährleisten sowie den Einfluß der stochastisch ablaufenden Naturprozesse auf die Stoffgewinnung und -umwandlung vermindern beziehungsweise ausschließen und sie somit zu voll gesteuerten Prozessen umgestalten. Ein Beispiel dafür stellt die mikrobiologische Eiweißproduktion dar, ein Verfahren, dem die umweltbedingten Risiken der Proteingewinnung im Pflanzenbau nicht anhaften.

Die vollständigere Nutzung der Naturstoffe drückt sich in einem steigenden Ausbringungsgrad, einem höheren Ausnutzungskoeffizienten, sinkenden Abbauverlusten und in einem geringeren Anfall von Abprodukten aus.

Zunehmende Bedeutung wird auch die Substitution von Naturstoffen gewinnen. Es werden Rohstoffe untereinander, Primär- durch Sekundärrohstoffe oder Naturstoffe durch synthetische Substanzen ersetzt werden, die allerdings auch auf der Basis natürlicher Stoffe hergestellt werden. Produkte der zweiten und dritten Verarbeitungsstufe werden anstelle von Erzeugnissen der ersten Verarbeitungsstufe eingesetzt, veredelte Energie tritt an die Stelle von Rohenergie. Die Stoffsubstitution erlaubt in der Regel auch eine Verringerung des spezifischen Aufwandes an Naturstoffen. Stoffwirtschaftlich spielt weiterhin die Verlängerung der Nutzungsdauer der Ausrüstungen und Anlagen eine große Rolle, weil der Zeitpunkt ihres Ersatzes und damit des Neuaufwandes von Stoffen hinausgeschoben wird.

Die Rohstoffbasis der Volkswirtschaft wird um neue Stoffarten erweitert. Damit verwandelt sich eine Reihe potentieller Naturbedingungen in reale, das heißt volkswirtschaftlich nutzbare Naturressourcen. Das hängt vor allem damit zusammen, daß die Entwicklung der Produktivkräfte neue Stoffe mit neuen Eigenschaften erfordert, die besonders für neue Produktionszweige benötigt werden.

Neue Merkmale in der stoffwirtschaftlichen Zielsetzung der Produktion zeigen sich ebenfalls in qualitativer Hinsicht. Zunehmend werden bisher unzugängliche Lagerstätten erkundet und abgebaut beziehungsweise werden

[52] Vgl. Lothar Eissmann, Volker Manhenke und Manfred Wünsche, Die komplexe Untersuchung der geologischen Ressourcen, in: Zeitschrift für angewandte Geologie, 2/1974, S. 76.

Vorkommen an mineralischen Rohstoffen erschlossen, die wegen ihres geringen Gehalts an Nutzkomponenten bisher nicht ausgebeutet wurden. Insbesondere werden mineralische Rohstoffe in immer größeren Tiefen erschlossen. So befindet sich z. B. der tiefste Kalischacht Europas mit 1 200 m in Volkenroda. Erdgasbohrungen werden in der DDR in Tiefen von 3 000 bis 4 000 m durchgeführt, wobei es gelungen ist, die durchschnittliche Abteufzeit von 500 Tagen im Jahre 1967 auf 119 Tage im Jahre 1973 zu senken.[53] Diese Entwicklungstendenz macht die stärkere Nutzung der einheimischen Rohstoffbasis deutlich.

Die Intensivierung der Stoffwirtschaft stellt wesentlich höhere Anforderungen an die stofferhaltenden Funktionen der Transport-, Lagerungs- und Konsumtionsprozesse. Das schließt die Einschränkung des Verderbs von Produkten ebenso ein wie die Reduzierung des Materialaufwandes für die Verpackung.

Die Stofferhaltung erfordert, daß Produktion und Konsumtion unter Beachtung der stoffwirtschaftlichen Notwendigkeiten besser aufeinander abgestimmt werden. Um das zu erreichen, geht die Tendenz dahin, zum Beispiel die Nutzung in bezug auf Qualität und Menge besser den physiologischen Bedürfnissen der Menschen anzupassen. In diesem Zusammenhang gewinnen auch technologische Lösungen an Bedeutung, die darauf gerichtet sind, die zeitliche Diskrepanz zwischen Erzeugung und Verbrauch nicht zur Quelle von Stoffverlusten werden zu lassen. Ähnliche Probleme stehen vor der Energiewirtschaft.

Der Stofferhaltungseffekt der Konsumtion muß weiterhin dadurch verbessert werden, daß die technisch mögliche der tatsächlichen Nutzungsdauer von Verbrauchsgegenständen angenähert wird. Dazu müssen stoffliche Lebensdauer, Formenreichtum und modischer Formwechsel in Übereinstimmung gebracht werden. Hierbei geht es darum, den stoffwirtschaftlichen Wirkungsgrad der Konsumtion voll zur Geltung zu bringen. Er basiert darauf, daß in der Konsumtion – mit Ausnahme der Nahrungs- und Genußmittel – zwar die Form der Konsumgüter, aber nicht ihre Stoffsubstanz vernutzt wird. Wegen dieser Besonderheit kann die Konsumtionssphäre als eine Hauptquelle für Sekundärrohstoffe ausgenutzt werden. In dem Maße, wie diese Quelle erschlossen wird, entwickelt sich die Verwertung der Konsumtionsabfälle zu einem selbständigen Produktionszweig, dessen Aufgabe in der produktiven Rezirkulation des in der Konsumtion erhalten gebliebenen Naturstoffes besteht.

Die hier angeführten Veränderungen in der stoffwirtschaftlichen Ziel-

[53] Vgl.: Ständig bessere Nutzung einheimischer Rohstoffe, in: Neues Deutschland vom 7. Juli 1974, S. 5.

setzung von Produktion, Zirkulation und Konsumtion sind notwendig, weil einerseits einzelne Rohstoffarten erschöpft werden, andererseits aber die Aufwendungen außerordentlich steigen, die erforderlich sind, um entweder neue, ungünstigere Lagerstätten zu erschließen, im eigenen Lande nicht verfügbare Rohstoffarten bei steigenden Weltmarktpreisen zu importieren oder neue fundamentale technologische und wirtschaftliche Lösungen zu entwickeln, die eine Umstellung der Produktion auf andere, bisher nicht genutzte oder nicht erforschte Naturstoffe ermöglichen.

Die Vertiefung der internationalen Zusammenarbeit im Rahmen der sozialistischen ökonomischen Integration ist der Hauptweg, um einer Aufwandsprogression bei der Reproduktion der stoffwirtschaftlichen Basis entgegenzuwirken, das heißt sowohl die einheimischen Naturstoffressourcen rationeller auszunutzen als auch darüber hinaus den Bedarf an solchen Naturstoffen zu decken, die im eigenen Lande nicht vorhanden sind.

8.4.2. Die Basis der DDR an mineralischen und biogenen Naturstoffen

Die Notwendigkeit einer rationelleren Verwendung der Naturstoffe und -kräfte ist insbesondere für die DDR gegeben, weil sie in hohem Grade auf Rohstoffeinfuhren angewiesen ist, obwohl sie bereits ihre eigenen Quellen an mineralischen und biogenen Naturstoffen intensiv nutzt.

Auf Grund der natürlichen Ausstattung mit mineralischen Naturstoffen und der Vorratslage der DDR ergibt sich, daß die Volkswirtschaft der DDR aus eigenem Vorkommen ausreichend mit Braunkohle, Kali, Fluß- und Schwerspat sowie auch mit den Massenrohstoffen Steine und Erden – mit Ausnahme von Sonderqualitäten – versorgt werden kann. Im überwiegenden Maße oder gänzlich auf Importe angewiesen ist die DDR bei Erdöl, Steinkohle (beziehungsweise Koks), Eisen, Bauxit, Phosphaten und Asbest. Ferner muß mehr als die Hälfte des Bedarfs an Erdgas und an den meisten Buntmetallen eingeführt werden.

Trotzdem ist die DDR – gemessen an ihrer relativ geringen Größe – kein rohstoffarmes Land. Gemessen an den ständig steigenden Maßstäben der Produktion und des Lebensstandards ist aber die langfristige Versorgung der Volkswirtschaft mit Rohstoffen eines der wichtigsten Probleme.

International betrachtet, gehört die DDR zu den Ländern mit einer hochgradigen Nutzung der mineralischen Ressourcen, wenn auch zweifellos Reserven vorhanden sind. Der Wert des Bergbauprodukts der DDR[54] je

[54] Friedrich Stammberger, Vortrag über die nutzbaren Lagerstätten der DDR anläßlich der Konferenz „Die Naturressourcen der DDR – ihre rationelle Nutzung im Rahmen der sozialistischen Wirtschaftsintegration", Manuskript.

Flächeneinheit ist um 10 Prozent größer als der Großbritanniens und beträgt das Vierfache der USA, das Zweieinhalbfache Frankreichs, das Dreieinhalbfache Japans und das Achtfache Italiens. Wenngleich diese Relation nur eine begrenzte Aussagekraft besitzt, größenordnungsmäßig kennzeichnet sie deutlich die Nutzung der Naturressourcen und die damit verbundene Beanspruchung der natürlichen Umwelt.

Die jährliche Fördermenge an mineralischen Rohstoffen in der DDR hat sich wie folgt entwickelt:[55]

1966 = 358 Mill. t = 100 Prozent
1969 = 385 Mill. t = 108 Prozent
1972 = 397 Mill. t = 111 Prozent.

Den Hauptanteil der Fördermenge macht die Braunkohle aus, denn 1972 wurden rd. 250 Mill. t. Rohbraunkohle gewonnen. Während die Industrieproduktion der DDR im gleichen Zeitraum um mehr als 40 Prozent anstieg, erhöhte sich die Fördermenge an mineralischen Rohstoffen aus eigenen Vorkommen lediglich um 11 Prozent. Diese Tendenz wird noch deutlicher, wenn man die Entwicklung der Bruttoproduktion der Industrie[56] nach Stoffänderungsprozessen, das heißt nach stoffgewinnender, stoffumwandelnder, stoffgestaltender und Montageindustrie analysiert (vgl. S. 713). Für den Zeitraum von 1956 bis 1967 – nur für diese 12 Jahre ermöglichen die Statistischen Jahrbücher[57] eine derartige Aufgliederung – ergeben sich folgende Veränderungen (vgl. Tabelle 10).

Die Übersicht zeigt, daß die industrielle Bruttoproduktion in der stoffgewinnenden Industrie am geringsten angestiegen ist. Während in der stoffumwandelnden sowie in der übrigen Industrie die Bruttoproduktion sich teils mehr als verdoppelt hat, ist sie in den Betrieben der Stoffgewinnung nur um reichlich ein Drittel angewachsen. Ihr Anteil an der Bruttoproduktion der Industrie insgesamt ist daher von 6,9 auf 4,4 Prozent zurückgegangen. Wie sich die industrielle Bruttoproduktion in den einzelnen Zweigen der stoffgewinnenden Industrie entwickelte, zeigt Tabelle 11.

Obwohl sich im untersuchten Zeitraum die Bruttoproduktion der Industrie insgesamt mehr als verdoppelte, wuchs die Gewinnung von Kohle, NE-Metallen sowie von Kali und Steinsalzen aus einheimischen Lagerstätten

[55] Peter Gansauge u. a., Vortrag anläßlich der 20. Jahrestagung der Gesellschaft für Geologische Wissenschaften, Manuskript.

[56] Die anderen Bereiche wie zum Beispiel das Verkehrswesen, die Land- und Forstwirtschaft konnten nicht in die Untersuchungen einbezogen werden, da für sie keine vergleichbaren Daten in den Statistischen Jahrbüchern ausgewiesen sind.

[57] Statistisches Jahrbuch der DDR 1956, Berlin 1957, S. 211, und Statistisches Jahrbuch der DDR 1967, Berlin 1967, S. 117.

Tabelle 10
Entwicklung der Bruttoproduktion der Industrie der DDR nach Stoffänderungsphasen

	1956 Md. M	Anteil an der Industrie insgesamt (in %)	1967 Md. M	Steigerung (1956 = 100) (in %)	Anteil an der Industrie insgesamt (in %)
Industrie insgesamt	47,6	100	100,8	211,6	100
Stoffgewinnende Industrie[1]	3,3	6,9	4,5	137,1	4,4
Stoffumwandelnde Industrie[2]	20,2	42,4	40,3	199,4	40,0
Stoffgestaltende und Montageindustrie	24,2	50,8	56,0	231,8	55,6

[1] Die Zuordnung der einzelnen Zweige ist bereits auf Seite 712 angegeben.
[2] Da im Statistischen Jahrbuch der DDR 1956 lediglich die Bruttoproduktion für die Baumaterialienindustrie insgesamt, das heißt einschließlich Betonerzeugnisse ausgewiesen ist, erfolgte eine Aufgliederung entsprechend den Größenverhältnissen von 1966/67.

Tabelle 11
Entwicklung der Bruttoproduktion einzelner Bereiche der stoffgewinnenden Industrie der DDR

	1956 Md. Mark	Anteil an der Industrie insgesamt (in Prozent)	1967 Md. Mark	Steigerung (1956 = 100) (in Prozent)	Anteil an der Industrie insgesamt (in Prozent)
Industrie insgesamt	47,6	100,0	100,8	211,6	100,0
darunter stoffgewinnende Industrie	3,3	6,9	4,5	137,1	4,4
davon Bergbau	2,5	5,1	2,7	110,0	2,7
Baustoffgewinnung	0,6	1,2	1,3	225,0	1,3
Fischfang und -verarbeitung	0,2	0,5	0,5	204,0	0,5

nur geringfügig. Die Umweltnutzung durch die Gewinnung von Baustoffen und den Fischfang ist dagegen proportional der Bruttoproduktion der Industrie insgesamt angewachsen. Der Anteil dieser beiden Zweige an der industriellen Bruttoproduktion ist nahezu unverändert geblieben.

Die Entwicklung der industriellen Bruttoproduktion des Bergbaus bedeutet, daß

1. die Eingriffe in die Naturbedingungen der DDR durch den Bergbau trotz des beträchtlichen Wachstums der Industrie absolut nur unbedeutend zugenommen haben und

2. der Anteil einheimischer Bergbauprodukte an der Industrieproduktion von 1956 bis 1967 ständig abgenommen hat. Er sank von 5,1 auf 2,7 Prozent ab. Das heißt aber *nicht*, daß die Stoffausnutzung beträchtlich zugenommen hat, da die entsprechenden technisch-wirtschaftlichen Kennziffern auf eine annähernd gleichbleibende Stoffausnutzung hinweisen.

Der mit dem wirtschaftlichen Wachstum der Volkswirtschaft der DDR verbundene steigende Verbrauch an Naturstoffen und -kräften wird durch die Ausweitung der Importe gedeckt. So erhöhte sich von 1960 (= 100 Prozent) bis 1972 die Einfuhr zum Beispiel von Erdöl auf rd. 785 Prozent, von Chromerz auf rd. 210 Prozent, von Rohphosphat und Apatitkonzentrat auf fast 250 Prozent, von Eisenerz auf ca. 135 Prozent.[58] Der Bedarf der DDR an Rohstoffen wird sich auch in den kommenden Jahren mit der weiteren Intensivierung des Reproduktionsprozesses ständig erhöhen. Ein Teil des wachsenden Bedarfs muß durch stärkere Ausnutzung einheimischer Stoffressourcen gedeckt werden. Der andere Teil wird durch zunehmende Rohstoffimporte, insbesondere aus der Sowjetunion, die über riesige Naturreichtümer verfügt, gesichert werden müssen.[59] Trotz des unermeßlichen Reichtums an natürlichen Ressourcen haben das ZK der KPdSU und der Ministerrat der UdSSR im September 1972 einen umfassenden Beschluß über die Verstärkung des Schutzes der Natur sowie die rationellere Ausnutzung der natürlichen Ressourcen gefaßt, um die Verluste bei der Gewinnung und Verarbeitung von Rohstoffen zu vermindern und zugleich die Umweltbelastung zu verringern.[60]

Die *biogenen* Naturstoffe werden insbesondere von der Land- und Forstwirtschaft, der See- und Binnenfischerei, dem Jagdwesen sowie der sich entwickelnden mikrobiologischen Industrie geliefert. Ihre Besonderheit in stoffwirtschaftlicher Hinsicht besteht darin, daß sie reproduzierbar sind und bei Vergrößerung des Ertragspotentials ohne zu erschöpfen sogar in erweitertem Umfang gewonnen werden können.

58 Berechnet nach: Statistisches Jahrbuch der DDR 1973, Berlin 1973, S. 305.

59 Vgl. T. S. Chačaturov, Natürliche Ressourcen und Volkswirtschaftsplanung, in: Sowjetwissenschaft, Gesellschaftswissenschaftliche Beiträge, 1/1974, S. 5.

60 Vgl. Beschluß des ZK der KPdSU und des Ministerrats der UdSSR vom September 1972 über die Verstärkung des Schutzes der Natur sowie die rationellere Ausnutzung der natürlichen Ressourcen, in: Presse der Sowjetunion, 6/1973, S. 34 bis 36.

Die biogenen Naturstoffe bilden die Hauptgrundlage für die Ernährung der Bevölkerung, wobei in starkem Maße die pflanzlichen Erzeugnisse[61] verwendet werden, um über die Nutztiere hochwertige Produkte herzustellen.

Im Verlauf der 25 Jahre des Bestehens der DDR ist es bei gleichzeitig vollzogenen revolutionären Veränderungen in den Produktionsverhältnissen der Landwirtschaft gelungen, die natürlichen Ressourcen ständig intensiver auszunutzen und die Erzeugung pflanzlicher Naturstoffe erheblich zu erweitern. Die Hektarerträge der verschiedenen Haupt- und Nebenfrüchte wurden gesteigert und damit eine bessere und stabile Versorgung der Bevölkerung mit Nahrungsmitteln gesichert. In welchem Umfang sich die pflanzliche Produktion erhöhte, obwohl weit über 200 000 ha landwirtschaftlicher Nutzfläche entzogen wurden, ist im Abschnitt 8.3. bereits zahlenmäßig nachgewiesen worden. Für 1971–1975 wurde ein Bruttoumsatz aller Erzeugnisse der Pflanzenproduktion von etwa 40 dt GE/ha im Durchschnitt der DDR erzielt und damit im Vergleich zu 1950 (= 100 Prozent) eine Steigerung auf etwa 160 Prozent erreicht. Diese stoffwirtschaftlichen Ergebnisse der Landwirtschaft sind nicht unwesentlich als Nutzeffekt der potentialbildenden gesellschaftlichen Arbeit anzusehen, die zum Beispiel in Form von Meliorationsmaßnahmen, Investitionen für die Wasserspeicherung usw. zur Erhöhung des Ertragspotentials der landwirtschaftlich genutzten Böden aufgewendet wurden.

Neben der quantitativen Ausdehnung der pflanzlichen Produktion ist insbesondere in den letzten Jahren eine Entwicklung eingeleitet worden, die darauf gerichtet ist, das Aufkommen an Eiweißstoffen zu vergrößern und damit den Nahrungsspielraum zu erweitern.

Die intensive Ausdehnung der pflanzlichen Produktion in der DDR diente vorrangig der Befriedigung der neuen Ernährungsbedürfnisse, die wiederum Folge der veränderten Anforderungen an die Leistungsfähigkeit der Menschen sind. Hier spielt die Deckung des Bedarfs an Eiweißstoffen eine hervorragende Rolle. Steigende Eiweißproduktion und damit Sicherung einer optimalen Ernährung ist von entscheidender Bedeutung für die Verbesserung der Lebensbedingungen der Menschen, für die Erhöhung ihrer Leistungsfähigkeit und Arbeitsproduktivität.

Die Welteiweißproduktion von etwa 200 Mill. t, die sich zu rd. 80 Prozent aus Eiweiß pflanzlicher Erzeugnisse zusammensetzt, entspricht einem Pro-Kopf-Aufkommen der Weltbevölkerung von ca. 55 kg. Auf Grund der

[61] Von dem Bruttoprodukt der Landwirtschaft in Höhe von 37,4 Mrd. M werden Produkte im Wert von 21,9 Mrd. M – das ist ein Anteil von rd. 63 Prozent – als Rohstoffe in der Nahrungsgüterwirtschaft und Lebensmittelindustrie eingesetzt. Bei der Pflanzenproduktion ist der Anteil noch beträchtlich höher.

Veredelungsverluste stehen nach N. Turbin und G. Lavrinenko[62] je Kopf der Weltbevölkerung jährlich aber nur 21 bis 22 kg Eiweißstoffe zur Verfügung, was weniger als die Hälfte des Bedarfs ist. Sie schätzen, daß die Hälfte der Menschheit an Eiweißmangel leidet. Da die Haupteiweißquelle nach wie vor die Pflanzen sind, kann das Eiweißaufkommen nur durch Steigerung der pflanzlichen Produktion erweitert werden, sofern nicht mikrobielle Produktionsmethoden in großem Umfang entwickelt werden. Deswegen ist eine weitere intensive Nutzung der landwirtschaftlichen Flächen unerläßlich.

In den sozialistischen Ländern wird die Eiweißproduktion systematisch ausgebaut. Das geschieht einmal durch die Erweiterung der Anbauflächen und die Erhöhung der Hektarerträge von proteinreichen Kulturen wie Ölsaaten, Leguminosen usw. Beispielsweise ist in der DDR zur weiteren Vergrößerung des Eiweißaufkommens vorgesehen, vor allem den Anbau der hochwertigen Ackerbohnen bis 1980 zu verzehnfachen, das heißt den Anbau von gegenwärtig ca. 10 000 ha auf rd. 100 000 ha auszudehnen sowie Weizensorten mit höherem Rohproteingehalt anzubauen. Weiterhin wird die Eiweißgewinnung je Flächeneinheit z. B. durch Übergang zur Ganzpflanzenernte von Weizen und Mais und ihre anschließende Pelletierung vergrößert. Für 1974 ist eine Produktion von 160 kt geplant. Je Flächeneinheit bringt das ca. 25 Prozent mehr Nährstoffe. Auch durch die Herstellung von Trockengut (z. B. Grünmehl, Strohpellets, Trockenhackfrüchte) werden die Naturstoffe intensiver ausgenutzt und dadurch der stoffwirtschaftliche Wirkungsgrad der Produktion je Flächeneinheit beträchtlich erhöht.

Dieser Intensivierungstendenz der Umweltnutzung zur Erhöhung der Eiweißproduktion wirken jedoch die steigenden Eiweißverluste bei der Veredelung der pflanzlichen Erzeugnisse entgegen. Diese Veredelung ist erforderlich, weil die Veränderungen in der Arbeits- und Lebensweise eine grundlegende Umstellung in der Zusammensetzung der menschlichen Ernährung erfordern.

Die für die menschliche Ernährung gehaltenen Viehbestände sind – stoffwirtschaftlich gesehen – Eiweißproduzenten mit relativ geringem Wirkungsgrad. Zur Erzeugung von 1 kg tierischem Eiweiß werden zum Beispiel bei Milch 3,9 kg Futtereiweiß, bei Eiern und Broilern 4 bis 5 kg, bei Schweinefleisch ca. 7 kg und bei Rindfleisch sogar 10 kg Futtereiweiß benötigt.[63] Das

[62] N. Turbin und G. Lavrinenko, Eiweiß-Defizit. Wie kann es überwunden werden? in: Presse der Sowjetunion, 4/1974, S. 31, 32.

[63] U. P. Kralovánszky, Gewinnung und Verwendung von Eiweißfuttermitteln im internationalen Vergleich. Fortschrittsberichte der Land- und Nahrungsgüterwirtschaft, Bd. 10, 7/8/1972, S. 10.

bedeutet, daß zur Erzeugung der in wachsendem Maße benötigten tierischen Eiweißstoffe die 4- bis 10fache Menge an pflanzlichen Eiweißstoffen produziert und damit die Umweltnutzung entsprechend intensiviert werden muß. Zugleich wächst die Masse der Umwandlungsverluste gegenüber der gewonnenen Menge an tierischen Eiweißstoffen um ein Mehrfaches an.

Es steigen jedoch nicht nur die Eiweißverluste, sondern mit der weiteren Zunahme des Anteils von Nahrungsmitteln tierischer Herkunft wird auch das Verhältnis der verzehrten zu den ursprünglich produzierten Kalorien ungünstiger. 1970 wurden in der DDR rd. 6 750 kcal aus der pflanzlichen Primärproduktion benötigt, um dem menschlichen Organismus 3 150 kcal zuführen zu können.[64]

Wegen ihres relativ niedrigen stoffwirtschaftlichen und energetischen Wirkungsgrades läßt die Ausdehnung der tierischen Produktion die Intensität der Umweltnutzung progressiv ansteigen. Das betrifft nicht nur die unmittelbar vor- und nachgelagerten Produktionsstufen, sondern auch die ganze Kette von Industriezweigen, die landwirtschaftliche Produktionsmittel erzeugen. Vom stoffwirtschaftlichen Standpunkt aus ist hier das Problem der mineralischen Düngemittel gravierend.

Der Aufwand in kg Reinnährstoff je Hektar landwirtschaftlicher Nutzfläche entwickelte sich wie folgt:[65]

Wirtschaftsjahr	Stickstoff (N)	Phosphorsäure (P_2O_5)	Kali (K_2O)	Kalk (CaO)
1949/50	27,8	14,2	51,1	85,4
1959/60	38,0	32,7	82,3	128,2
1969/70	78,7	65,3	101,8	177,5
1972/73	106,8	69,1	94,2	212,2

Erhebliche Teile dieser Nährstoffe gehen vor allem durch Auswaschung verloren und belasten die Gewässer. So werden für die DDR die Verluste an Stickstoff auf 10 bis 30 Prozent und ihr Wert mit ca. 170 Mill. M sowie die von Phosphor auf rd. 40 Prozent und ihr Wert mit 160 Mill. M geschätzt.[66]

Weil die pflanzliche Produktion weiter gesteigert werden muß, kann diese Art der Umweltbelastung nicht durch Reduzierung des Düngemitteleinsatzes

64 Georg Holzapfel, Zu einigen grundlegenden Aufgaben der Nahrungsgüterwirtschaft und der Lebensmittelindustrie, in: Die Lebensmittelindustrie, 1/1973, S. 4 bis 7.

65 Statistisches Jahrbuch der DDR 1974, Berlin 1974, S. 207.

66 Literaturbericht des Institutes für Düngungsforschung, Leipzig 1971.

vermindert werden, sondern durch eine optimale und ökologisch begründete Verwendung von Düngestoffen.

Die Produktion von Düngemitteln wiederum ist zum Teil mit einer beträchtlichen Umweltverschmutzung und mit Stoffverlusten verbunden. So betragen zum Beispiel die Abbauverluste der Kaliproduktion 40 bis 50 Prozent, und 1959 wurden mit den Kaliabwässern 325 kt Kaliumchlorid, 670 kt Magnesiumchlorid und über 4 Mill. t. Steinsalz abgeführt.[67] Inzwischen ist die Kaliproduktion der DDR um nahezu 50 Prozent angestiegen.

In Verbindung mit dem Übergang zur industriemäßigen Produktion in der Viehwirtschaft hat sich ein neues stoffwirtschaftliches Problem herausgebildet – das ist der massenhafte und schnell wachsende Anfall von Gülle. Hieraus resultiert eine beträchtliche Umweltverschmutzung.

In der Vergangenheit hat die Landwirtschaft gewährleistet, daß nahezu alle anfallenden Stoffe im Kreislauf genutzt wurden. Organische Düngestoffe waren ein wichtiges Mittel, um die Produktion aufrechtzuerhalten und evtl. auf höherem Niveau durchzuführen. Mit der Industrialisierung der tierischen Produktion ohne ausreichende Berücksichtigung der stoffwirtschaftlichen Erfordernisse ist die Landwirtschaft zu einem Abprodukteproduzenten großen Stils geworden. 1972 sind in der Landwirtschaft der DDR etwa 20 Mill. t Gülle angefallen. Diese Menge entspricht einer Abwasserlast von annähernd 17 Millionen Einwohnern. Werden die Kapazitäten der Rinderanlagen jährlich um ca. 4 Prozent und die an Schweineanlagen um 6 Prozent erweitert, so ist 1980 mit 55 bis 60 Mill. t Gülle zu rechnen.[68]

Ermittelt man überschläglich den möglichen Gülleanfall für die gesamten gegenwärtigen Viehbestände der DDR, so ergibt das eine Jahresmenge von etwa 100 Mill. t, die auf Grund ihrer durchschnittlichen Zusammensetzung rd. 550 kt Stickstoff, knapp 120 kt Phosphor und fast 500 kt Kalium enthalten.[69] Diese Mengen entsprechen einem Anteil am gegenwärtigen Jahresverbrauch mineralischer Düngemittel bei Stickstoff von über 85 Prozent, bei Phosphorsäure von knapp 30 Prozent sowie bei Kali von ebenfalls ca. 85 Prozent. Die große volkswirtschaftliche Bedeutung dieser Inhaltstoffe der Gülle wird auch deutlich, wenn man bedenkt, daß zur Produktion von ca. 500 kt Stickstoff für Düngungszwecke in der chemischen

67 Heinrich Jedersie, Kali- und Steinsalzbergbau, Bd. II, Leipzig 1969, S. 447.

68 Rudolf von der Aa, Abfallprodukte aus der Tierproduktion und ihre Bedeutung für den Umweltschutz, Berlin 2/1973, S. 4 (Schriftenreihe der Urania).

69 Joachim Spiegler, Überschlagsrechnung aus einem bisher unveröffentlichten Manuskript.

Industrie Kapazitäten erforderlich sind, deren Aufbau Investitionsmittel in der Größenordnung von 2 bis 2,5 Md. M erfordern.

Die Wiederverwendung der in der Gülle enthaltenen großen Stoffmengen in der landwirtschaftlichen oder industriellen Produktion (z. B. mikrobielle Eiweißerzeugung) ist deshalb unerläßlich, um nicht nur ihren stoffwirtschaftlichen Wirkungsgrad zu erhöhen, sondern auch der Gefahr einer Verschlechterung der Umweltqualität vorzubeugen. Die auf der Pflanzenproduktion beruhende Nahrungsmittelerzeugung erweist sich also stoffwirtschaftlich insgesamt als sehr verlustreich. Aus diesem Grunde und wegen der Erschwernisse in der Ertragssteigerung des Pflanzenbaus ist es erforderlich, noch andere Verfahren industriemäßiger Erzeugung von Nahrungsmitteln, insbesondere von Eiweiß, zu entwickeln. Ein Weg dazu ist die Ausnutzung von Mikroorganismen zur biologischen Produktion von Proteinen. Es ist eines der Verfahren, das die Gewinnung biogener Naturstoffe revolutioniert und für die Perspektive den meisten Erfolg verspricht.

Die stoffwirtschaftlichen Vorzüge der mikrobiellen Eiweißproduktion sind eindeutig, weil sie zunächst eine Abproduktverwertung großen Stils zuläßt, von einem außerordentlich hohen Veredelungseffekt gekennzeichnet ist und beträchtlich zur Verminderung der Umweltbelastung beitragen kann. Weiterhin besitzt sie einen hohen stoffwirtschaftlichen Wirkungsgrad, weil Mikroorganismen ein rasches Wachstum und eine schnelle Vermehrung aufweisen. Drittens kann die Produktion nicht durch Umweltbedingungen beeinträchtigt werden und stellt daher eine stabile Nahrungsquelle dar.

Als Hauptwege der mikrobiologischen Produktion können gelten:

Erstens die Herstellung proteinreicher Produkte durch Pilze, insbesondere Hefen, wobei als Nährmedien Abprodukte aus der Leicht- und Nahrungsmittelindustrie (zum Beispiel Melasse), der Zellstoff- und Papierindustrie (zum Beispiel Sulfitablauge), der Holzindustrie (zum Beispiel Sägespäne) und auch der Land- und Nahrungsgüterwirtschaft (zum Beispiel Kot bzw. Dung und Schlachttierblut) eingesetzt werden. Auch auf der Grundlage von Rohöl mit hohem Paraffingehalt, Gasöl und Erdgas (Methan) wird versucht, Eiweißstoffe mikrobiologisch zu gewinnen. Die Futterhefeausbeute aus 1 t Holzabfälle beträgt ca. 275 kg und aus 1 t gereinigten Erdölparaffinen rd. 1 100 kg.

Zweitens der Anbau von einzelligen Algen, insbesondere Chlorella-Algen, die – bezogen auf Trockenmasse – mehr als 50 Prozent Eiweiß enthalten. Ihr photosynthetischer Wirkungsgrad ist 6- bis 30mal so hoch wie der höherentwickelter Pflanzen. Der Flächenertrag von Algenkulturen beträgt – wiederum bezogen auf Trockensubstanz – das 10- bis 60fache und – bezogen auf die Proteinmenge – das 14- bis 140fache der gegenwärtigen landwirtschaftlichen Nutzpflanzen.[70] Wegen der hohen Lichtabhängigkeit ist die Algenproduktion zumindestens vorläufig auf Gebiete mit mindestens 300 Sonnentagen pro Jahr beschränkt. In der DDR basiert deshalb die mikrobielle Eiweißproduktion auf Hefe.

Die RGW-Staaten erzeugen ca. 60 Prozent der Welthefeproduktion.[71] In der DDR werden jährlich etwa 40 000 t Futterhefe produziert. Ausgangsstoffe dafür sind Melasse, Schlempe und Sulfitablauge.

Die Grenzen für eine Ausdehnung der Hefeproduktion sind damit bei weitem nicht erreicht. So stellt insbesondere die Sulfitablauge, die bei der Zellstofferzeugung entsteht, eine große Stoffreserve dar, deren Verwertung zugleich bedeutungsvoll für den Umweltschutz ist.

Bei der Sulfitzellstofferzeugung werden etwa 50 Prozent der eingesetzten Holzsubstanz beim Aufschlußprozeß in eine lösliche Form umgewandelt, das heißt ein Großteil bleibt ungenutzt, geht ins Abwasser und bewirkt eine Belastung der Gewässer. Die anfallende Abwasserlast der Zellstoffwerke der DDR von rd. 8,2 Mill. EGW* wird durch Verwertung (zum Beispiel Eindampfung, Verspritung, Verhefung) der Ablaugen um 45 Prozent vermindert, was der Vermeidung einer Abwasserlast von etwa 3,7 Mill. EGW gleichkommt. Gegenwärtig jedoch belasten die ungenutzten Sulfitablaugen den Industriezweig Zellstoff und Papier jährlich mit rd. 11,4 Mill. M Abwassergeld.[72]

Eine weitere Möglichkeit verlustarmer Eiweißgewinnung stellt der Fischfang dar. Im Zeitraum von 1955 bis 1973 verfünffachte er sich und stieg von 62 kt auf 320 kt.[73] Damit liegen seine Zuwachsraten weit über denen der Viehwirtschaft, wo die vergleichbaren Zuwachsraten bei Schlachtvieh 174 Prozent, bei Milch 156 Prozent und bei Eiern 230 Prozent betrugen. Allerdings haben wegen der Überfischung der günstig gelegenen, traditionellen Fanggründe die Steigerungsraten in den letzten Jahren stark abgenommen.

Die Wälder stellen eine stoffwirtschaftlich außerordentlich wichtige Naturressource dar. Über 90 Prozent des Holzaufkommens werden durch Einschlag in den eigenen Wäldern gedeckt, obwohl er im Interesse der Erhal-

* Einwohnergleichwert (EGW), definiert als Abwasserlast pro Einwohner und Tag.

70 U. P. Kralovánszky, Gewinnung und Verwendung von Eiweißfuttermitteln im internationalen Vergleich. Fortschrittsberichte der Land- und Nahrungsgüterwirtschaft, Bd. 10, Nr. 7/8/1972. S. 10.

71 Ebenda, S. 22.

72 Vgl. Zur Abgabenregelung und den Kosten der Wasserbereitstellung, in: Zellstoff und Papier, 11/1970, S. 322 und 331.

73 Ohne Binnenfischerei; Statistisches Jahrbuch der DDR 1973, Berlin 1973, S. 131.

tung der Waldbestände in den letzten Jahren stark vermindert wurde. Auch durch eine stärkere Verwertung von Abprodukten kann zur Schonung der Waldbestände beigetragen werden. Das gilt im besonderen Maße für Forstwirtschaft und Holzindustrie, wo Abprodukte in Form von Rindenabfällen und Baumteilen, Holzresten aus der Verarbeitung usw. entstehen. Die Gesamtmenge der Holzabprodukte wird auf mehr als 2,8 Mill. m^3 geschätzt.[74] Nur ein Teil davon wird entsprechend volkswirtschaftlichen Erfordernissen und Bedürfnissen verwertet.

Die Wälder sind aber auch eine wichtige Naturbedingung für den Wildreichtum und damit für die Erhöhung der Jagdergebnisse. Untrennbar verbunden mit der stoffwirtschaftlichen Funktion sind die landeskulturellen Aufgaben der Wälder, denn sie beeinflussen im starken Maße den Naturhaushalt und bilden zugleich eine wichtige Naturbedingung für die Reproduktion der Arbeitskraft des Menschen.

8.4.3. Die optimale Nutzung der Abprodukte – ein Hauptweg zur Intensivierung der Stoffwirtschaft

Die stoffwirtschaftlichen Bedingungen für die Steigerung der gesellschaftlichen Arbeitsproduktivität, so, wie sie sich auf dem gegenwärtigen Stand der Mensch-Umwelt-Beziehungen herausgebildet haben, machen eine vollständige wirtschaftliche Verwertung der Abprodukte zwingend notwendig.

Abprodukte fallen als Rückstände, Schlämme, Gülle, Abgase, Abwärme, Abwasser, Müll und sonstige Abfälle an. Es handelt sich hauptsächlich um

– Arbeitsgegenstände, die bei der Stoffgewinnung, -umwandlung oder -verformung nicht ausgenutzt werden und damit Verluste der Produktion und Zirkulation darstellen,

– Arbeitsmittel und Konsumgüter, die bei ihrem Verbrauch ihren ursprünglichen Gebrauchswert verloren haben und als Altstoffe, Müll, Bauschutt und ähnliches anfallen,

– menschliche Stoffwechselprodukte, die vor allem als häusliche Abwässer oder Fäkalien entstehen.

Zu den Abprodukten – wenn auch im weiteren Sinn – zählen auch technisch oder technologisch bedingte Energieverluste zum Beispiel in Form von Abwärme oder die radioaktiven Abfälle.

Abprodukte sind das Resultat der Industrialisierung und der Konzentration der Bevölkerung in Städten. Vor der industriellen Revolution und der Entwicklung der Städte beeinflußte die Rückführung der in nur geringen

74 Vgl. H. Götze, Die Verwertung der Holzreste und Sekundärrohstoffe, Manuskript.

Mengen anfallende Abprodukte nicht das ökologische Gleichgewicht und machte nur unerhebliche Aufwendungen zu ihrer Beseitigung erforderlich. Mit der Industrialisierung und der Konzentration der Bevölkerung veränderte sich diese Situation. In zunehmendem Maße störte die Rückführung der Abprodukte in die Natur deren ökologisches Gleichgewicht, da die wachsende Masse an Abprodukten sowie ihre Art und Zusammensetzung das natürliche Stoffabbaupotential überforderte. Zugleich verursachte die Beseitigung der Abprodukte steigende Kosten.

Marx hat bereits im „Kapital" den Anfall von Abprodukten analysiert und festgestellt, daß in dieser Hinsicht in der kapitalistischen Wirtschaft eine kolossale Verschwendung von Naturstoffen stattfindet. Er bezeichnete die Abprodukte als die „Exkremente der Produktion und Konsumtion". Bei der kritischen Analyse der Abprodukteverwendung im Kapitalismus hat Marx wichtige ökonomische Grundsätze für die intensivere Ausnutzung der Naturstoffe aufgestellt. Er wies insbesondere nach, daß die Abprodukteverwertung von der Massenhaftigkeit ihres Anfalls abhängt und erst bei Arbeit auf großer Stufenleiter rationell wird. Marx hat bereits den Zusammenhang des stoffwirtschaftlichen Wirkungsgrades der Produktion und der Abprodukteverwertung erkannt, als er die Ökonomie der Exkremente der Produktion unterschied in

– eine Ökonomie der Wiederverwendung von derartigen Stoffen und

– eine „... Ökonomie bei der Erzeugung von Abfall, also die Reduktion der Produktionsexkremente auf ihr Minimum, und die unmittelbare Vernutzung, bis zum Maximum, aller in die Produktion eingehenden Roh- und Hilfsstoffe".[75]

Die Abprodukte entstehen – den Stoffwechselprozeß zwischen Mensch und Natur als Kreislauf betrachtet – immer aus offenen Stoffkreisläufen. Geschlossene Stoffkreisläufe dagegen sind abproduktefrei und zeichnen sich dadurch aus, daß ausschließlich Haupt-, Neben- oder Kuppelprodukte entstehen. In offenen Stoffkreisläufen dagegen werden die eingesetzten Naturstoffe einmal in Haupt-, Neben- oder Kuppelprodukte und zum anderen in Abprodukte aufgespalten.

Aufgabe der Stoffwirtschaft muß es sein, die Verweildauer der Naturstoffe im wirtschaftlichen Kreislauf zu verlängern sowie unvermeidbare Abprodukte in Formen zu verwandeln, die von der Natur abgebaut werden können. Andernfalls werden sie im Stoffwechselprozeß zwischen Mensch und Natur zu einer „antibiogenen" Komponente[76], die sich schädigend auf

[75] Vgl. Karl Marx, Das Kapital, Dritter Band, in MEW, Bd. 25, Berlin 1964, S. 112.

[76] Vgl. I. B. Novik, Methodologische Aspekte der Optimierung der Biosphäre, in: ZIL-Information, Berlin, 5/1973, S. 11.

die ökologischen Systeme auswirkt. Deshalb ist es erforderlich, den stofflichen Wirkungsgrad der Produktion zu erhöhen und den Stoffwechsel zwischen Mensch und Natur weitgehend nach dem Prinzip eines geschlossenen Stoffkreislaufes zu gestalten. Zum anderen ist es erforderlich, die Wiederverwendungsfähigkeit der Abprodukte zu erhöhen und dadurch den Zeitpunkt des Stoffersatzes hinauszuschieben.

In die Abprodukte ist – je nachdem, wie viele Stufen des gesellschaftlichen Reproduktionsprozesses sie durchlaufen haben – mehr oder weniger gesellschaftliche Arbeit eingegangen, die für Erkundung, Gewinnung und Umwandlung der Naturstoffe, aus denen sie hervorgegangenen sind, sowie für Formgebung, Montage, Transport usw. aufgewendet wurde.

Das ökonomische Merkmal zur Unterscheidung der Abprodukte von den Haupt-, Neben- oder Kuppelprodukten besteht darin, daß sie kein gesellschaftliches Bedürfnis befriedigen können. Da sie keine Nützlichkeit besitzen, haben sie keinen Gebrauchswert und auch keinen Wert. Das ökonomische Merkmal offener Stoffkreisläufe ist im Gegensatz zu geschlossenen darin zu sehen, daß nur ein Teil der eingesetzten Naturstoffe in End- oder Zwischenprodukte umgesetzt wird, ihr Ausnutzungsgrad also immer unter 1 liegt. Daraus ergibt sich folgender Widerspruch zwischen der bei der Stoffproduktion verausgabten konkreten und abstrakten Arbeit: Die in den Abprodukten enthaltene konkrete Arbeit geht verloren, ihr Wert aber wird vollständig auf das End- oder Zwischenprodukt übertragen, so daß im Endprodukt der volle zur Produktion des Stoffes notwendige Arbeitsaufwand erscheint.

Um die in den Abprodukten enthaltene konkrete Arbeit zu erhalten, muß nach Wegen ihrer verstärkten wirtschaftlichen Verwertung gesucht werden. Das Vorhandensein von Nutzungsmöglichkeiten ist eine der Voraussetzungen, um sie in Gebrauchswerte zu verwandeln und sie damit als Werte realisieren zu können. Die andere Voraussetzung besteht darin, daß die Aufwendungen für ihre Erfassung, Aufbereitung, ihren Transport zu den entsprechenden Bedarfsträgern usw. niedriger sind als der *volle* gesellschaftliche Aufwand für vergleichbare Primärrohstoffe, worin die Aufwendungen für die Reproduktion der Naturressourcen und den Schutz der Umwelt vor Schädigungen durch Abprodukte enthalten sein müssen.

Abprodukte sind prinzipiell als potentielle Gebrauchswerte anzusehen. Sofern für sie Anwendungsmöglichkeiten erschlossen und sie dafür aufbereitet werden, erhalten sie einen Gebrauchswert und verwandeln sich in Neben- oder Kuppelprodukte; in einzelnen Fällen können sie auch zu Hauptprodukten werden.

Eine besondere Form der Abprodukte sind die Altstoffe. Sie unterscheiden sich von den Abprodukten vor allem durch zwei Merkmale:

Erstens verlieren sie im Prozeß der produktiven oder konsumtiven Nutzung nicht ihren *stofflichen* Gebrauchswert;

zweitens entstehen sie nicht im Zusammenhang mit dem stoffwirtschaftlichen Wirkungsgrad der Produktion und Konsumtion, sondern fallen durch den physischen und moralischen Verschleiß der Arbeitsinstrumente und Konsumgüter an.

Im Verlauf des Gebrauchs eines Erzeugnisses wird seine Funktionsfähigkeit beziehungsweise seine Form und damit jener Teil der aufgewendeten gesellschaftlichen Arbeit vernutzt, der dem Produkt die Gestalt gab. In den meisten Fällen bleibt – ganz oder teilweise – die stoffliche Substanz und die für ihre Gewinnung und Umwandlung verausgabte Arbeit erhalten. Soweit der stoffliche Gebrauchswert erhalten bleibt, wird auch der Wert des Stoffes bewahrt. Seine Größe hängt davon ab, auf welcher Stufe des Stoffwechsels die Rezirkulation der Sekundärrohstoffe stattfindet. Je höher der Veredelungsgrad des rezirkulierten Stoffes ist, um so mehr gesellschaftliche Arbeit kann bei seiner Wiederverwendung weitergenutzt werden.

Mit dem Ausscheiden der Abprodukte aus dem wirtschaftlichen Kreislauf wird nicht nur die für ihre Produktion aufgewendete konkrete Arbeit brachgelegt, sondern es muß teils beträchtliche gesellschaftliche Arbeit zur Ableitung und Beseitigung der Abprodukte, insbesondere für Transport und Ablagerung sowie für die Verhütung von Umweltschäden aufgewendet werden. Der Anfall von Abprodukten bedeutet deshalb in jedem Falle eine Schmälerung der stofflichen Ergiebigkeit der gesellschaftlichen Arbeit und hemmt durch seine Folgewirkungen die Entwicklung der gesellschaftlichen Arbeitsproduktivität insgesamt.

Die Umwandlung der Abprodukte in nutzbare Stoffe dagegen trägt zur Steigerung der gesellschaftlichen Arbeitsproduktivität bei, sofern dadurch die für die Erlangung der Gebrauchswerteigenschaften erforderlichen Voraussetzungen erfüllt werden.

Mit der Ausweitung der Stoffgewinnung, -umwandlung und -verformung sowie der Montage- und Dienstleistungsprozesse wächst die *absolute* Abproduktenmenge. 1973 fielen in der DDR – *ohne* Abraum – allein etwa 350 Abprodukte in fester Form mit einer Gesamtmasse von rd. 50 Mill. t festen Stoffen an.[77]

Die vorliegenden Daten ermöglichen keine quantitative Widerspiegelung der Gesetzmäßigkeiten und Verhältnisse des Zuwachses an Produktion und Dienstleistungen einerseits und an Abprodukten anderseits im Maßstab der Volkswirtschaft. Auf der Grundlage der technisch-wirtschaftlichen Kenn-

[77] Vgl. Presse-Informationen, hg. vom Presseamt beim Vorsitzenden des Ministerrates der DDR, Berlin, 12/1974, S. 5.

ziffern über den Rohstoff- und Materialeinsatz kann man jedoch schlußfolgern, daß die Abproduktmengen spezifisch – das heißt je Produkteinheit – geringfügig sinken. Eine entgegengesetzte Tendenz weist dagegen der Anfall von Abprodukten aus der Konsumtion aus. Er vergrößert sich absolut und relativ.

Die Abproduktintensität ist um so größer, je niedriger der stoffliche Wirkungsgrad eines Produktionsprozesses ist. Die Energiegewinnung zählt zu den abproduktintensiven Zweigen. Sie ist mit der Umwandlung des eingesetzten Brennstoffs Kohle und seiner Begleitkomponenten zu umweltbelastenden Schadstoffen verbunden. Den Nutzungsgrad des Brennstoffs hinsichtlich Energie und des Anteils der als Abprodukt anfallenden Energie in Form von Abwärme verdeutlichen die Energieflußdiagramme (vgl. Abb. 8). Sie zeigen, daß nur ein bescheidener Teil – das ist international ebenso – der im Brennstoff enthaltenen Energie genutzt wird; der größere Teil entsteht in Form von Abwärme als Abprodukt. Das Ausmaß des Anfalls von Abprodukten und der Umweltbelastung wird deutlich, wenn man die wichtigsten Abproduktarten betrachtet, die auf den einzelnen Stufen der Stoffgewinnung und -umwandlung zur Energieerzeugung entstehen.

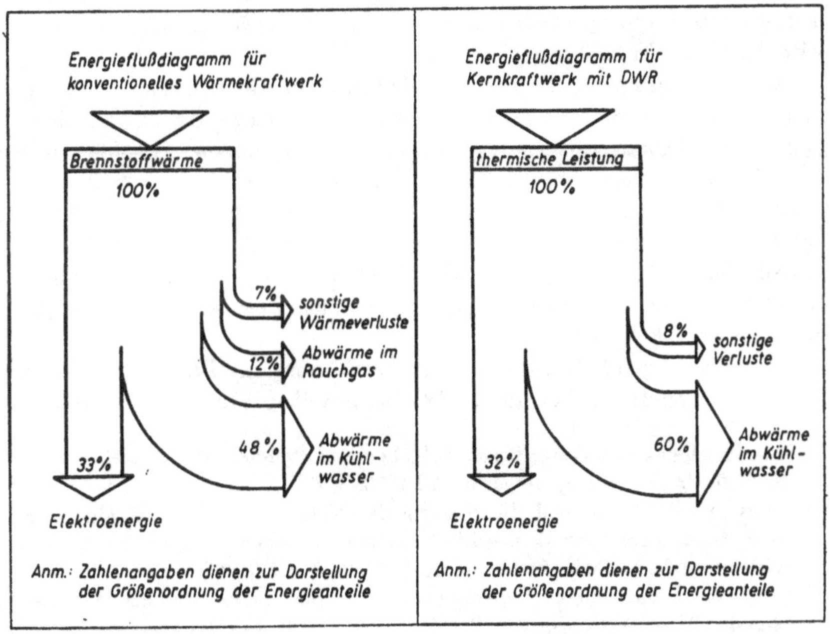

Abb. 8. Energieflußdiagramm
Quelle: Institut für Kraftwerke, Abt. Umweltschutz

Der Abraum, der bei der Kohleförderung anfällt, ist jene Abproduktart, die mengenmäßig am größten ist. Im Verlauf des letzten Jahrzehnts sind die Abraummassen beträchtlich angewachsen. Das Kohle-Abraum-Verhältnis stieg von 1 t Kohle : 2,85 m^3 Abraum im Jahre 1960 auf 1 : 3,57 im Jahre 1970.

In der Perspektive wird mit einer weiteren Verschlechterung des Kohle-Abraum-Verhältnisses auf 1 : 3,92 (1975), auf 1 : 4,41 (1980) und auf 1 : 5,12 (1990) gerechnet[78], so daß künftig jährlich – wie auch Siebold[79] angibt – 0,9 Md. bis 1,1 Md. m^3 Abraum anfallen werden.

Das Kohle-Abraum-Verhältnis und damit die Größe der Abraummenge hängt direkt von den Naturbedingungen ab. Sie bestimmen die Höhe der Kosten für die Abraumbeseitigung und beeinflussen damit die Arbeitsproduktivität des Kohlebergbaus und mittelbar auch die gesellschaftliche Arbeitsproduktivität. Allein durch die zunehmende Abraummächtigkeit werden sich die Förderkosten, die gegenwärtig bei 8 M/t Kohle liegen, bis 1980 um ca. 2 M/t erhöhen.[80]

Bei der Bewegung des Abraums gehen aber auch wertvolle Stoffe, die Bestandteil des Abraums sind, wie zum Beispiel Tone, Kiese und seltene Erden, zu einem beträchtlichen Teil der Volkswirtschaft verloren, da sie mit dem Abraum vermengt werden. Ihre Nutzung setzt technologische und stoffwirtschaftliche Veränderungen voraus.

Es ist eine internationale Tendenz, daß nicht nur Komponenten des Abraums, sondern auch Teile der erkundeten Bodenschätze ungenutzt bleiben und so die Abbauverluste ansteigen. In der Sowjetunion[81] erhöhten sich die mittleren Verluste bei der Steinkohleförderung von 18 bis 20 Prozent (1940) auf 30 Prozent im Jahre 1967. Im gleichen Zeitraum stiegen sie bei der Eisenerzgewinnung von 12 bis 15 Prozent auf 25 Prozent und beim Abbau von Kalisalzen sogar auf 50 bis 60 Prozent. Nach überschlägigen Berechnungen belaufen sich die jährlichen Rohstoffverluste in der Sowjetunion auf ca. 600 Mill. t.

Die Aschemengen haben sich mit der Ausdehnung der Energieproduktion und dem steigenden Ascheanteil in den Brennstoffen vergrößert. Sie werden

78 Klaus Strzodka und Georg Piske, Aufgaben und Probleme des Kohlebergbaus der DDR, in: Neue Bergbautechnik, 10/1973, S. 726.

79 Klaus Siebold, Stand und Entwicklung der Mechanisierung im Bergbau der DDR unter besonderer Berücksichtigung der Massebewegung in der Braunkohleindustrie, in: Neue Bergbautechnik, 12/1973, S. 873–875.

80 Vgl. Presse-Informationen, hg. vom Presseamt beim Vorsitzenden des Ministerrates der DDR, Berlin, 74/1974, S. 4/5.

81 Autorenkollektiv, Intensivierung und ökonomische Reserven, Berlin 1972, S. 38/39.

jedoch in zunehmendem Maße als Sekundärrohstoffe genutzt. Der Nutzungsgrad an Kraftwerksaschen entwickelte sich von rd. 9 Prozent im Jahre 1969 auf rd. 17 Prozent im Jahre 1972.

1972 fielen in den Kraftwerken rd. 12,5 Mill. t Aschen an. Die verwerteten Mengen werden als Stollenversatz im Bergbau, in der Baustoffindustrie, zur Wiederurbarmachung und Rekultivierung oder zur Haldenstabilisierung genutzt. Dadurch können volkswirtschaftlich bedeutsame Mengen an Zement eingespart werden.

Der Schwefel in Form von Schwefeldioxid ist ein weiteres massenhaft anfallendes Abprodukt, das mit erheblichen Schadwirkungen für die natürliche und bebaute Umwelt bei der Kohle- und Heizölverbrennung in die Atmosphäre emittiert wird. Auf der Grundlage des durchschnittlichen Schwefelgehalts der Kohle und des Heizöls kann geschätzt werden, daß gegenwärtig mindestens 2,9 Mill. t Schwefel in Form von Schwefeldioxid in die Atmosphäre emittiert werden und der Volkswirtschaft verlorengehen. Da es gegenwärtig kein rentables Entschwefelungsverfahren in der Welt gibt, werden auch in den kommenden Jahren daraus erhebliche Umweltbelastungen entstehen. Im Weltmaßstab gehen nach Schwabe[82] ca. 70 Mill. t Schwefel durch SO_2-Emission verloren, während der Weltverbrauch in den Wirtschaftsbereichen nur 30 Mill. t, das sind weniger als 50 Prozent, beträgt.

Die Abwärme ist ein Abprodukt, dessen volkswirtschaftliche Bedeutung nicht hoch genug eingeschätzt werden kann. Durch eine höhere Ausnutzung der in den Brennstoffen gebundenen Energie würden einmal Rohstoffe geschont, und zum anderen könnten erhebliche Anteile an Grundfonds eingespart werden. Ausgehend von dem oben angeführten Energieflußdiagramm, ergibt sich für die DDR, daß mit der Erzeugung von 72,8 TWh Elektroenergie im Jahre 1972 ein Verlust von mehr als 140 TWh Energie verbunden war. In begrenztem Maße wird Abwärme zur Beheizung von Gewächshäusern und zur Fischzucht genutzt. Riesige Energiereserven warten auf geeignete technisch-ökonomische Lösungen zur Nutzung von Abwärme.

Im Zuge der wissenschaftlich-technischen Revolution ist es erforderlich, die materiell-technischen und ökonomischen Voraussetzungen zu schaffen, daß durch eine Kombination von Stoffumwandlung und Energieproduktion die Naturstoffe rationeller ausgenutzt und zugleich die Umweltbelastung durch feste, flüssige oder gasförmige Abprodukte vermindert wird.

Aus der erhöhten Ausstattung der Arbeitskräfte mit Produktionsinstrumenten, dem wachsenden Verbrauch an Konsumgütern sowie dem zuneh-

[82] Kurt Schwabe, Probleme des Umweltschutzes in der Industrie, in: Zellstoff und Papier, 10/1973, S. 291/292.

menden moralischen Verschleiß resultiert ein steigender Anfall von Altstoffen. Anfang der 70er Jahre wurde der Wert der gesamten Altstoffe, die in der DDR anfallen, auf 2,3 Md. M geschätzt. Ein Drittel davon wurde noch in den Müll geworfen, das heißt Rohstoffreserven mit einem Wert von ca. 700 Mill. M gingen jährlich der Volkswirtschaft verloren.[83] Wert und Struktur des produktiven Altstoffverbrauchs je 1000 M Bruttoproduktion für die Jahre 1964 bis 1966 zeigt Tabelle 12.[84]

Daraus läßt sich ableiten, daß der Wert der produktiv verbrauchten Altstoffe in der DDR im Jahre 1964 annähernd 100 Mill. M, 1965 ca. 500 Mill. M und im Jahre 1966 rd. 650 Mill. M betrug. Die Industrie hat daran den größten Anteil, der sich von 80 Mill. M im Jahre 1964 auf annähernd 600 Mill. M im Jahre 1966 erhöhte. Die weitere Steigerung der produktiven Nutzung auf ca. 1,5 Md. M Anfang der 70er Jahre macht die großen Anstrengungen deutlich, die in der DDR zur intensiveren Ausnutzung der eigenen Sekundärrohstoffbasis unternommen wurden. Die Tabelle zeigt aber zugleich, daß trotzdem große Reserven vorhanden sind. Lediglich die metallurgischen Betriebe weisen auf Grund des Schrotteinsatzes einen bemerkenswerten Altstoffverbrauch auf.

Die Erfassung und Verwertung von Altstoffen weist in den letzten Jahren eine stetig ansteigende Tendenz auf. Die volkswirtschaftlich bedeutendsten Altstoffe sind der Schrott, das Altöl und das Altpapier. Ihre Verwertung ist ökonomisch sehr vorteilhaft.

Das Schrottaufkommen der DDR beträgt über 4 Mill. t pro Jahr, so daß nahezu 75 Prozent des Stahls auf der Basis von Schrott produziert werden können. Die Schrottverwertung ist hocheffektiv, da die Kosten für Erkundung, Erzabbau, -aufbereitung und -verhüttung eingespart werden. 1000 t Stahlschrott ersetzen den Import von ca. 1500 t Erz und ca. 200 t Koks, so daß 1 t Stahl aus Schrott um rd. zwei Drittel billiger produziert werden kann als 1 t Stahl aus Erz.

Auf der Basis von Altöl werden annähernd 65 Prozent des DDR-Bedarfs an legiertem Motorenöl und fast 30 Prozent des gesamten Viertaktmotorenöls gedeckt. Aus der Nutzung von Altöl ergeben sich Importeinsparungen in Höhe von 10 Millionen Valutamark.

Das Altpapieraufkommen der DDR beträgt über 400 kt pro Jahr; 125 kt davon werden aus Haushaltungen erfaßt. Damit erübrigt sich die Verarbeitung von rd. 2 Millionen Festmeter Holz zu Zellstoff und Papier, deren

[83] Joachim Rüster und Jürgen Schubert, Umweltschutz und Materialökonomie, in: Technische Gemeinschaft, 7/1973, S. 36–39.

[84] Die Statistischen Jahrbücher weisen diese Daten nur für 1964 bis 1966 aus.

Tabelle 12
Entwicklung des produktiven Altstoffverbrauchs nach Bereichen der Volkswirtschaft der DDR je 1000 M Bruttoproduktion

	1964			1965				1966			
	Mark	Anteil A in %	Anteil B in %	Mark	Steig. (1964 = 100 %)	Anteil A in %	Anteil B in %	Mark	Steig. (1964 = 100 %)	Anteil A in %	Anteil B in %
Industrie	0,66	0,1	91,7	3,10	469,7	0,6	99,2	4,38	663,6	0,8	99,4
darunter											
Metallurgie	8,69	1,1	70,0	35,32	406,4	4,8	73,6	51,99	598,3	7,3	73,3
Chemie-Industrie	0,22	0,1	3,7	1,11	504,6	0,2	4,3	1,37	622,7	0,2	3,8
Gießereien und Schmieden	6,28	1,2	8,8	31,56	502,6	5,5	10,8	41,35	658,9	7,0	9,5
Zellstoff- und Papierindustrie	1,94	0,3	3,5	7,78	401,0	1,4	3,8	10,30	530,9	1,9	3,6
Nahrungs- und Genußmittelindustrie	0,07	0	2,2	0,37	528,6	0,1	2,6	0,45	642,9	0,1	2,3
Bauwirtschaft	0,44	0,1	5,3	0,22	50,0	0	0,6	0,26	59,0	0,1	0,5
Land- und Forstwirtschaft	0,09	0	1,7	0,04	44,4	0	0,2	0,04	44,4	0	0,1
Verkehr, Post und Fernmeldewesen	0,10	0	1,0	0,01	10,0	0	0	0,01	10,0	0	0
Handel	0,01	0	0,2	0,01	100,0	0	0	0,01	100,0	0	0
Sonstige	0,05	0	0,1	0	0	0	0	0,04	80,0	0	0
Volkswirtschaft insgesamt	0,50	0,1	100	2,17	434,0	0,5	100	3,03	606,0	0,6	100

Es bedeuten: Anteil A = Anteil der Altstoffe am Materialverbrauch (in %)
Anteil B = Anteil der Bereiche bzw. Zweige an den Altstoffen, die als Material produktiv verbraucht wurden (in %)

Quelle: Statistisches Jahrbuch der DDR 1966, Berlin 1966, S. 44–49.

Herstellung mit beträchtlichen Gewässerbelastungen durch die Sulfitablaugen verbunden wäre.

Die Altpapierrücklaufquote entwickelte sich von 31,4 Prozent im Jahr 1960 auf 33,3 Prozent im Jahr 1970. Im gleichen Zeitraum stieg die Altpapiereinsatzquote von 33,2 auf 37,9 Prozent.[85] Die Werte liegen über denen vergleichbarer Länder. Durch das Altpapier werden ca. 42 Prozent des Faserstoffbedarfs der Papier- und Pappeindustrie gedeckt. Durch Alttextilien werden ca. 15 Prozent des Rohstoffbedarfs der Textilindustrie und durch Altglas fast die Hälfte des Bedarfs an Behälterglas gedeckt.

Die Siedlungsabfälle, insbesondere der Haus- und Sperrmüll sowie der Klärschlamm, die in allen industriell entwickelten Ländern vor allem volumenmäßig in stark wachsendem Umfang anfallen, stellen die Städte und Gemeinden der DDR vor ernste Probleme, da die vorhandenen Müllkippen sich erschöpfen, neue geeignete Ablagerungsflächen gar nicht oder zumindest in Stadtnähe nicht mehr zur Verfügung stehen und ein Ende der Mülllawine nicht abzusehen ist. 1967 wurden in der DDR über 9 Mill. m^3 Müll erfaßt, 1973 fielen 14 bis 15 Mill. m^3 Siedlungsabfälle an. Für 1980 wird mit einem jährlichen Anfall von 24 Mill. m^3 und für 1990 mit 31 Mill. m^3 gerechnet.[86] Neben dem Müll fallen in der DDR beträchtliche Mengen an Fäkalien – schätzungsweise 4 Mill. m^3 – sowie ca. 1,5 Mill. t Klärschlamm aus kommunalen Kläranlagen an.

Zur Verwertung der Siedlungsabfälle haben sich vor allem die Kompostierung und die Verbrennung bewährt. Unter den Bedingungen der DDR sind Müllkompostierung und -verbrennung keine sich ausschließenden, sondern einander ergänzenden Verfahren zur Verwertung der Siedlungsabfälle. Sie tragen dazu bei, die wachsenden Müllmengen entsprechend den Erfordernissen einer ungestörten Reproduktion der Naturbedingungen zu beseitigen, dabei wird der Müll zugleich als Sekundärrohstoff ausgenutzt. Während die Erzeugung von Wärmeenergie wirtschaftlicher auf der Basis von Kohle oder Öl als auf der Basis von Müll betrieben werden kann, gibt es für die Erzeugung von humosen Stoffen keine günstigere und an allen Standorten in überreichem Maße vorhandene Stoffgrundlage als die stark wachsenden Mengen von Siedlungsabfällen. In der DDR bleibt auf lange Sicht die geordnete Ablagerung auf hydrogeologisch geeigneten Standorten die Hauptmethode zur schadlosen Siedlungsabfallbeseitigung.

[85] Karl-Heinz Leichsenring und Manfred Gonschorek, Probleme bei Analysen zu Aufkommen und Einsatz von Altpapier, in: Zellstoff und Papier, 5/1972, S. 145 bis 149.

[86] Guido Thoms, Wohin mit dem Müll? in: Stadt und Gemeinde, 11/12/1973, S. 20.

Trotz der Fortschritte, die bei der Nutzung der Abprodukte und Altstoffe als Sekundärrohstoffe erzielt wurden – sie sind am augenfälligsten bei den im Staatsplan ausgewiesenen Arten wie zum Beispiel Altöl, Altgummi, Altpapier, Braunkohlefilteraschen und andere –, ist der Anteil der wiederverwendeten Abprodukte noch sehr gering. Die Erschließung dieser riesigen volkswirtschaftlichen Stoffressourcen wird wesentlich zur weiteren Intensivierung des gesellschaftlichen Reproduktionsprozesses beitragen. Die stärkere Nutzung der Abprodukte ist ein grundlegender Faktor zur Erhöhung der Naturstoffökonomie und zum Schutz der natürlichen Umwelt.

Das Landeskulturgesetz verpflichtet im Interesse der weiteren Entwicklung der Volkswirtschaft und des Umweltschutzes die Staats- und Wirtschaftsorgane sowie die Betriebe, durch planmäßige Maßnahmen eine effektive Nutzung von Abprodukten als Sekundärrohstoffe beziehungsweise die schadlose (geordnete) Ablagerung gegenwärtig nicht nutzbarer Abprodukte zu sichern.

Zahlreiche Produktionstechnologien sind darauf ausgerichtet, daß die entstehenden Abprodukte auf Bodenflächen abgelagert oder in Luft und Wasser abgeleitet werden. Oftmals werden die ungenutzten Stoffe in Wasser und Luft verdünnt, um die Konzentration zu vermindern, die Aufnahmefähigkeit der Natur nicht zu überfordern und eine akute Gesundheitsgefährdung zu vermeiden. Die Verdünnung von Abprodukten in Trägermedien – sie ist Ausdruck der bisherigen stoffwirtschaftlichen Zielsetzung – erschwert die Rückgewinnung und Wiederverwendung der Abprodukte. Da sich außerdem das natürliche Reinigungsvermögen erschöpft, bleibt sie auch oft wirkungslos. Deshalb sollte die Verdünnung von Abprodukten im Zuge stoffwirtschaftlicher Veränderungen schrittweise abgelöst und durch eine Mehrfachnutzung oder durch Stoffkreisläufe ersetzt werden.

Die sozialistischen Produktionsverhältnisse bieten die Möglichkeit, rationelle Lösungen für eine verstärkte Wiederverwendung von Abprodukten zu entwickeln und mit höchstem gesellschaftlichen Nutzen zu verwirklichen. Vorrangig sollten komplexe Lösungen realisiert werden, das heißt mehrere Betriebe eines Territoriums oder aufeinanderfolgender Produktionsstufen sollten kooperieren, um industriemäßige Verwertungsverfahren anwenden zu können.

In allen Industrieländern wird dem Einsatz von Sekundärrohstoffen zunehmende Bedeutung beigemessen. Für wichtige Rohstoffe werden geschlossene Stoffkreisläufe entwickelt. Für die DDR wies Willi Stoph bereits im Dezember 1970 auf der 14. Tagung des ZK der SED darauf hin, daß die systematische Steigerung der Effektivität und der Arbeitsproduktivität die optimale Nutzung der volkswirtschaftlichen Sekundärrohstoffbasis erfordert. Er führte dazu aus: „Die Sekundärrohstoffe, die vielfach bei uns unterschätzt und darum nicht der Verwendung zugeführt werden, sind kein minderwertiger Ersatz, sondern vollwertige Rohstoffe. Ihre Nutzung ist ein dringendes Erfordernis der sozialistischen Planwirtschaft."[87]

[87] Vgl. Willi Stoph, Bericht an die 14. Tagung des ZK der SED vom Dezember 1970, in: Neues Deutschland vom 11. 12. 1970, S. 4.

8.5. Territoriale Wirtschaftsorganisation und intensiv erweiterte Reproduktion

Die Intensivierung des volkswirtschaftlichen Reproduktionsprozesses beruht auf einer Reihe von Hauptfaktoren, zu denen u. a. die Entwicklung einer optimalen Territorialstruktur von Wirtschaft und Gesellschaft gehört. Dabei ist davon auszugehen, daß mit wachsender Vergesellschaftung von Produktion und Konsumtion die Rolle der Territorien im Reproduktionsprozeß zunimmt, um „die territorialen Möglichkeiten und Bedingungen zielstrebig für das Wachstum des Nationaleinkommens zur Wirkung zu bringen".[88]

Nach der Volkswirtschaft sind die Territorien bzw. Wirtschaftsgebiete die *komplexesten Organisationsformen* der gesellschaftlichen Arbeit. Ihre Entwicklung muß deshalb auf die *Durchsetzung der Einheit von Wirtschafts- und Sozialpolitik* gerichtet sein. Das bezieht sich vor allem auf die Einheit von Bedürfnisentwicklung und Entfaltung der schöpferischen Fähigkeiten der Menschen, von Produktion und Konsumtion, von menschlicher Existenz und natürlichen Umweltbedingungen, in denen grundlegende soziale Beziehungen der Menschen und die Formen ihres Zusammenlebens zum Ausdruck kommen.

Die Schaffung einer optimalen Territorialstruktur vollzieht sich auf der Grundlage der Intensivierung über die weitere Vergesellschaftung von Produktion und Arbeit. Diese basiert nicht nur auf einer Vertiefung der Arbeitsteilung, sondern auch auf der intensiver und komplizierter werdenden Nutzung der natürlichen Umwelt in den Territorien.

Ein wesentliches Merkmal des Intensivierungsfaktors „Entwicklung einer optimalen Territorialstruktur" ist der langfristige Charakter der durch ihn ausgelösten Prozesse. So, wie die vorgefundene Territorialstruktur das Ergebnis der Akkumulationstätigkeit vieler Generationen darstellt, kann sie auch nicht kurzfristig, sondern nur in längeren Zeiträumen umgestaltet

[88] Direktive des VIII. Parteitages der Sozialistischen Einheitspartei Deutschlands zum Fünfjahrplan für die Entwicklung der Volkswirtschaft der DDR 1971 bis 1975, in: Dokumente des VIII. Parteitages der SED, Berlin 1971, S. 127.

werden. Hierin liegt ein wesentlicher Unterschied der Territorialstruktur gegenüber anderen Strukturelementen, die ein weit geringeres Beharrungsvermögen aufweisen. Aus dieser Besonderheit ergibt sich dann auch, daß alle Entscheidungen über die Territorialstruktur mit langfristigen Wirkungen hinsichtlich der materiell-technischen und sozialen Entwicklung in den einzelnen Gebieten verbunden sind. Die territorialen Strukturleitlinien der laufenden Reproduktionsperiode sind daher neben den rezenten Zielstellungen schon jetzt auf die Erfordernisse späterer Entwicklungsphasen auszurichten.

Der Zusammenhang zwischen intensiv erweiterter Reproduktion und Territorialentwicklung, der zur Erschließung aller Quellen der intensiven Entwicklung der Volkswirtschaft hergestellt werden muß, erfordert, daß die Zweigmaßnahmen zur Intensivierung und Rationalisierung territoriale Erfordernisse erfüllen. Umgekehrt müssen durch zweckentsprechende Entwicklungen der Territorialstruktur günstige Bedingungen für die Entfaltung der Zweige geschaffen werden. Die Einheit beider Seiten dieses Zusammenhanges muß gewahrt bleiben, weil nur so die Ansprüche der entwickelten sozialistischen Gesellschaft an die intensive Entwicklung der Volkswirtschaft im allgemeinen und an eine rationelle Territorialstruktur im besonderen befriedigt werden können.

Eine zentrale Bedeutung bei der Realisierung des Zusammenhanges von Intensivierung und territorialer Strukturentwicklung kommt der Standortverteilung der Produktivkräfte zu. Die planmäßige Verteilung der Produktivkräfte im Territorium erfüllt wesentliche Bedingungen der Intensivierung, insbesondere weil sie eine möglichst umfassende und allseitige Nutzung der natürlichen Ressourcen, des gesellschaftlichen Arbeitsvermögens und die größtmögliche Verringerung unrationeller Transporte ermöglicht. Darüber hinaus gestattet sie durch planmäßige Orientierung auf die vielfältigen Formen der territorialen Kombination von Produktion und Konsumtion eine beträchtliche Steigerung des Nutzeffekts der Investitionen. Daher wird in den Direktiven des VIII. Parteitages der SED auch die Aufgabe gestellt, „... der weiteren planmäßigen Standortverteilung der Produktivkräfte die Intensivierung der gesellschaftlichen Produktion zugrunde zu legen".[89]

Die Standortverteilung der Produktivkräfte ist aber auch ein wichtiges Instrument zur Lösung sozialökonomischer Probleme, insbesondere, was die Angleichung der Arbeits- und Lebensbedingungen anbetrifft. Aus diesem Grunde ist die territoriale Intensivierung immer im Zusammenhang mit den Hauptprozessen der sozialökonomischen Entwicklung zu sehen. Die

[89] Ebenda.

Standortverteilung der Produktivkräfte unter dem Aspekt der Intensivierung stellt jedoch einen widersprüchlichen Prozeß dar. Die räumliche Organisation der Volkswirtschaft ist immer Resultat zweier entgegengesetzt wirkender Tendenzen. Die eine ist die Tendenz zur räumlichen Konzentration der Produktivkräfte – zur Agglomeration; die andere ist die Tendenz zu einer gleichmäßigeren räumlichen Verteilung der Produktivkräfte – zur Deglomeration.

Einerseits erfordert die Intensivierung des volkswirtschaftlichen Reproduktionsprozesses, mit den vorhandenen Einrichtungen und Kapazitäten der Produktions- und Infrastruktur ein maximales Produktionsergebnis zu erzielen. Eine solche Entwicklung hat eine Verstärkung des Gewichts der Ballungsgebiete in der gesellschaftlichen Produktion bei gleichzeitiger Verschärfung der regionalen Unterschiede zur Folge, da die Ballungsgebiete in der DDR über die Hauptmasse der produktiven und infrastrukturellen Kapazitäten verfügen, die für die Standortverteilung neuer Investitionen in vielfältiger Beziehung von Bedeutung sind.

Anderseits ist die Intensivierung undenkbar ohne Einbeziehung der bislang weniger genutzten natürlichen Ressourcen und der noch vorhandenen Reserven im Arbeitsvermögen. Solche Potenzen sind jedoch gerade in den schwächer entwickelten Gebieten vorhanden.

Beide Entwicklungsrichtungen – Agglomeration und gleichmäßige Verteilung – können und müssen als Quellen der Intensivierung genutzt werden. Das Problem besteht dabei darin, daß die Ausnutzung der einen zu einer Differenzierung, die der anderen zu einer Angleichung des Entwicklungsniveaus führt, sozialökonomisch also eine entgegengesetzte Wirkung hat. Die Lösung dieses Widerspruchs ist nur möglich, wenn eine Form gefunden wird, die die agglomerativen Tendenzen, die zu einer räumlichen Differenzierung führen, und die Tendenzen der gleichmäßigen Verteilung, die eine Angleichung des Entwicklungsniveaus bewirken, zu einer Einheit verbindet.

Es muß deshalb geprüft werden, unter welchen Bedingungen bei gleichzeitiger Ausnutzung agglomerativer und deglomerativer Tendenzen in der Standortverteilung der Produktivkräfte eine räumliche Struktur von Wirtschaft und Bevölkerung geschaffen werden kann, die den sozialökonomischen Erfordernissen der entwickelten sozialistischen Gesellschaft entspricht und sich in dieser Hinsicht bereits von den zukünftigen territorialen Bedingungen des Kommunismus leiten läßt. Daher ist die territoriale Wirtschaftsorganisation vor allem auf drei Erfordernisse der entwickelten sozialistischen Gesellschaft orientiert:

– auf die Schaffung der materiell-technischen Basis für die sozialistische Produktionsweise und den Übergang zum Kommunismus *in allen Gebieten,* für ein hohes und ausgeglichenes Niveau der Bedürfnisbefriedigung und für die volle Entfaltung der Fähigkeiten der Menschen – *unabhängig von ihrem Wohn- oder Arbeitsort*;

– auf die Bereitstellung der für die erweiterte Reproduktion benötigten territorialen Bedingungen (Ressourcen, technische Erschließung, Versorgungseinrichtungen usw.) mit dem geringsten Aufwand und unter voller Nutzung des ökonomischen und natürlichen Potentials der Gebiete;

– auf die Durchsetzung einer höheren Stufe der Vergesellschaftung von Produktion und Arbeit durch Herausbildung hocheffektiver territorialer Produktionskomplexe, die eine rationelle Verbindung von Arbeits- und Lebensweise, von gesellschaftlichem Leben und natürlicher Umwelt einschließen.

Die zentrale Bedeutung der Standortverteilung der Produktivkräfte bei der Realisierung dieser Zielstellungen ist offensichtlich. Sie kann jedoch nicht *nur* als ein Organisationsproblem der materiellen Produktion verstanden werden.

Die sozialistische Standortverteilung der Produktivkräfte dient vielmehr als ein Mittel, um das ökonomische Grundgesetz des Sozialismus durchzusetzen. Sie kann also nicht einseitig auf die günstigsten Bedingungen für die Organisation der Produktion orientiert sein. Mit ihrer Hilfe muß dafür gesorgt werden, daß *in allen Gebieten* die materiell-technischen Grundlagen für eine schnelle Entfaltung der sozialistischen Produktionsverhältnisse geschaffen werden. Ein hohes und territorial ausgeglichenes Niveau der Bedürfnisbefriedigung ist also sowohl ein wichtiger Intensivierungsfaktor, weil er zur vollen Entfaltung des menschlichen und natürlichen Potentials beiträgt, als auch eine wichtige Voraussetzung für die Verwirklichung der sozialökonomischen Zielsetzungen der sozialistischen Gesellschaft. Daher besteht der Kernpunkt für die langfristige Gestaltung der Territorialstruktur darin, „... die gegenwärtig noch vorhandenen Unterschiede in den Arbeits- und Lebensbedingungen schrittweise zu verringern, die Siedlungsstruktur zu bestimmen und eine durchgängige Rationalisierung der Volkswirtschaft auch unter den territorialen Aspekten zu verwirklichen“.[90]

8.5.1. Tendenzen der territorialen Konzentration und ihre Probleme

Differenzierung oder Angleichung des ökonomischen und damit des allgemeinen Entwicklungsniveaus sind Tendenzen, die besonders durch den wissenschaftlich-technischen Fortschritt, die Entwicklung der sozialökonomi-

[90] Harry Bretschneider, Langfristige Planung bis 1990, in: Einheit, 4/73, S. 451.

schen Struktur und der Lebensweise ausgelöst werden. Das schließt nicht aus, daß aus gesellschaftspolitischen Gründen bestimmte gesellschaftliche Zentren, wie etwa die Hauptstadt der DDR, vorrangig entwickelt und stärker mit zentralen gesellschaftlichen, sozialen und kulturellen Einrichtungen ausgestattet werden. Für die Differenzierung ist in dieser Hinsicht kennzeichnend, daß sich die Kapazität moderner Produktions- und Dienstleistungseinrichtungen und damit ihre Einzugs-, Versorgungs- und Absatzbereiche ständig vergrößern. Das ist eine notwendige Konsequenz, wenn man die Konzentrationseffekte der industriemäßigen Großproduktion ökonomisch realisieren, das heißt in Kostensenkung umwandeln will.

Dies trifft auch auf die Infrastruktur zu. Die Leistungsfähigkeit ihrer Einrichtungen zu steigern, ist die einzige Möglichkeit, um ihren außerordentlich hohen und wachsenden Investitionsaufwand in tragbare Relationen zum ökonomischen Nutzeffekt zu bringen. Wenn die ständig größer werdenden Kapazitäten der Produktion und der Infrastruktur voll ausgelastet und steigende Transportkosten vermieden werden sollen, wird die Zusammenballung von Betrieben und Einrichtungen in Gebieten und Städten, die Herausbildung territorialer Produktionskomplexe wachsender Dimension zu einer ökonomischen Notwendigkeit. Davon zeugen die Ausdehnung der Ballungsgebiete sowie die Zunahme und das Wachstum der Großstädte in vielen Ländern der Welt.

In der Tendenz zur Agglomeration spiegelt sich die zunehmende Abhängigkeit eines Betriebes oder einer Einrichtung von den immer komplizierter werdenden Voraussetzungen wider, die in einem Territorium in produktionsmäßiger und infrastrukureller Hinsicht gegeben sein müssen. Der wissenschaftlich-technische Fortschritt verstärkt somit die territoriale Vergesellschaftung der Produktion selbst sowie die Vergesellschaftung der Produktion mit Wissenschaft und Bildung, mit den vielfältigen Systemen zur Reproduktion der Arbeitskraft, mit den Einrichtungen der technischen Erschließung und der materiellen Dienstleistungen sowie mit den Systemen zur Aufrechterhaltung des ökologischen Gleichgewichts.

Ökonomisch bedeutet das vor allem, daß der Aufwand an Investitionen, den die Gesellschaft zu erbringen hat, um für einen Betrieb alle diese gebietswirtschaftlichen Voraussetzungen seiner Tätigkeit zu schaffen, unablässig wächst. Nur in Ausnahmefällen ist ein einzelner Betrieb noch in der Lage, die gebietswirtschaftlichen Folgeinvestitionen selbst zu erwirtschaften.

Aus diesem Grunde gerät der Fondsvorschuß, den ein Betrieb zur Errichtung der produktiven und infrastrukturellen Voraussetzungen aufzubringen hätte, in ein zunehmendes Mißverhältnis zu seiner eigenen Akkumulationskraft.

Einige wenige hocheffektive Riesenbetriebe und Großkombinate ausgenommen, müssen also durch intensive Nutzung der Produktionskapazitäten und der Infrastruktur die hohen Aufwendungen auf eine entsprechend große Anzahl von Betrieben und Einrichtungen verteilt werden, damit der relative, auf eine Einheit Produktion bezogene Aufwand möglichst niedrig gehalten werden kann. Hierin kommt eines der grundlegenden Erfordernisse der Intensivierung der Volkswirtschaft zum Ausdruck.

Das bedeutet aber eine Forcierung der Agglomerationsprozesse, beispielsweise die Anwendung der Gruppenlokalisation, den Aufbau territorialer Produktionskomplexe, die Durchführung von Gemeinschaftsinvestitionen mehrerer Betriebe, die Bildung kommunaler Zweckverbände usw.

Somit ist Agglomeration gleichbedeutend mit einer ungleichmäßigen wirtschaftlichen Entwicklung der Gebiete eines Landes, die, je länger sie anhält, die territorialen Niveauunterschiede vertieft. Das ergibt sich einfach daraus, daß die Agglomeration in der Regel ein überdurchschnittliches wirtschaftliches Wachstumstempo der Ballungen und Industriezentren bewirkt.

Aus dem bisher Dargelegten wird folgendes deutlich. Wenn es keine der Agglomeration entgegenwirkenden Faktoren gäbe, die bei der planmäßigen Gestaltung der Territorialstruktur ausgenutzt werden könnten, würde die einseitige, isolierte Ausnutzung der Agglomerationsvorteile für die Steigerung der Arbeitsproduktivität und die Entwicklung der Lebensweise die räumliche Wirtschaftsstruktur auf einen Weg zwingen, an dessen Ende eine kleine Zahl überdimensionaler und ungleichmäßig verteilter Wirtschaftszentren den Großteil der Bevölkerung, der Produktion und der Dienstleistungen auf sich vereinen würde, während die Masse der Gebiete dünn besiedelt und wirtschaftlich nur schwach erschlossen wäre. Eine krasse Ungleichheit im Entwicklungsniveau der einzelnen Gebiete wäre die unausbleibliche Folge.

Da die räumliche Konzentration der Produktivkräfte nicht in der Lage ist, alle Intensivierungsfaktoren wirksam zu machen und sie darüber hinaus wichtigen sozialökonomischen Anforderungen der entwickelten sozialistischen Gesellschaft nicht gerecht wird, muß die Entwicklung der territorialen Wirtschaftsstruktur auch auf dem Prinzip der gleichmäßigen Entwicklung beruhen. Die territoriale Organisation der Wirtschaft nach diesem Prinzip gestattet die Aktivierung der Entwicklungspotenzen *aller* Gebiete und erfüllt eben deshalb wichtige Grundbedingungen und Zielstellungen der entwickelten sozialistischen Gesellschaft. Hierfür gibt es zwei Hauptgründe:

– Im Hinblick für die Herausbildung der vollen Gleichheit aller Menschen wird es von entscheidender Bedeutung sein, daß jedes Mitglied der Gesellschaft, unabhängig vom Wohn- bzw. Arbeitsort, über die materiellen Bedingungen verfügen wird, die zur vollen Entfaltung seiner individuellen

Fähigkeiten erforderlich sind. Ein territorial ausgeglichenes Niveau der Bedürfnisbefriedigung setzt daher voraus, die noch bestehenden Niveauunterschiede systematisch abzubauen. Zur Erreichung dieses Ziels müssen alle grundlegenden Entscheidungen zur Entwicklung der Territorialstruktur langfristig orientiert sein, da Veränderungen des bestehenden Territorialsystems einen langen Zeitraum erfordern und Korrekturen bereits eingeleiteter Verteilungsprozesse von Produktivkräften mit außerordentlichen Verlusten für die Volkswirtschaft verbunden sind. Die Angleichung als ein aktuelles Erfordernis der Intensivierung der gesellschaftlichen Produktion muß daher auch als ein strategisches Anliegen territorialer Strukturgestaltung betrieben werden.

– Die gleichmäßige Verteilung der Produktivkräfte ist eine Quelle für die Steigerung der volkswirtschaftlichen Effektivität.[91] In den weniger entwickelten Gebieten werden besonders die natürlichen Ressourcen und das gesellschaftliche Arbeitsvermögen mit weit geringerer Intensität genutzt. Ihre Aktivierung erfordert einen geringeren Aufwand als den, der für die Freisetzung entsprechender Ressourcen in den Ballungsgebieten erforderlich wäre.

Die Angleichung der territorialen Niveauunterschiede zwischen den Gebieten in der DDR erfordert, die vom Kapitalismus übernommene territoriale Struktur mit ihren Disproportionen grundlegend umzugestalten. Obwohl mit der Errichtung sozialistischer Machtverhältnisse das im Kapitalismus wirkende und von Lenin entdeckte Gesetz der ungleichmäßigen Entwicklung zu wirken aufgehört hat, sind die von ihm hervorgebrachten territorialen Erscheinungsformen noch nicht überwunden. Im Mittelpunkt dieses Umgestaltungsprozesses, der einen außerordentlich großen Kraftaufwand erfordert, steht die Überwindung der Hypertrophierung weniger Gebiete zuungunsten oft hochgradiger Unterentwicklung vieler anderer Gebiete. Verbunden mit der Liquidierung dieses Gebietsantagonismus, der sich im Kapitalismus in seiner allgemeinsten Form auf den Gegensatz zwischen Stadt und Land[92] reduzieren läßt, ist die Beseitigung der daraus resultierenden sozialen Ungleichheit zwischen den Menschen verschiedener Gebiete. Dabei ist es für die Bewältigung dieser Angleichungsprozesse in der DDR von nicht unerheblicher Bedeutung, daß keine regional ausgeprägten Nationalitätenprobleme bestehen.

91 Vgl. auch Probleme der Intensivierung des volkswirtschaftlichen Reproduktionsprozesses zur Erhöhung der gesellschaftlichen Produktion unter besonderer Beachtung der entscheidenden Rolle der Arbeitsproduktivität (Thesen), in: Wirtschaftswissenschaft, 1/1974, S. 4.

92 Vgl. Osnovnyj kurs naučnogo kommunisma, Moskau 1973, S. 204.

Da der Sozialismus allen Mitgliedern der Gesellschaft jedoch vorerst nur Gleichheit in ihrem Verhältnis zu den Produktionsmitteln bieten kann und Ungleichheit im Verbrauch noch objektiv bedingt ist[93], sollten die derzeitigen Möglichkeiten zur territorialen Niveauangleichung nicht überschätzt werden. Territoriale Niveauunterschiede zwischen den Gebieten werden für einen gewissen Zeitraum noch eine zwangsläufige Erscheinung bleiben. Das resultiert vor allem daraus, daß

- die strukturellen Erscheinungsformen des kapitalistischen Antagonismus zwischen Stadt und Land, entwickelten und unterentwickelten Gebieten nicht kurzfristig beseitigt werden können,
- der Zwang, die vorhandenen Kapazitäten voll auszulasten, den Spielraum für den Ausgleich territorialer Niveauunterschiede einengt.

In welchem Ausmaß die aus dem Kapitalismus resultierenden regionalen Entwicklungsunterschiede in der DDR noch bestehen, zeigt die relativ hohe Differenzierung verschiedener Dichtewerte (vgl. Tabelle 13).

Tabelle 13
Bevölkerungs-, Industrie- und Siedlungsdichte in der DDR

Gebiet	Bevölkerungsdichte (Ew/km²)	Industriedichte (Beschäftigte d. Industrie/km²)	Siedlungsdichte (Städte über 20000 Ew/ 1000 km²)
DDR insgesamt	158	25	1,0
Ballungsgebiet			
Halle–Leipzig	470	102	2,7
Karl-Marx-Stadt–Zwickau	468	115	3,6
Dresden	480	94	3,0

Quelle: Gisela Lindenau, Der gebietswirtschaftliche Aufwand, Berlin 1968, S. 53

Im engsten Zusammenhang damit steht die höchst unterschiedliche Ausstattung der Gebiete mit Grundfonds der Infrastruktur, die wiederum in den Ballungsgebieten ihre stärkste Ausbildung aufweist.

Das in der entwickelten sozialistischen Gesellschaft anzustrebende sozialökonomische Ziel der territorialen Wirtschaftsorganisation, ein möglichst ausgeglichenes ökonomisches Entwicklungsniveau der Gebiete zu erreichen, bedeutet keinesfalls, eine schematische Gleichheit in der Standortverteilung

93 Vgl. Autorenkollektiv, (Leitung N. A. Zagolow), Lehrbuch – Politische Ökonomie – Sozialismus, Berlin 1972, S. 152.

Tabelle 14
Grundfondsausstattung in einzelnen Bezirken der DDR

Bezirk	Durchschnittsausstattung je km² in der DDR = 100
Neubrandenburg	36
Schwerin	44
Potsdam	67
Dresden	189
Leipzig	219
Karl-Marx-Stadt	223

Quelle: Gisela Lindenau, Die gebietswirtschaftliche Infrastruktur, in: Die Wirtschaft, 19/1969, Beilage, S. 8

der Produktivkräfte herbeizuführen. „Von Land zu Land, von Provinz zu Provinz, von Ort zu Ort sogar wird immer eine *gewisse* Ungleichheit von Lebensbedingungen bestehen, die man auf ein Minimum reduzieren, aber nie ganz beseitigen können wird."[94] Bei der Herausbildung einer dem Sozialismus adäquaten territorialen Struktur von Wirtschaft und Bevölkerung werden somit gewisse Niveauunterschiede zwischen den Gebieten bestehen bleiben. Diese gewissen Niveauunterschiede zwischen den Gebieten im Sozialismus sind ihrem Charakter nach jedoch eindeutig der Tendenz zur Angleichung untergeordnet und führen nicht zu Gebietsantagonismen, wie das für den Kapitalismus typisch ist.

Die hochgradige Inanspruchnahme der natürlichen Ressourcen und des gesellschaftlichen Arbeitsvermögens in der DDR erfordert eine rationelle Ausschöpfung des natürlichen und wirtschaftlichen Potentials *aller* Gebiete und eine höchstmögliche Intensivierung des Einsatzes der territorialen Ressourcen, wenn von den gebietswirtschaftlichen Bedingungen her die erweiterte Reproduktion gesichert werden soll.

Im Prozeß der Intensivierung wird die rationelle Inanspruchnahme der territorialen Ressourcen zu einem entscheidenden Mittel, um das vorhandene ökonomische Potential maximal auszulasten und das volkswirtschaftliche Leistungsvermögen, für das die Vorzüge der sozialistischen Gesellschaftsordnung und die Errungenschaften der wissenschaftlich-technischen Revolution die Voraussetzungen schaffen, kontinuierlich zu erhöhen.

Kennzeichnend für den Nutzungsgrad der Ressourcen in der DDR sind

[94] Friedrich Engels, Brief an August Bebel vom 18.–28. März 1875, in: MEW, Bd. 34, Berlin 1966, S. 129.

die teilweise beträchtlichen regionalen Unterschiede. Sie reichen von den Grenzen der Belastbarkeit bis zu einer Ressourcennutzung, bei der es noch beträchtliche Reserven gibt. Den höchsten Nutzungsgrad und damit die angespannteste Ressourcensituation weisen die Ballungsgebiete auf. Da in den Ballungsgebieten Berlin, Halle, Leipzig, Oberes Elbtal und Karl-Marx-Stadt–Zwickau die Hälfte des Wirtschaftspotentials der DDR konzentriert ist, kann sich eine Verknappung der Ressourcen dieser Gebiete hemmend auf das Wachstum der Volkswirtschaft insgesamt auswirken.

Das schwierigste Problem der Ballungsgebiete liegt in der Arbeitskräfteversorgung. In diesen Gebieten trifft in der Regel hohe Überalterung mit geringem Nachwuchs zusammen. Die sich daraus ergebenden Folgen auf die zur Verfügung stehende Anzahl von Personen im arbeitsfähigen Alter sind beträchtlich. Der Bezirk Karl-Marx-Stadt hatte zum Beispiel 1972 auf 100 Personen der Wohnbevölkerung 7 Kinder unter 15 Jahren weniger und 7,5 Personen im Rentenalter mehr als der Bezirk Rostock. Was die wirtschaftlich aktivierbare Bevölkerungspotenz anbetrifft, verfügt der Bezirk Karl-Marx-Stadt also über fast 15 Personen je 100 der Bevölkerung weniger als der Bezirk Rostock.

Der kontinuierliche Rückgang der Wohnbevölkerung und der Bevölkerung im arbeitsfähigen Alter von 1955 bis 1972 in den Bezirken mit Ballungsgebieten (eine gewisse Ausnahme bildet Berlin) führte dazu, daß trotz überdurchschnittlicher Steigerung des Beschäftigtengrades der Wohnbevölkerung in den Bezirken Karl-Marx-Stadt und Leipzig – aber auch in den industriell entwickelten Bezirken Gera und Magdeburg – ein Absinken der Anzahl der Berufstätigen unter den Stand von 1955 nicht verhindert werden konnte. Die Steigerung der Produktion mußte in diesen wichtigen Industriezentren also unter Bedingungen rückläufiger Beschäftigtenzahlen erreicht werden. Das verstärkt in diesen Gebieten die Notwendigkeit, die Volkswirtschaft intensiv zu entwickeln.

Was die weitere Erhöhung des Beschäftigtengrades der Ballungsbezirke betrifft, so dürfen die Möglichkeiten für diese Gebiete nicht überschätzt werden. Sie haben in dieser Beziehung offensichtlich ihre Grenzen erreicht. Die überdurchschnittliche Steigerung des Beschäftigtengrades der Wohnbevölkerung beruhte nämlich zu einem beachtlichen Teil auf einer überdurchschnittlichen Rentnerbeschäftigung. Treten hier im Rahmen einer weiteren Intensivierung rückläufige Tendenzen auf, so ergeben sich für diese Gebiete nicht unbedeutende Probleme der weiteren Arbeitskräftesicherung.

Obwohl für die DDR insgesamt im nächsten Jahrzehnt die Bevölkerungszahl im arbeitsfähigen Alter zunehmen wird, werden die Ballungen infolge Überalterung und geringeren Geburtenzuwachses daran nur einen unwesentlichen Anteil haben. Sofern keine gezielte Migration erfolgt, sind durchschlagend positive Einwirkungen dieser Entwicklung auf die Anzahl der Beschäftigten in den Ballungen kaum zu erwarten.

Neben Überalterung und geringem Geburtenzuwachs ist diese Annahme durch die Veränderung der Altersstruktur der Rentner in den nächsten 12 Jahren begründet. Danach wird der Anteil der Rentner unter 70 Jahren von derzeitig 50 auf 37 Prozent[95] zurückgehen. Da die überwiegende Mehrheit der im Arbeitsprozeß stehenden Rentner unter 70 Jahre ist, kann das nicht ohne Auswirkungen auf die Anzahl der berufstätigen Rentner bleiben. Neben der potenzierten Überalterung werden zudem die Rentenerhöhungen nicht ohne Folgen auf Umfang und Art der Rentnerbeschäftigung bleiben. Das muß zu einer Verschärfung der bereits angespannten Arbeitskräftesituation besonders für die Ballungen führen.

Auch bei den natürlichen Umweltbedingungen verfügen die Ballungsgebiete über wesentlich geringere Reserven als die übrigen Gebiete, weil hier Erschließungsgrad und Nutzungsintensität hoch sind. So erreichen die Wassernutzung und die Nutzung der wasserwirtschaftlichen Grundfonds in den Ballungen eine besonders hohe Intensität. Infolge hoher Bevölkerungskonzentration und Industriedichte auf relativ kleiner Fläche entwickeln sich Wasserdargebot und Wasserbedarf gegenläufig zueinander.

Der gegenwärtige Oberflächenwasserbedarf allein der im Flußgebiet der mittleren Saale (zwischen der Mündung der Unstrut und der Weißen Elster) liegenden industriellen Hauptwassernutzer VEB Leuna-Werke, VEB Buna, VEB Zellstoff- und Papierfabrik Merseburg und Mineralölwerk Lützkendorf beträgt 1,5 Mill. m^3 jährlich. Diesen Anforderungen kann das Gebiet aus seinen eigenen Wasserreserven nicht gerecht werden, so daß über die Fernwasserversorgung aus dem Bodegebiet (Rappbode-Talsperrensystem), der Dübener Heide und der Elbaue 165 000 m^3/d Oberflächenwasser, 70 000 m^3/d Grundwasser und 37 000 m^3/d Uferfiltrat eingespeist werden müssen. Die Fremdwasserversorgung erfordert höhere Aufwendungen als die Eigenwasserversorgung und verlangt größere Intensivierungsmaßnahmen zur Wassereinsparung bei den übrigen Wasserverbrauchern als in den anderen Gebieten.

Gleichzeitig verschärft sich die Abwassersituation in den Ballungsgebieten. So treten in dem angeführten Beispielsgebiet größere Schadstoffeinleitungen der Hauptwassernutzer auf. Außerdem ergibt sich eine Temperatur-

95 Vgl. Arno Donda, Einige theoretische und praktische Aspekte der weiteren Vervollkommnung der Planung der Volkswirtschaft, in: Zu theoretischen und praktischen Problemen der weiteren Vervollkommnung der Planung der Volkswirtschaft entsprechend den Beschlüssen des VIII. Parteitages der SED (Sitzungsberichte des Plenums und der Klassen der Akademie der Wissenschaften der DDR Nr. 4/1973), Berlin 1973, S. 89/90.

erhöhung, die zur Abnahme des Sauerstoffgehalts in der Saale und den übrigen Gewässern führt. All dies macht eine ständige Steuerung beziehungsweise Wasserbewirtschaftung im System der Flußgebiete erforderlich. Die Ballungsgebiete weisen außerdem die höchsten Werte der Luftverschmutzung auf.

Aus der Charakterisierung der territorialen Unterschiede in der Ressourcensituation geht somit hervor, daß die Möglichkeiten einer extensiven Ausweitung der Produktion zumindest in der Mehrzahl der Ballungsgebiete (mit Ausnahme des Bezirkes Halle) sehr begrenzt sind.

Die weitere Entwicklung dieser Gebiete kann von den territorialen Bedingungen her nur durch eine komplexe Rationalisierung ihrer Wirtschaft – also auf intensivem Wege – erreicht werden. Eine besondere Rolle fällt hierbei der territorialen Rationalisierung zu, die darauf gerichtet ist, „... durch die Erschließung und umfassende Nutzung der territorialen Ressourcen, insbesondere des gesellschaftlichen Arbeitsvermögens und der vorhandenen Einrichtungen von Betrieben und Dienstleistungen, durch die gemeinsame Nutzung von Geräten und Anlagen, durch den gemeinsamen zielgerichteten Einsatz von Investitionen die Wohnbedingungen der Bevölkerung, den Berufsverkehr, die gesellschaftliche Speisung, die Unterbringung von Kindern in Kinderkrippen und Kindergärten, die Reparatur- und Dienstleistungen, die Naherholung und das geistig-kulturelle Leben spürbar zu verbessern".[96]

Tabelle 15

Produktionsarbeiter der sozialistischen Industrie, die an Maschinen und Anlagen arbeiten (Mechanisierungsgrad) 1964

Gebiet	Verhältnis der Produktionsarbeiter an Maschinen und Anlagen zu Produktionsarbeitern d. soz. Industrie (in Prozent)	Verhältnis der Produktionsarbeiter mit körperlicher Arbeit ohne energiebetriebene Maschinenwerkzeuge zu Produktionsarbeitern d. soz. Industrie (in Prozent)
DDR	45,9	33,8
Gebiete außerhalb der Ballungen	47,2	33,4
Ballungsgebiete	44,4	34,3

Quelle: Gisela Lindenau, Der gebietswirtschafltiche Aufwand, Berlin 1968, S. 56

[96] Gerd Friedrich, Rudolf Gerisch, Horst Trauer, Organisation und Effektivität der Produktion, in: Einheit, 5/1974, S. 548.

Für die Rationalisierung bestehen in den Ballungen günstige Voraussetzungen, weil trotz hochgradiger Ressourcennutzung und angespannter Bilanzen die Einsatzeffektivität der Ressourcen bisher ungenügend ist.

Was den Einsatz der Grundfonds anbetrifft, so hatten die Ballungsgebiete ebenfalls schlechtere Werte als die übrigen Gebiete aufzuweisen, obwohl gerade hier die verkehrs- und versorgungsmäßigen Voraussetzungen für eine hohe Grundfondsauslastung günstig sind.

Tabelle 16
Anteil der Produktionsarbeiter in der 2. und 3. Schicht an den Produktionsarbeitern der sozialistischen Industrie 1964

Gebiet	Anteil der Produktionsarbeiter in der 2. und 3. Schicht an den Produktionsarbeitern (in %) insgesamt
DDR	23,0
Gebiete außerhalb der Ballungen	23,1
Ballungsgebiete	22,8

Quelle: Gisela Lindenau, Der gebietswirtschaftliche Aufwand, Berlin 1968, S. 55

Genauso ungünstig nehmen sich die Ballungsgebiete hinsichtlich der Einsatzeffektivität der Arbeitskräfte im Reparatur- und Transportwesen aus. Bemerkenswert ist dabei, daß die großstädtischen Kerne der Ballungen die schlechtesten Werte bei der Schichtauslastung und dem Mechanisierungsgrad aufweisen; das sind aber die Orte mit der größten Verknappung der Ressourcen.

8.5.2. Das Verhältnis von Konzentration und gleichmäßiger Verteilung bei intensiver Entwicklung

Die grundlegende Bedingung für die territoriale Wirtschaftsorganisation in der entwickelten sozialistischen Gesellschaft besteht also darin, eine territoriale Niveauangleichung auf der Basis der intensiven Entwicklung der Volkswirtschaft zu erreichen. Da die Hauptmasse des produktiven Potentials in den Ballungsgebieten und großen Industriezentren konzentriert ist, liegt die Schlußfolgerung nahe, daß die intensive Entwicklung der Volkswirtschaft nicht zu einer Angleichung, sondern zu einer Zementierung oder sogar Verstärkung der bestehenden Entwicklungsunterschiede führt.

Eine solche Entwicklung als Folge einseitig forcierter Agglomeration kann nur verhindert werden, wenn sich die entgegengesetzt wirkende Tendenz zur gleichmäßigen Verteilung der Produktion durchsetzt. Dabei erhebt sich die Frage, ob es ökonomische Triebkräfte gibt, die eine Umorientierung von der Agglomeration zur gleichmäßigen Verteilung bewirken. Diese existieren tatsächlich, weil Ballungen – über eine bestimmte Grenze hinaus extensiv entwickelt – unwirtschaftlich werden. Ihre ökonomischen Vorteile kehren sich in Nachteile um.

Diese Umkehrung, die den Zustand der Überagglomeration charakterisiert, resultiert daraus, daß die Bereitstellung natürlicher und anderer Ressourcen mit forcierter Inanspruchnahme absolut und relativ aufwendiger wird, wodurch der Nutzeffekt der Investitionen im Bereich der Produktion und der Infrastruktur sinkt. Das gilt natürlich nur solange, wie der wissenschaftlich-technische Fortschritt in der räumlichen Organisation von Ballungen nicht wirksam wird.

Weiterhin ist wichtig, daß auch die intensive Entwicklung der Gebiete ökonomische Grenzen hat, nämlich dann, wenn der Freisetzungsaufwand von territorialen Ressourcen in Ballungs- und Industriegebieten einen Wert erreicht, der höher liegt als jener Aufwand, der zur extensiven Ressourcengewinnung in den weniger belasteten Gebieten erforderlich wäre. In diesem Falle führt die intensive Entwicklung einzelner Gebiete zu einem volkswirtschaftlichen Mehraufwand bei der Ressourcengewinnung, das heißt zu einer extensiven Tendenz der Gesamtentwicklung. Von den gebietswirtschaftlichen Bedingungen her werden deshalb bestimmte Gebiete im Rahmen dieser Schwellenwerte über günstigere ökonomische Voraussetzungen für die Ausdehnung der Produktion verfügen als andere.

Wie die Darlegungen zeigen, hat jede Agglomeration ihren „Preis“. Ihre Vorteile müssen gegen die Nachteile aufgerechnet werden, die der Gesellschaft einerseits aus der Überlastung der Ballungsgebiete und Erschöpfung ihrer Ressourcen sowie anderseits aus der unvollkommenen Ressourcennutzung in den anderen Gebieten entstehen können. Ökonomisch ist die Agglomeration deshalb nur in dem Maße vertretbar, wie je Einheit Gesamtinvestitionen für die Produktion und Infrastruktur in den Ballungen ein ausreichender Zuwachs an Nationaleinkommen erwirtschaftet wird. Dieser Zuwachs sollte mindestens so groß sein, daß daraus zu einem wesentlichen Teil die Kosten für die Entwicklung der übrigen Gebiete bestritten werden können. Ist die Investitionsquote in den agglomerierten Gebieten oder städtischen Zentren unzureichend oder sinkt sie sogar ab, kann das ein Zeichen dafür sein, daß die auf dem jeweiligen Entwicklungsstand der Produktivkräfte erreichbaren Agglomerationsvorteile ausgeschöpft sind und die unter diesen Bedingungen optimale Größe der Ballungen oder der Stadt erreicht ist. Liegt ein solcher Fall tatsächlich vor, wird eine Umorientierung der Investitionen zur extensiven Erweiterung der Wirtschaft auf andere Gebiete beziehungsweise Städte ökonomisch notwendig. Die Bewegung der gebietswirtschaftlichen Investitionsquote, die aus der Erhöhung der absoluten räumlichen Wirtschaftskonzentration resultiert, könnte demnach für die Planung zu einem Kriterium werden, um die räumliche Konzentration in Richtung auf einen Ausgleich der Wirtschaftskraft und des ökonomischen Entwicklungsniveaus der einzelnen Gebiete zu verändern.

In ähnlicher Weise könnte die Investitionsquote ausgenutzt werden, um eine Verteilungskonzentration[97] zu erreichen, die eine volle Auslastung der Potentiale aller Gebiete ermöglicht. Die Gebiete nämlich, die über den größeren und vorteilhafter erschließbaren Ressourcenspielraum verfügen, können bei richtiger Ressourcennutzung im Vergleich zu hochbelasteten Gebieten mit angespannter Ressourcensituation günstigere Werte der gebietswirtschaftlichen Investitionsquote erzielen.

Wenn es gelingt, die Investitionen an dem Prinzip der optimalen gebietswirtschaftlichen Investitionsquotenentwicklung zu orientieren – was mit bestimmten Problemen verbunden ist –, muß in der Tendenz eine ausgeglichenere räumliche Verteilung der Produktivkräfte erreichbar sein, weil sich durch die unterschiedliche Belastung der Gebiete im Hinblick auf die nicht oder wenig mobilen Ressourcen die relative Gunst für Investitionen fortlaufend verändert.

Die Standortorientierung der Investitionen nach dem Prinzip der ökonomisch günstigsten Entwicklungsspielräume, die durch die Ausnutzung der gebietswirtschaftlichen Investitionsquote erreicht werden kann, verhindert deshalb, daß sich im Sozialismus Tendenzen einer „Überagglomeration“ von Bevölkerung und Produktion sowie einer ungleichmäßigen räumlichen Verteilung der Produktivkräfte durchsetzen können, wie sie für viele kapitalistischen Länder typisch sind.

Dieses bei der territorialen Verteilung der Produktivkräfte anwendbare Prinzip der ökonomisch günstigsten Spielräume kann im Sozialismus, planmäßig ausgenutzt, zur Lösung des Widerspruchs zwischen den Tendenzen zu räumlicher Konzentration und räumlicher Gleichverteilung dienen. Auf der einen Seite gestattet es die volle Ausnutzung der großen und ständig wachsenden Agglomerationseffekte, während es auf der anderen Seite die Aktivierung der gebietswirtschaftlichen Potentiale aller Territorien ermöglicht und ein Zurückbleiben einzelner Gebiete in ihrer ökonomischen und allgemeinen Entwicklung verhindert. Hierin liegt auch die Möglichkeit, auf der Basis einer intensiven Gesamtentwicklung der Volkswirtschaft eine Angleichung des territorial unterschiedlichen Entwicklungsniveaus zu erreichen.

97 Konzentrationsart, die die Ungleichmäßigkeit in der Verteilung der Industriegebiete und Zentren über das Land zum Ausdruck bringt.

8.5.3. Regionale Unterschiede der Ressourcennutzung am Beispiel der Auslastung des gesellschaftlichen Arbeitsvermögens

In Abhängigkeit von der zweiglichen und territorialen Organisation einer Volkswirtschaft werden Art und Umfang der Ressourcennutzung durch bestimmte Intensitätsgrade gekennzeichnet, die sich in ihren Abstufungen und Unterschieden auch im Territorium widerspiegeln. Sie sind ein Maßstab dafür, welche Spielräume es für die beiden Tendenzen (Agglomeration, gleichmäßige Verteilung) der territorialen Wirtschaftsorganisation unter den Bedingungen der Intensivierung in den einzelnen Gebieten gibt. Wie stark dabei die Unterschiede der Ressourcensituation nach Gebieten ausgeprägt sind, soll am Beispiel des gesellschaftlichen Arbeitsvermögens untersucht werden.

In industriell entwickelten Ländern ist der Nutzungsgrad des gesellschaftlichen Arbeitsvermögens sehr hoch. Bezogen auf die wirtschaftlich Tätigen betrug der Beschäftigtengrad[98] der Wohnbevölkerung der DDR im Jahre 1971 48,1 Prozent. Für die praktische Wirtschaftspolitik ist dieser Durchschnittswert jedoch von weit geringerer Bedeutung als jene Werte, die den Streubereich mit den Extremen nach oben und unten markieren. Welche Spanne er für die Bezirke besitzt, geht aus den nachfolgenden Werten hervor:

Neubrandenburg	44,1 Prozent	Cottbus	48,1 Prozent
Schwerin	45,0 „	Berlin	49,6 „
Rostock	45,5 „	Dresden	49,6 „
Frankfurt	45,8 „	Leipzig	49,6 „
Magdeburg	46,5 „	Gera	49,7 „
Potsdam	46,6 „	Suhl	50,6 „
Halle	47,1 „	Karl-Marx-Stadt	51,2 „
Erfurt	47,9 „		

Die hier erkennbare räumliche Differenzierung der Nutzung des gesellschaftlichen Arbeitsvermögens wird in noch stärkerem Maße auf Kreisebene sichtbar.

Nach Kreisen liegt die Streubreite sogar zwischen 41,8 (Wismar-Land) und 56,6 Prozent (Klingenthal). Diese beiden Extreme kennzeichnen eine allgemeine Polarität zwischen Nord und Süd, der in etwas abgeschwächter Form auch die Bezirke folgen. Bis auf Halle-Neustadt gehören die 35 Kreise mit dem höchsten Beschäftigtengrad (56,6 bis 50,3 Prozent) den Südbezirken an, während die gleiche Anzahl von Kreisen mit dem niedrigsten Be-

[98] Berechnet nach: Statistisches Jahrbuch der DDR 1973, Berlin 1973, S. 429 ff.

schäftigtengrad (41,8 bis 43,9 Prozent), von einigen Ausnahmen (Eisleben, Worbis) abgesehen, den nördlichen und zentralen Bezirken zuzuordnen sind. Dieses generelle Niveaugefälle im Beschäftigtengrad der Wohnbevölkerung von Süd nach Nord läuft im allgemeinen parallel

erstens mit einem entsprechenden Gefälle des Anteils[99] der Industriebeschäftigten, z. B.

- Klingenthal 55,2 Prozent, Neuhaus am Rennweg 57,0 Prozent, Annaberg 54,1 und Schwarzenberg 56,6 Prozent,
- Bad Doberan 2,8 Prozent, Wismar-Land 4,1, Gadebusch 6,5, Grevesmühlen 8,6 Prozent und

zweitens mit einem entsprechenden Gefälle des Anteils[100] der Frauen an den wirtschaftlich Tätigen, z. B.

- Klingenthal 51,2 Prozent, Auerbach 51,0, Neuhaus am Rennweg 49,7 und Annaberg 49,8 Prozent,
- Wismar-Land 40,2 Prozent, Stralsund-Land 41,4, Grevesmühlen 41,6 und Ückermünde 42,1 Prozent.

Diese überdurchschnittlichen Werte in den genannten südlichen Kreisen kommen zustande, obwohl die Verkehrsanbindung[101] der Gemeinden nicht besonders günstig ist – z. B. leben bei Klingenthal nur 43,1 Prozent, bei Neuhaus am Rennweg nur 43,7 Prozent der Wohnbevölkerung in Gemeinden, die vom Zentrum aus in 20 Minuten zu erreichen sind. Diese Beispiele unterstreichen, daß ein hoher Beschäftigtengrad der Wohnbevölkerung keineswegs eine gute Verkehrsanbindung zur Voraussetzung hat, wenn andere Faktoren in günstiger Weise auf die Ausnutzung des gesellschaftlichen Arbeitsvermögens einwirken (zum Beispiel Zusammenfallen von Wohn- und Arbeitsort, vielseitiges Arbeitsplatzangebot, Möglichkeiten verstärkter Frauen- und Rentnerbeschäftigung, Heimbeschäftigung).

Gegenläufig zum Süd- und Nordgefälle verhalten sich die Anteile[102] der Beschäftigten in der Landwirtschaft, zum Beispiel

- Wismar-Land 55,5 Prozent, Stralsund-Land 57,6 und Gadebusch 49,1 Prozent,
- Klingenthal 3,6 Prozent, Auerbach 4,0 und Sebnitz 3,8 Prozent.

Gegenläufigkeit weisen auch die Haushalte mit drei und mehr Kindern auf[103], zum Beispiel

99 Berechnet nach: Statistisches Jahrbuch der DDR 1972, Berlin 1972, S. 4 bis 14.

100 Berechnet nach: Statistisches Jahrbuch der DDR 1973, Berlin 1973, S. 429 ff.

101 Quelle: Materialien des Geographischen Instituts der Akademie der Wissenschaften der DDR über die Verkehrsanbindung der Gemeinden in der DDR.

102 Berechnet nach: Statistisches Jahrbuch der DDR 1972, Berlin 1972, S. 4 bis 14.

103 Berechnet nach: Statistisches Jahrbuch der DDR 1973, Berlin 1973, S. 478 ff.

– Stralsund-Land 18,5 Prozent, Wismar-Land 17,9, Templin 17,2 und Altentreptow 17,6 Prozent,

– Klingenthal 5,0 Prozent, Auerbach 5,6, Reichenbach 5,9 Prozent.

Für die Gestaltung des Beschäftigtengrades zwischen Nord und Süd sind daher von den demographischen Bedingungen her von maßgeblichem Einfluß: große Überalterung der Wohnbevölkerung bei einem Regenerationssaldo von –5,9 Prozent im Süden und einer relativ günstigen Altersstruktur mit einem hohen Anteil der Kinder an der Wohnbevölkerung bei einem Regenerationssaldo von 1,8 Prozent im Norden. Das läßt die wichtige wirtschaftspolitische Schlußfolgerung zu, daß in räumlicher Hinsicht eine Disproportion zwischen dem Arbeitskräftebedarf – konzentriert im Süden – und den Quellen der Sicherung des Arbeitskräftebedarfs (Landwirtschaft, natürlicher Bevölkerungszuwachs, Frauenbeschäftigung) im Norden besteht. Für die Intensivierung ergeben sich daraus Konsequenzen von weitreichender Bedeutung.

Von Einfluß auf die regionale Differenzierung des Beschäftigtengrades in den Kreisen sind zwei Faktoren:

– die demographischen Bedingungen in den einzelnen Gebieten,

– die Struktur der Wirtschaft in den Gebieten nach Zweigen und innerhalb der Zweige.

Was die demographischen Bedingungen anbetrifft, so ist die Höhe des Beschäftigtengrades der Wohnbevölkerung von deren *Altersstruktur* abhängig. Je höher der Anteil der Kinder *und* Rentner, um so geringer der Beschäftigtengrad der Wohnbevölkerung. Die Wirkung beider Gruppen auf den Beschäftigtengrad der Wohnbevölkerung hängt also vor allem davon ab, wie beide kombiniert sind.

Für die territoriale Entwicklung in der DDR haben zwei Varianten besondere Bedeutung:

– hoher Kinderanteil infolge positiven Regenerationssaldos bei niedrigem Anteil der Altersrentner an der Wohnbevölkerung. Diese Variante tritt vor allem in den Nordgebieten, besonders ausgeprägt aber in den neu errichteten Industrie- und Wohnzentren auf. 1971 hatten im Bezirk Rostock die Kinder unter 17 Jahren einen Anteil von 30,8 Prozent an der Wohnbevölkerung bei einem Anteil der Rentner von nur 15,4 Prozent. Hoyerswerda weist einen Kinderanteil von 32,9 Prozent auf. Diese Variante ist langfristig die günstigste für die Entwicklung der Gebiete. Allerdings resultieren aus der geringeren Frauenbeschäftigung (bedingt durch einen hohen Kinderanteil und die gegebene Produktionsstruktur) Tendenzen zu einem Absinken des Beschäftigtengrades:

– ausgeglichene oder sogar geringere Kinder- und höhere Rentneranteile an der Wohnbevölkerung. Diese Variante ist für die Ballungsgebiete der

DDR typisch (im Bezirk Karl-Marx-Stadt betrug der Kinderanteil 22,3 Prozent, der der Altersrentner 22,5 Prozent). Obwohl ein hoher Beschäftigtengrad gegeben ist, zum Teil bedingt durch eine überdurchschnittliche Rentnerbeschäftigung, ist diese Variante langfristig gesehen die ungünstigere für die demographische Sicherung der Gebietsentwicklung.

Was den Zusammenhang von Zweigstruktur und Beschäftigtengrad anbetrifft, so äußert er sich vor allem in der Komplexität der wirtschaftlichen Entwicklung der Gebiete. Einseitig entwickelte Gebiete mit einer eindeutigen Spezialisierung auf Schwerindustrie oder Landwirtschaft beispielsweise verfügen über einen weit niedrigeren Beschäftigtengrad als solche mit vielseitiger (komplexer) Entwicklung, besonders dort, wo Schwerindustrie mit Leichtindustrie und Landwirtschaft kombiniert ist. Vielseitig strukturierte Gebiete bieten umfassendere und differenziertere Einsatzmöglichkeiten zur Nutzung des gesellschaftlichen Arbeitsvermögens, insbesondere für Frauen und Altersrentner. Für die Intensivierung sind diese Zusammenhänge von großer Bedeutung, kann doch in bestimmten Fällen die Wirkung einer komplexen Wirtschaftsstruktur auf den Beschäftigtengrad so groß sein, daß ungünstige demographische Bedingungen kompensiert werden. So werden bei einem überaus hohen Rentneranteil in den Landkreisen Klingenthal und Karl-Marx-Stadt von 25,8 beziehungsweise 25,4 Prozent die an der Spitze in der DDR liegenden Beschäftigtengrade von 56,6 beziehungsweise 53,1 Prozent erreicht.

Die Wirkung beider Faktoren auf die Ausnutzung des gesellschaftlichen Arbeitsvermögens in den einzelnen Gebieten kommt in der Höhe des *Beschäftigtengrades der Wohnbevölkerung* zum Ausdruck. In ihm vereinigen sich der Einfluß der demographischen und wirtschaftsstrukturellen Bedingungen, die auf Grund ihrer Unterschiedlichkeit in den einzelnen Gebieten eine bestimmte Rangfolge des Beschäftigtengrades der Wohnbevölkerung nach Kreisen zur Folge haben.

Wird von dem entscheidenden Element der demographischen Bedingungen (Altersstruktur) abstrahiert, indem man den *Beschäftigtengrad der Wohnbevölkerung im arbeitsfähigen Alter* zugrunde legt, ist die Höhe der Ausnutzung des gesellschaftlichen Arbeitsvermögens vor allem eine Frage der Zweig- und Bereichsstruktur in den einzelnen Gebieten. Dabei ist jedoch hervorzuheben, daß die Altersstruktur der Wohnbevölkerung im arbeitsfähigen Alter in den verschiedenen Gebieten unterschiedlich ist und damit nicht gleichartig auf die Höhe ihres Beschäftigtengrades einwirkt (Unterschiede der Struktur der Wohnbevölkerung im arbeitsfähigen Alter in Alt- und Neubaugebieten).

Welchen Einfluß im allgemeinen der Strukturfaktor der Produktion auf Rangfolgen im Beschäftigtengrad haben kann, wird bei einer Gegenüber-

Tabelle 17
Differenzierung der Beschäftigtengrade nach verschiedenen Kategorien der Wohnbevölkerung in den Kreisen des Bezirks Cottbus

Beschäftigtengrad der Wohnbevölkerung		Beschäftigtengrad der Wohnbevölkerung im arbeitsfähigen Alter		Beschäftigtengrad der weiblichen Bevölkerung im arbeitsfähigen Alter	
Cottbus (SK)	50,2	Guben	87,3	Guben	83,9
Weißwasser	49,3	Cottbus (SK)	86,4	Forst	81,8
Finsterwalde	48,8	Forst	86,4	Cottbus (SK)	81,6
Hoyerswerda	48,7	Cottbus	85,7	Lübben	79,6
Guben	48,4	Finsterwalde	85,2	Cottbus	78,8
Calau	48,4	Lübben	85,2	Finsterwalde	78,3
Cottbus	48,1	Weißwasser	84,5	Spremberg	78,2
Spremberg	47,9	Calau	83,8	Weißwasser	77,5
Bad Liebenwerda	47,6	Spremberg	83,7	Calau	77,3
Forst	47,5	Luckau	83,5	Luckau	77,1
Senftenberg	47,5	Herzberg	82,7	Herzberg	74,8
Lübben	47,2	Bad Liebenwerda	82,4	Bad Liebenwerda	74,5
Herzberg	46,7	Hoyerswerda	82,0	Hoyerswerda	74,5
Luckau	46,4	Jessen	81,4	Jessen	73,6
Jessen	46,3	Senftenberg	80,4	Senftenberg	72,3
∅ Bez. Cottbus	48,1	∅ Bez. Cottbus	83,6	∅ Bez. Cottbus	81,6

Quelle: Statistisches Jahrbuch der DDR 1972, Berlin 1972, S. 4 bis 14.

stellung solcher Werte der Kreise des Bezirkes Cottbus auf der Basis der *Wohnbevölkerung* und der *Wohnbevölkerung im arbeitsfähigen Alter* (also nach Eliminierung der Kinder und Rentner) deutlich (vgl. Tabelle 17). Positionsverschiebungen von Kreisen in der Rangfolge des Beschäftigtengrades nach der Bevölkerung im arbeitsfähigen Alter sind sowohl bei aufsteigender (Forst – Textilindustrie) als auch bei rückläufiger Tendenz (Hoyerswerda – Braunkohlenbergbau) maßgeblich auf das Wirken von Strukturfaktoren zurückzuführen.

Die in den Beschäftigtengraden zum Ausdruck kommenden Zusammenhänge zwischen Produktionsstruktur und Auslastung des gesellschaftlichen Arbeitsvermögens sind überaus eindeutig. Die relativ niedrigen Beschäftigtengrade in einseitig strukturierten Gebieten lassen sich nur dadurch erhöhen, daß zusätzliche Arbeitsplätze außerhalb der traditionellen Zweige bereitgestellt werden. Die Aktivierung des gesellschaftlichen Arbeitsvermögens und seine intensivere Nutzung werden damit vorrangig zu einem Problem der Diversifizierung der Produktionsstruktur in diesen Gebieten.

8.5.4. Territoriale Differenzierung des Wachstumstempos der Volkswirtschaft als Bedingung für die Angleichung des Entwicklungsniveaus der Territorien und der höchstmöglichen Ausnutzung der Ressourcen

Die Analyse der Ressourcensituation zeigt, daß langfristig die wirtschaftliche Entwicklung der Ballungen auf dem Wege der intensiven Entwicklung vollzogen werden muß. In dem Maße, wie die Freisetzung dieser Ressourcen Aufwandsprogressionen herbeiführt, muß eine intensivere Nutzung der Ressourcen der übrigen Gebiete und damit ihre forcierte Entwicklung angestrebt werden. Sofern keine umfassende technische Neuausrüstung der Produktionskapazitäten und der Infrastruktur vorgenommen werden kann, bieten die bisher weniger entwickelten Gebiete – nur soweit es die Ressourcen betrifft – günstigere Voraussetzungen für die wirtschaftliche Entwicklung insgesamt.

Im Falle einer solchen Orientierung überwiegen dann offensichtlich die Tendenzen der Angleichung gegenüber denen der weiteren Differenzierung. Mit zunehmender Nutzung der Potenzen der weniger entwickelten Gebiete kann damit der bestehenden Überlastung der Ballungen und Industriezentren entgegengewirkt und die Erschließung neuer Quellen für das Wachstum der gesellschaftlichen Arbeitsproduktivität beschleunigt werden. Das steht mit dem Erfordernis in Übereinstimmung, die Tendenz zur Erhöhung des gebietswirtschaftlichen Aufwands im Verhältnis zum Produktionsergebnis, die in den überlasteten Gebieten als Folge der wachstumshemmenden Ressourcenverknappung auftritt, aufzuhalten und eine hohe territoriale Effektivität zu erreichen.

Dieses Erfordernis kann nur über die richtige Differenzierung des wirtschaftlichen Wachstumstempos zwischen hoch- und weniger entwickelten Gebieten erfüllt werden. Dabei sind in entscheidendem Maße die Entwicklungsspielräume zu berücksichtigen, die sich aus den territorial unterschiedlichen Kostenschwellen für die Erschließung territorialer Ressourcen ergeben. Vor allem ist zu berücksichtigen, daß einzelne Gebiete wegen ihrer Vorzüge im Hinblick auf die Ressourcensituation und damit auf den Nutzeffekt der Investitionen so lange Schwerpunkt der Investitionstätigkeit bleiben, bis der Spielraum dieser präferierten Entwicklung ausgeschöpft ist und andere Gebiete günstigere Voraussetzungen für die Ansiedlung oder Erweiterung von Betrieben und Einrichtungen bieten. Die jeweils bevorzugten Gebiete weisen deswegen zeitweise ein überdurchschnittliches Wachstum ihrer Wirtschaft auf, was eben den Angleichungseffekt des wirtschaftlichen und damit auch des allgemeinen Entwicklungsniveaus bewirkt.

Hier muß jedoch auf einen Umstand hingewiesen werden, der den Wirkungsgrad der dargelegten Angleichungstriebkräfte verringert. Trotz unterschiedlicher räumlicher Produktionsstruktur gibt es bekanntlich eindeutige Konzentrationen bestimmter Zweige auf bestimmte Gebiete. Auf Grund von natürlichen und historischen Besonderheiten haben sich mit der Vertiefung der territorialen Arbeitsteilung[104] regionale Zentren einzelner Produktionszweige herausgebildet, die einen beträchtlichen Anteil der Produktion ihres Zweiges auf sich vereinen.

Damit ist aber in der Regel bereits in einem bestimmten Grade festgelegt, welchen Freiheitsgrad die Standortverteilung der betreffenden Zweige überhaupt besitzt. Das erklärt sich besonders daraus, daß die Mehrzahl der Zweige eine für sie typische Standortorientierung besitzt; sie sind auf bestimmte Naturbedingungen, Arbeitsfertigkeiten, technische Systeme usw. angewiesen, die entweder nur in bestimmten Gebieten vorhanden sind oder nur mit erheblichen Anstrengungen in neuen Gebieten geschaffen werden können.

Wenn deshalb bei der Aufstellung der Perspektivpläne entschieden wird, welche Zweige sich vorrangig entwickeln sollen, ist damit auch zu einem großen Teil implizit entschieden, welche Gebiete ein überdurchschnittliches Produktionswachstum aufweisen und Schwerpunkte der Investitionstätigkeit sein werden. Aus zweigökonomischen Überlegungen ergibt sich daher in der Regel eine andere Standortverteilung der Produktivkräfte als die, die wegen der Niveauangleichung der Gebiete notwendig und auch durch gebietsökonomische Vorteile begründet wäre. Daraus folgt, daß die räumliche Konzentration – als die quantitative Seite der territorialen Wirtschaftsorganisation – immer im Zusammenhang mit der Spezialisierung der Gebiete auf bestimmte Produktionszweige – eben die qualitative Seite der territorialen Wirtschaftsorganisation – gesehen und geplant werden muß.

Weiterhin bietet sich natürlich die Schlußfolgerung an, daß für die Anhebung des ökonomischen Entwicklungsniveaus von Gebieten Zweige ohne eine ausgeprägte Spezifik ihrer Standortorientierung am besten geeignet sind. Das erklärt auch, warum bestimmte Zweige des Maschinenbaus und der Leichtindustrie an der Herausbildung neuer Industriezentren in den Nordbezirken einen großen Anteil haben.

Unter Beachtung dieser Besonderheiten zweiglicher Standortorientierung umfaßt der Prozeß der Angleichung durch Differenzierung insbesondere eine räumlich differenzierte Verteilung der Investitionen. Die Investitionen zur extensiven Ausweitung der Produktion sind vornehmlich auf die weni-

104 Marx charakterisiert die territoriale Arbeitsteilung als einen Prozeß, welcher „besondere Produktionszweige an besondre Distrikte eines Landes bannt“. Vgl. Karl Marx, Das Kapital, Erster Band, in: MEW, Bd. 23, Berlin 1968, S. 374.

ger entwickelten Gebiete und die Investitionen zur intensiven Ausweitung auf die bereits hochentwickelten Gebiete zu orientieren. Von besonderer Bedeutung ist die Erhöhung der Rationalisierungsinvestitionen in den Ballungsgebieten, um die auf Grund demographischer Faktoren sinkende Anzahl der Beschäftigten in verschiedenen Industriegebieten durch Freisetzung von Arbeitskräften auszugleichen.

Generell läßt sich die Angleichung von Gebieten unterschiedlichen Entwicklungsniveaus durch Anwendung differenzierter Entwicklungstempi mit verschiedenen Varianten erreichen:

1. Erhöhung der Wachstumsraten für alle Gebiete bei forcierter Entwicklung der schwächer entwickelten. Die Angleichung auf Basis dieser Variante läßt sich nur über einen sehr langen Zeitraum realisieren.
2. Gleichbleibende Wachstumsraten für die hochentwickelten Gebiete bei höher angesetzten Raten für die schwächer entwickelten. Gegenüber Variante 1 hat diese Variante, wie auch die nachfolgende, eine Beschleunigung der Angleichung zur Folge.
3. Verringerung der Zuwachsraten der Ballungen bei gleichbleibendem Entwicklungstempo der übrigen Gebiete.
4. Verringerung der Zuwachsraten der Ballungen bei Steigerung für die schwachentwickelten Gebiete. Von allen Varianten der Differenzierung der Zuwachsraten nach Gebieten bedeutet dies das höchste Angleichungstempo.

8.5.5. Die Angleichung industrieller Niveauunterschiede der Gebiete im Zeitraum 1955 bis 1972 und die Tendenzen ihrer weiteren Entwicklung

Wenn über die Hauptrichtungen der Entwicklung der Territorialstruktur entschieden werden soll, muß die Frage beantwortet sein, ob in der DDR eine Angleichung stattgefunden hat und wenn ja, mit welcher der genannten Varianten sie erreicht wurde. Dabei muß man jedoch davon ausgehen, daß dieser Angleichungsprozeß umfassend nur durch Veränderungen des ökonomischen, sozialen und kulturellen Gesamtniveaus gemessen werden kann. Da eine einheitliche und regional vergleichbare Kennziffer für diese Messung nicht zur Verfügung steht, wird hier die Industrialisierung als Indikator der regionalen Gesamtentwicklung benutzt. Die Rechtfertigung eines solchen Herangehens ist auf den Standpunkt gegründet, daß die wichtigste ökonomische Grundlage einer volkswirtschaftlich effektiven und sozial gerechten Angleichung der regionalen Entwicklungsunterschiede die *Industrialisierung der Gebiete* durch Schaffung einer begrenzten Anzahl ausreichend großer Zentren der Industrie, Wissenschaft, Bildung und Versorgung darstellt.

Die Priorität der Industrialisierung im Rahmen der Angleichung schließt jedoch nicht aus, daß in bestimmten Fällen die Hebung des allgemeinen Entwicklungsniveaus auch durch Kombination von intensiver Landwirtschaft mit Erholungswesen oder Verkehr usw. erreicht werden kann.

Ausgehend von dieser Grundposition lassen sich Zustand und Veränderung regionaler Entwicklungsunterschiede am einfachsten durch die anteilige industrielle Konzentration ausdrücken. Hierzu berechnet man die Abweichung der Gebiete von der räumlichen Gleichverteilung der entsprechenden Werte, indem man beispielsweise den Anteil eines Gebietes an der Gesamtfläche des Landes durch seinen Anteil an der Gesamtproduktion oder den Gesamtbeschäftigten der Industrie dividiert. Dadurch ist es möglich, die räumlichen Größenunterschiede der Gebiete zu eliminieren.

Auf der Grundlage dieser methodischen Darstellungsweise veranschaulichen die Anteilskoeffizienten die regionalen Niveauunterschiede in der Industrie und das Ausmaß ihrer Veränderungen im Zeitraum von 1955 bis 1972 (vgl. Tabelle 18).

Tabelle 18

Entwicklung des Anteils der Bezirke der DDR an Industriebeschäftigten und industrieller Bruttoproduktion

	Anteilskoeffizient			
	auf Basis Industriebeschäftigte		auf Basis Industrielle Bruttoproduktion	
	1955	1972	1955	1972
Berlin	17,00	13,75	17,50	14,75
Dresden	2,26	2,24	2,13	2,01
Gera	1,54	1,41	1,43	1,24
Halle	1,64	1,63	2,00	1,79
Karl-Marx-Stadt	3,27	3,00	2,73	2,59
Leipzig	2,33	2,00	2,33	2,02
Magdeburg	0,54	0,54	0,62	0,59
Cottbus	0,60	0,66	0,51	0,63
Erfurt	1,06	1,19	0,90	1,07
Frankfurt	0,26	0,36	0,35	0,58
Neubrandenburg	0,08	0,13	0,09	0,15
Potsdam	0,32	0,41	0,41	0,52
Rostock	0,38	0,46	0,43	0,49
Schwerin	0,15	0,20	0,23	0,28
Suhl	1,03	1,19	0,83	0,83

Quellen: Berechnet nach: Statistisches Jahrbuch der DDR 1956, Berlin 1957, S. 180–183 und Statistisches Jahrbuch der DDR 1973, Berlin 1973, S. 75.

Mißt man mit diesem Koeffizienten die regionalen Niveauunterschiede, die 1955 in der DDR vorhanden waren, so ergeben sich – Berlin ausgenommen – folgende Extremwerte für die Bezirke:

bei Industriebeschäftigten	3,27 (Karl-Marx-Stadt) und
	0,08 (Neubrandenburg);
bei der industriellen	2,73 (Karl-Marx-Stadt) und
Bruttoproduktion	0,09 (Neubrandenburg).

Danach übertrifft der Beschäftigtenanteil des Bezirkes Karl-Marx-Stadt seinen Flächenanteil also um mehr als das Dreifache, während er beim Bezirk Neubrandenburg nur etwa ein Zehntel des Flächenanteils ausmacht.

Bedeutende, wenn auch nicht so krasse Differenzen bestanden in der Ausstattung mit technischer und sozialer Infrastruktur. So lag die Dichte der Siedlungen über 20 000 Einwohner in den Ballungsgebieten 2,7- bis 3,6mal über dem DDR-Durchschnitt. Mit Grundfonds der Infrastruktur insgesamt waren die Ballungen 3- bis 5mal besser ausgestattet als die Nordbezirke.

Was nun die Entwicklung der Industrieverteilung im genannten Zeitraum anbelangt, so ist festzustellen, daß der Anteilskoeffizient des Bezirks Karl-Marx-Stadt von 3,27 auf 3,00 – also um 0,27 Punkte – zurückging, während sich der von Neubrandenburg lediglich von 0,08 auf 0,13, das heißt um 0,05 Punkte erhöhte. Das sind relativ geringfügige Veränderungen in Richtung auf eine Beseitigung der zwischen den Gebieten bestehenden Unterschiede.

Dennoch wurde in den zurückliegenden 17 Jahren eine Angleichung des Industrialisierungsgrades der Gebiete eingeleitet und eine weitere Differenzierung unterbunden; die historisch entstandenen Niveauunterschiede konnten aber noch nicht wesentlich beeinflußt werden.

Die Ballungsgebiete – mit Ausnahme von Karl-Marx-Stadt – blieben seit 1965 zum Teil weit hinter dem durchschnittlichen Wachstum der Industrieproduktion zurück; die normal und die weniger entwickelten Gebiete übertrafen dieses Tempo dagegen in der Regel beträchtlich. Das deutet auf eine unzureichende Intensivierung der Produktion in den Ballungsgebieten hin.

Wenn man den gesamten Zeitraum zwischen 1955 und 1972 betrachtet, so wird deutlich, daß von den industriell weniger entwickelten Gebieten besonders die Bezirke Cottbus, Frankfurt und Potsdam ihre Anteilskoeffizienten erhöhen konnten.

Im Unterschied zu anderen Bezirken hatte hier auch der Anteil der Wohnbevölkerung, der Berufstätigen insgesamt und der Berufstätigen in der Landwirtschaft eine steigende Tendenz.

In Neubrandenburg und Schwerin dagegen setzte der industrielle Aufschwung erst später ein, so daß sie ihre Koeffizienten nur schwach erhöhen konnten. Hier gingen auch die Wohnbevölkerung und die Anzahl der Berufstätigen zurück.

In welchem Tempo die Angleichung der regionalen Entwicklungsunterschiede vor sich gegangen ist, macht auch die prozentuale Steigerung der Bezugsgrößen im Gesamtzeitraum deutlich (vgl. Tabelle 19).

Die Analyse auch dieser Kennziffern ergibt, daß die Angleichung überwie-

Tabelle 19
Entwicklung der industriellen Bruttoproduktion und der Industriebeschäftigten nach Bezirkstypen (in Prozent)

	Industrielle[1] Bruttoproduktion 1972 : 1955 (DDR = 365)	Industriebeschäftigte[2] 1972 : 1955[3] (DDR = 109)
Ballungsbezirke		
Berlin	306	95
Dresden	344	106
Halle	326	109
Karl-Marx-Stadt	346	98
Leipzig	317	94
Industriebezirke		
Erfurt	441	126
Gera	319	99
Magdeburg	344	109
Suhl	367	122
Industriell weniger entwickelte Bezirke		
Cottbus	450	119
Frankfurt	725	154
Neubrandenburg	585	168
Potsdam	458	136
Rostock	410	145
Schwerin	456	136

[1] Berechnet nach: Statistisches Jahrbuch der DDR 1956, Berlin 1957, S. 276, und Statistisches Jahrbuch der DDR 1973, Berlin 1973, S. 118/119

[2] Berechnet nach: Statistisches Jahrbuch der DDR 1956, Berlin 1957, S. 251, und Statistisches Jahrbuch der DDR 1973, Berlin 1973, S. 62

[3] Für 1955 einschließlich Lehrlinge, für 1972 ohne Lehrlinge.

gend auf einem *unterdurchschnittlichen* Wachstum der Ballungen und einem *überdurchschnittlichen* Entwicklungstempo der bislang schwächer entwickelten Gebiete beruht. Der Entwicklung für den Zeitraum von 1955 bis 1972 liegt somit eine Differenzierung der Wachstumsraten beider Kennziffern zugrunde, die der Variante 4 entspricht. Wie an anderer Stelle bereits hervorgehoben wurde, bewirkt diese Art der Differenzierung der Zuwachsraten die gegenüber anderen Varianten schnellste Angleichung des Entwicklungsniveaus der Gebiete.

Was die industrielle Bruttoproduktion betrifft, so bleiben alle Ballungsbezirke sowie Gera und Magdeburg im Wachstumstempo unter dem DDR-Durchschnitt, dem Karl-Marx-Stadt und Dresden am nächsten kommen, während sich Berlin am Ende der Rangfolge befindet. Die industriell weniger entwickelten Bezirke einschließlich Erfurt und Suhl liegen zum Teil wesentlich über dem DDR-Niveau, wobei Frankfurt, gefolgt von Neubrandenburg, die exponierteste Position einnimmt.

Damit vollzieht sich die Angleichung unter Bedingungen einer Nichtauslastung der großen ökonomischen Potenzen der Ballungen infolge sich verschärfender Ressourcenverknappung. Das widerspricht jedoch der Zielstellung der Intensivierung.

Unter Berücksichtigung längerer Fristen der Angleichung zwischen den Gebieten würde den Erfordernissen der Intensivierung in weit stärkerem Maße durch Orientierung auf die Varianten 1 oder 2 entsprochen. Die Anwendung einer dieser beiden Varianten setzt jedoch voraus, daß die Ursachen für die Verlangsamung in den Ballungsgebieten beseitigt werden. Soweit das die gebietswirtschaftlichen Bedingungen anbetrifft, ist darunter insbesondere die Beseitigung des Mißverhältnisses von Arbeitsplätzen und Arbeitskräften zu verstehen. Neben der bereits äußerst angespannten natürlichen Ressourcennutzung haben gerade die begrenzt zur Verfügung stehenden Arbeitskräfte eine limitierende Wirkung auf die weitere Entwicklung der Ballungen.

In Anbetracht der beschränkten Möglichkeiten zur extensiven Erweiterung kann die Bereitstellung der erforderlichen Ressourcen in den Ballungen weitestgehend nur über die Rationalisierung erfolgen. Gradmesser für deren generelle Möglichkeit in den Gebieten sind die Investitionen. In Ermangelung geeigneter statistischer Angaben werden hierfür die Bauleistungen herangezogen, die im großen und ganzen als Widerspiegelung der Investitionstätigkeit betrachtet werden können. Die Stellung der einzelnen Bezirkstypen in der Bauleistungsbilanz des Industriebaus zu Beginn der Zeitperiode (1955) und in dem im Jahre 1972 erreichten Zustand gehen aus nachfolgender Anteilsberechnung hervor (vgl. Tabelle 20).

Setzt man die Leistungen des Industriebaus in Relation zur industriellen

Tabelle 20.
Bauleistungen des Industriebaus 1955 bis 1972

	1955	1972	1972 zu 1955
Ballungsbezirke	59,5	44,1	-15,4
Industriebezirke	16,0	25,2	+ 9,2
Industriell schwächer entwickelte Bezirke	24,5	30,6	+ 6,1

Quellen: Berechnet nach: Statistisches Jahrbuch der DDR 1973, Berlin 1973, S. 156/157, und Statistisches Jahrbuch der DDR 1955, Berlin 1956, S. 175-177.

Tabelle 21
Entwicklung des Anteils der Leistungen des Industriebaus zum Anteil an der industriellen Bruttoproduktion

	1955	1972
Ballungsbezirke	59,5 : 63,0	44,1 : 56,0
Industriebezirke	16,0 : 21,0	25,2 : 21,8
Industriell schwächer entwickelte Bezirke	24,5 : 16,0	30,6 : 22,1

Bruttoproduktion der drei Gebietstypen, so ergibt sich für die Jahre 1955 und 1972 folgendes Bild (vgl. Tabelle 21).

Aus diesen Werten ist deutlich zu erkennen, daß einer dominierenden industriellen Bruttoproduktion der Ballungen kein entsprechender industrieller Bauleistungsanteil gegenübersteht. Demgegenüber weisen die beiden anderen Gebietstypen einen wesentlich höheren Bauleistungsanteil auf, als es ihrer industriellen Bruttoproduktion entspricht. Die Differenzen zwischen den beiden Anteilen der einzelnen Relationen für die Jahre 1955 und 1972 gestalten sich äußerst uneinheitlich, wobei insbesondere in der Entwicklung von 1955 bis 1972 eine beträchtliche Vergrößerung der Diskrepanz der industriellen Bauleistungen zuungunsten der Ballungen ins Auge fällt.

Die positiven Wirkungen dieser räumlichen Verteilung der industriellen Bauleistungen auf den Angleichungsprozeß zwischen den Gebieten spiegeln sich in verschiedenen Kennziffern wider. Die hiermit verbundenen Konsequenzen für die Ballungen aufzuzeigen, ist ein kompliziertes Problem. Es liegt jedoch nahe, daß die in diesem Zeitraum für die Rationalisierung zur Verfügung stehenden Bauleistungen begrenzt waren und nicht mit den Erfordernissen der überalterten Bausubstanz in Übereinstimmung standen. Die hemmende Wirkung einer ungleichen territorialen Verteilung der industriellen Bauleistungen auf die Rationalisierung der Ballungen ist auch aus einer

Kennziffer ableitbar, die die industriellen Bauleistungen[105] je ein Prozent industrielle Bruttoproduktion ausweist (vgl. Tabelle 22).

Das charakteristische Merkmal der territorialen Verteilung der industriellen Bauleistungen wird durch diese Kennziffern bestätigt. Die im Verhältnis zum Anteil der industriellen Bruttoproduktion bessere Ausstattung einiger Bezirke mit industriellen Bauleistungen geht zu Lasten der Ballungen. Eindeutig und in ihrer Richtung einheitlich ist dabei die Entwicklung der Industriebezirke, was mit den Investitionen besonders zur Erweiterung ihrer

Tabelle 22
Entwicklung der industriellen Bauleistung je ein Prozent industrielle Bruttoproduktion in den Bezirken der DDR

	1955[1]	1972[2]
Ballungen		
Berlin	0,84	0,95
Dresden	1,07	0,37
Halle	1,09	0,85
Karl-Marx-Stadt	0,54	0,58
Leipzig	1,27	1,42
Industriebezirke		
Erfurt	0,49	0,74
Gera	0,47	0,90
Magdeburg	1,19	1,94
Suhl	0,83	1,17
Industriell schwächer entwickelte Bezirke		
Cottbus	2,90	2,57
Frankfurt	1,26	1,07
Neubrandenburg	1,22	1,66
Potsdam	0,86	0,83
Rostock	1,35	1,12
Schwerin	0,72	1,09

Quellen:
1 Berechnet nach: Statistisches Jahrbuch der DDR 1955, Berlin 1956, S. 175–177, und Statistisches Jahrbuch der DDR 1956, Berlin 1957, S. 276.
2 Berechnet nach: Statistisches Jahrbuch der DDR 1973, Berlin 1973, S. 75, 156, 157.

105 1972 = Leistungen für Industrie und Lagerwirtschaft,
1955 = Leistungen des Industriebaus.

industriellen Basis verbunden ist. Das gleiche gilt für die industriell weniger entwickelten Bezirke, für die sich jedoch in Abhängigkeit von dem Investitionsgeschehen keine gleichgerichtete Tendenz bezüglich der Kennziffern für alle Bezirke feststellen läßt.

Die dargelegten Probleme der Angleichung des industriellen Entwicklungsniveaus der Gebiete, insbesondere des derzeit erreichten Zustandes, lassen die berechtigte Frage aufkommen, wie diese Prozesse in der weiteren Entwicklung einzuschätzen sind und mit welchen Bedingungen für die territoriale Wirtschaftsorganisation bei den dargelegten Tendenzen der Standortverteilung im Rahmen der Intensivierung zu rechnen ist.

Eine globale Gesamteinschätzung der regionalen Industrieentwicklung für den Zeitraum der nächsten 15 bis 20 Jahre läßt erwarten, daß sich die bereits vorhandene Tendenz zum Ausgleich regionaler Unterschiede fortsetzt. Konkret müßte sich das unter anderem darin äußern, daß die Abweichungen der einzelnen Bezirksgruppen von einer räumlich gleichen Verteilung der Industriebeschäftigten und der industriellen Bruttoproduktion geringer werden. Unter den Bedingungen einer gezielten Standortverteilung der Produktivkräfte und einer vollständigen Ausnutzung der territorial differenzierten Reserven des Arbeitsvermögens und der natürlichen Bedingungen sind sogar die Möglichkeiten gegeben, den regionalen Angleichungsprozeß des industriellen Entwicklungsniveaus zu beschleunigen. Die Realisierung dieser Möglichkeit setzt jedoch voraus,

- daß die Investitionen zur Intensivierung der Industrieproduktion in den Ballungsgebieten konzentriert werden und daß im Zusammenhang damit eine Abwanderung von Arbeitskräften größeren Umfanges aus den Nordbezirken in die Ballungsgebiete vermieden wird,
- daß zur Erschließung der Arbeitskräftereserven der Nordbezirke der Ausbau der Infrastruktur, insbesondere des Verkehrsnetzes, vorangetrieben wird,
- daß moderne Lokalisationsmethoden (Gruppenlokalisation zum Beispiel), wie sie besonders in der Sowjetunion praktiziert werden, zur Anwendung kommen, um unter voller Wahrung zweigökonomischer Gesichtspunkte die günstigsten Entwicklungsbedingungen für die Gebiete zu schaffen.

Auf der Grundlage solcher Voraussetzungen ist die Weiterführung der Angleichung langfristig gesichert, und zwar nicht nur als ein Prozeß, der zur Überwindung regionaler Niveauunterschiede führt. In dieser Form durchgeführt, wird die Angleichung zu keiner isolierten territorial-ökonomischen Organisationsfrage, sondern zu einem immanenten Bestandteil der Intensivierung des gesamten volkswirtschaftlichen Reproduktionsprozesses.

9. Probleme der ökonomisch-mathematischen Modellierung der intensiv erweiterten Reproduktion

9.1. Zum Verhältnis von ökonomischen Gesetzen und ökonomisch-mathematischen Modellen bei der Erforschung und Gestaltung des volkswirtschaftlichen Reproduktionsprozesses

9.1.1. Der Gesetzesbegriff in der marxistisch-leninistischen politischen Ökonomie

Die Erforschung und Gestaltung des volkswirtschaftlichen Reproduktionsprozesses mit dem Ziel, die ökonomischen Gesetze bestmöglich durchzusetzen und eine maximale Zielrealisierung zu erreichen, erfolgt auf Grundlage der Erfassung, Analyse, Planung und Prognose sowohl der qualitativen als auch der quantitativen Seiten und Bestimmungen der einzelnen wirtschaftlichen Faktoren, Elemente und Prozesse sowie der zwischen ihnen existierenden Zusammenhänge und Wechselbeziehungen. Die jeder wirtschaftlichen Erscheinung und jedem wirtschaftlichen Prozeß wesenseigene qualitative und quantitative Dimension gilt es einheitlich abzubilden, wissenschaftlich zu analysieren und zu werten sowie die daraus resultierenden Konsequenzen im wirtschaftlichen Handeln zu berücksichtigen. Die Notwendigkeit der Verknüpfung von quantitativer und qualitativer Analyse resultiert gegenwärtig hauptsächlich aus der organischen Verbindung der Errungenschaften der wissenschaftlich-technischen Revolution mit den Vorzügen der sozialistischen Gesellschaftsordnung, die zu komplizierteren und schwerer beherrschbaren sozialen, ökonomischen und technisch-technologischen Prozessen bei gleichzeitiger Zunahme der Verflechtungen zwischen den Zweigen und Bereichen der materiellen und nichtmateriellen Produktion führt. Diese veränderten Wirkungsbedingungen der ökonomischen Gesetze erfordern auch entscheidende Veränderungen in den Leitungs- und Planungsmethoden.

Der Prozeß der Weiterentwicklung des Leitungs- und Planungssystems vollzieht sich dementsprechend seit geraumer Zeit in allen RGW-Ländern in Richtung der Schaffung effektiver Leitungs- und Planungstechnologien, die in der Lage sind, die immens gestiegenen und weiter steigenden Informationen rationell zu verarbeiten, die Entscheidungsfindung zu objektivieren und den gesellschaftlichen Reproduktionsprozeß optimal zu leiten und zu planen. Entscheidende Glieder dieser neuen Leitungs- und Planungstechnologie, die sich insbesondere im letzten Jahrzehnt entwickelten, sind die Elektronische Datenverarbeitung (EDV) und ökonomisch-mathematische Methoden und Modelle. Sie werden immer mehr zu wichtigen Instrumenten einer effektiven Verarbeitung der Informationen und zu Merkmalen für die

Richtung, die die Vervollkommnung des Leitungs- und Planungssystems kennzeichnet. Sie stellen somit selbst einen entscheidenden Intensivierungsfaktor dar. Dabei ist zu berücksichtigen, daß eine solche Veränderung der Leitungs- und Planungsmethoden ein langfristiger Prozeß ist, der jedoch bereits begonnen hat.

Die Entwicklung und Anwendung ökonomisch-mathematischer Modelle wirft grundsätzliche Fragen des Zusammenhangs zwischen gesetzmäßigen ökonomischen Prozessen und ihren modellmäßigen Abbildern auf. Eine wissenschaftlich begründete Modellierung fußt auf dem marxistisch-leninistischen Gesetzesbegriff und auf einer für sozialökonomische Prozesse sinnvollen Modelldefinition. Allein auf dieser Grundlage erhält die Modell-Gesetz-Beziehung ihre theoretische und praktische Bedeutung.

Wie bekannt, bringen ökonomische Gesetze das Allgemeine, Identische, Beständige einer Klasse wirtschaftlicher Erscheinungen zum Ausdruck. Sie spiegeln objektive, wesentliche, notwendige, innere, allgemeine und sich wiederholende Zusammenhänge kausalen Charakters der Produktionsverhältnisse sowie ihre Wechselbeziehungen zu den Produktivkräften und dem gesellschaftlichen Überbau wider. Hierbei sind zwei Tatsachen für die Modellierung von besonderer Bedeutung: *erstens* die spezifische Durchsetzungsweise ökonomischer und gesellschaftlicher Gesetze gegenüber Naturgesetzen und *zweitens* der Charakter des wirtschaftlichen Prozeßverlaufs.

Im Gegensatz zu den Naturgesetzen, deren Durchsetzung im Aufeinandertreffen blind wirkender Kräfte zur Geltung kommt, wirken ökonomische Gesetze nur über das Handeln der Menschen. Dieser Charakterzug der Durchsetzungsweise gesellschaftlicher Gesetze ist eines ihrer wesentlichen Bestimmungsmerkmale. Das menschliche Handeln als gesellschaftlicher Akt vollzieht sich geschichtlich auf der Grundlage zweier Handlungsqualitäten, die sozialökonomisch determiniert sind: des spontanen und des bewußten Handelns. Mit der Erringung der politischen Macht durch das Proletariat und dem Aufbau des Sozialismus werden Bewußtheit und Planmäßigkeit zu Wesenszügen der gesellschaftlichen und ökonomischen Entwicklung. Das Objekt-Subjekt-Verhältnis ist durch den hohen Stellenwert des subjektiven Faktors im Sozialismus qualitativ neu bestimmt. Das stellt der Modellierung gesellschaftlicher und speziell ökonomischer Prozesse die Aufgabe, die in den Gesetzen enthaltene Dialektik von Objektivem und Subjektivem richtig zu erfassen und dem subjektiven Faktor den ihm gebührenden Platz einzuräumen.

Ökonomische Gesetze erfassen das Wesen wirtschaftlicher Gesamtheiten, die aus einer Vielzahl von Einzelprozessen und -erscheinungen bestehen, zwischen denen einzeln genommen kein streng determinierter Zusammenhang vorliegt. Erst in ihrer Betrachtung als Massenerscheinung können das

Verhalten und das Gesetz abgeleitet werden. Das so bestimmte ökonomische Gesetz beschreibt den Zusammenhang zwischen den Einzelprozessen nur mit einem gewissen Wahrscheinlichkeitsgrad. Marx prägte für diesen Sachverhalt bekanntlich den Begriff der tendenziellen Durchsetzungsweise ökonomischer Gesetze. Diese Erkenntnis gilt auch für den Sozialismus, obwohl jetzt die Notwendigkeit und Möglichkeit bestehen, die Diskrepanz zwischen dem gesellschaftlich notwendigen und dem individuellen Handeln so klein wie möglich zu halten. Dabei ist durch die Dynamik des Wirtschaftsprozesses eine vollständige Übereinstimmung in jedem Fall jedoch nicht erreichbar.

Ökonomisch-mathematische Modelle, die den volkswirtschaftlichen Reproduktionsprozeß abbilden, erfassen nicht einzelne ökonomische Gesetze für sich genommen, sondern jeweils verschiedene Gesetze in ihrer komplexen Wirkungsweise, das heißt den gesetzmäßigen Zusammenhang von Produktions- und Reproduktionsprozessen. Die Modellierung muß dieser Tatsache dadurch Rechnung tragen, daß sie nicht die einzelnen ökonomischen Gesetze, sondern die gesetzmäßigen Zusammenhänge komplexer wirtschaftlicher Prozesse abbildet und die sie charakterisierenden Größen und Parameter als zeitlich veränderliche Zufallsvariablen betrachtet.

9.1.2. Das Modell als Abbild der gesetzmäßigen ökonomischen Zusammenhänge

Modelle sind in allen Wissenschaftsdisziplinen ein Mittel, um zu tieferen Erkenntnissen über die Zusammenhänge zwischen den Prozessen und Erscheinungen der objektiven Realität sowie deren Verhalten zu gelangen, und zwar mit dem Ziel, Rückschlüsse vom Modellverhalten auf das Objektverhalten zu ziehen und Einfluß auf die Veränderung des Objekts im Sinne der optimalen Durchsetzung des gesetzmäßigen Entwicklungsverlaufs zu nehmen. Die Modellmethode – und das gilt für alle Einzelwissenschaften – besteht darin, das jeweils betrachtete Objekt auf einfachere Strukturen abzubilden, das heißt auf eine Menge von Beziehungen und Elementen, die Ausdruck der wesentlichen Strukturen der Wirklichkeit sind. Der Verzicht auf das Abbilden auch aller weiteren, nichtwesentlichen Beziehungen und Elemente ist gerade der gewollte Effekt der Modellmethode, um den Gegenstand übersichtlicher und für die Untersuchung „handhabbarer" zu machen. Übereinstimmend wird daher unter einem Modell vereinfacht ein ideell vorgestelltes oder materiell realisiertes System verstanden, das den Untersuchungsgegenstand (Objekt) in seinen wesentlichen Strukturen und Elementen widerspiegelt und ihn so zu vertreten vermag, daß sein Studium neue Informationen über dieses Objekt vermittelt.[1] Dementsprechend handelt es sich bei der Modell-Objekt-Beziehung um eine Analogierelation, die durch jene Menge wesentlicher und damit qualitativ identischer Merkmale charakterisiert ist, die das Modell vom Objekt erfaßt. Angewandt auf ökonomische Prozesse heißt das, daß in ökonomisch-mathematischen Modellen die wirtschaftlichen Prozesse und Erscheinungen in ihren für einen bestimmten Zweck wesentlichen Zusammenhängen widergespiegelt werden müssen.* Dabei ist zu beachten, daß das Modell wohl gesetzmäßige Zusammenhänge des Reproduktionsprozesses abbildet, daß es aber mit den ökonomischen Gesetzen nicht identifiziert werden kann und darf. Die Rolle der Mathematik in der politischen Ökonomie besteht eben darin, daß sie als ein Mittel einerseits zur exakteren Darstellung und Analyse ökonomischer Erscheinungen und Prozesse und andererseits zur Ermittlung optimaler Reproduktions- und Wachstumsbedingungen aufgefaßt werden muß. In diesem Rahmen leistet sie einen Beitrag zur Theoriebildung, wobei die mit ihrer Hilfe entwickelten Modelle und die aus diesen abgeleiteten Folgerungen nicht mit der politökonomischen Theorie identifiziert werden dürfen. Einer der methodologischen Fehler der bürgerlichen Ökonomie besteht gerade in dieser unzulässigen Identifizierung. Für die politische Ökonomie des Sozialismus erwächst hieraus das Erfordernis, der Mathematik den ihr gebührenden Platz einzuräumen und Tendenzen sowohl ihrer Überforderung als auch ihrer Geringschätzung wirkungsvoll zu begegnen.

Für die Modellierung ökonomischer Prozesse gilt, was für jede Modellierung zutrifft: Um ein Modell, das den genannten Kriterien genügt, entwickeln zu können, sind hinreichende Kenntnisse über den Charakter der gesetzmäßigen ökonomischen Zusammenhänge sowie ein entsprechendes Entwicklungsniveau der den Formalisierungsprozeß realisierenden Wissenschaften (Mathematik, Statistik, Kybernetik) erforderlich. Hieraus geht hervor, daß das Modell als Mittel zur Erkenntnisgewinnung nicht der wissenschaftlichen Erkenntnis entgegengesetzt werden darf, da das Modell selbst gespeichertes Wissen darstellt. Das ökonomisch-mathematische Modell ist

[1] Vgl. unter anderem V. A. Štoff, Modellierung und Philosophie, Berlin 1969, S. 32; W. S. Nemtschinow, Ökonomisch-mathematische Methoden und Modelle, Berlin 1965, S. 32; Philosophisches Wörterbuch, hg. v. Georg Klaus / Manfred Buhr, Leipzig 1969, S. 729; Operationsforschung, Mathematische Grundlagen, Methoden und Modelle, hg. v. Werner Dück / Manfred Bliefernich, Teil 3, Berlin 1972, S. 14; Harry Maier, Über die Modell-Gesetz-Relation bei der Analyse ökonomischer Wachstumsprozesse, in: Wirtschaftswissenschaft, 2/1968, S. 201–216.

* Wir sprechen hier und im folgenden von Modellen des volkswirtschaftlichen Reproduktionsprozesses.

ökonomisches Wissen, umgesetzt in die Sprache der Mathematik, um neues Wissen über das Objekt zu erhalten, das dann den Ausgangspunkt einerseits für eine Beeinflussung der Wirklichkeit in der erkannten notwendigen Weise und andererseits für die Verbesserung des Modells selbst darstellt.

Entsprechend der vielschichtigen Struktur des volkswirtschaftlichen Reproduktionsprozesses und der jeweils konkreten Zielstellung der Modellierung wurde eine Reihe von ökonomisch-mathematischen Modellen entwickelt, die sich nach verschiedenen Gesichtspunkten gliedern lassen. Dabei muß darauf hingewiesen werden, daß es in der Literatur kein allgemein anerkanntes Einteilungsschema für ökonomisch-mathematische Modelle gibt. Es sind jeweils unterschiedliche Betrachtungsweisen, die die einzelnen Autoren vornehmen, um wichtige Merkmale der Modelle zu erfassen. Wir wollen im folgenden kein solches Klassifikationsschema anstreben, sondern nur eine Reihe solcher Merkmale und Eigenschaften aufführen, die für unsere Betrachtung und weitere Untersuchung von Bedeutung sind.

Ausgehend vom erreichten Entwicklungsstand, lassen sich die ökonomisch-mathematischen Modelle in

- deterministische, stochastische und strategische,
- statische und dynamische,
- lineare und nichtlineare,
- ein- und mehrsektorale sowie
- Ein- und Mehrebenenmodelle

einteilen. Dazu ist zu bemerken:

– Die in die Modelle einbezogenen Größen können als Festwerte gegeben sein, durch eine Wahrscheinlichkeitsverteilung charakterisiert werden, oder aber es ist nur der Bereich definiert, in dem sie sich bewegen, ohne daß bekannt ist, mit welcher Wahrscheinlichkeit die einzelnen Werte angenommen werden können. Entsprechend diesem Charakter der Größen sprechen wir von deterministischen, stochastischen und strategischen Modellen.

– In Abhängigkeit davon, ob ein Zustand oder ein Prozeßverlauf betrachtet wird, unterscheidet man statische und dynamische Modelle. Zwischen beiden gibt es Übergangsformen in Gestalt der sogenannten halbdynamischen Modelle, die streng genommen miteinander zu einer Zeitkette verbundene statische Modelle sind.

– In Abhängigkeit vom Charakter der Beziehungen und Abhängigkeiten, die zwischen den ökonomischen Prozessen und Erscheinungen bestehen, können diese durch lineare oder nichtlineare Modelle widergespiegelt werden.

– In Abhängigkeit von der horizontalen und vertikalen Gliederung des Reproduktionsprozesses werden die Modelle in ein- und mehrsektorale sowie in Ein- und Mehrebenenmodelle eingeteilt.

Entsprechend der Kompliziertheit der komplex abzubildenden ökonomischen Prozesse und Erscheinungen wurden bislang hauptsächlich *deterministische, statische, lineare* Modelle entwickelt, Modelle also, die den jeweiligen Grenzfall der Wirklichkeit widerspiegeln, da real die ökonomischen Größen zeitlich veränderliche Zufallsvariablen und die Beziehungen zwischen ihnen größtenteils *nichtlinear* sind sowie die Dynamik des Prozeßverlaufs zu berücksichtigen ist. Die bislang entwickelten Modelle sind darüber hinaus lediglich Abbilder verschiedener Seiten und Ebenen des volkswirtschaftlichen Reproduktionsprozesses, ohne daß dabei ein einziges Modell in der Lage wäre, alle gesetzmäßigen Zusammenhänge des gesamten Reproduktionsprozesses zu erfassen. Dieser Umstand deutet auf die Notwendigkeit hin, ein System von Modellen zu entwickeln, das den gestellten Anforderungen entspricht.

9.1.3. Zur Herausbildung der ökonomisch-mathematischen Modellierung

Stellt man einen geschichtlichen Rückblick an, so ist zu konstatieren, daß Karl Marx in Gestalt seiner Reproduktionsschemata wichtige Grundlagen für die spätere Entwicklung von Bilanz- und Wachstumsmodellen legte. Die von Karl Marx und W. I. Lenin aufgedeckten Proportionalitätsbeziehungen zwischen den beiden Abteilungen der gesellschaftlichen Produktion, das darauf begründete Gesetz des vorrangigen Wachstums der Abteilung I gegenüber der Abteilung II und die daraus abzuleitenden Schlußfolgerungen für die Verwendung des akkumulierten Teils des Neuwerts sind als Grundgerüst eines Modells der volkswirtschaftlichen Gesamtrechnung zu werten.

Dabei ging es Marx und Lenin bekanntlich darum, die dem kapitalistischen Reproduktionsprozeß innewohnenden Gesetzmäßigkeiten mit Hilfe der Schemata der einfachen und erweiterten Reproduktion aufzudecken. Die Schemata fungieren hierbei als wichtiges methodologisches Instrument. Sie veranschaulichen aber auch, welche Bedeutung der qualitativen Bestimmung der Prozesse und Erscheinungen zukommt und welche Beziehungen zwischen den ökonomischen Gesetzmäßigkeiten und den sie in ihren wesentlichen Strukturen erfassenden Modellen bestehen. Die den Schemata zugrunde liegende Beziehung

$$c + n = P$$

basiert auf der wissenschaftlichen Definition der Rolle und Funktion der Produktionsfaktoren Arbeitskraft und materielle Fonds im Produktions- und Reproduktionsprozeß, die darin bestehen, daß die alleinige Quelle des neugeschaffenen Werts (n) die lebendige Arbeit ist, die im Wertbildungsprozeß den Wert der bereits vergegenständlichten Arbeit (c) auf das Produkt (P) überträgt. Der neugeschaffene Wert (n) wird im weiteren von Marx vom Standpunkt seiner Verteilung betrachtet; seine Komponenten sind das variable Kapital (v) und der Mehrwert (m). Das führt zu der bekannten Gleichung

$$c + v + m = P.$$

Das Wachstum des Produkts P, das Marx durch Akkumulation eines Teils von m und durch entsprechende Erweiterung der Faktoren c und v erklärt, ist durch die Investitionsrate (I') und den Koeffizienten der Produktionsfondsintensität (F') bestimmt.

$$I' = \frac{km}{v + m} \tag{1}$$

(k ist der Anteilkoeffizient. $0 < k < 1$)

$$F' = \frac{c + v}{v + m} \tag{2}$$

Die Wachstumsrate w, die das Wachstum des Produkts P in einem bestimmten Zeitraum zum Ausdruck bringt, ist gleich

$$w = \frac{km}{v + m} \quad \frac{c + v}{v + m} = \frac{km}{c + v} \tag{3}$$

Am Beispiel des Zwei-Sektoren-Modells

$$c_1 + v_1 + m_1 = P_1$$

$$c_2 + v_2 + m_2 = P_2$$

demonstriert Marx sodann die Proportionalitäts- und Gleichgewichtsbedingungen, die zwischen den beiden Sektoren eingehalten werden müssen, wenn ein Teil des Mehrwerts für die Erweiterung der Produktion eingesetzt wird. Dabei ist die Einteilung des gesellschaftlichen Reproduktionsprozesses in eine Abteilung, welche Produktionsmittel, und eine, welche Konsumtionsmittel produziert, von den Funktionen dieser Abteilungen im Reproduktionsprozeß hergeleitet.

Das von Marx gegebene numerische Zwei-Sektoren-Schema der erweiterten Reproduktion hat die Gestalt:

$$\begin{array}{llllll}
\text{Abteilung I:} & 4\,000c_1 + & 1\,000v_1 + & 1\,000m_1 & = 6\,000P_1 \\
\text{Abteilung II:} & 1\,500c_2 + & 750v_2 + & 750m_2 & = 3\,000P_2 \\
\hline
\text{I + II} & :5\,500c & + 1\,750v & + 1\,750m & = 9\,000P
\end{array}$$

Wie nun bei Akkumulation eines Teils von m und entsprechender Erhöhung der vorgeschossenen Kapitale c und v das Produkt P unter Wahrung quantitativ bestimmter Proportionen zwischen den beiden Abteilungen wächst, ist dabei die Frage, der Marx nachgeht. Marx betrachtet den Fall des proportionalen oder stationären Wachstums, das heißt der Erweiterung der Kapitalbestandteile in *den* Proportionen, die mit dem Anfangszeitraum t_k gesetzt sind. Dabei sind insgesamt unterstellt: 1. konstante organische Zusammensetzung der Kapitale (c_1/v_1 = const; c_2/v_2 = const); 2. höhere organische Zusammensetzung des Kapitals in der Abteilung I gegenüber Abteilung II ($c_1/v_1 > c_2/v_2$); 3. konstante Rate des Mehrwerts (m_1/v_1 = const; m_2/v_2 = const); 4. Gleichheit der Mehrwertraten in den beiden Abteilungen ($m_1/v_1 = m_2/v_2 = 100\%$); 5. Umschlagsdauer des vorgeschossenen Kapitals gleich Eins ($U = 1$, das heißt, Kapitalvorschuß und Kapitalverzehr sind identisch); 6. Austausch der Waren innerhalb und zwischen den Abteilungen zu Wertpreisen, vom Problem der Wertmodifikation (Produktionspreis) wird abstrahiert.

Werden nun nach Marx die Hälfte von m_1 in Abteilung I, also 500 Einheiten, und 150 Einheiten von m_2 in Abteilung II akkumuliert, so erhält das Schema die Gestalt:

$$\begin{array}{llllll}
\text{Abteilung I:} & 4\,000c_1 + & 1\,000v_1 + & 500a_1 + & 500r_1 & = 6\,000P_1 \\
\text{Abteilung II:} & 1\,500c_2 + & 750v_2 + & 150a_2 + & 600r_2 & = 3\,000P_2 \\
\hline
\text{I + II} & :5\,500c & + 1\,750v & + 650a & + 1\,100r & = 9\,000P
\end{array}$$

Dabei bedeuten: a – der produktiv akkumulierte Teil des Mehrwerts,
r – der dem Kapitalisten verbleibende Mehrwert für konsumtive Zwecke

$$(a_1 + r_1 = m_1;\ a_2 + r_2 = m_2;\ a + r = m).$$

Die Aufteilung des akkumulierten Mehrwerts zur Erweiterung von c und v unter den angegebenen Bedingungen führt zu folgendem Schema für den Zeitraum t_{k+1}:

$$\begin{array}{ll}\text{Abteilung I:} & 4\,400c_1 + 1\,100v_1 + 1\,100m_1 = 6\,600P_1 \\ \text{Abteilung II:} & 1\,600c_2 + 800v_2 + 800m_2 = 3\,200P_2 \\ \hline \text{I + II} & : 6\,000c + 1\,900v + 1\,900m = 9\,800P\end{array}$$

Berechnet man nun auf Basis der Beziehung (3) die Wachstumsraten von P, so erhält man $w_1 = 10\,\%$; $w_2 = 6{,}66\,\%$; $w = 8{,}88\,\%$.

Lenin knüpfte an das Reproduktionsschema von Marx an, als er in seiner Arbeit „Zur sogenannten Frage der Märkte" zur Reproduktionstheorie Stellung nahm. Er griff die von Marx in dessen ökonomischem Gesamtwerk, insbesondere im 3. Band des „Kapital" im Zusammenhang mit der Herausbildung der Durchschnittsprofitrate und ihrer sinkenden Tendenz gemachten Äußerungen zum technischen Fortschritt auf und veränderte entsprechend die Bedingung der gleichbleibenden organischen Zusammensetzung des Kapitals. Gemäß dem Wirken des technischen Fortschritts führte Lenin die neue Bedingung der wachsenden organischen Zusammensetzung des Kapitals ein. Somit untersuchte er den Fall des nichtproportionalen oder dynamischen Wachstums. Die von Marx implizit entwickelte Vorschrift für die Ermittlung der Wachstumsrate (w) behält hierbei ihre volle Gültigkeit.[2] Auf dieser Grundlage gelang Lenin die Ableitung des Gesetzes vom vorrangigen Wachstum der Abteilung I gegenüber Abteilung II.

Die von Marx erstmals vorgenommene und von Lenin beibehaltene Einteilung des volkswirtschaftlichen Reproduktionsprozesses in die beiden genannten Abteilungen stellt zur Erklärung des Realisierungsprozesses des Kapitals eine Prinziplösung dar. Für die Entwicklung einer für Planungs- und Analysezwecke hinreichenden Bilanz der Volkswirtschaft, deren Erarbeitung Anfang der zwanziger Jahre in der UdSSR aktuell wurde, stellt diese Untergliederung jedoch einen viel zu hohen Aggregationsgrad dar. Eine der Richtungen, die die ökonomisch-mathematische Modellierung auf der Basis der Reproduktionsschemata von Marx und Lenin einschlug, war die tiefere Unterteilung des Reproduktionsprozesses mit dem Ziel der Darstellung der Verflechtungen zwischen den verschiedenen Sektoren.

Bereits 1925 erarbeitete die Zentralverwaltung für Statistik der UdSSR die erste Verflechtungsbilanz. Sie beschreibt in Form einer Schachbrettbilanz die Produktion und Verteilung der Erzeugnisse der Landwirtschaft, der Industrie und des Bauwesens für 1923/24. Insgesamt wurden 17 Zweige, davon 14 Industriezweige, in die Untersuchung einbezogen. Unter dem Einfluß der Ideen und Anregungen der sowjetischen Ökonomen begann dann Leontieff 1931 seine umfangreichen Untersuchungen über die Verflechtungs-

[2] Eine ausführliche Darstellung findet sich bei W. S. Nemtschinow, Ökonomisch-mathematische Methoden und Modelle, Berlin 1965, S. 121.

beziehungen in der amerikanischen Wirtschaft von 1919–1929, deren Ergebnisse erstmals 1936 veröffentlicht wurden. Leontieff war es auch, der das mathematische Modell der Verflechtungsbilanz entwickelte und später maßgeblich an seiner Vervollkommnung beteiligt war. Oskar Lange gab eine kybernetische Interpretation und Analyse der Reproduktionsschemata von Marx. Er zeigte, daß letztere den Ausgangspunkt für die Verflechtungsbilanz darstellen und beide ineinander überführbar sind.[3]

Eine andere Richtung, die die Reproduktionsschemata zum Ausgangspunkt hat, sind hochaggregierte Modelle zur Ermittlung des Wachstums zentraler volkswirtschaftlicher Ergebnisgrößen. Bemühungen, die für die volkswirtschaftliche Entwicklung grundlegenden Bedingungen und Abhängigkeiten in mathematischer Form darzustellen und den volkswirtschaftlichen Reproduktionsprozeß unter Zuhilfenahme hochaggregierter Modelle mit funktionsbezogener Nomenklatur bewußt zu gestalten, lassen sich bis zu den Anfängen der sozialistischen Wirtschaftsplanung hin verfolgen.

Das von G. A. Feldman in den zwanziger Jahren im Rahmen der GOELRO-Planung und später bei der Aufstellung des Generalplans der Volkswirtschaft der UdSSR ausgearbeitete Modell zur Berechnung der Hauptkennziffern der Volkswirtschaft kann als ein Vorläufer der heute unter dem Begriff „Hochaggregierte Modelle der sozialistischen Volkswirtschaft mit funktionsbezogener Nomenklatur und Steuerparametern" erfaßten Gruppe von Modellen angesehen werden. In der gleichen Richtung liegen die Arbeiten von Notkin und Kalecki aus den dreißiger und vierziger Jahren.

Das Fundament für die hochaggregierten Modelle der sozialistischen Volkswirtschaft mit funktionsbezogener Nomenklatur und Steuerparametern im heutigen Verständnis dieser Gruppe von Modellen wurde in den sechziger Jahren gelegt. Ausgangspunkte dafür bildeten die spezifischen Anforderungen an die Volkswirtschaftsplanung unter den Bedingungen der wissenschaftlich-technischen Revolution, die theoretischen und praktischen Erfolge auf dem Gebiet technischer und technologischer Prozesse sowie die Maßnahmen der Wirtschaftsreform.

Die ersten ökonometrischen Modelle wurden um die Jahrhundertwende entwickelt und erfaßten zunächst nur isolierte Abhängigkeiten, zum Beispiel bestimmte Gesetzmäßigkeiten in der Einkommensverteilung oder die zeitliche, statistisch beobachtbare Aufeinanderfolge ausgewählter ökonomischer Ereignisse. Heute werden mathematisch-statistische Verfahren in den kapitalistischen Ländern sowohl in der Betriebswirtschaft zur Erklärung des

[3] Vgl. Oskar Lange, Einführung in die ökonomische Kybernetik, Berlin 1968, Kapitel II.

Zusammenwirkens der wichtigsten Produktionsfaktoren und zur Ermittlung optimaler Faktorkombinationen eingesetzt als auch zur kurz- und mittelfristigen Vorhersage des gesamten Konjunkturverlaufs.

Von besonderer Bedeutung für die Entwicklung der ökonomisch-mathematischen Modellierung war das Jahr 1939. In diesem Jahr entwickelte L. V. Kantorovič[4] den ersten universellen Lösungsalgorithmus für lineare Optimierungsprobleme, die sogenannte „Methode der Auflösungsmultiplikatoren", den Vorgänger des Simplex-Verfahrens. Er schuf damit die mathematischen Voraussetzungen, um zunächst den Produktionsprozeß im Betrieb rationeller gestalten zu können durch optimale Belegung von Drehbänken, maximale Verringerung der Abfallprodukte, effektiven Rohstoffeinsatz und Optimierung der Transportwege. Die von Kantorovič hierfür formulierten Optimierungsaufgaben stellen gleichzeitig den ersten großangelegten Versuch überhaupt dar, wesentliche Anforderungen der ökonomischen Gesetze des Sozialismus mittels ökonomisch-mathematischer Modelle *komplex* zu erfassen. Für die aufgeworfene Fragestellung – rationelle Produktionsgestaltung im Teilbereich unter ganz bestimmten historischen Bedingungen – reduzierten sich diese Anforderungen auf eine Maximierung der sortimentsgerecht strukturierten Produktion bei Vorgabe wichtiger ökonomischer Limitationen. Optimal ist unter solchen Bedingungen ein Plan, der die dem Betrieb (Kombinat) zur Verfügung gestellte Arbeit im Interesse einer maximalen Erhöhung des Produktionsvolumens nutzt.

Inzwischen sind mehr als 30 Jahre vergangen, in denen die ökonomisch-mathematische Modellierung trotz mancher Rückschläge einen stürmischen Aufschwung genommen hat. Seit etwa Mitte der fünfziger Jahre kann man – berücksichtigt man den Entwicklungsstand bei allen Modelltypen – sogar von einer eigenständigen wissenschaftlichen Disziplin sprechen.

In der Sowjetunion lassen sich drei Etappen bei der Formierung dieser „ökonomisch-mathematischen Richtung" innerhalb der Wirtschaftswissenschaften unterscheiden[5], die mehr oder weniger auch für alle anderen sozialistischen Länder gültig sind.

1. Etappe: Ende der fünfziger bis Anfang der sechziger Jahre. Etappe der Formierung der ökonomisch-mathematischen Modellierung als Richtung.

[4] Vgl. L. V. Kantorovič, Mathematische Methoden bei der Organisation und Planung der Produktion, in: Primenenie matematiki v ėkonomičeskich issledovanijach, Bd. 1, Moskva 1959, S. 277–306. Diese Arbeit ist ein unbedeutend veränderter Nachdruck der gleichnamigen, 1939 vom Verlag der Leningrader Universität verlegten Publikation des Autors.

[5] Vgl. E. S. Majminas, Zur Geschichte und zu den Perspektiven der Entwicklung der ökonomisch-mathematischen Forschung in der UdSSR, in: Problemy planirovanija i prognozirovanija, Moskva 1974, S. 7–34.

Kennzeichnend für diesen Zeitraum waren die zum Teil sehr polemisch geführten Diskussionen über die Wechselbeziehungen von qualitativer und quantitativer Analyse und über die Rolle von Modellen in der Ökonomie. Im Mittelpunkt des Interesses stand dabei zunächst die Linearoptimierung. Neben der rechentechnischen Seite (Erarbeitung neuer effektiver Algorithmen) ging es vor allem um die Aufdeckung des Wesens der objektiv bedingten Bewertungen. Große Verdienste auf diesem Gebiet erwarben sich L. V. Kantorovič, V. V. Novožilov und V. S. Nemčinov, die 1965 für ihr Gesamtwerk mit dem Leninpreis ausgezeichnet wurden. Praktische Bedeutung erlangten Transportaufgaben und Betriebs- beziehungsweise Zweigmodelle.

2. Etappe: Anfang bis Ende der sechziger Jahre. Etappe der Erörterung theoretischer Grundprobleme.

Umfangreiche theoretisch-methodologische Untersuchungen führten zur Herausbildung der Theorie des optimalen Funktionierens der sozialistischen Volkswirtschaft und damit zum Übergang von Einzelmodellen zu Modellsystemen. Eine der entscheidenden Voraussetzungen für eine solche Theorie ist jedoch – und dieses Problem stand dann auch im Zentrum des wissenschaftlichen Meinungsstreits – ein ökonomisch begründetes Optimalitätskriterium. Weitere Schwerpunkte der Diskussion waren: die Definition und Messung des gesellschaftlichen Nutzens, die Verhältnisse von globalem und lokalem Optimum sowie von zentraler und dezentraler Planung und das Preisproblem. Auf mathematischem Gebiet wurden Erfolge bei der Weiterentwicklung der konvexen, ganzzahligen und stochastischen Optimierung erzielt. Praktische Rechnungen erfolgten vor allem mit Verflechtungsbilanzen und mit Zweigmodellen.

3. Etappe: Beginn Anfang der sechziger Jahre. Etappe der komplexen Vervollkommnung des Leitungs- und Planungssystems der Volkswirtschaft.

Diese Etappe wird weitgehend geprägt durch die Bemühungen zur Schaffung sowie zur informellen, technischen, mathematischen und kadermäßigen Sicherstellung eines automatisierten Systems von Planberechnungen. Es sind auch Versuche zu verzeichnen, zunehmend außerökonomische, soziale Aspekte in die Modellierung einzubeziehen. Man arbeitet verstärkt an großen volkswirtschaftlichen Modellkomplexen, bestehend aus Entscheidungs-, Bilanzierungs- und mathematisch-statistischen Modellen. Statische und (halb-)dynamische Verflechtungsbilanzen werden in praktische Planberechnungen auf allen Ebenen einbezogen.

In diesem Zusammenhang ist hervorzuheben, daß der Einsatz ökonomisch-mathematischer Modelle bei der Zweig- und bei der Territorialplanung in zunehmendem Maße auch einen direkten ökonomischen Effekt besitzt. So stellte sich bei einer Optimierung des Plans der sowjetischen erdölfördernden und erdölverarbeitenden Industrie für 1975 heraus, daß bei gleicher Befriedigung des Bedarfs der Volkswirtschaft an Erdölprodukten gegenüber dem mit traditionellen Methoden erarbeiteten Plan 6 bis 7 Millionen Tonnen Erdöl weniger erforderlich sind. Das bedeutet eine Einsparung allein an Investitionsmitteln von etwa 850 Millionen Rubel. Erfahrungswerte besagen, zumindest für die UdSSR, daß „sich durch die Anwendung neuer Planungsmethoden eine Senkung der Investitionen und der Betriebskosten von etwa 10 bis 20 Prozent erreichen läßt".[6] Eine erarbeitete „Methodik der optimalen Planung der Produktionslieferungen in den staatlichen Versorgungseinrichtungen", die gegenwärtig die Grundlage für Berechnungen der optimalen Zuteilung von 800 bis 900 Millionen Tonnen von Massenbedarfsartikeln darstellt, ergab eine jährliche Einsparung von Transportkosten von rund 100 Millionen Rubel.[7]

Damit ist der Prozeß der Herausbildung, Entwicklung und Anwendung der ökonomisch-mathematischen Modellierung nur konturhaft umrissen. Es muß unbedingt hinzugefügt werden, daß dieser Prozeß stets geprägt war und ist von der Konfrontation und Auseinandersetzung mit Modellvorstellungen der bürgerlichen Ökonomie, deren Analyse und Kritik auch große ideologische Bedeutung besitzt, kommt es doch hierbei darauf an, die Anwendung mathematischer und formal-logischer Methoden auf apologetische beziehungsweise unwissenschaftliche ökonomische Theorien aufzuzeigen. Dieser Auseinandersetzung gilt es allerdings noch größere Aufmerksamkeit zu schenken. Dabei ist zu gewährleisten, daß Fortschritte bei der Entwicklung mathematischer und formal-logischer Methoden zur Lösung der uns gestellten Aufgaben ausgenutzt werden.

9.1.4. Probleme der Gesetz-Modell-Beziehung in der politischen Ökonomie des Sozialismus

Versteht man die ökonomisch-mathematischen Modelle als Mittel zur Erkenntnisgewinnung und zur Entscheidungshilfe, so ist es selbstverständlich, daß sie dieser Funktion nur in dem Maße gerecht werden können, wie die in ihnen abgebildeten ökonomischen Prozesse den jeweils untersuchten gesetzmäßigen Zusammenhängen entsprechen. Wäre unser Wissen über letztere vollkommen, so brauchten wir natürlich keine Modelle zur Gewinnung

[6] Vgl. N. P. Fedorenko, Sozialökonomische Ziele und Planung, in: Kommunist, 5/1972, S. 65.

[7] Vgl. N. P. Fedorenko, Über die Schaffung und Entwicklung der sowjetischen ökonomisch-mathematischen Wissenschaft, in: Ėkonomika i matematičeskie metody, Bd. 10, 3/1974, S. 427.

neuer Erkenntnisse. Damit ist schon angedeutet, daß das Modell die gesetzmäßigen Zusammenhänge nur auf der jeweils von der Forschung und vom Forscher erreichten Erkenntnisstufe, also stets unvollkommen, widerspiegeln kann. Stellt man hierbei in Rechnung, daß die Besonderheit und der Vorzug der Modellierung vor allem in der einheitlichen Erfassung der qualitativen und quantitativen Bestimmungen der ökonomischen Größen besteht, so werden die Probleme und Schwierigkeiten, die sich bei der Entwicklung von Modellen einerseits und der Interpretation der Ergebnisse der Modellrechnungen anderseits ergeben können, besonders deutlich. Die Entwicklung und Anwendung mathematischer und mathematisch-statistischer Methoden und Modelle besonders auf volkswirtschaftlicher Ebene rief in den vergangenen Jahren daher auch die Diskussion einer Reihe grundlegender politökonomischer Probleme hervor. Dazu sind vor allem zu zählen:

- die Ziel-Mittel-Dialektik,
- die Bewertung ökonomischer Größen,
- die Zusammenhänge innerhalb der materiellen und nichtmateriellen Produktionsprozesse sowie zwischen ihnen.

Die folgenden Ausführungen rücken hauptsächlich diese ökonomischen Problemkreise in das Betrachtungsfeld der Modellierung. Den Ausgangspunkt bilden die an die volkswirtschaftliche Modellierung gestellten ökonomischen Anforderungen, die bislang entwickelten Grundtypen ökonomisch-mathematischer Modelle sowie die Richtungen ihrer Weiterentwicklung. Daran anschließend werden Modellansätze wichtiger volkswirtschaftlicher Produktions- und Reproduktionsprozesse dargestellt. Begonnen wird mit der zentralen Frage der ökonomisch-mathematischen Modellierung auf volkswirtschaftlicher Ebene: der Erfassung der sozialistischen Ziel-Mittel-Dialektik. Ausgehend vom ökonomischen Grundgesetz wird zum Problem des Optimalitätskriteriums Stellung genommen, und in Auswertung vor allem sowjetischer Erfahrungen werden daran anknüpfend Möglichkeiten der Entwicklung einer sozialistischen Wohlstandsfunktion untersucht. Dieser Darstellung folgen zwei theoretisch entwickelte und zum Teil bereits praktisch erprobte Modelle. Dabei wird sowohl die theoretische Problematik diskutiert als auch der zu erwartende Nutzen in der praktischen Anwendung der einzelnen Modellansätze analysiert. Auf die Problematik der Möglichkeiten der Kopplung und des Zusammenschlusses der einzelnen Modelltypen miteinander und in einem zu schaffenden Modellsystem wird dabei eingangs hingewiesen.

9.2. Ökonomische Anforderungen an die volkswirtschaftliche Modellierung und damit verbundene Probleme

9.2.1. Erfassung des Gesamtprozesses der gesellschaftlichen Reproduktion

Ökonomisch-mathematische Modelle der Volkswirtschaftsplanung müssen den Gesamtprozeß der gesellschaftlichen Reproduktion erfassen, das heißt die Reproduktion sowohl der materiellen als auch der nichtmateriellen Lebensbedingungen sowie deren Wechselbeziehungen.

Wichtige Voraussetzung dafür ist, daß die Bedürfnisse im umfassenden Sinne den Ausgangspunkt der Modellrechnung bilden, also auch solche Komponenten berücksichtigt werden, die in den üblichen Konsumtionsvektor nicht eingehen. Dazu gehören unter anderem Aufwendungen für die Verbesserung der Arbeitsbedingungen, für Bildung, Wissenschaft, Kunst, Kultur, Sport, Freizeitgestaltung, Gesundheits- und Sozialwesen, Umweltschutz – Aufwendungen also, die entscheidend die allseitige Entwicklung der sozialistischen Persönlichkeit bewirken. Nichtmaterielle Bereiche wie beispielsweise das Bildungs- und Gesundheitswesen, aber auch die Grundlagenwissenschaft und der Kulturbereich spielen im volkswirtschaftlichen Reproduktionsprozeß eine wachsende Rolle.

Bezüglich der praktischen Umsetzung dieser Anforderung lassen sich aus dem in den sozialistischen Ländern erreichten Stand bei der gesamtvolkswirtschaftlichen Modellierung einige allgemeine Schlußfolgerungen ableiten. Dort, wo die Verflechtungen zwischen nichtmateriellem und materiellem Bereich bereits bis zu einem gewissen Grade erarbeitet sind (zum Beispiel für das Bildungswesen), sollte ungeachtet aller methodologischen Schwierigkeiten (Messung der Leistung des Bildungswesens, über die Arbeitskraft vermittelter Einfluß der Bildung auf die materielle Produktion) versucht werden, diese *explizit* in das Modell einzubeziehen. Möglichkeiten dafür bestehen bei der dynamischen Verflechtungsbilanz über das Nettoendprodukt, bei ökonometrischen Modellen über die gesellschaftliche Konsumtion beziehungsweise über andere spezielle Variablen und schließlich bei Optimierungsmodellen über besondere Restriktionen.

Möglich ist auch eine Erweiterung der herkömmlichen Verflechtungsbilanz um einige Bereiche der nichtmateriellen Produktion. Ein solcher Ansatz hat seine ökonomische Begründung darin, daß sowohl für die materielle Produktion bestimmte nichtmaterielle als auch für die nichtmaterielle Produktion bestimmte materielle Leistungen als Voraussetzungen erbracht werden müssen, damit produziert werden kann. Die Erfassung der Verflechtungen dieser von der materiellen und der nichtmateriellen Sphäre hervorgebrachten Produktionsergebnisse, das heißt die Ermittlung der vollen Aufwendungen der materiellen und einiger Bereiche der nichtmateriellen Produktion, ist einer der möglichen Schritte zur quantitativen Darstellung des Zusammenhangs zwischen den materiellen und einigen nichtmateriellen Bereichen.

9.2.2. Gewährleistung der Bilanzierung

Ökonomisch-mathematische Modelle der Volkswirtschaftsplanung müssen eine Bilanzierung zulassen. Das bedeutet, daß das Ergebnis der Modellrechnung, gleich ob es sich um einen optimalen Plan oder um alternative volkswirtschaftliche Entwicklungsvarianten handelt, immer unter bilanzierten Plänen zu suchen ist.

Praktisch sind zwei Auffassungen von der Bilanzierung denkbar, repräsentiert durch die am häufigsten angewandten Modelltypen, durch Verflechtungsbilanzen und ökonometrische Modelle.* Die Verflechtungsbilanz – statischer Fall – stellt über den vollen Aufwand auf einen gegebenen Zeitpunkt bezogene Abhängigkeiten zwischen Brutto- und Endprodukt her beziehungsweise – dynamischer Fall – zwischen Bruttoprodukt einerseits und direktem Produktionsaufwand, Erweiterungsinvestitionen und Konsumtion andererseits. Innerhalb dieses Grundschemas sind dann vielfältige Modifizierungen denkbar[8]; das betrifft unter anderem die Erfassung der Ersatzinvestitionen (als Bestandteil der Bruttoinvestitionen oder als Element der laufenden Produktionsaufwendungen), die Errechnung des Investitionsbedarfs (über Investitions- oder Grundfondsintensitätskoeffizienten), die Möglichkeiten der direkten Berücksichtigung knapper Ressourcen und

* Unter ökonometrischen Modellen verstehen wir hier ausschließlich Systeme von stochastischen und Definitionsgleichungen. Vgl. Punkt 9.5.

8 Als Beispiele dienen uns hier die aus der sowjetischen Literatur bekannten und auch in der DDR bereits experimentierten „halbdynamischen“ Verflechtungsmodelle von F. N. Klocvog und N. F. Šatilov. Vgl. dazu auch die Arbeit von Bärbel Biersack / Irmtraud Hertrampf / Hans-Jürgen Schubert, Die Modellierung des volkswirtschaftlichen Reproduktionsprozesses mit Hilfe von Modellen der dynamischen Verflechtungsbilanz, in: Wirtschaftswissenschaft, 6/1970, S. 817–833.

die Voraussetzungen über die Disponibilität beziehungsweise Nichtdisponibilität bereits existierender Grundfonds.

Bei ökonometrischen Modellen ist der Zusammenhang zwischen Bruttoprodukt beziehungsweise Nettoprodukt einerseits und laufendem Aufwand, Investitionen und Konsumtion andererseits vermittelt und auf anderer Ebene erfaßt. Inwieweit beide Auffassungen von der Bilanzierung dem Wesen des abzubildenden Objekts – volkswirtschaftlicher Reproduktionsprozeß – entsprechen, ergibt sich aus der Spezifik dieser zwei Modelltypen, vor allem hinsichtlich der Widerspiegelung ökonomischer Abhängigkeiten, hinsichtlich des Aggregationsgrades, der Art der Vorausschau und hinsichtlich der Lösungsverfahren.

Danach gehören beide Modelltypen unterschiedlichen Klassen an. Verflechtungsbilanzen sind Matrizenmodelle, stochastische Gleichungssysteme sind mathematisch-statistische Modelle. Beide Modelltypen erfordern jeweils eine ganz spezifische Informationsbasis und liefern auch unterschiedliche Aussagen. Durch die ausschließliche Erfassung von Abhängigkeiten und Proportionen zwischen volkswirtschaftlichen Größen, dem damit verbundenen im Vergleich zur Verflechtungsbilanz wesentlich höheren Aggregationsgrad und durch die im *Wesen* des Modells begründete Fähigkeit, den stochastischen Charakter ökonomischer Prozesse und speziell langfristiger Tendenzen widerzuspiegeln, bieten sich ökonometrische Modelle in erster Linie für die Erfassung längerfristiger Prozesse an. Verflechtungsbilanzen dagegen sollten, um für die Wirtschaftspraxis verwertbare Aussagen über die tatsächlichen Verflechtungen in der materiellen Produktion liefern zu können, möglichst tief desaggregiert werden.

Um jedoch den Erkenntnisgehalt beider Modelltypen voll ausschöpfen zu können, scheint es zweckmäßig, sie zu kombinieren, etwa durch Einbeziehung zwischenzweiglicher Verflechtungen in ökonometrische Modelle oder durch statistische Schätzungen der Eingangsdaten für eine Verflechtungsbilanz mit Hilfe von linearen beziehungsweise nichtlinearen Produktionsfunktionen.

9.2.3. Berücksichtigung der stochastischen Natur ökonomischer Prozesse

Ökonomisch-mathematische Modelle der Volkswirtschaftsplanung müssen dem Umstand Rechnung tragen, daß der „tatsächliche Verlauf der ökonomischen Prozesse im Sozialismus stochastischer Natur ist“.[9] Das findet sei-

[9] Nayčnye osnovy ėkonomičeskogo prognoza, Moskva 1971, S. 38/39.

nen Ausdruck im Tendenzcharakter der ökonomischen Gesetze des Sozialismus und in der Unvollständigkeit unseres Wissens über die Wirkungsweise dieser Gesetze in Gegenwart und Zukunft. Der Grad der Unsicherheit hängt dabei vor allem von der Länge des Voraussagezeitraumes, vom konkreten Objekt (Prozeß) und vom Aggregationsgrad der entsprechenden Größen ab.

Die Realisierung dieser Anforderung hätte zur Folge, daß alle Beziehungen in einem Verflechtungs- beziehungsweise Optimierungsmodell – für ein ökonometrisches Modell trifft dies ohnehin zu – als stochastisch zu betrachten sind. Das Ergebnis der Rechnung ist unter diesen Bedingungen immer, auch im Falle eines Planungsmodells, ein bestimmtes perspektivisches Entscheidungsfeld, dessen einzelne Punkte durch unterschiedliche volkswirtschaftliche Effekte und unterschiedliche Wahrscheinlichkeiten charakterisiert sind. Die Auswahl einer einzigen Variante verlangt dann eine zusätzliche Entscheidung über den Grad des Risikos, den die Gesellschaft einzugehen gewillt ist. Von der Forderung nach dem Übergang zu stochastischen Modellen werden jedoch auch einige grundlegende methodologische Fragen der Wahrscheinlichkeitslehre berührt, die es zu beantworten gilt. Das betrifft vor allem die Voraussetzungen für die Anwendung wahrscheinlichkeitstheoretischer Methoden in der Ökonomie (beliebige Reproduzierbarkeit eines Ereignisses) und die Interpretation der Wahrscheinlichkeit als Funktion der Zeit (Veränderung des „Ursachenkomplexes" für eine hinreichend große Anzahl von Ereignissen).

Abgesehen von den methodologischen Problemen ist ein rein stochastischer Ansatz zum gegenwärtigen Zeitpunkt sowohl mathematisch als auch rechentechnisch nicht realisierbar. Ein erster Schritt in diese Richtung wäre die Erarbeitung mehrerer Varianten, denen unterschiedliche Einschätzungen der Entwicklung des wissenschaftlich-technischen Fortschritts, der Bedürfnisse und der Effektivität zugrunde liegen, das heißt die Berechnung eines Unbestimmtheitsbereiches der Lösung[10] und auch in der langfristigen Planung die Angabe von größeren Toleranzbereichen und Reserven. Letztere können dann in dem Maße modifiziert (eingeengt) werden, wie aus der Erfüllung der Perspektiv- und Jahrespläne neue, gesichertere Erkenntnisse über die zukünftige Bedürfnis- und Strukturentwicklung erwachsen.

[10] Sowjetische Autoren haben mit Hilfe einer speziellen Methode experimentell ermittelt, daß die Zahl der in diesem Bereich liegenden, für jeweils einen (jetzt deterministischen) Datensatz optimalen Varianten gar nicht übermäßig groß ist. Sie übersteigt für reale ökonomische Systeme in den seltensten Fällen 20. Vgl. A. A. Makarov, L. A. Melentev, Eigenschaften ökonomischer Systeme und ihre Rolle in der Optimalplankonzeption, in: Pervaja konferencija po optimal'nomu planirovaniju i upravleniju narodnym chozjajstvom, Tezisy dokladov, Sektion 1, Moskva 1971, S. 172.

9.2.4. Herstellung der Einheit von gebrauchswertmäßiger und wertmäßig-finanzieller Planung

Die Forderung nach Sicherung der Einheit von gebrauchswertmäßiger und wertmäßig-finanzieller Planung ergibt sich aus dem Doppelcharakter der Ware, aus ihrer Einheit von Gebrauchswert und Wert. Aus dem historischen und im Sozialismus inhaltlich neu geprägten Prozeß der Verdopplung der Ware in Ware und Geld, die den der Ware immanenten Gegensatz von Gebrauchswert und Wert veräußerlicht, resultiert die relative Verselbständigung der Geldbewegung und damit der Finanzen. Da der Preis die Erscheinungsform des Wertes der Ware ist und in der Geldform real existiert, sprechen wir konkret von der Notwendigkeit, die Einheit von gebrauchswertmäßiger und wertmäßig-finanzieller Planung zu gewährleisten. Das Ziel besteht dabei darin, die gebrauchswertmäßige und wertmäßig-finanzielle Seite der ökonomisch relevanten Prozesse und Kennziffern so aufeinander abzustimmen, daß ihre Bewegungen und Kreisläufe auf die optimale Durchsetzung der ökonomischen Gesetze gerichtet sind. Entsprechend den sozialökonomischen Bedingungen des Sozialismus gelten dabei zwei Grundsätze: *Erstens* ist zu beachten, daß im dialektischen Wechselverhältnis zwischen Gebrauchswert und Wert dem Gebrauchswert eine dominierende Rolle zukommt, da die Inanspruchnahme der Gebrauchseigenschaften der Ware im Konsumtionsprozeß der Werktätigen das eigentliche Ziel des sozialistischen Wirtschaftens ist. *Zweitens* ist zu berücksichtigen, daß im Sozialismus der Wert Mittel zum Zweck ist, was jedoch seine aktive Rolle bei der Entscheidungsfindung nicht ausschließt. Diese aktive Rolle ist notwendig, da es keine a-priori-Kenntnis der optimalen Entwicklungsvariante der Produktion und Konsumtion gibt und geben kann. Die optimale Gebrauchswertstruktur bildet sich nur im ständigen Prozeß der Gegenüberstellung und Konfrontation mit den verfügbaren Ressourcen, das heißt mit der Aufwands- und Wertstruktur, heraus. Die Produktionsmöglichkeiten, die sich aus dem jeweiligen Ressourcenvorrat und seiner Struktur ergeben, beeinflussen die Produktions- und über sie die Konsumtionsstruktur.

Die Sicherung der Einheit von gebrauchswertmäßiger und wertmäßig-finanzieller Planung ist eines der kompliziertesten Probleme der politischen Ökonomie und der Wirtschaftspraxis. Gegenwärtig, nachdem der XXIV. Parteitag der KPdSU und der VIII. Parteitag der SED erneut auf die Dringlichkeit der Lösung dieses Problems aufmerksam gemacht haben, wird daran intensiv gearbeitet. Die ökonomisch-mathematische Modellierung kann mit ihren Mitteln dazu beitragen. Seit längerer Zeit wird in ihrem Rahmen die Einheit von gebrauchswertmäßiger und wertmäßiger Planung im Zusammenhang mit den optimalen Bewertungen vor allem linearer Optimierungsaufgaben erörtert. Die optimalen Bewertungen, die als partielle Ableitungen des optimalen Zielfunktionswertes nach den entsprechenden Restriktionselementen definiert sind, wurden von einer Reihe namhafter Wissenschaftler, insbesondere sowjetischer (L. V. Kantorovič, V. V. Novožilov, A. L. Luře und andere), als Preise oder sozialistische Wertmodifikation gewertet. Die Aussage, mit der die politische Ökonomie konfrontiert ist, besteht somit darin, daß der Preis als Zuwachs- beziehungsweise differentielle Größe im Sinne der Infinitesimalrechnung definiert wird. Das Für und Wider der Optimalpreiskonzeption wurde wiederholt diskutiert, allerdings erfolgte bislang keine befriedigende Argumentation. Die Diskussion ist also keineswegs abgeschlossen. Einen neueren Ansatz zur komplexen modellmäßigen Erfassung der gebrauchswertmäßigen und wertmäßig-finanziellen Prozesse stellt die Natural-Wert-Verflechtungsbilanz dar. Sie besteht aus neun Quadranten, die quadratisch angeordnet sind. Dabei enthält der mittlere Block (die Quadranten IV, V und VI) die Finanzprozesse der im ersten (Quadranten I, II und III) und dritten Block (Quadranten VII, VIII und IX) abgebildeten materiell-stofflichen Prozesse. Mit Hilfe der Natural-Wert-Bilanz erfolgt eine komplexe Erfassung der stofflichen und finanziellen Prozesse, und zwar so, wie sie sich gegenwärtig real vollziehen. Damit werden mit Hilfe dieser Bilanz gleichzeitig die Unzulänglichkeiten im Zusammenwirken aufgedeckt und Hinweise für ihre Beseitigung gegeben.

9.2.5. Sicherung eines Lernprozesses

Ökonomisch-mathematische Modelle des volkswirtschaftlichen Reproduktionsprozesses müssen einen ständigen Lernprozeß ermöglichen, und zwar sowohl zwischen den einzelnen Planungs-(Prognose-)ebenen als auch zwischen der kurz-, mittel- und langfristigen Planung (Prognose). Die Notwendigkeit hierfür ergibt sich aus den sozialistischen Produktionsverhältnissen und der daraus resultierenden gesellschaftlichen Bewußtheit. Die Dialektik von Produktivkräften und Produktionsverhältnissen in der sozialistischen Produktionsweise ist wesentlich bestimmt durch das gesellschaftliche Eigentum an den Produktionsmitteln. Letzteres erfordert die Verfügungsgewalt von Eigentum für die gesamte, durch die gesamte und im Rahmen der gesamten Gesellschaft. Dieses Erfordernis ist unter der Bedingung der sich ständig vertiefenden gesellschaftlichen Teilung der Arbeit zu verwirklichen. Das unteilbare gesamtgesellschaftliche Eigentum kann nur genutzt und vermehrt, also erweitert reproduziert werden, wenn es Produzentenkollektiven überantwortet wird, die mit ihrer Arbeit jeweils ein bestimmtes gesellschaftliches Bedürfnis befriedigen. Dem gesellschaftlichen Eigentum ist somit der nichtantagonistische Widerspruch von unmittelbar gesellschaftlicher Arbeit und verausgabter Arbeit in den wirtschaftlichen Teilsystemen immanent. Dieser Nichtantagonismus enthält das Erfordernis der Herstellung der ständigen Übereinstimmung der Arbeit in den Teilsystemen mit den gesamtgesellschaftlichen Anforderungen. Die Verteilung von disponibler gesellschaftlicher Arbeit auf die einzelnen Bereiche und Zweige der Produktion ist daher ein Prozeß der Verknüpfung der einzelnen Teilsysteme mit dem Gesamtsystem in Richtung der ständigen Harmonisierung der Teilinteressen mit dem Gesamtinteresse bei Durchsetzung gesamtgesellschaftlicher Rationalität. Dieser Prozeß kann als ständige Synchronisierung der Tätigkeit der Teilsysteme mit den gesellschaftlichen Erfordernissen charakterisiert werden und erfordert letztlich die Erarbeitung von Modellsystemen. Erste Erfahrungen in dieser Richtung haben gezeigt, daß die unter diesen Bedingungen zur Ermittlung einer optimalen (Planung) oder mehrerer alternativer Entwicklungsvarianten (Prognose) notwendigen Kopplungen und Rückkopplungen selten voll algorithmisiert sein werden; sie sind vielmehr in der Regel das Feld, über das der Mensch entsprechend den gesellschaftlichen Erfordernissen die bewußte Gestaltung des Reproduktionsprozesses vollzieht.

Die Notwendigkeit der Berücksichtigung des Zusammenhangs von Gesamt- und Teilsystem in der Modellierung führte zur Entwicklung von Zwei- und Mehrebenenmodellen auf der Grundlage spezifischer Zerlegungsalgorithmen. Erfahrungen hierzu wurden insbesondere in der Sowjetunion und in der Ungarischen Volksrepublik gemacht. Dabei ergaben sich vor allem folgende Probleme:

– Wie sind die Zentralmodelle der Modellsysteme der einzelnen Ebenen miteinander zu verknüpfen, um bei Wahrung der Funktionsspezifika der Ebenen den Nutzeffekt ihrer Anwendung zu maximieren?

– Wie ist die Übereinstimmung des volkswirtschaftlichen mit den Teil- beziehungsweise lokalen Optima zu sichern?

9.3. Grundtypen ökonomisch-mathematischer Modelle, ihr Zusammenhang und Tendenzen ihrer Weiterentwicklung

9.3.1. Grundtypen ökonomisch-mathematischer Modelle

Etwas vereinfacht lassen sich *vier grundlegende Typen von Modellen* unterscheiden, mit denen in den sozialistischen Ländern, allerdings mit unterschiedlichem Erfolg, versucht wurde, wesentliche Gesetzmäßigkeiten der vorwiegend intensiv erweiterten Reproduktion zu erfassen. Es sind dies mathematisch-statistische Modelle (Trendfunktionen, Produktionsfunktionen, ökonometrische Modelle), hochaggregierte Steuermodelle, Bilanzierungs- und Optimierungsmodelle.

In den letzten Jahren hat sich in den einzelnen sozialistischen Ländern immer mehr die Überzeugung gefestigt, nicht zuletzt auf Grund der mit den einzelnen Modelltypen gesammelten Erfahrungen, daß eine weitgehend vollständige und komplexe Abbildung des sozialistischen Reproduktionsprozesses nur im Rahmen eines volkswirtschaftlichen Modellsystems möglich ist. Kernstück eines solchen Modellsystems sollten eine dynamische Verflechtungsbilanz oder ein Mehrperiodenoptimierungsmodell sein, mit deren Hilfe die Wechselbeziehungen zwischen Akkumulation, Strukturentwicklung und Zielrealisierung erfaßt werden können. Um jedoch das Problem der rationellen (optimalen) Verteilung und Nutzung der gesellschaftlichen Arbeit lösen zu können, bedarf es bestimmter Vorgaben, die das Ergebnis eines nicht bis ins letzte formalisierbaren, weitestgehend auf heuristischer Basis verlaufenden Entscheidungsprozesses sind, in dem sich sowohl politische als auch ökonomische Ziele begegnen. Zur Objektivierung dieser Entscheidungen, vor allem bezüglich einer optimalen Akkumulationsrate, werden Modelle benötigt, die den Verflechtungs- und Optimierungsansätzen vorgelagert sind. In den meisten Fällen fungieren als solche „Vorschaltglieder" hochaggregierte Steuermodelle.

Steuermodelle sind wesentlich dadurch gekennzeichnet, daß die in ihnen abgebildeten Bereiche der Volkswirtschaft oder die Gesamtvolkswirtschaft durch bestimmte Größen (Parameter) in eindeutig definierbarer Weise beeinflußt werden können und daß diese Größen (Parameter) der Entscheidung des den betreffenden Prozeß leitenden Organs unterliegen. Demgemäß enthalten Steuermodelle neben den nichtbeeinflußbaren Eingabegrößen (Anfangswerte, Intensitätskennziffern, bestimmte Volumenkennziffern) die Entscheidungs- beziehungsweise Steuerparameter des Prozesses, von denen sein Ablauf bei gegebenen nichtbeeinflußbaren Eingabegrößen eindeutig bestimmt wird. Die Aufgabe besteht dann darin, solche Werte der Steuerparameter in ihrem zulässigen Bereich und die zugehörigen Zustandsgrößen zu ermitteln, bei denen eine vorgegebene und gegebenenfalls optimale Steuerung gewährleistet wird.

Steuermodelle der volkswirtschaftlichen Ebene werden sowohl mit erzeugnisgruppenbezogener* als auch mit funktionsbezogener** Nomenklatur entwickelt. Dabei dominieren bisher die hochaggregierten Steuermodelle, die auf einer funktionsbezogenen, das heißt den verschiedenen Fonds des gesellschaftlichen Produktionsprozesses entsprechenden Nomenklatur beruhen. Die inhaltliche Aufgabenstellung der hochaggregierten Modelle der sozialistischen Volkswirtschaft mit funktionsbezogener Nomenklatur und Steuerparametern besteht darin, die volkswirtschaftlichen Hauptkennziffern (Nationaleinkommen, Endprodukt, Gesamtprodukt) bei bilanzgerechten beziehungsweise optimalen Relationen zwischen den Fonds des gesellschaftlichen Produkts (zum Beispiel zwischen Akkumulations- und Konsumtionsfonds) vorauszuberechnen beziehungsweise solche Relationen zu ermitteln.

Das Einsatzgebiet der hochaggregierten Modelle der sozialistischen Volkswirtschaft mit funktionsbezogener Nomenklatur und Steuerparametern bildet naturgemäß vor allem die langfristige zentrale staatliche Planung. Sie dienen dort in der ersten Phase der Planaufstellung zur Ermittlung der Grundkonturen und Leitlinien der gesamtvolkswirtschaftlichen Entwicklung und in den folgenden Planungsphasen, in denen auch erzeugnisgruppenbezogene Untersuchungen vorgenommen werden, zu Kontrollrechnungen hinsichtlich der Einhaltung der volkswirtschaftlichen Grundproportionen. Voraussetzung dafür ist jedoch, daß Steuermodell und Verflechtungsmodell zu einem Modellsystem „zusammengeschaltet" werden. Erste Versuche in dieser Richtung wurden bereits unternommen. Das betrifft das Modellsystem von V. S. Dadajan[11] und die Kombination des einsektoralen Modells

* Modelle mit erzeugnisgruppenbezogener Nomenklatur beruhen auf einer Gliederung des materiellen Bereichs der Volkswirtschaft in Sektoren, in denen jeweils ein bestimmtes gleichartiges Produkt hergestellt wird.

** Modelle mit funktionsbezogener Nomenklatur beruhen auf einer Gliederung des materiellen Bereichs der Volkswirtschaft in Sektoren, deren Produkt jeweils eine bestimmte gleichartige Zweckbestimmung beziehungsweise Funktion (zum Beispiel als Investitionsmittel, Material, Konsumtionsmittel) im Reproduktionsprozeß besitzen.

[11] Praktisch handhabbar ist jedoch erst das hochaggregierte Steuermodell. Die

von K. K. Val'tuch mit dem dynamischen Verflechtungsmodell von N. F. Šatilov.[12]

Mathematisch-statistische Verfahren dienen vor allem zur informellen Absicherung eines solchen Modellsystems. Mit ihrer Hilfe und in Kombination mit reflexiven Methoden lassen sich die benötigten Eingangsdaten sowohl für hochaggregierte Steuermodelle als auch für dynamische Verflechtungs- und Optimierungsmodelle ermitteln. Sie erlangen aber in ihrer höchsten Form, als ökonometrische Modelle, auch relativ eigenständige Bedeutung.

Ökonometrische Modelle sind dazu geeignet, erste orientierende Vorstellungen über die Entwicklung wichtiger ökonomischer Kennziffern für einen Planungs- beziehungsweise Prognosezeitraum zu vermitteln. Die Güte der Vorhersage wird dabei entscheidend

- von den für die Vergangenheit ermittelten statistischen Zusammenhängen,
- von der Erfassung der Veränderung dieser Zusammenhänge (dieser Aspekt wird in den vorliegenden ökonometrischen Modellen nicht genügend berücksichtigt, das heißt die Parameter werden als konstant vorausgesetzt),
- von der qualifizierten Vorhersage der exogenen Variablen und
- vor allem von der Einbeziehung ökonomischer (die intensiv erweiterte Reproduktion betreffender und im allgemeinen nicht ausreichend quantifizierbarer) Einschätzungen von Entwicklungstendenzen

abhängig sein. Die Berücksichtigung dieser Aspekte für die ökonometrische Modellierung erfordert die Durchführung von Variantenrechnungen (Variationen der exogenen Variablen und der wahrscheinlichen Entwicklungstendenzen) sowie Simulationsstudien (Veränderung von Regressionsgleichungen und statistischen Parametern).

Inwieweit tragen nun die vier genannten Modelltypen beim gegenwärtigen Entwicklungsstand der ökonomisch-mathematischen Forschung den in Punkt 9.2. formulierten Anforderungen Rechnung? Eine Antwort auf diese Frage ist außerordentlich schwierig, zumindest aus zwei Gründen. Einer-

experimentelle Erprobung des Gesamtsystems ist eine „Sache der nahen Zukunft". Vgl. V. S. Dadajan, Das wirtschaftsmathematische Modell als Instrument für die langfristige Prognostizierung der Entwicklung der Volkswirtschaft, in: Autorenkollektiv, Zur Modellierung des volkswirtschaftlichen Reproduktionsprozesses, Berlin 1973, S. 103–125 (Forschungsberichte des Zentralinstituts für Wirtschaftswissenschaften der Akademie der Wissenschaften der DDR, Nr. 2).

12 Vgl. K. K. Val'tuch, Bestimmung des optimalen Verhältnisses von Konsumtion und produktiver Akkumulation, in: Problemy modelirovanija narodnogo chozjajstva, Teil I, Novosibirsk 1970, S. 14–76.

seits existiert in den sozialistischen Ländern eine Vielfalt von Modellen, die sich nur noch schwer überschauen läßt; andererseits ist nicht immer eindeutig zu ermitteln, wo die Trennungslinie zwischen theoretischer Konstruktion und praktikablem Ansatz, zwischen Wunschdenken und realisierbaren Vorstellungen liegt. Wir wollen uns deshalb im folgenden auf einige wenige Grundfragen beschränken.

Die Widerspiegelung des Gesamtprozesses der gesellschaftlichen Reproduktion und hier vor allem die Einbeziehung der Bedürfnisse der Menschen im umfassenden Sinne erfordert in jedem Fall ein Modellsystem. Innerhalb dieses Systems gibt es nun verschiedene Möglichkeiten, die zudem noch miteinander kombiniert werden können. Weit verbreitet ist die Ansicht, daß die eigentliche Optimierung im Rahmen eines Mehrperiodenoptimierungsmodells auf die materielle Produktion beschränkt werden sollte, wobei über eine „konstante Belastung" oder über einen „äußeren Plan" die unbedingt zu erbringenden Aufwendungen für wichtige Positionen der gesellschaftlichen Konsumtion vorgegeben werden. Diese Größen bleiben stabil beziehungsweise ändern sich außerhalb des konzipierten Planungsprozesses und stellen damit inhaltlich einen Abzug von der Optimierungssphäre dar. An die Ermittlung der optimalen Produktionsstruktur kann sich dann noch eine Phase anschließen, in der von den Planungsorganen geprüft wird, ob die aus dem Modell errechnete „bedingt optimale" Produktions-, Investitions- und Konsumtionsentwicklung in vollem Umfang den gesamtgesellschaftlichen Interessen entspricht.

Der Vorteil eines solchen Herangehens liegt in seiner Praktikabilität. Es wird zweifelsohne auch in absehbarer Zukunft nur auf diese Art und Weise möglich sein, den Aufwand beispielsweise für die Stärkung der Verteidigungskraft eines Landes oder für das Planungs- und Leitungssystem in Modellrechnungen einzubeziehen. Auch die Erfassung außerökonomischer, sozialer Prozesse ist kaum anders als durch ein solches zielgerichtetes, der Planung materieller Strukturen vorgelagertes Suchen vorstellbar. In *den* Fällen jedoch, wo die Beziehungen zwischen Produktion und Konsumtion bereits weitgehend erforscht sind, sollten auch andere Wege beschritten werden. Das betrifft vor allem die bereits erwähnte Erweiterung der Verflechtungsbilanz um einige nichtmaterielle Bereiche und die Aufspaltung der individuellen und gesellschaftlichen Konsumtion mit nachfolgender getrennter Schätzung der einzelnen Positionen in ökonometrischen Modellen.

Allerdings wirft die Forderung, auch bei der volkswirtschaftlichen Modellierung konsequent von den Bedürfnissen der Menschen auszugehen, zum gegenwärtigen Zeitpunkt noch eine Vielzahl von inhaltlichen und methodologischen Problemen auf, deren vollständige Lösung größtenteils noch aussteht. Wir denken hier an die Erarbeitung begründeter Kriterien für die

Vergleichbarmachung und Wichtung der individuellen und gesellschaftlichen Bedürfnisse, an die Begründung der Reihenfolge der Befriedigung einzelner Bedürfnisse und an die Messung des Grades der Bedürfnisbefriedigung. Der in der Planungspraxis und in Modellansätzen oft unternommene Versuch, diese Probleme ausschließlich oder vor allem durch den Einsatz von Wertkennziffern (Neuwert, Rentabilität, Gewinn, ...) zu umgehen oder gar zu lösen, ist zu einseitig und wird den ökonomischen Gesetzen des Sozialismus, speziell dem Grundgesetz, nicht gerecht.

Ein Modellsystem wird nur dann den gesellschaftlichen Reproduktionsprozeß adäquat widerspiegeln, wenn es auch die im Zuge des Aufbaus der entwickelten sozialistischen Gesellschaft an Bedeutung gewinnenden qualitativen Faktoren der intensiv erweiterten Reproduktion organisch einbezieht. Dazu gehören vor allem die politische und fachliche Qualifikation der Werktätigen und der wissenschaftlich-technische Fortschritt.

Die modellmäßige Darstellung des Einflusses des wissenschaftlich-technischen Fortschritts auf die ökonomische Entwicklung ist gegenwärtig in allen Modellen noch stark vereinfacht. Bei dynamischen Verflechtungsbilanzen schlägt sich der technische Fortschritt lediglich in von Jahr zu Jahr veränderten durchschnittlichen Einsatzkoeffizienten nieder, die einen sinkenden durchschnittlichen Material- und Investitionsaufwand pro Einheit Bruttoprodukt der Erzeugnisgruppen signalisieren, bei Mehrperiodenoptimierungsmodellen darüber hinaus in verschiedenen Produktionstechnologien. Welcher Stand hier praktisch erreicht wurde, zeigt mit aller Deutlichkeit das Modell von Z. Ujlaki.[13] Es geht davon aus, daß die Potenzen des technischen Fortschritts vorwiegend über die Schaffung neuer moderner beziehungsweise modernisierter Produktionskapazitäten in Verbindung mit ihrer rationellen Nutzung und Erhaltung realisiert werden. Entsprechend unterscheidet Ujlaki drei Arten von Produktionstechnologien: Produktion mit Kapazitäten aus der Vorplanperiode, die in den Planperioden nur einfach erhalten werden; Produktion mit Kapazitäten aus der Vorplanperiode, die in einer Planperiode modernisiert werden; Produktion mit neugeschaffenen Kapazitäten. Das Modell ist also aufnahmefähig für drei Einsatzkoeffizientensysteme je Sektor und Periode, wobei die Instandhaltungsinvestitionen unseres Wissens erstmalig gesondert erfaßt und unter Berücksichtigung ihrer Abhängigkeit von der Nutzungsdauer der Kapazitäten in die Entscheidung über den weiteren Einsatz auf unverändertem tech-

[13] Vgl. Autorenkollektiv, Ungarische Modelle der langfristigen Planung, Berlin 1973, S. 19–56 (Forschungsberichte des Zentralinstituts für Wirtschaftswissenschaften der Akademie der Wissenschaften der DDR, Nr. 4).

nisch-ökonomischen Niveau, die Rekonstruktion oder den Ersatz durch Neubau in expliziter Form einbezogen werden. Problematisch beziehungsweise nicht gelöst ist bisher bei allen Ansätzen die Verbindung des Investitions- und Produktionsprozesses mit den für die einzelnen Sektoren und Technologien notwendigen Vorleistungen (Bildung, Forschung/Entwicklung) und die Einbeziehung verteilter Zeitverzögerungen. Wünschenswert wäre auch eine Erweiterung der Zahl der Produktionstechnologien. Dem stehen jedoch ernsthafte Schwierigkeiten der Informationsbereitstellung entgegen.

Auch bei der ökonometrischen Modellierung werden zunehmend Anstrengungen unternommen, die Entwicklung des produzierten Nationaleinkommens nicht ausschließlich oder vorwiegend durch extensive Faktoren zu erklären. Eine befriedigende Lösung ist aber auch hier aus vielerlei Gründen noch nicht in Sicht. Die vielfältigen Vorschläge jedenfalls, den wissenschaftlich-technischen Fortschritt in Produktionsfunktionen als unabhängige, eigenen Wachstumsgesetzen folgende Restgröße zu schätzen, ist viel zu undifferenziert und ökonomisch nicht begründet. Was letztlich erreicht werden muß, ist die direkte und detaillierte Einbeziehung der wichtigsten qualitativen Faktoren der intensiv erweiterten Reproduktion entweder über die traditionellen Einflußfaktoren Produktionsfonds und Arbeit oder (und) als selbständige Größen.[14]

Einer der für die Intensivierung charakteristischen Prozesse ist die Vertiefung der Integration der sozialistischen Staatengemeinschaft und die Erhöhung der Effektivität der Außenwirtschaftsbeziehungen. Für die Modellierung bedeutet dies zumindest, daß der Export nicht, wie oft zu beobachten, nur als Verwendungsposition des im Inland produzierten Produkts erscheinen darf. Er sollte vielmehr, um ein formales „Hochschaukeln“ von Export und Import durch Reexport auszuschalten, explizit an die Produktion und damit an die inländischen Aufwendungen gebunden werden. Von Interesse ist in diesem Zusammenhang das im Rahmen einer Modellserie für die langfristige Planung entwickelte dynamische Verflechtungsmodell von M. Augustinovics[15], in dem eine direkte Abhängigkeit zwischen Export und Import (ein gewünschter Import erfordert ganz bestimmte Exporte)

[14] Versuche in dieser Richtung unternahmen in letzter Zeit vor allem A. I. Ančiškin, Die Prognose der volkswirtschaftlichen Gesamtentwicklung und ihrer Wachstumsfaktoren, in: Langfristige Planung und Prognose, Berlin 1973, S. 63–132, und B. N. Michalevski, Sistema modelej srednesročnogo narodnochozjajstvennogo planirovanija, Moskva 1972.

[15] Vgl. Autorenkollektiv, Ungarische Modelle der langfristigen Planung, Berlin 1973, S. 57–90 (Forschungsberichte des Zentralinstituts für Wirtschaftswissenschaften der Akademie der Wissenschaften der DDR, Nr. 4).

existiert. Auf jeden Fall scheint ein solches Herangehen weitaus realistischer zu sein als die Vorgabe eines globalen Außenhandelssaldos in der traditionellen (halb-)dynamischen Bilanz.

9.3.2. Tendenzen der Weiterentwicklung ökonomisch-mathematischer Modelle

Bezüglich der vier grundlegenden Modelltypen zeichnen sich international folgende Tendenzen[16] der Weiterentwicklung ab:

1. Tendenz:

Übergang *von partiellen,* lokalen Aufgaben *zu komplexen,* volkswirtschaftlichen Fragestellungen. Dieser Prozeß wird bei historischer Betrachtungsweise deutlich und betrifft vor allem ökonometrische Modelle und Optimierungsmodelle, zum Teil auch Verflechtungsbilanzen. Er besteht, zumindest was die Optimierungsansätze betrifft, im wesentlichen darin, daß mit Erfolg angewandte Modelle eines Teilbereichs (Betrieb, Zweig) mehr oder weniger formal auf die gesamte Volkswirtschaft übertragen wurden. Daraus resultierten großdimensionierte Aufgaben, deren Bedeutung in erster Linie auf erkenntnistheoretischem Gebiet lag.[17]

2. Tendenz:

Übergang *von deterministischen zu stochastischen Modellen.* Die Notwendigkeit hierfür ergibt sich aus der Natur der ökonomischen Prozesse selbst, aber auch aus den Unsicherheiten und Fehlern, mit denen alle ökonomischen Kennziffern, selbst Meßgrößen ökonomischer Ist-Werte, behaftet sind und die sich im Verlaufe der Modellrechnungen häufig noch potenzieren.

3. Tendenz:

Übergang *von statischen zu dynamischen* beziehungsweise Mehrperiodenmodellen, gleichbedeutend mit dem Übergang von der effektiven Nutzung

[16] Vgl. dazu auch K. K. Val'tuch, Methodologie der marxistisch-leninistischen Politökonomie und aktuelle Probleme der Theorie des volkswirtschaftlichen Optimums, in: Pervaja konferencija po optimal'nomu planirovaniju i upravleniju narodnym chozjajstvom, Tezisy dokladov, Sektion 1, Moskva 1971, S. 40–53.

[17] Vgl. N. P. Fedorenko, Über die Schaffung und Entwicklung der sowjetischen ökonomisch-mathematischen Wissenschaft, in: Ėkonomika i matematičeskie metody, 3/1974, S. 423.

der Produktionsressourcen zu ihrer effektiven Nutzung *und* Verteilung, das heißt zu ihrer effektiven Reproduktion. Er betrifft sowohl Verflechtungs- als auch Optimierungsmodelle und läßt sich in fast allen sozialistischen Ländern, besonders deutlich unseres Erachtens in der DDR[18], in der UdSSR[19] und in der Ungarischen VR[20], beobachten. Es muß hier jedoch zwischen theoretischer Vorlaufarbeit und unmittelbar praxiswirksamer Forschung unterschieden werden. Weitgehend anwendungsreif, das heißt sowohl von der rechentechnischen als auch von der informellen Seite her handhabbar sind bisher nur die statischen und die (halb-)dynamischen Verflechtungsbilanzen.[21] Was die verschiedenen volkswirtschaftlichen Optimierungsansätze betrifft, so befinden sie sich meist noch in der Diskussion, bestenfalls im Stadium der experimentellen Erprobung. Dabei gibt es Unterschiede im Herangehen. Während die einen vorwiegend als Erkenntnismodell konzipiert sind und ihre volle praktische Umsetzung noch einen

18 Vgl. zum Beispiel Helmut Freimüller / Harald Kroll, Ein verbessertes lineares Mehrperiodenoptimierungsmodell für die zentrale staatliche Planung, in: Wirtschaftswissenschaft 6/1970, S. 834–844, und: Autorenkollektiv, Volkswirtschaftsplanung, Ausgewählte Studientexte, Berlin 1970, insbesondere Abschnitt 4.

19 Stellvertretend für viele andere seien hier die Modelle von Kantorovič/Makarov, Ickovič und Granberg genannt. Vgl. L. V. Kantorovič / V. L. Makarov, Optimale Modelle der Pespektivplanung, in: Primenenie matematiki v ėkonomičeskich issledovanijach, Moskva 1965, S. 7–87; I. A. Ickovič, Ein dynamisches Mehrzweigoptimierungsmodell der Volkswirtschaft, in: Problemy narodno-chozjajstvennogo optimuma, Ausg. 3, Teil I, Novosibirsk 1970, S. 117 bis 155; A. G. Granberg, Die Modifizierung eines Optimierungsmodells mit mehreren Zweigen und Gebieten, in: Ėkonomika i matematičeskie metody, 1/1974, S. 22–35.

20 Vgl. Autorenkollektiv, Ungarische Modelle der langfristigen Planung, Berlin 1973 (Forschungsberichte des Zentralinstituts für Wirtschaftswissenschaften der Akademie der Wissenschaften der DDR, Nr. 4). Hier findet man unter anderem eine Darstellung und Analyse des Mehrperioden-Mehrtechnologienmodells von Zsuzsa Ujlaki und der Modellserie zur langfristigen Planung von Maria Augustinovics.

21 Das halbdynamische Modell von Šatilov beispielsweise ist bereits so weit vervollkommnet worden, daß es für die Anwendung in der sowjetischen Planung empfohlen werden konnte. Als Grundlage dienen dabei die „Methodischen Grundsätze bei der Anwendung des dynamischen Modells der Verflechtungsbilanz in der volkswirtschaftlichen Perspektivplanung“ (Novosibirsk 1971). Letztere stellen eine „Verallgemeinerung der Erfahrungen bei der Entwicklung des dynamischen Modells der Verflechtungsbilanz und bei seiner praktischen Erprobung … für die Jahre 1966–1970, 1971–1975 und 1976–1980“ dar (S. 3).

längeren Zeitraum erfordern wird[22], legen andere Autoren das Hauptaugenmerk mehr auf eine unmittelbare Praxiswirksamkeit (Kroll/Freimüller, Ujlaki).

4. Tendenz:

Übergang *von der Bilanzierung zur Optimierung.* Im Gegensatz zu den vorgenannten Tendenzen, die in dieser oder jener Form alle vier Modelltypen betreffen und eine ständige Weiterentwicklung des Modelltyps selbst bedeuten, ist in letzter Zeit auch eine Tendenz anderer Art zu beobachten, nämlich der Übergang von der dynamischen Verflechtungsbilanzierung zur (linearen) Optimierung, das heißt der Übergang von einem Modelltyp zu einem anderen. Er setzt jedoch einen gewissen Entwicklungsstand der Verflechtungsbilanzierung selbst, und zwar das Vorhandensein dynamischer Bilanzen, voraus.

Praktisch sind zwei Etappen bei der Transformation eines (dynamischen) Verflechtungsmodells in ein Optimierungsmodell denkbar, zum einen die äquivalente Darstellung des Gleichungssystems als lineare Optimierungsaufgabe (Vorteil: Verkürzung des zur Herstellung eines realen Verhältnisses von Akkumulation und Konsumtion notwendigen Iterationsprozesses) – in diesem Fall müßte bei vollständiger Auslastung der Grundfonds in allen Erzeugnisgruppen die aus der Optimierungsaufgabe erhaltene optimale Lösung identisch sein mit der Lösung des linearen Gleichungssystems – und zum anderen die Überwindung einiger Grenzen der dynamischen Verflechtungsbilanz (Verwendung von Durchschnittskoeffizienten der Grundfonds-, Arbeitskräfte- und Ressourcenintensität) durch ihre Weiterentwicklung zu einem Mehrperiodenproduktionsoptimierungsmodell.

5. Tendenz:

Übergang *von Einzelmodellen zu Modellsystemen.* Er stellt zur Zeit das einzig mögliche Herangehen an die Lösung gesamtvolkswirtschaftlicher Fragestellungen dar (Tendenz 1) und schließt die anderen Übergangsprozesse (Tendenzen 2 bis 4) in sich ein. Der Erarbeitung von Modellsystemen beim gegenwärtigen Stand der ökonomisch-mathematischen Forschung liegen folgende Erkenntnisse zugrunde:

22 Als Beispiel kann hier das von Val'tuch entwickelte anspruchsvolle dynamische Optimierungsmodell dienen, das als eine Art „Annäherung an ein volkswirtschaftliches Idealmodell" verstanden werden will. Vgl. K. K. Val'tuch, Ein dynamisches Modell der Volkswirtschaft mit Elementen der Optimierung, in: Autorenkollektiv, Zur Modellierung des volkswirtschaftlichen Reproduktionsprozesses, Berlin 1973, S. 55–102 (Forschungsberichte des Zentralinstituts für Wirtschaftswissenschaften der Akademie der Wissenschaften der DDR, Nr. 2).

– Die Vorteile der einzelnen Modelltypen – mathematisch-statistische Modelle, hochaggregierte Steuermodelle, Bilanzierungs- und Optimierungsmodelle – kommen erst dann voll zur Wirkung, wenn sie wechselseitig miteinander zu einem System verbunden werden. Nur so lassen sich bestimmte Probleme bei der Anwendung einzelner Modelle und bei der Informationsbereitstellung überwinden.

– Das Modellsystem muß als Abbild der Realität der hierarchischen Struktur der Volkswirtschaft Rechnung tragen. Voraussetzung dafür ist jedoch, daß es gelingt, die unterschiedlichen Ebenen und Bereiche mit ihren spezifischen Zielen (Interessen) und ihr Zusammenwirken bei der Realisierung des volkswirtschaftlichen Optimums modellmäßig zu erfassen.

– Die Ermittlung des optimalen Volkswirtschaftsplans ist ein Prozeß, der sich nicht bis ins letzte mathematisch exakt formalisieren läßt. Viele der zu treffenden Entscheidungen (Bedürfnisstrategie, Aggregation lokaler Ziele, Stimulierungsmechanismen) erfordern die aktive Rolle des Menschen.

Darauf aufbauend wurden in Moskau[23] und Nowosibirsk[24] bereits konkrete Vorstellungen bezüglich eines solchen Modellsystems erarbeitet. Trotz vielfältiger Unterschiede haben beide eines gemeinsam. Sie sollen so schnell wie möglich praktisch erprobt werden, um dann zur Qualifizierung des sowjetischen Leitungs- und Planungssystems beitragen zu können.

9.3.3. Modellansätze wichtiger volkswirtschaftlicher Prozesse und Zusammenhänge

Die Vielschichtigkeit des volkswirtschaftlichen Reproduktionsprozesses, die durch eine Vielzahl von Entscheidungsprozessen charakterisiert ist, die zwar direkt oder über Zwischenglieder miteinander verbunden, aber keineswegs gleichrangig sind, ermöglicht nicht, alle diese Prozesse in einem einzigen Modell hinreichend abzubilden. Es stellt sich daher die Aufgabe, ein System von Modellen zu entwickeln. Die Anstrengungen sind demzufolge auch darauf gerichtet, die für die einzelnen Entscheidungsprozesse geeigneten Modelltypen zu bestimmen und Aussagen über die zwischen ihnen erforderlichen Kopplungen zu treffen. Die Forschung steht auf diesem Gebiet noch am Anfang, obwohl bereits einige Vorstellungen und auch Vorschläge unter-

[23] Vgl. A. G. Aganbegjan / K. A. Bagrinovskij / A. G. Granberg, Sistema modelej narodnochozjajstvennogo planirovanija, Moskva 1972.

[24] Vgl. E. F. Baranov / V. I. Danilov-Danil'jan / M. G. Zavel'skij, Über ein System der optimalen Perspektivplanung, in: Langfristige Planung und Prognose, Berlin 1973, S. 33–59.

breitet wurden. Die interessantesten sind, wie bereits erwähnt[25], die des Instituts für Ökonomie und Organisation der Industrieproduktion der Sibirischen Abteilung der Akademie der Wissenschaften der UdSSR in Nowosibirsk und des Zentralen Ökonomisch-mathematischen Instituts der Akademie der Wissenschaften der UdSSR in Moskau. Beide Konzeptionen gehen davon aus, daß das Modellsystem als Bestandteil des gesamtstaatlichen automatisierten Leitungssystems zu betrachten ist. Während der Modellansatz des Nowosibirsker Instituts auf die Bedürfnisse der Perspektivplanung ausgerichtet ist und das Territorial- mit dem Produktionsprinzip verbindet (das Modellsystem bilden: eine dynamische Verflechtungsbilanz auf volkswirtschaftlicher Ebene, ein Gebietsverflechtungsmodell mit Optimierungsalgorithmus, weitere Gebietsmodelle zur Bestimmung optimaler Entwicklungsvarianten der Territorien und ökonomisch-mathematische Modelle der optimalen Planung von Programmkomplexen und der Zweige), handelt es sich beim Ansatz des Zentralen Ökonomisch-mathematischen Instituts um ein Modellsystem der optimalen Planung und Leitung der Volkswirtschaft aller Ebenen, Phasen und zeitlichen Etappen des Reproduktionsprozesses (als Modelltypen treten ebenfalls überwiegend Bilanz- und Optimierungsmodelle auf, wobei auch hier Teilmodelle der Zweige, Bereiche sowie einzelner Reproduktionsphasen mit synthetischen Modellen verbunden werden, in denen die sozialen, demographischen und arbeitskräftemäßigen Anforderungen enthalten sind).

Die geringen praktischen Erfahrungen bei der Modellierung volkswirtschaftlicher Prozesse und die vor allem dadurch bedingten noch nicht ausreichenden Kenntnisse über Wesen und Funktionsweise der einzelnen Modelltypen ermöglichen nur ein sehr konturhaftes Beschreiben einzelner Glieder eines erst im Prozeß der Entfaltung der einzelnen Modelle zu schaffenden Modellsystems. Elemente eines solchen Modellsystems sind zweifellos dynamische Bilanzmodelle, die den Reproduktionsprozeß in seinen technisch-technologischen Verflechtungen und zeitlichen Etappen erfassen, Mehrperiodenoptimierungsmodelle zur Bestimmung optimaler Bedarfs- und Ressourcenvarianten, hochaggregierte Steuermodelle zur Ermittlung optimaler Verteilungsrelationen des Nationaleinkommens und mathematisch-statistische, insbesondere ökonometrische, Modelle zur Bestimmung wichtiger volkswirtschaftlicher Grundproportionen. Dabei fungiert das dynamische Verflechtungsmodell mit Optimierungsalgorithmus auf volkswirtschaftlicher Ebene als eine Art Zentralmodell, das mit einer Reihe vorgelagerter oder peripherer Modelle durch Informationsströme in beiden Richtungen verbunden ist. Insgesamt bildet das System ökonomisch-mathema-

[25] Vgl. Punkt 9.3.2.

tischer Modelle den Kern des erst noch zu schaffenden Systems der Planberechnungen.

Ausgehend vom erreichten Entwicklungsstand der Modellierung des volkswirtschaftlichen Reproduktionsprozesses, von den Möglichkeiten der praktischen Erprobung einzelner Modellansätze und den ersten konturhaften Vorstellungen über ein volkswirtschaftliches Modellsystem, wird nachfolgend das Schwergewicht auf die tiefere Durchdringung der einzelnen Modelltypen mit dem Ziel gelegt, weitere Informationen über ihre mögliche Funktionsweise, Aussagefähigkeit und ihr Zusammenwirken zu erhalten, um darauf aufbauend die Vorstellungen über das zu schaffende Modellsystem des Reproduktionsprozesses präzisieren und weiterentwickeln zu können.

9.4. Die sozialistische Ziel-Mittel-Dialektik – grundlegender gesetzmäßiger Zusammenhang und zentrales Problem der volkswirtschaftlichen Modellierung

9.4.1. Zum Inhalt der sozialistischen Ziel-Mittel-Dialektik. Das sozialistische Optimalitätskriterium als Ausdruck der Ziel-Mittel-Dialektik im Sozialismus

Die sozialistische Ziel-Mittel-Dialektik ist Ausdruck des Wechselverhältnisses zwischen dem unbegrenzten Ziel der sozialistischen Produktion und der daraus resultierenden relativen Knappheit der Ressourcen. Seine Umsetzung in konkrete wirtschaftspolitische Entscheidungen stellt eines der Grundprobleme der zentralen staatlichen Planung im Sozialismus dar. Mit dem verstärkten Einsatz ökonomisch-mathematischer Modelle und automatisierter Planungs- und Leitungssysteme, wie er besonders in der UdSSR konzipiert ist, erhebt sich die Frage, wie dieses Wechselverhältnis in volkswirtschaftlichen Entscheidungsmodellen und hier im Optimalitätskriterium abzubilden ist.

Als ökonomische Kategorie, dazu berufen, alle wesentlichen Seiten dieser Ziel-Mittel-Relation widerzuspiegeln, schreibt dieses Kriterium die maximale Befriedigung der Bedürfnisse der Gesellschaft bei relativer Ausschöpfung aller Ressourcen und Produktionskapazitäten vor. Darüber besteht unter den Ökonomen in den einzelnen sozialistischen Ländern weitgehend Übereinstimmung. Probleme wirft allein die modellmäßige Umsetzung des sozialistischen Optimalitätskriteriums auf. Ein volkswirtschaftliches Entscheidungsmodell muß, wie bereits kurz angedeutet, den Gesamtprozeß der gesellschaftlichen Reproduktion erfassen, das heißt die Reproduktion sowohl der materiellen als auch der nichtmateriellen und sozialen Lebensbedingungen sowie deren Wechselbeziehungen. Wichtige Voraussetzung dafür ist jedoch, daß die Bedürfnisse im umfassenden Sinne und entsprechend ihrer tatsächlichen Rolle im Reproduktionsprozeß in die Modellrechnungen einbezogen werden, also auch solche Komponenten explizit berücksichtigt

[26] Die bisher in den RGW-Ländern entwickelten, experimentierten und zum Teil praktisch angewandten volkswirtschaftlichen Entscheidungsmodelle sind fast ausschließlich als Produktionsoptimierungsmodelle angelegt und enthalten dementsprechend im Restriktionssystem und (oder) in der Zielfunktion als Repräsentanten der Bedürfnisse meist nur die individuelle Konsumtion in Form von Konsumgütern und die Investitionen in den nichtproduktiven Bereich.

werden, die in den üblichen Konsumtionsvektor[26] nicht eingehen. Dazu gehören vor allem die Verbesserung der Arbeits- und Lebensbedingungen, die Freizeit, das Gesundheits- und Sozialwesen, die Verteidigung, der Umweltschutz, Kunst, Kultur, Sport – Komponenten also, die entscheidend die allseitige Entwicklung der sozialistischen Persönlichkeit bewirken. Im Prozeß der Bedürfnisbefriedigung, so wie er hier gefaßt ist, kreuzen sich damit ökonomische, wirtschaftspolitische, soziale und politische Zielstellungen. Diese sind einer direkten Quantifizierung größtenteils sehr schwer zugänglich und besitzen auch ein unterschiedliches Gewicht. Einige dieser Komponenten (zum Beispiel die der Verteidigung) sind, zumindest in der gegenwärtigen politischen Situation, zweifellos nicht Gegenstand der Modellrechnung. Sie werden unabhängig von ihrer möglichen oder nichtmöglichen Quantifizierbarkeit bezüglich ihres Beitrages zur Zielrealisierung durch die zentralen Planungsorgane vorgegeben und schränken so durch vorrangige Bindung bestimmter Mittel den Optimierungsbereich ein. Zum anderen ergibt sich aus einem solcherart präzisierten Optimalitätskriterium noch keine eindeutige mathematische Vorschrift für den Modellaufbau.

Die Diskussion über das sozialistische Optimalitätskriterium wird, vor allem in der Sowjetunion, bereits seit längerer Zeit geführt. Kennzeichnend für diese Diskussion ist, daß meist nur eine Seite dieses Kriteriums, nämlich die Zielfunktion, herausgegriffen wird oder aber daß Zielfunktion und Optimalitätskriterium identifiziert werden.[27] Die Standpunkte bezüglich der Zielfunktion, die sich im Laufe der Zeit mehr oder weniger deutlich herausgebildet haben, lassen sich aus ökonomischer Sicht annähernd in drei Gruppen einteilen:

1. Maximierung des gesellschaftlichen Wohlstandes in einem bestimmten Zeitraum[28],

[27] Ein typisches Beispiel für eine solche unscharfe Begriffsbestimmung liefern *Aganbegjan/Bagrinovskij/Granberg* in ihrer neuesten Veröffentlichung. Nach ihrer Auffassung besteht eine volkswirtschaftliche Optimierungsaufgabe aus dem Restriktionssystem und aus dem *Optimalitätskriterium in Form einer analytisch gegebenen Funktion.* (Hervorhebung von uns.) Vgl. A. G. Aganbegjan / K. A. Bagrinovskij / A. G. Granberg, Sistema modelej narodnochozjajstvennogo planirovanija, Moskva 1972, S. 82.

[28] Denkbar ist auch eine Umkehrung der Fragestellung durch die Minimierung der bis zur Erreichung eines vollen beziehungsweise bis zur Erreichung eines bestimmten Grades der Bedürfnisbefriedigung notwendigen Zeit. Ein solches, bei der Optimierung technischer Systeme weit verbreitetes Herangehen wurde von *Faerman* auf seine Anwendbarkeit für die Lösung ökonomischer Probleme geprüft und diente ihm als Ausgangspunkt für die Entwicklung eines volkswirtschaftlichen Modellansatzes. Vgl. E. J. Faerman, Problemy dolgosročnogo planirovanija, Moskva 1971.

2. Maximierung von Wertgrößen (Nationaleinkommen, Konsumtionsfonds, Gewinn, Einkünfte),

3. Minimierung des gesellschaftlichen Arbeitsaufwandes für ein vorgegebenes Produkt.

Wir sind der Auffassung, daß jedes volkswirtschaftliche Optimalitätskriterium, das Anspruch auf ökonomische Gesetzesadäquatheit besitzt, in Entscheidungsmodellen komplex durch Zielfunktion und Restriktionssystem abgebildet wird. Gewisse Anforderungen der ökonomischen Gesetze des Sozialismus, speziell des Grundgesetzes, werden dabei in der Zielfunktion erfaßt, andere in den Restriktionen. Ein solches Herangehen stellt den Meinungsstreit um eine für die sozialistische Gesellschaft adäquate Zielfunktion in ein neues Bezugssystem, bindet es doch die Maximierung beziehungsweise Minimierung ökonomischer Größen an die dafür notwendigen Bedingungen und Voraussetzungen.

Praktisch wurden bisher im Hinblick auf die Zielfunktion vor allem zwei Wege beschritten: die Maximierung von Wertgrößen und – schon seltener – die Minimierung des gesellschaftlichen Arbeitsaufwandes. Mit den ersten Versuchen vor allem sowjetischer Wissenschaftler (K. K. Val'tuch, A. G. Granberg, A. A. Konjus, V. A. Volkonskij, V. F. Pugačev, I. A. Ickovič und anderer) zur Entwicklung einer sozialistischen Wohlstandsfunktion erfuhr die Diskussion um das sozialistische Optimalitätskriterium jedoch eine neue Qualität. Trotz vieler noch ungelöster Probleme, auf die wir im folgenden anhand konkreter Modellvorstellungen eingehen werden, zeigt sich hier offensichtlich eine zukunftsträchtige Richtung bei der Modellierung des volkswirtschaftlichen Reproduktionsprozesses. Wohlstandsfunktionen sind unseres Erachtens zumindest aus drei Gründen als Zielfunktionen für volkswirtschaftliche Modelle geeignet. Sie

– messen den Grad der Zielrealisierung *direkt*, wobei der Aufwand als das erscheint, was er ökonomisch gesehen ist: Mittel zum Zweck, limitierendes Element beim Streben der Gesellschaft nach maximaler Bedürfnisbefriedigung;

– sind von ihrer Anlage her aufnahmefähig für alle Bedürfnisse, auch solche, die sich nicht wertmäßig erfassen lassen;

– stellen entsprechend den Anforderungen des sozialistischen Produktionsziels den Gebrauchswert in den Mittelpunkt der Betrachtung und schreiben dem Wert die Funktion zu, Vermittler des Gebrauchswertes im Austauschprozeß zu sein. Die Einheit von Gebrauchswert und Wert beziehungsweise von gebrauchswertmäßiger und wertmäßiger Planung wird hier also ausgehend vom Gebrauchswert beziehungsweise von der gebrauchswertmäßigen Planung betrachtet.

9.4.2. *Der Inhalt der sozialistischen Wohlstandsfunktion (Nutzensfunktion)*

Die Wohlstandsfunktion (Nutzensfunktion) ist in allgemeiner Form mathematisch definiert[29] als

$$U = U(x_1, x_2, \ldots, x_n) = U(X) \tag{1}$$

Hier sind x_i Komponenten, die das Lebensniveau einer Gesellschaft bestimmen $(1 \leq i \leq n)$. Dazu zählen Konsumgüter, Dienstleistungen aller Art, Arbeitsbedingungen, Freizeit, Wohnungssituation, politische Bedingungen, Umwelt und anderes. Im folgenden bezeichnen wir alle diese Komponenten der Kürze halber einheitlich als „Güter". U ist eine Kennziffer, mit der das Lebensniveau gemessen wird.

Der Funktionswert $U(X)$ steigt beim Übergang zu günstigeren Güterkombinationen. Wenn zum Beispiel die Variante X_1 ein höheres Lebensniveau sichert als X_2, so gilt $U(X_1) > U(X_2)$. Dabei entspricht jedem Wert $U(X) = C$ eine Menge gleichwertiger (indifferenter) Kombinationen.

Die Wohlstandsfunktion ist als Hyperebene im $(n + 1)$-dimensionalen Raum darstellbar; n Dimensionen werden durch die Güter gebildet, eine Dimension durch das Lebensniveau. Mengen von Güterkombinationen, die bezüglich der Höhe des Lebensniveaus gleichwertig sind, können im Güterraum als Indifferenzflächen dargestellt werden.[30] Die so definierte Wohlstandsfunktion ist eindeutig bis auf eine monoton wachsende Transformation bestimmt, das heißt, wenn G eine beliebige stetige Funktion mit positiver erster Ableitung ist, dann ist auch $G[U(X)]$ eine Wohlstandsfunktion. $U(X)$ und $G[U(X)]$ sind *unter den Bedingungen einer ordinalen Nutzensmessung* gleichermaßen als Zielfunktionen geeignet.

[29] Nicht eingegangen wird hier auf die Bedingungen (Transitivität, Konvexität, Monotonie der Präferenzen und andere), unter denen eine solche Funktion *existiert,* und auf die verschiedenen Beweise für die Existenz der (individuellen und gesellschaftlichen) Wohlstandsfunktionen. Wir nehmen im folgenden an, daß diese Bedingungen gegeben sind, daß es also prinzipiell möglich ist, Wohlstandsfunktionen zu konstruieren, und zeigen dann unter Punkt 9.4.4. Wege und Methoden dafür auf.

[30] Bei zwei Gütern beschreibt die Gleichung $U(x_1, x_2) = C$ eine Indifferenzkurve. Diese zeichnet sich durch einige typische, aus theoretischen Überlegungen und aus dem Verbraucherverhalten abgeleitete Eigenschaften aus: Sie schneiden sich nicht, sind konkav zum Koordinatenursprung und haben einen negativen Anstieg.

Die ersten partiellen Ableitungen[31] der Wohlstandsfunktion

$$u_i = \frac{\partial U(x_1, x_2, \dots, x_n)}{\partial x_i} \qquad (i = 1, \dots, n) \qquad (2)$$

charakterisieren den Zuwachs an gesellschaftlichem Wohlstand, der dem Zuwachs des i-ten Gutes um eine Einheit unter sonst gleichen Bedingungen geschuldet ist. Man kann deshalb u_i als *marginalen gesellschaftlichen Nutzen* des Gutes „i" interpretieren. Für den Nutzensbegriff selbst ergibt sich aus (2) eine wichtige Schlußfolgerung: Der gesellschaftliche Nutzen eines Gutes ist keine Eigenschaft, die dem Gut von Natur gegeben ist, sondern hängt vom erreichten Niveau des Lebensstandards und insbesondere von der Verbrauchs*struktur* ab. Das bedeutet, daß unterschiedliche Konsumgüter, entsprechend strukturiert, zum gleichen Lebensniveau gehören und daß Produkte mit ein und demselben Gebrauchswert eine unterschiedliche gesellschaftliche Nützlichkeit haben können.

9.4.3. Die Kategorie des gesellschaftlichen Nutzens und Probleme der Messung des Nutzens

Die entscheidenden Ansatzpunkte für das Herangehen an den Nutzensbegriff, der zunehmend Eingang in die marxistische ökonomische Literatur findet[32], lieferten die Klassiker des Marxismus-Leninismus. Marx schrieb: In der sozialistischen Gesellschaft, „wo der Klassengegensatz verschwunden ist, wo es keine Klassen mehr gibt, würde der Gebrauch nicht mehr von dem *Minimum* der Produktionszeit abhängen, sondern die Produktionszeit, die man den verschiednen Gegenständen widmet, würde bestimmt werden

[31] Wir setzen generell voraus, daß die Funktion $U(X)$ zweimal stetig differenzierbar ist.

[32] 1973/1974 erschienen in allen sowjetischen ökonomischen Fachzeitschriften zum Teil längere Abhandlungen über Probleme des gesellschaftlichen Nutzens. Vgl. zum Beispiel J. Kronrod, Theoretische Probleme der optimalen Entwicklung der Volkswirtschaft, in: Planovoe chozjajstvo, 5/1973, S. 80–92; P. Pavlov, Über die sozialökonomische Natur und den gesellschaftlichen Nutzen der Arbeitskraft im Sozialismus, in: Voprosy ėkonomiki, 6/1973, S. 3–13; M. Popov, Mathematische Methoden in bürgerlichen Theorien als Mittel der Apologetik, in: Ėkonomičeskie nauki, 5/1973, S. 103–109; E. W. Rudneva, Zum Problem des volkswirtschaftlichen Kriteriums des Funktionierens, in: Izvestija Akademii nauk SSSR, Serija ėkonomičeskaja, 2/1974, S. 16–28.

durch ihre gesellschaftliche Nützlichkeit"[33]. Der gleiche Gedankengang ist bei Engels im Anti-Dühring entwickelt.

Die gesellschaftliche Nützlichkeit verschiedener Gebrauchsgüter wird also von Marx und Engels als der Faktor betrachtet, der in der kommunistischen Gesellschaftsformation entscheidend die Produktionsstruktur und ihre gesellschaftliche Effektivität bestimmt. Wenden wir uns zunächst einigen in diesem Zusammenhang auftretenden methodologischen Fragen zu.

In der Literatur sind vor allem zwei Probleme umstritten und weitgehend ungeklärt: das Verhältnis zwischen dem gesellschaftlichen Nutzen und den natürlichen Eigenschaften der Güter auf der einen Seite und das Verhältnis zwischen dem gesellschaftlichen Nutzen und dem Wert auf der anderen. Von der richtigen Lösung dieser Probleme hängen direkt die Möglichkeit und die Art und Weise der Nutzensmessung ab.

Der gesellschaftliche Nutzen ist unseres Erachtens eng an den Begriff des gesellschaftlichen Gebrauchswertes gebunden, wie ihn Marx in seinen ökonomischen Hauptwerken entwickelt hat.

Auf einer bestimmten Entwicklungsstufe der Produktivkräfte und der gesellschaftlichen Bedürfnisse entstanden, werden der Charakter und die konkreten Formen des gesellschaftlichen Gebrauchswertes, des „Gebrauchswertes für andere", in erster Linie von den historischen Bedingungen und vom System der Produktionsverhältnisse bestimmt. Marx wies darauf hin, indem er schrieb: „... dem Individuum (steht) nicht das Wort ‚Gebrauchswert' gegenüber, sondern *konkrete Gebrauchswerte,* und *welche solcher* ihm ‚gegenüberstehn', ... hängt ganz von der Stufe des gesellschaftlichen Produktionsprozesses ab, entspricht also auch ‚einer sozialen Organisation'."[34]

Der gesellschaftliche Gebrauchswert ist folglich eine historische Kategorie, die sich beim Übergang von einer Gesellschaftsformation zur anderen ändert, im Gegensatz zum Gebrauchswert, der als „natürliche handgreifliche Existenz", als „Ding mit bestimmten Eigenschaften" gleichgültig gegen jede ökonomische Formbestimmung ist. Die Grundlage für eine solche Abgrenzung liegt im Wesen des gesellschaftlichen Produktionsprozesses selbst begründet, der einerseits stofflicher und andererseits gesellschaftlicher Prozeß ist. Der Gebrauchswert fixiert den stofflichen Charakter des Produkts, der gesellschaftliche Gebrauchswert seine ökonomische Bestimmtheit.

Lenin begründete, ausgehend vom gesellschaftlichen Charakter des Eigentums an den Produktionsmitteln, daß „die sozialistische Gesellschaft eine

[33] Karl Marx, Das Elend der Philosophie, in: MEW, Bd. 4, Berlin 1959, S. 93.

[34] Karl Marx, Randglossen zu Adolph Wagners „Lehrbuch der politischen Ökonomie", in: MEW, Bd. 19, Berlin 1962, S. 373.

einzige große Konsumgenossenschaft mit planmäßig organisierter Produktion für die Konsumtion"[35] ist.

In bezug auf dieses Ziel – Konsumtion im weitesten Sinne, das heißt Erreichung des höchsten materiellen Lebensstandards und allseitige freie Entwicklung aller Mitglieder der Gesellschaft – kann es der Gesellschaft nicht gleichgültig sein, ob die Produzenten „ihre Arbeitszeit auf Herstellung gesellschaftlich nötiger Artikel und in der gesellschaftlich erheischten Quantität verwenden, oder ob sie ganz unbegehrte Artikel oder begehrte Artikel über oder unter Bedarf anfertigen"[36].

Entscheidend für die sozialistische Gesellschaft ist, daß die Produkte als gesellschaftlich notwendige Gebrauchsgüter produziert werden. Nicht die Produktion von Gebrauchswerten an sich unterscheidet dabei den Sozialismus von anderen Gesellschaftsformationen, sondern die Tatsache, daß der gesellschaftliche Nutzen der Güter, ausgedrückt im Grad der Zielrealisierung, unmittelbar die Struktur des Gesamtprodukts und die Verteilung der gesellschaftlichen Arbeit auf die einzelnen Bereiche und Zweige der Volkswirtschaft bestimmt.

Abstrahiert man zunächst einmal von jeglichen Wertbeziehungen, so stellt sich das Arbeitsergebnis im Sozialismus in *Naturalform* zweifach dar, einmal als Gebrauchswert „an sich", als Objekt der Konsumtion, aufgefaßt als einfacher Stoffwechselprozeß, und zum anderen als gesellschaftlicher Gebrauchswert, als Zeugnis der Ausrichtung der sozialistischen Produktion auf die Erhöhung des Lebensstandards. Im ersten Fall verkörpert es die natürlichen Eigenschaften, dank derer es in die Lage versetzt wird, Bedürfnisse der Menschen zu befriedigen – manche Autoren sprechen in diesem Zusammenhang von „potentiellen nützlichen Eigenschaften"[37] –, im zweiten Fall dient es der Erhöhung des Wohlstandes der Gesellschaft und fungiert als Träger des gesellschaftlichen Nutzens.

Aus dieser Sicht sind unseres Erachtens alle die Definitionen verfehlt, die den gesellschaftlichen Nutzen mit den natürlichen Eigenschaften der Güter vermengen und von daher – dann allerdings logisch konsequent – die Kommensurabilität nicht substituierbarer Konsumgüter als Utopie abtun. Wir fassen den gesellschaftlichen Nutzen demgegenüber als gesellschaftliche Bewertung eines Gebrauchswertes auf, als „Verhältnis ... der Gesellschaft zu

[35] W. I. Lenin, Das letzte Wort der „iskristischen" Taktik ..., in: W. I. Lenin, Werke, Bd. 9, Berlin 1957, S. 370.

[36] Friedrich Engels, Vorwort zur ersten deutschen Ausgabe von Karl Marx' Schrift „Das Elend der Philosophie", in: MEW, Bd. 21, Berlin 1962, S. 181.

[37] Vgl. V. I. Vorobev, Gesellschaftlicher Gebrauchswert der Produktion im Sozialismus, in: Problemy narodnochozjajstvennogo optimuma, Novosibirsk 1966, S. 343.

einem gegebenen Gebrauchswert“[38], wobei dieses Verhältnis von den jeweiligen Reproduktionsbedingungen, in erster Linie jedoch vom System der Produktionsverhältnisse abhängt. Ändern sich die Produktionsverhältnisse grundlegend, etwa beim Übergang vom Kapitalismus zum Sozialismus, so ändert sich auch die gesellschaftliche Bewertung der materiellen Güter und Leistungen und damit der gesellschaftliche Gebrauchswert, während die natürlichen Eigenschaften, der „Gebrauchswert als Gebrauchswert“ möglicherweise unverändert geblieben sind. Konkreter Ausdruck einer solchen sozialökonomisch bedingten Verschiebung der Werteskala ist die im Vergleich zum Kapitalismus verstärkte Befriedigung solcher Bedürfnisse, die für die allseitige Entwicklung der Menschen im Sozialismus entscheidend sind, wie Gesundheitsschutz, Freizeit, Bildung, Arbeitskultur. Daneben gibt es natürlich auch andere Faktoren, die den gesellschaftlichen Nutzen beeinflussen können. Dazu gehören das Auftauchen neuer Bedürfnisse, die Entwicklung neuer Erzeugnisse oder die Änderung von Lebensgewohnheiten im Zuge fortschreitender Erkenntnisse beispielsweise der Medizin und der Ernährungswissenschaft.

Was das politökonomische Verhältnis von Nutzen und Wert betrifft, so gibt es hier noch eine Vielzahl von ungelösten Problemen. Das betrifft vor allem den Zusammenhang zwischen Wertgröße, Nutzen und Preis und hier konkret die Frage, welche Rolle der gesellschaftliche Nutzen bei der Herausbildung des gesellschaftlich notwendigen Arbeitsaufwandes spielt[39] und inwieweit die gesellschaftliche Wertigkeit der Güter bezüglich ihres Beitrages zur Zielrealisierung darüber hinaus auch als ein Faktor der Abweichung des Preises vom Wert verstanden werden kann. Das betrifft des weiteren aber auch das Wesen der marginalen Verbrauchsbewertungen, wie sie in der volkswirtschaftlichen Optimierungsrechnung anfallen.

38 I. V. Kotov, Primenenie matematičeskich metodov v ėkonomike i političeskaja ėkonomija socialisma, Leningrad 1972, S. 38.

39 Einige Autoren bieten hier bereits eine „Lösung“ an, und zwar in der Hinsicht, daß bei optimaler Funktionsweise der Volkswirtschaft der gesellschaftliche Nutzen identisch sei mit dem gesellschaftlich notwendigen Arbeitsaufwand (S. S. Šatalin, Einige Probleme der Theorie der optimalen Funktionsweise der sozialistischen Wirtschaft, in: Ėkonomika i matematičeskie metody, 6/1970, S. 840). Noch deutlicher kommt diese sehr einseitige Orientierung auf den Nutzen bei Fedorenko/Šatalin zum Ausdruck. Danach „wird der Preis aller Ressourcen und Produkte unter sozialistischen Bedingungen durch den gesellschaftlichen Nutzen ausgedrückt, er wird Geldausdruck des gesellschaftlichen Nutzens und nicht des Wertes der Produkte“ – N. P. Fedorenko / S. S. Šatalin, Zum Problem der optimalen Planung der sozialistischen Wirtschaft, in: Voprosy ėkonomiki, 6/1969, S. 100.

Politökonomisch richtig gefaßt ist der gesellschaftliche Nutzen meßbar. In methodologischer Hinsicht sind bei einer solchen Messung allerdings zwei grundlegend verschiedene, sich in der Wirtschaftspraxis aber oft überschneidende, Aspekte zu unterscheiden, einmal die gesellschaftliche Bewertung verschiedener nichtsubstituierbarer konkreter Gebrauchswerte zu einem gegebenen Zeitpunkt und zum anderen die gesellschaftliche Bewertung der Gebrauchswerte in der Zeit.

Für die Messung der Nützlichkeit unterschiedlicher Güter ist der Umstand von entscheidender Bedeutung, daß sich die Bedürfnisse immer komplex, in enger wechselseitiger Abhängigkeit entwickeln. Ein bestimmtes Lebensniveau setzt immer die gleichzeitige Befriedigung sehr vieler Bedürfnisse voraus. Aus dieser Sicht scheint es sinnvoll und zweckmäßig, den gesellschaftlichen Nutzen nicht auf ein einzelnes Gut zu beziehen, sondern auf ein Gütersortiment, mit dem alle wichtigen Bedürfnisse der Menschen befriedigt werden. Verschiedene Gütersortimente würden sich also weniger dadurch unterscheiden, daß sie unterschiedliche Bedürfnisse befriedigen, als vielmehr dadurch, daß sie ein unterschiedliches Lebensniveau realisieren.

Die Bindung des gesellschaftlichen Nutzens an die Befriedigung eines bestimmten Bedürfnis*komplexes* hat mathematische Konsequenzen. Danach eignen sich als Wohlstandsfunktionen nur nichtlineare, im einfachsten Fall quadratische, Funktionen, deren zweite Ableitungen die Abhängigkeit des marginalen Nutzens vom jeweiligen Grad der Bedürfnisbefriedigung zeigen. Additive Nutzensfunktionen, deren gemischte zweite Ableitungen gleich Null sind, können deshalb nur in Verbindung mit Restriktionen, beispielsweise Budgetgleichungen, praktische Anwendung finden (vgl. Punkt 9.4.4.). Bei einer linearen Funktion ist der Gesamtnutzen gleich der Summe des Nutzens der entsprechenden Güter und damit der Nutzen eines Gutes unabhängig vom Umfang des Verbrauchs an anderen Gütern. Welche Möglichkeiten hat nun aber die Gesellschaft, unterschiedliche Güterkombinationen quantitativ, das heißt in Form von Kennziffern, zu bewerten? Im Mittelpunkt des hierzu geführten Meinungsstreits steht die Frage,

– ob eine absolute Maßeinheit des gesellschaftlichen Nutzens denkbar ist, mit deren Hilfe unterschiedliche Lebensniveaus quantitativ gemessen werden können,

– oder ob es ausreichend ist, für die gesellschaftliche Bedeutung beispielsweise verschiedener Konsumgütervarianten eine Rangfolge im Sinne von „besser“, „schlechter“ oder „äquivalent“ anzugeben.

In letzter Zeit hat sich vor allem in der sowjetischen Literatur der zweite Standpunkt mehr oder weniger durchgesetzt. Er findet seinen Ausdruck unter anderem in den Konzeptionen von E. E. Sluckij, V. A. Volkonskij und V. F. Pugačev. Erste Versuche, den gesellschaftlichen Nutzen kardinal zu messen und darauf aufbauend eine Nutzensfunktion mit der Genauigkeit bis auf eine positive lineare Transformation zu konstruieren, unternimmt zur Zeit J. N. Gavrilec.[40]

Ganz gleich jedoch, nach welcher Konzeption (ordinal oder kardinal) und mit welchen eventuell notwendigen Kompromissen der gesellschaftliche Nutzen verschiedenartiger Güter gemessen wird, die Vorbereitung und Fixierung langfristiger Entscheidungen setzt in jedem Fall eine Bewertung homogener Güter von seiten der Gesellschaft im Zeitverlauf voraus. Über Notwendigkeit und Sinn einer solchen Zeitpräferenz wird in der sozialistischen Literatur bereits seit langem diskutiert; inzwischen sind auch die ersten Arbeiten erschienen, die ein gewisses Resumé aus dieser Diskussion ziehen.[41]

Die Notwendigkeit einer Nutzensmessung in der Zeit ist offensichtlich. Sie ergibt sich aus der sozialistischen Ziel-Mittel-Relation, die eine in bezug auf das Ziel der sozialistischen Produktion optimale Verteilung der gesellschaftlichen Arbeit vorschreibt. Die Erreichung einer *zeitlich* optimalen Ressourcenverteilung und damit eine maximale Zielrealisierung *innerhalb eines bestimmten Zeitraumes* wiederum erfordert objektiv die Einführung von Wichtungskoeffizienten zur Bewertung des gesellschaftlichen Nutzens zeitlich unterschiedlich wirksam werdender (Investitions-)Vorhaben. Ohne Kenntnis dieser Zeitbewertungen, das heißt ohne Gegenüberstellung des Nutzens gegenwärtiger und zukünftiger Güter, kann die Gesellschaft einfach nicht entscheiden, welcher Teil der zur Verfügung stehenden materiellen und finanziellen Mittel in welchem Zeitraum lebensstandardwirksam werden soll.

Aus der Sicht der sozialistischen Wohlstandsfunktion sind in diesem Zusammenhang vor allem zwei Fragen von besonderem Interesse:[42]

40 J. N. Gavrilec bedient sich dazu soziologischer Umfragen und hofft auf diese Art und Weise ermitteln zu können, welcher Zuwachs $\Delta S'$ des Einkommens S' einem Zuwachs ΔS des Einkommens S entspricht. Sind darüber hinaus die Indifferenzflächen und das Einkommen als Funktion des Wohlstandes bekannt – zumindest die erste Prämisse ist beim gegenwärtigen Erkenntnisstand recht einschneidend –, kann die gesuchte Funktion eindeutig bestimmt werden. Vgl. J. N. Gavrilec, Methoden zur Analyse von Systemen in sozialökonomischen Untersuchungen, Autorreferat, Moskva 1972, S. 48/49.

41 Vgl. zum Beispiel S. M. Višnev, Ėkonomičeskie parametry, Moskva 1968, S. 135–151.

42 Vgl. dazu die interessante Arbeit von Val'tuch, in der das Problem der zeitlichen Bewertung einer optimalen Akkumulationsrate aufgeworfen wird. K. K. Val'tuch, Probleme der Optimierung der Akkumulation, in: Problemy narodnochozjajstvennogo optimuma, Moskva 1969, S. 98–234.

– Erstreckt sich die Zeitpräferenz auf die gesamte Masse der Konsumgüter oder nur auf den Konsumgüterzuwachs?

– Nach welchem Gesetz nimmt der Nutzen im Zeitverlauf ab?

Die Berücksichtigung der zeitlichen Kommensurabilität der Güter macht eine entsprechende Modifizierung der Funktion (4) notwendig.

9.4.4. Möglichkeiten der Entwicklung einer sozialistischen Wohlstandsfunktion

Die Ansätze, die bisher für die Konstruktion einer sozialistischen Wohlstandsfunktion entwickelt wurden, lassen sich grundsätzlich in zwei Gruppen zusammenfassen.

Die erste Gruppe basiert auf dem Instrumentarium der Nachfragetheorie. Die Wohlstandsfunktion wird hierbei unmittelbar aus den Angaben der Einkommens-, Verbrauchs- und Preisstatistik hergeleitet; sie enthält keine normativen Elemente. Da die mit Hilfe solcher Methoden modellierte Nutzensfunktion damit lediglich die Zielvorstellung des Durchschnittskonsumenten widerspiegelt, wäre für sie unseres Erachtens die Bezeichnung „Konsumentenzielfunktion“ treffender. Zu dieser Richtung zählen die Ansätze von Sluckij, Frisch, Pugačev und Volkonskij.

Die zweite Gruppe von Ansätzen basiert auf Expertenbefragungen, wobei auf Grundlage der Expertisen die Rolle beziehungsweise die Bedeutung der einzelnen, den Wohlstand der sozialistischen Gesellschaft bestimmenden Faktoren quantitativ bewertet wird. Eine entsprechende Methode wurde von S. A. Ajvazjan und S. I. Bežaeva vorgeschlagen.

Eine gewisse Sonderstellung nimmt ein Verfahren zur Bestimmung einer sozialistischen Nutzensfunktion ein, das auf Val'tuch zurückgeht. Den Ausgangspunkt bilden hier lediglich zwei Angaben bezüglich der Konsumtion einzelner Güteraggregate – die vollen und die normalen Bedürfnisse. Sie bilden die obere und die untere Grenze für den Auswahlbereich beim Verbrauch. Die Form der marginalen Substitutionsrate wird ausgehend von einer ökonomisch begründeten Hypothese als bekannt vorausgesetzt. Da sich die obere und untere Grenze sowohl normativ als auch auf Grund statistischer Angaben über das Verbraucherverhalten ermitteln lassen, kann man diese Methode keiner der genannten zwei Grundrichtungen eindeutig zuordnen. Von Bedeutung ist, daß die von Val'tuch entwickelte Funktion im Zusammenwirken mit einer dynamischen Verflechtungsbilanz realisiert und praktisch erprobt wurde.

Trotz der grundlegenden Unterschiede im Herangehen der einzelnen Autoren zeichnen sich die einzelnen Ansätze auch durch einige wenige Gemeinsamkeiten aus. So sind mit Ausnahme der additiven Nutzensfunktion alle Funktionen als ordinale, das heißt eindeutig bis auf eine monoton wachsende Transformation entwickelt worden. Eine direkte Anwendung solcher Funktionen stößt jedoch in der sozialistischen Planung, speziell im Rahmen eines dynamischen Volkswirtschaftsmodells, auf Schwierigkeiten prinzipieller Natur. Unterschiedliche monoton wachsende Transformationen der Nutzensfunktion können nämlich zu unterschiedlichen Lösungen der dynamischen Optimierungsaufgabe, das heißt zu unterschiedlichen optimalen Trajektorienbahnen für die Konsumtions- und Investitionsstruktur führen. Ein Ausweg aus dieser Situation wäre der Übergang zu einer kardinalen Nutzensfunktion.

Des weiteren vernachlässigen alle hier beschriebenen Ansätze den Zeitfaktor, und dies gleich in zweierlei Hinsicht. Einmal fehlt die Wichtungsfunktion $Q(t)$ und damit ein entscheidendes Element der Nutzensmessung, nämlich die zeitliche Bewertung verschiedener Konsumtionsstrukturen. Zum anderen bleibt meist unberücksichtigt, daß die Nutzensfunktion selbst eine Funktion der Zeit ist, die sich mit dem Auftreten neuer Bedürfnisse, mit der Entwicklung der Produktivkräfte und den Wandlungen in der sozialen Struktur verändert.

Im folgenden sollen nun die Grundideen der einzelnen Methoden kurz erläutert werden.[43]

In dem schon 1915 erschienenen Artikel „Zur Theorie des bilanzierten Konsumbudgets“[44] wurden von Sluckij bereits theoretische Grundlagen für eine Möglichkeit entwickelt, die Nutzensfunktion auf der Grundlage der Elastizitätskoeffizienten zu konstruieren.

Sluckij betrachtet eine ordinale Nutzensfunktion und geht von der Annahme aus, daß die Konsumgüternachfrage lediglich von den Preisen und vom Einkommen der Verbraucher abhängt. Wenn also auf dem Markt n Arten von Konsumgütern gehandelt werden, so ist die verbrauchte Menge x_i des i-ten Konsumgutes $(i = 1, \ldots, n)$ eine Funktion der Preise $p_1, p_2, \ldots, p_n$ (p_i – Preis des i-ten Konsumgutes) und des Einkommens s:

$$x_i = x_i\,(s, p_1, \ldots, p_n).$$

[43] Eine detaillierte Analyse aller hier aufgeführten Ansätze ist enthalten im Forschungsbericht des ZIW „Zum Bewertungsproblem im Sozialismus“.

[44] Vgl. E. E. Sluckij, Zur Theorie des bilanzierten Konsumbudgets, in: Narodnochozjajstvennye modeli. Teoretičeskie voprosy potreblenija, S. 241–271. Dieser Beitrag ist eine Übersetzung der gleichnamigen Originalarbeit von Sluckij, veröffentlicht in der italienischen Zeitschrift „Giornale degli economisti e rivista di statistica“, 1915, No. 1.

Ausgehend von der weiteren Voraussetzung, daß die Nutzensfunktion $u(x)$ zweimal stetig differenzierbar und die Funktionen x_i stetig differenzierbar sind, kann man unter Hinzuziehen der Budgetgleichung

$$\sum_{i=1}^{n} x_i p_i = s \tag{3}$$

zeigen, daß sich die ersten partiellen Ableitungen von x_i nach p_j und s

$$x_i^j = \frac{\partial x_i}{\partial p_j} \; (i, j = 1, \ldots, n) \quad \text{und} \quad x_i^0 = \frac{\partial x_i}{\partial s} \; (i = 1, \ldots, n)$$

durch die ersten und zweiten partiellen Ableitungen der Nutzensfunktion $u(x)$

$$u_i = \frac{\partial u(x)}{\partial x_i} \; (i = 1, \ldots, n) \quad \text{und} \quad u_{ij} = \frac{\partial^2 u(x)}{\partial x_i \, \partial x_j} \; (i, j = 1, \ldots, n)$$

ausdrücken lassen. Die Werte x_j^k $(k = 0, 1, \ldots, n;\ j = 1, \ldots, n)$ stehen im einfachen Verhältnis zu den gebräuchlichen Elastizitätskoeffizienten der Güter nach den Preisen und nach dem Einkommen

$$E_j^k = \frac{p_k}{x_j} \frac{\partial x_j}{\partial p_k} \qquad (j, k = 1, \ldots, n)$$

und

$$E_j^0 = \frac{s}{x_j} \frac{\partial x_j}{\partial s} \qquad (j = 1, \ldots, n),$$

welche sich empirisch ermitteln lassen, indem man das Verhalten der Konsumenten bei sich ändernden Preisen und Einkommen untersucht.

Die von Sluckij betrachtete Nutzensfunktion spiegelt die Zielvorstellung der Gesamtheit der Konsumenten beim alltäglichen Verhalten wider, das heißt, daß die beobachtete (durchschnittliche) Konsumtionsstruktur ein (optimaler) Lösungspunkt des Problems

$$\max \left\{ u(x) \;\middle|\; \sum_{i=1}^{n} x_i p_i = s \right\}$$

sein muß.

Hieraus folgt

$$u_i = \lambda p_i, \; i = 1, \ldots, n,$$

wobei $-\lambda$ der Lagrangesche Multiplikator ist, welcher ebenfalls als eine stetig differenzierbare Funktion von s und $p_1, p_2, \ldots, p_n$ betrachtet wird. Durch Differenzieren von $u_i = \lambda p_i$ nach s und $p_1, \ldots p_n$ erhalten wir

$$\sum_{j=1}^{n} u_{ij} x_j^0 = \frac{\partial \lambda}{\partial s} p_i \qquad (i = 1, \ldots, n) \qquad (4)$$

und

$$\sum_{j=1}^{n} u_{ij} x^k_j = \frac{\partial \lambda}{\partial p_k} p_i + \lambda \delta_{ik} \qquad \begin{matrix} (i = 1, \ldots, n) \\ (k = 1, \ldots, n) \end{matrix} \qquad (5)$$

$$\text{mit } \delta_{ik} = \begin{cases} 0 & k \neq i \\ 1 & k = i. \end{cases}$$

Diese Relationen gelten nur in der Umgebung der beobachteten durchschnittlichen Konsumtionsstruktur. Das System besteht aus $n^2 + n$ Gleichungen und enthält $n^2 + n + 2$ Unbekannte. Die Unbekannten sind

$$u_{ij}\ (i, j = 1, \ldots, n), \ \frac{\partial \lambda}{\partial p_i}\ (i = 1, \ldots, n), \ \frac{\delta \lambda}{\delta s} \text{ und } \lambda.$$

Man kann zeigen, daß man für die Modellierung einer ordinalen Nutzensfunktion in der Umgebung der durchschnittlichen Konsumtionsstruktur keine genaueren Angaben über die Funktion λ benötigt. Somit kann man beliebige Werte $\lambda > 0$ und $\lambda^{(0)} = \frac{\partial \lambda}{\partial s}$ vorgeben und die übrigen unbekannten Größen ermitteln.[45]

Mit Hilfe der Werte $u_i = \lambda p_i$ und u_{ij} erhalten wir auf diese Weise die Entwicklung der Nutzensfunktion in eine Taylorreihe bis zu den Gliedern zweiter Ordnung in der Umgebung der durchschnittlichen Konsumtionsstruktur.

Sluckij zeigte, daß sich die ersten und zweiten Ableitungen der Nutzensfunktion auch auf einfache Weise durch Inversion einer speziellen Matrix

[45] Vgl. Hans-Dieter Anders / Hans Schilar / Kunibert Schwarz, Zum Bewertungsproblem im Sozialismus, Berlin 1974 (Forschungsberichte des Zentralinstituts für Wirtschaftswissenschaften der Akademie der Wissenschaften der DDR, Nr. 12).

[46] Vgl. V. A. Volkonskij, A. A. Konjus, Kommentare zur Arbeit von E. E. Sluckij, Zur Theorie des bilanzierten Konsumbudgets, in: Narodnochozjajstvennye modeli. Teoretičeskie voprosy potreblenija, Moskva 1963, S. 271–277.

ermitteln lassen, welche man unter Verwendung der Elastizitätskoeffizienten konstruiert. Das Resultat dieser Ableitungen läßt sich wie folgt zusammenfassen:[46] Es seien $x_0 = -\lambda$,

$$V = \begin{bmatrix} 0 & u_1 & \cdots & u_n \\ u_1 & u_{11} & \cdots & u_{1n} \\ \vdots & \vdots & & \vdots \\ u_n & u_{n1} & \cdots & u_{nn} \end{bmatrix}$$

und V_{ik}^{-1} die Elemente der inversen Matrix von V $(i, k = 0, 1, \ldots, n)$.
Dann gilt

$$\lambda V_{i0}^{-1} = x_i^0 \qquad (i = 1, \ldots, n)$$

und

$$\lambda V_{ik}^{-1} = x_i^k + x_k x_i^0 \qquad (i, k = 1, \ldots, n).$$

Aus diesen Gleichungen kann man sämtliche Elemente der Inversen von V mit Ausnahme von $V_{00}^{-1} = \frac{\lambda^{(0)}}{\lambda^2}$ bis auf einen gemeinsamen Multiplikator $\lambda > 0$ genau bestimmen.

Eine spezielle Form der Nutzensfunktion dieser Art beruht auf der Voraussetzung, daß die gemischten zweiten partiellen Ableitungen dieser Funktion gleich Null sind. Die Wohlstandsfunktion hat in diesem Falle die Form einer *additiven Nutzensfunktion*[47]

$$u(x) = u(x_1, x_2, \ldots, x_n) = \sum_{j=1}^{n} f_j(x_j). \tag{6}$$

Ökonomisch bedeutet dies, daß der marginale Nutzen eines Gutes unabhängig vom Umfang des Verbrauchs der übrigen Güter ist. Eine solche Hypothese kann natürlich nur angenähert und nur für spezielle Güteraggregationen gelten. Wenn wir die Budgetleistung als einzige Restriktion betrachten, so erhalten wir über die Lagrangesche Funktion

$$f_j'(x_j) = \lambda p_j, \qquad j = 1, 2, \ldots, n$$

($-\lambda$ – Lagrangescher Multiplikator).

[47] Vgl. V. A. Volkonskij, Ökonomisch-mathematische Modelle der abgestimmten Planung von zahlungsfähiger Nachfrage und Einzelhandelspreisen, in: Ėkonomika i matematičeskie modeli, Bd. 9, 4, Moskva 1973, S. 620–636.

Mit Hilfe dieser Gleichungen lassen sich die Ableitungen $f_j'(x_j)$ aus den sogenannten Engelkurven ermitteln. Engelkurven sind Funktionen, die die Abhängigkeit des Verbrauchs einer gegebenen Ware vom Einkommen darstellen. Die Engelkurven $\varphi_j(s)$, für die es verschiedene konkrete Modelle gibt, können auf Grund statistischer Untersuchungen (Zeitreihen- oder Querschnittsanalysen) bestimmt werden.

Wir wollen nun voraussetzen, daß die Preise konstant sind. Es sei $x_j = \varphi_j(s)$, $\lambda = \lambda(s)$ und $\varphi_j^*(x_j)$ die inverse Funktion von $\varphi_j(s)$, also der Engelkurve. Die Gleichung $s = \varphi^*_j(x_j)$ ist somit der Gleichung $x_j = \varphi_j(s$ äquivalent. Folglich gilt

$$f_j'(x_j) = p_j\lambda\left(\varphi_j^*(x_j)\right).$$

Wie man sieht, kann man aus den Engelkurven die volle Form der ordinalen additiven Nutzensfunktion bis auf die unbekannte Funktion $\lambda(s)$ genau erhalten. Die Bestimmung der Funktion $\lambda(s)$ würde den Übergang zur kardinalen Nutzensfunktion bedeuten. Wie Frisch gezeigt hat[48], benötigt man hierzu theoretisch lediglich eine oder mehrere Angaben über verschiedene Preiselastizitäten.

Ein weiterer Vorschlag für die Konstruktion einer sozialistischen Nutzensfunktion stammt von Pugačev[49]. Pugačev betrachtet das folgende quadratische Modell der Nutzensfunktion

$$u(x) = \sum_i \overline{p}_i (x_i - \overline{x}_i) + \frac{1}{2} \sum_{i,j} r_{ij} (x_i - \overline{x}_i)(x_j - \overline{x}_j), \tag{7}$$

das man unter Verwendung von $u_i = \lambda p_i$ $(i = 1, \ldots, n)$ aus der üblichen Entwicklung der Nutzensfunktion in eine Taylorreihe mit Hilfe einer positiven linearen Transformation erhält. Hierbei ist $\overline{x}$ der Punkt, in dem die Taylorreihe für $u(x)$ entwickelt wird ($\overline{x}$ – Konsumtionsdurchschnitt), und $\overline{p}$ ist der dem Punkt $\overline{x}$ entsprechende Vektor der Gleichgewichtspreise.

Für den gegebenen Zeitabschnitt (t_{m-1}, t_m) mögen nun die Preise (Gleichgewichtspreise) $\overline{p} = (\overline{p}_1, \ldots, \overline{p}_n)$ und die realisierten Warenmengen $\overline{x} = (\overline{x}_1, \ldots, \overline{x}_n)$ bekannt sein. Da die Nutzensfunktion offensichtlich von gewisser Stabilität ist, kann man davon ausgehen, daß sich ihre funktionale Gestalt für zwei benachbarte Zeitabschnitte nicht ändert. Dies gestattet es, auf Grund der Informationen aus zwei aufeinanderfolgenden Perioden ein quadratisches Modell der Nutzensfunktion durch Entwicklung in eine

[48] Ragnar Frisch, A Complete Scheme for computing all Direct and Cross Demand Elasticities in a Model with many Sectors, in: Econometrica, 2/1959.

[49] Vgl. V. F. Pugačev, Optimizacija planirovanija, Moskva 1968, S. 45.

Taylorreihe zu konstruieren, das in der Umgebung des Punktes $\bar{x}$ (aus der ersten Periode) gilt. Für $u(x)$ sind die Koeffizienten der linearen Glieder die Gleichgewichtspreise der ersten Periode. Es muß noch die (nxn)-Matrix $R = (r_{ij})$ der Koeffizienten der quadratischen Glieder der Nutzensfunktion bestimmt werden. Hierfür verwendet Pugačev ein spezielles System von Regressionsgleichungen, aus dessen Lösung man die Matrix R erhält. Um die notwendige Anzahl von Beobachtungen zu erhalten, müssen hierbei die Konsumenten in Gruppen eingeteilt werden, die dann einzelne Beobachtungsobjekte darstellen. Dies erfordert allerdings noch das Einführen zusätzlicher Parameter, die die unterschiedlichen ökonomischen Bedingungen der Konsumentengruppen charakterisieren.

Ein besonders origineller Vorschlag zur Bestimmung der Güterpräferenzen stammt von Volkonskij[50], der als einziger von allen uns bekannten Autoren Informationen aus bestimmten Gesetzmäßigkeiten der Verteilung der Konsumenten verwendet. Das Verhalten des einzelnen Konsumenten mit dem Einkommen s, das durch den Vektor x charakterisiert wird, entspricht im allgemeinen nicht dem Optimalpunkt des Problems

$$\max \left\{ u(x) \,\middle|\, \sum_{i=1}^{n} x_i p_i = s \right\}.$$

Die Ursache hierfür liegt *erstens* darin, daß das Verhalten der einzelnen Konsumenten für sich genommen zufälligen Charakter trägt. *Zweitens* können die individuellen Präferenzfunktionen der einzelnen Konsumenten stark voneinander abweichen.

Man kann nun für einen gegebenen Betrachtungszeitraum das Verhalten eines jeden Konsumenten durch n Zahlen $x_1, x_2, \ldots, x_n$ charakterisieren. Folglich läßt sich jeder Konsument als Punkt im n-dimensionalen euklidischen Raum R^n darstellen, womit man eine Verteilung der Konsumenten im Raum R^n (Raum der Konsumgüter) erhält. Volkonskij betrachtet nun diese Punkte als unabhängige Realisierungen eines Zufallsvektors, dessen Verteilung das wahrscheinlichkeitstheoretische Analogon der Verteilung der Konsumtion ist. Es sei nun $\psi(x)$ die entsprechende Verteilungsfunktion im R^n.[51]

[50] Vgl. V. A. Volkonskij, Über die objektive mathematische Charakteristik der Volkskonsumtion, in: Narodnochozjajstvennye modeli. Teoretičeskie voprosy potreblenija, S. 201–240. Vgl. ferner V. A. Volkonskij, Statistisches Modell des Konsumentenverhaltens und Untersuchung der Abhängigkeit der Nachfrage vom Preis, im Sammelband: Dochod i pokupatel'skij spros naselenija, Moskva 1968. Siehe auch Fußnote 47.

[51] Im allgemeinen wird hier Normalverteilung vorausgesetzt.

Da die hier zu modellierende Nutzensfunktion einer Präferenzskala entsprechen soll, nach welcher sich der Durchschnittskonsument bei seinem alltäglichen Verhalten zu orientieren scheint, muß also das beobachtete „Durchschnittsverhalten" der Konsumenten bei gegebenen ökonomischen Bedingungen (wir betrachten hier nur das Einkommen als Bedingung) der bedingte Maximalpunkt der Nutzensfunktion $u(x)$ und gleichzeitig der Funktion $\psi(x)$ sein. Das heißt, der Lösungspunkt des Problems

$$\max \left\{ u(x) \,\middle|\, \sum_{i=1}^{n} x_i p_i = s \right\}.$$

stimmt mit dem Lösungspunkt des Problems

$$\max \left\{ \psi(x) \,\middle|\, \sum_{i=1}^{n} x_i p_i = s \right\}$$

überein.

Man kann nun von der Annahme ausgehen, daß die bedingte Verteilungsdichte des Zufallsvektors in der Hyperebene $\left\{ x \,\middle|\, \sum_{i=1}^{n} p_i x_i = s \right\}$ ein sichtbarer Ausdruck des Bevorzugungsgrades der einzelnen Warenkombinationen durch die „Gesamtkonsumenten" ist. Somit könnte auf der Hyperebene $\left\{ x \,\middle|\, \sum_{i=1}^{n} p_i x_i = s \right\}$ die Funktion $\psi(x)$ als Präferenzfunktion gelten.

Volkonskij geht nicht unmittelbar von dieser Annahme aus, sondern leitet sie von einer weiteren Voraussetzung her, die man als erweiterte Homogenitätshypothese bezeichnen kann. Die Hypothese besagt, daß sich verschiedene (größere) Gruppen von Konsumenten unter gleichen Einkommensbedingungen und Konsumtionsbeschränkungen gleich verhalten.

Da die Nutzensfunktion auf der Hyperebene $\left\{ x \,\middle|\, \sum_{i=1}^{n} p_i x_i = s \right\}$ als bekannt gilt, ist die Nutzensfunktion im R^n eine Funktion von $\psi(x)$ und $\sum_i p_i x_i$:

$$u(x) = F\left(\psi(x), \sum_i p_i x_i\right) = F\left(\psi(x), s\right),$$

wobei F für beliebiges festes s eine monoton steigende Funktion in ψ ist.

Die so konstruierte Funktion $u(x)$ ist eine ordinale Nutzensfunktion, die in der Umgebung der durchschnittlichen Konsumtionsstruktur gilt. Geht man von einer Normalverteilung der Konsumenten im Güterraum aus, so können die linearen und quadratischen Glieder dieser Funktion konkret bestimmt werden. Für eine „Kardinalisierung" oder zumindest für eine Erweiterung des Gültigkeitsbereiches dieser Funktion bieten sich verschiedene Ansätze an: Gruppierung der Konsumenten, Verwendung von Elastizitätskoeffizienten, Bestimmung des „marginalen Einkommensnutzens" auf Grund soziologischer Untersuchungen usw.

Ein auf Expertenbefragungen basierendes Projekt, mit dessen Hilfe letztlich internationale Lebensstandardvergleiche, auch zwischen sozialistischen und kapitalistischen Ländern, durchgeführt werden sollen, wird zur Zeit im Zentralen Ökonomisch-mathematischen Institut (Moskau) unter unmittelbarer Leitung von Ajvazjan[52] realisiert. Es unterscheidet sich grundsätzlich von allen anderen hier erwähnten Ansätzen. Die Unterschiede betreffen dabei sowohl die Art und Weise des Aufbaus der Nutzensfunktion beziehungsweise einer Approximationsfunktion als auch die Informationsbasis und das notwendige mathematische Instrumentarium.

Die Grundidee der Methode ist folgende: Der Lebensstandard der Bevölkerung eines beliebigen Landes, von den sowjetischen Autoren als „Ausgangseigenschaft" bezeichnet, wird aufgefaßt als Funktion von gewissen „Eingangsparametern". Solche Eingangsparameter können sein: das Volumen und die Struktur der individuellen und gesellschaftlichen Konsumtion, Umweltbedingungen sowie soziale und politische Verhältnisse. *Unabhängig* von diesen statistisch zu ermittelnden Kennziffern muß durch Experten die Höhe des im jeweiligen Land erreichten Lebensstandards vergleichsweise eingeschätzt werden. Dabei genügt es, eine einfache Rangfolge anzugeben. Diese beiden Informationsquellen, die statistische Ist-Analyse der Konsumtionssphäre und die Expertenschätzungen über die Rangfolge der Länder bezüglich des erreichten Wohlstandes, liefern die notwendigen Angaben für die Konstruktion einer Nutzensfunktion. Was sich daran anschließt, ist die mathematisch-statistische Bearbeitung dieses Ausgangsmaterials – Reduzierung der Zahl der Eingangsparameter (Faktoranalyse), Überprüfung der Qualifikation der Experten anhand ihrer Einordnungen – und die, ebenfalls mathematisch-statistische, Bestimmung der unbekannten Parameter einer meist linearen oder quadratischen Approximationsfunktion.

52 Vgl. S. A. Ajvazjan / S. I. Bežaeva, Über eine statistische Expertenmethode zur Approximation einer unbekannten Zielfunktion, Arbeiten der wissenschaftlich-technischen Unionskonferenz „Primenenie teorii verojatnosti i matematičeskoj statistiki v narodnoj chozjajstve", Moskva 1972, sowie S. A. Ajvazjan / S. I. Bežaeva / O. V. Staroverov, Klassifikacija mnogomernych nabljudenij, Abschnitt 5, und S. A. Ajvazjan / S. I. Bežaeva, Eine Methode für den Aufbau der Zielfunktion, die auf der Verwendung statistischer Untersuchungsangaben beruht, Arbeitsmaterial des ZĖMI, S. 18 (Übersetzung aus dem Französischen).

Die so konstruierte Nutzensfunktion spiegelt die Abhängigkeit der Ausgangseigenschaft (Lebensstandard) von den Eingangsparametern wider. Mit ihrer Hilfe soll versucht werden, die Konsumtionsstruktur verschiedener Länder zu vergleichen und den „Rang" zu ermitteln, den ein bestimmtes Land hinsichtlich des Lebensstandards seiner Bevölkerung einnimmt.

Im Zuge der Realisierung dieser Methode müssen jedoch noch einige praktische und theoretische Probleme gelöst werden. So dürfte es sehr schwierig sein, solche Eingangsparameter zu finden, die eine weitgehende Homogenität der betrachteten Länder hinsichtlich der nichtberücksichtigten Faktoren bewirken. Dies könnte nur mit einer sehr großen Zahl von Eingangsparametern erreicht werden. Andererseits darf die Zahl dieser Kennziffern nicht größer sein als die Zahl der in die Untersuchung einbezogenen Länder (Beobachtungspunkte), da sonst die vorgeschlagene Methode mathematisch nicht realisierbar ist.

Ein weiterer Vorschlag stammt von Val'tuch. Die von ihm entwickelte Funktion wurde von vornherein als Zielfunktion für ein volkswirtschaftliches Optimierungsmodell konzipiert und inzwischen auch im Zusammenspiel mit dem (halb-)dynamischen Verflechtungsmodell von Šatilov mehrfach experimentell erprobt.[53] Das war gleichzeitig der erste Versuch überhaupt, die mathematische Theorie der Indifferenzflächen zur Planung und Prognose entscheidender Grundproportionen des volkswirtschaftlichen Reproduktionsprozesses einzusetzen.

Dem Aufbau der Nutzensfunktion selbst geht bei Val'tuch die Bestimmung des Auswahlbereichs voraus. Die untere Grenze dieses Bereiches bilden die zur Gewohnheit gewordenen normalen Bedürfnisse, deren Befriedigung „absolut notwendig" ist. „Ein beliebiges Gütersortiment, das nicht die minimal notwendige Befriedigung aller Bedürfnisse gewährleistet, gehört zur Zahl der aus der Sicht der sozialistischen Ökonomie *unzulässigen* Sortimente."[54] Als obere Grenze fungieren die sogenannten vollen Bedürfnisse, gebildet durch Gütersortimente, die eine vollständige Sättigung der entsprechenden Bedürfnisse gewährleisten.

Als Ausgangspunkt für die Konstruktion der Nutzensfunktion wählt Val'tuch die Grenzrate der Substitution in der Form

$$\frac{dz_j}{dz_k} = - \frac{z_j\,(1 - z_k)}{z_k\,(1 - z_j)} \qquad (j, k = 1, \ldots, n), \tag{8}$$

[53] Vgl. z. B. L. M. Ruvinskaja, Experimentelle Berechnungen des dynamischen Verflechtungsmodells mit einer Zielfunktion der Konsumtion, in: Problemy narodnochozjajstvennogo optimuma, Ausg. 3, Teil II, Novosibirsk 1972, S. 25–27.

[54] K. K. Val'tuch, Entwicklungsproportionen und Befriedigung der Bedürfnisse, Berlin 1972, S. 45.

wobei

$$z_j = \frac{N_j - N_j^{min}}{N_j^{max} - N_j^{min}}, \quad N_j^{min} \leq N_j \leq N_j^{max}.$$

Dabei bedeuten:

$N_1, N_2, \ldots, N_n$ – die Vektoren des Niveaus der Befriedigung der Bedürfnisse (pro Kopf der Bevölkerung),

N_j^{min} – das Volumen der minimal notwendigen Befriedigung der Bedürfnisse an der j-ten Produktenart,

N_j^{max} – das Volumen der vollständigen Befriedigung dieser Bedürfnisse und

z_j – der Sättigungsgrad des perspektivischen Bedürfnisses j, ausgedrückt in Anteilen von Eins.

Die gewählte Substitutionsrate entspricht, zumindest was die Tendenz ihrer Veränderung in Richtung der Grenzen des Auswahlbereichs betrifft, dem tatsächlich zu beobachtenden Verhalten der Verbraucher. Es gilt nämlich

$$\frac{dz_j}{dz_k} \to -0 \quad \text{bei } N_j \to N_j^{min} \text{ und } N_k \to N_k^{max} \text{ sowie}$$

$$\frac{dz_j}{dz_k} \to -\infty \quad \text{bei } N_j \to N_j^{max} \text{ und } N_k \to N_k^{min}.$$

Mit dem Absinken der Befriedigung eines bestimmten Bedürfnisses j bis in die Nähe der unteren Grenze steigt die Schwierigkeit, diese abnehmende Bedürfnisbefriedigung durch Erhöhung der Befriedigung eines anderen Bedürfnisses k zu kompensieren. Nähert sich im umgekehrten Falle die Befriedigung des Bedürfnisses j dem Sättigungspunkt, so bedarf es eines immer geringeren Verbrauchszuwachses beim Gut k, um etwaige Rückgänge bei der Befriedigung des Bedürfnisses j ausgleichen und damit das Lebensniveau unverändert halten zu können.

Aus der Formel für die Substitutionsraten leitete Ickovič[55] durch Integration folgenden Ausdruck für die Schar der Indifferenzflächen ab:

$$\frac{\prod_j z_j}{e^{\sum_j z_j}} = c, \tag{9}$$

wobei c eine beliebige positive Konstante ist.

[55] Vgl. ebenda, S. 105.

Um zu praktischen Rechnungen übergehen zu können, wird eine Maßeinheit für das Niveau der Befriedigung der perspektivischen Bedürfnisse definiert.

Den Wert der Zielfunktion auf der Indifferenzfläche (9) setzt Val'tuch gleich t mit

$$\frac{t^n}{e^{nt}} = c.$$

Dies entspricht dem Standpunkt, daß bei $z_1 = z_2 = \ldots = z_n = t$ der „Wohlstand" D quantitativ zu bewerten ist als $D(z) = t$. Hieraus erhält man folgende Zielfunktion für die (halb-)dynamische Verflechtungsbilanz:

$$D(z) = e^D \left(\frac{\prod_j z_j}{e^{\sum_j z_j}} \right)^{\frac{1}{n}} \tag{10}$$

Abschließend wollen wir noch einige Probleme nennen, die die von Val'tuch entwickelte Nutzensfunktion aufwirft. Es handelt sich dabei neben den grundsätzlichen Fragen bezüglich der Anwendbarkeit einer ordinalen Nutzensfunktion in der sozialistischen Planung auch um praktisch-methodologische Probleme, die im Rahmen des vorliegenden Ansatzes schrittweise gelöst werden können. Letztere betreffen vor allem die Ermittlung der normalen und vollen Bedürfnisse sowie die Realisierung der Nutzensfunktion im Zusammenspiel mit dem dynamischen Verflechtungsmodell von Šatilov.

Die weitere Arbeit zur Entwicklung einer sozialistischen Wohlstandsfunktion sollte sich vor allem auf experimentelle Berechnungen konzentrieren. Diese sind notwendig, um die theoretischen Schlußfolgerungen auf ihre Übereinstimmung mit der Praxis zu überprüfen. Für diesen Zweck genügt ein relativ hoher Aggregationsgrad (etwa zehn Güteraggregate). In einer weiteren Etappe könnten sozialistische Wohlstandsfunktionen im Rahmen allgemeinerer Modelle (hochaggregierte Steuermodelle, optimale volkswirtschaftliche Verflechtungsmodelle) erprobt werden.

Das zunächst wichtigste Problem ist die datenmäßige Sicherstellung der Berechnungen. Gut geeignet dafür ist das Datenmaterial der Haushaltsstatistik der DDR, die alle notwendigen Ausgangsdaten für die Konstruktion einer ordinalen additiven Nutzensfunktion und – bei Verwendung bestimmter Zeitreihen von Preisindizes – auch für eine kardinale additive Nutzensfunktion enthält. Deshalb sollte gerade hier mit den ersten Experimenten begonnen werden. In dem Maße, in dem weitere verwendbare statistische Daten ermittelt werden können (zum Beispiel über Kreuzpreiselastizitäten), kann man von der additiven Nutzensfunktion unmittelbar zur Konstruktion komplizierterer Funktionstypen übergehen.

Die ausschließlich auf der Nachfragetheorie basierenden Methoden (Sluckij, Frisch), die Preisindizes als Ausgangsdaten benötigen, sind nur dann praktikabel, wenn sich die Preise im betrachteten Zeitabschnitt wesentlich ändern. Da dies in der sozialistischen Wirtschaft in der Regel nicht der Fall ist, sind für uns jene Verfahren von besonderem Interesse, die keine Zeitreihen von Preisindizes verwenden. Hierzu zählen die Ansätze von Volkonskij, Ajvazjan und Val'tuch, mit gewisser Einschränkung aber auch die Konzeption bezüglich einer additiven Nutzensfunktion.

Das für die Realisierung des Vorschlags von Volkonskij benötigte Datenmaterial wird durch die Haushaltsstatistik der DDR ermittelt, jedoch nicht gespeichert. Eine experimentelle Überprüfung dieser Methode sollte, sofern die Primärdaten zu beschaffen sind, vorgenommen werden.

Die Methode von Val'tuch könnte datenmäßig ohne prinzipielle Schwierigkeiten abgesichert werden und wäre unseres Erachtens für Experimente mit Optimierungsvarianten dynamischer und halbdynamischer Verflechtungsbilanzen von Interesse.

9.5. Die Anwendung ökonometrischer Modelle zur Analyse und Planung volkswirtschaftlicher Grundproportionen

9.5.1. Zur Definition und zu den Aufgaben der ökonometrischen Modellierung

Gegenstand der ökonometrischen Modellierung auf der Ebene der volkswirtschaftlichen Gesamtrechnung ist der Reproduktionsprozeß als Ganzes. Das bedeutet, daß die wesentlichsten Zusammenhänge innerhalb des Systems der ökonomischen Variablen (zum Beispiel zwischen Arbeitskräften, Grundfonds, Nationaleinkommen, Export, Import, individueller und gesellschaftlicher Konsumtion, Akkumulation) und ausgewählte Zusammenhänge zwischen den ökonomischen Variablen einerseits sowie den wissenschaftlich-technischen, ökologischen und demographischen Variablen andererseits zu analysieren sind.

Der Zweck der ökonometrischen Modellierung besteht darin, Analysen und Vorausschätzungen der Wirtschaftsentwicklung sowie wichtige Anhaltspunkte über den Effekt bestimmter wirtschaftspolitischer Maßnahmen und verschiedener Varianten der Entwicklung der Volkswirtschaft zu liefern. Damit werden ökonometrische Modelle zu einem wichtigen Instrumentarium für Planung und Prognose. Je nach der gewählten Aggregationsstufe (einbeziehungsweise mehrsektoral) sind ökonometrische Modelle dazu geeignet, erste orientierende Vorstellungen über die Entwicklung wichtiger ökonomischer Kennziffern für einen Vorhersagezeitraum abzuleiten oder relativ detaillierte Erkenntnisse über die künftige Entwicklung der Struktur und wesentlicher sektoraler Entwicklungstendenzen zu gewinnen.

Von der Länge (Anzahl der Beobachtungen) und Unterteilung (Jahr, Quartal) des Analysezeitraums, der Stabilität und Wirklichkeitstreue der quantitativ ermittelten Kausalzusammenhänge sowie der Vorhersagegenauigkeit der exogenen Vorgaben wird es abhängen, wie weit man die Vorausschätzungen in die Zukunft projizieren kann.

Bei der Realisierung ökonometrischer Modelle bedient man sich hauptsächlich der mathematischen Statistik, insbesondere der Regressionsanalyse, sowie der Ergebnisse und Methoden der Wirtschaftsstatistik.

Als ökonometrisches Modell wird, wie bereits an anderer Stelle kurz erwähnt, ein System von stochastischen Gleichungen (Regressionsgleichungen, Produktions- und Elastizitätsfunktionen) und Definitionsgleichungen (Identitäten, Bilanzgleichungen) bezeichnet, die kausale Zusammenhänge innerhalb des zu betrachtenden Wirtschaftsprozesses auf der Grundlage der Erkenntnisse der politischen Ökonomie in möglichst adäquater, jedoch in vereinfachter und auf das Wesentliche beschränkter Form abbilden zum Zwecke seiner Analyse und Vorausschätzung.

Neben den in der UdSSR, in der Ungarischen VR, der VR Polen und in der ČSSR entwickelten und zum Teil praktisch erprobten Modellkonzeptionen liegen auch für die Volkswirtschaft der DDR erste Ergebnisse der Anwendung einsektoraler ökonometrischer Modelle vor.[56]

Einige Grundprinzipien und Probleme der ökonometrischen Modellierung können anhand eines derartigen einsektoralen Modells gezeigt werden.

9.5.2. Ein einsektorales ökonometrisches Modell der Volkswirtschaft der DDR

Das zu betrachtende Modell umfaßt 24 Gleichungen und wurde für eine Analyseperiode (1963 bis 1971) statistisch verifiziert. Die Regressionsgleichungen wurden unabhängig voneinander für die Analyseperiode mit Hilfe der klassischen Methode der kleinsten Quadrate geschätzt. Für die Vorhersage wurde das vorliegende lineare Gleichungssystem bei Vorgabe von exogenen Variablen gelöst. Durch die Einführung eines Variationsparameters, der durch das Verhältnis der Investitionen im nichtproduzierenden Bereich für die kulturelle und soziale Betreuung der Bevölkerung zu den Nettoinvestitionen im produzierenden Bereich bestimmt ist, kann das Modell veränderten Bedingungen unterworfen werden. Das Modell umfaßt wichtige ökonomische Zusammenhänge, die die Produktion und Verwendung des Nationaleinkommens und die Grundfondsreproduktion charakterisieren. Die 24 Modellgleichungen* sind folgendermaßen bestimmt:

1. Zusammenhang zwischen dem Bruttoprodukt *(BP)*, dem Durchschnittsbestand an Grundfonds (*GFD*) und den Arbeitskräften im produzierenden

[56] Vgl. Materialien des 1. und 2. Internationalen Symposiums „Anwendung von Prognosemodellen in der sozialistischen Wirtschaft", Bratislava, 1971 und 1974, sowie: Wolfram Bilow u. a., Erfahrungen und Probleme bei der Nutzung mathematisch-statistischer Methoden für die mittel- und langfristige Planung, in: Wirtschaftswissenschaft, 1/1974, S. 58.

* Der in Klammern gesetzte Wert unter dem geschätzten Regressionskoeffizienten gibt dessen Standardabweichung an. Das Bestimmtheitsmaß der abhängigen Variablen durch die unabhängigen ist mit *B* und der Wert der Durbin-Watson-Statistik zum Testen der Restvariablen auf Autokorrelation ist mit *d* bezeichnet.

Bereich (*AKP*)

$$BP_t = (-54{,}8 + \underset{(0{,}0262)}{1{,}0616}\, GFD)\,\frac{AKP_t}{AKP_0} \tag{1}$$

$$B = 0{,}996;\ d = 1{,}28$$

2. Zusammenhang zwischen Produktionsverbrauch (*P*) und Bruttoprodukt

$$P_t = -14{,}0 + \underset{(0{,}0046)}{0{,}6139}\, BP_t \tag{2}$$

$$B = 0{,}999;\ d = 0{,}94$$

3. Bestimmung des produzierten Nationaleinkommens (*NP*)

$$NP_t = BP_t - P_t \tag{3}$$

4. Bestimmung der Arbeitsproduktivität (*AP*)

$$AP_t = NP_t/AKP_t \tag{4}$$

5. Zusammenhang zwischen Arbeitsproduktivität und Durchschnittslohn (*DL*)

$$DL_t = 2{,}5 + \underset{(0{,}0075)}{0{,}2894}\, AP_t \tag{5}$$

$$B = 0{,}995;\ d = 1{,}35$$

6. Bestimmung des individuell angeeigneten Produkts (*IP*)

$$IP_t = DL_t\, AKP_t \tag{6}$$

7. Bestimmung des Mehrprodukts (*MP*)

$$MP_t = NP_t - IP_t \tag{7}$$

8. Zusammenhang zwischen Export (*EX*) und Bruttoprodukt

$$EX_t = -7{,}8 + \underset{(0{,}0038)}{0{,}1327}\, BP_t \tag{8}$$

$$B = 0{,}994;\ d = 1{,}13$$

9. Bestimmung der Akkumulation (*A*) aus dem produzierten Nationaleinkommen, dem Export, dem Import (*IM*) und der Konsumtion (*K*)

$$A_t = NP_t - EX_t + IM_t - K_t \tag{9}$$

10. Bestimmung der Konsumtion aus der individuellen (KI) und gesellschaftlichen Konsumtion (KG)

$$K_t = KI_t + KG_t \tag{10}$$

11. Zusammenhang zwischen der individuellen Konsumtion und den Nettogeldeinnahmen (NGE)

$$KI_t = -1{,}5 + \underset{(0{,}0274)}{0{,}9797}\, NGE_t \tag{11}$$

$$B = 0{,}995;\ d = 1{,}26$$

12. Zusammenhang zwischen den Nettogeldeinnahmen und dem produzierten Nationaleinkommen

$$NGE_t = 13{,}1 + \underset{(0{,}0166)}{0{,}6122}\, NP_t \tag{12}$$

$$B = 0{,}995;\ d = 1{,}41$$

13. Bestimmung der gesellschaftlichen Konsumtion aus der lebensstandardwirksamen (KGL) und der nichtlebensstandardwirksamen gesellschaftlichen Konsumtion (KGN)

$$KG_t = KGL_t + KGN_t \tag{13}$$

14. Zusammenhang zwischen der lebensstandardwirksamen gesellschaftlichen Konsumtion und dem Mehrprodukt

$$KGL_t = 6{,}983 + \underset{(0{,}0039)}{0{,}0429}\, MP_t \tag{14}$$

$$B = 0{,}945;\ d = 1{,}31$$

15. Bestimmung der Nettoinvestitionen im produzierenden Bereich (NIP) aus der Akkumulation, den Investitionen im nichtlebensstandardwirksamen Bereich (INN), den Veränderungen der Bestände und Reserven (VBR) und dem Variationsparameter (r)

$$NIP_t = \frac{(A_t - INN_t - VBR_t)}{r + 1}, \tag{15}$$

wobei: $r = INL/NIP$

(INL = Investitionen im lebensstandardwirksamen gesellschaftlichen Bereich)

16. Bestimmung der Bruttoinvestitionen im produzierenden Bereich (*BIP*) aus den Nettoinvestitionen und den Amortisationen (*AM*)

$$BIP_t = NIP_t + AM_t \tag{16}$$

17. Zusammenhang zwischen den Amortisationen und dem Durchschnittsbestand an Grundfonds

$$AM_t = -\ 6{,}3 + \underset{(0{,}0028)}{0{,}0593}\ GFD_t \tag{17}$$

$$B = 0{,}993;\ d = 2{,}09$$

18. Zusammenhang zwischen den fertiggestellten Investitionen (*FI*), den Bruttoinvestitionen und den unvollendeten Investitionen des Vorjahres (UI_{-1})

$$FI_t = 560{,}0 + \underset{(0{,}1736)}{0{,}6171}\ BIP_t + \underset{(0{,}2780)}{0{,}4535}\ UI_{t-1} \tag{18}$$

$$B = 0{,}964;\ d = 1{,}71$$

19. Bestimmung der unvollendeten Investitionen (*UI*) aus den unvollendeten Investitionen des Vorjahres, den Bruttoinvestitionen und den fertiggestellten Investitionen

$$UI_t = UI_{t-1} + BIP_t - FI_t \tag{19}$$

20. Zusammenhang zwischen dem Grundfondszugang (*GZG*) und den fertiggestellten Investitionen

$$GZG_t = -\ 316{,}3 + \underset{(0{,}1421)}{0{,}9978}\ FI_t \tag{20}$$

$$B = 0{,}876;\ d = 1{,}21$$

21. Bestimmung des Grundfondszuwachses (*GZW*) aus dem Grundfondszugang und den Aussonderungen (*AS*)

$$GZW_t = GZG_t - AS_t \tag{21}$$

22. Zusammenhang zwischen den Aussonderungen und dem Anfangsbestand an Grundfonds (*GFA*)

$$AS_t = -\ 12{,}7 + \underset{(0{,}0107)}{0{,}0672}\ GFA_t \tag{22}$$

$$B = 0{,}849;\ d = 1{,}18$$

23. Bestimmung des Endbestandes an Grundfonds (GFA_{t+1}) aus dem Anfangsbestand und dem Grundfondszuwachs

$$GFA_{t+1} = GFA_t + GZW_t \tag{23}$$

24. Bestimmung des Durchschnittsbestands an Grundfonds aus dem Anfangsbestand und dem Grundfondszuwachs

$$GFD_t = GFA_t + 0{,}5\, GZW_t \tag{24}$$

Für die Vorausschätzungen mit Hilfe des einsektoralen Modells werden folgende exogene Vorgaben benötigt:

- Arbeitskräfte im produzierenden Bereich (*AKP*),
- Import (*IM*),
- nichtlebensstandardwirksame gesellschaftliche Konsumtion (*KGN*),
- Investitionen im nichtlebensstandardwirksamen gesellschaftlichen Bereich (*INN*),
- Veränderung der Bestände und Reserven (*VBR*),
- Variationsparameter (*r*).

Hinzu kommen zwei verzögerte Variablen (unvollendete Investitionen des Vorjahres, Anfangsbestand an Grundfonds), die durch die Gleichungen (19) und (23) fortgeschrieben werden.
Als Ergebnis (Lösung des Gleichungssystems für mehrere Planjahre) liegen Vorausschätzungen für die 24 endogenen Variablen des Modells vor.

9.5.3. Probleme der Weiterentwicklung der ökonometrischen Modellierung volkswirtschaftlicher Grundproportionen

Die Qualität der Vorausschätzungen bei Anwendung des vorliegenden Gleichungssystems wird durch zahlreiche Faktoren negativ beeinflußt. Wesentliche Einschränkungen bei der adäquaten Widerspiegelung der ökonomischen Prozesse ergeben sich hauptsächlich aus folgenden Vereinfachungen:

– Das Modell ist einsektoral. Der produzierende Bereich der Volkswirtschaft wird als alleiniges Untersuchungsobjekt betrachtet.
– Die Umverteilungsprozesse des Nationaleinkommens sind im Modell nicht berücksichtigt.
– Die Außenwirtschaftstätigkeit erscheint nur in den aggregierten Größen Ex- und Import.

– Die Gesamtgröße der individuellen Konsumtion erlaubt keine Aussagen über die Proportionen in der Warenstruktur und den produktiven Dienstleistungen für die Bevölkerung.

– Ökonomische Beziehungen innerhalb des nichtproduzierenden Bereichs sowie zwischen produzierendem und nichtproduzierendem Bereich werden weitgehend vernachlässigt.

– Die Investitionsverteilung erfolgt ausschließlich nach formalen Kriterien und bezieht sich auf eine zu hohe Aggregationsstufe.

– Faktoren der intensiv erweiterten Reproduktion sind im Modell nicht explizit erfaßt. Das einsektorale ökonometrische Modell wird der Arbeitsproduktivität als der zentralen Kennziffer des volkswirtschaftlichen Reproduktionsprozesses nicht in ausreichendem Maße gerecht.

– Das Modell beschränkt sich, sieht man von der Verwendung des Variationsparameters r einmal ab, auf den Versuch einer Widerspiegelung ökonomischer Zusammenhänge und die Einhaltung wesentlicher Bilanzbeziehungen. Bestimmte Verhaltensweisen (zum Beispiel das Gleichgewicht zwischen Ressourcen und Bedarf an Arbeitskräften), die sich für den Wirtschaftsablauf als günstig erweisen können, werden nicht ausgewiesen.

Die hier angedeuteten Probleme des einsektoralen Modells, die gleichzeitig Ausgangspunkte für seine Weiterentwicklung darstellen, sollen im einzelnen kurz charakterisiert werden.

Um die ökonomischen Prozesse auf der Ebene der volkswirtschaftlichen Gesamtrechnung mit größerer Genauigkeit und in ausreichender Detaillierung widerspiegeln zu können, wird folgende Gliederung der Volkswirtschaft angestrebt: Für den produzierenden Bereich bietet sich die Gliederung nach Wirtschafts- und Industriebereichen an, da sie eine relativ gleichmäßige Verteilung des Bruttoprodukts auf die einzelnen Bereiche garantiert. Dabei werden der produzierende Bereich in sieben Wirtschaftsbereiche (Industrie; produzierendes Handwerk; Bauwirtschaft; Land- und Forstwirtschaft; Verkehrs-, Post- und Fernmeldewesen; Binnenhandel; sonstige produzierende Zweige) und der Wirtschaftsbereich „Industrie" in zehn Industriebereiche (Energie- und Brennstoffindustrie; chemische Industrie; Metallurgie; Baumaterialienindustrie; Wasserwirtschaft; Maschinen- und Fahrzeugbau; Elektrotechnik/Elektronik/Gerätebau; Leichtindustrie; Textilindustrie; Lebensmittelindustrie) unterteilt, so daß 16 Sekoren hinsichtlich bestimmter ökonomischer Zusammenhänge durch das ökonometrische Modell (zum Beispiel Produktionsfunktionen und Gleichungen der Grundfondsreproduktion) analysiert werden können. Die Modellierung des Teils der gesellschaftlichen Konsumtion, der Investitionen und der Arbeitskräfte, der für die kulturelle und soziale Betreuung der Bevölkerung bereitgestellt wird (lebensstandardwirksamer Teil im nichtproduzierenden Bereich), sollte für fünf Sektoren (Dienstleistende Wirtschaft; Bildungswesen; Kunst und Kultur; Körperkultur, Sport, Erholungswesen und Touristik; Gesundheits- und Sozialwesen) erfolgen. Der verbleibende Teil des nichtproduzierenden Bereichs wird nicht weiter untergliedert.

Bei der Bestimmung des Verhältnisses von Akkumulation und Konsumtion sowie bei der Verteilung des verwendeten Nationaleinkommens auf den produzierenden und den nichtproduzierenden Bereich erscheint es zweckmäßig, von Regressions- und Bilanzgleichungen auszugehen, die sich von den bei der ökonometrischen Modellierung gebräuchlichen Beziehungen dadurch unterscheiden, daß die Umverteilungsprozesse des Nationaleinkommens berücksichtigt werden. Damit können durch das ökonometrische Modell zahlreiche Prozesse abgebildet und analysiert werden, die auf die Verbesserung des Lebensniveaus der Bevölkerung gerichtet sind. Mit Hilfe der statistischen Kennziffern „Umverteilung des Nationaleinkommens an die Bevölkerung" (*UAB*) und „Umverteilung des Nationaleinkommens durch die Bevölkerung" sind einige ökonomische Zusammenhänge differenzierter und transparenter darstellbar. Die Variable *UAB* setzt sich wie folgt zusammen:

$$UAB_t = AEN_t + GGF_t \qquad (25)$$

Für die im nichtproduzierenden Bereich tätigen Arbeitskräfte *(AKN)* ist die produktive Arbeit die Quelle ihres Einkommens und die Steigerung der Arbeitsproduktivität der Gradmesser für die Erhöhung ihrer Arbeitseinkommen *(AEN)*. Als Regressionsfunktion kann man deshalb analog der Beziehung (5) formulieren:

$$\frac{AEN_t}{AKN_t} = f\left(\frac{NP_t}{AKP_t}\right) \qquad (26)$$

Die Größe „Geldeinnahmen aus gesellschaftlichen Fonds" *(GGF)* bezieht sich im wesentlichen auf soziale Leistungen wie Renten, Kinder- und Krankengeld, die in enger Beziehung zu demographischen Variablen stehen.

Die wichtigsten Bestandteile der Variablen „Umverteilung des Nationaleinkommens durch die Bevölkerung" wie Bezahlung von Dienstleistungen, Steuern und Beiträge sowie der Zuwachs der Spareinlagen sind in erster Linie als Funktion der Bruttogeldeinnahmen der Bevölkerung zu betrachten. Die Bruttogeldeinnahmen selbst können ohne große Schwierigkeiten aus den Beziehungen (6) und (25) abgeleitet werden.

Die Rolle der Außenwirtschaft in einem ökonometrischen Modell kann nicht auf die globale Einbeziehung von Ex- und Import beschränkt bleiben.

Die sortiments- und termingerechte Erfüllung der langfristigen Abkommen mit den RGW-Ländern, insbesondere mit der Sowjetunion, sowie die zunehmende Investitionsbeteiligung im Rahmen der sozialistischen ökonomischen Integration erfordern eine differenzierte Analyse des Einflusses der Außenwirtschaft auf die nationale Wirtschaft. Die Berücksichtigung der Abhängigkeiten der wesentlichsten Exporte (Erzeugnisse der metallverarbeitenden Industrie, der Leichtindustrie, der chemischen Industrie und der Lebensmittelindustrie) von den entsprechenden Produktionswerten sowie der Zusammenhänge zwischen den Importen (gegliedert nach Konsumgütern, Material und Rohstoffen, Investitionsgütern) und dem Warenfonds, dem Materialverbrauch und den Investitionen kann die Qualität des Modells bedeutend verbessern. Experimentelle Berechnungen bestätigen diese Aussage. Exogene Vorgaben werden für diesen Komplex eine gewisse Bedeutung behalten.

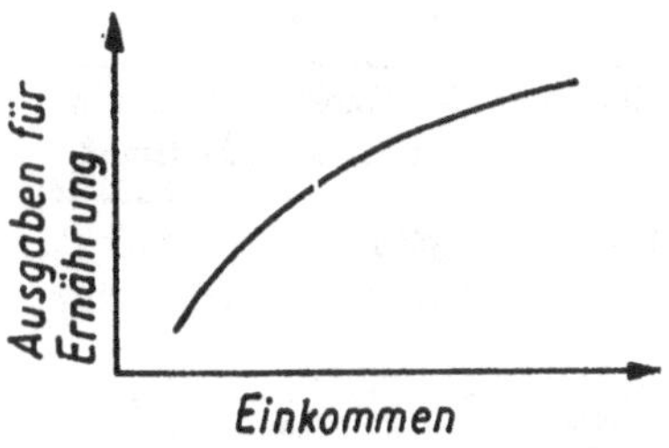

Abb. 9. Kauffunktion für Ernährung

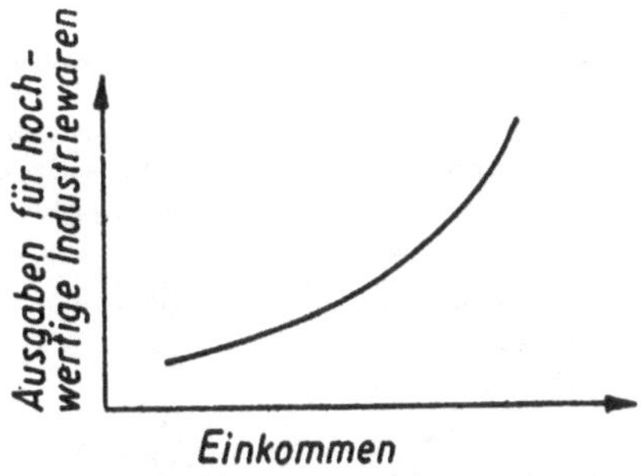

Abb. 10. Kauffunktion für hochwertige Industriewaren

Der überwiegende Teil der Konsumtion erfolgt individuell. Die wichtigste Bestimmungsgröße für die individuelle Konsumtion sind die Nettogeldeinnahmen der Bevölkerung. Neben der Verwendung des weitaus größten Teils für die individuelle Konsumtion, die die Warenkäufe der Bevölkerung und den Verbrauch produktiver Leistungen umfaßt, werden die Nettogeldeinnahmen *(NGE)* zur Bezahlung von Dienstleistungen, sonstigen Steuern und Beiträgen[57] sowie für die Geldakkumulation verwendet. Die ökonomische Beziehung

$$KI_t = f(NGE_t) \tag{27}$$

ist bereits durch Gleichung (11) empirisch verifiziert worden.

[57] Die eigentlichen Steuern und Beiträge (Lohnsteuern und Sozialversicherungsbeiträge) bilden die Differenz zwischen Brutto- und Nettogeldeinnahmen.

Die Gesamtgröße der individuellen Konsumtion ist dadurch in signifikanter Weise berechenbar. Es ist jedoch notwendig, die individuelle Konsumtion zu desaggregieren. Ihr hauptsächlicher Bestandteil ist der Einzelhandelsumsatz der Bevölkerung *(EHU)*. Alle hier betrachteten Unterpositionen des Einzelhandelsumsatzes (10 Warengruppen) werden in funktionaler Abhängigkeit von den Nettogeldeinnahmen der Bevölkerung bestimmt. Dabei ergaben sich bereits bei den einfachen linearen Funktionen der Form

$$EHU_t^{(i)} = a_0 + a_1\, NGE_t + u_t \qquad (i = 1,2, ..., 10) \tag{28}$$

zufriedenstellende Resultate, wie empirisch nachgewiesen werden konnte. Eine gewisse Verbesserung der Schätzergebnisse ist jedoch zu verzeichnen,

Tabelle 1
Regressionsschätzungen für den Einzelhandelsumsatz nach Warengruppen (1964 bis 1973)

Warengruppe	linear		nichtlinear	
	Regressionskoeffizient	Bestimmtheitsmaß	Elastizitätskoeffizient	Bestimmtheitsmaß
Nahrungsmittel	0,2531	0,9857	0,8557	0,9888
Genußmittel	0,1617	0,9863	1,1319	0,9876
Schuhe, Galanterie- und Sattlerwaren	0,0284	0,9820	1,2323	0,9853
Bekleidungs- und Wäschestoffe, konfektionierte Oberbekleidung	0,0672	0,9830	1,2271	0,9843
Wirk- und Strickwaren, Leib- und Haushaltswäsche, Kurzwaren	0,0616	0,9869	1,0445	0,9874
Möbel, Musikinstrumente, Spielwaren, Sportgeräte, Papierwaren	0,0746	0,9945	1,3274	0,9962
Haushalts- und Wirtschaftswaren	0,0377	0,9877	1,0512	0,9879
Elektrotechnik, Foto-Kino-Optik, Schmuck, Straßenfahrzeuge	0,0949	0,9618	1,5661	0,9664
Artikel für die Körper- und Gesundheitspflege, chemische Erzeugnisse	0,0458	0,9810	1,2673	0,9811
Brennstoffe, Nutzholz	0,0598	0,9653	1,7438	0,9690
Einzelhandelsumsatz	0,8846	0,9987	1,1064	0,9988

wenn anstelle der Beziehung (28) folgender nichtlinearer Ansatz verwendet wird:

$$EHU_t^{(i)} = a_0 \cdot (NGE_t)^{a_1} \cdot u_t \qquad (29)$$

In Tabelle 1 sind die Ergebnisse der Parameterschätzung für den linearen und den nichtlinearen Regressionsansatz zusammengefaßt.

Hierzu ein Beispiel:

Erhöhen sich die Nettogeldeinnahmen um 100,– Mark, so steigt der Verbrauch an Nahrungsmitteln im Durchschnitt um etwa 25,– Mark; bei einer Erhöhung der Nettogeldeinnahmen um 1 Prozent wachsen die Ausgaben für Nahrungsmittel um durchschnittlich etwa 0,86 Prozent.

Bei Regressionen mit relativ kurzen Zeitreihen zeigt sich das typische Verhalten der einzelnen Kauffunktionen, zum Beispiel für Ernährung und hochwertige Industriewaren (vgl. die Abbildungen 9 und 10), nicht in so ausgeprägter Form wie bei Querschnittsuntersuchungen. In unserem Falle ist also auf der Abszisse nicht das Einkommen, unterteilt nach der Höhe in bestimmten Einkommensgruppen, sondern das Gesamteinkommen der Bevölkerung in seiner zeitlichen Veränderung erfaßt (entsprechend auch auf der Ordinate).

Die Berücksichtigung der Preisentwicklung für die Warengruppen in den Regressionsfunktionen führte nur bei einigen Positionen zu unwesentlichen Verbesserungen der Spezifikation.

Die Modellierung der Warengruppen des Einzelhandelsumsatzes in Abhängigkeit von den Nettogeldeinnahmen kann als Beispiel für die Bestimmung der übrigen Positionen der individuellen Konsumtion angesehen werden.

Die Einbeziehung des nichtproduzierenden Bereichs in die ökonometrische Analyse ist eine Aufgabe, die in allen bisher konzipierten ökonometrischen Modellen unzureichend gelöst ist.

Die Modellierung der gesellschaftlichen Konsumtion (lebensstandardwirksamer Teil), untergliedert nach Teilbereichen (zum Beispiel Bildungswesen, Kultur und Kunst, Gesundheits- und Sozialwesen), steht in unmittelbarem Zusammenhang mit der Modellierung entgeltlicher und unentgeltlicher Dienstleistungen. Die entgeltlichen Dienstleistungen sind in gleicher Weise zu modellieren wie die Positionen des Einzelhandelsumsatzes, das heißt in Abhängigkeit von den Nettogeldeinnahmen der Bevölkerung.

Die Analyse der unentgeltlichen Dienstleistungen, von denen wegen ihres großen Umfangs und der Berücksichtigung des überwiegenden Verbrauchs der Leistungen von Kultur und Kunst, Körperkultur, Sport, Erholungswesen und Tourismus als entgeltliche Dienstleistungen nur die Leistungen des Bildungs- und Gesundheitswesens sinnvoll zu spezifizieren sind, kann nicht ihrem vollen Aufwand entsprechend erfolgen. Ausdruck des Verbrauchs der Bevölkerung kann hier nur die Summe der Aufwendungen der gesellschaftlichen Konsumtion (Materialverbrauch und Verbrauch produktiver Leistungen) und der sogenannten „nichtmateriellen Aufwände" (Lohnkosten) sein. Ungeachtet der Schwierigkeiten, die sich dabei für die Schätzungen ergeben, werden dafür Regressionsbeziehungen abgeleitet, und zwar für das Gesundheitswesen zum Beispiel in Abhängigkeit von der Anzahl der Konsultationen an ambulanten Einrichtungen und für das Bildungswesen beispielsweise in Abhängigkeit von der Bevölkerung im Kindesalter sowie von der Anzahl der Lernenden und Studierenden.

Die künftig zu erwartende Tendenz der zunehmenden Arbeitskräfteknappheit, die aus der demographischen Entwicklung herrührt, sowie die Tendenz des Wachstums des Anteils der in der nichtproduktiven Sphäre Beschäftigten führen zur Beschränkung der Arbeitskräfte im produzierenden Bereich.

Die Arbeitskräfteentwicklung für die einzelnen Sektoren der Volkswirtschaft ist daher in zweifacher Hinsicht zu analysieren. *Erstens* vom Standpunkt der Arbeitskräfteressourcen, die durch die relativ stabilen Verhältnisse für die Sektoren in der Vergangenheit, durch die Berücksichtigung der Unterschiede in der Qualifikation und des Durchschnittslohns sowie durch die Entwicklung der Arbeitskräfte im nichtproduzierenden Bereich charakterisiert sind, und *zweitens* vom Standpunkt des Bedarfs, der von der zukünftigen Produktions- und Arbeitsproduktivitätsentwicklung abhängig ist.

Im einsektoralen Modell ist die Aufteilung der Investitionen für den produzierenden und den nichtproduzierenden Bereich durch den Variationsparameter r realisiert worden. Das gleiche könnte auch in einem mehrsektoralen Modell als eine mögliche Variante für die Entwicklung der Gesamtgrößen durchgeführt werden. Weiterhin wäre es möglich, mehrere Varianten der Investitionsverteilung auf die gewählten 22 Sektoren der Volkswirtschaft exogen vorzugeben und zu untersuchen, welche ökonomischen Auswirkungen auf das Gesamtsystem damit verbunden sind. Diese Verfahrensweise soll für ein mehrsektorales Modell nicht gänzlich ausgeschlossen werden, ebenso wie die exogene Vorgabe einzelner Investitionsgrößen durchaus eine Bedeutung haben kann. In erster Linie sollen jedoch im Gegensatz und in Ergänzung zu dem beschriebenen Vorgehen bestimmte Teilgrößen der Investitionen in Abhängigkeit von wesentlichen Einflußfaktoren modelliert werden. Folgende Einflußfaktoren sind hierbei als relevant anzusehen:

– der Bedarf der Bevölkerung,

– die Produktionsentwicklung im gleichen Sektor beziehungsweise in anderen Sektoren,

- der Export,
- Entwicklungsrichtungen des wissenschaftlich-technischen Fortschritts und die sich daraus ergebende Erneuerung der Grundfonds,
- die bisherige Investitionsentwicklung im jeweiligen Sektor und
- die Notwendigkeit verstärkter Substitution von Arbeitskräften durch Grundfonds.

Grundlage und Voraussetzung jedes funktionsfähigen ökonometrischen Modells einer Volkswirtschaft ist die ökonomisch-statistische Analyse der Entwicklung und der Struktur wichtiger Kennziffern des volkswirtschaftlichen Reproduktionsprozesses sowie der Zusammenhänge zwischen ihnen. Im Mittelpunkt dieser Analysen steht die Arbeitsproduktivität. Sie kann als diejenige Kennziffer charakterisiert werden, von deren Größe letztlich Niveau und Entwicklungstempo einer Volkswirtschaft abhängen. Die Arbeitsproduktivität muß deshalb auch als eine der zentralen Kennziffern für ein ökonometrisches Modell angesehen werden. Sie ist einerseits Ergebnis der Wirkung bestimmter Einflußfaktoren, auf die bereits Karl Marx im „Kapital" hingewiesen hat[58], und anderseits einer der wichtigsten Ausgangspunkte für die Planung von Akkumulation und Konsumtion. Endogene Variable ist sie insofern, als sie von einer Reihe entweder überwiegend extensiv oder intensiv auf den Wachstumsprozeß wirkenden Faktoren abhängt. Ebenso wie es unmöglich ist, die einzelnen Hauptfaktoren eindeutig zu quantifizieren, scheint es unmöglich zu sein, die Faktoren eindeutig hinsichtlich ihres extensiven und intensiven Beitrags zum Wachstum zu klassifizieren. Jeder Faktor, der einer quantitativen Analyse zugänglich ist, wird zugleich extensive *und* intensive Elemente des Wachstums enthalten.

Für den Prozeß der Verteilung und Umverteilung des Nationaleinkommens kann die Arbeitsproduktivität als eine exogene Variable angesehen werden. Von ihrer Größe hängt der Grad der Befriedigung der Bedürfnisse der Gesellschaft ab, unabhängig davon, ob man die Bedürfnisbefriedigung als kurzfristigen oder langfristigen Prozeß charakterisiert.

Besonders deutlich wird die zentrale Stellung der Arbeitsproduktivität im volkswirtschaftlichen Reproduktionsprozeß dadurch, daß sie einerseits die Höhe der Akkumulation entscheidend beeinflußt und anderseits vom Umfang und der Wirkungsfähigkeit der Produktionsmittel abhängig ist. Zwischen der Akkumulation und dem Umfang und der Wirkungsfähigkeit der Produktionsmittel bestehen enge Beziehungen, die sich in der Grundfondsreproduktion darstellen. Die statistische Widerspiegelung dieses Kreislaufs

[58] Vgl. Karl Marx, Das Kapital, Erster Band, in: MEW, Bd. 23, Berlin 1964, S. 54.

der materiellen Produktion auf erweiterter Stufenleiter ist eine der wichtigsten Aufgaben, die ein ökonometrisches Modell zu erfüllen hat. In diesem Kreislauf spielen die intensiv auf die Steigerung der Arbeitsproduktivität wirkenden Faktoren eine wachsende Rolle. Die Widerspiegelung dieses Prozesses stößt jedoch auf Schwierigkeiten, da geeignete statistische Repräsentanten für die intensiv wirkenden Faktoren nicht zur Verfügung stehen.

Als Grundbeziehung zur ökonometrischen Bestimmung der Arbeitsproduktivität insgesamt sowie für die Sektoren des produzierenden Bereichs wird deshalb der Zusammenhang zwischen der Grundfondsausstattung der Arbeitskräfte und der Arbeitsproduktivität angesehen:

$$AP_t = f\,(GFD_t/AKP_t). \tag{30}$$

Die Grundfondsausstattung der Arbeitskräfte vermag die Steigerung der Arbeitsproduktivität in einem hohen Grade zu erklären.[59] Da eine steigende Grundfondsausstattung der Arbeitskräfte nicht nur quantitativ mehr, sondern auch qualitativ bessere Arbeitsmittel je Arbeitskraft darstellt und dadurch die Effektivität ihres Einsatzes potentiell steigt, ist es äußerst schwierig, diesen wichtigen Faktor bezüglich seiner Rolle im Reproduktionsprozeß (extensiv/intensiv) zu charakterisieren. Eine steigende Grundfondsausstattung kann nicht ausschließlich als Faktor der extensiven Entwicklung angesehen werden. Das Problem der Einbeziehung weiterer Faktoren in diesen Zusammenhang ist sehr kompliziert, weil für die Vergangenheit eine befriedigende Lösung der Darstellung der Arbeitsproduktivität durch die alleinige Berücksichtigung der Grundfondsausstattung möglich war, für die Zukunft aber eine Einbeziehung weiterer vor allem überwiegend intensiv wirkender Faktoren wie die stimulierende Wirkung der Konsumtion, bessere Organisation, Charakter der Arbeit, Technologie, Automatisierungs- und Mechanisierungsgrad notwendig erscheint. Eine nicht unerhebliche Schwierigkeit ergibt sich daraus, daß bei Einbeziehung weiterer Faktoren in den Zusammenhang (30) Probleme bei der statistischen Schätzung der Parameter dieser Beziehung auftreten (sogenannte Multikollinearität der Einflußfaktoren).

Die Qualität eines ökonometrischen Modells kann wesentlich verbessert werden, wenn die Wirkungsweise des Modells durch die Beziehungen zwi-

[59] So konnten beispielsweise für den produzierenden Bereich der Volkswirtschaft (Zeitraum 1960 bis 1970) durch eine lineare Regressionsfunktion 98,11 Prozent der Variabilität der Arbeitsproduktivität aus der Grundfondsausstattung der Arbeitskräfte erklärt werden. Durch einen nichtlinearen Ansatz kann dieses Ergebnis noch verbessert werden.

schen den volkswirtschaftlichen Ressourcen und dem Bedarf bestimmt wird; das heißt, das Modell sollte die Frage beantworten, wie ein bestimmter volkswirtschaftlicher Bedarf an Nationaleinkommen durch den Einsatz der volkswirtschaftlichen Ressourcen, der Akkumulationsmittel und die Entwicklung der Effektivität der Volkswirtschaft gedeckt werden kann. Ausgangspunkt für diese Betrachtungsweise, die gegenüber der überwiegend passiven des einsektoralen Modells ein aktives Element enthält, sind die Ressourcen und der Bedarf an Arbeitskräften. Dabei werden die Ressourcen an Arbeitskräften durch die Bilanzgleichung[60]

$$AK_t = B_t - BK_t - BR_t - RN_t + RA_t - LS_t - NA_t \pm ASL_t \quad (31)$$

bestimmt, während sich der Bedarf an Arbeitskräften im produzierenden Bereich durch die Definitionsgleichung

$$AKP_t = NP_t/AP_t \quad (32)$$

und der Bedarf an Arbeitskräften im nichtproduzierenden Bereich *(AKN)* durch die Regressionsgleichung[61]

$$AKN_t = f(AP_t, KGN_t) \quad (33)$$

ermitteln lassen.

Die Beziehungen (31) bis (33) werden zur Gleichgewichtsbedingung

$$^{(R)}AK_t = {}^{(B)}AK_t\,(1 + \alpha) \quad (34)$$

zusammengefaßt. Auf diese Weise ist es möglich, ein Gleichgewicht ($\alpha = 0$) zwischen Ressourcen *(R)* und Bedarf *(B)* an Arbeitskräften bei gleichzeitiger Einbeziehung der wichtigsten Modellgleichungen herzustellen. Die rechte Seite der Regressionsgleichung (30), durch die die Arbeitsproduktivität bestimmt wird, kann jeweils in die Gleichungen (32) und (33) eingesetzt

60 *AK* = Bevölkerung im Kindesalter
B = Bevölkerung
BK = Arbeitskräfte in der Volkswirtschaft
BR = Bevölkerung im Rentenalter
RN = nichtberufstätige Rentenempfänger
RA = Arbeitskräfte im Rentenalter
LS = Lernende und Studierende
NA = Nichtberufstätige im arbeitsfähigen Alter
ASL = Arbeitskräfte im Austausch mit dem sozialistischen Lager.

61 Diese Regressionsgleichung beinhaltet, daß sich der Bedarf an Arbeitskräften im nichtproduzierenden Bereich mit der Entwicklung der Arbeitsproduktivität und der Variablen *KGN* verändert.

werden; die Grundfondsausstattung der Arbeitskräfte ist wiederum durch die Beziehungen der Grundfondsreproduktion, wie sie im einsektoralen Modell dargestellt wurden, erklärbar usw.

Es stellt sich die grundsätzliche Frage, wie das Gleichgewicht zwischen Ressourcen und Bedarf an Arbeitskräften realisiert werden kann. Die Beantwortung dieser Frage hängt in erster Linie von der geplanten Höhe des Wachstumstempos des produzierten Nationaleinkommens ab. Ein entscheidender Einfluß auf das Modellverhalten und damit auf das Gleichgewicht zwischen Ressourcen und Bedarf an Arbeitskräften kann durch die Verwendung von Variationsparametern ausgeübt werden, zu deren wichtigsten

- das Verhältnis von Arbeitsproduktivität und Durchschnittslohn,
- die Verteilungsstruktur der Investitionen und
- die Beeinflussung der ökonomischen Prozesse durch intensiv wirkende Wachstumsfaktoren

gehören. Der Gleichgewichtszustand ist folglich durch Simulation des gesamten Systems in Abhängigkeit von den genannten Variationsparametern erreichbar. Diese Verfahrensweise wird dem Prozeß der Planung auf der Ebene der volkswirtschaftlichen Gesamtrechnung besser gerecht als eine Widerspiegelung der ökonomischen Prozesse im Sinne des vorgestellten einsektoralen ökonometrischen Modells.

9.6. Zur Darstellung ökonomischer Zusammenhänge zwischen den materiellen und einigen nichtmateriellen Bereichen mit Hilfe der volkswirtschaftlichen Verflechtungsbilanz

9.6.1. Zur Notwendigkeit der komplexen Planung materieller und nichtmaterieller Prozesse

Im Rahmen der von der Prognose und langfristigen Planung zu lösenden Aufgaben spielt die Erfassung und Berücksichtigung der Zusammenhänge und Wechselbeziehungen von materiellen und nichtmateriellen Produktions- und Reproduktionsprozessen eine wachsende Rolle.* Dafür gibt es mindestens folgende Gründe. *Erstens* hat sich in den letzten 20 Jahren die Bedeutung der nichtproduzierenden Bereiche erhöht. So beschäftigten die europäischen RGW-Länder 1970 10 bis 20 Prozent der Berufstätigen in den nichtproduzierenden Bereichen; 30 bis 40 Prozent der Grundfonds waren 1970 in diesen Bereichen gebunden, und 15 bis 30 Prozent der Investitionen flossen 1970 in diese Sphäre.** *Zweitens* wurden die Beziehungen zwischen den produzierenden und einigen nichtproduzierenden Bereichen enger. Das trifft für die Wissenschaft und für jene nichtproduzierenden Bereiche zu, deren Tätigkeit auf die Sicherung unmittelbarer Reproduktionsbedürfnisse der Hauptproduktivkraft, der Arbeitskraft, gerichtet ist. Zu diesen Bereichen zählen vor allem das Bildungswesen, das Gesundheits- und Sozialwesen sowie der Kulturbereich.

Dieses relativ hohe spezifische Gewicht der nichtmateriellen Bereiche im gesellschaftlichen Reproduktionsprozeß und die damit verbundene Vertiefung der Wechselbeziehungen zwischen den materiellen und nichtmateriellen Bereichen erfordern eine aufeinander abgestimmte Planung und Gestaltung der sich im volkswirtschaftlichen Reproduktionsprozeß vollziehenden materiellen und nichtmateriellen Prozesse. Das ist eine besonders dringliche Aufgabe für die langfristige Planung, da sowohl die Einflußnahme auf die Produktionsstruktur nur über einen längeren Zeitraum möglich ist als auch der Effekt der in einigen dieser Bereiche (Bildungswesen, Wissenschaft) getätigten Aufwendungen in der Regel erst nach Jahren in Erscheinung tritt. Die Bemühungen vieler Ökonomen und auch Wirtschaftsmathe-

* Wenn im folgenden von materiellen und nichtmateriellen Bereichen und Prozessen gesprochen wird, so erfolgt das vom Standpunkt des Resultats.

** Vgl. Statističeskij eżegodnik stran-členov SEV, Moskva 1973.

matiker sind daher darauf gerichtet, geeignete Methoden nutzbar zu machen oder zu entwickeln, um die miteinander verflochtenen materiellen und nichtmateriellen Produktionsprozesse zu erfassen, zu analysieren und komplex zu planen.

Gegenwärtig erfolgt eine komplexe Erfassung und Planung materieller und nichtmaterieller Prozesse lediglich in den materiellen Bereichen, wobei ausschließlich jene nichtmateriellen Prozesse einbezogen sind, deren Finanzierung im Rahmen der wirtschaftlichen Rechnungsführung der Betriebe und Kombinate erfolgt. Das ist aber nur ein Teil (in der Regel der kleinere Teil[62]) der im volkswirtschaftlichen Reproduktionsprozeß insgesamt ablaufenden nichtmateriellen Prozesse. Die aus dem gesellschaftlichen Konsumtionsfonds finanzierten nichtmateriellen Bereiche, die sich im Rahmen des historischen Prozesses der Teilung der gesellschaftlichen Arbeit als relativ selbständige Produktionseinheiten konstituiert haben, werden in ihren Wechselbeziehungen zu den materiellen Bereichen gegenwärtig nicht genügend erfaßt. Eine wichtige Ursache hierfür ist die Spezifik der nichtmateriellen Bereiche, die vor allem darin besteht, daß die Prozesse, die in diesen Bereichen ablaufen, kein stoffliches Produkt hervorbringen, sondern in dieser oder jener Form nichtstoffliche Reproduktionsbedürfnisse der Arbeitskraft und Wirtschaft, Planungs-, Leitungs- und Organisationsbedürfnisse der Gesellschaft und Wirtschaft sowie Sicherungsbedürfnisse des Staates und der sozialistischen Staatengemeinschaft befriedigen. Die in Geldform ausgedrückten Aufwendungen der nichtmateriellen Bereiche repräsentieren die Leistung dieser Bereiche nur unvollkommen. So haben die in einer Reihe von nichtmateriellen Bereichen erzielten Ergebnisse sowohl eine produktions- als auch eine konsumtionswirksame Seite; sie erhöhen oder erhalten einerseits den Qualifikationsgrad der Arbeitskraft und damit ihre Produktionswirksamkeit und andererseits das allgemeine Bildungs- und Kulturniveau der Arbeitskraft im Sinne der Persönlichkeitsentwicklung des Menschen. Die in den nichtmateriellen Bereichen (besonders im Bildungs- und Kulturbereich) getätigten Aufwendungen sind demzufolge kein Repräsentant der wirklichen Leistung dieser Bereiche. Die Suche nach geeigneten

[62] Wir beziehen uns hier auf den Beitrag: Magda Ulbrich, Probleme der langfristigen Planung der Dienstleistungen beziehungsweise der nichtmateriellen Bereiche, ihre Erfassung in der volkswirtschaftlichen Verflechtungsbilanz, Wissenschaftliche Arbeitsberatung des Zentralinstituts für Wirtschaftswissenschaften der Akademie der Wissenschaften der DDR (unter Beteiligung ungarischer Wissenschaftler), Berlin 1972. Vgl. hierzu auch: Hans-Dieter Anders / Gertraud Kalok, Problemdiskussion zu ausgewählten Fragen der langfristigen Planung im Sozialismus, in: Wirtschaftswissenschaft, 4/1973, S. 588–594.

Methoden zur Erfassung, Analyse und Planung der produzierenden Bereiche in ihrem Wechselverhältnis mit den nichtproduzierenden Bereichen muß diesen gemeinsamen und eigenständigen Funktionen Rechnung tragen. Sie muß nicht zuletzt berücksichtigen, daß die nichtmateriellen Bereiche keinen Neuwert schaffen, sondern lediglich Konsumenten eines umverteilten Teils des Nationaleinkommens sind.

9.6.2. Das erweiterte Schema der Verflechtungsbilanz

Ausgehend von den Möglichkeiten, die die bislang entwickelten Modelltypen in sich bergen, und unter Berücksichtigung der genannten Spezifika der nichtproduzierenden Bereiche bietet sich die volkswirtschaftliche Verflechtungsbilanz als Instrument zur Darstellung ökonomischer Zusammenhänge zwischen den materiellen und nichtmateriellen Bereichen an. Hier sehen wir prinzipiell zwei Wege. Ein naheliegender und bereits vereinzelt beschrittener Weg besteht darin, durch detailliertere Aufgliederung des Endprodukts nach Verwendungspositionen, insbesondere durch Untergliederung der gesellschaftlichen Konsumtion, die Beziehungen zwischen Aufkommen (III. Quadrant), Umverteilung (IV. Quadrant) und Verwendung (II. Quadrant) eines Teils des Nettoprodukts (Nationaleinkommens) sichtbar zu machen. Ein solcher Schritt ist unseres Erachtens wichtig vor allem zur besseren Darstellung der Finanzprozesse. Er führt aber noch nicht an die Sichtbarmachung des Zusammenhangs einiger nichtmaterieller Bereiche mit den materiellen Bereichen heran, deren Verflechtungen im I. Quadranten abgebildet werden. Es drängt sich daher die Überlegung auf, ob jene nichtmateriellen Bereiche, deren Tätigkeit, wenn auch in unterschiedlichem Maße, unmittelbar auf die Reproduktionsbedürfnisse der Arbeitskraft beziehungsweise auf die der Produktion gerichtet ist *und* eine produktionswirksame Komponente hat, nicht auch in ihrer Verflechtung mit den materiellen Bereichen dargestellt werden können. Derartige nichtmaterielle Bereiche sind vor allem das Bildungswesen (einschließlich Hoch- und Fachschulwesen), das Gesundheits- und Sozialwesen sowie der Kulturbereich, die eine unmittelbare Wirkung auf die Reproduktion der Arbeitskraft haben, sowie die Grundlagenwissenschaft, deren Ergebnisse über die angewandte Forschung und auch unmittelbar auf die Erneuerung der Produktion gerichtet sind. Eine derartige Überlegung führt naturgemäß zu den Fragen:

1. Was leistet ein solcher Ansatz? und
2. Wie kann ein solcher Modellansatz realisiert werden?

Unterstellt man zunächst die Realisierbarkeit des Ansatzes, so ist auf die erste Frage zu antworten: Seine Ergebnisse sind die Darstellung der aufwandsmäßigen Verflechtung der materiellen mit einigen nichtmateriellen Bereichen, die Bestimmung der Koeffizienten des vollen Arbeitsaufwands der um die einbezogenen nichtmateriellen Bereiche erweiterten Koeffizientenmatrix und die auf ihrer Grundlage möglichen Variantenrechnungen zur Bestimmung des Bruttoprodukts. Da eine solche Betrachtung die nichtmateriellen Bereiche ausschließlich hinsichtlich der in ihnen getätigten Aufwendungen erfaßt, wird deutlich, daß die hierbei gewonnene Information auf Kosten des Effekts der nichterweiterten, traditionellen Verflechtungsbilanz zustande kommt, nämlich der Darstellung der Tätigkeit der nichtmateriellen Bereiche als gesellschaftliche Konsumtion. Der bei einer derartigen Erweiterung zwangsläufig eintretende Informationsverlust verdeutlicht, daß die langfristige Planung und Prognose offensichtlich *beide* Betrachtungsweisen benötigt, die jeweils ihren spezifischen Platz bei der Ermittlung volkswirtschaftlicher Grundproportionen einnehmen.

Die zweite Frage erfordert Antwort bezüglich des Realisierungsweges des Modellansatzes. Die Ausgliederung eines Teils der Aufwendungen aus dem Endproduktvektor und ihre Einbeziehung in den erweiterten I. Quadranten erfordert die Bestimmung der aufwandsmäßigen Verflechtungen der materiellen mit den einbezogenen nichtmateriellen Bereichen. Bevor wir uns dieser Frage zuwenden, beschreiben wir zunächst das Schema der erweiterten Verflechtungsbilanz in seiner allgemeinen Form.

Das erweiterte Schema der volkswirtschaftlichen Verflechtungsbilanz ist ein mathematisches Modell, das die Verflechtungen materieller und einiger nichtmaterieller Bereiche des volkswirtschaftlichen Reproduktionsprozesses abbildet (vgl. Abbildung 11).

Die Methode besteht darin, die genannten nichtmateriellen Bereiche in das Schema der volkswirtschaftlichen Verflechtungsbilanz einzubeziehen, indem man jedem der betrachteten Bereiche eine Zeile und eine Spalte der Matrix des ersten Quadranten zuordnet.

In Übereinstimmung mit der politökonomischen Theorie und Wirtschaftspraxis werden hierbei die nichtmateriellen Bereiche *nicht* als neuwertschaffende Wirtschaftszweige betrachtet. Der Output (die Leistungen) eines nichtmateriellen Bereichs wird vereinfacht im Umfang derjenigen Aufwendungen gemessen, welche dieser Bereich benötigt, um seine Aufgabe im volkswirtschaftlichen Reproduktionsprozeß erfüllen zu können. Im folgenden bezeichnen wir die bekannte Verflechtungsbilanz mit B und die erweiterte Bilanz mit $\bar{B}$. Das Schema der erweiterten Bilanz hat dann die in Abbildung 11 dargestellte Form. Für die erweiterte Bilanz $\bar{B}$ verwenden wir im folgenden die Bezeichnungen $\bar{x}_{ij}$ (zwischenzweigliche Lieferung), $\bar{y}_i$ (Endprodukt), $\bar{z}_j$ (Löhne, Gewinne und Amortisationen), $\bar{a}_{ij}$ (technologische Aufwandskoeffizienten) und $\bar{x}_i$ (Bruttoprodukt), während für die

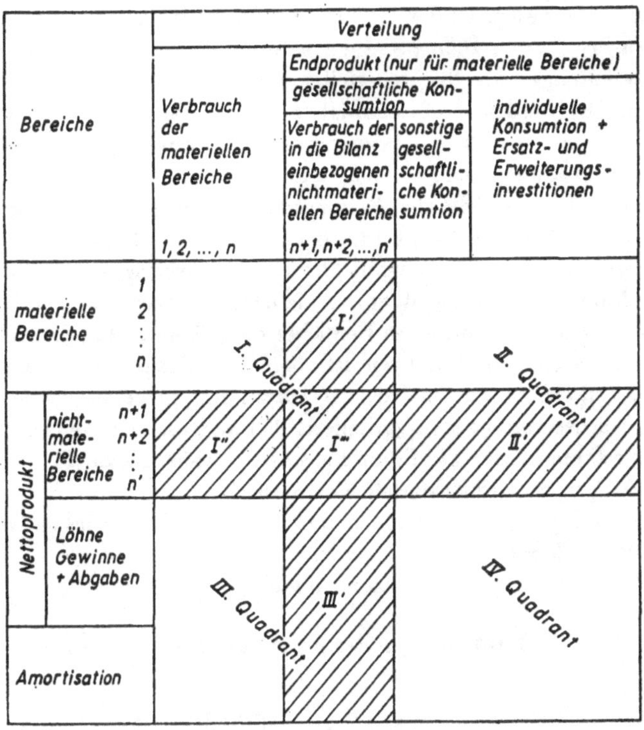

Abb. 11. Schema der um einige nichtmaterielle Bereiche erweiterten Verflechtungsbilanz

herkömmliche Bilanz B die Bezeichnungen

$$x_{ij},\ y_i,\ z_j,\ a_{ij}\ \text{und}\ x_i$$

beibehalten werden.

Wir unterstellen zunächst, daß im I. Quadranten der traditionellen Verflechtungsbilanz B nur materielle Prozesse widergespiegelt werden. In diesem Falle handelt es sich bei den in I' ausgewiesenen Aufwendungen der materiellen für die nichtmateriellen Bereiche ausschließlich um Werte, die aus dem II. Quadranten von B ausgegliedert sind. In der erweiterten Bilanz $\overline{B}$ sind die summarischen Werte des zweiten Quadranten $(\overline{y}_i)$ um eben diese Aufwendungen kleiner: $\overline{y}_j$ = Endprodukt-Aufwendungen für nichtmaterielle Bereiche, die in den $I.$ Quadranten von $\overline{B}$ einbezogen werden.

In I'' sind die Aufwendungen der nichtmateriellen für die materiellen

Bereiche ausgewiesen. Im Unterschied zu der in der Ungarischen VR[63] aufgestellten erweiterten Bilanz werden in unserem Ansatz die nichtmateriellen Aufwendungen für die materiellen Bereiche, die aus dem Staatshaushalt finanziert werden, berücksichtigt. Entsprechend unseren Voraussetzungen ist ein Teil der in I'' ausgewiesenen Aufwendungen umgewandeltes (umverteiltes) Nationaleinkommen, und somit sind die in I'' enthaltenen Aufwandsgrößen als Teile des Nettoprodukts zu betrachten. Da die Finanzierung dieser Bereiche hauptsächlich aus dem Staatshaushalt erfolgt, sind die Werte der Zeile „Gewinne + Abgaben" beziehungsweise „Löhne" im III. Quadranten entsprechend zu verkleinern. Während in der herkömmlichen Bilanz der Gewinn eines Bereiches die Differenz zwischen Erlös und selbstfinanzierten Aufwendungen ist, muß bei einem erweiterten Schema auch ein Teil der zentral finanzierten Aufwendungen berücksichtigt werden. Nur ein solches Herangehen garantiert, daß auch beim erweiterten Schema der Verflechtungsbilanz die Bilanzgleichheit gewahrt bleibt. I''' enthält die Aufwendungen der nichtmateriellen Bereiche füreinander.

In III' sind als positive Größen nur die Löhne ausgewiesen, die in der nichtmateriellen Sphäre gezahlt werden.

Auf Grund unserer Voraussetzungen gilt:

$\bar{x}_{ij} = x_{ij}$ (x_{ij} – Aufwendungen des Bereiches i für den Bereich j),

$$\bar{y}_i = y_i - \sum_{j=n+1}^{n'} x_{ij} \; (i \leq n),$$

$\bar{y}_i = 0$ $(i > n)$ (y_i – Endprodukt des Bereiches i, $i \leq n$)

$$\bar{z}_j = z_j - \sum_{i=n+1}^{n'} x_{ij} \quad (j \leq n),$$

$\bar{z}_j = v_j$ $(j > n)$ (z_j – Nettoprodukt + Amortisation des Bereiches j;
v_j – Nettolöhne im Bereich j)

Für $k \leq n$ läßt sich die Bilanzgleichheit in $\bar{B}$ direkt aus der Bilanzgleichheit in B herleiten:

$$\text{Aus} \quad \sum_{j=1}^{n} x_{kj} + y_k = \sum_{i=1}^{n} x_{ik} + z_k$$

[63] Die bereits genannte Untersuchung von Magda Ulbrich in der Ungarischen VR konzentrierte sich ausschließlich auf die Ausgliederung nichtmaterieller Prozesse, die sich im Rahmen der materiellen Produktion vollziehen und welche in das System der wirtschaftlichen Rechnungsführung eingeschlossen sind.

/

beziehungsweise

$$\sum_{j=1}^{n} x_{kj} + \sum_{j=n+1}^{n'} \bar{x}_{kj} - \sum_{j=n+1}^{n'} \bar{x}_{kj} + y_k = \sum_{i=1}^{n} x_{ik} + \sum_{i=n+1}^{n'} \bar{x}_{ik} - \sum_{i=n+1}^{n'} \bar{x}_{ik} + z_k$$

folgt

$$\sum_{j=1}^{n'} \bar{x}_{kj} + \bar{y}_k = \sum_{i=1}^{n'} \bar{x}_{ik} + \bar{z}_k \quad (n' > n).$$

Für $k > n$ hat diese Gleichung folgende spezifische Form:

$$\sum_{j=1}^{n'} \bar{x}_{kj} = \sum_{j=1}^{n'} \bar{x}_{ik} + v_k$$

In der Praxis werden jedoch im I. Quadranten der traditionellen Bilanz B nicht nur materielle Prozesse abgebildet. Auf Grund der gebräuchlichen Aggregationsverfahren sind zum Beispiel Betriebsberufsschulen, Betriebspolikliniken usw. zum Teil bei den Aufwendungen der materiellen Bereiche mit berücksichtigt. Teile der nichtmateriellen Bereiche werden somit als Bestandteile materieller Bereiche betrachtet. Die Herauslösung dieser nichtmateriellen Prozesse aus dem ursprünglichen I. Quadranten führt zu einer Veränderung der x_{ij} $(i \leq n, j \leq n)$ und somit auch zu Veränderungen der direkten Aufwandskoeffizienten für die materiellen Bereiche:

$$\bar{x}_{ij} = x_{ij} - \sum_{k=n+1}^{n'} x_{ik}^{(j)} \quad (i \leq n, j \leq n).$$

Hierbei ist $x_{ik}^{(j)}$ der Aufwand des Bereiches i $(i \leq n)$ für den Teil des nichtmateriellen Bereiches k $(k > n)$, der in den Bereich j $(j \leq n)$ integriert ist. Wenn $x_k^{(j)}$ der Aufwand des im Bereich j enthaltenen Teils des Bereiches k $(k > n)$ für den Bereich j ist, so gilt auf Grund unserer Voraussetzungen:

$$x_k^{(j)} = \sum_i x_{ik}^{(j)}.$$

Wenn die nichtmateriellen Prozesse aus dem I. Quadranten von B herausgelöst werden, so müssen die Aufwendungen $x_k^{(j)}$ als Bestandteile der Aufwendungen $\bar{x}_{kj}$ $(k > n, j \leq n)$ mit berücksichtigt werden.

Auf die Herauslösung der nichtmateriellen Prozesse aus der Verflechtungsmatrix der materiellen Sphäre konzentrierte man sich im wesentlichen bei der Erweiterung der Verflechtungsbilanz in der Ungarischen VR.

Da es uns jedoch zunächst darauf ankommt, die in der zentralen Planung direkt erfaßten Teile der nichtmateriellen Bereiche in ihrer Wirkungsweise auf die Volkswirtschaft darzustellen, kann in der ersten Phase der Aufstellung einer erweiterten Bilanz die Aufwandsmatrix aus B unverändert in $\bar{B}$ übernommen werden. Dies ist um so mehr berechtigt, wenn die „inneren“ nichtmateriellen Aufwendungen $x_k^{(i)}$ wertanteilmäßig relativ gering sind. Um das umfassendere Problem zu lösen, nämlich die Sichtbarmachung und Analyse aller nichtmateriellen *Prozesse*, unabhängig von ihren Finanzierungsquellen, bedarf es allerdings auch des Schrittes der Herauslösung der nichtmateriellen Prozesse aus den materiellen Bereichen.

9.6.3. Zur Methodik der Datenermittlung

Wird im beschriebenen Sinne der I. Quadrant um einige nichtmaterielle Bereiche erweitert, so erfordert das die Bestimmung der Aufwendungen $\bar{x}_{ij}$, und zwar

- der materiellen für die einbezogenen nichtmateriellen Bereiche ($i \leq n$; $j > n$),
- der einbezogenen nichtmateriellen für die
  - materiellen ($i > n$; $j \leq n$) und
  - nichtmateriellen Bereiche ($i, j > n$).

Damit kehren wir zum Problem der Realisierung des Modellansatzes zurück.

Die Bestimmung der Koeffizienten für den Block I (Lieferungen der materiellen Bereiche an die einbezogenen nichtmateriellen Bereiche) ist relativ unkompliziert. Diese Daten sind, nach Erzeugnisgruppen gegliedert, vorhanden. Das eigentliche Problem ist die Ermittlung der Koeffizienten für die Blöcke I'' und I'''. Da die Verflechtungen der nichtmateriellen Bereiche mit den übrigen Bereichen auf Grund fehlender (weil nicht hergestellter) direkter finanzieller Verbindungen nicht in der volkswirtschaftlichen Gesamtrechnung erfaßt sind, bedarf es zur Bestimmung der Aufwandskoeffizienten der erweiterten Bilanz zum Teil auch neuer Methoden. Erste Überlegungen, die wir in einer Testrechnung bereits praktisch erprobten, bestehen in folgendem:

Beim *Bildungswesen* und bei der *Wissenschaft* ist zu beachten, daß die Ergebnisse dieser Bereiche – im ersten Fall ausgebildete Kader, im zweiten Fall neues Wissen – das Resultat eines längerfristigen Bildungs- und Forschungsprozesses sind. Das jeweilige Ergebnis des Jahres enthält in der Regel Aufwendungen, die bereits in vorangegangenen Jahren getätigt wurden. Die im betrachteten Jahr getätigten Aufwendungen sind in der Regel ein Teil jener Aufwendungen, die in kommenden Jahren noch zu tätigen sind, um ein Ergebnis in der Zukunft zu erzielen. Da in der statischen Verflechtungsbilanz nur die Aufwendungen eines hierzu vergleichsweise kurzen Zeitraumes (in der Regel eines Jahres) betrachtet werden – das heißt die laufenden Aufwendungen eines Jahres –, entsteht das Problem des Verteilungsmodus der laufenden (jährlichen) Aufwendungen. Hierfür bietet sich der Gesamtaufwand an, im Falle des Bildungswesens der in den ausgebildeten Kadern enthaltene und im Falle der Wissenschaft der im Erneuerungsanteil der Grundfonds vergegenständlichte Gesamtaufwand. Liegt er berechnet vor, so kann der laufende Bildungsaufwand proportional zu dem Gesamtaufwand verteilt werden, der in jenen Kadern verkörpert ist, die im betrachteten Jahr den einzelnen Zweigen vom Bildungswesen zur Verfügung gestellt werden, und der laufende Wissenschaftsaufwand kann proportional zu dem Gesamtaufwand verteilt werden, den der Erneuerungsanteil der Grundfonds verkörpert.

Die Aufwendungen, die im Rahmen des Gesundheits- und Sozialwesens sowie im Kulturbereich getätigt werden, realisieren sich im Durchschnitt auch im jährlichen Ergebnis dieser Bereiche. Daher ist folgendes sinnvoll: Für das *Gesundheits- und Sozialwesen* können die Aufwendungen auf einen zweig-(berufs-)abhängigen und einen zweigunabhängigen Teil verteilt werden. Hierbei ist der zweigabhängige Teil zu bestimmen. Die Aufwendungen für *Kultur* können proportional zum durchschnittlichen Qualifikationsgrad (gemessen am gesamten Bildungsaufwand) der Zweige verteilt werden, da ein unmittelbarer Zusammenhang zwischen dem Qualifikationsgrad und den kulturellen Bedürfnissen nachgewiesen werden kann.

9.6.4. Die Erweiterung der volkswirtschaftlichen Verflechtungsbilanz der DDR von 1969 um drei nichtmaterielle Bereiche

In einem ersten Schritt wurde der theoretische Modellansatz praktisch getestet. Als Grundlage diente die Berichtsverflechtungsbilanz der DDR von 1969 nach 13 Erzeugnishauptgruppen. Sie wurde um die drei Bereiche „Bildung“, „Gesundheits- und Sozialwesen“ und „Kultur“ auf 16 Bereiche erweitert. In verschiedenen Rechenvarianten wurden die genannten Bereiche sowohl einzeln als auch paarweise eingegliedert.

Die Arbeit durchlief bisher drei Etappen:

1. Es wurden die direkten Aufwandskoeffizienten ermittelt und analysiert. Dabei zeigte sich, daß sich die betrachteten nichtmateriellen Bereiche den 13 materiellen Zweigen gewichtsmäßig gut zuordnen lassen.

2. Durch Matrizeninversion wurden die Koeffizienten des vollen Auf-

wands bestimmt. Hierbei konnten bei den Koeffizienten der materiellen Zweige deutliche absolute und relative Veränderungen registriert werden. Die materiellen Bereiche wurden in Gruppen eingeteilt, deren Aufwandskoeffizienten durch die Erweiterung überdurchschnittlich, durchschnittlich oder unterdurchschnittlich beeinflußt werden.

3. Die Matrizen der Koeffizienten des vollen Aufwands wurden für die verschiedenen Varianten mit den geplanten Endproduktvektoren von 1969, 1975 und 1980 multipliziert. Die so ermittelten Bruttoproduktvektoren wurden analysiert.

Das Ziel der ersten experimentellen Berechnungen mit der um einige nichtmaterielle Bereiche erweiterten Verflechtungsbilanz bestand darin, den Einfluß der Einbeziehung einiger nichtmaterieller Bereiche auf die Struktur der Koeffizientenmatrix beziehungsweise ihre Auswirkung auf die Änderung des Netto- und Bruttoprodukts zu zeigen.

Im *Endprodukt* blieben *unverändert:* Brutto-Investitionen; Warenfonds; sonstige individuelle Konsumtion. *Änderungen* wurden vorgenommen in der gesellschaftlichen Konsumtion, indem die Teile dieses Vektors, die Materialaufwendungen der oben genannten drei Zweige der nichtmateriellen Produktion sind, in die Materialaufwandsmatrix *A* einbezogen wurden. Der Materialverbrauch und die produktiven Leistungen, die die nichtmateriellen Zweige von den materiellen Zweigen erhielten, waren direkt zu ermitteln.

Die Einbeziehung einiger nichtmaterieller Zweige in die Verflechtungsbilanz bewirkte, daß ein beträchtlicher Teil der gesellschaftlichen Konsumtion als Aufwendungen in der Matrix der Materialaufwendungen dargestellt wurde. Die in der *A*-Matrix ausgewiesene Summe erhöhte sich durch diese Umverteilung um etwa 3,5 Prozent.

Innerhalb der Erzeugnisgruppen zeigte die Bauwirtschaft den größten Umverteilungseffekt bei Materiallieferungen, nämlich 55 Prozent. Eine wesentliche Änderung erfolgte außerdem (Erhöhung der Materiallieferungen um etwa 8 Prozent) für die Erzeugnishauptgruppen Verkehr, Post- und Fernmeldewesen; Handelsleistungen.

Die Struktur des umverteilten Teils der gesellschaftlichen Konsumtion unterscheidet sich von der Struktur der Zeilensumme der *A*-Matrix. Den größten Anteil an Materialaufwand und produktiven Leistungen der drei nichtmateriellen Zweige hatten die Erzeugnisgruppen: Kohle/Energie und Chemie (19 Prozent beziehungsweise 18 Prozent). Je 10 Prozent bis 13 Prozent der gesamten Materialaufwendungen dieser nichtmateriellen Bereiche lieferten die Erzeugnisgruppen Leichtindustrie; Handelsleistungen; Leistungen des Verkehrs, Post- und Fernmeldewesens.

Die Erweiterung der *A*-Matrix um die Aufwendungen der drei nichtmateriellen Bereiche wurde nun wie folgt vorgenommen (die nichtmateriellen Zweige, die nicht in die Erweiterung einbezogen wurden, werden gesondert behandelt):

Als *Aufwendungen der einbezogenen nichtmateriellen Bereiche* wurden zunächst die entsprechenden Staatshaushaltsausgaben (laut Statistischem Jahrbuch) in die Rechnung einbezogen. (Auf dieser Stufe der experimentellen Berechnungen wurden die Aufwendungen, die in den materiellen Zweigen unmittelbar für die einbezogenen nichtmateriellen Bereiche – zum Beispiel die Aufwendungen für Betriebsschulen – ausgegeben waren, nicht berücksichtigt.) Die Aufwendungen der nichtmateriellen Zweige wurden den oben beschriebenen Überlegungen entsprechend auf die sechzehn Zweige der erweiterten Verflechtungsbilanz wie folgt aufgeteilt:

– *Bildungswesen:* Nach Qualifikationsstufen (un- und angelernte Arbeiter, Facharbeiter, Fachschul- und Hochschulkader) wurde der *Zuwachs* 1968/1969 *an Arbeitskräften* in den verschiedenen Zweigen mit den entsprechenden Bildungsfonds gewichtet und als Schlüssel für die Aufteilung der Aufwendungen benutzt. – Der größte Teil der Bildungsaufwendungen fiel auf das Bildungswesen selbst (17 Prozent) und auf die Land- und Forstwirtschaft (16 Prozent). In den Zweigen Elektrotechnik/Elektronik, Gesundheits- und Sozialwesen, Schwermaschinen- und Anlagenbau, Verarbeitungsmaschinen- und Fahrzeugbau sowie Verkehr, Post- und Fernmeldewesen betrug der gleiche Anteil 8 bis 12 Prozent.

– *Kunst, Kultur:* Die Aufteilung der Aufwendungen erfolgte nach der *Anzahl der Arbeitskräfte*, die entsprechend der Qualifikation mit den Bildungsfonds gewichtet wurde; das entspricht der empirisch belegten Tatsache, daß die Ausgaben für Kunst und Kultur in engem Zusammenhang mit dem Qualifikationsgrad stehen. Den größten Anteil an den Aufwendungen für Kunst und Kultur hatten danach die Land- und Forstwirtschaft (17 Prozent) und das Bildungswesen (11 Prozent).

– *Gesundheitswesen:* Die Aufwendungen wurden nach der *Anzahl der Beschäftigten* aufgeteilt. Den größten Anteil wies die Land- und Forstwirtschaft (17 Prozent) auf. Je 8 bis 10 Prozent der Aufwendungen fielen auf die Zweige Schwermaschinen- und Anlagenbau; Verarbeitungsmaschinen- und Fahrzeugbau; Verkehr, Post- und Fernmeldewesen; Lebensmittelindustrie; Bauwirtschaft; Handel.

In der erweiterten Verflechtungsbilanz werden im Bruttoproduktvektor neben den herkömmlichen Bruttoproduktwerten auch die Staatshaushaltsausgaben für die einbezogenen nichtmateriellen Bereiche (ohne Investitionen) ausgewiesen.

Eine Untersuchung der inversen Matrix $(E-A)^{-1}$ vor und nach der Er-

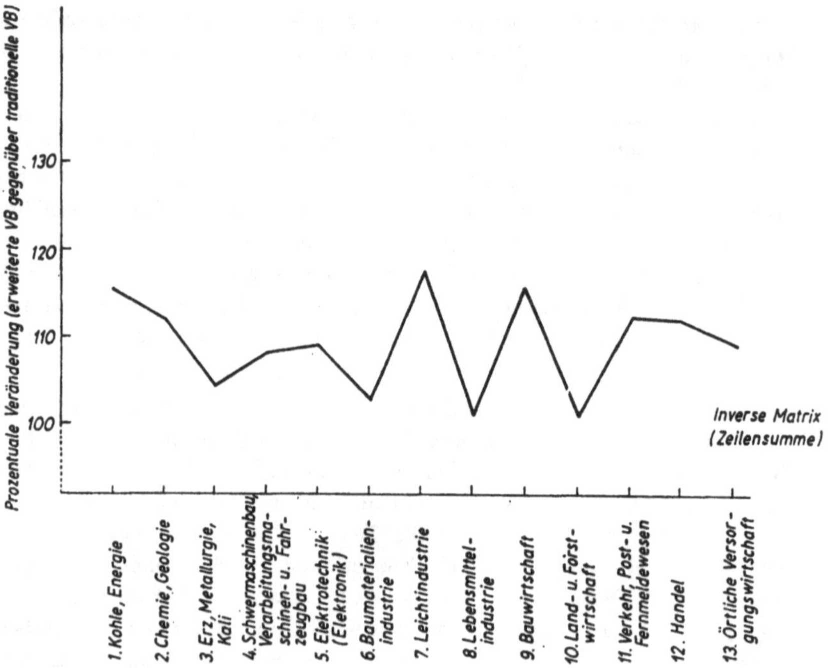

Abb. 12. Auswirkung der Erweiterung der Verflechtungsbilanz auf die Erzeugnishauptgruppen
(Erweiterte VB (16 × 16) gegenüber traditioneller VB (13 × 13), 1969, traditionelle VB. 100%)

weiterung zeigte in einigen Zweigen nur relativ geringe Veränderungen (vgl. Abbildung 12). Zu diesen Zweigen gehören:

- Lebensmittelindustrie,
- Land- und Forstwirtschaft,
- Baumaterialienindustrie,
- Erz, Metallurgie, Kali.

Die größten Veränderungen zeigten sich in den Erzeugnishauptgruppen:

- Kohle, Energie,
- Leichtindustrie,
- Bauwirtschaft,
- Leistungen des Transports, Post- und Fernmeldewesens und
- Handelsleistungen.

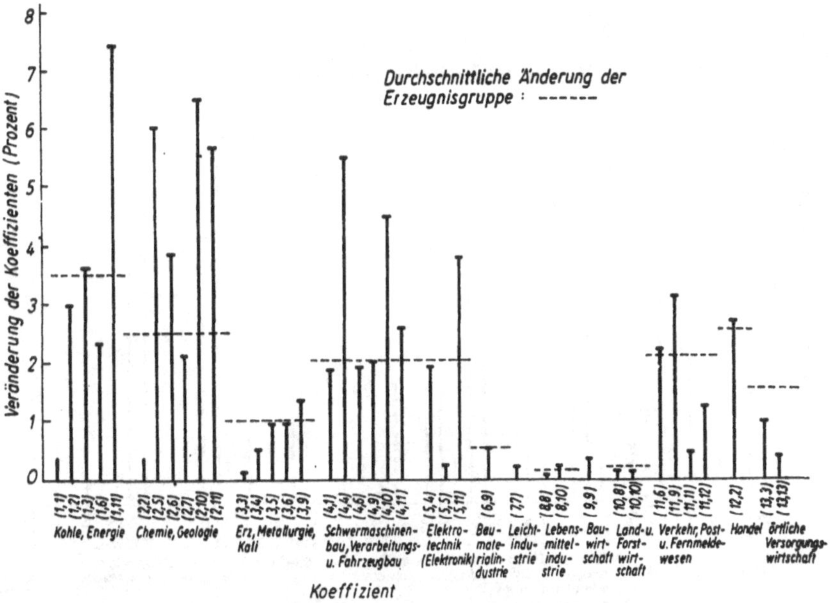

Abb. 13. Veränderungen ausgewählter wichtiger Koeffizienten der inversen Matrix nach Zeilen der inversen Matrix
(Erweiterte Verflechtungsbilanz (16 × 16) gegenüber der traditionellen Verflechtungsbilanz (13 × 13, 1969, Koeffizient der traditionellen Verflechtungsbilanz = 100%)

Die *Veränderung der Koeffizienten der betrachteten inversen Matrix* wurde an einigen ausgewählten wichtigen Koeffizienten illustriert. Wie die Abbildungen 13 und 14 zeigen, bewegte sich die durchschnittliche Änderung der Koeffizienten der inversen Matrix zwischen 0,1 und 5,0 Prozent. Die größten Änderungen der einzelnen Koeffizienten betragen 6 bis 7 Prozent und sind in den Erzeugnisgruppen

- Kohle/Energie,
- chemische Erzeugnisse,
- Erzeugnisse des Schwermaschinenbaus, Verarbeitungsmaschinen- und Fahrzeugbaus,
- land- und forstwirtschaftliche Erzeugnisse,
- Leistungen des Transports, Post- und Fernmeldewesens

zu verzeichnen.

Die Änderung ausgewählter wichtiger Koeffizienten der inversen Matrix wurde auch mittels einer um die nichtmateriellen Bereiche Bildungswesen,

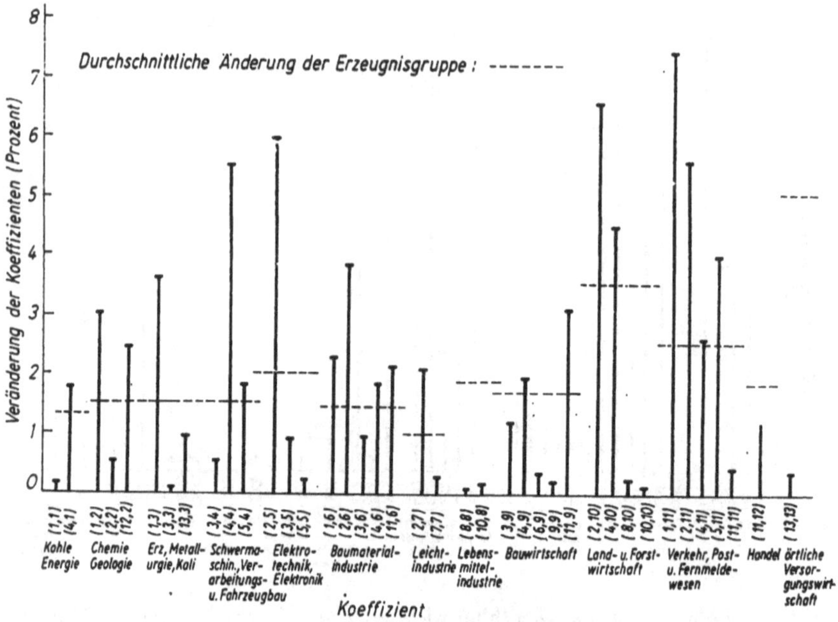

Abb. 14. Veränderungen ausgewählter wichtiger Koeffizienten der inversen Matrix nach Spalten der inversen Matrix
(Erweiterte Verflechtungsbilanz (16 × 16) gegenüber der traditionellen Verflechtungsbilanz (13 × 13, 1969, Koeffizient der traditionellen Verflechtungsbilanz = 100%)

Kultur und Kunst sowie Gesundheits- und Sozialwesen erweiterten Matrix analysiert. Die Untersuchung verdeutlicht, daß die Einbeziehung des Bereiches Kunst und Kultur die Größenordnungen der Koeffizienten kaum berührt. Die Erweiterung der Verflechtungsbilanz um das Bildungswesen oder um das Gesundheits- und Sozialwesen führte zu einer Änderung im Höchstfalle von 1 bis 2 Prozent. Der Einfluß des Gesundheits- und Sozialwesens ist bei der Mehrzahl der Koeffizienten spürbarer als der des Bildungswesens.

Nach der Erweiterung der Matrix der direkten Materialaufwandskoeffizienten der produzierenden Bereiche über 13 Erzeugnishauptgruppen des Jahres 1969 um die Koeffizienten der drei Bereiche

- Bildungsaufwendungen,
- Aufwendungen für Kultur und Kunst und
- Aufwendungen für das Gesundheits- und Sozialwesen

sowie der Untersuchung der Matrix $(E-A)^{-1}$ wurden folgende weitere Operationen ausgeführt:

1. Multiplikation der Matrix $(E-A)^{-1}_{(13\times 13)}$ nacheinander mit drei verschiedenen Endproduktvektoren y_{69}, y_{75}, y_{80}, wobei y_{69} dem abgerechneten Endprodukt des Jahres 1969, y_{75} einem geplanten Endprodukt des Jahres 1975 und y_{80} einem prognostizierten Endprodukt des Jahres 1980 entsprechen.

2. Multiplikation der erweiterten Matrix $(E-A)^{-1}_{(16\times 16)}$ nacheinander mit drei Endproduktvektoren $\bar{y}_{69}$, $\bar{y}_{75}$ und $\bar{y}_{80}$, die aus y_{69}, y_{75} beziehungsweise y_{80} durch Subtraktion *der* Aufwendungen der gesellschaftlichen Konsumtion ermittelt wurden, um die entsprechend dem oben beschriebenen Verfahren die Matrix $(E-A)_{(13\times 13)}$ zur Matrix $(E-A)_{(16\times 16)}$erweitert wurde. Die Zeilen 14, 15 und 16 der Vektoren $\bar{y}_{69}$, $\bar{y}_{75}$ und $\bar{y}_{80}$ blieben entsprechend dem Verfahren leer.

Der Zweck beider Operationen einschließlich der Gegenüberstellung ihrer Ergebnisse besteht in folgendem:

1. Durch die Operation $(E-A)^{-1}_{(13\times 13)} \cdot y_{69}$ (beziehungsweise y_{75}, y_{80}) erhält man ein mit dem Bedarf ausbilanziertes Bruttoprodukt x_{69} (beziehungsweise x_{75}, x_{80}). Die Operation $(E-A)^{-1}_{(16\times 16)} \cdot \bar{y}_{69}$ (beziehungsweise $\bar{y}_{75}$, $\bar{y}_{80}$) $= \bar{x}_{69}$ (beziehungsweise $\bar{x}_{75}$, $\bar{x}_{80}$) muß in der Summe der ersten 13 Erzeugnishauptgruppen *und in jeder einzelnen* dieser Erzeugnisgruppen zu dem gleichen Bruttoprodukt führen wie die Operation $(E-A)^{-1} \cdot y_{69}$, weil durch die Erweiterung der Bilanz lediglich eine Umgruppierung von Endproduktbestandteilen in den Materialaufwand erfolgte, aber *keine* Erweiterung der Kategorie „Produktion". Diskrepanzen zwischen den Vektoren x_{69} und den ersten 13 Zeilen von $\bar{x}_{69}$ können (außer durch Rechnungsfehler) nur dadurch entstehen, daß die Erweiterung der vorher ausbilanzierten Verflechtungsbilanz zu unzulässigen Verzerrungen einzelner Materialverflechtungskoeffizienten beziehungsweise ihrer Struktur führte. Für den Fünfjahrplan beziehungsweise den langfristigen Plan rechnen wir mit Mindesttoleranzen zwischen 3 und 5 Prozent. Die oben genannten Abweichungen bewegten sich im wesentlichen innerhalb dieser Toleranzgrenzen.

2. Durch die Gegenüberstellung der x_{69} und der $\bar{x}_{69}$ ist es möglich, die als „Bruttoproduktion" dieser Bereiche ausgewiesenen materiellen Aufwendungen des Bildungswesens, der Kultur und Kunst sowie des Gesundheits- und Sozialwesens in Abhängigkeit vom Bedarf und im Verhältnis zur Bruttoproduktion der produzierenden Bereiche darzustellen.[64]

[64] Mit Ausnahme der Erzeugnisgruppe 12, Handelsleistungen, die nochmals überprüft werden muß.

Das praktische Ziel der Erweiterung der Verflechtungsbilanz um einige nichtmaterielle Bereiche besteht

– in der besseren Erfassung und Planung wesentlicher Teile der gesellschaftlichen Konsumtion. Ihre Entwicklung kann direkter aus den Anforderungen der Entwicklung der materiellen Produktion abgeleitet werden,

– in der Verbesserung der Planung der Aufwendungen für die einbezogenen Bereiche. Die künftigen Anforderungen an ihre Entwicklung werden ebenfalls direkt mit der Reproduktion der Zweige der materiellen Produktion in Verbindung gebracht.

In der Realisierung dieses Ziels sehen wir einen notwendigen Schritt zur Erhöhung der Komplexität der Planung des gesellschaftlichen Reproduktionsprozesses. Allerdings muß die künftige Entwicklung der Konsumtion und der oben genannten drei Bereiche nicht nur aus den produktiven Anforderungen abgeleitet werden, sondern zugleich aus der notwendigen Entwicklung der sozialistischen Lebensweise insgesamt.

Die Einbeziehung der oben genannten nichtproduzierenden Bereiche in die Materialaufwandsmatrix bringt neben einem Informationsgewinn auch einen Informationsverlust: Als Zweige, die direkt der Reproduktion der Arbeits- und Lebensbedingungen der Menschen dienen, spielen sie eine Doppelrolle in der Volkswirtschaft: Sie sind Ziel der Produktion und Reproduktionsaufwand zugleich. Die traditionelle Verflechtungsbilanz behandelt sie einseitig in der ersten Rolle, die erweiterte Verflechtungsbilanz rechnet mit ihr einseitig in der zweiten Rolle. Deshalb sollten unseres Erachtens die traditionelle und die erweiterte Verflechtungsbilanz in gleicher Prognose- beziehungsweise Planungsphase immer parallel zueinander berechnet und einander gegenübergestellt werden, wie es in den vorliegenden ersten experimentellen Rechnungen auch geschah. Dadurch wird für die Volkswirtschaftsplanung ein zusätzlicher Bilanzierungsaspekt gewonnen.

Die Dynamik von Aufwandskoeffizienten der einbezogenen nichtproduzierenden Bereiche ist auf Grund der Doppelrolle dieser Bereiche anders zu werten als die der Koeffizienten der produzierenden Bereiche. Eine Senkung des spezifischen Aufwandes an metallurgischen Erzeugnissen je Einheit produzierter Maschinenbauerzeugnisse ist beispielsweise *eindeutig* mit einer volkswirtschaftlichen Effektivitätserhöhung verbunden (gesellschaftlich notwendige Produktion unterstellt), deren Ursachen (Senkung des Rohstoffeinsatzes, Struktureffekte usw.) man dann konkret zu untersuchen hat. Eine Senkung des spezifischen Aufwandes an Leistungen des Umweltschutzes oder des Gesundheitswesens je Einheit produzierter Maschinenbauerzeugnisse ist jedoch keineswegs in dieser Weise zu werten. Dieses Problem muß unseres Erachtens bei der praktischen Anwendung und Auswertung der erweiterten Verflechtungsbilanz in der Volkswirtschaftsplanung besonders sorgfältig beachtet werden.

Bisher wurde lediglich die Operation $(E-A)^{-1} \cdot y = x$ praktisch experimentiert. Erst wenn geplantes Endprodukt und errechnetes Endprodukt sowie geplante Produktion und errechnete Produktion gegenübergestellt werden können durch parallele Durchführung der beiden Operationen

$$(E-A)\, x = y^{*}$$

und

$$(E-A)^{-1}\, y = x^{*},$$

kann die Verflechtungsbilanz auch in der erweiterten Form ihre spezifische Aufgabe in der Planung erfüllen: iterative Bilanzierung des prognostizierten Wirtschaftspotentials mit dem prognostischen Bedarf (in bestimmter Struktur).

Die weitere Arbeit an der erweiterten Verflechtungsbilanz konzentriert sich auf folgende Schwerpunkte:

– Aufstellung einer Reihe von erweiterten Verflechtungsbilanzen für einen längerfristigen Zeitraum, zum Beispiel bis 1985,

– Trennung materieller und nichtmaterieller Prozesse in den produzierenden Zweigen. Bereinigung der Materialaufwandskoeffizientenmatrix von nichtmateriellen Aufwendungen innerhalb der materiellen Zweige,

– Vervollkommnung der Methodik der Aufteilung der nichtmateriellen Aufwendungen auf die anderen Zweige. (So beim Gesundheits- und Sozialwesen: Trennung der Aufwendungen in einen zweig(berufs-)abhängigen und in einen zweigunabhängigen Teil.)

9.7. Zielstellung für die weitere Arbeit mit ökonomisch-mathematischen Modellen

Ausgehend vom erreichten Stand auf dem Gebiet der ökonomisch-mathematischen Modellierung und den gestellten Anforderungen seitens des Leitungs- und Planungssystems, sind die Aufgaben für die nächste Arbeitsetappe formuliert. Folgende Zielstellungen werden dabei verfolgt:

1. Die weitere Erforschung von Rolle und Funktion ökonomisch-mathematischer Modelle im Planungsprozeß erfordert die Wahrung der Einheit von theoretischer Konstruktion und praktischer Verifizierung der Modelle. Dabei geht es sowohl um einen hohen Anwendungsgrad der entwickelten Modelle als auch um einen hohen Erkenntniszuwachs über das Wesen der einzelnen Modelltypen. Der Hauptweg zur Lösung dieser Aufgabenstellung ist die enge Verbindung der theoretischen Grundlagenforschung mit der praktischen Planungstätigkeit. Die bereits bestehenden Kooperationen mit der Wirtschaftspraxis gilt es demzufolge weiter auszubauen.

2. Der eingeschlagene Weg, die Möglichkeiten und Potenzen der einzelnen Modelltypen durch theoretische Forschungsarbeit und praktische Anwendung tiefgründiger zu erschließen, muß sukzessive erweitert werden. Dort, wo sich begründete und erfolgversprechende Kopplungen verschiedener Modelltypen abzeichnen, muß dieser Schritt vollzogen werden. Das betrifft im besonderen ökonometrische Modelle und mehrsektorale Steuermodelle, die mit Verflechtungsbilanzen gekoppelt werden sollten, um vor allem einen höheren Bilanzierungseffekt zu erzielen. Hier sind die Erfahrungen der UdSSR und einiger anderer sozialistischer Länder zu nutzen.

3. Mehr als bisher muß der theoretischen und methodologischen Arbeit Raum gegeben werden. Das betrifft die politökonomischen Grundlagen der Modellierung ebenso wie ihre Methodologie. Den bekannten Schwierigkeiten der Modellierung ökonomischer und sozialer Prozesse, die darin bestehen, daß in jedem Fall die Prozesse und Erscheinungen sowohl hinsichtlich ihrer qualitativen als auch ihrer quantitativen Bestimmungen erfaßt werden müssen, sind sichtbarer die Vorzüge, erkenntnistheoretisch und wirtschaftspraktisch, gegenüberzustellen, die sich aus einem solchen Herangehen ergeben. Mit den spezifischen Mitteln der mathematischen und

mathematisch-statistischen Modellierung ökonomischer Prozesse ist ein Beitrag zu leisten zur Klärung grundlegender theoretischer und praktischer Fragen der Wirtschaftswissenschaften wie der Weiterentwicklung des Leitungs- und Planungssystems, der Planung und Prognose des wissenschaftlich-technischen Fortschritts, der Befriedigung der Bedürfnisse der Werktätigen sowie der Intensivierung des gesellschaftlichen Reproduktionsprozesses.

4. Nicht zuletzt muß der Auseinandersetzung mit den ökonomischen Voraussetzungen der Modellierungspraxis der bürgerlichen Ökonomie Beachtung geschenkt werden. Dabei gilt es, den Erkenntniszuwachs in den mathematischen und statistischen Methoden und ihrer Anwendung von den apologetischen Prämissen bürgerlicher Wirtschaftstheorie sorgfältig zu trennen und ihn für die Modellierung des sozialistischen Reproduktionsprozesses nutzbar zu machen.

10. Probleme der weiteren Vervollkommnung der Leitung, Planung und ökonomischen Stimulierung des gesellschaftlichen Reproduktionsprozesses

Die Intensivierung des gesellschaftlichen Reproduktionsprozesses in der entwickelten sozialistischen Gesellschaft stellt neue Anforderungen an die Leitung, Planung und ökonomische Stimulierung. Die planmäßige Beherrschung des komplexen Zusammenwirkens der genannten Intensivierungsfaktoren erfordert deren Vervollkommnung entsprechend dem erreichten Entwicklungsstand der Produktionsverhältnisse und der Produktivkräfte. Insofern, als die gesellschaftliche Effektivität des Intensivierungsprozesses vor allem vom komplexen und koordinierten Zusammenwirken sämtlicher Intensivierungsfaktoren und aller Bereiche des gesellschaftlichen Lebens abhängt, wird die Höherentwicklung der Leitung, Planung und ökonomischen Stimulierung selbst zu einem wesentlichen Intensivierungsfaktor des gesellschaftlichen Reproduktionsprozesses.

Die Vervollkommnung der Leitung, Planung und ökonomischen Stimulierung ist vor allem mit der besseren Ausnutzung der objektiven Gesetze des Sozialismus verbunden. Mit der gesellschaftlichen Höherentwicklung verändern sich die Wirkungsbedingungen dieser Gesetze, was entsprechende Veränderungen im Wirtschaftsmechanismus erforderlich macht.

Die gegenwärtigen Wirkungsbedingungen der ökonomischen Gesetze, die die Vervollkommnung des staatlich organisierten Systems der Leitung, Planung und ökonomischen Stimulierung erfordern, sind von der Gestaltung der entwickelten sozialistischen Gesellschaft geprägt. Die Intensivierung als der der entwickelten sozialistischen Gesellschaft adäquate Reproduktionstyp ist ein sozialökonomischer Prozeß, in dem das komplexe Zusammenwirken zwischen Ökonomik und nichtökonomischen Bereichen, zwischen ökonomischen und nichtökonomischen Entwicklungsfaktoren eine besondere Bedeutung erlangt. Daraus sind die neuen Anforderungen, die Richtungen und Maßstäbe für die weitere Vervollkommnung der Leitung, Planung und ökonomischen Stimulierung abzuleiten.

Die Verwirklichung der Hauptaufgabe führt letztlich zu einer Reihe wesentlicher sozialökonomischer Veränderungen. Durch den Prozeß der weiteren Vergesellschaftung des gesellschaftlichen Reproduktionsprozesses, der Automatisierung der Produktion und der Informationsprozesse, der Ausdehnung der industriellen Methoden auf andere Bereiche (auf Landwirtschaft, Bauwesen, teilweise sogar auf die wissenschaftliche Forschung), der Konzentration der Produktion in größeren Wirtschaftseinheiten und der weiteren Internationalisierung des Wirtschaftslebens durch die sozialistische ökonomische Integration der Mitgliedsländer des RGW werden die sozialistischen Produktionsverhältnisse weiterentwickelt. Im Perspektivplanzeitraum vervollkommnet sich der sozialistische Charakter der Arbeit. Die wesentlichen sozialökonomischen Unterschiede, die heute noch zwischen geistiger und körperlicher Arbeit und zwischen Stadt und Land bestehen, werden sich im Verlaufe der nächsten Jahre weiter verringern. Das hat sicher auch Auswirkungen auf die Entwicklung der sozialistischen Eigentumsverhältnisse. Die immer stärkere Einführung industriemäßiger Produktionsmethoden in der Landwirtschaft und die Herausbildung von Agrar-Industrie-Komplexen verändert die Beziehungen zwischen dem staatlichen und dem genossenschaftlichen sozialistischen Eigentum. Aber auch innerhalb der staatlichen Eigentumsformen treten durch den Konzentrationsprozeß Veränderungen ein.

Die Verwirklichung der Hauptaufgabe durch die Intensivierung der Produktion beschränkt sich also nicht nur auf die immer bessere Befriedigung der elementaren Lebensbedürfnisse, sondern sie ist Ausdruck großer sozialökonomischer Prozesse, die sich in der entwickelten sozialistischen Gesellschaft vollziehen und die volle Herausbildung der sozialistischen Lebensweise und den allmählichen Übergang zur zweiten Phase der kommunistischen Formation zum Inhalt haben.

Die Hauptaufgabe ist Ziel *und* Mittel der gesellschaftlichen Höherentwicklung; denn das Lebensniveau steht in enger Wechselbeziehung zur Lebensweise. „Mit der immer vollständigeren Befriedigung der primären Bedürfnisse nach Nahrung, Wohnung und Kleidung treten allmählich die sogenannten sekundären, die mit der Lebensweise untrennbar zusammenhängenden sozialen und kulturellen Bedürfnisse in den Vordergrund.“[1] Die Wechselbeziehungen zwischen Lebensniveau und Lebensweise sind jedoch nicht gradlinig. Sowjetische Soziologen stellten zum Beispiel fest, daß das Wachstum des Pro-Kopf-Einkommens an sich die Struktur der arbeitsfreien Zeit in der heutigen sowjetischen Stadt fast nicht verändert. Eine Steigerung des Pro-Kopf-Einkommens auf das 2- bis 2,5fache verkürzt die für die Hausarbeit aufgewandte Zeit um nicht mehr als 10 Prozent und wirkt sich

[1] S. G. Strumilin, E. I. Pissarenko, Die sozialistische Lebensweise, in: Sowjetwissenschaft, Gesellschaftswissenschaftliche Beiträge, 5/1974, S. 456.

kaum auf die Mußestunden (für Kultur und Vergnügen) aus. Dagegen bewirken Veränderungen in den gegenständlichen Faktoren der materiellen Lage der Werktätigen, beispielsweise in den Wohnverhältnissen, stärkere Wandlungen im Alltagsleben. Am meisten aber beeinflussen Bildungsniveau und Familienstruktur den Charakter der Freizeitgestaltung.[2] Die Erhöhung des Lebensniveaus der Bevölkerung führt nicht automatisch zu einer höheren Lebensweise. „Der Mensch muß die Lebensweise erlernen!"[3]

In diesem großen sozialökonomischen Prozeß bilden sich bereits Keime der höheren Phase der kommunistischen Gesellschaftsformation heraus, denn zwischen Sozialismus und Kommunismus besteht keine künstliche Trennwand. Diese Dialektik ist heute schon zum Beispiel an der Entwicklung der Distributionsverhältnisse erkennbar. Das Verteilungsprinzip des Sozialismus ist die Verteilung nach der Leistung, das des Kommunismus die Verteilung nach den Bedürfnissen. Die Statistik weist aus, daß sich zum Beispiel in der Bilanz des Realeinkommens der Arbeiter- und Angestelltenhaushalte der Verbrauch an unentgeltlichen Leistungen von 16 Prozent im Jahre 1960 auf 22 Prozent im Jahre 1972 erhöht hat.[4] Bis 1990 wird sich der Anteil dieses gesellschaftlichen Konsumtionsfonds, der zum Teil nach sozialen Bedürfnissen verteilt wird und das Leistungsprinzip festigen hilft, zweifellos wesentlich erhöhen.

Die planmäßige und rationelle Gestaltung und Vertiefung solcher sozialökonomischen Prozesse, die alle Bereiche des gesellschaftlichen Lebens in ihrem unmittelbaren Zusammenwirken erfassen, erfordert die verstärkte Führungstätigkeit der Partei der Arbeiterklasse und die Erhöhung der ökonomischen Rolle des sozialistischen Staates als Sachwalter der gesellschaftlichen Interessen. Es bedarf der Festlegung der konkreten Wegabschnitte und Verteilung der Ressourcen aus gesamtgesellschaftlicher Sicht, um die wachsende schöpferische Aktivität der Werktätigen auf die gemeinsame Lösung der strategischen Aufgaben zu lenken.

„Es ist die Logik der Dinge: Jede neue Aufgabe für die Wirtschaft ist auch eine neue Anforderung an die Leitungstätigkeit, an ihre weitere Entwicklung. In der Gegenwart und in der absehbaren Zukunft kreuzen sich alle diese Ansprüche an eine höhere Leitungstätigkeit im Grunde in einer

[2] Vgl. ebenda, S. 458.

[3] Ebenda, S. 451.

[4] Vgl. Autorenkollektiv, Statistisches Informationsmaterial zur Konferenz des Zentralinstituts für Wirtschaftswissenschaften der Akademie der Wissenschaften der DDR, Gesetzmäßigkeiten der intensiv erweiterten Reproduktion, Berlin 1973, Tabelle 7.1.

Frage: Wie werden die Prozesse der intensiv erweiterten Reproduktion immer besser beherrscht?"[5]

Aus diesen gesamtgesellschaftlichen Zusammenhängen und Bestimmungsgrundlagen wird deutlich, daß sich die Vervollkommnung der Leitung, Planung und ökonomischen Stimulierung nicht in Einzelmaßnahmen, in der Verbesserung einzelner Seiten der Leitungstätigkeit erschöpfen kann. Vielmehr sind die neuen Anforderungen, die die Intensivierung des gesellschaftlichen Reproduktionsprozesses an das System der Leitung, Planung und ökonomischen Stimulierung stellt, letztlich nur durch die vertiefte Erforschung und Beherrschung des Gesamtsystems der Wirkung und Ausnutzung der ökonomischen Gesetze des Sozialismus lösbar. Die methodologischen Grundlagen ergeben sich aus dem Wirkungsmechanismus der ökonomischen Gesetze in der Etappe der entwickelten sozialistischen Gesellschaft.

[5] Erich Honecker, Zügig voran bei der weiteren Verwirklichung der Beschlüsse des VIII. Parteitages der SED, Aus dem Bericht des Politbüros an die 9. Tagung des ZK der SED, Berlin 1973, S. 43/44.

10.1. Wirkungsmechanismus der ökonomischen Gesetze und Funktionsmechanismus der Wirtschaft im entwickelten Sozialismus

Die ökonomischen Gesetze setzen sich – wie alle Gesetze der Gesellschaft – über die Tätigkeit der Menschen durch. Aber die Art und Weise, in der sie sich durchsetzen, ändert sich mit den gesellschaftlichen Bedingungen. Es ist ein dialektischer Prozeß, in dem sich Objektives und Subjektives, Spontanes und Bewußtes kreuzen. Im Sozialismus erreicht der Wirkungsmechanismus der ökonomischen Gesetze eine neue Qualität.

Friedrich Engels hat diese Dialektik im „Anti-Dühring" meisterhaft dargestellt, als er aufzeigte, daß mit der Besitzergreifung der Produktionsmittel durch die Gesellschaft die Anarchie innerhalb der gesellschaftlichen Produktion ersetzt wird durch die planmäßige, bewußte Organisation: „Der Umkreis der die Menschen umgebenden Lebensbedingungen, der die Menschen bis jetzt beherrschte, tritt jetzt unter die Herrschaft und Kontrolle der Menschen... Die Gesetze ihres eigenen gesellschaftlichen Tuns, die ihnen bisher als fremde, sie beherrschenden Naturgesetze gegenüberstanden, werden dann von den Menschen mit voller Sachkenntnis angewandt und damit beherrscht... Erst von da an werden die von ihnen in Bewegung gesetzten gesellschaftlichen Ursachen vorwiegend und in stets steigendem Maße auch die von ihnen gewollten Wirkungen haben. Es ist der Sprung der Menschheit aus dem Reiche der Notwendigkeit in das Reich der Freiheit."[6]

Die neue Qualität des Wirkungsmechanismus der ökonomischen Gesetze im Sozialismus besteht darin, daß sich die ökonomischen Gesetze hier über die *bewußte* Tätigkeit der Menschen durchsetzen. Der „Sprung in das Reich der Freiheit" ist erst im Sozialismus möglich. Aber man muß hier genauer bestimmen, was in diesem Zusammenhang „bewußte Tätigkeit" der Menschen heißt; denn hier handelt es sich um gravierende Veränderungen in den gesellschaftlichen Objekt-Subjekt-Beziehungen. Es sind mehrere Aspekte zu beachten.

[6] Friedrich Engels, Herrn Eugen Dührings Umwälzung der Wissenschaft (Anti-Dühring), in: MEW, Bd. 20, Berlin 1962, S. 264.

Der *erste* Aspekt betrifft die Frage nach den *Triebkräften der ökonomischen Entwicklung.*

Arbeit ist zweckgerichtete Tätigkeit. Die Frage nach den Triebkräften der ökonomischen Entwicklung ist somit die Frage nach den Zielen und Motiven des Handelns der Menschen. Die Arbeit als zweckgerichtete Tätigkeit zielt auf die Befriedigung der Bedürfnisse. Insofern die Bedürfnisse der Menschen objektiv bedingt sind (die Bedürfnisse ergeben sich vor allem aus dem Charakter der Produktionsverhältnisse und dem Entwicklungsniveau der Produktivkräfte), bilden sie die Grundlage für die ökonomischen Interessen der Werktätigen.

Die Entwicklung der ökonomischen Interessen ist Triebkraft der gesellschaftlichen Entwicklung. „Wenn das Gesetz durch die organisierte Tätigkeit der Menschen verwirklicht wird, was bringt dann die Menschen in Bewegung? Hier unterstreichen wir die Wichtigkeit des Begriffes der Interessen. Die Interessen bewegen die Menschen, die Völker."[7]

V. V. Radaev definiert die Bedürfnisse als „Ausdruck der materiellen Lebensbedingungen auf einem bestimmten Entwicklungsniveau der Gesellschaft"[8] und verweist auf eine eigentümliche Eigenschaft der Bedürfnisse: „Die Eigenart der funktionalen Rolle der Bedürfnisse in der gesellschaftlichen Produktion besteht darin, daß sie zugleich als Resultat und als Ausgangspunkt, als Ziel der Produktion auftreten."[9] Aus dieser Rolle erklärt sich das Vorauseilen der Bedürfnisse gegenüber den Möglichkeiten zu ihrer Befriedigung, das im Gesetz vom Anwachsen der Bedürfnisse seinen Niederschlag findet.

In der ökonomischen Literatur wird unterschieden zwischen den gesellschaftlichen Interessen, den kollektiven Interessen und den individuellen Interessen der Werktätigen. Diese Unterscheidung ist von wesentlicher Bedeutung für die Festlegungen der konkreten wirtschaftspolitischen Entscheidungen und die Gestaltung der ökonomischen Beziehungen zwischen Gesellschaft und Betrieb sowie zwischen dem Betrieb und den einzelnen Werktätigen. Es gilt die These, daß die Übereinstimmnug zwischen den gesellschaftlichen und den individuellen Interessen die Haupttriebkraft der gesellschaftlichen Entwicklung im Sozialismus sei. Andererseits ist aber auch im Sozialismus der Kampf um die Überwindung ständig neu entstehender Widersprüche Bewegungsgesetz. Auf Grund des gesellschaftlichen Eigentums an den Produktionsmitteln gibt es im Sozialismus keine antagonistischen

[7] G. J. Gleserman, Der objektive Charakter der Gesetze des Sozialismus und ihre bewußte Nutzung, Berlin 1973, S. 26.

[8] V. V. Radaev, Ėkonomičeskie interesy pri socializme, Moskva 1971, S. 69.

[9] Ebenda, S. 71.

Gegensätze zwischen den ökonomischen Interessen. Aber es gibt noch wesentliche sozialökonomische Unterschiede zwischen den Werktätigen.

Andererseits ist es eine Tatsache, daß sich im Sozialismus überhaupt erst einmal ein System von gesamtgesellschaftlichen Interessen ausbilden kann. Die Herausbildung und Entwicklung von gesamtgesellschaftlichen Interessen der Werktätigen stellt ein qualitativ neues, wesentliches Element des Wirkungsmechanismus der ökonomischen Gesetze im Sozialismus dar. Dieses Interesse resultiert aus der Eigentümerfunktion der assoziierten Produzenten. Das sozialistische Eigentum an den Produktionsmitteln verbindet und vereint die Werktätigen zu einem einheitlichen und ökonomisch homogenen gesellschaftlichen Organismus. Es entsteht und entwickelt sich das gesamtgesellschaftliche Interesse der Werktätigen an der effektiven Entwicklung der sozialistischen Ökonomik als Voraussetzung der Befriedigung ihrer Bedürfnisse. Es ist ein dem Sozialismus wesenseigenes, charakteristisches Merkmal, daß an die Lösung der ökonomischen und politischen Aufgaben aus gesellschaftlicher Sicht herangegangen wird, weil letztlich die kollektiven und individuellen Bedürfnisse der Werktätigen auf diese Weise unter den jeweils gegebenen konkreten Bedingungen optimal befriedigt werden. Diese Übereinstimmung in den grundlegenden ökonomischen Interessen ist einer der entscheidenden Vorzüge des Sozialismus. Sie stellt einen wesentlichen Aspekt des Wirkungsmechanismus der ökonomischen Gesetze im Sozialismus dar: „Je umfassender die Wirtschaftspolitik des Staates die spezifischen Interessen der Arbeiter, Bauern und der Volksintelligenz berücksichtigt und geschickt in Übereinstimmung bringt, desto fester wird die Zusammenarbeit der gesellschaftlichen Gruppen der sozialistischen Gesellschaft, desto fruchtbringender ist die gemeinsame Arbeit des ganzen Volkes.“[10]

Wenn man aber nach den Triebkräften der gesellschaftlichen Entwicklung im Sozialismus fragt, dann darf man unseres Erachtens nicht nur auf die unterschiedlichen ökonomischen Interessen verweisen, die sich aus sozialökonomischen Unterschieden, aus unterschiedlichem Produktionsniveau usw. ergeben, sowie auf ihre Übereinstimmung im Grundsätzlichen, sondern man muß von dem grundlegenden Widerspruch ausgehen, der zwischen den sich aus den Bedürfnissen der Gesellschaft ergebenden Zielen einerseits und den sich aus dem Entwicklungsstand der Produktivkräfte ergebenden Möglichkeiten zur Realisierung dieser Ziele andererseits besteht. „Diese oder jene Bedürfnisse eilen den vorhandenen Möglichkeiten voraus und werden ihnen stets vorauseilen. Die beständig wachsenden Bedürfnisse sind eine sehr große Triebkraft der sozialistischen Produktion.“[11]

[10] Autorenkollektiv, Politische Ökonomie, Der Sozialismus – die erste Phase der kommunistischen Produktionsweise, Bd. 3, Berlin 1973, S. 190.

[11] Ebenda, S. 255.

Hier wird der enge Zusammenhang, der zwischen der Hauptaufgabe, die auf dem XXIV. Parteitag der KPdSU, dem VIII. Parteitag der SED und auf den Parteitagen der kommunistischen und Arbeiterparteien anderer sozialistischer Bruderländer beschlossen wurde, und der Intensivierung des gesellschaftlichen Reproduktionsprozesses besteht, besonders deutlich. Die strategische Orientierung auf die Realisierung der Hauptaufgabe wirkt in Richtung auf eine stärkere unmittelbare Übereinstimmung zwischen den gesellschaftlichen, den kollektiven und individuellen Interessen der Werktätigen und auf die Mobilisierung aller gesellschaftlichen Kräfte zur Lösung des grundlegenden Widerspruchs zwischen den vorauseilenden Bedürfnissen und dem möglichen Grad ihrer Befriedigung. Die Ergebnisse der Wirtschaftspolitik seit dem VIII. Parteitag der SED zeigen, wie Erich Honecker im Dezember 1972 feststellte, daß „vom Ziel der Hauptaufgabe der Funke übergesprungen ist und viel Initiative entzündet hat, die sich darauf richtet, immer günstigere Voraussetzungen für die Verbesserung der Lebensverhältnisse zu schaffen. Die Resultate der Arbeit nicht erst übermorgen, sondern schon heute und morgen im eigenen Alltag wiederzufinden, in dem der Familie, des Nachbarn, des Kollegen und Mitbürgers – das erweist sich ganz offensichtlich immer mehr als starkes Motiv für hohe Leistungen."[12]

Die Intensivierung ist eine wichtige Seite der Hauptaufgabe. Die Orientierung auf die ständige Erhöhung des Lebensniveaus der Bevölkerung und ihre konsequente Verwirklichung durch die Intensivierung des gesellschaftlichen Reproduktionsprozesses erhöhen die Aktivität der Werktätigen, ihre Initiative und ihr Schöpfertum. Diese hohe Aktivität wiederum ist die entscheidende Basis für die zielstrebige Intensivierung, die ständig die Voraussetzungen für die Realisierung der Hauptaufgabe schafft. Die Verwirklichung der Hauptaufgabe und der Intensivierung erfordern und fördern die Leistungsfähigkeit und die Leistungsbereitschaft der Werktätigen gleichermaßen.

Der *zweite* Aspekt der „bewußten Tätigkeit" der Werktätigen betrifft *ihre gesellschaftliche Wirkung.* Wenn Friedrich Engels sagt, daß „die von ihnen in Bewegung gesetzten gesellschaftlichen Ursachen vorwiegend und in stets steigendem Maße auch die von ihnen gewollten Wirkungen haben", dann setzt das entsprechende gesellschaftliche Verhältnisse und die Kenntnis der wesentlichen gesetzmäßigen Zusammenhänge in der gesellschaftlichen Entwicklung voraus.

Für den „Sprung in das Reich der Freiheit" werden daher erst im Sozia-

[12] Erich Honecker, Das Volk der DDR kann mit Zuversicht die Schwelle zum Jahr 1973 überschreiten, Berlin 1972, S. 12.

lismus die Voraussetzungen geschaffen. Diese Erkenntnis bricht sich angesichts der gesellschaftlichen Realitäten auch dort Bahn, wo sie bislang am erbittertsten bekämpft wurde. Die düstere Prognose des „Klubs von Rom", der 1972 auf Grund einer Studie vom Massachusetts Institute of Technology (MIT) den endgültigen Zusammenbruch des Weltsystems im Jahre 2100 unter der Voraussetzung voraussagte, daß das bisherige Wachstum der Wirtschaften anhalten würde, veranlaßte selbst den damaligen Präsidenten der EWG, Mansholt, zu den Worten: „Wenn sie glauben, man könne eine neue Lebensqualität erreichen durch den Kapitalismus, dessen Grundlage der Profit ist, dann ist es ein großer Irrtum."[13]

Das Unvermögen des kapitalistischen Gesellschaftssystems, durch „die von ihm in Bewegung gesetzten gesellschaftlichen Ursachen auch die von ihnen gewollten Wirkungen" zu erzielen, macht besonders deutlich, daß es sich bei der „bewußten Tätigkeit" der Menschen als notwendige Bedingung für das Durchsetzen der ökonomischen Gesetze im Sozialismus immer um *gesellschaftliche* Bewußtheit handelt. Denn: „Die gesellschaftlich wirksamen Kräfte wirken ganz wie die Naturkräfte: blindlings, gewaltsam, zerstörend, solange wir sie nicht erkennen und nicht mit ihnen rechnen. Haben wir sie aber einmal erkannt, ihre Tätigkeit, ihre Richtungen, ihre Wirkungen begriffen, so hängt es nur von uns ab, sie mehr und mehr unserm Willen zu unterwerfen und vermittelst ihrer unsre Zwecke zu erreichen. Und ganz besonders gilt dies von den heutigen gewaltigen Produktivkräften ... Einmal in ihrer Natur begriffen, können sie in den Händen der assoziierten Produzenten aus dämonischen Herrschern in willige Diener verwandelt werden. Es ist der Unterschied zwischen der zerstörenden Gewalt der Elektrizität im Blitze des Gewitters und der gebändigten Elektrizität des Telegraphen und des Lichtbogens; der Unterschied der Feuerbrunst und des im Dienst des Menschen wirkenden Feuers. Mit dieser Behandlung der heutigen Produktivkräfte nach ihrer endlich erkannten Natur tritt an die Stelle der gesellschaftlichen Produktionsanarchie eine gesellschaftlich-planmäßige Regelung der Produktion nach den Bedürfnissen der Gesamtheit wie jedes einzelnen."[14]

Die gesellschaftlich-planmäßige Regelung der Produktion setzt nicht nur die Kenntnis der Entwicklungsgesetze der Gesellschaft voraus, sondern auch entsprechende gesellschaftliche Bedingungen, die es ermöglichen, daß gesellschaftlich in Bewegung gesetzte Ursachen auch die vorausbestimmten ge-

[13] Sicco Mansholt, zitiert nach: Ulrich Rosenbaum, Keine Rettung ohne Verzicht auf Wachstum, in: Vorwärts vom 13. 2. 1972, S. 8.

[14] Friedrich Engels, Die Entwicklung des Sozialismus, in: MEW, Bd. 19, Berlin 1962, S. 222/223.

sellschaftlichen Wirkungen erreichen. In einer Gesellschaftsordnung mit antagonistischen Interessengegensätzen sind die gesellschaftlichen Wirkungen in erster Linie das Ergebnis des Klassenkampfes.

Die Überlegenheit der sozialistischen Gesellschaftsordnung besteht gerade darin, daß mit der Schaffung der proletarischen Staatsmacht und der Überführung der Produktionsmittel in das Volkseigentum die entscheidenden Voraussetzungen dafür durch die Herausbildung der gesamtgesellschaftlichen Interessen gegeben sind. Der Sozialismus als gesellschaftliche Praxis ist erst ein halbes Jahrhundert alt. Aber diese relativ kurze Zeitspanne reicht aus, um nachdrücklich zu demonstrieren, daß es keine sozialen Probleme gibt, die in einer sozialistischen Gesellschaft nicht gemeistert werden könnten.

Diese Befähigung des Sozialismus beruht auf der konsequenten Ausnutzung der objektiven ökonomischen Gesetze durch die bewußte Gestaltung und Weiterentwicklung der staatlichen Leitung und Planung des Reproduktionsprozesses, der wirtschaftlichen Rechnungsführung der wirtschaftenden Einheiten und des sozialistischen Wettbewerbs der Werktätigen.

Der ständigen Veränderung der Wirkungsbedingungen der ökonomischen Gesetze des Sozialismus entspricht die ständige Weiterentwicklung und Vervollkommnung des Systems der Leitung und Planung der Volkswirtschaft, die bewußt und planmäßig erfolgt. In der Planwirtschaft der UdSSR und in den sozialistischen Ländern, die nach dem zweiten Weltkrieg die Grundlagen des Sozialismus errichteten, kennen wir daher mehrere Entwicklungsetappen der ökonomischen Systeme. Die Wirtschaftsreformen, die in den sechziger Jahren in den meisten sozialistischen Ländern begannen und sich heute auf einer höheren Ebene fortsetzen, sind von dem Bestreben geleitet, den Wirtschaftsmechanismus entsprechend den Erfordernissen der entwickelten sozialistischen Gesellschaft unter den Bedingungen der Intensivierung der Volkswirtschaft weiter zu entwickeln.

Ein *dritter* Aspekt betrifft die *Wechselbeziehungen zwischen Objektivem und Subjektivem* im Wirkungsmechanismus der ökonomischen Gesetze.

Die dialektische Einheit zwischen Objektivem und Subjektivem im Wirken der ökonomischen Gesetze ist ein zentrales Problem für das Verständnis des Wirkungsmechanismus der gesellschaftlichen Gesetze. Wenn sich die ökonomischen Gesetze, wie alle gesellschaftlichen Gesetze, nur über die konkrete Tätigkeit der Menschen durchsetzen, dann spielt auch der subjektive Faktor eine entscheidende Rolle im Wirkungsmechanismus der ökonomischen Gesetze. „Die Aktivität der Menschen“ – schreibt A. Paškov – „ist die unerläßliche Voraussetzung für das Wirken der gesellschaftlichen Gesetze; außerhalb der Wirtschaftstätigkeit der Menschen gibt es weder Produktionsverhältnisse noch ökonomische Gesetze. Das unterscheidet die objektiven Gesetze des ökonomischen und überhaupt des gesellschaftlichen

Lebens von den Naturgesetzen, welche völlig unabhängig vom Handeln der Menschen wirken."[15]

Natürlich ist der staatliche Volkswirtschaftsplan kein objektives ökonomisches Gesetz. Aber kann man sich das Wirken der ökonomischen Gesetze im Sozialismus ohne staatliche Planung vorstellen? Die gesamtgesellschaftliche Planung ist ein Grunderfordernis des Gesetzes der planmäßigen, proportionalen Entwicklung. Man muß natürlich unterscheiden zwischen Planmäßigkeit als ökonomische Kategorie und dem konkreten Volkswirtschaftsplan eines bestimmten Jahres. Das Kernproblem besteht aber darin, daß das, was die Aktivität der Menschen auslöst und lenkt, der konkrete Plan ist. Auch ein Plan, der nicht vollständig den Erfordernissen der objektiven ökonomischen Gesetze entspricht, löst Handlungen der Werktätigen aus. Die ökonomischen Gesetze setzen sich im Prozeß der Planung und Planerfüllung durch.

Ein entscheidender Wesenszug des Wirkungsmechanismus der ökonomischen Gesetze ist gerade diese außerordentlich komplizierte dialektische Wechselwirkung zwischen dem Objektiven und dem Subjektiven. Dabei entsprechen – und das lehren die historischen Erfahrungen des sozialistischen Aufbaus in der UdSSR und in einer Reihe sozialistischer Länder – mit fortschreitender Entwicklung die subjektiven Entscheidungen immer mehr den objektiven Erfordernissen der Gesetze im Sozialismus. Der Raum der spontanen Wirkungen wird immer stärker durch die Elemente der Bewußtheit bei der Lenkung der gesellschaftlichen Entwicklungsprozesse eingeengt.

Man kann die Gesetze des Handelns nicht vom Träger dieser Handlungen trennen. Es gilt, daß „die Gesetze der gesellschaftlichen Entwicklung erst dann ein ständig wachsendes Wirkungsfeld erhalten, wenn die objektiven Voraussetzungen die reale Möglichkeit für eine möglichst vollständige Verwirklichung der den Gesetzen innewohnenden Forderungen schaffen und der subjektive Faktor in wachsendem Maße wirksam wird, um diese Möglichkeit in die Wirklichkeit umzuwandeln".[16] Wenn man daher nach den Bestandteilen des Wirkungsmechanismus der ökonomischen Gesetze im Sozialismus fragt, dann nimmt die Aktivität der Werktätigen ganz gewiß eine zentrale Stelle dabei ein. Die Entwicklung der anderen wesentlichen Bestandteile dieses Wirkungsmechanismus der ökonomischen Gesetze ist untrennbar damit verbunden. Kurt Hager hebt diesen Gedanken besonders

[15] A. Paschkow, Über den Mechanismus der Ausnutzung der ökonomischen Gesetze im Sozialismus, in: Sowjetwissenschaft, Gesellschaftswissenschaftliche Beiträge, 6/1973, S. 581.

[16] I. D. Ermolajev, Objektive Gesetze und wissenschaftliche Leitung der Gesellschaft, Berlin 1973, S. 57/58.

hervor: „Hierzu gehören vor allem die Fragen der Vervollkommnung der Leitung und Planung, deren entscheidenden Auftrag unsere Partei immer in der Befähigung der Werktätigen zur aktiven Mitwirkung an der Leitung und Planung selbst gesehen hat. Hierher gehören Fragen der wissenschaftlich-technischen Politik, das Abstecken solcher realen Ziele, Richtungen, Etappen, Differenziertheit der Formen in der Verwirklichung des wissenschaftlich-technischen Fortschritts, die gewährleisten, daß die Arbeiterklasse im Bündnis mit der Intelligenz bewußter und aktiver Träger dieses Prozesses ist und die harmonische Entwicklung der Gesellschaft gewährleistet wird."[17]

Das bewußte Setzen „gesellschaftlicher Ursachen" und das ständige Erreichen der „gewollten gesellschaftlichen Wirkungen" ist das entscheidende Charakteristikum des Wirkungsmechanismus der ökonomischen Gesetze im Sozialismus, das ihn gegenüber allen vorangegangenen Gesellschaftsordnungen auszeichnet.

Dabei wird niemand behaupten wollen, daß stets eine volle Deckungsgleichheit zwischen den gesetzten Ursachen und den gewollten Wirkungen beziehungsweise zwischen den geplanten Zielen und den tatsächlich erreichten Ergebnissen bestehen würde. Ein Plan wird kaum mit 100,0 Prozent erfüllt, sondern mit 100,5 Prozent oder 101,0 Prozent, wobei das Durchschnittswerte sind, hinter denen sich größere Übererfüllungen, aber auch einige Nichterfüllungen verbergen; zu berücksichtigen ist auch, daß der Plan meist im Prozeß der Durchführung in einigen Positionen verändert, korrigiert wird. Aber gerade diese Aktivitäten im Prozeß der Plandurchführung, das Reagieren auf Unvorhergesehenes und auch auf nichtbeabsichtigte Abweichungen, das Korrigieren und Anpassen an den realen Wirtschaftsprozeß kennzeichnen die besondere Art und Weise, wie sich die ökonomischen Gesetze des Sozialismus über die bewußte Tätigkeit der Menschen durchsetzen.

Der Wirkungsmechanismus der ökonomischen Gesetze ist objektiv, obgleich er sich nur über die subjektiven Handlungen der Menschen verwirklichen kann. Die aus den gegebenen gesellschaftlichen Bedingungen erwachsenden ökonomischen Interessen determinieren diese Handlungen der Menschen in einer Weise, daß sie in ihrer Gesamtheit, im gesellschaftlichen Durchschnitt und in ihrem tendenziellen Ablauf die Erfordernisse der Gesetze zum Ausdruck bringen. Das große Verdienst von Karl Marx und Friedrich Engels bestand gerade darin, daß sie nachwiesen, daß es in der

[17] Kurt Hager, Die entwickelte sozialistische Gesellschaft, Referat auf der Tagung der Gesellschaftswissenschaftler am 14. Oktober 1971 in Berlin, Berlin 1971, S. 45.

Geschichte der Menschheit trotz aller historischen Zufälligkeiten gesetzmäßig zugeht. Indem die Klassiker das „Entwicklungsgesetz des Kapitalismus" entdeckten und erforschten, beschrieben sie zugleich den Wirkungsmechanismus der ökonomischen Gesetze des Kapitalismus. Das besondere ist dabei, daß sich die ökonomischen Gesetze dort hinter dem Rücken der Menschen spontan durchsetzen. Sie realisieren sich zum Beispiel über die Akte des Kaufs und Verkaufs auf dem Markt, indem jeder der Beteiligten seine eigenen Interessen verfolgt. Diese individuellen Akte des Kaufs und Verkaufs sind zweifellos wesentliche Elemente des Wirkungsmechanismus der ökonomischen Gesetze des Kapitalismus. Es bilden sich aber auch schon hier die gemeinsamen Klasseninteressen der Arbeiterklasse heraus, die letztlich das Schicksal der kapitalistischen Gesellschaftsordnung bestimmen.

Mit der sozialistischen Vergesellschaftung der Produktionsmittel und der ständigen gesellschaftlichen Höherentwicklung bestimmen die Interessen der führenden Arbeiterklasse in immer höherem Grade die Interessen der gesamtgesellschaftlichen Entwicklung. In ihnen werden am konsequentesten die Interessen anderer, mit der Arbeiterklasse verbündeter Klassen und sozialer Gruppen zum Ausdruck gebracht, was die gesamtgesellschaftlichen Interessen nachhaltig prägt. Das Setzen gesamtgesellschaftlicher Ziele als Ursachen gewollter gesellschaftlicher Wirkungen wird nunmehr nicht nur möglich, sondern notwendig, um das Wesen des Sozialismus realisieren zu können. Anstelle des über den Marktmechanismus vermittelten Zusammenhangs zwischen den objektiven Erfordernissen der ökonomischen Gesetze und den durch ökonomische Interessen determinierten Handlungen der Menschen treten mit der Entstehung gesamtgesellschaftlicher Interessen auf der Grundlage des gesellschaftlichen Eigentums an den Produktionsmitteln zunehmend unmittelbare gesellschaftliche Zusammenhänge.[18] Dieser zunehmende unmittelbare gesellschaftliche Zusammenhang in den ökonomischen Beziehungen ermöglicht die immer tiefere Einsicht in die gesellschaftlichen Zusammenhänge und gibt damit die Gewähr, daß die (subjektiven) gesamtgesellschaftlichen Planziele in immer höherem Grade mit den (objektiven) Erfordernissen des Systems der ökonomischen Gesetze des Sozialismus übereinstimmen. Die Entscheidungen nehmen im Sozialismus die Form wirtschafts- und sozialpolitischer Entscheidungen über Aufgaben von gesamtgesellschaftlicher Bedeutung an, die allseitig wissenschaftlich begründet und kollektiv, unter umfassender Beteiligung der Werktätigen erarbeitet worden sind.

Die Rolle des subjektiven Faktors im Wirkungsmechanismus der ökono-

[18] Vgl. A. K. Pokrytan, Produktionsverhältnisse und ökonomische Gesetze des Sozialismus, Berlin 1973, S. 95.

mischen Gesetze des Sozialismus wächst in der entwickelten sozialistischen Gesellschaft gesetzmäßig, denn ihre Ziele können nur durch das koordinierte Zusammenwirken aller Werktätigen auf der Grundlage eines im voraus ausgearbeiteten Programms erreicht werden. „Der subjektive Faktor – die zielstrebige, planmäßige Tätigkeit der Werktätigen, die Gesamtheit der staatlichen und gesellschaftlichen Organisationen, die von der kommunistischen Partei geleitet und geführt wird – ist hier einer der wichtigsten Regulatoren der Produktion, des ganzen Systems der gesellschaftlichen Verhältnisse."[19]

Auf diese Rolle des subjektiven Faktors begründet sich die führende Rolle der Partei und die ökonomische Funktion des sozialistischen Staates als eine wesentliche Seite des Wirkungsmechanismus: „Die Partei und der Staat übertragen die Forderungen der Gesetze auf ‚die Sprache' der Wirtschaftspolitik, schaffen die ökonomischen Voraussetzungen für ihr uneingeschränktes Wirken, damit die Forderungen der Gesetze durch die Menschen, durch die gesellschaftlichen Institutionen in der Produktion, in der praktischen Arbeit berücksichtigt und realisiert werden können."[20]

Wenn wir davon ausgehen, daß der Wirkungsmechanismus des Systems der ökonomischen Gesetze einer bestimmten Gesellschaftsformation vor allem die spezifische Art und Weise darstellt, wie sich diese Gesetze über die Wirtschaftspolitik und in der praktischen Wirtschaftstätigkeit der Menschen verwirklichen, dann ist das entscheidende Charakteristikum dieses Wirkungsmechanismus die komplizierte Dialektik von Objektivem und Subjektivem in der ökonomischen Entwicklung der Gesellschaft.

In der ökonomischen Diskussion wird zu Recht darauf aufmerksam gemacht, daß „die qualitativ neue Rolle des subjektiven Faktors im Sozialismus nicht zu einer Unterschätzung der objektiven Entwicklungsgesetze führen (darf). Fatalistische Auffassungen zum Wirken ökonomischer Gesetze des Sozialismus sind dem Marxismus-Leninismus genauso wesensfremd, wie jegliche subjektivistische Konzeptionen, die letztlich den objektiven Charakter der Gesetze ignorieren."[21] Aber viele Fragen dieser Objekt-Subjekt-Dialektik sind nur unzureichend geklärt, vor allem das Wechselverhältnis zwischen Wirken und Ausnutzen der Gesetze.[22]

Das Probem besteht vor allem darin, das spezifische Zusammenwirken

[19] V. G. Afanas'ev, Den Mechanismus der sozialistischen Wirtschaftsführung verbessern, in: Pravda vom 11. 1. 1974, S. 2.

[20] Ebenda, S. 2.

[21] Autorenkollektiv, Zur Wirkungsweise der ökonomischen Gesetze des Sozialismus und ihrer Ausnutzung durch die Leitung und Planung der Volkswirtschaft (Thesen), in: Wirtschaftswissenschaft, 7/1974, S. 969.

[22] Vgl. A. Paschkow, Über den Mechanismus der Ausnutzung der ökonomischen

von Wirkungsmechanismus der Gesetze und Funktionsmechanismus der Wirtschaft tiefer zu analysieren.

Die genannten drei Aspekte des bewußten Handelns der Menschen im Sozialismus – die ökonomischen Interessen als Triebkraft der gesellschaftlichen Entwicklung und die Herausbildung gesamtgesellschaftlicher Interessen im Sozialismus, die Bewußtheit im Sinne des gesellschaftlich bewußten Handelns und schließlich die Wechselbeziehung und Einheit von Objektivem und Subjektivem bei der Durchsetzung der objektiven ökonomischen Gesetze kennzeichnen die neue Qualität des Wirkungsmechanismus der ökonomischen Gesetze im Sozialismus.

Diese Merkmale müssen demzufolge auch für die einzelnen Seiten und Elemente sowohl des Wirkungsmechanismus der ökonomischen Gesetze als auch des Funktionsmechanismus der Wirtschaft charakteristisch sein. Unter diesem Gesichtspunkt erlangen die bekannten *Prinzipien der sozialistischen Wirtschaftsführung* eine besondere Bedeutung, denn sie stimmen mit den genannten Erfordernissen voll überein.

Das Wesen des Wirkungsmechanismus der ökonomischen Gesetze im Sozialismus wird am deutlichsten *in den Prinzipien der sozialistischen Wirtschaftsführung,* die von Lenin formuliert wurden, *zum Ausdruck gebracht:* in dem Prinzip der Einheit von politischer und wirtschaftlicher Führung, dem Prinzip der Planmäßigkeit, dem Prinzip des demokratischen Zentralismus, dem Prinzip der wirtschaftlichen Rechnungsführung, dem Prinzip der materiellen Interessiertheit und des sozialistischen Wettbewerbs und in dem Prinzip des proletarischen Internationalismus. Diese Prinzipien widerspiegeln unmittelbar die Erfordernisse der ökonomischen Gesetze des Sozialismus[23] und bilden die Grundlage für die konkrete Gestaltung und Entwicklung der Leitung, Planung und Stimulierung der Ökonomik der sozialistischen Länder.

Das Prinzip der *Einheit von politischer und wirtschaftlicher Führung* bringt die Dialektik zwischen Objektivem und Subjektivem bei der bewußten Gestaltung der gesellschaftlichen Entwicklung im Sozialismus, die Wechselbeziehungen zwischen Wirkungsmechanismus der Gesetze und Funktionsmechanismus der Wirtschaft unmittelbar zum Ausdruck.

Lenin bezeichnete die Politik als den konzentrierten Ausdruck der Ökonomik. „Die Politik hat notwendigerweise das Primat gegenüber der Öko-

Gesetze im Sozialismus, in: Sowjetwissenschaft, Gesellschaftswissenschaftliche Beiträge, 6/1973, S. 585.

[23] Nach A. I. Paškov sind die von Lenin ausgearbeiteten Prinzipien des sozialistischen Wirtschaftens nichts anderes als der konkrete Ausdruck ökonomischer Gesetze in der Sprache der Wirtschaftspolitik.
Vgl. A. I. Paškov, Ėkonomičeskie problemy socialisma, Moskva 1970, S. 99.

nomik. Anders argumentieren heißt das ABC des Marxismus vergessen"[24], denn „ohne politisch richtig an die Sache heranzugehen, wird die betreffende Klasse ihre Herrschaft nicht behaupten und folglich auch ihre Produktionsaufgaben nicht lösen können".[25]

Die Bestimmung der gesamtgesellschaftlichen Interessen der Werktätigen und die Festlegung der gesellschaftlichen Ziele erfolgt in den konkreten Entwicklungsabschnitten des Sozialismus über die Wirtschafts- und Sozialpolitik der Partei der Arbeiterklasse und des sozialistischen Staates. Selbstverständlich bestimmt das gesellschaftliche Sein das gesellschaftliche Bewußtsein, und der politische Überbau ist gegenüber der ökonomischen Basis das Abgeleitete, aber das gesellschaftlich Notwendige setzt sich durch über die objektiv determinierte Wirtschaftspolitik, die sich auf umfassende wissenschaftliche Analysen stützt und die gesellschaftlichen Aktivitäten planmäßig auf die objektiven gesellschaftlichen Ziele lenkt.

Die Planmäßigkeit als eine wesentliche Seite der sozialistischen Produktionsverhältnisse ist die grundlegende, führende Form der ökonomischen Beziehungen in der sozialistischen Gesellschaft. Das Gesetz der planmäßig-proportionalen Entwicklung der Volkswirtschaft, das das kapitalistische Gesetz der Anarchie und Konkurrenz ablöst, bringt zum Ausdruck, daß unter den Bedingungen der sozialistischen Vergesellschaftung der Produktionsmittel die ökonomische Entwicklung nur planmäßig erfolgen kann, weil keine andere Form des koordinierten Zusammenwirkens aller gesellschaftlichen Kräfte zur Realisierung gesamtgesellschaftlicher Interessen möglich ist, ihre planmäßige Leitung aber zu weitaus höheren Ergebnissen als jede andere der vorausgegangenen Produktionsweisen führt.

Daher ist die Schaffung der Planwirtschaft eine der ersten und grundlegenden Aufgaben der sozialistischen Revolution, wie Lenin sagte: „Die Organisierung der Rechnungsführung, die Kontrolle über die Großbetriebe, die Umwandlung des ganzen staatlichen Wirtschaftsmechanismus in eine einzige große Maschine, in einen Wirtschaftsorganismus, der so arbeitet, daß sich Hunderte Millionen Menschen nach einem einzigen Plan richten – das ist die gigantische organisatorische Aufgabe, die uns zugefallen ist"[26], denn „Sozialismus ist undenkbar ... ohne planmäßige staatliche Organisation, die Dutzende Millionen Menschen zur strengsten Einhaltung einer einheitlichen Norm in der Erzeugung und Verteilung der Produkte anhält".[27]

[24] W. I. Lenin, Noch einmal über die Gewerkschaften, in: Werke, Bd. 32, Berlin 1961, S. 73. [25] Ebenda. S. 74.

[26] W. I. Lenin, Referat über Krieg und Frieden auf dem VII. Parteitag der KPR (B), in: Werke, Bd. 27, Berlin 1960, S. 76/77.

[27] W. I. Lenin, Über „linke" Kinderei und über Kleinbürgerlichkeit, in: Werke, Bd. 27, Berlin 1960, S. 332.

Das Prinzip der Planmäßigkeit, das einen wesentlichen Aspekt der objektiven Erfordernisse der ökonomischen Gesetze widerspiegelt, ist die Grundlage für die bewußte Leitung aller Bereiche des gesellschaftlichen Lebens nach einem gesamtgesellschaftlichen Plan. Diese Planmäßigkeit ist der entscheidende Vorzug der kommunistischen Gesellschaftsordnung gegenüber allen vorangegangenen Formationen.

Der *demokratische Zentralismus* ist eines der wichtigsten Leitungsprinzipien der sozialistischen Wirtschaft. Sein Wesen ist die Verbindung der notwendigen zentralen staatlichen Leitung und Planung der Volkswirtschaft mit der allseitigen Entwicklung der Aktivität der Werktätigen für die Lösung der Ziele des Sozialismus.

Der Zentralismus ist die logische Konsequenz der Vergesellschaftung der Produktionsmittel. Bekannt sind die Worte von Karl Marx: „Alle unmittelbar gesellschaftliche oder gemeinschaftliche Arbeit auf größrem Maßstab bedarf mehr oder minder einer Direktion, welche die Harmonie der individuellen Tätigkeiten vermittelt und die allgemeinen Funktionen vollzieht, die aus der Bewegung des produktiven Gesamtkörpers im Unterschied von der Bewegung seiner selbständigen Organe entspringen.“[28] Es ist klar, daß mit den wachsenden gesellschaftlichen Maßstäben des Wirtschaftslebens in der entwickelten sozialistischen Gesellschaft die Rolle und Bedeutung der zentralen staatlichen Leitung und Planung wächst.

Aber dem Sozialismus ist ein *demokratischer* Zentralismus eigen. Subjekt und Objekt der Wirtschaftstätigkeit ist nicht ein über den Massen stehendes Organ, sondern der Mensch selbst. L. I. Breshnew formulierte das so: „Der Gedanke, mit den ökonomischen Gesetzen hätten nur bedeutende Wissenschaftler und Leiter zu tun, ist irrig. Diese Gesetze diktieren, wenn man sie richtig versteht, die Logik im Verhalten nicht nur des Leiters, des Ingenieurs, des Wissenschaftlers und des Technikers, sondern auch jedes einfachen Arbeiters und Kolchosbauern.“[29] Die unmittelbare Teilnahme der Werktätigen an der Planung und Leitung der Wirtschaftsprozesse ist daher eine der entscheidenden Voraussetzungen für die erfolgreiche Entwicklung zum Kommunismus.

Das Prinzip des demokratischen Zentralismus ist eine Hauptzielscheibe des rechten und linken Revisionismus. Die Revisionisten behaupten, daß Zentralismus und Demokratie unvereinbar seien, und empfehlen „Sozialismusmodelle“, in denen jegliche zentrale staatliche Leitung und Planung der Volkswirtschaft eliminiert wird. Demokratie ohne sozialistisches staatliches Eigentum an den Produktionsmitteln und ohne sozialistische Staatsmacht ist

[28] Karl Marx, Das Kapital, Erster Band, in: MEW, Bd. 23, Berlin 1962, S. 350.
[29] L. I. Breshnew, Auf dem Wege Lenins, Bd. 1, Berlin 1971, S. 399/400.

immer bürgerliche Demokratie, in der „jeder das gleiche Recht hat, unter einer Brücke zu schlafen". Die Modelle des „demokratischen Sozialismus", des „Marktsozialismus", des „humanen Sozialismus" und wie sie sonst noch heißen mögen, sind ihrem Wesen nach Spielarten der bürgerlichen Ideologie. Schon Lenin hat nachdrücklich darauf verwiesen, daß die Begriffsbestimmung der Demokratie grundsätzlich vom Klassenstandpunkt abhängt. Die sozialistische Demokratie schließt den Zentralismus nicht aus, sondern setzt ihn voraus, denn: „die nationale Zentralisation der Produktionsmittel wird die natürliche Basis einer Gesellschaft werden, die sich aus Assoziationen freier und gleichgestellter, nach einem gemeinsamen und rationellen Plan bewußt tätiger Produzenten zusammensetzt".[30] Die Revisionisten versuchen, den Zentralismus mit Bürokratismus und administrativer Befehlswirtschaft zu identifizieren. Aber: „Der Sozialismus wird nicht durch Erlasse von oben geschaffen. Seinem Geist ist der fiskalisch-bürokratische Automatismus fremd. Der lebendige, schöpferische Sozialismus ist das Werk der Volksmassen selbst."[31]

Der gegenwärtige Revisionismus ist wenig originell. Die entscheidenden Argumente gegen seine „Empfehlungen" haben die Klassiker des Marxismus-Leninismus bereits vor 100 beziehungsweise 50 Jahren ausgesprochen. Und da die Revisionisten prinzipiell gegen die Zentralisation sind, bleibt die Frage völlig offen, auf welche Weise die im Sozialismus entstehenden gesamtgesellschaftlichen Interessen realisiert werden sollen.

Das Wesen des demokratischen Zentralismus ist die Verbindung der zentralen staatlichen Leitung und Planung der Volkswirtschaft mit der Entfaltung und Förderung der allseitigen Initiative und Aktivität der Werktätigen. Dabei gilt der Grundsatz, daß Entscheidungen dort getroffen werden, wo dafür die größte Sachkunde gegeben ist. Das Prinzip des demokratischen Zentralismus äußert sich in der Planungstätigkeit zum Beispiel im Direktivcharakter des beschlossenen Plans einerseits und in der umfassenden Plandiskussion auf allen Ebenen im Prozeß der Planausarbeitung, die gegenwärtig in der Gegenplanbewegung eine neue Qualität erreicht, in der Organisationsstruktur des volkswirtschaftlichen Leitungssystems mit der Aufgabenverteilung zwischen den verschiedenen Leitungsebenen und der relativen Selbständigkeit der wirtschaftenden Einheiten, in der Verbindung des Zweigprinzips der Leitung mit dem Territorialprinzip, in der Verbindung der administrativen Leitungsmethoden mit den ökonomischen.

[30] Karl Marx, Über die Nationalisierung des Grund und Bodens, in: MEW, Bd. 18, Berlin 1962, S. 62.

[31] W. I. Lenin, Sitzung des Gesamtrussischen Zentralexekutivkomitees, 4. (17.) November 1917, Antwort auf eine Anfrage der linken Sozialrevolutionäre, in: Werke, Bd. 26, Berlin 1961, S. 283.

Die Verwirklichung des Prinzips des demokratischen Zentralismus steht immer im Mittelpunkt der Wirtschaftsreformen, weil die sich verändernden Bedingungen immer wieder aufs neue die Frage nach der optimalen Verbindung beider Seiten aufwerfen. Wie die Erfahrungen vergangener Jahre lehren, hemmt ein ungenügendes Reagieren auf diese Veränderungen in den Wirkungsbedingungen die Entwicklungsmöglichkeiten. In der entwickelten sozialistischen Gesellschaft sind durch den erreichten Grad der Konzentration der Produktion in großen Kombinaten und Wirtschaftsvereinigungen eine Reihe von Voraussetzungen entstanden, die es ermöglichen, die Eigenverantwortung der Kombinate und Betriebe weiter zu erhöhen.

Das *Prinzip der wirtschaftlichen Rechnungsführung* steht mit den genannten Prinzipien der Planmäßigkeit und des demokratischen Zentralismus in engen Wechselbeziehungen und begründet sich auf die konsequente Ausnutzung der Ware-Geld-Beziehungen, insbesondere auf das Wirken des Wertgesetzes im Sozialismus.

Die wirtschaftliche Rechnungsführung beruht auf der Verbindung der zentralen staatlichen Leitung und Planung der Volkswirtschaft mit der relativen ökonomischen Selbständigkeit der Betriebe. „Die Gesellschaft läßt sich zur erfolgreichen Entwicklung der Volkswirtschaft vom Leninschen Prinzip des demokratischen Zentralismus leiten und verleiht den Betrieben weitgehende Rechte bei der Nutzung des staatlichen Eigentums, bei der Leitung und Planung der laufenden Arbeit, bei der Einstellung von Arbeitskräften usw. Die richtige Verbindung der wissenschaftlichen, zentralen planmäßigen Leitung der Wirtschaft durch den Staat mit der weitgehenden wirtschaftlich-operativen Selbständigkeit der Betriebe ist eine wesentliche Voraussetzung für die rasche und harmonische Entwicklung der sozialistischen Gesellschaft ... Folglich bedarf es einer solchen Organisation der ökonomischen Beziehungen ..., die die Betriebe zur maximalen Ausschöpfung ihrer Rechte und Möglichkeiten, zum tatkräftigen, rationellen Wirtschaften, zur Herstellung eines Maximums an Erzeugnissen mit minimalen Kosten anhält. Und mit der wirtschaftlichen Rechnungsführung verfügt der Sozialismus über ein solches System.“[32]

Die wirtschaftliche Rechnungsführung als ökonomische Kategorie und Methode der Wirtschaftsführung umfaßt mehrere Aspekte: *Erstens* die „allgemeine Rechnungslegung und Kontrolle“ (Lenin); *zweitens* die Förderung der Eigeninitiative und Eigenverantwortung der Betriebe und Betriebskollektive im Rahmen des gesellschaftlichen Eigentums an den Produktionsmitteln und des zentralen staatlichen Planes sowie *drittens* die Verwirk-

[32] Autorenkollektiv (Leitung A. F. Rumjanzew), Politische Ökonomie des Sozialismus, Berlin 1973, S. 307.

lichung des sozialistischen Rationalitätsprinzips (Prinzip der Eigenerwirtschaftung der Mittel, Sparsamkeitsprinzip, Rentabilitätsprinzip). Diese drei Aspekte zusammen kennzeichnen das Wesen der wirtschaftlichen Rechnungsführung.

Es ist daher ungenau, die wirtschaftliche Rechnungsführung nur mit dem „Entscheidungsfeld der Betriebe" in Verbindung zu bringen. Denn die „allgemeine Rechnungslegung und Kontrolle", von der Lenin als eine der ersten und entscheidenden Maßnahmen der sozialistischen Revolution sprach, erstreckt sich von den Betrieben bis hin zum Staatshaushalt. Andererseits hängt die betriebliche Effektivität sehr wesentlich von der volkswirtschaftlichen Strukturentwicklung ab. Das Prinzip der wirtschaftlichen Rechnungsführung bezieht sich daher vor allem auf die ökonomischen Beziehungen zwischen der Gesellschaft und den Betrieben und davon abgeleitet auf die Beziehungen zwischen den Betrieben selbst: „Die wirtschaftliche Rechnungsführung ist das der ersten Phase des Kommunismus eigene System der ökonomischen Beziehungen zwischen der Gesellschaft und den Betrieben sowie zwischen den Betrieben selbst, das auf die Erzielung größtmöglicher Effektivität der gesellschaftlichen Produktion mit geringstmöglichem Aufwand an Material und Arbeit gerichtet ist."[33] Ein wesentliches Element der wirtschaftlichen Rechnungsführung ist daher die Bestimmung der relativen wirtschaftlichen Selbständigkeit der Betriebe im Rahmen der zentralen staatlichen Leitung und Planung der Volkswirtschaft.

Im Sozialismus sind die ökonomischen Beziehungen zwischen Gesellschaft und Betrieb wesentlich planmäßige, das heißt der Planung untergeordnete Ware-Geld-Beziehungen; die Kategorien der wirtschaftlichen Rechnungsführung sind Wertkategorien. Die allgemeine Rechnungslegung und Kontrolle sowie die Verwirklichung des sozialistischen Rationalitätsprinzips erfordern für die ganze Volkswirtschaft einheitliche Bewertungs- und Vergleichsmaßstäbe, die in der ersten Phase des Kommunismus nur unter Ausnutzung der Ware-Geld-Beziehungen auf der Grundlage des gesellschaftlich notwendigen Arbeitsaufwands abgeleitet werden können. Daher ist die Vervollkommnung der wirtschaftlichen Rechnungsführung unmittelbar mit der konsequenten Ausnutzung der Ware-Geld-Kategorien und mit der Anwendung des Äquivalenzprinzips in den ökonomischen Beziehungen verbunden.

Die wirtschaftliche Rechnungsführung im Sozialismus ist unvereinbar mit jeglichen Konzeptionen des „Marktsozialismus". Das folgt zwangsläufig aus dem unmittelbaren Zusammenhang, der zwischen dem Prinzip der wirtschaftlichen Rechnungsführung, dem Prinzip der Planmäßigkeit der Wirtschaftsführung und dem Prinzip des demokratischen Zentralismus besteht.

[33] Ebenda, S. 307.

Sie wird aber auch eingeschränkt, wenn die Wirkung des Wertgesetzes, insbesondere die Verwirklichung des Äquivalenzprinzips in den ökonomischen Beziehungen unterschätzt wird. Das Wertgesetz ist nicht Regulator der sozialistischen Produktion. Aber die gesamtgesellschaftliche Planung braucht einheitliche Bewertungs- und Vergleichsmaßstäbe. Die wirtschaftliche Rechnungsführung ist damit zugleich wesentliche Voraussetzung für die Verwirklichung des Prinzips der materiellen Interessiertheit an hohen Arbeitsleistungen.

Das *Prinzip der materiellen Interessiertheit* bringt unmittelbar die Erfordernisse des Gesetzes der Verteilung nach der Leistung zum Ausdruck. „Nicht auf Grund des Enthusiasmus unmittelbar, sondern mit Hilfe des aus der großen Revolution geborenen Enthusiasmus, auf Grund des persönlichen Interesses, der persönlichen Interessiertheit, der wirtschaftlichen Rechnungsführung ...", werden die Aufgaben des Sozialismus gelöst, wie Lenin hervorhob.[34] „Persönliche Interessiertheit hebt die Produktion."[35]

Die Bedeutung der ökonomischen Stimulierung im Sozialismus leitet sich aus der Tatsache ab, daß die Entwicklung der ökonomischen Interessen der Werktätigen, vor allem die ständige Lösung des Widerspruchs zwischen den sich aus den Bedürfnissen der Gesellschaft ergebenden Zielen einerseits und den sich aus dem Entwicklungsstand der Produktivkräfte ergebenden Möglichkeiten zur Realisierung dieser Ziele andererseits, Haupttriebkraft der gesellschaftlichen Entwicklung im Sozialismus ist.

Das ökonomische Gesetz der Verteilung nach der Arbeitsleistung „drückt die objektive, nicht von den Wünschen der Menschen abhängige Notwendigkeit aus, den Hauptteil der Konsumtionsfonds entsprechend der Quantität und Qualität der von jedem Beschäftigten in der gesellschaftlichen Wirtschaft geleisteten Arbeit auf die Werktätigen zu verteilen".[36] Die Hauptformen der persönlichen materiellen Stimulierung sind der Arbeitslohn und die Prämierung.

Mit wachsendem Reifegrad des Sozialismus erhöht sich die Bedeutung der allgemeinen Formen der materiellen Interessiertheit: des allgemeinen Lebensstandards der Bevölkerung, der Verkürzung der Arbeitszeit, der Entwicklung der nichtmateriellen Sphäre der Gesellschaft usw. Es wächst der Anteil des gesellschaftlichen Konsumtionsfonds am Nationaleinkommen.

Das Ziel der ökonomischen Stimulierung ist letztlich darauf gerichtet, die

[34] W. I. Lenin, Zum vierten Jahrestag der Oktoberrevolution, in: Werke, Bd 33, Berlin 1962, S. 38.

[35] Ebenda, S. 39.

[36] Autorenkollektiv (Leitung A. F. Rumjanzew), Politische Ökonomie des Sozialismus, Berlin 1973, S. 230.

„Springquellen des gesellschaftlichen Reichtums" rascher fließen zu lassen, die Gesamtheit der sozialökonomischen Bedingungen weiter zu entwickeln und das Bedürfnis nach gesellschaftlich nützlicher Arbeit aus einem bloßen Existenzmittel zum ersten Lebensbedürfnis werden zu lassen. Deshalb ist die Verwirklichung des Prinzips der materiellen Interessiertheit unmittelbar mit der Entfaltung des sozialistischen Wettbewerbs verbunden.

Die angeführten (und vielleicht noch einige wenige zusätzliche) *Prinzipien der sozialistischen Wirtschaftsführung bilden unseres Erachtens in ihrem komplexen Zusammenhang die bestimmenden Wesenselemente des Wirkungsmechanismus der ökonomischen Gesetze und des Funktionsmechanismus der Wirtschaft im Sozialismus.*

Diese Prinzipien widerspiegeln die spezifische dialektische Wechselwirkung zwischen Objektivem und Subjektivem in der konkreten Wirtschaftstätigkeit der Menschen. Die marxistisch-leninistische Philosophie definiert den Begriff „Prinzip" als „allgemeinen Grundsatz, der aus der Verallgemeinerung von Gesetzen und wesentlichen Eigenschaften der objektiven Realität abgeleitet ist und in der theoretischen Arbeit wie auch im praktischen Verhalten als Leitfaden dient".[37]

Die Prinzipien der Planmäßigkeit, des demokratischen Zentralismus, der wirtschaftlichen Rechnungsführung, der materiellen Interessiertheit und andere sind zugleich objektive ökonomische Kategorien wie auch Methoden der sozialistischen Wirtschaftsführung. Sie bringen einerseits die Erfordernisse der objektiven ökonomischen Gesetze des Sozialismus unmittelbar zum Ausdruck[38], und sie bestimmen anderseits den Mechanismus ihrer Durchsetzung in der Wirtschaftspolitik und Wirtschaftspraxis der sozialistischen Gesellschaft. Die Prinzipien sind daher nach Auffassung der Klassiker des Marxismus-Leninismus „nicht Ausgangspunkt der Untersuchung, sondern ihr Endergebnis; sie werden nicht auf Natur- und Menschengeschichte angewandt, sondern aus ihnen abstrahiert; nicht die Natur und das Reich des

[37] Philosophisches Wörterbuch, hg. von Georg Klaus und Manfred Buhr, Leipzig 1969, S. 874.

[38] Helmut Koziolek und Willi Kunz heben dabei folgenden Aspekt hervor: „Die Spezifik dieser Prinzipien besteht darin, daß sie nicht eine einzelne Eigenschaft reflektieren, sondern vor allem die Wechselwirkungen mehrerer objektiver Gesetze in ihrer Gesamtheit als eine Einheit erfassen. Sie entspringen dem Wesen der sozialistischen Ordnung, dem Charakter der sozialistischen Produktion, dem gesellschaftlichen Eigentum an den Produktionsmitteln, dem Wesen des sozialistischen Staates und vor allem der Entwicklung der Menschen." – Helmut Koziolek, Willi Kunz, Zur Vervollkommnung der sozialistischen Wirtschaftsführung nach dem VIII. Parteitag der SED, in: Aktuelle Fragen der sozialistischen Wirtschaftsführung, Berlin 1973, S. 28.

Menschen richten sich nach den Prinzipien, sondern die Prinzipien sind nur insoweit richtig, als sie mit Natur und Geschichte stimmen".[39]

Die Einheit von politischer und wirtschaftlicher Führung, die Planmäßigkeit, der demokratische Zentralismus, der proletarische Internationalismus, die materielle Interessiertheit, der sozialistische Wettbewerb stellen bestimmte Seiten und Elemente, die Wesenszüge des Wirkungsmechanismus der ökonomischen Gesetze im Sozialismus dar. Jedoch nicht in ihrer Isolierung voneinander, sondern ausschließlich in ihrem komplexen Zusammenwirken, und gerade dieses komplexe Zusammenwirken macht das Wesen des Wirkungsmechanismus der ökonomischen Gesetze aus. Die Planmäßigkeit der Wirtschaftsprozesse ist im Sozialismus undenkbar ohne die Verwirklichung der Prinzipien der Einheit der politischen und ökonomischen Führung, des demokratischen Zentralismus, der wirtschaftlichen Rechnungsführung usw., ebenso wie das Prinzip der materiellen Interessiertheit ohne Planmäßigkeit, demokratischen Zentralismus usw. nicht realisiert werden kann. Diese Erkenntnis ist von wesentlicher Bedeutung für die weitere Vervollkommnung des Systems der Leitung, Planung und ökonomischen Stimulierung im Sozialismus.

Aus dem sozialökonomischen Wesen des Intensivierungsprozesses folgerten wir einleitend, daß sich die Vervollkommnung der Leitung, Planung und ökonomischen Stimulierung nicht in Einzelmaßnahmen, in der Verbesserung einzelner Seiten des Mechanismus erschöpfen kann. Das hervorstechendste Merkmal der Intensivierung ist die besondere Weise des komplexen Zusammenwirkens aller Intensivierungsfaktoren im gesellschaftlichen Reproduktionsprozeß. Die Verflechtungsbeziehungen werden nicht nur deshalb komplizierter, weil das ökonomische Potential ständig zunimmt, sondern auch weil sich im Intensivierungsprozeß die Beziehungen zwischen allen Bereichen des gesellschaftlichen Lebens immer enger gestalten, wobei die gesellschaftliche Bedeutung einer Reihe nichtökonomischer Faktoren in den Wechselbeziehungen zwischen der produzierenden und der nichtproduzierenden Sphäre des gesellschaftlichen Reproduktionsprozesses wächst.

Die neuen Anforderungen, die sich aus dem Intensivierungsprozeß bei der Gestaltung der entwickelten sozialistischen Gesellschaft ergeben, sind letztlich nur durch die vertiefte Erforschung und Beherrschung des Gesamtsystems der Wirkung und Ausnutzung der ökonomischen Gesetze des Sozialismus lösbar. Verbesserungen auf dem Gebiet der Planung allein sind zum Beispiel wenig effektiv, wenn sie nicht unmittelbar begleitet sind von entsprechenden Veränderungen auf dem Gebiet der Leitungsorganisation und

[39] Friedrich Engels, Herrn Eugen Dührings Umwälzung der Wissenschaft (Anti-Dühring), in: MEW, Bd. 20, Berlin 1962, S. 33.

der Ausnutzung der Ware-Geld-Beziehungen. Unter diesem Aspekt erfordert die Vervollkommnung der Leitung, Planung und ökonomischen Stimulierung die gleichzeitige und gegenseitig bedingte Entwicklung aller Elemente des Funktionsmechanismus, die die Überschätzung oder Unterschätzung einzelner Seiten ausschließt.

Inhalt und Richtung der weiteren Vervollkommnung von Leitung, Planung und ökonomischer Stimulierung werden daher bestimmt durch die konsequente Verwirklichung der genannten Prinpizien der sozialistischen Wirtschaftsführung in ihrem komplexen Zusammenwirken. Die konkreten Maßnahmen ergeben sich aus der Vertiefung und Anwendung dieser Prinzipien auf die Bedingungen der entwickelten sozialistischen Gesellschaft.

10.2. Die weitere Vervollkommnung der sozialistischen Planung

Der gesamtgesellschaftliche Plan ist das wichtigste Leitungsinstrument der sozialistischen Gesellschaft. Seine Bedeutung und Autorität wächst im reifen Sozialismus. Dieser Plan verkörpert die gesellschaftlichen Interessen der Werktätigen und koordiniert die vielfältigen Aktivitäten zu seiner Realisierung. Die Ausarbeitung von kurz-, mittel- und langfristigen Plänen sowie die Führung der Kollektive bei der Realisierung der Planaufgaben ist dabei die entscheidende Funktion der Leitungsorgane auf allen Ebenen der Volkswirtschaft. Die ständige Vervollkommnung des Planungssystems stellt somit eine wesentliche Seite in der Entwicklung des Funktionsmechanismus der Wirtschaft im Sozialismus dar.

Der VIII. Parteitag der Sozialistischen Einheitspartei Deutschlands hat mit den Aufgaben zur weiteren Gestaltung der entwickelten sozialistischen Gesellschaft zugleich auch die Hauptrichtungen für die weitere Vervollkommnung der Planung in der DDR festgelegt. Hierzu gehören:[40]

1. In der Planung ist konsequent von den Bedürfnissen und dem Bedarf der Menschen auszugehen. Dementsprechend sind die Bedürfnisse und der Bedarf ein entscheidender Ausgangspunkt der Planung.

2. Die Pläne sind so auszuarbeiten und durchzuführen, daß dem objektiven gesellschaftlichen Erfordernis der allseitigen Intensivierung des gesellschaftlichen Reproduktionsprozesses mit volkswirtschaftlich höchstem Nutzeffekt voll Rechnung getragen wird.

3. Die Planung hat die proportionale Entwicklung der Volkswirtschaft bei zunehmender sozialistischer ökonomischer Integration der Mitgliedsländer des RGW zu sichern.

4. In der Planung ist konsequent von den Erfordernissen der sozialistischen ökonomischen Integration der Mitgliedsländer des RGW auszugehen.

[40] Vgl. Autorenkollektiv, Zu theoretischen und praktischen Problemen bei der weiteren Vervollkommnung der Planung der Volkswirtschaft entsprechend den Beschlüssen des VIII. Parteitages der SED, Berlin 1973, S. 10–15 (Sitzungsberichte des Plenums und der Klassen der Akademie der Wissenschaften der DDR, Nr. 4).

5. Die weitere Erhöhung des Niveaus der Volkswirtschaftsplanung verlangt, die Einheit von lang-, mittel- und kurzfristiger Planung immer besser herzustellen. Einen zentralen Platz nimmt dabei die Einführung der langfristigen Planung in die Volkswirtschaft und in wichtige Zweige und Bereiche ein.

6. Im Rahmen der weiteren Vervollkommnung der Planung ist der demokratische Zentralismus in der Planung konsequent zu verwirklichen und weiter zu vervollkommnen.

7. Die Qualifizierung der Planung erfordert die Festigung der Einheit von materieller und finanzieller Planung.

8. Der Planungsprozeß ist weiter zu rationalisieren bei gleichzeitiger Erhöhung der Qualität der Planung.

Diese Anforderungen an die weitere Vervollkommnung der Planung orientieren vor allem auf die Beherrschung größerer Planungszeiträume und auf die Sicherung der komplexen Planung auf allen Leitungsebenen der Volkswirtschaft einschließlich der Planung der Prozesse der sozialistischen ökonomischen Integration der Mitgliedsländer des RGW.

Entsprechend diesen Anforderungen wird gegenwärtig vor allem auf die Hebung der Rolle der *Fünfjahrpläne* orientiert. Erich Honecker hob hervor, daß „unsere Erfahrungen dahin (gehen), daß sich ein bilanzierter Fünfjahrplan am besten dazu eignet, als Hauptsteuerungsinstrument der Volkswirtschaft zu dienen. Er gestattet es, mit der nötigen Kontinuität die Grundproportionen zu sichern und zu verbessern, eine hohe Dynamik zu gewährleisten und weitreichende wissenschaftlich-technische Entwicklungen zu beherrschen.“[41]

In der Tat sind seit dem VIII. Parteitag der SED auf diesem Wege bereits bedeutende Erfolge errungen worden. Schon jetzt ist deutlich erkennbar, daß die Ziele des Fünfjahrplans 1971 bis 1975 erfüllt und teilweise übererfüllt werden. Das ist unter anderem auch ein Ergebnis der stärkeren Ableitung der Aufgaben für die Jahrespläne aus dem Fünfjahrplan und – als logische Konsequenz daraus – der ständigen Messung der Jahresplanerfüllung an den Aufgaben des Fünfjahrplans. Eine solche exakte Abrechnung des Fünfjahrplans wird in unserer Republik zum ersten Mal erreicht. Dieser Fortschritt in der weiteren Vervollkommnung der Planung kann kaum überschätzt werden. Stabilität und Kontinuität der volkswirtschaftlichen Entwicklung haben sich bedeutend erhöht. „Es ist gelungen, die Proportionalität unserer Wirtschaft wieder zu erhöhen und ihre Dynamik

[41] Erich Honecker, Der Marxismus-Leninismus – Bauplan unserer neuen Welt, Berlin 1974, S. 27.

zu steigern."[42] Trotz dieser Erfolge und Verbesserungen kann man gegenwärtig jedoch noch nicht davon sprechen, daß der Fünfjahrplan schon die erforderliche Stellung im Planungssystem einnehmen würde.

Die Notwendigkeit zur Erhöhung der Rolle des Fünfjahrplans ergibt sich vor allem aus der Tatsache, daß die Dynamik des Intensivierungsprozesses in hohem Grade von dem planmäßigen komplexen Zusammenwirken der Intensivierungsfaktoren abhängt. Eine vorwiegend auf Jahreszeiträume begrenzte Planung würde diesen Anforderungen nicht gerecht werden, weil sich dieses koordinierte Zusammenwirken – beispielsweise zwischen Wissenschaft und Technik, Investitionstätigkeit und Produktionsgestaltung oder zwischen Produktionsentwicklung und Infrastruktur u. a. m. – nur über größere Zeiträume vollziehen kann.

Die Ausdehnung des Planungshorizonts ist jedoch an eine Reihe von Voraussetzungen geknüpft, die gegenwärtig noch nicht vollständig erfüllt werden können. Es ist ja nicht nur der Widerspruch zu lösen, der darin besteht, daß einerseits mit wachsendem ökonomischem Potential und zunehmender Internationalisierung der Wirtschaftsprozesse die volkswirtschaftlichen Verflechtungsbeziehungen immer komplizierter werden, anderseits aber mit der Ausdehnung des Planungshorizonts auf eine Fünfjahresperiode die Anforderungen an die Begründung entsprechender mittelfristiger Planaufgaben und Normative bedeutend steigen.

Das generelle Problem besteht darin, daß die Steigerung der gesellschaftlichen Arbeitsproduktivität Hauptkriterium der Intensivierung des gesellschaftlichen Reproduktionsprozesses ist. Aber die Effektivitätsentwicklung ist in den verschiedenen Zweigen und Produktionen naturgemäß sehr differenziert. Andererseits hängt von dieser Effektivitätsentwicklung der konkrete Ressourceneinsatz an Arbeitskräften, Grundfonds und Material für die vorgegebenen Ziele ab. Es ist somit sehr schwer, stabile Normative für eine Fünfjahrperiode zu bestimmen. Sie sind jedoch unerläßliche Voraussetzung für die Erhöhung der Rolle des Fünfjahrplans. Deshalb bildet die Ausarbeitung einer solchen Normativbasis für die mittelfristige Planung einen Schwerpunkt.

Die „Ordnung der Planung der Volkswirtschaft der DDR 1976 bis 1980" (Planungsordnung), die die methodischen Grundlagen für die Ausarbeitung des Fünfjahrplans für den Zeitraum von 1976 bis 1980 festlegt, bedeutet einen wichtigen Schritt auf dem Wege zur Hebung der Rolle des Fünfjahrplans im Planungssystem. Die Planungsordnung regelt verbindlich Verantwortung, Aufgaben und Zusammenarbeit der Staatsorgane, der wirtschaftsleitenden Organe, der Kombinate und Betriebe sowie Einrichtungen bei

[42] Ebenda, S. 19.

der Ausarbeitung der Jahresvolkswirtschaftspläne und des Fünfjahrplans für 1976 bis 1980 sowie der Staatshaushalts- und Kreditpläne.

Die Planungsordnung enthält auch die planmethodischen Regelungen für die Ausarbeitung der Volkswirtschaftspläne für die einzelnen Jahre der Fünfjahrplanperiode. Während diese bislang jedes Jahr neu festgelegt wurden, sind sie nunmehr für die gesamte mittelfristige Planperiode verbindlich, was zweifellos die Stabilität bedeutend erhöht. Da zugleich alle planmethodischen Regelungen erstmals in einem einheitlichen Dokument vereint sind, wird den Erfordernissen der komplexen Planung des gesellschaftlichen Reproduktionsprozesses von der planmethodischen Seite her besser als bisher entsprochen.

Die Planungsordnung 1976 bis 1980 stützt sich auf die Erfahrungen der Planungsordnung der UdSSR aus dem Jahre 1969 und auf ihre Weiterentwicklung für 1976 bis 1980. Dieses sowie die Tatsache, daß die Ausarbeitung der Fünfjahrpläne in Übereinstimmung mit dem Komplexprogramm der RGW-Länder unmittelbar mit der gegenseitigen Plankoordinierung verbunden ist, verstärkt ebenfalls die Rolle der Fünfjahrplanung im Planungssystem der RGW-Länder und bei der Vertiefung der sozialistischen ökonomischen Integration.

Die Stellung des Fünfjahrplans und seine wachsende Bedeutung ergibt sich vor allem aus dem Wechselverhältnis zwischen kurz-, mittel- und langfristiger Planung.

Bislang waren die Jahrespläne faktisch das „Hauptsteuerungsinstrument" der Volkswirtschaft. Die Leistungen der Kollektive, der Zweige und Betriebe wurden am Grad der Erfüllung des Volkswirtschaftsplans, nicht des Fünfjahrplans, gemessen. Damit aber der Jahresplan Hauptsteuerungsinstrument sein konnte, war die Ausarbeitung und Existenz eines Fünfjahrplanes unerläßliche Voraussetzung, weil für die konkrete Bestimmung der jährlichen Planaufgaben die genaue Kenntnis der sich aus den Zielstellungen des Fünfjahrplanes ergebenden Veränderungen in den volkswirtschaftlichen Proportionen erforderlich ist. Wenn nunmehr der Fünfjahrplan zu einem entscheidenden Steuerungsinstrument der Volkswirtschaft werden soll, dann ist dafür die Ausarbeitung von langfristigen Perspektivplänen, die die gesellschaftlichen Zielstellungen und Grundproportionen für einen Zeitraum von 10 bis 20 Jahren erfassen, unerläßliche Voraussetzung. Diesem Erfordernis wird gegenwärtig durch die fast parallele Ausarbeitung des langfristigen Entwicklungsplans bis 1990 und des Fünfjahrplans 1976 bis 1980 in den RGW-Staaten entsprochen. Mit der Entwicklung der langfristigen Planung erhöht sich somit zugleich die Rolle des Fünfjahrplans.

Die Entwicklung der *langfristigen Planung* des gesellschaftlichen Reproduktionsprozesses stellt eine wesentliche Seite der Vervollkommnung des

Planungssystems dar. Sie bedeutet nicht einfach eine Ausdehnung des Planungshorizonts auf einen Zeitraum von 15 bis 20 Jahren, sondern zum Teil auch die Bestimmung neuer Planungsinhalte.

Dafür müssen neue methodologische Grundlagen entwickelt werden: „Die Horizonte dieses langfristigen Plans sind außerordentlich weit, und die traditionellen Methoden und Verfahren reichen zu ihrer ‚Sondierung' nicht aus. Jetzt wird immer offensichtlicher, daß sowohl für die Ausarbeitung einzelner Planprojekte als auch für ihre Synthese im langfristigen Plan neue methodologische Grundlagen erforderlich sind. Das erklärt sich vor allem aus den beispiellosen Zielmaßstäben der Gesellschaft für einen so langen Planzeitraum, aber auch aus den Besonderheiten der Entwicklung unter den Bedingungen der wissenschaftlich-technischen Revolution."[43]

Hier sind einige der wichtigsten Ursachen genannt, die gegenwärtig den Übergang zur langfristigen Planung dringend erforderlich machen. Die sozialpolitischen Programme, die auf den Parteitagen der KPdSU, der SED und der anderen Bruderparteien in den RGW-Ländern beschlossen wurden, setzen mit ihrem strategischen Charakter neue Maßstäbe.

Es ist in diesem Zusammenhang gewiß interessant, daran zu erinnern, daß der erste gesamtgesellschaftliche Plan, der jemals in einem sozialistischen Lande ausgearbeitet worden ist, ein *langfristiger* Plan war: der Plan zur Elektrifizierung Rußlands (GOELRO), der unmittelbar nach der Großen Sozialistischen Oktoberrevolution auf Initiative und unter ständiger Anleitung Lenins von einem großen Wissenschaftlerkollektiv ausgearbeitet worden war. Der Plan GOELRO umfaßte einen Zeitraum von 10 bis 15 Jahren. Dieser Hinweis ist deshalb interessant, weil es damals ebenfalls um die Planung und Realisierung großer sozialpolitischer Veränderungen ging (Lenin bezeichnete den Plan GOELRO bekanntlich als das zweite Parteiprogramm der KPdSU).

Die Ausgangsbasis für die Zielstellung war eine durch zaristische Mißwirtschaft, Kriege und Bürgerkriege zerrüttete und gegenüber den kapitalistischen Großmächten rückständige Wirtschaft. Unter diesen Bedingungen stellte Lenin im April 1918 im „Entwurf eines Plans wissenschaftlich-technischer Arbeiten" der Akademie der Wissenschaften die Aufgabe, einen Perspektivplan für die Reorganisation der Industrie und den ökonomischen Aufstieg Rußlands auszuarbeiten. Diese Zielstellung bestimmte den Zeithorizont der Planung. „Man kann nicht arbeiten, ohne einen Plan zu haben, der auf längere Zeit und ernste Erfolge berechnet ist."[44] Interessant

[43] A. Efimov, Wissenschaftliche Begründung des langfristigen Plans, in: Voprosy ėkonomiki, 2/1974, S. 32.

[44] W. I. Lenin, Bericht über die Tätigkeit des Rats der Volkskommissare auf dem VIII. Gesamtrussischen Sowjetkongreß, in: Werke, Bd. 31, Berlin 1959, S. 508.

ist in diesem Zusammenhang auch die folgende Bemerkung aus dem Jahre 1923, wo W. I. Lenin die Möglichkeit der Perspektivplanung als einen unter den sozialistischen Wirtschaftsbedingungen gegebenen großen Vorzug betrachtete: „... Wir haben jetzt in der Geschichte die ziemlich seltene Gelegenheit erhalten, die Fristen festzustellen, die notwendig sind, um radikale soziale Änderungen durchzuführen, und wir sehen jetzt klar, was man in fünf Jahren machen kann und was viel längere Fristen erfordert."[45]

In der Zeit, als der Plan GOELRO entstand, ging es nicht einfach um die Wiederherstellung und Erreichung des Vorkriegsniveaus der Volkswirtschaft, vielmehr waren im Prozeß der Wiederherstellung gewaltige soziale und ökonomische Umwälzungen in der sowjetischen Volkswirtschaft zu vollziehen. Der Plan enthielt demzufolge Aufgaben für die sozialistische Umgestaltung und technische Modernisierung der gesamten Volkswirtschaft auf der Grundlage der fortgeschrittenen Technik. Lenin bezeichnete den GOELRO-Plan als großen Wirtschaftsplan für die Umstellung der UdSSR auf eine neue technische Basis, die für den Aufbau der sozialistischen Gesellschaft erforderlich ist.

Das Hauptkettenglied im Plan GOELRO war die Entwicklung der Elektrifizierung im damaligen Sowjetrußland. Die Elektrotechnik war zu jener Zeit die modernste technische Basis der Wirtschaft. Entsprechend der Losung – „Kommunismus, das ist Sowjetmacht plus Elektrifizierung des ganzen Landes" – sah der Plan GOELRO den Bau eines Netzes von Kraftwerken mit den entsprechenden Folgeeinrichtungen vor. Der Plan GOELRO war aber nicht nur ein Plan der Elektrifizierung. Vielmehr enthielt er Aufgaben für alle Zweige der Volkswirtschaft. Aber das zentrale Glied war der Plan der Elektrifizierung, von dem aus die Aufgaben für alle anderen Zweige bestimmt wurden, einschließlich der notwendigen Produktion von Exportgütern zwecks Absicherung der erforderlichen Importe an Kraftwerksanlagen. „Wir haben über alle Hauptfragen exakte Berechnungen der Spezialisten... Das Ergebnis ist eine Bilanz sowohl der Materialien als auch der Geldmittel (in Goldrubel)..."[46]

Der Plan GOELRO, der zu einer Zeit entstand, als die junge Sowjetmacht noch keinerlei Erfahrungen auf dem Gebiet der Planung hatte, ist Ende der zwanziger Jahre vorfristig erfüllt worden.

Die Ausarbeitung eines langfristigen gesamtgesellschaftlichen Plans wird in der DDR gegenwärtig vor allem durch die strategische Orientierung auf

[45] W. I. Lenin, Wie wir die Arbeiter- und Bauerninspektion reorganisieren sollen, in: Werke, Bd. 33, Berlin 1962, S. 470.

[46] W. I. Lenin, Über den einheitlichen Wirtschaftsplan, in: Werke, Bd. 32, Berlin 1961, S. 134.

die Hauptaufgabe diktiert, denn diese erstreckt sich über mehrere Fünfjahrplanperioden.

Für die vollständige Befriedigung rationeller und vernünftiger Bedürfnisse der Werktätigen ist eine Reihe von speziellen Programmen erforderlich. Als Beispiel mag das 1973 von Partei und Regierung beschlossene Wohnungsbauprogramm der DDR für den Zeitraum bis 1990 gelten. Obwohl der Wohnungsbau in den letzten Jahren enorm forciert wurde, ist doch ein solcher Zeitraum erforderlich, um das Wohnungsproblem endgültig in einer der sozialistischen Lebensweise entsprechenden Form zu realisieren. Dieses komplexe Wohnungsbauprogramm wird ein wesentlicher Bestandteil des langfristigen Entwicklungsplans der Volkswirtschaft der DDR sein.

Solche Programme und langfristige Entwicklungskonzeptionen sollten für eine Reihe von Bedürfniskomplexen und anderen sozialpolitischen Zielen ausgearbeitet werden. Dabei wird auf einer Reihe von Gebieten eine gewisse Sättigungsgrenze früher erreicht werden, auf anderen später. Auf jeden Fall ist aber die Realisierung dieser Programme und langfristigen Entwicklungskonzeptionen mit wesentlichen Strukturveränderungen in der Volkswirtschaft verbunden. Es ändern sich die Struktur der Bedürfniskomplexe und demzufolge auch die Produktionsstruktur sowie die Investitionsstruktur der Volkswirtschaft, die zwischen beiden das Bindeglied darstellt.

Die langfristige Analyse strukturverändernder Prozesse zeigt, daß diese eigenen Gesetzmäßigkeiten unterliegen. Im allgemeinen verlaufen strukturverändernde Prozesse allmählich und in den Grenzen bestimmter Bandbreiten, deren Über- oder Unterschreitung disproportionale Entwicklungen zur Folge haben würde. Diese Gesetzmäßigkeiten sowie die Tatsache, daß die vorhandenen Ressourcen in bezug auf die vorgegebenen Ziele immer begrenzt sind, macht die langfristige gesamtgesellschaftliche Planung zur unabdingbaren Voraussetzung für die Realisierung sozialpolitischer Programme.

Die langfristige gesamtgesellschaftliche Planung ergibt sich auch aus den Erfordernissen der wissenschaftlich-technischen Revolution. Die Forcierung des wissenschaftlich-technischen Fortschritts, insbesondere die harmonische Verbindung der Vorzüge des sozialistischen Wirtschaftssystems mit den Ergebnissen der wissenschaftlich-technischen Revolution, erfordert die Ausdehnung der Zeitdimensionen der Planung.

Diese Zeitdimensionen werden zunächst von der ökonomischen Realisierungsdauer eines neuen Wirkprinzips bestimmt. Diese ist bedeutend länger als die technische Realisierungsdauer. Wir verstehen unter der ökonomischen Realisierungsdauer die Zeitspanne zwischen der wissenschaftlichen

Entdeckung eines neuen Wirkprinzips und der massenhaften Einführung der technologisch günstigsten Lösung in der Produktion, das heißt bis zum Zeitpunkt der beginnenden Ablösung des traditionellen Verfahrens (Erzeugnisses), demgegenüber es sich ökonomisch überlegen erweisen muß. Diese Zeitspanne beträgt meist Jahrzehnte, wie die Erfahrungen zeigen. Bei der Elektroenergieerzeugung durch Atomkraftwerke beträgt sie zum Beispiel fast 40 Jahre, obwohl der Abstand von der Entdeckung dieses neuen technologischen Wirkprinzips bis zu seiner ersten friedlichen Anwendung im Atomkraftwerk nur 15 Jahre betrug. Der Widerspruch zwischen der raschen Folge neuer wissenschaftlicher Erkenntnisse und der relativ langen Dauer ihrer ökonomischen Realisierung ist eines der Hauptprobleme bei der effektiven Realisierung des wissenschaftlich-technischen Fortschritts.

Es kommt ein weiterer Gesichtspunkt hinzu. Die entwickelte sozialistische Gesellschaft verfügt über eine enorme Produktionsbasis, deren effektive Nutzung maßgeblich die Effektivitätsentwicklung der Volkswirtschaft bestimmt. Die Einführung neuer technischer und technologischer Wirkprinzipien erfordert daher, sie im Gesamtkomplex mit der intensiv erweiterten Reproduktion der Grundfonds zu realisieren. Die durchschnittliche Dauer der Reproduktionsperiode der Produktions-Grundfonds beträgt aber 20 bis 25 Jahre. Rechnet man die Investitionsperiode hinzu, dann beträgt der ganze Reproduktionszyklus bis zu 30 Jahren. Die effektivitätssteigernde Wirkung des wissenschaftlich-technischen Fortschritts hängt vor allem von der nahtlosen und harmonischen Einordnung der vielfältigen Maßnahmen des wissenschaftlich-technischen Fortschritts in den volkswirtschaftlichen Reproduktionsprozeß ab, von der zeitgerechten und koordinierten Realisierung dieser Maßnahmen in langfristigen Rekonstruktionsprogrammen ganzer Zweige und Bereiche der Volkswirtschaft.

Diese Ursachenkomplexe, die den Ausbau der langfristigen Planung erfordern, kennzeichnen die veränderten Wirkungsbedingungen der ökonomischen Gesetze im entwickelten Sozialismus. Sie erfordern den Übergang von dem zweigliedrigen System der Fünfjahres- und Jahresplanung zum dreigliedrigen System der Perspektiv-, Fünfjahres- und Jahresplanung der Volkswirtschaft, um den Zeithorizont der gesamtgesellschaftlichen Planung stärker den objektiven Reproduktionsperioden der volkswirtschaftlichen Prozesse anzupassen.

Der Plan GOELRO war bislang der einzige langfristige gesamtgesellschaftliche Plan, der jemals in Kraft trat. In der Folge basierte das System der Planung in der Sowjetunion auf der Ausarbeitung und Durchführung von Volkswirtschafts- und Fünfjahrplänen, weil das den Anforderungen vollauf genügte. Auch die Länder der sozialistischen Staatengemeinschaft lenken ihre Wirtschaft auf der Grundlage von Volkswirtschafts- und Fünfjahrplänen. In der Sowjetunion sind noch zweimal Projekte für einen langfristigen gesamtgesellschaftlichen Plan ausgearbeitet worden, und zwar einmal Ende der zwanziger Jahre und dann Ende der vierziger Jahre. Beide Projekte sind dann aber nicht bestätigt worden. Zweifellos waren damals noch nicht die Bedingungen herangereift, die die langfristige Planung in der heute konzipierten Form notwendig und auch möglich machten, aber auch das weist auf die Schwierigkeiten hin, die mit der Ausarbeitung von langfristigen Plänen verbunden sind, vor allem auf die Tatsache, daß eine Reihe neuer Probleme auftaucht, die die Methodologie der langfristigen Planung grundsätzlich von der kurz- und mittelfristigen Planung unterscheiden.

Gegenwärtig haben in allen RGW-Staaten intensive Arbeiten zur Ausarbeitung eines langfristigen Plans bis 1990 auf der Grundlage des Komplexprogramms begonnen. Im Komplexprogramm für die weitere Vertiefung und Vervollkommnung der Zusammenarbeit und Entwicklung der sozialistischen ökonomischen Integration der Mitgliedsländer des RGW, das auf der XXV. Tagung des RGW 1971 angenommen wurde, ist festgelegt: „Die Mitgliedsländer des RGW gehen bei der Koordinierung der Pläne davon aus, daß die Planung für eine längere Perspektive die Hauptentwicklungstendenzen wichtiger Volkswirtschaftszweige und Produktionsarten für 10 bis 20 Jahre vorsieht, die Hauptziele der Wirtschaftspolitik der Länder für einen längeren Zeitraum auf dem Gebiet des sozialökonomischen und wissenschaftlich-technischen Fortschritts widerspiegelt sowie die Linie für die mittelfristige Volkswirtschaftsplanung und die Teilnahme des jeweiligen Landes an der internationalen Arbeitsteilung bestimmt.“[47] Diese Festlegung ist von außerordentlicher Bedeutung für die weitere Vervollkommnung der Planung, denn der erste langfristige Plan der sozialistischen Länder wird in gewisser Weise ein Gemeinschaftswerk sein, was nicht nur die weitere Annäherung der Planungssysteme der einzelnen Länder fördert, sondern vor allem die Suche nach gemeinsamen Lösungen für die Zukunftsaufgaben noch stärker in den Vordergrund rückt.

Die Ausdehnung des Zeithorizonts wirft eine Reihe neuer Probleme auf, zum Beispiel die Frage nach den Voraussetzungen und methodologischen Grundlagen der langfristigen Planung, nach dem Wechselverhältnis zwischen Perspektiv-, Fünfjahres- und Jahresplan, nach dem Wechselverhältnis zwischen Langfristigkeit und Flexibilität der Planung, nach der Stabi-

[47] Komplexprogramm für die weitere Vertiefung und Vervollkommnung der Zusammenarbeit und Entwicklung der sozialistischen ökonomischen Integration der Mitgliedsländer des RGW, in: Dokumente des RGW, Berlin 1971, S. 32.

lität des Planes, nach dem demokratischen Zentralismus im Planungsprozeß.

Der entscheidende Ausgangspunkt für die langfristige Perspektivplanung ist die „Planung ausgehend von den Bedürfnissen der Menschen". Es müssen daher „die theoretischen und methodologischen Untersuchungen zur wissenschaftlichen Voraussicht der Bedürfnisse der Gesellschaft erheblich erweitert und die Gesetzmäßigkeiten der Entstehung und Befriedigung dieser Bedürfnisse im Zusammenhang mit den ökonomischen, sozialen und moralischen Entwicklungsfaktoren erforscht werden".[48]

In den vergangenen Jahren sind bereits wesentliche Erfahrungen auf dem Gebiet der Prognosetätigkeit gewonnen worden. Es ist dabei deutlich geworden, daß sich die Prognosen nicht nur auf die wissenschaftliche Voraussage der Entwicklung der wichtigsten Produktionsfaktoren und Hauptentwicklungsrichtungen von Wissenschaft und Technik beschränken können, sondern auch die relevanten gesellschaftlichen Entwicklungsprozesse, die Veränderungen, die sich im gesellschaftlichen Organismus im Verlaufe einer 15-Jahre-Periode vollziehen, aufzeigen müssen.

Dieser Aspekt ist gegenwärtig in der sowjetischen Literatur besonders akzentuiert. So schreibt A. Efimov: „Die Vorbereitung des langfristigen Plans erfordert die sorgfältige Erforschung eines ganzen Komplexes von komplizierten Entwicklungsproblemen der Sowjetgesellschaft, die die Probleme der Vervollkommnung der sozialistischen Produktionsverhältnisse, der Methoden der Produktion und Verteilung, der Formen des Zusammenlebens der Menschen, ihrer Lebensweise, ihrer moralischen und ästhetischen Erziehung, ihrer Einstellung zum gesellschaftlichen Eigentum, zur Arbeit, zu den materiellen und geistigen Werten usw. einschließen. Es gilt daher, den Mechanismus wirksam zu nutzen, damit mit dessen Hilfe die Gesellschaft auf die Formierung der vielfältigen, zugleich aber miteinander verbundenen materiellen und geistigen Bedürfnisse der Menschen einwirken kann."[49]

Insofern, als der Inhalt der langfristigen Perspektivplanung große sozialökonomische Programme sind, die alle Seiten des gesellschaftlichen Lebens berühren, kommt der Prognose und Planung der Entwicklung der sozialistischen Produktionsverhältnisse eine überragende Bedeutung zu. In einer 15jährigen Periode vollziehen sich wesentliche Veränderungen im Prozeß der weiteren Vergesellschaftung der Produktion, der einerseits mit einer zunehmenden Konzentration und Zentralisation der Wirtschaftsprozesse

[48] A. Efimov, Wissenschaftliche Begründung des langfristigen Plans, in: Voprosy ėkonomiki, 2/74, S. 34.

[49] Ebenda, S. 34.

und andererseits mit einer immer stärkeren Internationalisierung der gesellschaftlichen Beziehungen im Rahmen der sozialistischen ökonomischen Integration verbunden ist. Diese Prozesse werden durch die wissenschaftlich-technische Revolution verstärkt, in immer mehr Bereichen der Volkswirtschaft werden industrielle Methoden bestimmend, die selbst in die Forschung mit ihrem hohen technischen Ausstattungsgrad eindringen. Alles das hat unmittelbaren Einfluß auf die Entwicklung der Eigentumsverhältnisse. Es verändern sich die wesentlichen sozialökonomischen Unterschiede zwischen Stadt und Land und zwischen geistiger und körperlicher Arbeit. Es vervollkommnet sich der sozialistische Charakter der Arbeit. Diese Veränderungen beeinflussen auch die Distributions- und Konsumtionsverhältnisse der entwickelten sozialistischen Gesellschaft. Wenn also die Planung von den Bedürfnissen der Menschen ausgehen soll, dann müssen vor allem diese wesentlichen sozialökonomischen Veränderungen bestimmt werden, die sich in einer 15jährigen Planperiode vollziehen werden.

Dafür müssen neue methodologische Grundlagen ausgearbeitet werden. Eines dieser neuen Instrumente der Planung, vornehmlich der langfristigen Planung, ist die *Prognosetätigkeit.*

Die Prognose ist ein planvorbereitendes Instrument. In diesem Zusammenhang wird der zeitliche Stufencharakter der Planungstätigkeit hervorgehoben, wobei man vier Stufen unterscheidet:

1. die planvorbereitende Prognosetätigkeit,
2. die Ausarbeitung von Konzeptionen, die die Hauptrichtungen des Perspektivplans bestimmen,
3. die Ausarbeitung des langfristigen, gesamtstaatlichen, direktiven Perspektivplans und
4. die Durchführung des Perspektivplans, die die Ausarbeitung von Prognosen der Planrealisierung einschließt.[50]

Man darf allerdings das zeitliche Nacheinander dieser Stufen nicht verabsolutieren, denn die Funktion der Prognosetätigkeit erschöpft sich keineswegs in der Fertigstellung des Perspektivplans. In der gesellschaftlichen Entwicklung gibt es keinen Stillstand, deshalb muß die Analyse und Prognose permanenter Bestandteil der Planungstätigkeit sein.

Die wesentliche Funktion der Prognosetätigkeit ist die Aufdeckung der künftigen Entwicklung der Produktionsverhältnisse und Produktivkräfte, der Entwicklungsprozesse in der Produktion, Distribution, Zirkulation und Konsumtion, und zwar in einer Form, die der Planung zugänglich ist. Je

[50] Vgl. A. I. Ančiškin, Methodologische Probleme der volkswirtschaftlichen Planung, in: Ėkonomika i matematičeskie metody, 6/1973, S. 1019/1020.

reichhaltiger und umfassender das Prognosematerial ist, um so bessere Voraussetzungen werden für die Ausarbeitung von Varianten zur Lösung der gesellschaftlichen Ziele geschaffen.

Das Bindeglied zwischen vorausschauender Prognose und direktivem Plan sind langfristige Konzeptionen und Programme. Als ein neues Instrument der Planung entwickelt sich gegenwärtig die *Ziel-Programm-Methode* der Planung. Ihre methodologischen Grundlagen sind vor allem in der Sowjetunion entwickelt worden. N. P. Fedorenko, der maßgeblich an der Entwicklung dieses Prinzips beteiligt war, beschreibt diese Methode wie folgt: „Der Zielaspekt der sozialistischen Planung kann auf der Grundlage der Ausarbeitung eines Systems wechselseitig verbundener Planziele realisiert werden. Die Gegenüberstellung von Prognosen und Zielkomplexen ermöglicht, jene Knotenpunkte der sozialökonomischen und wissenschaftlich-technischen Entwicklung des Landes herauszufinden, deren Lösung die zwischenzweigliche Konzentration der Ressourcen und wesentliche Strukturveränderungen in der Volkswirtschaft erfordert. Das Programm, das heißt die Komplexe wechselseitig verbundener produktionsbezogener, sozialer, wissenschaftlich-technischer, organisatorischer und anderer Maßnahmen zur Realisierung eines oder mehrerer Ziele des Plans, ist eines der wichtigsten Elemente der Planung. Die Programme erfassen nicht den ganzen Volkswirtschaftsplan, sondern sie dienen der Lösung der wesentlichen Strukturprobleme der sozialökonomischen Entwicklung."[51]

Die Ziel-Programm-Methode wird in der praktischen Planungstätigkeit bereits angewandt. Wir erwähnten schon das Wohnungsbauprogramm der DDR für den Zeitraum bis 1990. Auf dem XXIV. Parteitag der KPdSU wurden genannt: das Entwicklungsprogramm der Landwirtschaft, das Programm zur Erschließung des riesigen Erdölgebiets in Westsibirien, das Raumforschungsprogramm und andere. Weitere Programme wurden inzwischen fertiggestellt beziehungsweise werden vorbereitet. Das sind aber nur erste Schritte, denn wesentliche methodologische Probleme müssen noch gelöst werden.

Das Ziel-Programm-Prinzip ist die logische Konsequenz aus der Forderung, die Bedürfnisse der Gesellschaft zum Ausgangspunkt der Planung zu wählen. Dieses Prinzip hat für die langfristige Planung zweifelsohne eine außerordentliche Bedeutung. Seine Anwendung setzt jedoch unter anderem plangerechte, das heißt quantifizierbare Bedürfnisprognosen voraus, die ihrerseits wiederum tiefere Einsichten in die Entwicklungsprozesse des gesellschaftlichen Reproduktionsprozesses für einen langfristigen Zeitraum bedingen. Hier gibt es aber noch wesentliche Rückstände.

[51] N. P. Fedorenko, Die gegenwärtigen Aufgaben der Wirtschaftswissenschaften, in: Voprosy ėkonomiki, 2/1974, S. 27.

Zugleich aber erfordert die Ausarbeitung von Programmen stets die Beachtung der entsprechenden Ziel-Mittel-Relationen, die Aufdeckung der jeweiligen Voraussetzungen und Möglichkeiten für die Zielrealisierung. In der sowjetischen Diskussion wird deshalb der Aspekt besonders hervorgehoben, daß das Ziel-Programm-Prinzip nicht dem Ressourcenprinzip der Planung gegenübergestellt werden dürfe: „Das Ziel oder die Aufgabe kann nur auf der Grundlage des voraussehbaren Niveaus der materiellen Produktion richtig formuliert werden."[52] A. Efimov erinnert bei dieser Gelegenheit an die These von Marx, daß „sich die Menschheit immer nur Aufgaben (stellt), die sie lösen kann, denn genauer betrachtet wird sich stets finden, daß die Aufgabe selbst nur entspringt, wo die materiellen Bedingungen ihrer Lösung schon vorhanden oder wenigstens im Prozeß ihres Werdens begriffen sind."[53]

Das methodologische Kernproblem, das sich hinter dieser Fragestellung verbirgt, ist die Frage nach den Wechselbeziehungen zwischen Programm und Plan. Sind die Programme bereits Plandokumente mit direktivem Charakter oder dienen sie nur der Planvorbereitung? Dieses Problem ist bei weitem noch nicht geklärt. N. P. Fedorenko schreibt zu dieser Problematik: „Auf der Tagesordnung steht jetzt die vertiefte Ausarbeitung anderer langfristiger Programme und ihre Abstimmung mit den allgemeinen Plänen der ökonomischen Entwicklung des Landes. Offensichtlich wird sich die Wirksamkeit sowohl der einzelnen Programme als auch der Pläne selbst erhöhen, wenn es gelingt, sie organisch miteinander zu vereinen, d. h., einmalige Programme nicht neben dem normalen Plan, sondern im Prozeß seiner Aufstellung zu beschließen. Bei einem solchen Vorgehen würde in der Planung quasi ein Bindeglied geschaffen, welches Ziele und Ressourcen vereint – ein Komplex von Generalprogrammen."[54]

Die Einordnung dieser Generalprogramme geschieht nach Fedorenko wie folgt: „In allgemeiner Form läßt sich der Perspektivplan unter Berücksichtigung des bereits Gesagten wie folgt skizzieren. Im Vorbereitungsstadium wird mit Hilfe eines ganzen Komplexes von langfristigen Prognosen das System der Ziele („Zielbaum") der Entwicklung der Gesellschaft ausgearbeitet. In Übereinstimmung mit den Zielen wird im Rahmen der verfügbaren Ressourcen ein Komplex von Generalprogrammen zusammengestellt,

52 A. Efimov, Wissenschaftliche Begründung des langfristigen Plans, in: Voprosy ėkonomiki, 2/74, S. 33.

53 Karl Marx, Zur Kritik der politischen Ökonomie, in: MEW, Bd. 13, Berlin 1961, S. 9.

54 N. P. Fedorenko, Sozialökonomische Ziele und Planung, in: Kommunist, 5/1972, S. 70.

welche die Realisierung dieser Ziele sichern. Im weiteren werden die beschlossenen Generalprogramme, präziser gesagt, ihr Ressourcenbedarf, in die Volkswirtschaftspläne einbezogen. Im Prozeß der Ausarbeitung des eigentlichen Plans wird die zweigliche und die territoriale Struktur der Volkswirtschaft bestimmt, die wiederum die Zusammensetzung der vorhandenen Ressourcen verändert, was zu einer teilweisen Korrektur der Programme führen kann."[55]

Trotz der angedeuteten möglichen Korrektur der Programme sind sie – nach Auffassung N. P. Fedorenkos – Bestandteile des Plans. Die Programme sind bereits Plandokumente, das heißt, sie haben direktiven Charakter: „Die Programme sind natürlich noch nicht der ganze Plan. Aber sie bestimmen einen wesentlichen Teil der in den Plan einbezogenen Aufgaben, die Verflechtungs- und andere Proportionen usw."[56]

Die Programme gehen – in der Regel – der eigentlichen Planausarbeitung nicht nur voraus, sondern sie werden, nachdem sie beschlossen wurden, Bestandteil des Plans (wie zum Beispiel das Wohnungsbauprogramm). Wie wird aber bei dieser Form der Programmplanung die notwendige Komplexität des langfristigen Plans gesichert? Die Zahl der Programme ist zwangsläufig begrenzt, nicht für alle Bedürfnisse und Entwicklungsprozesse können Programme ausgearbeitet werden. Die Programmplanung ist also zunächst eine Form der selektiven Planung. Die Gefahren einer vorrangigen Orientierung auf die selektive Planung sind bekannt: Erhalten die ausgearbeiteten Programme Direktivcharakter, bevor die Grundproportionen des langfristigen Plans bestimmt sind, dann ist die harmonische Entwicklung aller Bereiche und Zweige der Volkswirtschaft eingeschränkt. Zwischen den Programmzielen und der Zielrealisierung gibt es eine Reihe vermittelnder Glieder, die durch die Programmplanung nicht vollständig erfaßt werden.

Als im Februar 1930 in der Staatlichen Plankommission der UdSSR über das Projekt eines General-Perspektivplans zur Entwicklung der Volkswirtschaft der UdSSR beraten wurde, sprach ihr Vorsitzender, G. M. Kržižanovski, die noch heute aktuellen Worte: „Das dialektische Herangehen an die Realisierung erfordert vor allem, so in das Wesen der Erscheinungen einzudringen, daß der *Prozeß* erkennbar wird, *der sich aus sich selbst heraus entwickelt.* Das ist natürlich nur dann möglich, wenn in jeder Entwicklungsphase dieser Realität ihre konkreten *Hauptkettenglieder* sichtbar werden. Wir kennen wahrscheinlich nur einige wenige Glieder dieser künf-

[55] Ebenda, S. 71.
[56] Ebenda, S. 71.

tigen neuen Wirklichkeit."[57] Die Programme sind sicher nicht identisch mit diesen Hauptkettengliedern. 40 Jahre später macht Erich Honecker erneut auf diesen inneren Entwicklungsprozeß aufmerksam: „Die für die Planung unserer Volkswirtschaft verantwortlichen Genossen werden dabei vor der Notwendigkeit stehen, die Entwicklung der Bereiche der Volkswirtschaft noch stärker *aus ihrem inneren Zusammenhang* bei der Lösung der Hauptaufgabe zu bestimmen und nicht nach allgemeinen Wachstumsraten, die Ergebnis, aber nicht Ausgangspunkt der Arbeit am Plan sind."[58] Die Kompliziertheit der langfristigen Planung ergibt sich vor allem aus der Tatsache, daß die genannten „inneren Entwicklungsprozesse" Gegenstand der Planung sind.

Es müssen die Hauptkettenglieder gesucht werden. Im Plan GOELRO war es die Elektrifizierung des ganzen Landes. In der entwickelten sozialistischen Gesellschaft ist es zwangsläufig eine ganze Anzahl von Hauptkettengliedern. Ein wesentliches methodologisches Grundprinzip der langfristigen Planung ist demzufolge die Ermittlung und Bestimmung der Hauptkettenglieder für den vorgesehenen Perspektivzeitraum.

Es geht dabei um die Hauptkettenglieder, die „den inneren Zusammenhang" des langfristigen Entwicklungsprozesses der Volkswirtschaft bestimmen. E. G. Liberman äußerte den Gedanken, „daß allein auf der Basis der Berücksichtigung der Bedürfnisse keine Schlußfolgerungen über die Notwendigkeit solcher Veränderungen (der Strukturveränderungen in der Produktion – d. V.) gezogen werden dürfen. Entscheidend ist die organisierende Rolle der zentralen Perspektivpläne, die auf wissenschaftlichen Prognosen und Berechnungen beruhen."[59]

Unter diesem Aspekt ist der Meinungsstreit über die Zielbaummethode in der sowjetischen Wirtschaftswissenschaft zu sehen. Wir teilen nicht die Auffassung von J. A. Kronrod, der den Zielbaum als ein Verfahren zur Programmierung einer staatsmonopolistischen Wirtschaft charakterisiert, als eine Methode des subjektiv-voluntaristischen Rangierens und Bewertens von Zielen, deren Anwendung in der sozialistischen Planungspraxis einen Schritt zurück bedeute.[60]

Unseres Erachtens ist die Zielbaummethode durchaus geeignet, eine be-

[57] Kržižanovskij, Zur Diskussion über den Generalperspektivplan, in: Planovoe chozjajstvo, 2/1930, S. 8.

[58] Erich Honecker, Das Volk der DDR kann mit Zuversicht die Schwelle zum Jahr 1973 überschreiten, Berlin 1972, S. 26/27.

[59] E. G. Liberman, Ökonomische Methoden zur Effektivitätssteigerung der gesellschaftlichen Produktion, Berlin 1973, S. 110.

[60] Vgl. J. A. Kronrod, Theoretische Probleme einer optimalen Entwicklung der Volkswirtschaft, in: Planovoe chozjajstvo, 5/1973, S. 80–92.

stimmte Verbindung zwischen den einzelnen Programmen herzustellen. Aber man muß die Grenzen dieser Verfahrensweise aufklären.

In diesem Zusammenhang verdient der kritische Hinweis Beachtung, den N. P. Lebedinski hierzu äußerte: „Der Fehler der sogenannten Zielbaummethode besteht darin, daß nur eine Seite des Prozesses betrachtet wird: die Kette der direkten Beziehungen zwischen den Zielen und den zu ihrer Realisierung erforderlichen Ressourcen... Es wird nur der direkte Aufwand in Betracht gezogen."[61] Und er fügt mit Recht hinzu: „Die Ursache vieler früherer Mängel in der Planung bestand gerade darin, daß auch ohne ‚Zielbaum' in den Plänen nur der direkte Aufwand berücksichtigt worden ist, weil nicht bekannt war, mit welchen Methoden der volle Aufwand bestimmt werden kann. Mit Hilfe eines komplizierten Systems von Materialbilanzen wurde versucht, diesen Mangel der Planungsmethodik in einem gewissen Maße zu kompensieren; aber auch das konnte den Plan nicht vor Ungenauigkeiten bewahren."[62]

Die Differenzen zwischen direktem und vollem Aufwand, welcher die indirekten Aufwendungen in anderen Produktionen oder Zweigen einbezieht, ist in der Tat erheblich. N. P. Lebedinski verweist zum Beispiel darauf, daß im Autowerk in Togliatti der volle Aufwand das 9fache des direkten Aufwands beträgt.[63] Jede Investition in einen gegebenen Zweig setzt entsprechende Investitionen in andere Zweige voraus (Bereitstellung von Baukapazitäten, Ausrüstungen, Bildungsaufwendungen usw.) und hat solche zur Folge (Sicherung der materiell-technischen Versorgung der neuen Produktion, Transportraum für die erzeugten Güter, Lagerkapazitäten usw.). Es kann sich deshalb kein Zweig entwickeln, ohne die Entwicklung auch einer Reihe anderer Zweige voranzutreiben. Gerade diese objektiv gegebenen Verflechtungsbeziehungen zwischen den Zweigen sind es, die den Spielraum für mögliche Strukturveränderungen bestimmen und die bei Nichtbeachtung dieser Proportionalitätserfordernisse Korrekturen erzwingen.

An den Verflechtungsbeziehungen beispielsweise der Grundfondsreproduktion ist bemerkenswert, daß der Verflechtungsgrad entlang den Produktionsstufen der Volkswirtschaft zunimmt. Das wird deutlich, wenn man in der Verflechtungsbilanz die Koeffizienten der vollen mit denen der direkten Grundfondsintensität vergleicht. Nach sowjetischen Berechnungen betrug das Verhältnis zwischen voller und direkter Grundfondsintensität

[61] N. P. Lebedinskij, Die Entwicklung des automatisierten Systems der Planberechnung (ASPR) – eine der Hauptrichtungen zur Vervollkommnung der Planung, in: Planovoe chozjajstvo, 9/1973, S. 9.

[62] Ebenda.

[63] Ebenda.

1966 in der Elektroenergiewirtschaft der Sowjetunion 1,3:1, während es zur gleichen Zeit für die Textilindustrie 7,8:1 betrug.[64] Die Auffassung, daß in der Leichtindustrie mit einem verhältnismäßig geringen Investitionsaufwand ein größerer Effekt erzielt werden könne, ist nur insofern begründet, als das absolute Niveau der Grundfondsintensität tatsächlich hier bedeutend niedriger als in der extraktiven Industrie oder im Maschinenbau ist. Aber wenn man dabei nicht berücksichtigt, daß jede Investition in der Textilindustrie zugleich den achtfachen Investitionsaufwand in anderen Zweigen als Voraussetzung dafür erfordert, dann sind Effektivitätsverluste unvermeidlich.

Mit der Entwicklung der neuen methodologischen Grundlagen der Planung verstärkt sich somit die Notwendigkeit zur konsequenten Verwirklichung und Vertiefung der *komplexen Planung*.

Die Vertiefung der komplexen Planung gehört zu den Hauptrichtungen bei der Vervollkommnung der Planung, die der Vorsitzende des Staatlichen Plankomitees der UdSSR, N. K. Baibakov, nannte: „Die Zweige und Wirtschaftsgebiete sind große Glieder der Volkswirtschaft. Der harmonischen Verbindung des Zweig- und des Territorialprinzips der Volkswirtschaftsleitung hat die Kommunistische Partei stets große Bedeutung beigemessen. In den letzten Jahren werden der Zweig- und der Territorialaspekt der Planung immer mehr durch den Programmaspekt ergänzt. Es geht also um eine Verstärkung des komplexen Herangehens an die Planung, um eine allseitige Analyse der Gesamtheit der ökonomischen Prozesse und Erscheinungen in ihrer Dynamik und Wechselbeziehungen.“[65]

Die Komplexität der Planung muß vor allem in folgenden Richtungen vertieft werden:

- konsequente Einbeziehung aller Bereiche des gesellschaftlichen Lebens in den Volkswirtschaftsplan und die Sicherung des harmonischen Zusammenwirkens aller Planteile im Gesamtplan;
- direkte Planung der Strukturentwicklung der Volkswirtschaft unter Berücksichtigung der dieser Strukturentwicklung zugrunde liegenden Gesetzmäßigkeiten;
- Sicherung des arbeitsteiligen Zusammenwirkens aller Leitungsebenen und -glieder bei der Planausarbeitung und -durchführung durch die Weiterentwicklung des Prinzips des demokratischen Zentralismus in der Planung.

[64] Vgl. Ja. B. Kvaša, Die direkte und volle Fondsintensität der Güter für den persönlichen Gebrauch, in: Voprosy ėkonomiki, 1/1972, S. 29.

[65] N. K. Bajbakov, Die weitere Vervollkommnung der Planung als eine der wichtigsten volkswirtschaftlichen Aufgaben, in: Sowjetwissenschaft, Gesellschaftswissenschaftliche Beiträge, 6/1974, S. 567.

Die Notwendigkeit einer höheren Komplexität der Planung gilt sowohl für den langfristigen Plan wie auch für die mittel- und kurzfristige Planung, wenngleich sich die methodologischen Grundlagen wesentlich voneinander unterscheiden. Die Planung ausgehend von den Bedürfnissen rückt neue Aspekte in den Vordergrund. Selbst wenn die Bedürfniskomplexe nur in der langfristigen Planung direkt Planungsobjekt sein sollten – wie allgemein angenommen wird –, dann wirkt sich das unmittelbar auch auf die stärker produktionsorientierte mittel- und kurzfristige Planung aus. Die Wechselbeziehungen zwischen der Bedürfnisstruktur einerseits und der Produktionsstruktur andererseits gewinnen zunehmende Bedeutung, ebenso auch die vermittelnden Glieder, wie zum Beispiel die Investitionsverteilungsstruktur.

A. I. Bačurin nannte drei wesentliche Elemente der komplexen Planung:[66]

1. die Bestimmung der Ziele und Aufgaben des Plans ausgehend von der allseitigen Analyse der Bedürfnisse der Volkswirtschaft und ihrer Entwicklung;
2. die Behandlung jedes großen volkswirtschaftlichen Problems als ein System, das organisch mit anderen Systemen verbunden ist und im Rahmen der einheitlichen Volkswirtschaft mit diesen aktiv zusammenwirkt;
3. die Berücksichtigung aller möglichen Alternativen im Stadium der Planvorbereitung, um die optimale Variante auszuwählen.

In den letzten Jahren sind Fortschritte bei der stärkeren Integration der Planung von Wissenschaft und Technik, der Arbeits- und Lebensbedingungen, der Maßnahmen der sozialistischen ökonomischen Integration in den gesamtgesellschaftlichen Plan erreicht worden.

Eines der Hauptprobleme bleibt aber die Sicherung der volkswirtschaftlichen Komplexität bei sich ausdehnendem Zeithorizont der Planung.

Einer der entscheidenden Intensivierungsfaktoren ist zum Beispiel die Beschleunigung des wissenschaftlich-technischen Fortschritts, die harmonische Verbindung der Errungenschaften der wissenschaftlich-technischen Revolution mit den Vorzügen der sozialistischen Wirtschaftsordnung. Voraussetzung ist die weitere Vervollkommnung der Planung von Wissenschaft und Technik, die vollständige Integration der Planung von Wissenschaft und Technik in die gesamtvolkswirtschaftliche Planung.

In der Planung von Wissenschaft und Technik spielt der Zeitfaktor eine außerordentlich bedeutende Rolle. Es geht dabei nicht nur um Verkürzung der Zeitdauer zwischen der Entdeckung und Realisierung wissenschaftlicher

[66] Vgl. A. I. Bačurin, Die Verstärkung der systembezogenen komplexen Methoden der Planung, in: Planoe chozjajstvo, 6/1972, S. 20–29.

Neuerungen, sondern vor allem auch um die Bestimmung des jeweils günstigsten Zeitpunkts für die Ablösung traditioneller Erzeugnisse und Verfahren durch neue, die planmäßige Schaffung aller Voraussetzungen für die Sicherung der reibungslosen Ablösung und ihre harmonische Einordnung in die gesamtvolkswirtschaftliche Entwicklung entsprechend den gesellschaftlichen Zielstellungen. Daß eine „Planung in Jahresscheiben" diesen Anforderungen nicht gerecht werden kann, darüber ist man sich seit langem klar. In der Planungsordnung für 1976 bis 1980 wird als Grundsatz formuliert, daß die Hauptform der Planung von Wissenschaft und Technik die Fünfjahrplanung ist. Mit den Jahres-Volkswirtschaftsplänen soll die Durchführung des Fünfjahrplans, insbesondere die planmäßige Einführung der wissenschaftlich-technischen Ergebnisse in die Produktion beziehungsweise Praxis mit konkreten Aufgaben- und Terminstellungen gesichert werden. Das ist ein sehr wesentlicher Fortschritt.

Er bedarf aber der weiteren Klärung der Wechselbeziehungen zwischen dem langfristigen Perspektivplan und dem Fünfjahrplan, denn die ökonomische Realisierungsdauer neuer technologischer Wirkprinzipien umfaßt in der Regel den Zeitraum von mehreren Fünfjahrplanperioden. Nicht die isolierte Entwicklung einzelner neuer technologischer Wirkprinzipien allein ist jedoch von Bedeutung, sondern die proportionale Entwicklung der technischen Basis insgesamt. „Die Sicherung dieser Proportionalität ist eine der Hauptaufgaben der einheitlichen technischen Politik des sozialistischen Staates in allen Zweigen der Volkswirtschaft. Dazu gehört die Planung, Organisation und Leitung

– der vertikal-technologischen Beziehungen
– der horizontal-bedürfnisseitigen Beziehungen
– der Substitutionsbeziehungen
– der genetischen Beziehungen bei der Entwicklung eines technischen Prinzips
– der durch multivalente Anwendung in verschiedenen Einsatzgebieten bedingten Beziehungen
– der Wechselbeziehungen im Zyklus Wissenschaft-Technik-Produktion-Gesellschaft-Natur."[67]

Es kommt ein weiterer Umstand hinzu, der den Planteil Wissenschaft und Technik zum Beispiel vom Produktionsplan unterscheidet, nämlich, daß er nicht vorwiegend Ergebnisse, sondern Aufgaben plant. Die Planung

[67] Heinz-Dieter Haustein, Die Genesis neuer technischer Prinziplösungen und die Sicherung der Proportionalität der technischen Entwicklung, in: Die Technik, 11/1973, S. 675.

von Wissenschaft und Technik erfolgt aufgabenbezogen. Die Pläne Wissenschaft und Technik enthalten:

- Aufgabenkomplexe, Aufgaben und Themen der Forschung und Entwicklung einschließlich der Grundlagenforschung,
- Aufgaben zur Einführung wissenschaftlich-technischer Ergebnisse in die Produktion beziehungsweise Praxis,
- Aufgaben der Standardisierung und der Qualitätsentwicklung,
- Aufgaben der Lizenznahme und Lizenzvergabe,
- Aufgaben zur Vorbereitung und Errichtung von Versuchsanlagen und Experimentalbauten,
- Aufgaben zur Entwicklung und Anwendung der elektronischen Datenverarbeitung bei der Leitung und Planung sowie bei der Steuerung von Produktionsprozessen,
- die Beschäftigten für Forschung und Entwicklung und die Mittel für Wissenschaft und Technik.

Das Spektrum der geplanten und zu planenden Aufgaben von Wissenschaft und Technik ist sehr weit; es reicht von der Grundlagenforschung über die angewandte Forschung bis zur unmittelbaren Überleitung konkreter Forschungsergebnisse in den Produktionsprozeß.

Auf die Frage, ob die langfristige Planung in der Wissenschaft nicht mit zu vielen Risiken behaftet sei, antwortet Ulrich Hofmann, Vizepräsident der Akademie der Wissenschaften der DDR: „Diese Frage wird oft gestellt. Meistens enthält sie die stillschweigende Unterstellung, wir würden die Ergebnisse der Forschungsarbeit planen, und genau das können wir nicht tun. Könnten wir die Ergebnisse planen, brauchten wir nicht forschen. Planen heißt in der Wissenschaft, insbesondere in der Grundlagenforschung, sehr einfach ausgedrückt, die Richtungen zu bestimmen und abzustecken, heißt entscheiden, auf welchen Gebieten das wissenschaftliche Suchen vorrangig durchgeführt werden soll, damit wichtige aktuelle und für die Zukunft absehbare Bedürfnisse der sozialistischen Gesellschaft befriedigt werden können. Und planen heißt weiter, daß wir festlegen, welche Bedingungen für dieses Suchen am zweckmäßigsten bzw. notwendig sind, also auch, welche Forscherkollektive, welche Geräte und Mittel zur Verfügung stehen müssen.“[68]

Diese Spezifik der Planung der Grundlagenforschung ist von wesentlicher Bedeutung für die Gestaltung der Wechselbeziehungen zwischen lang-, mittel- und kurzfristiger Planung. Sie müssen so gestaltet werden, daß die Volkswirtschaft für die zu erwartenden Ergebnisse aus den gegenwärtigen

[68] Ulrich Hofmann, Geplante Forschung – planmäßiger Fortschritt, in: Spektrum, 7/1974, S. 7.

Forschungsaufgaben stets aufnahmebereit ist, um das in der Entwicklung von Wissenschaft und Technik begründete Effektivitätspotential maximal ausschöpfen zu können. Daraus ergeben sich die neuen Anforderungen an die komplexe Planung des gesellschaftlichen Reproduktionsprozesses.

Die Einführung der langfristig orientierten Programmplanung ist ein wesentlicher Schritt zur Vervollkommnung der komplexen Planung. Die Akademie der Wissenschaften der UdSSR übergab dem Staatlichen Plankomitee der UdSSR Anfang 1974 zum Beispiel ein Komplexprogramm des wissenschaftlich-technischen Fortschritts und seiner sozialökonomischen Folgen für den Zeitraum 1976 bis 1990, das eine neue Qualität der Planung von Wissenschaft und Technik verkörpert.

Der nächste Schritt ist dann die Ausarbeitung eines *Systems der komplexen Planung*, wozu in der Sowjetunion ebenfalls schon Vorstellungen erarbeitet wurden. N. P. Fedorenko schreibt dazu, daß „im Rahmen des zu erarbeitenden Systems der komplexen Volkswirtschaftsplanung (SKP) die koordinierte Lösung einer Reihe zentraler Fragen zur Vervollkommnung der Volkswirtschaftsplanung erforderlich (ist). Es handelt sich dabei um folgende Probleme:

a) Verwirklichung des komplexen Systemherangehens an die Erarbeitung des Plans, insbesondere die Anwendung des Ziel-Programm-Prinzips der Planung,

b) Verbindung der Planung des wissenschaftlich-technischen Fortschritts mit der Produktionsplanung und dem Wirtschaftsmechanismus,

c) Ausdehnung des Zeithorizonts der Planung,

d) Überführung des Planungssystems auf eine neue wissenschaftlich-technische Basis, verbunden mit der komplexen Anwendung ökonomisch-mathematischer Methoden und Modelle sowie der modernen Informations- und Rechentechnik.

Den Kern dieses Systems bildet die Vervollkommnung der zentralen Planung, wobei die Hauptaufgabe dieser Planung darin besteht, eine effektive und ausgeglichene ökonomische Entwicklung im Interesse der Hebung des Volkswohlstands zu erreichen."[69]

Aus der Aufzählung der Probleme wird deutlich, daß wesentliche methodologische Grundlagen für das System der komplexen Planung erst noch erarbeitet werden müssen. Die einzelnen Programme unterscheiden sich zum Teil erheblich voneinander. Während zum Beispiel die Verbindung zwischen dem Wohnungsbauprogramm und dem Produktionsprogramm relativ leicht hergestellt werden kann (auch wenn man berücksichtigt, daß

[69] N. P. Fedorenko, Aktuelle Aufgaben der Wirtschaftswissenschaft, in: Voprosy ėkonomiki, 2/1974, S. 26.

sich dieses Programm nicht nur darauf beschränkt, die Zahl der zu bauenden Wohnungseinheiten festzulegen, sondern eine Vielzahl sozialökonomischer Fragen berührt), sind die Beziehungen zwischen dem Komplexprogramm für Wissenschaft und Technik und dem Produktionsprogramm sehr viel unbestimmter; denn dort sind Forschungs*aufgaben* geplant, die bestimmte Ergebnisse erwarten lassen, deren ökonomische Parameter aber zum großen Teil unbekannt sind. Andererseits muß aber die proportionale Entwicklung der technischen und ökonomischen Basis der Volkswirtschaft zu jedem Zeitpunkt und für jede Planperiode gesichert werden.

Die Entwicklung und Vervollkommnung des Systems der komplexen Planung ist daher kein internes planmethodisches Anliegen, sondern stellt ein Grundproblem der Vervollkommnung des Funktionsmechanismus der Wirtschaft im Sozialismus selbst dar; denn seine Lösung ist unmittelbar mit der Organisation der Wirtschaftsleitung und dem weiteren Ausbau der Ware-Geld-Beziehungen verbunden. Die konkreten Verflechtungen zwischen der Vielzahl von Programmen stellen sich auf unterschiedlichen Ebenen und Bereichen der Volkswirtschaft her.

Die notwendige Verstärkung der zentralen Planung der grundlegenden Entwicklungsprozesse der Volkswirtschaft erfordert zugleich die weitere Qualifizierung der Planungstätigkeit auf der Bereichs- und Zweigebene und in den untersten Wirtschaftseinheiten. „Wie die Erfahrungen der Wirtschaftspraxis zeigen, ist es zweckmäßig, in den Fünfjahrplänen lediglich die wichtigsten ökonomischen Parameter der Produktion und Konsumtion zu konkretisieren, vor allem die entscheidenden Erzeugnisarten der Industrie und Landwirtschaft sowie die Natural- und Wertbilanzen. Eine detaillierte Aufschlüsselung der Staatsplanpositionen muß in den Plänen der Ministerien erfolgen, und eine noch stärkere Konkretisierung ist in den Fünfjahr- und Jahresplänen der Vereinigungen und Betriebe vorzunehmen. Nur bei solchem Herangehen können die Ministerien, Vereinigungen und Betriebe Entscheidungen treffen, die nicht am augenblicklichen Ergebnis orientiert sind, sondern auf einen langfristigen wirtschaftlichen Nutzen und eine ständige Erhöhung der Effektivität der Produktion abzielen."[70] Dieser Hinweis des Vorsitzenden des Staatlichen Plankomitees der UdSSR ist verallgemeinerungswürdig; denn er gilt auch für die Gestaltung der Wechselbeziehungen zwischen der lang- und mittelfristigen Planung.

Für die Gestaltung dieser Wechselbeziehungen gewinnt das Ebenenproblem eine noch größere Bedeutung als bei der Jahresplanung. Man darf nicht übersehen, daß die Schwerpunkte der komplexen Planung auf den

[70] N. K. Bajbakov, Die weitere Vervollkommnung der Planung als eine der wichtigsten volkswirtschaftlichen Aufgaben, in: Planovoe chozjajstvo, 3/1974, S. 6.

verschiedenen Leitungsebenen der Volkswirtschaft jeweils sehr unterschiedlich sind. Auf betrieblicher Ebene handelt es sich vor allem in Übereinstimmung mit den vorgegebenen Planzielen um die erforderliche ökonomisch, technologisch und organisatorisch bedingte zeitliche und räumliche Koordinierung der Elemente des Reproduktionsprozesses, die bis zum konkreten Arbeitsplatz reicht. Auf der volkswirtschaftlichen Ebene hingegen geht es primär um die Bestimmung der Grundproportionen, um Strukturbeziehungen zwischen den Zweigen und zwischen den Gebieten sowie um große Reproduktionskomplexe. Für die Sicherung der Komplexität sind daher auf volkswirtschaftlicher Ebene grundsätzlich ein anderes Herangehen und andere Instrumentarien erforderlich als auf betrieblicher Ebene.

Im System der komplexen Planung wird zweifellos das Gewicht der zweiglichen Leitungsebene bedeutend wachsen. Das wird besonders bei der Planung der komplexen Grundfondsreproduktion, einem wesentlichen Faktor der Intensivierung der Volkswirtschaft, deutlich. Wir wollen das an diesem Problemkreis illustrieren.

Auf der Zweigebene kreuzen sich nämlich die volkswirtschaftlichen Strukturfragen mit den technologischen Entscheidungsproblemen (das gilt unter anderem auch für die Planung von Wissenschaft und Technik), und bestimmte Formen der Grundfondsreproduktion können auf volkswirtschaftlicher Ebene konkret überhaupt nicht geplant werden. Die volkswirtschaftliche Optimierung ist deshalb nur auf der Grundlage von Zweig-Programmen möglich. Daher müssen die methodologischen und organisatorischen Voraussetzungen geschaffen werden, die die zweiglichen Leitungsorgane in die Lage versetzen, langfristige Konzeptionen (Programme) für die komplexe Grundfondsreproduktion auszuarbeiten, in denen die Entwicklung aller Reproduktionsformen, einschließlich der Investitionen, in Übereinstimmung mit den langfristigen Planaufgaben harmonisch abgestimmt wird.

Wesentlicher Inhalt dieser Konzeptionen ist die auf lange Sicht orientierende Entwicklung und Einführung neuer technologischer Verfahren und Ausrüstungen, die Vervollkommnung entwicklungsfähiger bestehender Technologien und Anlagen sowie die rechtzeitige Ablösung veralteter Verfahren und Techniken. Sie erstrecken sich daher sowohl auf die Um- und Neuausrüstung fungierender Betriebe und Betriebsteile auf die Rekonstruktion ganzer Betriebe und Betriebsgruppen wie auch auf den notwendigen Neubau von Betrieben und Betriebsteilen. In diesen Konzeptionen sind die Zeitpunkte und die Art und Weise der qualitativen Veränderungen im Reproduktionsprozeß konkret zu bestimmen.

Durch die komplexe Planung der Grundfondsreproduktion und Investitionstätigkeit auf der Zweigebene werden die Reserven aufgespürt, die sich aus der Erhöhung der proportionalen Übereinstimmung zwischen den vielfältigen Elementen, den direkten und indirekten Beziehungen des Reproduktionsprozesses ergeben. Die Zweigkonzeptionen gewährleisten zugleich den Betrieben und Kombinaten eine sichere Orientierung für die Ausarbeitung betrieblicher Programme der komplexen Grundfondsreproduktion.

Im Prozeß der Ausarbeitung und Realisierung der Zweigkonzeptionen für die komplexe Grundfondsreproduktion widerspiegelt sich die harmonische Verbindung zwischen der Planung von Wissenschaft und Technik und der Planung der komplexen Grundfondsreproduktion. Sie sind Bestandteile des allgemeinen Entwicklungsprogramms des Zweiges, in dem das komplexe Zusammenwirken aller Intensivierungsfaktoren in Übereinstimmung mit den gesellschaftlichen Zielstellungen planmäßig gestaltet wird.

Bei der Vervollkommnung der komplexen Planung ist noch ein weiterer Gesichtspunkt zu beachten: Die *direkte Planung der volkswirtschaftlichen Strukturentwicklung* unter Berücksichtigung der dieser Strukturentwicklung zugrunde liegenden Gesetzmäßigkeiten.

„Da die Proportionen, worin der Reproduktionsprozeß erweiterbar, nicht willkürlich, sondern technisch vorgeschrieben sind“[71], gewinnt die langfristige Strukturplanung, die das komplexe Zusammenwirken der Intensivierungsfaktoren erfaßt, mit wachsendem ökonomischen Potential der Volkswirtschaft stets zunehmende Bedeutung. Sie stellt unseres Erachtens das entscheidende Bindeglied zwischen der Planung der Bedürfnisse, des wissenschaftlich-technischen Fortschritts und der Produktionsentwicklung dar.

Die maximale proportionale Übereinstimmung im komplexen Zusammenwirken der Intensivierungsfaktoren ist die Grundvoraussetzung für die Erhöhung der volkswirtschaftlichen Effektivität.

Die Leitung und Planung unserer Volkswirtschaft verfügt über mehrere spezifische methodische Instrumente, um den Erfordernissen nach Proportionalität Rechnung zu tragen. Dazu gehören vor allem die bewährten Bilanzierungsmethoden, die Aufstellung von Material-, Arbeitskräfte-, Ausrüstungs- und Baubilanzen sowie die Entwicklung von Verflechtungsbilanzen, die es künftig ermöglichen werden, neben den direkten auch die indirekten Beziehungen zwischen den Zweigen zu berechnen.

Bilanzierung allein kann aber noch keine langfristig orientierte proportionale Strukturentwicklung sichern. Die Bilanzen erfassen nur relativ kurze Zeitabschnitte. Hinter temporären Übereinstimmungen können sich durchaus disproportionale Strukturentwicklungen verbergen, die erst zu späteren Zeitpunkten offen zutage treten. Deshalb müssen die der Strukturentwick-

[71] Karl Marx, Das Kapital, Zweiter Band, in: MEW, Bd. 24, Berlin 1963, S. 82.

lung selbst zugrunde liegenden Gesetzmäßigkeiten stärker im Planungsprozeß berücksichtigt werden.

Analysen über die langfristige Strukturentwicklung[72] zeigen, daß Strukturveränderungen in der Regel stetig verlaufen, da die Strukturdynamik neben anderem auch durch ein „Trägheitsgesetz" begrenzt wird. Die Strukturentwicklung wird durch das wechselseitige Zusammenwirken von dynamischen (strukturverändernden) und Trägheitsfaktoren (strukturerhaltenden) bestimmt. Wenn man die genannten Intensivierungsfaktoren unter diesem Aspekt betrachtet, dann lassen sie sich leicht diesen beiden Faktorengruppen zuordnen.

Dynamische Faktoren der Strukturentwicklung sind vor allem: die Entwicklung der Bedürfnisse der Gesellschaft und die konzipierten Wege zu ihrer Realisierung, die Beschleunigung des wissenschaftlich-technischen Fortschritts und die Vertiefung der sozialistischen ökonomischen Integration. Demgegenüber wirken als begrenzende Trägheitsfaktoren: das relativ langsame Wachstum des gesellschaftlichen Arbeitsvermögens und die in einem gegebenen Zeitabschnitt begrenzten Möglichkeiten zur Veränderung der Berufs- und Qualifikationsstruktur des gegebenen Arbeitsvermögens, die relativ lange Reproduktionsperiode der Produktionsgrundfonds, die gegebenen Verflechtungsbeziehungen der Volkswirtschaft, die bedingen, daß Veränderungen in einem Zweig von proportionalen Veränderungen auch in anderen Zweigen begleitet werden, und schließlich die zu jedem Zeitpunkt gegebene Begrenztheit der zusätzlichen Mittel für Strukturveränderungen.

Es gibt in der sozialistischen Ökonomik ganz gewiß kein fatalistisches Trägheitsgesetz. Nur darf man auch nicht das Gewicht der Faktoren, die in Richtung der Aufrechterhaltung bestehender Strukturen wirken, unterschätzen. Durch das Verharrungsvermögen bestehender Strukturen sind der notwendigen Strukturdynamik zu jedem gegebenen Zeitabschnitt bestimmte Grenzen gesetzt, die nicht überschritten werden dürfen, wenn nicht Effektivitätseinbußen in Kauf genommen werden sollen.

Strukturbeziehungen sind objektiv bedingt. Dem muß bei der Planung Rechnung getragen werden. Die Wechselbeziehungen zwischen den dynamischen und den relativ starren Strukturfaktoren sind nicht unveränderbar. Inwieweit bereits Möglichkeiten vorhanden sind, transformierbare, mehr- oder vielseitig verwendbare Grundmittel sowie Arbeitskräfte mit relativ hohem Mobilitätsgrad im gesellschaftlichen Reproduktionsprozeß einzusetzen und von dieser Seite her auf die Grundmittelverteilung und andere Strukturen gegen deren wachsende Fixierung einzuwirken, muß genauer

72 Vgl. Ottomar Kratsch, Die Verteilungsstrukturen der Investitionen, in: Wirtschaftswissenschaft, 12/1973, S. 1761–1780.

untersucht werden. Mit Bestimmtheit kann gesagt werden, daß sich künftig die normativen Nutzungsdauern verkürzen werden. Daraus wird sich auf alle Fälle eine größere Flexibilität im Einsatz der Grundfonds, vor allem der Ausrüstungen, ergeben. Dessenungeachtet wären für gesellschaftlich notwendige und effektive Strukturveränderungen zusätzliche Aufwendungen an gesellschaftlicher Arbeit erforderlich. Eine Minimierung dieses Arbeitsaufwands kann zumindest zum Teil mit einer langfristig geplanten Verteilung der Investitionen auf volkswirtschaftlicher Ebene erreicht werden.

Grundvoraussetzung einer hocheffektiven Strukturentwicklung der Volkswirtschaft ist die gründliche Erforschung der gesetzmäßigen Zusammenhänge zwischen den Strukturfaktoren. Die genannten Faktorengruppen bewegen sich nicht auf „Einbahnstraßen". Strukturbeziehungen sind vieldimensional. Es kreuzen sich horizontale (zwischen Zweigen und Gebieten) und vertikale (zwischen den Produktionsstufen) Strukturbeziehungen. Auch die Zeitdimension spielt eine außerordentlich bedeutsame Rolle. Die immer bessere planmäßige Beherrschung dieser Prozesse wird es ermöglichen, zusätzliche Effektivitätspotenzen für die Intensivierung des gesellschaftlichen Reproduktionsprozesses zu erschließen.

Bei der weiteren Vervollkommnung der Planung des gesellschaftlichen Reproduktionsprozesses und der Entwicklung neuer methodologischer Grundlagen spielt schließlich die Vervollkommnung und teilweise Neugestaltung der technischen Basis der Planung eine zunehmende Bedeutung: die stärkere Anwendung der ökonomisch-mathematischen Methoden in Verbindung mit dem Einsatz der elektronischen Datenverarbeitung und die Ausarbeitung einer entsprechenden Normativbasis. In der Sowjetunion wird der praktische Einsatz des automatisierten Systems der Planberechnungen (ASPR) unmittelbar vorbereitet. Diese Möglichkeiten, die die modernen Mittel der Planberechnung eröffnen, werden zweifellos auf die Entwicklung der Planungsmethodologie zurückwirken.

10.3. Die Rolle der Ware-Geld-Beziehungen im Wirtschaftsmechanismus der entwickelten sozialistischen Gesellschaft

Der gesamtgesellschaftliche Plan ist das Hauptinstrument im Wirtschaftsmechanismus des Sozialismus. Die Planaufgaben, die die gesellschaftlichen Interessen der Werktätigen unmittelbar zum Ausdruck bringen, sind zugleich Handlungsdirektiven für das koordinierte Zusammenwirken der sozialistischen Produzenten, die durch Beschluß der Volksvertretung Gesetzeskraft erhalten.

Dennoch ist die sozialistische Planwirtschaft weit entfernt von einer „zentralen Befehlswirtschaft", wie es die Antikommunisten ständig darzustellen versuchen. Die sozialistische Planung ist ein zutiefst demokratischer Prozeß, an dem alle Werktätigen in Verwirklichung des Prinzips des demokratischen Zentralismus aktiv teilnehmen.

Die Entstehung des gesellschaftlichen Plans läßt sich vereinfacht nach dem folgenden Schema beschreiben: Vorgabe von zentralen Orientierungsdaten für die Entwicklung der Volkswirtschaft im Planzeitraum, Ausarbeitung von Planvorschlägen entsprechend diesen Orientierungsdaten durch die Betriebskollektive und ihre Verdichtung von unten nach oben, zentrale Bilanzierung und Ausarbeitung des Entwurfs des Volkswirtschaftsplans mit nachfolgender Aufschlüsselung der Aufgaben von oben nach unten. Es ist ein Prozeß, der in seiner allgemeinen Form dem Iterationsverfahren bei der Lösung komplizierter Gleichungssysteme vergleichbar ist. Erst nach Abschluß dieses Prozesses erhalten die Aufgaben des Plans Direktivcharakter.

Die konsequente Durchsetzung und Entfaltung des Prinzips des demokratischen Zentralismus steht daher im Mittelpunkt der Wirtschaftsreformen in den sozialistischen Ländern. In den Thesen des ZK der KPdSU zum 50. Jahrestag der Großen Sozialistischen Oktoberrevolution wird hervorgehoben, daß „die erfolgreiche Durchführung der Reform weitgehend abhängig (ist) von der richtigen Verbindung der zentralen Leitung mit der ökonomischen Selbständigkeit der Betriebe, des moralischen und materiellen Anreizes, der geschickten Ausnutzung der Ware-Geld-Beziehungen auf sozialistischer Grundlage und der mit ihnen verbundenen Kategorien des Gewinns, der Preise, des Kredits und anderer – die im Sozialismus einen neuen sozialen Inhalt erhalten – und vom Niveau der organisatorischen und ideologisch-erzieherischen Arbeit unter den Massen"[73].

Neben dem gesamtgesellschaftlichen Plan zur Entwicklung der Volkswirtschaft und auf seiner Basis bildet somit die wirtschaftliche Rechnungsführung eine weitere instrumentale Grundlage für die Gestaltung der Wechselbeziehungen zwischen den zentralen Leitungsorganen der Wirtschaft und den relativ selbständigen Betrieben, zwischen den Zweigen und Betrieben, für die ökonomische Stimulierung der Wirtschaftstätigkeit in den Betrieben und für die Entfaltung des sozialistischen Wettbewerbs. In der entwickelten sozialistischen Gesellschaft sind Plan und wirtschaftliche Rechnungsführung untrennbar miteinander verbundene Hauptbestandteile des Funktionsmechanismus der Ökonomik.[74]

Planung und wirtschaftliche Rechnungsführung bilden im Sozialismus eine Einheit, denn der gesellschaftliche Reproduktionsprozeß vollzieht sich in der Einheit von stofflicher *und* wertmäßiger Reproduktion. Dieses grundlegende Gesetz der marxistisch-leninistischen Reproduktionstheorie behält in der entwickelten sozialistischen Gesellschaft seine volle Gültigkeit.

In der Diskussion um die Ware-Geld-Beziehungen im Sozialismus spielen aber oft bestimmte Gegenüberstellungen, wie die Beziehungen zwischen Plan und Markt und zwischen Plan und wirtschaftlicher Rechnungsführung, eine dominierende Rolle. Inwieweit sind solche Gegenüberstellungen gerechtfertigt? Oder anders gefragt: Treffen diese Gegenüberstellungen tatsächlich das Wesen der Sache? Wenn diesen Gegenüberstellungen (teilweise sogar Entgegensetzungen) die Vorstellung unterschiedlicher Wirkungssphären zugrunde liegt, dann werden sie problematisch.

A. K. Pokrytan unterscheidet zum Beispiel in seiner Arbeit zwischen dem

[73] 50 Jahre Große Sozialistische Oktoberrevolution, Thesen des ZK der KPdSU, Berlin 1967, S. 32.

[74] „Die unmittelbare Verbindung von Planung und wirtschaftlicher Rechnungsführung kommt am konzentriertesten darin zum Ausdruck, daß ein und dieselben Kennziffern, so der Gewinn, der Lohn, der Kredit und andere, sowohl Plankennziffern als auch ökonomische Hebel sind. Alle grundlegenden Anforderungen, die der wissenschaftlich-technische Fortschritt an die Vervollkommnung der Planung stellt, sind in der Regel zugleich konkrete Anforderungen an die Stimulierung durch die wirtschaftliche Rechnungsführung. Andererseits muß die wirtschaftliche Rechnungsführung die Erarbeitung hoher Planziele und ihre Realisierung wirksam stimulieren. Angespannte und reale Planziele erhöhen die Wirksamkeit der ökonomischen Stimulierung." – Zur Vervollkommnung der wirtschaftlichen Rechnungsführung unter besonderer Berücksichtigung des wissenschaftlich-technischen Fortschritts (Thesen), in: Wirtschaftswissenschaft, 3/1974, S. 326.

unmittelbar gesellschaftlichen Zusammenhang und dem *indirekten,* vermittelten gesellschaftlichen Zusammenhang. Der unmittelbare gesellschaftliche Zusammenhang der Produktion, das heißt der unmittelbare gesellschaftliche Charakter der Arbeitstätigkeit, ist nach Pokrytan das Ausgangs-Produktionsverhältnis der kommunistischen Formation.[75] An anderer Stelle schreibt er: „Die *unmittelbare gesellschaftliche Form* und die *Warenform* des Zusammenhangs, mit deren Hilfe man versucht, den Charakter der sozialistischen Produktion zu bestimmen, bilden die äußere Begrenzung, innerhalb derer man die gerade dem Sozialismus eigene Form des Zusammenhangs suchen muß. Weder die eine noch die andere Form kann diese charakterisieren."[76] Schließlich werden die Wechselbeziehungen zwischen diesen beiden Formen des gesellschaftlichen Zusammenhangs bestimmt: „Die Form des unmittelbaren gesellschaftlichen Zusammenhangs ... ist ein Produkt, das auf der Grundlage der Überwindung materieller Wertbeziehungen entsteht."[77] Demzufolge ist der Sozialismus „die organische Gesamtheit von Beziehungen, die den Übergang von der ‚Warenorganisation' der gesellschaftlichen Produktion zur unmittelbar gesellschaftlichen, planmäßigen Organisation bilden."[78] Der gesellschaftliche Zusammenhang ist nach A. K. Pokrytan eine „Synthese von Gegensätzlichkeiten".[79] In dieser Allgemeinform ist diese Charakteristik sicher unbestritten.

Aber die Entgegensetzung der beiden genannten Formen, bei der im Verlauf der Entwicklung sich der unmittelbare gesellschaftliche Zusammenhang gegenüber der Warenform des gesellschaftlichen Zusammenhangs durchsetzt, impliziert zwangsläufig die zunehmende Einschränkung des Wirkungsbereichs der Ware-Geld-Beziehungen.

Von dieser methodologischen Ausgangsbasis aus ist schwer zu erklären, warum sich die Ware-Geld-Beziehungen in der entwickelten sozialistischen Gesellschaft noch weiter entfalten müssen.

Aber auch Vertreter anderer Auffassungen gehen von einem eingeschränkten Wirkungsbereich der Ware-Geld-Beziehungen im Sozialismus aus. Hier sei auf G. S. Grigorjan verwiesen, der den interessanten Nachweis führt, daß die Warenproduktion schon im Schoße der urgemeinschaftlichen Produktionsweise entsteht, und daraus folgert, daß das Schicksal der Warenproduktion nicht mit dem Schicksal der privaten Wirtschaft, des Kapitalismus, verbunden ist. Nach G. S. Grigorjan ist die Warenproduktion im Sozialismus

[75] Vgl. A. K. Pokrytan, Produktionsverhältnisse und ökonomische Gesetze des Sozialismus, Berlin 1973, S. 95.

[76] Ebenda, S. 184, Hervorhebungen – d. V.

[77] Ebenda, S. 107.

[78] Ebenda, S. 188.

[79] Ebenda, S. 197.

kein Überbleibsel, sondern eine gesetzmäßige Erscheinung, die durch bestimmte konkret-historische Ursachen hervorgerufen wird.[80]

Doch G. S. Grigorjan unterteilt das System der Produktionsverhältnisse in drei Gruppen:

a) unmittelbar gesellschaftliche äquivalentfreie Verhältnisse (Verhältnisse der kameradschaftlichen Zusammenarbeit und gegenseitigen Hilfe, der Planmäßigkeit und andere),

b) unmittelbar gesellschaftliche äquivalente Verhältnisse (Verteilungsverhältnisse nach der Arbeit und andere) und

c) unmittelbar gesellschaftliche und indirekte wertäquivalente Verhältnisse (vor allem die Ware-Geld-Beziehungen).[81]

Nach dieser Unterteilung bilden die Beziehungen der Planmäßigkeit und die Ware-Geld-Beziehungen einen diametralen Gegensatz: Die ersteren sind direkt und völlig äquivalentfrei, die letzteren indirekt und wertäquivalent. Wenn man von den vier Phasen des Reproduktionsprozesses ausgeht, dann müßte man also folgern, daß wertäquivalente Beziehungen nur für die Distributions- und Zirkulationsverhältnisse gelten, während die Planung der Produktion „äquivalentfrei" erfolge. Das würde nicht zusammenpassen.

Offensichtlich wird dem Begriff „Ware-Geld-Beziehungen" in der Diskussion ein sehr unterschiedlicher Bedeutungsinhalt unterlegt. Nach der eingeengtesten Auffassung beschränken sich die Ware-Geld-Beziehungen im Sozialismus nur auf die spontanen Akte des Kaufs und Verkaufs von Konsumgütern (und eines Teils der über den Außenhandel realisierten Produktionsmittel), das heißt auf den Marktmechanismus im eigentlichen Sinne des Wortes. Ein Wesensmerkmal der sozialistischen Ökonomik ist aber die planmäßige Produktion, Distribution, Zirkulation und Konsumtion von Waren. Deshalb bilden Planung und Ware-Geld-Beziehungen keinen diametralen Gegensatz, sondern eine untrennbare Einheit, die aber in den verschiedenen Sphären und Phasen des gesellschaftlichen Reproduktionsprozesses jeweils unterschiedliche Spezifika aufweist.

Kann man sich etwa die Beziehungen der Planmäßigkeit als „äquivalentfreie Verhältnisse", das heißt als losgelöst von der Bestimmung und Berücksichtigung des gesellschaftlich notwendigen Arbeitsaufwands, vorstellen?

80 Vgl. „Die Warenproduktion unter den Bedingungen des Sozialismus ist eine neue, progressive Entwicklungsetappe im System der historischen Formen der Warenproduktion überhaupt ... Unter sozialistischen Bedingungen bringt die Entwicklung der Warenproduktion die sozialistischen Produktionsverhältnisse zum Ausdruck."
G. S. Grigorjan, Einige methodologische Fragen der Ware-Geld-Beziehungen im Sozialismus, in: Ėkonomičeskie nauki, Moskva 11/1973, S. 19–28.

81 Vgl. ebenda.

Hauptinhalt jeglichen volkswirtschaftlichen Plans ist die Verknüpfung der gesellschaftlichen Ziele mit den vorhandenen und im Planzeitraum zu entwickelnden materiellen Ressourcen. Eines der grundlegenden Gesetze der marxistisch-leninistischen Reproduktionstheorie ist, wie schon gesagt, die Einheit von stofflicher *und* wertmäßiger Reproduktion. Die volkswirtschaftliche Planung stützt sich auf das Wirken des Wertgesetzes. Alle relevanten Kennziffern des Plans sind Wertkennziffern.

L. M. Gatovskij hatte schon darauf hingewiesen, daß es faktisch falsch sei, einerseits von einem „warenlosen" Planungsmechanismus zu sprechen, der die wichtigsten Funktionen ausübe, und anderseits von einem mit der Natur des Sozialismus nicht verbundenen Ware-Geld-Mechanismus, der eine zusätzliche und untergeordnete Rolle spiele. Es wäre falsch, den volkswirtschaftlichen Planungsmechanismus und den Mechanismus der wirtschaftlichen Rechnungsführung der Betriebe als selbständig funktionierende Einheiten anzusehen. Es handelt sich vielmehr um einen einheitlichen Mechanismus, wobei der Planung allerdings die entscheidende Bedeutung zukomme.[82]

Auch die Autoren des Buches „Grundlagen und Praxis der Wirtschaftsreform in der UdSSR" wenden sich gegen die Auffassung, daß die Aufstellung optimaler Pläne, die Herausbildung optimaler volkswirtschaftlicher Proportionen ohne Berücksichtigung der Ware-Geld-Beziehungen vor sich gehen könne: „Es hat tatsächlich äußerlich den Anschein, als könnte man bei der Herausbildung der volkswirtschaftlichen Proportionen der Produktion und Konsumtion von der darauffolgenden Realisierung unter der Bedingung der Ware-Geld-Beziehungen zwischen Produzenten und Konsumenten abstrahieren. So hängen, wie es den Anschein haben könnte, die Aufstellung der Bilanzen für die Produktion und den Verbrauch von Metall, Brennstoffen, landwirtschaftlicher Erzeugnisse und anderem, die Aufstellung der Pläne für die Produktion und Verteilung der Erzeugnisse der einzelnen Wirtschaftszweige nicht mit der Anwendung von Elementen des Mechanismus der Ware-Geld-Beziehungen zusammen ... Doch das ist nur äußerlich; untersucht man jedoch das Instrumentarium, dessen man sich bei der Orientierung auf bestimmte Proportionen im Plan und bei der Herausbildung der Proportionen und ihres Wachstumstempos bedient (Preise, Gewinn, Umsatz, Finanzen und Kredit, Geldbilanzen usw.), so wird die Beteiligung des Wertmechanismus offenkundig, da die Aufstellung der Planproportionen nicht erfolgen kann, ohne die Bedingungen für ihre Realisierung zu berücksichti-

82 Vgl. L. M. Gatovskij, Die Einheit von Plan und wirtschaftlicher Rechnungsführung, in: Sowjetwissenschaft, Gesellschaftswissenschaftliche Beiträge, 1/1966, S. 13–26.

gen."[83] Sie betonen ferner, „daß die materiellen und wertmäßigen Proportionen in der Planung in untrennbarer Verbindung stehen müssen, da die materiellen Proportionen, die den gesellschaftlich notwendigen Arbeitsaufwand widerspiegeln, unter den Bedingungen der Ware-Geld-Beziehungen nicht anders als in der Wertform festgelegt werden können".[84]

Die Rolle des Wertgesetzes hat sich im Sozialismus grundlegend gewandelt. Darüber gibt es keine Meinungsverschiedenheiten. Aber über das Wesen dieser Modifikation gibt es offensichtlich sehr abweichende Auffassungen. In diesem Zusammenhang scheint uns die folgende These relevant: Im Kapitalismus wirkt das Wertgesetz als Regulator der Produktion unmittelbar im Verein mit dem Gesetz der Konkurrenz und Anarchie, also spontan, im Sozialismus, in dem es seine Regulatorfunktion verliert, ist es untrennbar an das Gesetz der planmäßig proportionalen Entwicklung der gesellschaftlichen Produktion gebunden. Nicht die Gegenüberstellung, sondern das besondere Zusammenwirken beider bestimmt also das Wesen dieser Modifikation.

Diese Erkenntnis von der Einheit von Planmäßigkeit und Wirken der Ware-Geld-Beziehungen, die konkret im Wechselverhältnis und Zusammenwirken von Planung und wirtschaftlicher Rechnungsführung in Erscheinung tritt, ist von fundamentaler Bedeutung für die weitere Vervollkommnung von Leitung, Planung und ökonomischer Stimulierung unter den Bedingungen der entwickelten sozialistischen Gesellschaft. Ihre Unterschätzung fördert den Subjektivismus und die Überbewertung der administrativen Methoden gegenüber den ökonomischen. Gewiß darf man sie nicht überschätzen. In dieser dialektischen Einheit nimmt die Planmäßigkeit die dominierende Stellung ein. Aber wenn in der Etappe der entwickelten sozialistischen Gesellschaft vereinfachte Vorstellungen von „Tendenzen des Absterbens" der Ware-Geld-Beziehungen betonte Anerkennung fänden, dann würde das die optimale Entwicklung des Funktionsmechanismus der Wirtschaft erschweren, denn nach einem Klassikerwort wird ein Widerspruch erst dann gelöst (auf einer höheren Ebene aufgehoben), nachdem er seine volle Entfaltung erreicht hat. Die Intensivierung des gesellschaftlichen Reproduktionsprozesses, die die Förderung der aufgezeigten qualitativen Wachstumsfaktoren und den effektivsten Einsatz des vorhandenen Potentials erfordert, deren Hauptkriterium die Steigerung der gesellschaftlichen Arbeitsproduktivität ist, verlangt auch die volle Ausnutzung der in den Ware-Geld-Beziehungen gegebenen Möglichkeiten für die weitere Qualifizierung der Planung.

83 Autorenkollektiv, Grundlagen und Praxis der Wirtschaftsreform in der UdSSR, Berlin 1972, S. 35/36.

84 Ebenda, S. 36.

Es sind vor allem drei Prozesse, deren planmäßige Beherrschung unmittelbar mit der konsequenteren Ausnutzung des Wertgesetzes und den Wertkategorien verbunden ist:

1. Der Prozeß der weiteren Harmonisierung der ökonomischen Interessen,

2. die stärkere Verbindung der zentralen Leitung und Planung des gesellschaftlichen Reproduktionsprozesses mit der eigenverantwortlichen Tätigkeit der relativ selbständigen Betriebe und Kombinate und

3. die Vervollkommnung der ökonomischen Bewertung der Ressourcen und Leistungen als Voraussetzung einer beschleunigten Effektivitätssteigerung.

Diese drei Prozesse kennzeichnen wesentliche Seiten der Intensivierung des gesellschaftlichen Reproduktionsprozesses.

Die *Harmonisierung der ökonomischen Interessen* ist ein Wesenszug der entwickelten sozialistischen Gesellschaft. Die Entwicklung der ökonomischen Interessen, vor allem der gesamtgesellschaftlichen Interessen der Werktätigen an der effektiven Entwicklung der sozialistischen Ökonomik als Voraussetzung der Befriedigung ihrer Bedürfnisse, die auf die ständige Lösung des objektiven Widerspruchs zwischen den sich aus den Bedürfnissen der Gesellschaft ergebenden Zielen einerseits und den sich aus dem Entwicklungsstand der Produktivkräfte ergebenden Möglichkeiten zur Realisierung dieser Ziele anderseits gerichtet sind, bildet die Haupttriebkraft der gesellschaftlichen Produktion.

Die ökonomischen Interessen sind objektiv. In ihnen widerspiegelt sich die Stellung der Menschen in der Produktion sowie die Gesamtheit der objektiven Bedingungen ihres Lebens. Sie werden von der gesellschaftlichen Stellung bestimmt, die ihrerseits von der Organisation der Gesellschaft abhängt. Karl Marx schrieb: „Der Konsument ist nicht freier als der Produzent. Seine Meinung hängt ab von seinen Mitteln und seinen Bedürfnissen. Beide werden durch seine soziale Lage bestimmt, die wiederum selbst abhängt von der allgemeinen sozialen Organisation... Die Verschiedenheit ihrer Meinungen erklärt sich durch die Verschiedenheit der Stellung, die sie in der Welt einnehmen und die selbst wiederum ein Produkt der sozialen Organisation ist."[85] Jede Art von ökonomischen Interessen drückt in allgemeinster Form die Notwendigkeit der Verwirklichung des Reproduktionsprozesses des betreffenden gesellschaftlichen Organismus auf einer bestimmten Ebene aus.

Wir unterscheiden zwischen den gesellschaftlichen, den kollektiven und den individuellen ökonomischen Interessen. Die Herausbildung und Ent-

[85] Karl Marx, Das Elend der Philosophie, in: MEW, Bd. 4, Berlin 1959, S. 75.

wicklung von gesamtgesellschaftlichen Interessen der Werktätigen stellt ein qualitativ neues, wesentliches Element des Wirkungsmechanismus der ökonomischen Gesetze im Sozialismus dar. Wir hatten einleitend festgestellt, daß es ein dem Sozialismus wesenseigenes, charakteristisches Merkmal ist, daß an die Lösung der ökonomischen und politischen Aufgaben aus gesellschaftlicher Sicht herangegangen wird, weil letztlich die kollektiven und individuellen Bedürfnisse der Werktätigen auf diese Weise unter den jeweils gegebenen konkreten Bedingungen optimal befriedigt werden.

Diese Übereinstimmung in den grundlegenden ökonomischen Interessen ist einer der entscheidenden Vorzüge des Sozialismus. Für die Förderung des Intensivierungsprozesses ist es aber auch wichtig, die Differenziertheit der individuellen und kollektiven Interessen der Werktätigen zu analysieren und bei der Entwicklung des Systems der ökonomischen Stimulierung der Wirtschaftstätigkeit zu berücksichtigen.

Die Differenziertheit der individuellen und kollektiven Interessen, die auch die gesamtgesellschaftlichen ökonomischen Interessen beeinflussen, resultiert neben der bestehenden gesellschaftlichen Arbeitsteilung vor allem aus der Tatsache, daß es im Sozialismus noch wesentliche sozialökonomische Unterschiede zwischen den Werktätigen gibt. In der entwickelten sozialistischen Gesellschaft vollzieht sich allmählich auf der Grundlage der Intensivierung des gesellschaftlichen Reproduktionsprozesses eine weitere Angleichung dieser Unterschiede. Dieser Prozeß fördert die zunehmende Harmonisierung der ökonomischen Interessen und die wachsende Bedeutung der gesellschaftlichen Interessen. Diese grundlegende Tendenz zur Harmonisierung der ökonomischen Interessen ist die entscheidende Ausgangsbasis für die Vervollkommnung des Systems der ökonomischen Stimulierung im entwickelten Sozialismus.

Die ökonomische Stimulierung verbindet die Aktivität der Werktätigen unmittelbar mit den Planzielen. Das System der ökonomischen Stimulierung entwickelt sich mit den veränderten gesellschaftlichen Bedingungen. Gegenwärtig treten im Zusammenhang mit der Harmonisierung der ökonomischen Interessen die sozialpolitischen Aspekte der ökonomischen Stimulierung besonders stark in den Vordergrund. A. Efimov meint deshalb zu Recht, daß wir heute „eine komplexe Lehre vom Wesen der Stimuli (brauchen), die unter den Bedingungen des entwickelten Sozialismus die Bürger zur Teilnahme an der gesellschaftlich nützlichen Arbeit und an allen anderen Formen des gesellschaftlichen Lebens anregen“.[86]

Die instrumentale Basis der ökonomischen Stimulierung sind die wirt-

[86] A. Efimov, Zur wissenschaftlichen Begründung des langfristigen Plans, in: Sowjetwissenschaft, Gesellschaftswissenschaftliche Beiträge, 7/1974, S. 699.

schaftliche Rechnungsführung der Betriebe und Kombinate und das Entlohnungssystem der Werktätigen.

Das System der ökonomischen Stimulierung ist unmittelbar mit der Entwicklung der Distributionsverhältnisse verbunden: „Das Bindeglied zwischen Produktion und Konsumtion ist die Verteilung. Sie tritt zugleich als Form der Realisierung der materiellen Interessen auf. Die individuelle materielle Interessiertheit ist mit der Arbeit und dem notwendigen Produkt (Produkt für sich) verbunden. Die kollektive materielle Interessiertheit hat als Quelle jenen Teil der Arbeit (des Produkts), der in Form des Gewinns in den ökonomischen Stimulierungsfonds des Betriebes abgeführt wird. Die gesellschaftliche materielle Interessiertheit hat schließlich den zentralisierten staatlichen Investitionsfonds und den Fonds der gesellschaftlichen Konsumtion zur Grundlage ... Die Verbindung der gesellschaftlichen, kollektiven und individuellen ökonomischen Interessen setzt die richtige Verteilung des Produkts zwischen Betrieb, Gesellschaft und Produzenten voraus.“[87]

Aus diesem grundlegenden Zusammenhang ergeben sich eine Reihe von Aspekten, die für die weitere Vervollkommnung des Systems der ökonomischen Stimulierung unter den Bedingungen der Intensivierung besonders relevant sind.

Erstens: In den Wechselbeziehungen zwischen gesellschaftlichen, kollektiven und individuellen ökonomischen Interessen nimmt die durch die sozialistischen Betriebe und Kombinate verkörperte kollektive Interessiertheit eine vermittelnde Stellung ein, denn die Verbindung der individuellen mit den gesellschaftlichen ökonomischen Interessen erfolgt über die kollektiven Leistungen in den wirtschaftenden Einheiten der Volkswirtschaft. Deshalb ist die Entwicklung der wirtschaftlichen Rechnungsführung eine entscheidende Voraussetzung für die Vervollkommnung der ökonomischen Stimulierung. „Nur bei strenger Einhaltung der Prinzipien der wirtschaftlichen Rechnungsführung ist die Möglichkeit gegeben, die Interessen der Betriebe sowohl mit den Interessen der ganzen Gesellschaft als auch mit denen der einzelnen Werktätigen zu verbinden.“[88] Diese Funktion erfüllt die wirtschaftliche Rechnungsführung nicht als „ergänzender“ Faktor, sondern als systemimmanenter Bestandteil des Funktionsmechanismus der Wirtschaft im Sozialismus.[89]

Aus dieser vermittelnden Stellung der kollektiven Interessen der Betriebs-

87 Autorenkollektiv, Der XXIV. Parteitag der KPdSU und aktuelle Probleme der politischen Ökonomie, Moskau 1973, S. 126/127.

88 Ebenda, S. 130/131.

89 „Die wirtschaftliche Rechnungsführung berührt unmittelbar die materielle Interessiertheit der Betriebskollektive – also die ökonomische Stimulierung – und ist gleichzeitig ein Bestandteil des Systems der Leitung, Planung und öko-

kollektive im Gesamtsystem der ökonomischen Interessen ergeben sich die spezifischen Anforderungen an die Weiterentwicklung der Grundlagen der wirtschaftlichen Rechnungsführung für die Gestaltung der Beziehungen zwischen Betrieb und Gesellschaft und zwischen Betrieb und Werktätigen.

Zweitens: In dem Verhältnis zwischen den Grundformen und den zusätzlichen Formen der ökonomischen Stimulierung wächst die dominierende Stellung der Grundformen, da die zeitweilig vorhandene Überbetonung der zusätzlichen Stimulierungsformen die Harmonisierung der ökonomischen Interessen nicht fördert oder ihr gar entgegensteht.

Auf dem Gebiet der Entlohnung der Werktätigen betrifft das zum Beispiel das Verhältnis zwischen dem tariflichen Grundlohn und den vielfältigen Formen des Zusatzlohnes. Das Gesetz der Verteilung nach der Leistung, das das grundlegende Verteilungsgesetz in der niederen Phase der kommunistischen Gesellschaftsformation ist, erfordert eine bestimmte Übereinstimmung zwischen dem „Maß der Arbeit" und dem „Maß der Konsumtion".[90] Diese Übereinstimmung wird vor allem durch die Gestaltung und Weiterentwicklung des Tarifsystems der Löhne hergestellt. Bei der Differenzierung der Lohngruppen der Werktätigen und Tarife der Zweige werden neben der Qualifikation, der Stellung im Produktionsprozeß unter anderem auch die Arbeitsbedingungen berücksichtigt. Wenn man davon ausgeht, daß der Arbeitslohn den Anteil am gesellschaftlichen Produkt darstellt, der entsprechend der Arbeitsteilung verteilt wird, dann muß der individuelle Anteil in Relation zur Gesamtleistung der Gesellschaft bestimmt werden. Diese Funktion muß das Tarifsystem der Löhne erfüllen.

Die Lohngestaltung muß immer wieder erneut mit den objektiven Erfordernissen des Gesetzes der Verteilung nach der Arbeitsleistung in Übereinstimmung gebracht werden. Sinkt z. B. der Anteil des Tariflohnes am Effektivlohn erheblich ab, so wird zumindest aus zwei Gründen der leistungsfördernde Zusammenhang zwischen den ökonomischen Interessen und den Formen ihrer Stimulierung (Grad der Interessiertheit) eingeschränkt. Einmal, weil eine Vielzahl von Stimulierungsfaktoren – so paradox es klingen mag – zu einer gewissen Nivellierung führt, da die dem Tarifsystem zugrunde liegende Differenzierung bei sinkendem Anteil des Tariflohns zum Teil aufgehoben wird. Zum anderen fördert diese Vielzahl „Einzelaktivi-

nomischen Stimulierung in seiner Gesamtheit; der Vervollkommnung der Leitung und Planung kommt auch bei der Weiterentwicklung der wirtschaftlichen Rechnungsführung die bestimmende Rolle zu."
Autorenkollektiv, Zur Vervollkommnung der wirtschaftlichen Rechnungsführung unter besonderer Berücksichtigung des wissenschaftlich-technischen Fortschritts (Thesen), in: Wirtschaftswissenschaft, 3/1974, S. 326.

90 Vgl. W. I. Lenin, Staat und Revolution, in: Werke, Bd. 25, Berlin 1960, S. 484.

täten", statt vordringlich auf die komplexe Intensivierung des Reproduktionsprozesses zu orientieren. Die Harmonisierung der ökonomischen Interessen, die nichts mit „gleichmacherischen Tendenzen" gemein hat, vollzieht sich unter den Bedingungen der Intensivierung in der gleichgerichteten Entwicklung von Effektivitätssteigerung und allgemeiner Hebung des Lohnniveaus, wobei der Grad der Lohngruppendifferenzierung mit zunehmender Verringerung der sozialökonomischen Unterschiede zwischen geistiger und körperlicher Arbeit und der Veränderung des Charakters der Arbeit allmählich sinkt.

Ein *dritter* Aspekt, der für die weitere Vervollkommnung des Systems der ökonomischen Stimulierung relevant ist, betrifft das Problem der effektiven Leistungsbewertung der Betriebe, auf das im Zusammenhang mit dem folgenden Problemkreis näher eingegangen werden soll.

Der zweite Prozeß nämlich, der unmittelbar mit der konsequenten Ausnutzung des Wertgesetzes und der Wertkategorien verbunden ist, ist die *Verbindung der zentralen Leitung und Planung des gesellschaftlichen Reproduktionsprozesses mit der eigenverantwortlichen Tätigkeit der relativ selbständigen Betriebe und Kombinate.*

Die Erfahrungen, die gegenwärtig bei der Verwirklichung der Wirtschaftsreform gewonnen werden, bestätigen, daß dieser Problemkreis eine zentrale Stellung dabei einnimmt. In den Thesen des ZK der KPdSU zum 50. Jahrestag der Großen Sozialistischen Oktoberrevolution wird zum Wesen der Wirtschaftsreform gesagt: „Die Wirtschaftsreform bedeutet ein neues Herangehen an die Leitung der Wirtschaft, weil sie konsequent ihr sozialistisches Wesen aufdeckt und sie die Notwendigkeit zeigt, die ökonomischen Verhältnisse des Sozialismus mit dem Niveau und dem Charakter der Entwicklung der Produktivkräfte in Übereinstimmung zu bringen. Ihr Wesen besteht darin, die Rolle der ökonomischen Methoden der Leitung zu erhöhen, die staatliche Planung zu vervollkommnen und die wirtschaftliche Selbständigkeit und Initiative der Betriebe zu erweitern. Dabei ist in vollem Maße die wirtschaftliche Rechnungsführung einzuführen und zu vervollkommnen."[91]

Auf der 9. Tagung des Zentralkomitees der SED betonte Erich Honecker, daß „die hochgradige Übereinstimmung der in der UdSSR und der DDR eingeschlagenen Wege zur Verbesserung der Leitung der Industrie" kennzeichnend ist.[92] Er sprach in diesem Zusammenhang von einem „prinzipiel-

[91] 50 Jahre Große Sozialistische Oktoberrevolution, Thesen des ZK der KPdSU, Berlin 1967, S. 31/32.

[92] Erich Honecker, Zügig voran bei der weiteren Verwirklichung der Beschlüsse des VIII. Parteitages der SED. Aus dem Bericht des Politbüros an die 9. Tagung des ZK der SED, Berlin 1973, S. 44.

len Gleichklang in der Entwicklung der Leitung". Diese gemeinsamen Wege beschleunigen zugleich den Prozeß der Annäherung der wirtschaftlichen Entwicklung innerhalb der sozialistischen Staatengemeinschaft.

Die effektive Verbindung der zentralen Leitung und Planung mit der Eigenverantwortung der Betriebe hat viele Aspekte. Sie reicht vom konkreten Zusammenwirken der zentralen wirtschaftsleitenden Organe mit den Betrieben und Kombinaten im Prozeß der Planausarbeitung über die Beziehungen zwischen Staatshaushalt und Betrieb sowie zwischen Lieferern und Abnehmern bis hin zur planmäßigen Führung des sozialistischen Wettbewerbs der Werktätigen im Prozeß der Planrealisierung.

Viele dieser Aspekte berühren die wirtschaftliche Rechnungsführung unmittelbar. Aber es würde dem Wesen der sozialistischen Produktionsweise widersprechen, wollte man den gesellschaftlichen Beitrag der Betriebskollektive nur an den Ergebnissen der wirtschaftlichen Rechnungsführung messen, denn die konkreten Arbeits- und Lebensbedingungen der Millionen Werktätigen werden in den Betrieben und in den Territorien entwickelt, in denen sie tätig sind. Der sozialistische Wettbewerb, der eine bedeutende Rolle bei der Intensivierung des gesellschaftlichen Reproduktionsprozesses spielt, beschränkt sich keinesfalls nur auf die unmittelbaren Produktionsaufgaben, sondern nach der Losung „Sozialistisch arbeiten, sozialistisch lernen, sozialistisch leben!" vollziehen sich in diesem Prozeß die entscheidenden sozialökonomischen Veränderungen, die für die entwickelte sozialistische Gesellschaft charakteristisch sind.

Erich Honecker hob die wachsende Rolle der Betriebe und Kombinate hervor: „Je kontinuierlicher, je normaler unser Wirtschaftsgeschehen sich nun entwickelt, desto mehr geht aber die Tendenz dahin, daß sich der Ministerrat und die Ministerien auf die Grundfragen des Reproduktionsprozesses konzentrieren, während die Verantwortung der Generaldirektoren und Direktoren der Kombinate, Betriebe, VVB und der anderen zuständigen Wirtschaftsorgane für die Ausarbeitung und Verwirklichung der Pläne steigt."[93]

Der Akzent liegt auf der höheren Verantwortung für die Ausarbeitung und Verwirklichung *der Pläne.* Es geht also nicht um eine Erhöhung der Rolle der wirtschaftlichen Rechnungsführung gegenüber der Planung, sondern um die Stellung der Betriebe und Kombinate im gesamten Funktionsmechanismus der Wirtschaft, der durch die untrennbare Einheit und das harmonische Zusammenwirken seiner beiden Hauptbestandteile gekennzeichnet ist.

[93] Ebenda, S. 45/46.

Dennoch, oder besser, wegen dieser Einheit entwickelt sich auch die wirtschaftliche Rechnungsführung weiter. Die „Dialektik von zentraler staatlicher Planung und Eigenwirtschaftlichkeit der Betriebe und Kombinate“[94] wird immer stärker zu einem zentralen Glied in der Verbindung zwischen zentraler staatlicher Leitung und Planung und der relativen ökonomischen Selbständigkeit der Betriebe und Kombinate. Schließer verweist zu Recht darauf, „daß die wirtschaftliche Rechnungsführung längst über die einfache Deckung der Ausgaben durch eigene Einnahmen hinausgewachsen ist. Ihre dem entwickelten Sozialismus adäquate Qualität erhält sie vor allem durch die Eigenwirtschaftlichkeit auf der Basis des geschlossenen Kreislaufs und Umschlags der betrieblichen Fonds“.[95]

Diese Eigenwirtschaftlichkeit, die sich auf den ganzen Reproduktionsprozeß der Betriebe und Kombinate erstreckt, ist die ökonomische Basis für die Intensivierung des betrieblichen Reproduktionsprozesses, für die rationelle Überführung der Ergebnisse des wissenschaftlich-technischen Fortschritts in die Produktion und für die kontinuierliche Höherentwicklung der Arbeits- und Lebensbedingungen im Betrieb und im betreffenden Territorium. Nicht eine Vielzahl von „ökonomischen Hebeln“ fördert den Intensivierungsprozeß, sondern die Schaffung der stabilen Voraussetzungen für die eigenverantwortliche Planung und Realisierung der schöpferischen Aktivitäten der Betriebskollektive im Rahmen der im zentralen Plan vorgegebenen Zielstellungen und Effektivitätskriterien.

Die weitere Vervollkommnung der wirtschaftlichen Rechnungsführung nimmt in den Wirtschaftsreformen der RGW-Länder neben der Weiterentwicklung der Grundlagen der gesamtgesellschaftlichen Planung einen zentralen Platz ein. Aber der Schwerpunkt der Diskussion hat sich seit einigen Jahren verschoben. Wurde früher vor allem die Hebelfunktion der Kategorien der wirtschaftlichen Rechnungsführung hervorgehoben, so steht nunmehr das Problem der adäquaten Leistungsbewertung der Betriebe und Vereinigungen stärker im Mittelpunkt. A. N. Kossygin zog in seinem Referat auf dem XXIV. Parteitag der KPdSU den Schluß, daß „die Methoden der Planung und Stimulierung, die *Kriterien der Einschätzung der Tätigkeit der Betriebe und Vereinigungen* weiter vervollkommnet werden (müssen), um den Einfluß der Reform auf die Beschleunigung des wissenschaftlich-technischen Fortschritts, die Verbesserung der Qualität der Erzeugnisse und die Steigerung der Arbeitsproduktivität zu verstärken und die Interessiertheit

[94] Waldfried Schließer, Zur Rolle der Betriebe und zu Entwicklungstendenzen der wirtschaftlichen Rechnungsführung im entwickelten Sozialismus, in: Wirtschaftswissenschaft, 3/1974, S. 351.

[95] Ebenda, S. 352.

der Betriebe, Vereinigungen und Ministerien an höheren Planauflagen zu steigern. Das ist jetzt das Allerwichtigste".[96]

Die richtige Leistungsbewertung der Wirtschaftstätigkeit bestimmt die stimulierende Wirksamkeit der Wertkategorien der wirtschaftlichen Rechnungsführung. Die Leistungsbewertung hängt ursächlich mit der adäquaten ökonomischen Bewertung der Ressourcen und Leistungen und mit der konsequenten Verwirklichung des Äquivalenzprinzips zusammen. Sie wird aber auch von der Auswahl beziehungsweise Ausarbeitung geeigneter Kennziffern als Leistungskriterien beeinflußt.

Gegenwärtig stimuliert die wirtschaftliche Rechnungsführung den Prozeß der Intensivierung des gesellschaftlichen Reproduktionsprozesses noch ungenügend. „Das heutige, historisch entstandene System der wirtschaftlichen Rechnungsführung ist stark auf die Nutzung extensiver Faktoren der wirtschaftlichen Entwicklung ausgerichtet. Unter den gegenwärtigen Bedingungen besteht die Hauptrichtung zur Vervollkommnung dieses Systems im Übergang zu Methoden der intensiven Wirtschaftsführung. Das setzt voraus, im System der Plankennziffern Veränderungen vorzunehmen, konsequenter zur Berechnung des Endprodukts überzugehen, die Arbeitsproduktivität nach der Nettoproduktion und nicht nach der Bruttoproduktion zu berechnen, dem Stimulierungssystem nicht die Kennziffer ‚Bruttogewinn', sondern ‚Nettogewinn' zugrunde zu legen, die Kennziffer ‚Volumen der Bau- und Montageleistungen' durch die Kennziffer ‚Inbetriebnahme von Objekten' zu ersetzen usw. ..."[97]

Dieses wichtige Problem ist nicht einfach zu lösen. Eine bisher ungelöste Aufgabe ist die volkswirtschaftlich durchgängige Abgrenzung des Ertrags vom Aufwand. Nationaleinkommen der Volkswirtschaft, Nettoprodukt der Zweige und betriebliche Eigenleistung stimmen in ihrem jeweiligen Gesamtbetrag nicht überein. Gegenwärtig ist die Planerfüllung auf der Grundlage der realisierten Warenproduktion noch Hauptkriterium für die Leistungsbewertung der Betriebe. Die Warenproduktion ist und bleibt eine zentrale Kennziffer der Planung und Wirtschaftstätigkeit. In bezug auf die Leistungsbewertung ist aber zu berücksichtigen, daß die Warenproduktion keine reine Ergebniskennziffer ist, weil ihre Größe neben dem neugeschaffenen Nettoprodukt auch den übertragenen vergegenständlichten Aufwand enthält.

Bei der Leistungsbewertung der Tätigkeit der Betriebe kann auch der Zeitfaktor nicht unberücksichtigt bleiben. Gegenwärtig wird die betriebliche

[96] A. N. Kossygin, Direktiven zum Fünfjahrplan für die Entwicklung der Volkswirtschaft der UdSSR in den Jahren 1971–1975, Moskau 1971, S. 54.

[97] N. P. Fedorenko, Die gegenwärtigen Aufgaben der Wirtschaftswissenschaft, in: Sowjetwissenschaft, Gesellschaftswissenschaftliche Beiträge, 6/1974, S. 582.

Leistung ausschließlich an der Erfüllung des *Jahres*planes gemessen. Bei auftretenden Schwierigkeiten wird zwangsläufig den kurzfristig lösbaren Aufgaben der Vorrang gegenüber langfristigen Vorhaben gegeben. Das steht in Widerspruch zu der in der Planungsordnung bestimmten Integration von Wissenschaft und Technik in den volkswirtschaftlichen Reproduktionsprozeß, aber auch zu den Erfordernissen der komplexen Grundfondsproduktion, die die langfristig orientierte Investitionstätigkeit einschließt. Zur Überwindung der Planung und Stimulierung „in Jahresscheiben" ist die Ausarbeitung und Festlegung langfristiger (mehrjähriger) Normative der wirtschaftlichen Rechnungsführung erforderlich.

Das Problem der Leistungsbewertung der Betriebe und Kombinate reduziert sich also keineswegs auf die Auswahl geeigneter Kennziffern, sondern hängt generell von der Stellung der Betriebe und Kombinate im Funktionsmechanismus der Wirtschaft ab. Andererseits erweist es sich als ein Teilproblem des allgemeinen Problems der ökonomischen Bewertung im Sozialismus.

Der dritte Problemkreis, der unmittelbar mit der konsequenten Ausnutzung des Wertgesetzes und den Wertkategorien verbunden ist, ist die *Vervollkommnung der ökonomischen Bewertung der Ressourcen und Leistungen* als Voraussetzung einer beschleunigten Effektivitätssteigerung.

Alle bisher genannten Aspekte, die Erhöhung ihres effektiven Wirkungsgrades wie auch die Sicherung ihres komplexen Zusammenwirkens, hängen in bestimmtem Grade von der adäquaten ökonomischen Bewertung ab, so daß diese eine dominierende Stellung bei der weiteren Vervollkommnung des Funktionsmechanismus einnimmt. Woraus ist diese Bedeutung zu erklären?

Die wesentliche Ursache ist, daß auf Grund des Entwicklungsstandes der Produktivkräfte und Produktionsverhältnisse im entwickelten Sozialismus noch wesentliche sozialökonomische Unterschiede zwischen Stadt und Land sowie zwischen geistiger und körperlicher Arbeit bestehen und daß es neben hochqualifizierter Arbeit noch unqualifizierte oder niedrigqualifizierte Arbeit gibt. Das Produktivitätsgefälle zwischen den Werktätigen, zwischen Betrieben, Zweigen und Territorien ist noch sehr erheblich. Es kommen die bestehenden Unterschiede im ökonomischen Entwicklungsniveau zwischen den Ländern des RGW noch hinzu, auf deren allmähliche Überwindung das Komplexprogramm der sozialistischen ökonomischen Integration orientiert. Das schließt die direkte Messung volkswirtschaftlicher Prozesse – etwa unmittelbar in Arbeitszeit – aus.

Die allgemeine Rechnungslegung und Kontrolle, die Verwirklichung des sozialistischen Rationalitätsprinzips wie auch die ökonomische Stimulierung in Übereinstimmung mit den Erfordernissen des Gesetzes der Verteilung nach der Arbeitsleistung erfordern aber für die ganze Volkswirtschaft wie auch ihre einzelnen Glieder einheitliche Bewertungsmaßstäbe, die nur aus dem gesellschaftlich notwendigen Arbeitsaufwand abgeleitet werden können.

Solange es noch wesentliche Unterschiede in der Arbeit geben wird, solange nicht das Ergebnis einer Arbeitsstunde der einer beliebigen anderen Arbeitsstunde wesentlich gleich ist, so lange muß objektiv der Wert der Arbeitsergebnisse allgemeine Bewertungs-, Berechnungs-, Vergleichs- und Kontrollgrundlage der gesamtgesellschaftlichen Wirtschaftsführung sein. Die Intensivierung des gesellschaftlichen Reproduktionsprozesses, die die Verflechtungsbeziehungen in der Volkswirtschaft enorm erhöht und vor allem die Beziehungen zwischen den materiellen und nichtmateriellen Bereichen wesentlich aktiviert, bedingt daher die weitere Entfaltung der Ware-Geld-Beziehungen.

Die Verwirklichung des äquivalenten Austauschs der Arbeitsergebnisse, der Ökonomie der Zeit, der ökonomischen Stimulierung der Wirtschaftstätigkeit und die planmäßige Gestaltung der nationalen und internationalen Marktbeziehungen basieren auf der adäquaten ökonomischen Bewertung der Ressourcen und Ergebnisse der Produktion auf der Grundlage des gesellschaftlich notwendigen Arbeitsaufwands. Eine Nichtbeachtung dieses elementaren Wirkungszusammenhangs bedeutet ein Abgehen, Ignorieren der objektiven Bestimmungsgrundlagen der Leitung und Planung des gesellschaftlichen Reproduktionsprozesses und öffnet dem Subjektivismus in Wirtschaftsentscheidungen Tür und Tor.

Das Problem der ökonomischen Bewertung, das das zentrale Problem bei der planmäßigen Ausnutzung des Wertgesetzes und der Ware-Geld-Beziehungen im Sozialismus ist, hat mehrere Aspekte, von denen zwei besonders hervorzuheben sind: Die Notwendigkeit der lückenlosen Bewertung der Ressourcen und Ergebnisse und die Vervollkommnung der planmäßigen Preisbildung.

Da sich der Preis im Sozialismus nicht spontan herausbildet, sondern bewußt gesetzt wird, ist die lückenlose Erfassung der Ressourcen und Einsatzfaktoren der materiellen Produktion eine elementare Voraussetzung der wertorientierten Preisbildung. Aus der Erfahrung wissen wir, daß die jahrelange Nichtbewertung des Bodens und die Nichtbeachtung der steigenden Aufwendungen für Roh- und Brennstoffe negative Folgen zeitigte. Heute bekommt auch der gesellschaftlich notwendige Aufwand für die ständige Reproduktion der Umweltbedingungen ein wachsendes Gewicht. Die Nicht- oder ungenügende Bewertung dieser Faktoren führt unmittelbar zu nichtadäquaten Bewertungen der Produktionsergebnisse und hat nichtäquivalenten Austausch, die Verletzung des sozialistischen Sparsamkeitsprinzips sowie fehlorientierte ökonomische Stimulierung zur Folge.

Ein besonderes Bewertungsproblem, das bislang im wesentlichen ungelöst geblieben ist, ergibt sich aus der notwendigen organischen Verbindung der Planung von Wissenschaft und Technik mit dem Produktions- und Investitionsplan und aus der erforderlichen Intensivierung der Wissenschaft selbst. Das Problem ist die *ökonomische* Bewertung der wissenschaftlichen Ergebnisse.

Die Beschleunigung des wissenschaftlich-technischen Fortschritts, insbesondere die harmonische Verbindung der Errungenschaften der wissenschaftlich-technischen Revolution mit den Vorzügen des sozialistischen Wirtschaftssystems, ist der entscheidende Faktor zur Steigerung der Effektivität der gesellschaftlichen Arbeit im Prozeß der Intensivierung.

Je größer das wissenschaftliche Potential, das die Gesellschaft für die Realisierung ihrer Ziele einsetzt, um so dringlicher wird die Anlegung strenger Effektivitätsmaßstäbe an seine Tätigkeit. Die Intensivierung des gesellschaftlichen Reproduktionsprozesses kann sich auf die Dauer nicht auf die extensive Entwicklung dieses Wissenschaftspotentials begründen. Diese Effektivitätsmaßstäbe müssen aber aus dem volkswirtschaftlichen Gesamtprozeß abgeleitet werden, das heißt, sie müssen sich auf eine entsprechende ökonomische Bewertung der wissenschaftlichen Ergebnisse stützen, denn Intensivierung bedeutet unter anderem die Integration von Wissenschaft und Technik in den volkswirtschaftlichen Reproduktionsprozeß.

Aus der Rolle der ökonomischen Bewertung im entwickelten Sozialismus ergibt sich auch die Rangstellung des *Preisbildungssystems* bei der Vervollkommnung des Funktionsmechanismus der Wirtschaft, die noch viel stärker bewußt gemacht werden muß. Theorie und Wirtschaftspolitik orientieren seit einigen Jahren auf die intensivere Annäherung der Produktionspreise an den gesellschaftlich notwendigen Arbeitsaufwand auf der Grundlage eines fondsbezogenen Preistyps.

Da der Wert der Erzeugnisse kein Fixum ist, sondern bei steigender Effektivität der gesellschaftlichen Arbeit ständigen Wandlungen unterliegt. kommt der Beherrschung des Preismechanismus eine ganz außerordentliche Bedeutung zu. Er umfaßt die planmäßige Festsetzung und die sukzessive Veränderung der Erzeugerpreise. Dafür müssen objektive Kriterien bestimmt werden. Hier gibt es noch eine Reihe ungelöster Probleme.

Die ungenügende Veränderung der Preise für Erzeugnisse, die schon seit mehreren Jahren produziert werden, hemmt die Überführung der Ergebnisse von Wissenschaft und Technik, weil das Rentabilitätsniveau alteingefahrener Produktionen bei unverändertem Preisniveau relativ hoch ist und die Übernahme dieser Rentabilitätsrate bei der Preisbildung für die neuen Erzeugnisse diese außerordentlich verteuern würde. Eine systematische (mehrmalige) Veränderung der alten Erzeugerpreise würde dagegen bei den Produzenten einen ökonomischen Zwang zum ständigen wissenschaftlich-technischen Fortschritt ausüben.

Dieser Zusammenhang zwischen gesellschaftlich notwendigem Aufwand und Preis liegt der Konzeption der Entwicklung der Industriepreise des XXIV. Parteitages der KPdSU zugrunde. „Es gilt, das System der Industriepreise auch weiterhin zu verbessern. Im Maße der Steigerung der Arbeitsproduktivität und Senkung der Produktionskosten werden wir die Industriepreise herabsetzen.“[98]

Gegenwärtig widerspiegeln die wertmäßigen Kategorien, auch der Preis, nur unvollkommen die realen gesellschaftlich notwendigen Aufwendungen. Dieser Umstand führt zu einer Reihe von Problemen in der Leitung und Planung der Volkswirtschaft, vor allem auch bei der Messung der Effektivität der gesellschaftlichen Arbeit. Gerhard Schilling nennt eine Reihe von Problemen, vor denen die Wirtschaftspraxis steht:

„1. Es treten Schwierigkeiten bei der Bestimmung der tatsächlichen Effektivität der Produktion, der Investitionstätigkeit, der Außenwirtschaftstätigkeit, der Spezialisierung, der Konzentration und Kombination der Produktion auch im Rahmen der sozialistischen ökonomischen Integration, beim Einsatz von Arbeitskräften, bei der Substitution von Material usw. auf allen Ebenen der Volkswirtschaft auf. Die tatsächliche Effektivität wird in den Wertkategorien vielfach nur verzerrt dargestellt.

2. Die nicht richtige Widerspiegelung der tatsächlichen Aufwendungen in Wertkategorien führt teilweise auch zu volkswirtschaftlich nicht gewollten Verhaltensweisen beim Ressourceneinsatz. Das betrifft insbesondere die volkswirtschaftlichen Ressourcen, deren Preise die Aufwendungen nicht decken, wie für Energie ... Auch die gegenwärtige Behandlung der lebendigen Arbeit im Rahmen der wirtschaftlichen Rechnungsführung fördert das materielle Interesse der Betriebe an der Freisetzung von Arbeitskräften nur unzureichend ...

3. Es treten in einer Reihe von Betrieben Widersprüche zwischen einer bedarfsgerechten Produktion in entsprechenden Gebrauchswerten und der Gewinnerwirtschaftung auf ...

4. Synthetische wertmäßige Effektivitätskriterien bzw. -kennziffern ... sind nur bedingt aussagefähig.

5. Damit wird auch die Anwendung von Effektivitätsmaßstäben bzw. -normativen erschwert ...“[99]

[98] A. N. Kossygin, Die Direktiven des XXIV. Parteitages der KPdSU zum Fünfjahrplan für die Entwicklung der Volkswirtschaft der UdSSR in den Jahren 1971–1975, Moskau/Berlin 1971, S. 59.

[99] Gerhard Schilling, Zur Stellung der Wertkategorien in der sozialistischen Planung, in: Wirtschaftswissenschaft, 3/1974, S. 377/378.

Die bessere Erfassung des gesellschaftlich notwendigen Arbeitsaufwands und die tendenzielle Annäherung der Preise an den gesellschaftlich notwendigen Aufwand ist daher das Kernproblem der adäquaten ökonomischen Bewertung der Einsatzfaktoren und Resultate der gesellschaftlichen Produktion.

Das Preissystem (Preisbildung und Preisveränderung) steht in unlösbarem Zusammenhang mit der Verwirklichung des *Äquivalenzprinzips* im Austausch der Produkte und Leistungen.

Die ökonomische Bewertung der Ressourcen und Ergebnisse in Übereinstimmung mit dem gesellschaftlich notwendigen Arbeitsaufwand setzt den äquivalenten Austausch der Arbeitsergebnisse voraus. Die Preise für die einen Produkte sind Kostenbestandteil für andere Produkte. Wie die kreisförmigen Wellen eines in den See geworfenen Steins wirkt sich der Preis eines Produkts auf die ökonomische Bewertung einer Vielzahl anderer Produkte aus. Diese Erkenntnis, die unseres Erachtens bislang ungenügend beachtet wurde, bricht sich allmählich Bahn. „Da nun einmal eine Kontrolle des Maßes der Arbeit notwendig ist" – schreibt zum Beispiel E. G. Liberman –, „so ergibt sich die Notwendigkeit, beim Austausch der Tätigkeit in Form von Arbeitsprodukten die Äquivalenz zu beachten und die Produkte der Arbeit einander gleichzusetzen."[100] Es müssen jedoch noch eine Reihe methodologischer Grundfragen gründlicher erforscht werden, um das Äquivalenzprinzip konsequent verwirklichen zu können.

Nach der Marxschen Arbeitswerttheorie tritt der Wert im praktischen Wirtschaftsleben nie in reiner Gestalt auf, sondern immer nur in seiner Erscheinungsform, dem Tauschwert. Der Tauschwert seinerseits ergibt sich aus den konkreten Austauschverhältnissen, ist somit Zufälligkeiten unterworfen: „Der Tauschwert erscheint zunächst als das quantitative Verhältnis, die Proportion, worin sich Gebrauchswerte einer Art gegen Gebrauchswerte anderer Art austauschen, ein Verhältnis, das beständig mit Zeit und Ort wechselt."[101] Das Äquivalenzprinzip, das heißt die grundsätzliche Übereinstimmung der Werte und der Tauschwerte im allgemeinen, stellt eine wesentliche Seite des Wertgesetzes dar. Karl Marx formulierte die wissenschaftliche Einsicht, „daß die unabhängig voneinander betriebenen, aber als naturwüchsige Glieder der gesellschaftlichen Teilung der Arbeit allseitig voneinander abhängigen Privatarbeiten fortwährend auf ihr gesellschaftlich proportionelles Maß reduziert werden, weil sich in den zufälligen und stets schwankenden Austauschverhältnissen ihrer Produkte die zu deren Produk-

[100] E. G. Liberman, Ökonomische Methoden zur Effektivitätssteigerung der gesellschaftlichen Produktion, Berlin 1973, S. 119.

[101] Karl Marx, Das Kapital, Erster Band, in: MEW, Bd. 23, Berlin 1962, S. 50.

tion gesellschaftlich notwendige Arbeitszeit als regelndes Naturgesetz gewaltsam durchsetzt".[102]

Im Sozialismus verwirklicht sich das Wertgesetz nicht mehr als „gewaltsames Naturgesetz", sondern es wird wie alle Gesetze der sozialistischen Produktionsweise „von Menschen mit voller Sachkenntnis angewandt und damit beherrscht", das heißt planmäßig durchgesetzt. Hierbei gibt es noch eine Reihe ungelöster Fragen, vor allem im Hinblick auf die planmäßige Sicherung des äquivalenten Austauschs der Produkte und Leistungen.

In der Literatur wird hervorgehoben, daß die Preise vom Wert abweichen können und zur Verwirklichung der Ziele des Sozialismus auch abweichen müssen, aber es gibt keine überzeugenden methodologischen Untersuchungen darüber, ob und wie das Gravitationszentrum der Preisabweichungen zu bestimmen ist.

Das zweite Problem, das zu untersuchen wäre, ist der Wirkungsbereich des Äquivalenzprinzips. Hier gibt es ebenfalls sehr unterschiedliche Auffassungen. A. K. Pokrytan faßt den Bogen der äquivalent*losen* Form des ökonomischen Zusammenhangs in der sozialistischen Produktion sehr weit. Entsprechend seiner Konzeption rechnet er dazu:

„1. Die Faktoren der sozialistischen Produktion, die Arbeitskraft, der Boden, die Grundfonds der staatlichen Betriebe sind keine Waren mehr ...

2. Die Hauptmasse des Mehrproduktes, die zur Erweiterung der Produktion und zur Befriedigung der unmittelbaren Bedürfnisse der Gesellschaft bestimmt ist, wird unmittelbar, nicht auf der Grundlage eines Äquivalents umverteilt.

3. Die allgemeine Regulierung der Verteilung der gesellschaftlichen Arbeit auf die Zweige der gesellschaftlichen Produktion erfolgt ebenfalls direkt durch die Gesellschaft."[103]

Die Wirkungssphäre des Äquivalenzprinzips beschränkt sich demnach nur auf den Bereich der Ware-Geld-Beziehungen in dem von Pokrytan gefaßten engeren Sinne des Begriffs.

Nach Gerhard Richter, der ebenfalls für die Durchsetzung des Äquivalenzprinzips plädiert, „können und müssen (vom Äquivalenzprinzip – d. V.) solche Produkte ausgenommen sein, die aus dem Produktionsprozeß herausfallen, vor allem solche, die in die individuelle und die gesellschaftliche Konsumtion, aber auch in den Export eingehen ... Für diesen Kreis von Erzeugnissen ist das Abweichen auch möglich, weil das gesellschaftliche Kostenbild damit nicht verzerrt wird, sondern dann mit vollem Recht eine

[102] Ebenda, S. 89.

[103] A. K. Pokrytan, Produktionsverhältnisse und ökonomische Gesetze, Berlin 1973, S. 175.

bewußte Abweichung praktiziert wird."[104] Es ist nicht ganz deutlich, aber offenbar wird der Wirkungsbereich des Äquivalenzprinzips hier nur auf die Sphäre der Produktion und der produktionsbedingten Zirkulation beschränkt.

Aber der gesellschaftliche Reproduktionsprozeß stellt die Einheit aller vier Phasen, der Produktion, Distribution, Zirkulation und Konsumtion, dar, und er vollzieht sich in der Einheit von stofflicher und wertmäßiger Reproduktion. Steht das nicht im Widerspruch zu den Auffassungen einer begrenzten Wirkungssphäre des Äquivalenzprinzips? Das Gesetz der Distribution im Sozialismus ist das der Verteilung nach der Arbeitsleistung. Dieses Gesetz ist undenkbar ohne Äquivalenzprinzip. Marx hat darauf mehrfach verwiesen: „Stellen wir uns endlich, zur Abwechslung, einen Verein freier Menschen vor, die mit gemeinschaftlichen Produktionsmitteln arbeiten und ihre vielen individuellen Arbeitskräfte selbst bewußt als eine gesellschaftliche Arbeitskraft verausgaben ... Das Gesamtprodukt des Vereins ist ein gesellschaftliches Produkt. Ein Teil dieses Produkts dient wieder als Produktionsmittel. Er bleibt gesellschaftlich. Aber ein anderer Teil wird als Lebensmittel von den Vereinsmitgliedern verzehrt. Er muß daher unter sie verteilt werden. Die Art dieser Verteilung wird wechseln mit der besonderen Art des gesellschaftlichen Produktionsorganismus selbst und der entsprechenden geschichtlichen Entwicklungshöhe der Produzenten. Nur zur Parallele mit der Warenproduktion setzen wir voraus, der Anteil jedes Produzenten an den Lebensmitteln sei bestimmt durch seine Arbeitszeit. Die Arbeitszeit würde also eine doppelte Rolle spielen. Ihre gesellschaftlich planmäßige Verteilung regelt die richtige Proportion der verschiednen Arbeitsfunktionen zu den verschiednen Bedürfnissen. Andererseits dient die Arbeitszeit zugleich als Maß des individuellen Anteils des Produzenten an der Gemeinarbeit und daher auch an dem individuell verzehrbaren Teil des Gemeinprodukts."[105] Marx verband das Äquivalenzprinzip mit allen vier Phasen des Reproduktionsprozesses und schloß die Verteilung nach der Leistung ausdrücklich ein.

In diesem Zusammenhang sind die Bemerkungen interessant, die E. G. Liberman zur Konzeption von den zwei Formen der ökonomischen Verbindungen macht. Er hält es für falsch, „die direkten Verbindungen so aufzufassen, als ob hier von einem Ausgleich nicht die Rede sein könne"[106].

104 Gerhard Richter, Die Einheit von Ökonomie der Zeit und Ökonomie der Fonds bei der Intensivierung, in: Wirtschaftswissenschaft, 8/1974, S. 1134.

105 Karl Marx, Das Kapital, Erster Band, in: MEW, Bd. 23, Berlin 1962, S. 92/93.

106 E. G. Liberman, Ökonomische Methoden zur Effektivitätssteigerung der gesellschaftlichen Produktion, Berlin 1973, S. 124.

E. G. Liberman verweist darauf, daß „alle Pläne, die Perspektivpläne wie die Jahrespläne, bilanziert sein (müssen). Das bedeutet letzten Endes den Austausch von Produkten einer Art Arbeit (zum Beispiel der Arbeit zur Schaffung von Produktionsmitteln und Arbeitsmitteln) gegen Produkte einer anderen Art Arbeit (zum Beispiel der Arbeit zur Versorgung der Gesellschaft mit Konsumtionsmitteln). Im Prinzip müssen alle Massen der Arbeit, die ausgetauscht werden, äquivalent gegeneinander ausgeglichen werden, sonst erleidet die Gesellschaft Verluste, wie das zum Beispiel bei einer niedrigen Qualität der Erzeugnisse oder bei quantitativen Disproportionen vorkommt. Bei einer Äquivalenz des Austausches dagegen und beim Wachstum der Arbeitsproduktivität kann die ganze Masse der Arbeit auf die Erhöhung des Lebensstandards gerichtet werden. Folglich wirkt im Sozialismus ein, wie wir meinen, einheitliches System von ökonomischen Verbindungen auf der Basis des Plans und auf der Grundlage der Erstattung."[107]

In der praktischen Wirtschaftspolitik wird die Gestaltung der Erzeugerpreise bewußt von der der Einzelverkaufspreise getrennt, wofür vor allem sozialpolitische Gründe maßgeblich sind. Bedeutet das eine Negierung des Äquivalenzprinzips? Nicht unbedingt. Die bewußte Anwendung des Äquivalenzprinzips schließt die planmäßige Abweichung der Preise nicht aus. Das Äquivalenzprinzip ist objektiv bestimmt, denn es ist Wesenselement des Wertgesetzes. Wenn das Niveau der Einzelverkaufspreise insgesamt unter dem Niveau der Erzeugerpreise liegt, dann bedeutet das – vereinfacht ausgedrückt, das heißt ohne Berücksichtigung der komplizierten Beziehungen zwischen Primär- und Umverteilung der Einkommen –, daß die Äquivalentendifferenz im gesellschaftlichen Konsumtionsfonds enthalten ist. Die Einkommen der in der materiellen Produktion Beschäftigten, die auf der Grundlage des Gesetzes der Verteilung nach der Leistung entstehen, werden in diesem Falle, da die Einzelverkaufspreise der Summe dieser Einkommen nicht äquivalent sind, ergänzt durch die Verteilung aus dem gesellschaftlichen Konsumtionsfonds. Diese Differenz findet ihr Äquivalent in einem entsprechenden Teil des gesellschaftlichen Mehrprodukts.

Die Entwicklung der Distributionsverhältnisse, die in der entwickelten sozialistischen Gesellschaft neue Akzente erhält, macht die Beachtung des Äquivalenzprinzips besonders dringlich. Es ist stets der Widerspruch zu lösen, der besteht zwischen den feststellbaren Prozessen der ökonomischen Angleichung zwischen Stadt und Land sowie zwischen geistiger und körperlicher Arbeit bei allgemein wachsendem Bildungs- und Qualifikationsniveau der Werktätigen, die den historischen Fortschritt des Sozialismus gegenüber

[107] Ebenda, S. 125/126.

dem Kapitalismus kennzeichnen, auf der einen und der Notwendigkeit zur planmäßigen Gestaltung des Differenzierungsprozesses bei der konsequenten Anwendung des Gesetzes der Verteilung nach der Arbeitsleistung auf der anderen Seite. Das berührt nicht nur die Probleme der adäquaten Lohngruppendifferenzierung und des Verhältnisses zwischen individuellen und gesellschaftlichen Konsumtionsfonds, sondern zunehmend die komplexe Gestaltung der Verteilungsverhältnisse im Sozialismus, wobei bestimmte Unterschiede zwischen der Verteilung der Produktionsmittel und der Verteilung der Konsumtionsmittel zu beachten sind.

Der Prozeß der sozialistischen erweiterten Reproduktion ist ein Kreislaufprozeß mit stets wachsendem Radius. Da er die Einheit von stofflicher und wertmäßiger Reproduktion ist, setzt er den äquivalenten Austausch zwischen allen Gesellschaftsgliedern voraus. Das ist die notwendige und objektive Ausgangsbasis für die planmäßige Umverteilung der Mittel entsprechend den konkreten Zielen jeder Entwicklungsetappe des Sozialismus.

A. M. Birman bezeichnet die Umverteilung als eine Verletzung des Äquivalenzprinzips. „Die erweiterte sozialistische Reproduktion erfordert ständig das Lösen eines objektiven Widerspruchs, des Widerspruchs, das Äquivalenzprinzip einerseits zu wahren und es andererseits zu verletzen. Ohne Einhaltung der Äquivalenz können die Betriebsfonds nicht gesichert und die Effektivität der Arbeit eines Betriebes nicht bewertet werden. Ohne Verletzung der Äquivalenz gäbe es keine Einnahmen des Staates, die für den Unterhalt der nichtproduktiven Sphäre, für die wirtschaftliche Erschließung neuer Landesteile und die Aufnahme neuer Produktionen genutzt werden können."[108] A. M. Birman präzisiert dann diesen Gedanken wie folgt: „Die einzelnen Glieder des einheitlichen sowjetischen Finanzsystems wirken in beide Richtungen des Widerspruchs. So wirken in Richtung auf die Wahrung des Äquivalenzprinzips vorwiegend die Finanzen der Betriebe und Wirtschaftszweige. Die zweite Seite des Problems, die Verletzung der Äquivalenz, geht vom Staatshaushalt aus, und zwar durch die entschädigungslose Vereinnahmung eines Teils der Mittel der Betriebe und der Bevölkerung und ihre Akkumulation in den gesamtgesellschaftlichen Geldfonds. Es erfolgt die Umverteilung eines Teils der Mittel der Betriebe und der Bevölkerung."[109]

Hier wird unseres Erachtens ein weiteres methodologisches Kernproblem berührt, das noch nicht ausreichend geklärt ist. Wenn man den Betrieb als

108 A. M. Birman, Der Staatshaushalt der UdSSR in der Perspektive der ökonomischen Entwicklung, in: Sowjetwissenschaft, Gesellschaftswissenschaftliche Beiträge, 3/1974, S. 250.

109 Ebenda.

eine völlig autonome Einheit betrachtet, dann würde die Abführung eines Teils seines erwirtschafteten Mehrprodukts an den Staatshaushalt tatsächlich die Verletzung des Äquivalenzprinzips bedeuten. Der sozialistische Betrieb ist aber nur relativ selbständig. Die planmäßige Verteilung eines Teils des in den Betrieben erwirtschafteten Mehrprodukts aus gesamtgesellschaftlicher Sicht verletzt daher nicht das Äquivalenzprinzip. Eine Verletzung liegt erst dann vor, wenn zum Beispiel die Abführung den planmäßigen Eigenbedarf für die erweiterte Reproduktion übersteigt und der Betrieb bei Kreditfinanzierung den erforderlichen Gewinn faktisch doppelt erwirtschaften muß. Unseres Erachtens gilt das Äquivalenzprinzip nicht nur für die Primärbasis der Produktion, sondern – weil es alle Phasen des Reproduktionsprozesses berührt – auch für die Verteilungs- und Verwendungsproportionen auf volkswirtschaftlicher Ebene.

Insofern, als die Intensivierung vor allem durch das komplexe Zusammenwirken aller seiner Faktoren geprägt wird, gewinnt das Problem der wertkonformen ökonomischen Bewertung auf der Grundlage der konsequenten Verwirklichung des Äquivalenzprinzips eine erstrangige Bedeutung. Das ist auch der entscheidende Ausgangspunkt für die weitere Vervollkommnung des Systems der *ökonomischen Stimulierung* bei der Intensivierung des gesellschaftlichen Reproduktionsprozesses. „Der Äquivalenzaustausch ist nicht nur bei der Verteilung nach der Arbeitsleistung erforderlich, sondern während der gesamten Bewegung des gesellschaftlichen Produkts. In allen Ebenen des Reproduktionsprozesses muß rationelles Wirtschaften im Interesse der Gesellschaft durch den Äquivalenzaustausch stimuliert und kontrolliert werden.“[110] Die theoretische Grundlage des Systems der ökonomischen Stimulierung ist nach Leont’ev der bekannte Leitsatz des Marxismus, „daß in der sozialistischen Gesellschaft jeder einzelne Produzent von der Gesellschaft mit allen Abzügen soviel zurückerhält, soviel er selbst der Gesellschaft gibt“ und nennt diesen Leitsatz „einen Eckpfeiler der politischen Ökonomie des Sozialismus“[111].

Dieser elementare Zusammenhang in der planmäßigen Nutzung des Wertgesetzes schließt die einseitige Hervorhebung einzelner Kategorien wie überhaupt die mehr oder weniger isolierte Behandlung der Ware-Geld-Beziehungen aus. Die ökonomische Stimulierung der Wirtschaftstätigkeit hat die adäquate Bewertung der Ressourcen und Leistungen wie auch den äquivalenten Austausch der Tätigkeiten zur Grundvoraussetzung.

110 Autorenkollektiv, Der Sozialismus – die erste Phase der kommunistischen Produktionsweise, Bd. 3, Berlin 1973, S. 295.

111 Autorenkollektiv, Effektivität in der sozialistischen Wirtschaft, Berlin 1972, S. 43.

Die angeführten Probleme zur Rolle der Ware-Geld-Beziehungen im Wirtschaftsmechanismus der entwickelten sozialistischen Gesellschaft, die bei weitem nicht das gesamte Terrain erfassen, machen hinreichend deutlich, daß sie nicht als „autonome Agentien“ wirken können, sondern nur als elementare Bestandteile des Planungsmechanismus im Gesamtsystem der sozialistischen Wirtschaftsführung. Dabei bilden die Vervollkommnung des Preissystems, der wirtschaftlichen Rechnungsführung und des Systems der Entlohnung der Werktätigen die Grundlage für die Herstellung und Sicherung der Einheit von materieller und wertmäßiger Planung des volkswirtschaftlichen Reproduktionsprozesses.

Die Entwicklung und Vervollkommnung des Funktionsmechanismus der Wirtschaft der entwickelten sozialistischen Gesellschaft erfordert die synchrone Entwicklung aller seiner wesentlichen Bestandteile entsprechend den Bedingungen der Intensivierung des gesellschaftlichen Reproduktionsprozesses.

Die Intensivierung des gesellschaftlichen Reproduktionsprozesses stellt somit eine Fülle neuer Probleme und Anforderungen an die Vervollkommnung der Leitung, Planung und ökonomischen Stimulierung, die ihrerseits selbst zu einem wesentlichen Faktor der Intensivierung wird. Es sind – wie in den einzelnen Kapiteln der vorliegenden Arbeit aufgezeigt wurde – die qualitativen Elemente und Faktoren, die dem Intensivierungsprozeß in der entwickelten sozialistischen Gesellschaft das Gepräge geben, allem voran die Aktivität und das Schöpfertum der Werktätigen.

Erich Honecker hob diesen Aspekt erneut hervor: „Auf dem von uns eingeschlagenen Weg der wirtschaftlichen Entwicklung bauen wir in hohem Maße auf die Talente und Fähigkeiten der Arbeiter, Wissenschaftler und Techniker. Ein beschleunigter wissenschaftlich-technischer Fortschritt, die kluge und umsichtige Nutzung der Maschinen und Anlagen setzen einen beträchtlichen Stand der Persönlichkeitsentwicklung voraus und fördern sie. Wir sehen das an der guten Entwicklung der Bewegung unserer Arbeiterforscher und Neuerer. Sie ist zugleich Bestätigung, wie sich in unserer Gesellschaft körperliche und geistige Tätigkeit zunehmend enger verbinden. Die sozialistische Wirklichkeit bietet alle Voraussetzungen dafür, die menschliche Arbeit immer effektiver, schöner und befriedigender werden zu lassen.“[112]

[112] Erich Honecker, Der Marxismus-Leninismus – Bauplan unserer neuen Welt, Berlin 1974, S. 23.

Verzeichnis der Tabellen*

* Die erste Ziffer bezieht sich auf das betreffende Kapitel.

Verzeichnis der Abbildungen

Personenregister

Berichtigungszettel

S. 837 statt: $\frac{\delta\lambda}{\delta s}$ lies: $\frac{\partial\lambda}{\partial s}$

S. 846, 7. Z. v. u. „jedoch nicht gespeichert" entfällt.

Heinrichs/Mayer Teil 2

Kolibri 360 GmbH
Ferdinand-Jühlke-Straße 7
99095 Erfurt, Deutschland
produktsicherheit@kolibri360.de